História do mundo
grego antigo

História do mundo grego antigo

François Lefèvre

Tradução
Rosemary Costhek Abilio
Revisão técnica
Airton Pollini

wmf **martinsfontes**

Esta obra foi publicada originalmente em francês com o título
HISTOIRE DU MONDE GREC ANTIQUE
por Librairie Générale Française
Copyright © Librairie Générale Française 2007 – Le livre de Poche
Copyright © 2013, Editora WMF Martins Fontes Ltda.,
São Paulo, para a presente edição.

1ª edição 2013
2ª tiragem 2021

Tradução
Rosemary Costhek Abilio
Revisão técnica
Airton Pollini
Acompanhamento editorial
Luzia Aparecida dos Santos
Revisões
Letícia Castello Branco Braun
Maria Regina Ribeiro Machado
Edição de arte
Katia Harumi Terasaka
Produção gráfica
Geraldo Alves
Paginação
Moacir Katsumi Matsusaki
Capa
Erik Plácido
Foto da capa
John Elk, Templo de Delfos, Tolos, *Getty Image*

Dados Internacionais de Catalogação na Publicação (CIP)
(Câmara Brasileira do Livro, SP, Brasil)

Lefèvre, François
 História do mundo grego antigo / François Lefèvre ; tradução Rosemary Costhek Abilio. – São Paulo : Editora WMF Martins Fontes, 2013.

 Título original: Histoire du monde grec antique
 ISBN 978-85-7827-749-9

 1. Civilização grega 2. Grécia – História I. Título.

13-10524   CDD-938

Índices para catálogo sistemático:
1. Civilização grega   938
2. Grécia antiga : Civilização   938
3. Grécia antiga : História   938

Todos os direitos desta edição reservados à
Editora WMF Martins Fontes Ltda.
Rua Prof. Laerte Ramos de Carvalho, 133 01325-030 São Paulo SP Brasil
Tel. (11) 3293-8150 e-mail: info@wmfmartinsfontes.com.br
http://www.wmfmartinsfontes.com.br

SUMÁRIO

Prefácio do autor para a edição brasileira 9
Prefácio 11

Introdução

1 – Fontes, métodos e desafios da história grega 17
    Historiadores antigos, 17 – Outros autores, 23 – Outras fontes escritas, 25 – Arqueologia, 27 – Problemas e orientações atuais, 29.

2 – Principais características geográficas... 33
    Relevo e clima, 33 – Recursos do solo, 37 – Demografia, 38 – Consequências para a história, 39.

Primeira parte: Pré-História e Idade do Bronze

3 – A Grécia no Neolítico e no Bronze Antigo.. 45
    A Grécia neolítica, 45 – O Bronze Antigo e a chegada dos "protogregos", 48.

4 – O mundo minoico 51
    Cronologia e evoluções, 51 – A civilização minoica, 54.

5 – O mundo micênico 60
    Os primórdios da civilização micênica, 60 – O apogeu do mundo micênico, 62 – A civilização micênica, 65 – O fim do mundo micênico, 69.

Segunda parte: Época arcaica

6 – A Grécia do século XI ao século IX... 77
    Dados demográficos, 77 – O testemunho da arqueologia, 81 – A escrita alfabética, 84.

7 – O mundo grego no tempo de Homero e de Hesíodo........................... 87
    A Grécia na época geométrica, 87 – A epopeia homérica, 93 – Hesíodo, 96.

8 – O aparecimento das cidades e a aventura colonial.............................. 99
    A cidade-Estado, 99 – A falange hoplítica, 103 – Expansão colonial, 106 – O tráfego mediterrâneo arcaico, 112 – A moeda, 114.

9 – Evolução das cidades na época arcaica 118
    A crise da cidade: tiranos e legisladores, 118 – Esparta, 122 – Atenas, 127.

Terceira parte: Época clássica

10 – Guerras médicas 143
    Causas, 143 – Primeira guerra, 146 – Período entre as guerras, 148 – Segunda guerra, 150 – Avaliação, 153.

11 – *Pentekontaetía* 156
    A "liga de Delos", 156 – O imperialismo de Atenas, 158 – Atenas, "escola da Grécia", 164.

12 – Aspectos da civilização grega no século V................................ 171
    A vida religiosa, 171 – A sociedade, 177 – Visão geral da economia, 185.

13 – Guerra do Peloponeso 188
    Causas, 188 – Forças em confronto e estratégias, 190 – Os acontecimentos, 192 – Consequências da guerra, 200.

14 – Os gregos no Ocidente, na Cirenaica e no Ponto Euxino.............. 203
    Visão geral da Magna Grécia e da Sicília antes do século IV, 203 – Dionísio o Velho (406-367), 207 – Dionísio o Jovem, Díon e Timoleonte (367--337), 212 – Marselha (Massália), 215 – Cirenaica e Ponto Euxino, 218.

15 – Hegemonias da primeira metade do século IV........................... 221
    Hegemonia esparciata, 221 – Recuperação de Atenas, 225 – Hegemonia tebana, 228.

16 – Filipe II e a hegemonia macedônica.. 234
    Os primeiros tempos de Filipe (360-353), 235 – A "terceira guerra sagrada" e a "paz de Filócrates" (356-346), 237 – Estabelecimento da hegemonia macedônica (346-336), 240.

17 – Alexandre o Grande... 244
    Os primeiros tempos do reinado (336-335), 244 – A guerra contra Dario (334-331), 248 – A conclusão da conquista (331-325), 251 – Os assuntos egeus e a monarquia universal (324-323), 254.

18 – Mutações do século IV 259
    Religião, 259 – Aspectos socioeconômicos, 261 – Evoluções políticas, 267.

Quarta parte: Época helenística

19 – O mundo helenístico até a primeira guerra da Macedônia (323-*ca* 215 a.C.)   277
    Diádocos, 277 – Os assuntos asiáticos até 215 aproximadamente, 284 – Os assuntos europeus até 215 aproximadamente, 288.

20 – Os Estados helenísticos perante Roma (*ca* 215-168 a.C.) 292
Origens da intervenção romana, 292 – Primeira e segunda guerras da Macedônia, 293 – Guerra de Antíoco, 297 – Roma, a Grécia e o Oriente, de Apameia a Pidna (188-168), 301.

21 – O fim do mundo helenístico (168-30 a.C.) 305
Os primeiros tempos da provincialização (168-129), 305 – Declínio dos selêucidas e dos lágidas, 308 – Guerras mitridáticas (89-63), 311 – O mundo grego de Pompeu a Antonio (63-30), 315.

22 – Reinos, cidades e ligas na época helenística 319
Características gerais da monarquia helenística, 319 – Os antigônidas, 324 – O reino lágida, 326 – Selêucidas e atálidas, 330 – As cidades, 334 – As ligas, 340.

23 – A civilização helenística 343
Gregos e não gregos, 343 – Religiões, 348 – Economia e sociedade, 351 – Alexandria e a cultura helenística, 357.

24 – Epílogo 366

Cronologia 375
Orientações bibliográficas 394
Índice dos nomes de pessoas, de famílias e de divindades 448
Índice dos nomes de lugares, de povos e assimilados 459
Índice das palavras gregas e latinas 472
Índice temático 478
Índice dos mapas 483
Índice das figuras 484

PREFÁCIO DO AUTOR
PARA A EDIÇÃO BRASILEIRA

Fruto de uma promessa irrefletida e de um desafio pessoal bastante desarrazoado, já desde sua publicação na França este manual alcançou sucesso junto a um público amplo: é utilizado tanto pelos turistas esclarecidos que preparam uma estadia na Grécia como pelos estudantes em fase de iniciação ou mais avançados em seu percurso; e, suprema satisfação para o autor, vários colegas chegaram a confidenciar-lhe que o consultam para verificar se não haviam esquecido algum ponto importante ao prepararem uma aula. Portanto, essa aventura – um tanto exótica para um pesquisador que costuma dedicar-se às publicações científicas "de ponta" – valia o trabalho de ser tentada, ainda mais porque a projeção da obra já atravessou fronteiras e justificou várias traduções. Mas é um orgulho e uma alegria muito especiais vê-la agora traduzida para o português, graças à feliz iniciativa da prestigiosa Editora WMF Martins Fontes, à qual agradeço profundamente sua diligência e competência. De fato, os meios universitários lusófonos mantêm estreitas relações com a França, simbolizadas em matéria de cultura clássica pela vinda à Escola Francesa de Atenas de pesquisadores brasileiros, com os quais tive a honra e o prazer de conviver nessa ocasião. Aliás, foi meu jovem colega de origem brasileira Airton Pollini, professor adjunto na Universidade de Mulhouse, que revisou certos aspectos técnicos da tradução; que também ele receba calorosos agradecimentos por seu trabalho.

Não há dúvida de que essa história que chamam de "antiga", mas que está tão viva e tão próxima da nossa, continuará a fascinar, pois nela é muito fácil reencontrarmos a nós mesmos. Possa este livrinho contribuir para isso.

François Lefèvre

PREFÁCIO

Este volume nasceu de uma proposta de Paul Demont*, ao mesmo tempo lisonjeira e intimidante. De fato, provavelmente são necessárias certas qualificações, mas principalmente muita inconsciência para pretender reconstituir em algumas páginas a história dos gregos da Antiguidade. Ademais, já existe uma oferta abundante na área; esta mesma coleção é rica em excelentes atualizações sobre várias questões específicas. Daí a humildade e mesmo a timidez com que me lancei nesta aventura, encorajado tanto pelos estudantes como pelos colegas. Não basta dizer que tenho consciência dos limites e defeitos da obra: quem quer que tenha se relacionado de perto com a pesquisa de alto nível em história grega conhece os riscos inerentes a toda e qualquer síntese, inevitavelmente redutora e provisória, ante a complexidade dos problemas e o ritmo em que avançam nossos conhecimentos. Portanto, a única pretensão deste livro é ser útil ao público oferecendo-lhe uma introdução cômoda e tão completa quanto possível sobre a Grécia antiga. Ele se destina particularmente aos estudantes de história, mas também aos não especialistas (letras clássicas, arqueologia, cursos livres etc.), nesta época que periodicamente redescobre as virtudes da pluridisciplinaridade, um pouco como o senhor Jourdain** se maravilha por manejar a prosa.

Seguindo o costume, devo justificar aqui algumas opções. Entre os problemas que se colocam para o historiador da Grécia antiga, a divisão cronológica é um dos mais espinhosos; sobre esse assunto, leem-se com proveito, por exemplo, as belas páginas escritas pelo mestre da disciplina que foi Édouard Will, na coleção "Peuples et Civilisations" (*Le Monde grec et l'Orient*, t. 2, *Le IVe siècle et l'époque hellénistique*², 1985, pp. 337-46) [Povos e civilizações, O mundo grego e o Oriente, O século IV e a época helenística]. Assim, o plano adotado é discutível como todos os outros. Na medida do possível ele procura respeitar alguns equilíbrios, principalmente os que dizem respeito às fontes disponíveis: habitualmente enjeitados, os três séculos da época helenística são porém aqueles sobre os quais sabemos mais. Melhor ainda, frequentemente são eles que dão a chave dos enigmas do arcaísmo; por exemplo, um decreto da cidade de Sestos, no Quersoneso, datado do último terço do século II a.C., informa-nos mais sobre as origens da moeda, no século VI, do que todas as exegeses, até mesmo a de um teórico tão rigoroso como Aristóteles (cf. G. Le Rider, *La Naissance de la monnaie. Pratiques monétaires de l'Orient ancien*,

---

* Diretor da série "Antiquité" da Editora Le Livre de Poche. (N. da T.)
** Protagonista da peça *Le Bourgeois gentilhomme* [*O burguês fidalgo*], de Molière. Em uma das cenas, o personagem surpreende-se ao descobrir que durante toda a vida vinha falando em prosa. (N. da T.)

2001, pp. 239-47 [O surgimento da moeda. Práticas monetárias do Oriente antigo]). Com o mesmo intuito, pareceu indispensável lembrar algumas noções sobre a Pré-História e a Proto-História (aqui entendida como correspondendo *grosso modo* ao milênio II, caracterizado por suas escritas pré-alfabéticas mais ou menos bem decifradas), e também acrescentar um epílogo sobre o período romano, seguindo nisso outros mestres, entre os quais Herman Bengtson (*Griechische Geschichte*[5], 1977 [História grega]). A história da Grécia antiga não começa com Heródoto; menos ainda acaba em Demóstenes ou mesmo em Políbio, e já há muito tempo não se fala mais de "milagre grego" – pelo menos no singular.

As exigências editoriais impunham naturalmente algumas condições, a começar pela concisão. Por isso as remissões às fontes se limitam a indicações gerais no início de cada capítulo e a algumas referências representativas, às vezes dadas em nota, suficientes para orientar o leitor. Este verá sua curiosidade infalivelmente recompensada se for mergulhar em Homero, Heródoto, Tucídides etc., cuja convivência sempre trará muito mais proveito que a frequentação de todos os manuais possíveis e imagináveis: nossa maior satisfação seria ter incitado à leitura das inigualáveis obras-primas das literaturas grega e latina.

Além disso, a bibliografia, inevitavelmente seletiva, enumera um certo número de estudos eruditos que ensinarão mais sobre cada capítulo. Manuais e outras publicações em francês foram privilegiados, mas citam-se também títulos em outras línguas importantes da disciplina – alemão, inglês e italiano –, pois seria inútil pretender perseverar em história grega sem ter acesso a essa produção. Seria ainda mais ilusório querer dispensar uma sólida iniciação no grego e no latim.

A ilustração é voluntariamente limitada. Já existe grande quantidade de obras notáveis abordando a história da arte e a civilização, principalmente nesta coleção, às quais a bibliografia remete naturalmente. Os mapas, traçados com infinita paciência por Anne Le Fur e Claude Dubut, não têm mais pretensões de exaustividade que o texto e visam apenas a facilitar a leitura. Em vista do número de palavras gregas e latinas utilizadas, teria sido insensato elaborar um léxico; por isso, cada termo é traduzido ou definido em sua primeira ocorrência, que o índice remissivo permite recuperar.

Sinto imenso prazer em agradecer àqueles que concordaram em reler a totalidade ou parte do manuscrito para torná-lo menos imperfeito, começando por Paul Demont, de quem fui estudante na Sorbonne há uns vinte anos. E também a: Pierre Carlier, Anne Jacquemin, André Laronde, Olivier Picard, Jean-Marie Salamito e Michel Sève, que partilharam comigo sua grande experiência no assunto; Alexandre Avram, para quem o mundo colonial não tem segredos; Nicola Cucuzza e Daniela Novaro, perfeitos conhecedores da Proto-História egeia; Cesare Al-

Prefácio

bio Cassio, eminente linguista; Jean-Luc Fournet, papirólogo tão altamente especializado quanto hábil em tornar sua disciplina acessível ao profano; Dominique Prévôt, cuja energia e generosidade são um apoio insubstituível, tanto para os estudantes como para seus jovens colegas da Universidade Paris IV-Sorbonne; Jean Huré, representando os ouvintes bem-informados e exigentes da Universidade Livre; por fim, Dominique e Madeleine Lefèvre, que me deram o gosto pelo pensamento claro e pela escrita eficaz.

INTRODUÇÃO

Capítulo 1

FONTES, MÉTODOS E DESAFIOS DA HISTÓRIA GREGA

O exame crítico das fontes constitui uma preliminar indispensável para a investigação histórica, cujos desafios e problemas ele contribui para colocar em evidência. No caso específico da Antiguidade grega, a relativa raridade da informação preservada obriga o historiador a apelar para todos os recursos, cotejando e colocando em perspectiva todos os tipos de dados, textos, imagens, vestígios ou objetos, em forma de *corpus* (série de documentos) descritivo. Entretanto, essa pluridisciplinaridade necessária esbarra no grau de especialização cada vez mais alto das diferentes matérias envolvidas (arqueologia, epigrafia, numismática etc.). Apresentaremos em primeiro lugar os autores antigos cujas obras, em sua maioria conhecidas por meio de cópias medievais, chegaram até nós em virtude de uma seleção antiga e amplamente aleatória. Depois abordaremos as fontes primárias, textuais (inscrições e papiros) ou arqueológicas. Também aproveitaremos esta rápida apresentação para expor sucintamente as grandes problemáticas da história da Grécia antiga e as principais orientações da historiografia atual.

Historiadores antigos

A história não é a menor das invenções que devemos aos gregos; nasceu da percepção aguda que eles tinham do *kairós* (momento decisivo na sucessão do tempo) e da crescente autonomia dos fatos humanos com relação ao maravilhoso e à mitologia. Mesmo assim, durante muito tempo esta continua a ser parte integrante de sua visão de mundo, como mostram, por exemplo, as epifanias, ou seja, as aparições de deuses ou de heróis, tais como Teseu na batalha de Maratona (*infra*, cap. 10).

Heródoto, nascido na segunda metade dos anos 480 em Halicarnasso e morto por volta de 425 em Túrio, é considerado o fundador desse novo gênero. Também é ele que lhe dá seu nome de *Historíai* (investigações, pesquisas), que corresponde bem ao método utilizado, baseado nas viagens (Egito, Babilônia e outras), na autopsia (visão direta), na indagação junto às testemunhas etc. O meio de onde Heródoto provém, impregnado daquela cultura jônica então muito avançada (*infra*, cap. 10), sua época, a *pentekontaetía* (*infra*, cap. 11) e, por fim, o local onde o

Introdução

autor se estabelece – a Atenas de Péricles – explicam muitas das características de sua obra. Ela fala das guerras médicas e foi dividida em nove livros que a tradição intitulou com os nomes das nove Musas. Trata-se de uma história-memorial ("para que os grandes feitos dos gregos e dos bárbaros não caiam no esquecimento", diz o prefácio), mas também de um elogio a Atenas e à democracia, que, segundo ele, foram os principais agentes da superioridade dos gregos. A curiosidade enciclopédica do autor leva-o a digressões de todos os tipos (geografia, zoologia, mitologia etc.; cf. a primeira descrição de um poço de petróleo em VI, 119) e o conjunto faz de *Historíai* um reservatório de informações inesgotável e muito agradável de se ler. A busca das causas ocupa um grande espaço (cinco livros dos nove), mas ainda privilegia o maravilhoso e o divino (oráculos etc.). Assim, um papel específico é atribuído à vingança, principalmente divina (deusa Nêmesis), no curso dos acontecimentos; não se deixou de estabelecer um paralelo entre essa visão da história e o desenvolvimento contemporâneo da tragédia, às vezes a partir das mesmas fontes de inspiração, como em *Os persas* de Ésquilo. Nasce daí a noção de ciclos e de declínio dos impérios, especialmente daqueles que se tornam culpados de *hýbris* ou descomedimento (como Xerxes lançando duas pontes de navios sobre o Helesponto ou marcando o estreito com ferro em brasa). Ora, respeitar a medida supõe consciência das proporções e da relatividade, o que vem acompanhado de um surpreendente senso de tolerância: em várias ocasiões Heródoto elogia o gênio dos outros povos (religião egípcia, escrita fenícia etc.), ressaltando a dívida dos gregos para com eles, às vezes com ironia. Simultaneamente, contribui para definir a originalidade do helenismo (*infra*, cap. 10), ao qual a constituição desse patrimônio de conhecimentos permite situar-se tanto no tempo como no espaço.

Afirma a tradição que a leitura pública da obra de Heródoto fez Tucídides (filho de Oloro, por volta de 460-397) decidir-se a se tornar historiador. Provinha de uma família da aristocracia ateniense (ele parece reservar suas preferências para uma democracia moderada ou dirigida por seres de exceção governando à maneira de monarcas, tais como Péricles) e foi discípulo dos sofistas. Depois de sofrer um fracasso militar em Anfípolis em 424, no exílio dedica-se à *História da guerra do Peloponeso*, que diz ter começado a escrever já no início do conflito, pois previra sua amplitude e importância. Após uma revisão, infelizmente muito concisa, sobre a *pentekontaetía* (*infra*, cap. 11), a narração da guerra propriamente dita interrompe-se em 411, com o livro VIII, inacabado. Seu método, apresentado com muita lucidez, principalmente a respeito dos discursos retranscritos ou recompostos, assemelha-se ao de Heródoto, mas vai além da noção de memória e promove a história à categoria de "aquisição para sempre" (I, 22). É que o conhecimento do passado ajuda a definir uma conduta, em virtude de certa permanência da natureza humana, e a afinar as estratégias militares e políticas. Mas o bom chefe, cuja qualidade principal é a inteligência (cf. Temístocles e Péricles), é acima de tudo aquele que sabe prever. Assim, o autor descreve os sintomas e os efeitos da "peste" de Atenas a fim de facilitar os diagnósticos futuros, bem como descreve quase clinicamente as manifestações da guerra civil (*stásis*) que se espalha pela Grécia, como uma epidemia. Portanto, os deuses praticamente não têm lugar nessa busca permanente da causalidade e da racionalidade. Segundo Tucídides, a história da época é a história da incompatibilidade e do choque dos imperialismos, ateniense e lacedemônio, e a guerra em andamento marca uma viravolta decisiva da história. Essa leitura vem sendo parcialmente questionada há algum tempo, sobretudo o aspecto exageradamente demonstrativo e seletivo de sua apresentação, que o leva a calar muitos fatos que considera secundários. Mas, querendo ou não, continuamos devendo muito à força de suas sínteses e ao gênio de seu pensamento. É admirável, por exemplo, a atenção que dá aos fatores econômicos, preocupando-se em refletir as experiências inovadoras realizadas no contexto da aliança ateniense (democracia, talassocracia, zona de influência comercial e monetária etc.): apenas a riqueza possibilita a constituição de uma força naval, que por sua vez propicia o aparecimento de conceitos aparentados com o que hoje chamamos de "projeção de forças" e de "geoestratégia".

A sequência da narrativa de Tucídides deve ser buscada nas *Helênicas* de Xenofonte (por volta de 430-355), que abrangem os anos 410-362. (O mesmo título é convencionalmente dado à obra de um anônimo, conhecida através de papiros provenientes do sítio egípcio de Oxirrinco; tratava do mesmo período e parece mais bem elaborada, mas restam apenas algumas páginas.) Xenofonte, proveniente da aristocracia ateniense, foi discípulo de Sócrates e fala sobre ele em diversos opúsculos (*Apologia de Sócrates*, *Memorabilia*). Seu feito pessoal mais valoroso foi ter se juntado à expedição de Ciro o Jovem com os Dez Mil, chegando a tornar-se um de seus chefes (*Anábase*). A aventura aproximou-o dos lacedemônios, aos quais se aliou. Apesar de reconciliado com Atenas no final da vida, aparentemente não voltou a ela para terminar seus dias. Sua obra, frequentemente moralizante, está impregnada de filolaconismo (amizade pelos lacônios) e dá uma imagem parcialmente idealizada de Esparta (*Constituição dos lacedemônios*, *Agesilau*). Também devemos a Xenofonte diversos tratados técnicos: *Ciropédia* (sobre a educação), *Comandante de cavalaria*, *Econômico* (arte de administrar uma casa de família), *Pôroi* (fontes de renda públicas) etc. (cf. *infra*, cap. 18).

As obras de um grande número de historiadores do século IV hoje estão perdidas ou são conhecidas por alguns fragmentos reunidos no colossal *corpus* comentado de F. Jacoby, *Die Fragmente der griechischen Historiker* [Os fragmentos dos historiadores gregos]. Foram utilizadas pelos autores posteriores, principalmente Diodoro da Sicília, Estrabão, Plutarco, nos quais os especialistas da *Quellenforschung* (pesquisa das fontes) tentam com mais ou menos sucesso

Introdução

rastreá-las. Podemos citar: Ctésias de Cnido, que no início do século passou vários anos na corte aquemênida e compôs uma *História da Pérsia* (*Persikấ*); Éforo de Cima (Eólida), autor da primeira história universal, desde o "retorno dos heráclidas" (*infra*, caps. 5 e 6) até o reinado de Filipe II (parte prosseguida por seu filho Demófilo e em seguida pelo ateniense Diilo); Teopompo de Quios, autor das prolixas *Filípicas*, sobre Filipe II, com ênfase nos elementos psicológicos e morais; os historiadores de Alexandre, como Calístenes, sobrinho de Aristóteles executado pelo rei em 327, o almirante Nearco, o general Ptolomeu, fundador da dinastia lágida, Aristóbulo e Clitarco (*infra*, caps. 17 e 19); por fim a história local, representada em Atenas pelos atidógrafos, entre os quais Filócoro, e na Sicília por diversos atores políticos da época, como Filisto de Siracusa.

Ao período seguinte, em que se sobrepõem novas cronologias gerais (cf. a crônica inscrita no "Mármore de Paros"[1], os trabalhos de Eratóstenes etc.) e em que surge o hábito de referir-se às Olimpíadas (ponto de partida correspondente ao nosso ano 776 a.C.), pertencem outros historiadores sacrificados pela tradição filológica, tais como: Jerônimo de Cárdia, do círculo antigônida e autor de uma *História dos diádocos*; o siciliano Timeu de Tauromínio, que escreveu em Atenas uma história do Mediterrâneo ocidental muito criticada por Políbio; ou ainda Dúris de Samos, formado na escola peripatética (Teofrasto) antes de tornar-se tirano em sua pátria e escrever uma história que vai de Filipe da Macedônia até Pirro (Pyrrhos), com grande inclinação para os efeitos dramáticos.

Mas o maior historiador da época helenística, considerado também o melhor especialista do gênero depois de Tucídides, é Políbio (por volta de 200-120), filho de Licortas, estratego da confederação aqueia, da qual ele próprio foi hiparca (chefe da cavalaria: *infra*, caps. 21-22). Embora de um partido neutro, em 167 foi deportado para Roma com outros dignatários aqueus e nela se tornou um dos animadores do "círculo dos Cipiões". Integrou-se tão bem que foi empregado pela República, participando da guerra contra Cartago em 146 e depois auxiliando na provincialização da Acaia. Convencido da superioridade política e militar de Roma, Políbio narra as etapas do estabelecimento da dominação romana, que considera como um resultado inevitável da história universal. Pois realmente uma pretensão universal fica patente nos 40 livros de suas *Histórias*, dos quais só uma parte chegou até nós. Neles são relatados os acontecimentos que vão de 264 a 146, ano que marca uma viravolta na história política da Grécia europeia – matéria enorme, que privilegia as questões de método (cf. as críticas a seus antecessores) e a busca racional das causas, ainda que um papel importante seja atribuído à

---

1. Cf. J.-M. Bertrand, *Inscriptions historiques grecques*, 1992, nº 1.

Fontes, métodos e desafios da história grega

Týkhe (Tique, a Fortuna), mas também à geografia, às instituições políticas, à estratégia e à tática em todos os teatros de operações. Digno herdeiro de Heródoto e de Tucídides, Políbio tem além disso uma percepção aguda e inovadora de que a história mediterrânea passa a formar um corpo orgânico (*somatoeidés*) cujos diferentes aspectos estão estreitamente entrelaçados (*symploké*). É interessante compará-los com os livros correspondentes da obra *Ab Urbe Condita**, de Tito Lívio (nascido por volta de 60 a.C.), frequentemente muito inspirados em Políbio mas apresentando os fatos sob uma luz mais favorável a Roma; esta outra obra monumental (142 livros) foi resumida por vários autores, entre os quais Floro (*Epitomé* [Epítome], talvez composta nos anos 130 d.C.).

Dois autores se destacam no final da época helenística. Diodoro da Sicília (por volta de 90-30) viajou muito e recorreu a grande número de fontes para escrever uma história universal intitulada *Biblioteca histórica*, em 40 livros; destes, chegaram até nós os cinco primeiros (período mítico) e os livros XI-XX (anos 480-302), bem como alguns fragmentos ou resumos dos volumes faltantes. Durante muito tempo Diodoro foi criticado devido a defeitos evidentes (pobreza de pensamento, desordem na composição, lacunas, confusões cronológicas etc.); hoje chega a ser reavaliado pelos especialistas, que nele encontram informações úteis. Já a obra de Estrabão (por volta de 64 a.C.-25 d.C.), um grego do Ponto, tem uma amplitude diferente. Estrabão compôs uma *História* que complementava a de Políbio e que se perdeu; o mesmo não aconteceu com sua *Geografia* em 17 livros, dos quais os dois primeiros constituem uma espécie de preâmbulo metodológico, enquanto os 15 seguintes descrevem a terra habitada (*oikouméne*), da Europa à África, passando pela Ásia. Viagens numerosas alimentaram seus escritos (ver a inigualável descrição de Alexandria), mas Estrabão também compilou muitos autores (cf. suas alusões críticas ao massaliense Píteas) e oferece muitos e valiosos *excursus* históricos. Igualmente, muitas informações podem ser colhidas aqui e ali naqueles que se convencionou chamar de "geógrafos menores" de épocas diversas (Pseudo-Cílax, Pseudo-Cimnos, portulanos etc.).

Entretanto, o leitor deve manter na mente a defasagem cronológica existente entre autores como Diodoro e Estrabão e boa parte de seus assuntos – defasagem maior na época imperial, que por sua vez também motiva uma produção histórica intensa: por exemplo, decorreram mais de sete séculos entre Sólon e a *Vida* que Plutarco escreve sobre ele (*infra*, cap. 9). Por isso, torna-se ainda mais necessário procurar compreender como trabalhavam esses autores que dispunham de mais instrumentos do que nós mas não estão a salvo de anacronismos.

---

* Literalmente, "Desde a fundação da cidade", em geral publicada como *História de Roma*. (Nota do R. T.)

Introdução

Flávio Josefo (nascido por volta de 37 a.C.) é um aristocrata judeu, membro da família dos asmoneus (*infra*, cap. 23). A adesão a Roma conquista-lhe o favor de Vespasiano e a cidadania romana. É em Roma que escreve seus livros, inclusive *Antiguidades judias* e *Guerra dos judeus*, em grego, ricos em informações sobre o Levante na época helenística; inspira-se no autor pagão Nicolau de Damasco (nascido por volta de 64 a.C. e ligado a Herodes), bem como no primeiro *Livro dos macabeus* (fim do século II, assim como o segundo livro).

Plutarco de Queroneia (por volta de 46-126) descendia de figuras notáveis da Beócia e recebeu uma formação filosófica marcada pelo platonismo. Viajou muito; em Roma, frequentou as esferas do poder, sob os flavianos. Mas é conhecido principalmente por ter sido sacerdote de Apolo em Delfos, o que lhe proporcionou matéria para três tratados délficos (*Sobre o E no templo de Delfos* etc.). É autor de *Obras morais* também ricas em anedotas (*Sobre a tagarelice*, *Sobre a malignidade de Heródoto* etc.); mas é útil ao historiador principalmente por suas *Vidas paralelas*, biografias emparelhadas associando grandes homens da história grega e da história romana (por exemplo, Alexandre e César). Embora o objetivo seja mais moral do que histórico e a informação seja desigual, constituem um volumoso reservatório de dados para o historiador e além disso são de leitura agradável; por esses dois motivos, Plutarco esteve muito em voga no Renascimento, que redescobriu a Antiguidade (cf. a tradução de Amyot). No século I a.C. o gênero biográfico já fora praticado, com as mesmas preocupações moralistas mas com muito menos fôlego, por Cornélio Nepos, frequentador do círculo de Cícero (*Vidas de homens ilustres*, em latim).

Arriano da Nicomédia, nascido por volta de 90 numa família que recebera a cidadania romana, foi aluno do estoico Epiteto. Como outros notáveis do Oriente grego, assumiu a serviço do Império muitos cargos no exército e na administração, principalmente o de governador da Capadócia entre 131 e 137. Sua grande obra é *Anábase* (Arriano tem como modelo Xenofonte), que trata da expedição de Alexandre e na qual recorre a autores mais antigos, especialmente ao diádoco Ptolomeu, bem como às tradições políticas de sua época e à sua formação estoica. O mesmo tema já fora utilizado por Quinto Cúrcio (Quintus Curtius Rufus, talvez originário da Narbonesa; fez carreira militar e política no século I d.C.): sua *História de Alexandre o Grande*, em latim, alimenta-se em fontes helenísticas.

Apiano de Alexandria (por volta de 90-165) também tinha cidadania romana e foi procurador. Sua *História romana*, escrita em grego, segue um plano original em 24 livros, sobre os sucessivos adversários de Roma. Interessam-nos particularmente os livros IX (*Guerras da Macedônia* e *Guerras da Ilíria*), XI (*Guerras da Síria*), XII (*Guerras de Mitridates*), XIII-XVII (*Guerras civis*), desigualmente conservados. A obra, que ressalta a superioridade de Roma sobre todos os rivais e também a diversidade de seu império, é valiosa para a época helenística.

Com sua *Descrição da Grécia* (ou *Periégesis* [Periegese]), em dez livros, redigida basicamente no terceiro quarto do século II, Pausânias guia-nos numa visita erudita e apaixonante ao Peloponeso e à Grécia central, ornamentando a descrição dos sítios com informações históricas ou mitológicas tiradas de fontes diversas. Seu testemunho continua primordial para a identificação dos vestígios encontrados pelos arqueólogos, ainda que estes às vezes esbarrem em sérias dificuldades para fazer as indicações de Pausânias coincidirem com o que descobrem; mas, de qualquer forma, sua obra é uma mina de dados. O mesmo acontece com coletâneas eruditas mais tardias, como *Deipnosophistaí* [O banquete dos sofistas], de Ateneu (primeira metade do século III). Mais modestos, os *Estratagemas* de Polieno (oito livros publicados em 162) são uma coleção de pequenas narrativas de cunho militar.

A *História romana*, do bitínio Díon Cássio, escrita em grego na época dos Severos (fim do século II – início do século III), interessa-nos principalmente pelas páginas sobre os episódios orientais das guerras civis do século I a.C.

Possivelmente no século IV d.C., Justino resume a monumental *História filípica* do gaulês Trogo Pompeu, contemporâneo de Augusto e que conhecemos também por sumários (*Prólogos*), tudo em latim. Trata-se de uma história universal, resumida muito desigualmente, que privilegia o Ocidente e o desmantelamento do império macedônico por Roma, potência que se mostra superior a todas as que a precederam. Justino é uma valiosa fonte adicional principalmente sobre Marselha, o reinado de Filipe II e a época helenística.

Outros autores

Naturalmente privilegiados, os historiadores antigos não são os únicos autores a alimentar as pesquisas de seus sucessores atuais: pouco ou muito, todas as obras literárias da Antiguidade trazem seu lote de informações. Isso evidentemente acontece com os períodos anteriores ao aparecimento do gênero histórico mas nos quais a literatura já produz suas maiores obras-primas, como os poemas de Homero e de Hesíodo, perpetuamente revisitados pelos especialistas na época micênica e principalmente nas "idades obscuras" e nos séculos VIII-VII (*infra*, caps. 6 a 8). O engajamento militar e político dos líricos, como Tirteu em Esparta ou Alceu de Lesbos e Teógnis de Mégara (séculos VII-VI), também dá matéria para comentários; por exemplo, é em Alceu que se encontra uma das mais antigas definições de cidade – que, segundo ele, na prática se identifica com os cidadãos-soldados capazes de garantir sua defesa. A partir da época clássica, e não apenas para os períodos não abrangidos pelas obras históricas que chegaram até

Introdução

nós, outros gêneros constituem fontes apreciáveis. Assim, um dos testemunhos mais confiáveis e mais precisos para se reconstituir a batalha de Salamina é fornecido pelo autor trágico Ésquilo (cerca de 525-455), que nela lutou, em *Os persas* (472). Da mesma forma, as comédias de Aristófanes (cerca de 450-385) e de Menandro (fim do século IV) oferecem esclarecimentos inestimáveis sobre a opinião pública, a sociedade e diversas práticas da Atenas da época; e é em Teócrito que se encontra a descrição mais viva de Alexandria sob Ptolomeu II, enquanto os sainetes dos *Mimos* de Herondas nos transportam principalmente para a sociedade de Cós ou de Éfeso no século III (*infra*, cap. 23).

Os filósofos, como o ateniense Platão (por volta de 428-347) e Aristóteles de Estagira, na Calcídica (384-322), alimentam suas reflexões com exemplos extraídos da realidade passada ou presente e sua contribuição não se limita à história das ideias; a escola de Aristóteles chega a praticar com sucesso o gênero histórico, como atesta a insubstituível *Constituição dos atenienses* (tradução convencional, mas imprópria, de *Athénaion politeía*), que nos faz lamentar profundamente a perda de todos os volumes sobre as outras cidades. Além disso, tanto um como outro foram, em certa medida, atores de seu tempo: Platão, por seu reiterado e infeliz comprometimento com os tiranos de Siracusa (*infra*, cap. 14); Aristóteles, não tanto por ter sido preceptor de Alexandre (343-340) como pela influência que suas ideias exerceram, principalmente sobre um Demétrio de Falero, que as colocou em prática em Atenas e Alexandria; mais globalmente, seu procedimento enciclopédico está em compasso com as evoluções em curso e reflete-se na universalidade da conquista macedônica e da civilização helenística (*infra*, cap. 23). Durante muito tempo, a Academia, fundada por Platão em 387, e o Liceu, sede da escola de Aristóteles a partir de 335 – também chamada de "peripatética", porque seus membros tinham o hábito de conversar caminhando (*peripateîn*, em grego) –, estarão entre os mais ilustres ornamentos de Atenas.

Mas é principalmente com a eloquência judiciária e política que a produção literária melhor se insere na história, especialmente em Atenas, onde o jogo democrático, baseado na *isegoría* (igualdade de palavra) e na *parrhesía* (liberdade de palavra), estimulou o desenvolvimento da retórica (*infra*, cap. 9)[2]. Entre os que se convencionou chamar de "oradores áticos" há atenienses, como Andócides no final do século V, Hipérides e Licurgo no século IV, mas também metecos (estrangeiros domiciliados) como Lísias de Siracusa e Iseu (de Cálcis, na Eubeia?). Isócrates, nascido em 436 – ou seja, pouco antes da guerra do Peloponeso – e morto logo após Queroneia (338), viveu quase cem anos, porém foi mais uma testemunha do que um ator de

---

2. Ver L. Pernot, *La Réthorique dans l'Antiquité*, Le Livre de Poche, "Références", nº 553, 2000.

sua época, a não ser pela influência que sua escola de retórica exerceu. Em contrapartida, de um lado, a disputa a distância entre Demóstenes (384-322) e Filipe da Macedônia e do outro lado o duelo entre esse mesmo Demóstenes e Ésquines (nascido por volta de 390) marcam o período crucial dos anos 350-336 aproximadamente: ainda que, entre as alegações dos dois partidos, nem sempre seja fácil entender as circunstâncias, arengas e discursos dão ao historiador de hoje mais material do que a magra narrativa de Diodoro (*infra*, cap. 16). Para encerrar, mencionaremos os tratados técnicos, como a *Poliorcética* do arcadiano Eneias o Tático (primeira metade do século IV), que explica como oferecer a melhor resistência a um cerco, ou os opúsculos de Xenofonte acima citados.

Outras fontes escritas

Inscrições e papiros – são dezenas de milhares conservados – constituem uma mina de informações inesgotável, pois é constantemente enriquecida pelas escavações ou por descobertas casuais, requerendo portanto uma atualização regular de nossos conhecimentos.

A epigrafia, cujo maior mestre no século XX foi o francês Louis Robert, estuda as inscrições (tabuinhas em argila micênicas, vasos inscritos, monumentos e estelas em pedra, folhas e estelas em bronze, lâminas em ouro) produzidas desde a Idade do Bronze até a época imperial (e mesmo bizantina), com uma lacuna durante as "idades obscuras" (*infra*, cap. 6) mas com notável frequência a partir do século IV e ao longo da época helenística. Já desde Heródoto os estudiosos da história antiga exploram esses documentos, tanto privados (dedicatórias, cartas sobre chumbo, objetos com inscrições, epitáfios etc.) como principalmente públicos: óstracos (*óstraka*, cacos de cerâmica usados sobretudo para o ostracismo em Atenas e que devem ser distinguidos dos *óstraka* do Egito lágida, que portam documentos de natureza diferente e pertencem à papirologia), dedicatórias, regulamentos religiosos, tratados de paz ou de aliança, convenções diversas, contas de grandes canteiros de construção, leis e decretos (especialmente os decretos em honra de algum indivíduo merecedor e cujos considerandos revelam detalhes do cotidiano às vezes relacionados com acontecimentos importantes) etc. Esta última categoria é a que dá as informações mais ricas (religião, instituições, economia, sociologia, prosopografia, isto é, estudo das pessoas, de suas famílias e carreiras). Essas informações podem ocasionalmente ser reforçadas com as indicações dos autores ou, ao contrário, vêm complementar as lacunas destes. De fato, tais documentos apresentam a grande vantagem de chegar a nós sem intermediários e de fazerem-nos entrar no cotidiano das comunidades que os produziram, às vezes muito modes-

Introdução

tas: enquanto Atenas e as grandes cidades, com a notável exceção de Esparta, restituem uma epigrafia abundante, muitas outras, sobre as quais os autores são pouco eloquentes e mesmo mudos, só são conhecidas por meio das inscrições. Inversamente, por falta de inscrições, ignoramos hoje o estatuto de uma cidade tão importante como Mileto entre 197 e 190 aproximadamente – período de transição na Ásia Menor. Mas a exploração desses textos, que frequentemente nos chegam mutilados, não se faz sem dificuldade: leitura, reconstituição das partes faltantes (possível se não forem muito extensas, devido ao caráter jurídico e portanto relativamente estereotipado das fórmulas), datação, interpretação etc. Convém lembrar que decretos, leis etc. não devem ser vistos como arquivos. Estes eram feitos de materiais perecíveis (papiro, pergaminho etc.) e conservados em lugares específicos, como o *bouleutérion* (local do Conselho, *Boulé*) ou o Metroon (santuário da Mãe dos Deuses) na ágora de Atenas etc. Apenas certas peças eram consideradas bastante importantes para serem gravadas na pedra ou no bronze e colocadas "no local mais visível": ágora ou santuário. Isso podia contribuir para a publicidade das decisões, embora quase sempre uma proclamação ou um anúncio temporário em painéis de madeira pintados fosse requerido com esse objetivo – visando principalmente a dar-lhes perenidade.

A papirologia apresenta muitas características em comum com a epigrafia, sobretudo o paciente trabalho de decifração e estabelecimento do texto. Nesse caso, ele às vezes é recomposto a partir de retalhos dispersos em várias coleções, antes de ser possível extrair-lhe uma interpretação e informações analisáveis. O papiro era utilizado em toda parte como suporte de arquivos; mas foi principalmente graças ao clima seco do Egito que se encontraram quantidades consideráveis dele, em depósitos de arquivos, no sítio de antigos depósitos de lixo ou reutilizados como embalagem de múmias (como em Filadélfia na Lídia ou em Tebtúnis no Fayum). Costuma-se distinguir dois tipos de papiro, de acordo com seu conteúdo. De um lado, os papiros literários: na grande maioria, extratos de poemas homéricos, o que permite avaliar a difusão e a popularidade daquelas obras, mas também peças como as *Helênicas* em Oxirrinco e a *Constituição dos atenienses*, já mencionadas acima, ou como *Dýscolos* (*O irascível*), de Menandro. Do outro lado, os papiros documentais, em grego ou em demótico (egípcio "popular"), que interessam principalmente ao historiador do Egito lágida (*infra*, caps. 22-23). Dois grandes conjuntos estão razoavelmente acessíveis nas publicações modernas: as ordenações régias, hoje reunidas em *corpus*, e uma parte dos arquivos de Zênon. Estes abrangem um período que vai de 261 a 229; contêm papéis pessoais e principalmente documentos referentes à administração das propriedades (*doreá*) de Apolônio, dieceta de Ptolomeu II, da qual Zênon ficou encarregado, em Filadélfia, no Fayum, em meados do século III. Outras informações provêm de lotes de arquivos familiais ou de dossiês como os de Menques, comogramata (secretário de aldeia, *kóme*) em Cerceosíris, no Fayum (por volta de 110). Esses documentos trazem informações inestimáveis nas mais variadas áreas, mas aqui enfatizaremos especialmente seu excepcional interesse para a vida cotidiana e para a história social e econômica. Alguns são absolutamente notáveis, como aquela ordenação de 33 a.C. que concede diversos privilégios fiscais a Públio Canídio, general de Marco Antonio, e que termina com um "que assim seja" (*gignésthoi*) que pode muito bem ter sido escrito pela mão da última rainha lágida, a grande Cleópatra[3].

Arqueologia

A arqueologia é entendida aqui como o estudo das fontes materiais, por oposição às fontes escritas. Estas mantêm para o historiador uma primazia indiscutível: basta lembrar a reviravolta que a decifração das tabuinhas em linear B representou para a compreensão do mundo micênico (*infra*, cap. 5), ou pensar que o Tolo, às vezes considerado o mais belo monumento de Delfos, continua resistindo à interpretação, por falta de uma inscrição ou do testemunho de algum autor antigo que explique sua finalidade (foto da capa). Mas é preciso não esquecer que a arqueologia é que desencava a maioria das inscrições, papiros e moedas – que não são objetos mudos (cf. abaixo) – e que ela é insubstituível para os períodos que não fornecem textos (cf. as "idades obscuras", *infra*, cap. 6). Monumentos e objetos já eram utilizados por Heródoto e não escaparam à reflexão metodológica de Tucídides. Mas, a exemplo dos colecionadores da Roma imperial, durante muito tempo a disciplina continuou a ser o passatempo dos "antiquários". No século XIX foram criados em Atenas os estabelecimentos arqueológicos estrangeiros, com a Escola Francesa (École françaisc, 1846) na linha de frente e, seguindo de perto Heinrich Schliemann (Troia e Micenas), realizaram-se as escavações espetaculares de Olímpia, Delfos, Delos, Cnossos, cuja restauração se deve a sir Arthur Evans, etc. É impossível examinar aqui todos os aportes de uma disciplina ocasionalmente entravada por árduos debates metodológicos – basta lembrar a "*New Archaeology*" e seus detratores a partir dos anos 1960 – e cujas exigências científicas são cada vez maiores (escavação estratigráfica, métodos de prospecção geofísica, fotografia aérea, paleobotânica, arqueologia submarina etc.). Em grande parte, é nela que se apoia nosso conhecimento do urbanismo antigo (colônias da época arcaica, Priena e Pérgamo helenísticos), das práticas funerárias (necrópoles), das trocas comerciais (qualidade,

---

3. P. van Minnen, "An Official Act of Cleopatra (with a Subscription in her Own Hand)", *Ancient Society*, 30, 2000, pp. 29-34.

Introdução

quantidade e difusão dos objetos e dos materiais), das técnicas artesanais (cerâmica, estatuária, arquitetura etc.) e agrícolas (lagares), do aspecto e da exploração das terras (prospecções e coletas de amostras), dos regimes alimentares e da cultura material em geral. A pesquisa contemporânea se interessa particularmente por estes últimos temas (produção, trocas, consumo), de tal modo que nossa percepção do cotidiano vem sendo notavelmente renovada de algumas décadas para cá. Além disso, o solo da Grécia e, talvez mais ainda, os da Turquia e do Egito concedem regularmente descobertas espetaculares ou emocionantes: por exemplo, foi encontrada a sepultura daqueles dois polemarcas lacedemônios sobre os quais Xenofonte nos diz que foram atacados com flechas e dardos pelas tropas ligeiras de Trasíbulo nos combates do Pireu em 403: além de serem identificados pela inscrição funerária, um esqueleto tinha uma ponta de lança no lado e o outro, duas pontas de flecha na perna (cf. *Helênicas* II 4, 31-34; *infra*, cap. 13). Hoje mesmo, em Creta, um novo palácio minoico está saindo da terra (*infra*, cap. 4).

O estudo dos monumentos e objetos desenterrados interessa prioritariamente à história da arte, mas as cenas pintadas nos vasos também trazem seu lote de informações sobre a sociedade, os cultos religiosos etc. A hibridação cultural entre os meios grego e egípcio sob os lágidas é avaliada principalmente nos motivos dos monumentos funerários, e a interpretação de programas iconográficos, como os da Acrópole pericleana e da Pérgamo atálida, ajuda a compreender melhor as intenções dos financiadores. O estudo dos estilos permite avaliar a influência e o raio de ação de uma determinada escola e portanto da cidade que a sedia, ainda que seja necessária uma atenção constante para não cair num excesso ou no outro, cuidando de conservar o equilíbrio entre aspectos políticos, econômicos, artísticos etc.

Se há um objeto representativo do alto grau de técnica e de erudição exigido pelas disciplinas que contribuem na investigação histórica, esse objeto é a moeda, que porta imagens e texto (legenda com o étnico da cidade, o nome do rei ou do "monetário" responsável pela emissão etc.) e possibilita análises qualitativas e quantitativas. A moeda – rodela metálica colocada a quente entre dois cunhos gravados que nela imprimem sua marca com uma batida de martelo – difunde-se a partir do século VI (*infra*, cap. 8). Ela se presta ao comentário iconográfico e ajuda a estabelecer a cronologia e a geografia (localização das cidades de acordo com os lugares de descoberta). Também informa sobre os contextos político e econômico, pelo estudo dos cunhos sucessivos, pela avaliação do número de moedas batidas (a partir dos mais sofisticados cálculos de probabilidades), pelo estudo dos pesos e do quilate (ativação por nêutrons rápidos, isótopos de chumbo) e pelo estudo da circulação monetária (principalmente a partir dos "tesouros" enterrados em situações de urgência). A numismática, durante muito tempo marginal e praticada unicamente pelos colecionadores, hoje se tornou essencial para a história do mundo grego antigo; oferecendo uma espécie de síntese dos métodos que essa história põe em prática, contribui também para abrir-lhe novas perspectivas.

Problemas e orientações atuais

Este inventário mostra que a principal dificuldade para o historiador da Grécia antiga consiste em dominar matérias tão vastas e tão complexas. De fato, a relativa raridade das fontes implica solicitar todos os tipos de dados, mesmo quando se encontram muito dispersos em publicações frequentemente pouco acessíveis e contendo estudos com um altíssimo nível de especialização. Portanto, muitas vezes a exigência de exaustividade se vê derrotada ou rapidamente ameaçada de obsolescência. Os autores antigos constituem um conjunto se não definitivo pelo menos pouco renovado: a descoberta sensacional de um inédito como a *Constituição dos atenienses* de Aristóteles – encontrada no final do século XIX no verso de um papiro contendo as contas de um pequeno proprietário do Egito nos anos 70 d.C. – é muito rara. Mas as inscrições, os papiros documentais e o material arqueológico multiplicam-se e renovam-se constantemente, ao compasso das escavações planejadas ou emergenciais (escavações ditas "de salvamento", como a que, em Tebas, recentemente restituiu um grande lote de tabuinhas em linear B, de enorme interesse). Por outro lado, o estudo desses elementos novos, frequentemente muito complexo e minucioso, pode demandar um longo tempo e com isso sua publicação demora a acontecer, o que protela proporcionalmente o aproveitamento que o historiador pode obter deles. Portanto, o andamento da disciplina é ininterrupto, mas raramente tão rápido quanto se desejaria.

Além disso, a especulação é ampla, pois a falta de documentos gera mecanicamente as hipóteses; e chega a ser impressionante constatar que frequentemente a produção científica é inversamente proporcional à quantidade e à qualidade dos dados disponíveis (cf. o extraordinário enigma que o fim do mundo micênico constitui ainda hoje). Esse procedimento é inevitável e a subjetividade que o alimenta traz enriquecimento para todos, contanto que a expressão se coadune com as incertezas e as carências de informação, vindo acompanhada das indispensáveis marcas de dúvida. Portanto, modéstia e prudência são obrigatórias, principalmente com relação às épocas mais distantes, em que faltam documentos escritos mas, paradoxalmente, as considerações linguísticas retrospectivas se mostram primordiais (*infra*, caps. 3 e 5-6). Aliás, a mesma reserva vale para os períodos mais bem documentados, pois os textos podem passar uma mensagem mais ambígua do que um túmulo ou um hábitat bem conservado e bem explorado. Não é raro a mesma passagem de um autor ou um mesmo conjunto de dados muitas

Introdução

vezes revisitado suscitar comentários contraditórios e gerar interpretações revisadas. Nessa perspectiva, o "argumento do silêncio" é de manuseio particularmente delicado: um eclipse na documentação deve ser atribuído ao mau estado geral em que ela chegou até nós, ou deve-se deduzir que o comportamento, a instituição, o grupo humano em questão não existe mais?

Às vezes, um novo questionamento é que vem renovar o debate, como o que é implementado pela etnologia e pela antropologia estruturalista, que abriram novos campos de investigação, especialmente no que se refere aos comportamentos sociais e religiosos. No entanto é preciso cuidado para não nos extraviarmos num comparatismo descabelado, com risco de perdermos de vista o aporte tão particular da civilização que nos interessa. Nesse aspecto, convém também evitar outro defeito, o anacronismo. Evidentemente, temos de constatar e reconhecer a imensidade da dívida contraída para com os gregos, em quase todas as áreas. Em decorrência disso, as comparações entre suas práticas e as nossas são tentadoras e mesmo inevitáveis, visto que há nisso um artifício pedagógico que já se mostrou eficaz: afinal de contas, um historiador tão sério como Tucídides incita-nos a tirar partido dessas "aquisições para sempre". Muitos conflitos, comportamentos, evoluções, especialmente na época helenística, evocam irresistivelmente nosso próprio mundo. Entretanto, também é preciso desconfiar de certas impressões de modernidade, em parte ilusórias, e constantemente procurar devolver a cada período seu sabor particular, seus interesses, suas representações, sob pena de deixar escapar o que constitui sua originalidade e singularidade.

Desse ponto de vista, o nivelamento ameaça de dois lados. Em primeiro lugar, não devemos perder de vista que, entre o século VI e o reinado de Alexandre Magno, uma proporção esmagadora de nossa documentação provém de Atenas ou a ela se refere, enquanto Esparta e Tebas dividem as migalhas. É durante o arcaísmo – mas então as fontes são pobres e frequentemente somos obrigados a extrapolar a partir de dados posteriores – e principalmente na época helenística que podemos avaliar a profusão criadora e a diversidade do helenismo e das mais de mil cidades ou ligas e outras estruturas que o compõem. Em segundo lugar, se convém marcar as diferenças entre os gregos da Antiguidade e nós, também é um fator capital perceber as evoluções e mesmo as rupturas no próprio interior dos diferentes momentos da história antiga. Podemos ser sensíveis às continuidades, às vezes muito densas, especialmente no âmbito religioso. Por exemplo, é significativo que a construção de um templo sirva como revelador da passagem para o estágio político (nascimento da cidade) para alguns especialistas da época arcaica, e que no final do século III e no início do século II ela ainda seja um sinal da prosperidade e do orgulho das cidades da Ásia Menor, servindo-lhes para reafirmar sua identidade. Portanto, o mesmo modo de avaliação é válido com vários séculos de intervalo. Inversamente, nem sempre é fácil detectar as linhas de fratura: por exemplo, as "idades obscuras" vão sendo confinadas num lapso de tempo cada vez menor, à medida que a arqueologia avança e que a pesquisa faz o alfabeto envelhecer; por exemplo, é bastante difícil dividir e analisar o século IV, entre segundo classicismo e época helenística, com a batalha de Queroneia (338) ou o reinado de Alexandre como eixo; por exemplo, os especialistas discutem sobre a conveniência de uma distinção entre "alta" e "baixa" época helenística, cuja fronteira cronológica, aliás, se move de acordo com a região, especialmente no âmbito cívico. Teriam os contemporâneos da guerra do Peloponeso (431-404) percebido a unidade desta como Tucídides a evidenciou tão bem?

Precisamente, se existe um canteiro de trabalho permanente, é o da cronologia: daí o grande número de datas acompanhadas de um *ca* (abreviação do latim *circa* = "cerca de, por volta de"). Para uma data estabelecida com precisão graças a um feliz sincronismo astronômico devidamente consignado pelos autores (cf. a batalha de Coroneia, pouco depois do eclipse solar de 14 de agosto de 394; ou a de Pidna, no dia seguinte ao eclipse lunar que ocorreu na noite de 21 para 22 de junho de 168), quantas incertezas! Elas aumentam naturalmente à medida que remontamos no tempo: na Idade do Bronze (*infra*, caps. 3 a 5), dar uma data absoluta, como decidimos fazer aqui para comodidade do leitor, hoje beira a inconsciência. Ainda na época arcaica, meio século de variação, se não mais, é comum (cf. as guerras da Messênia, *infra*, cap. 9)[4]. As aproximações continuam mais tarde, especialmente durante a *pentekontaetía* (*infra*, cap. 11) e no século III (*infra*, cap. 19): basta pensar no ano do arcontado de Polieucto em Atenas (antigamente situado em 246/5, hoje mais em 250/49) – aparentemente um mero detalhe, mas em função do qual dezenas de inscrições, e portanto outros tantos acontecimentos, poderiam deslocar-se alguns anos, devido à correspondência com um ciclo agonístico (concurso das Sotérias, celebrado em Delfos seguindo um ritmo trietérico e depois pentetérico, ou seja, cada dois anos e depois cada quatro anos). Tudo isso requer uma investigação paciente e minuciosa, frequentemente austera, às vezes dependente da descoberta de um novo documento (fragmento de inscrição etc.) que virá confirmar ou desmentir a pertinência de uma restituição ou de uma reconstituição. Mas essa é a preliminar indispensável para quem quiser restabelecer o encadeamento dos fatos e propor a análise mais fina possível dos acontecimentos.

Devido à natureza da documentação disponível, alguns aspectos são mais bem conhecidos que outros; por exemplo, o que tem relação com os campos religioso e político. Por falta de estatísticas, o âmbito quantitativo, especialmente a demografia e a economia, é que sofre as

---

4. Ver, por exemplo, a obra de P. J. Shaw, *Discrepancies in Olympiad Dating and Chronological Problems of Archaic Peloponnesian History*, *Historia Einzelschriften*, 166, 2003, com a resenha de N. Richer "L'histoire péloponnésienne archaïque: problèmes chronologiques. À propos d'un livre récent", *L'Antiquité classique*, 74, 2005, pp. 267-73.

Introdução

carências mais graves. Na melhor das hipóteses, possuímos apenas ordens de grandeza ou informações pontuais que proíbem toda e qualquer generalização. Mesmo as unidades de medida dos antigos nem sempre são convertidas com precisão; por exemplo, recentemente se percebeu que em Atenas, no século IV, um medimno (medida de capacidade para os sólidos, valendo pouco menos de 52 litros) equivalia em peso a pouco mais de 31 quilos de trigo e não a 40, como se pensava (cerca de 27 quilos para a cevada). Quanto à nossa percepção do comércio de longo curso, sobretudo na época arcaica, ela continua excessivamente dependente dos achados de cerâmica. Isso porque é o material que se conservou melhor; mas mesmo essa área comporta numerosas incógnitas e dificuldades de interpretação (proveniência, conteúdo dos vasos, identidade dos produtores e transportadores, volume e sociologia das trocas etc.). Essa documentação excessivamente parcial e redutora suscita inevitavelmente debates metodológicos, como o que opôs os "modernistas", que interpretam a economia antiga de acordo com os mecanismos modernos do capitalismo e do mercado monetarizado (E. Meyer, M. Rostovtzeff), e os "primitivistas", que a classificam como primitiva e subordinada à política (M. I. Finley). Pouco a pouco vai se fazendo uma síntese entre as diferentes correntes. Insiste-se principalmente na lentidão dos avanços técnicos (embora também esse ponto recentemente venha sendo objeto de avaliações mais sutis e se tenha descartado uma ligação com a escravidão), na primazia da noção de subsistência e na primazia da fiscalidade (cf. os selos em relevo com que eram marcadas algumas séries de ânforas, sobre os quais os estudos vêm se multiplicando há algum tempo e que poderiam corresponder à arrecadação de uma taxa sobre a produção dos vasos). Mas se enfatiza também que comportamentos dignos de nota emergem aqui e ali, como o desenvolvimento da economia monetária e das atividades comerciais. Paralelamente, estudos recentes reavaliam a participação da escrita nos negócios e na vida diária em geral. Como se pode ver, muito resta a fazer e a aprender sobre todas essas coisas antigas.

Capítulo 2

PRINCIPAIS CARACTERÍSTICAS GEOGRÁFICAS

A história é filha da geografia. Assim, Heródoto, que desde Cícero é reconhecido como o pai da disciplina, parece ter como principal referência Hecateu de Mileto, que aparentemente era mais geógrafo do que historiador, e ele mesmo destina uma parte considerável de sua obra a observações de ordem geográfica. Eratóstenes, que no século III renova a cartografia ao mesmo tempo que se dedicava a uma cronologia universal, Políbio no século seguinte e depois Estrabão no início da época imperial perpetuam essa tradição (capítulo anterior e *infra*, cap. 23). Imitando os antigos, que consideravam que o conhecimento dos tempos incluía o dos lugares, vamos percorrer rapidamente o país grego, limitado aqui à sua célula original, a bacia egeia, para tentarmos compreender melhor sua história.

Relevo e clima

O fato mais marcante é a predominância de montanhas, que ocupam mais de três quartos da superfície. De formação recente (dobramento alpino, atividade vulcânica e principalmente sísmica ainda muito perceptível hoje), elas são relativamente pouco elevadas: o ponto culminante do país, o monte Olimpo, não chega a 3 mil metros, e os maciços mais altos têm 2.400 a 2.500 m em média (Pindo a noroeste, Parnaso dominando Delfos na Grécia central, Taígeto perto de Esparta no Peloponeso, Ida em Creta). Mas múltiplas depressões interiores deram à Grécia seu aspecto tão atormentado e pitoresco, acentuado pela natureza e variedade das rochas e por uma forte erosão.

Ao norte, a Macedônia, dominada a leste pelo maciço do Ródope e ao sul pelo Olimpo, apresenta em sua parte baixa uma das raras grandes planícies. A península balcânica é imperfeitamente dividida de norte a sul pela cadeia do Pindo. Voltadas para oeste, as regiões de Epiro, Acarnânia e Etólia parecem bastante isoladas; inversamente, as ilhas jônicas, que são seu prolongamento ocidental (Corcira, nome grego de Corfu, Lêucade, Cefalênia, Ítaca) não tardaram a ser ligadas por via marítima aos grandes centros peloponésios e à Itália meridional e, favorecidas por um clima úmido, oferecem paisagens que estão entre as mais verdejantes da

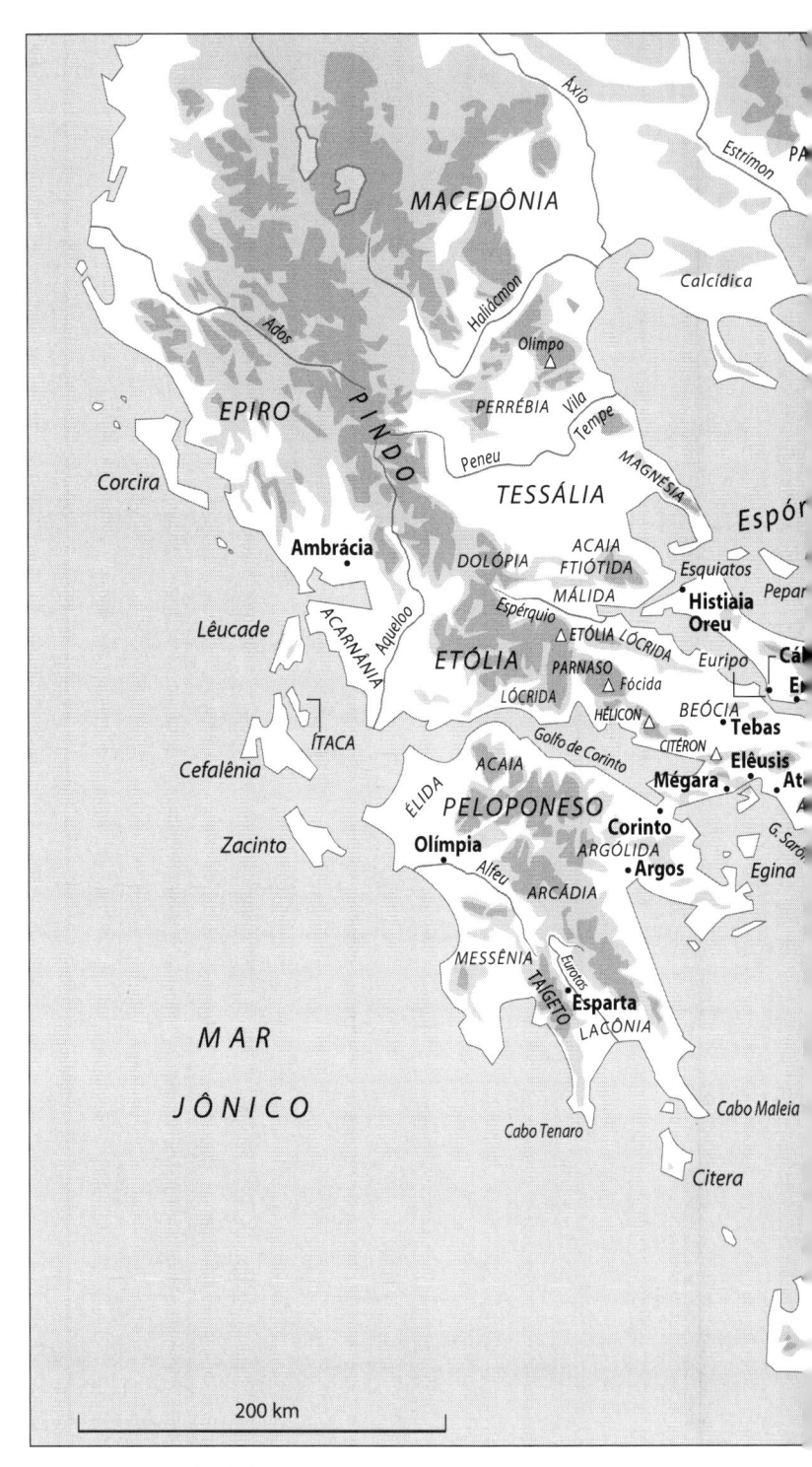

Mapa 1. Geografia da bacia egeia.

·DOPE
PONTO EUXINO
Hebro
Bósforo
RÁCIA
PROPÔNTIDA
·Tasos
QUERSONESO
·Samotrácia
Helesponto
Imbros
TRÓADE
MÍSIA
·Lemnos
Tênedos
⌒Haloneso
EÓLIDA
Caíque
Mitilena
·ros
Lesbos
Hermos LÍDIA
MAR
·Sardes
Quios
JÔNIA Caístro
EGEU
·sto
·Éfeso Meandro
Andros Samos
Tenos Icaros
Míconos **Mileto**
Delos CÁRIA
Paros
ciclades Naxos
s
Cós
Amorgos
Dodecaneso
Astipaleia
Tera
Rodes
Cárpatos
CRETA
IDA△ ·Cnossos
·Gortina

Introdução

Grécia. A leste, a Tessália, separada da Macedônia pelo Olimpo, consiste basicamente numa vasta planície propícia para o cultivo de cereais e a criação de cavalos – riquezas cobiçadas pelos vizinhos. É ao sul da Tessália que se situa a pequena região originalmente chamada de Hélade, que acabará dando seu nome ao país inteiro ("Grécia" é o nome latino). Mais ao sul, a Beócia, dominada pelos maciços pouco elevados do Hélicon e do Citéron, também é bastante próspera (planícies de Tebas e, um pouco mais ao norte, do Copais, vasto lago que começou a ser drenado e secado já na Antiguidade). Por fim, a Ática, que avança Egeu adentro como uma espécie de finisterra e olha resolutamente para a ilha de Eubeia e para as Cíclades, das quais as mais próximas estão a algumas dezenas de quilômetros. A península do Peloponeso (literalmente "a ilha de Pélops", herói local particularmente venerado em Olímpia) é dominada por fortes montanhas que contribuíram para o isolamento de algumas regiões, principalmente na Arcádia; mas abriga também pequenas planícies férteis, como na Argólida a leste, na Acaia ao norte, na Élida e na Messênia a oeste e finalmente na Lacônia ao sul, que é prolongada pela bela ilha de Citera.

O mar Egeu, cujas ilhas apresentam grande variedade geomorfológica, é delimitado ao sul pela ilha de Creta. Muito montanhosa mas bastante rica, ela em si constitui uma espécie de pequeno continente, que produziu uma civilização notável por sua originalidade e desempenhou um papel determinante no desenvolvimento do helenismo, no qual sempre ocupou um lugar à parte. As Cíclades (Naxos, Paros, Delos etc.), testemunhas aflorantes da antiga plataforma cristalina submersa, são grandes rochedos (alguns com apenas algumas dezenas de km²) que oferecem uma fieira de pontos de parada. Não são desprovidas de encantos, mas outros arquipélagos gozam de uma natureza mais favorável, como as Espórades a noroeste (Esquiatos etc.) e principalmente o Dodecaneso a sudeste (Rodes etc.). As ilhas do norte (Tasos, Samotrácia, Lemnos) são verdejantes, assim como as do litoral asiático, das quais as maiores abrigaram cidades prósperas (Lesbos, com cerca de meia dúzia na época arcaica, Quios, Samos), frequentemente dotadas de um anexo territorial situado no continente fronteiro (*pereia*). Por fim, a costa asiática também é recortada e acidentada, com exceção do vale inferior dos rios principais, cujo aluvionamento fez hoje as terras avançarem notavelmente (Hermos, Meandro). Seu desenvolvimento é desigual, o norte e a Jônia são mais prósperos que as regiões meridionais.

Há outro elemento pelo menos tão presente quanto as montanhas na paisagem grega: o mar, sempre a menos de 100 km de qualquer ponto do território, sendo que, inversamente, quem navega no Egeu nunca precisa percorrer mais de 60 km para chegar à terra, sempre ao alcance da vista. Essa interpenetração que cria paisagens tão agradáveis tem naturalmente consequências nos comportamentos em geral e nas trocas em particular, visto que o clima oferece

Principais características geográficas

uma bela temporada de navegação, de abril/maio até setembro/outubro, especialmente em pleno verão, quando os ventos etésios (meltem) podem conduzir da Trácia ao Egito em menos de dez dias. A primavera pode ser úmida, mas o inverno é a principal estação de chuvas e tempestades: nevoso nas montanhas e rigoroso nas regiões setentrionais, é mais suave nas costas e à medida que se vai para o sul. As meias-estações são muito breves. O clima provavelmente não sofreu uma evolução marcante desde a Antiguidade.

Recursos do solo

O grego é primeiramente um camponês e assim continuará, mesmo no auge da aventura marítima; desse ponto de vista a leitura de Hesíodo, entre outros, é particularmente instrutiva. A "trilogia" tipicamente mediterrânea (cereais, vinhedos e olivais, cujo desenvolvimento pleno estaria ligado à gênese da cidade arcaica) é imposta pelo clima e permite uma boa complementaridade dos espaços e das condições de trabalho. O trigo e a cevada, mais abundante, são cultivados em rotação bienal, porque a seca estival impede o preparo correto da terra para a semeadura de outono. A colheita faz-se a partir de maio na planície e um pouco antes no verão em algumas regiões altas. Os instrumentos, rudimentares, são o arado para a semeadura, a enxada bidentada a partir da época arcaica, o enxadão para arrotear, mondar e amanhar. O outono (setembro-outubro) é a estação da vindima: a uva, muito madura, dá um vinho espesso que se bebe misturado com água (cf. os *grands crus* de Quios, Lesbos, Tasos). O inverno é dedicado à poda das videiras e das árvores frutíferas, mas principalmente à colheita da azeitona, à mão ou com vara. O azeite, um dos bens mais preciosos, é usado na alimentação, no cuidado corporal e na iluminação. Os complementos alimentares são os legumes (ervilha, fava, lentilha, repolhos, cebola, alho etc.) e as frutas (figo, maçã, amêndoas etc.). A caça, praticada nas *garrigues** e nos bosques dos confins (cf. o tratado de Xenofonte sobre *Cinegética*), fornece carne, que entretanto é obtida, juntamente com o leite, principalmente pela criação de gado miúdo (porcos, ovinos e caprinos) e de bovinos (Eubeia, Creta etc.). A carne é consumida principalmente por ocasião das festas religiosas, nas quais a distribuição das partes sacrificais observa uma hierarquia estrita: por exemplo, calculou-se que um cidadão da Atenas clássica devia participar anualmente de umas 40 festas que lhe davam oportunidade de comer carne – ou seja, cerca de um dia sobre nove. A pesca fornece outra fonte de proteínas (eventualmente o peixe é

---

* Terrenos áridos e pedregosos, de subsolo calcário, típicos da região mediterrânea, com esparsa vegetação arbustiva e herbácea, seca no verão; guardadas as devidas proporções, assemelha-se ao cerrado brasileiro. (N. da T.)

Introdução

conservado seco). A alimentação básica é frugal: sopas de cereais, biscoitos e fogaças, queijo (especialidade de algumas Cíclades) e frutas secas; para adoçar, mel.

As florestas – basicamente de coníferas, exceto nas áreas montanhosas do Norte, onde crescem carvalhos e faias – em geral perderam terreno sob a dupla ação do aumento das terras aráveis e das construções navais. O subsolo dá excelentes pedras para construção (tufo, calcário e mármores famosos, especialmente os do Pentélico a noroeste de Atenas, de Paros, Naxos ou Taros) e uma argila puríssima que possibilitou uma admirável produção cerâmica (Corinto e Atenas, entre outras). Em contrapartida, é pobre em minérios e os gregos logo tiveram de buscar no exterior os metais de que necessitavam. O cobre era explorado principalmente em Chipre, mas os 10% de estanho indispensáveis para a liga do bronze provinham do Oriente ou do Ocidente. O ferro podia ser extraído de microjazidas, principalmente insulares, mas também era importado. Globalmente, a situação não é melhor com relação aos metais preciosos: a prata era extraída em Sifnos, nas Cíclades, ou em Láurion (sudeste da Ática), cujo chumbo argentífero foi um dos fundamentos da prosperidade e da hegemonia atenienses na época clássica; o ouro vinha do norte (minas de Tasos, da área do monte Pangeu e da Trácia, que serviram a expansão macedônica sob Filipe II), e como material monetário sempre foi muito menos utilizado que a prata, servindo prioritariamente para oferendas religiosas e para confecção de joias e objetos de luxo.

Demografia

Chegamos aqui a uma questão já muito discutida, em razão da extrema escassez e pouca confiabilidade das informações. Para as épocas mais remotas, apenas a arqueologia é explorável, quando uma cidade (por exemplo, Gúrnia, em Creta) ou um sítio palacial (como Cnossos ou Mália, também em Creta) são escavados numa proporção suficientemente grande, quando as necrópoles restituíram bastantes túmulos pertencentes a uma cronologia homogênea (por exemplo, Atenas e a Ática) ou quando as *surveys* (prospecções de superfície) assumem certa extensão (como na Beócia). A situação melhora a partir do final da época arcaica, quando a esses dados vêm somar-se os números fornecidos pelos autores – infelizmente, com frequência deformados ao longo da transmissão dos textos – ou pelas inscrições (efetivos militares e perdas em combate; distribuições de trigo; indicações institucionais dando, por exemplo, o número de cidadãos votantes; resultados de recenseamentos). Mas também nesse caso as informações continuam parciais (referem-se principalmente aos cidadãos, que constituem uma minoria da população total) e as estimativas podem variar muito de um estudo para outro (por exemplo, de ±3 mil a ±9 mil habitantes em Delos no século III). Aqui como em outros pontos, é sobre

Principais características geográficas

Atenas que estamos mais bem informados: na época de Péricles, em que aparentemente são atingidos os *maxima*, seus cidadãos das classes mobilizáveis podiam ser ±50 mil, total do qual se extrapola uma população "cívica" (calculando as mulheres, as crianças e os velhos) de aproximadamente 200 mil, a que se somariam entre 30 mil e 40 mil metecos e mais de 200 mil escravos (sobre essas categorias, ver *infra*, cap. 12). Portanto, a população da maior cidade da época clássica seria de mais de 400 mil pessoas, número que entretanto muitos consideraram excessivo. Um recenseamento do final do século IV (Demétrio de Falero, *infra*, cap. 19) dá um total da mesma ordem, mas com uma redução do número de cidadãos (21 mil) e de metecos (10 mil): a interpretação desses números, que desta vez alguns consideram insuficientes, também é matéria para controvérsias. Em Esparta, no momento das guerras médicas havia cerca de 8 mil cidadãos ou um pouco mais. Para a época helenística, as avaliações referentes à população de Alexandria giram em torno de 400 mil ou 500 mil habitantes; uma colônia selêucida como Selêucia da Piéria, o porto de Antioquia, por volta do ano 220 contava 6 mil homens livres. Em Cólofon-do-Mar (Jônia), na primeira metade do século II uma assembleia reuniu 2 mil votantes; aparentemente a média oscilava entre 900 e 1.300 participantes, sendo que em algumas cidadezinhas insulares podiam não chegar a cem. Esses exemplos mostram a extensão de nossas lacunas em matéria de números absolutos. Mas mesmo as grandes tendências se prestam a discussão: houve manifestamente um crescimento global da população durante a alta época arcaica, mas seguramente seu ritmo e suas proporções não foram os mesmos em toda parte. Do mesmo modo, depois do pico alcançado no início da época clássica, pelo menos para cidades como Atenas ou Esparta, acredita-se num declínio no século IV. Mas, se isso é indiscutível no caso de Esparta, é controverso no caso da Ática. A oligantropia (despopulação, falta de cidadãos) não foi sentida com a mesma amplitude em todas as regiões, e tudo indica que em vários lugares (Epiro, Macedônia, Creta) ocorreu o fenômeno inverso (*infra*, cap. 22).

Consequências para a história

Essas características geográficas e demográficas inevitavelmente incidem na história da Grécia antiga e pedem algumas observações; mas evitaremos um excesso de determinismo, cujo efeito seria eliminar do gênio grego boa parte de sua originalidade. Consideramos aqui as condições de vida em geral e principalmente o relevo tão contrastado, marcado por uma espetacular interpenetração das terras, majoritariamente montanhosas, e do mar, o que dá à região seu aspecto tão atraente – hoje trunfo da indústria turística, outrora um provável estimulante da sensibilidade estética e da prontidão intelectual.

Introdução

Provavelmente a consequência mais importante disso é política. Existe manifestamente uma ligação entre o isolamento geográfico e o desenvolvimento – tão fecundo para a civilização ocidental – da cidade-Estado autônoma, cujo território (muito frequentemente menos de 100 km²) podia ser delimitado por uma eminência rochosa, um curso d'água, uma depressão ou pelo litoral, cada uma dessas balizas constituindo uma célula topográfica e política. Mesmo esse quadro geral deve ser naturalmente diversificado: em uma entidade geográfica podia haver várias cidades (por exemplo, a planície costeira eubeia, disputada entre Cálcis e Erétria) e, inversamente, o território de uma cidade podia abranger formações muito heterogêneas (Atenas, Esparta). Também é preciso destacar que esse isolamento não exclui a consciência de pertencer a um mesmo conjunto e que, se o horizonte pode estar limitado, basta subir um pouco para com um olhar abarcar várias regiões diferentes; assim, do alto do monte Citéron é possível contemplar a planície de Tebas até as montanhas da Eubeia a nordeste, os contrafortes da Fócida e a imponente silhueta do Parnaso a oeste, o golfo de Corinto até a península de Peracora a sudoeste, os confins da Ática e da Megárida mais além de Elêusis a sudeste. Temos aí outra consequência importante da geografia da península balcânica; diz respeito à história militar, que ensina que determinadas posições particularmente estratégicas permitem dominar o país todo ou parte dele; por exemplo, a célebre passagem das Termópilas, meta de muitas campanhas, a cidade eubeia de Cálcis à beira do canal do Euripo, ou ainda Acrocorinto (acrópole, isto é, cidade alta, de Corinto) comandando o acesso terrestre ao Peloponeso. Inversamente, as poucas grandes planícies, principalmente as vastas extensões tessálicas e beócias, constituem um ponto de encontro ideal para os beligerantes, capazes de reunir grandes efetivos (até várias dezenas de milhares de homens, em caso de aliança). Todos esses dados lembram também que na Grécia as distâncias são curtas e que o isolamento não é um obstáculo decisivo para as trocas. Lendo os autores, frequentemente nos surpreendemos com a rapidez com que a informação circula, por sinais visuais ou por transmissão oral direta; e prospecções geológicas recentes restituíram redes de estradas e caminhos de cuja importância até há pouco não se suspeitava, principalmente no Peloponeso.

Isso leva a reconsiderar a relação dos gregos com o mar. Nossa percepção do assunto é dominada pela figura de Ulisses, involuntariamente herói marinho intrépido e explorador de longo curso, mas cuja dimensão literária e simbólica não deve enganar. A navegação indiscutivelmente se tornou o principal vetor de trocas, mas tudo indica que o movimento rumo ao mar não foi espontâneo. Assim, numa proporção excepcionalmente elevada, o hábitat está situado entre 300 m e 500 m, especialmente nas ilhas; daí um inteligente aproveitamento das encostas para o cultivo em terraços. Isso se explica por razões de higiene (efeitos da malária na planície?), mas também por motivos defensivos. De fato, o mar é visto antes de mais nada como ponto de origem dos perigos, principalmente devido à pirataria, que prospera nesse dédalo insular rico em angras e outros portos naturais que facilitam a navegação para todos mas constituem esconderijos para emboscadas e bases de largada muito práticas para as razias. Em todas as épocas esse flagelo é uma ameça, e inquietará a própria Roma na virada dos séculos II e I.

Portanto, foi mais por necessidade do que por outra coisa que os filhos de Ulisses se expandiram através de todo o Mediterrâneo e do Ponto Euxino (mar Negro, chamado de "hospitaleiro", *eúxeinos*, por antífrase), e provavelmente seu sentimento original com relação ao mar está mais próximo das advertências apreensivas de Hesíodo ou dos pesares expressos por Teógnis do que das ousadias homéricas. Mas também a relação entre o ideal autárquico da vida rural e as atividades comerciais, principalmente marítimas, é ambígua, inclusive em Hesíodo, *a priori* o mais agrário dos autores. Estamos falando da relação entre as demandas e os recursos, outro fator determinante da história grega. De fato, fica evidente que o equilíbrio entre as duas coisas é sempre muito precário e que a terra mal é suficiente para alimentar sua população. Esta permanece limitada em efetivos absolutos e a oligantropia constitui por si só uma causa de desequilíbrio que pode abalar uma cidade. Mas esse problema demográfico não exclui a escassez de alimentos, e vive-se com medo de que venham a faltar devido a uma seca (a pluviometria normal é estritamente suficiente para que os cereais germinem), à extensão de algumas propriedades à custa de outras, a um pequeno aumento populacional que modifique a relação produção/consumo. Tudo isso corresponde ao conceito de economia movida "a panes", desenvolvido principalmente por Fernand Braudel. Assim, o abastecimento será a preocupação principal da maioria das cidades e, até uma época avançada, um bom número de conflitos deve-se a questões de fronteira, visando à conquista de terrenos suplementares ou ao controle de um ponto de água, ao passo que as situações de guerra civil estão sempre mais ou menos ligadas ao regime da propriedade fundiária. Também é aí que a grande aventura da colonização arcaica encontra sua principal motivação.

Por isso o belo país pode ter apresentado os trunfos e fraquezas minimamente necessários para estimular o chamado "milagre grego". É o que Heródoto enfatiza quando faz Demarato, rei de Esparta exilado na corte aquemênida, dizer: "A Grécia sempre teve como companheira a pobreza, mas tem também um companheiro: o valor, fruto da sabedoria e de leis firmes" (VII, 102). Além disso, os antigos viam seu mundo povoado de deuses e de heróis, modelado pela ação deles, por seus amores, seus ódios; e precisamos também ter presente essa geografia sagrada, tão importante para as mentalidades da época (o Olimpo é a morada de Zeus, que nasceu no monte Ida, em Creta; Apolo foi posto no mundo por Leto em Delos e estabeleceu-se em

Introdução

Delfos, no Parnaso; Héracles é morto no monte Eta; a ilha de Icária deve seu nome ao infortunado Ícaro etc.). A parte que cabe ao milagre vai se reduzindo à medida que as gerações de historiadores passam; mas, especialmente para os períodos mais remotos, requisitar a mitologia continua a ser absolutamente necessário hoje.

PRIMEIRA PARTE

Pré-História
e Idade do Bronze

Capítulo 3

A GRÉCIA NO NEOLÍTICO E NO BRONZE ANTIGO

Um breve resumo da Pré-História – sobre a qual nosso conhecimento avançou muito nos últimos 50 anos – é indispensável, se quisermos avaliar corretamente as duas primeiras grandes civilizações que a bacia egeia acolheu: as dos palácios, primeiro minoicos e depois micênicos. Esse período remoto, conhecido exclusivamente através da arqueologia, ainda é objeto de ardorosos debates entre os especialistas, principalmente no que diz respeito à periodização e à cronologia. Por isso nos ateremos aqui aos dados fundamentais.

A Grécia neolítica

As populações indo-europeias que um dia serão qualificadas de helênicas, às vezes chamadas de "protogregos", chegaram à península balcânica tardiamente, provavelmente em fins do milênio III. Mas a ocupação humana da península está devidamente atestada pelo menos desde o final do Paleolítico Médio, ou seja, por volta de 40000 antes de nossa era. As regiões abrangidas então são principalmente o Epiro, a Tessália, o Peloponeso e algumas ilhas como Corcira e Eubeia, que talvez ainda estivessem ligadas ao continente. Já no Paleolítico Superior (por volta de 35000-9000) pratica-se a navegação, como mostra o uso da obsidiana de Melos na Argólida. Depois desse período, o Mesolítico (*grosso modo* os milênios IX-VIII) é hoje bem menos conhecido, mas parece que nele surge um pequeno utensílio adaptado às práticas agrícolas e anunciando a fase seguinte, o Neolítico (por volta de 7000-3500), que na Grécia não segue o desenvolvimento lento e progressivo que teve no Oriente Próximo: este – de onde provêm, por exemplo, diversos cereais e espécies animais domesticadas – exerceu manifestamente uma influência que possibilitou a aprendizagem acelerada das técnicas do lado europeu do Egeu, com modalidades que ainda são discutidas (difusão com ou sem deslocamento de grupos humanos etc.). Com o avanço da sedentarização, o mapa dos sítios então se enriquece, embora de modo desigual. A Tessália, por exemplo, nas primeiras fases do Neolítico, parece ser uma das regiões mais ricas e mais povoadas. Criação de animais (cabras e carneiros), cultivo de cereais e de leguminosas, abundante produção lítica e óssea e difusão da cerâmica caracterizam esse período de expansão. Ao passo que também Creta havia sido precocemente colonizada, é no Neolítico

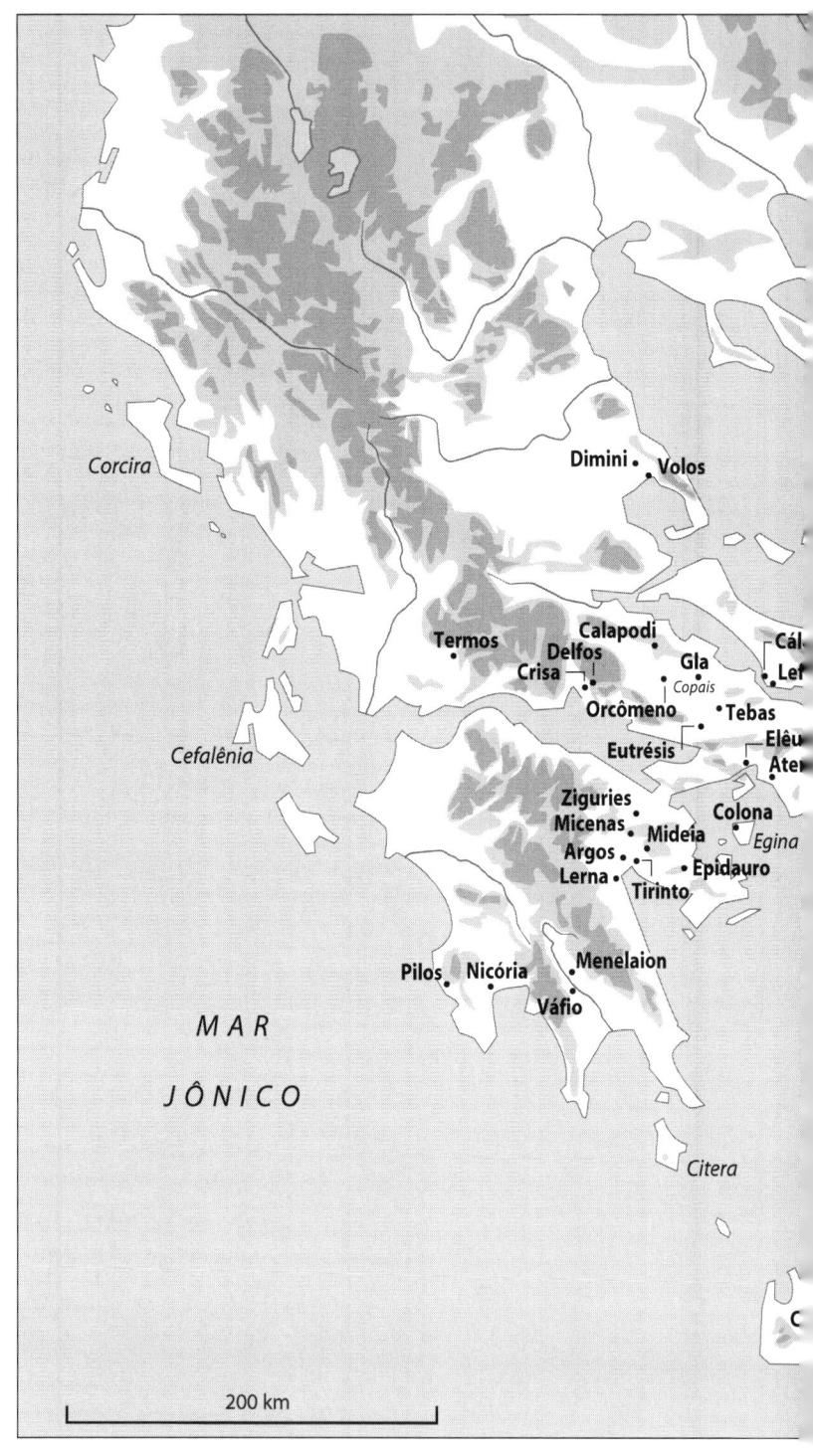

Mapa 2. A bacia egeia do Neolítico ao século IX (caps. 3 a 6).

Samotrácia

Lemnos
Poliócni

• **Troia**

Lesbos

MAR
EGEU

Quios

• **Esmirna**

Andros

Samos

Cabo Mícale • **Mileto**

os

⌐ *Delos*

Paros

Naxos

ilacopi

Triópion ? •

*Para os cabos Ulu Burun
e Gelidônia* →

Tera
Acrotiri

Rodes

CRETA

Cnossos • **Mália**
Festos **Gúrnia** • **Zacros**

Recente (a partir de 4800 aproximadamente) que vestígios de ocupação são bem atestados nas Cíclades e na maioria das outras ilhas. De modo geral, as trocas parecem então chegar cada vez mais longe, agora em toda a área do Egeu e diferenciadas de acordo com os tipos de produção (utensílios de pedra talhada, cerâmica, "bens raros", como os adornos), enquanto as técnicas se desenvolvem (lâminas de sílex, machados de pedra polida, cerâmica fina policrômica etc.). Estruturas do tipo "mégaro" (edifício retangular bi- ou tripartite tendo, num mesmo eixo, portal de acesso, sala central oblonga e eventualmente um compartimento anexo no fundo) revelam uma forma de diferenciação social (cf., por exemplo, o sítio de Dimini, na Tessália). Por trás desses fenômenos detectam-se particularismos regionais que sugerem ou o desenvolvimento de tradições locais que remontam ao Mesolítico ou influências diversas, tais como migrações camponesas da Anatólia por via marítima (cf. as construções cretenses em tijolo cru, provavelmente de inspiração asiática).

O Bronze Antigo e a chegada dos "protogregos"

O uso de metais em estado nativo não é desconhecido no Neolítico (norte da Grécia, Ática e ilhas), mas é no Bronze Antigo (BA, *grosso modo* o milênio III) que a metalurgia vai progressivamente se difundindo (cf. as jazidas de chumbo, de cobre e de prata em Sifnos e Citnos). Entre os principais sítios escavados estão Dikili Tash na Macedônia oriental, Eutrésis na Beócia, Manika na Eubeia (alguns quilômetros ao norte de Cálcis), Colona em Egina, Lerna na Argólida, Cnossos em Creta, Filacopi na ilha de Melos, Polióncni na ilha de Lemnos e por fim Troia na Ásia Menor. O aumento do número de hábitats mais concentrados é uma clara tendência que revela um crescimento demográfico e certo enriquecimento, provavelmente acompanhado da emergência de uma elite rural (provável aparecimento do arado, que supõe o emprego de bois no trato da terra). As técnicas agrícolas e artesanais aperfeiçoam-se (vinha, oliveira, pesinhos e fusaiolas para a fiação e a tecelagem, forno de oleiro, mas o torno só aparecerá no Bronze Médio). É nesse contexto que se desenvolve a refinada civilização das Cíclades, que restituiu sítios fortificados e célebres estatuetas antropomórficas de mármore, às vezes bastante grandes e cuja interpretação continua controversa, sem contar as "frigideiras" (objetos em terracota, assim apelidados devido a sua forma, mas cuja função não está definida) mostrando representações de navios de concepção já muito evoluída. O continente não fica a dever: abriga a civilização heládica, com suas "casas com corredores", das quais Lerna restituiu o exemplo mais notável: a "casa das telhas", edifício de 25 m x 12 m, constituído de cômodos quadrangulares rodeados de corredores com escadas que levam ao pavimento superior, cujo teto é recoberto com telhas. Além disso, num dos cômodos foram encontrados selos de argila que sugerem uma forma de economia controlada e centralizada, talvez organizada de acordo com o modelo antropológico das "cheferias" baseadas em relações de parentesco e mais ou menos hierarquizadas.

Em fins desse período (transição entre o BA II e o BA III, por volta de 2300), observam-se destruições em grande escala, embora não homogêneas, principalmente na Argólida (incêndio da "casa das telhas") e nas Cíclades, bem como várias mudanças na cultura material e nos comportamentos (construções absidiais, cerâmica e utensílios novos, *tumuli* e práticas funerárias etc.). A opinião hoje majoritária, mas com muitas nuanças, vê aí a ocorrência de uma etapa capital, reconstituída por meio de um raciocínio com dois termos principais. Primeiramente, não se sabe de reviravoltas tão significativas entre essa fase e o momento em que indiscutivelmente o grego é falado na península, ou seja, na época das mais antigas tabuinhas em linear B encontradas nos palácios (século XV provavelmente; ver *infra*, cap. V). Em segundo lugar, o grego utilizará sempre palavras de falares diferentes; por exemplo, topônimos e termos técnicos em -*nth*-, tais como *labýrinthos* (talvez o nome minoico do palácio de Cnossos), que é natural considerar como empréstimos das línguas locais preexistentes ("substrato pré-helênico", conjunto que os gregos chamarão de pelasgo, entre outros). A conjunção dos dois elementos – arqueológico e linguístico – leva a situar nessas paragens a chegada das primeiras populações helenófonas, ou seja, por volta de 2300 a.C. No entanto, continuam a florescer hipóteses e reconstruções divergentes em torno do assunto: alguns, considerando longa demais a diferença de tempo com os primeiros vestígios escritos, quiseram aproximar do século XV essa migração; outros, ao contrário, fizeram a difusão das línguas protoindo-europeias remontar ao início do Neolítico. As cronologias mais finas obtidas hoje pela arqueologia mostram, aliás, que nem todas as regiões foram alcançadas no mesmo momento, no mesmo ritmo nem com a mesma amplitude, e que alguns elementos da nova cultura material já eram utilizados antes das destruições. Portanto, poderíamos falar de "infiltração gradual", pelo menos tanto quanto de "invasão violenta". Resta especificar quem são esses recém-chegados.

O grego (pois se trata antes de tudo de considerações linguísticas) pertence à família indo-europeia, que agrupa principalmente as línguas antigas da Índia, da Pérsia e da Anatólia (hitita etc.), as línguas eslavas, germânicas, itálicas e célticas. Essas línguas apresentam notáveis similitudes léxicas e gramaticais e, seguindo os trabalhos de Georges Dumézil, também foram mostradas semelhanças em matéria de estruturas teológicas e institucionais. Supôs-se, portanto, que essas populações eram aparentadas e provinham de uma mesma região, talvez as estepes da Rússia meridional (mas outras foram sugeridas), de onde teriam se irradiado a partir do Neolítico, em ondas sucessivas. O ramo heleno propriamente dito instala-se no Egeu por estratos, identificáveis pelos dialetos conhecidos desde o micênico até a época histórica (*infra*, caps. 5 e 6). Aliás, alguns séculos se passam antes que se comece a falar dos recém-chegados: não se sabe se a Creta do legendário rei Minos – primeira civilização europeia comparável em brilho às do Egito e do Oriente – era indo-europeia.

Capítulo 4

O MUNDO MINOICO

Ao longo do século XX a.C. desenvolve-se em Creta o chamado sistema palacial, organização elaboradíssima, centrada em vastas estruturas cujos vestígios espetaculares a arqueologia revelou. Cerca de cinco séculos mais tarde, a Grécia continental também adota esse tipo de organização, com diferenças importantes, embora a inspiração cretense seja evidente: o palácio de Cnossos – sucessivamente minoico e depois micênico quando Creta fica sob controle grego, no século XV, segundo parecer hoje majoritário – constitui o ponto de encontro simultaneamente mais explícito e mais complexo das duas culturas. Para o historiador, a grande novidade consiste aqui no aparecimento de documentos escritos, com sistemas de escrita próximos, ainda que um único deles esteja decifrado hoje: ao passo que o "hieroglífico" e o linear A, cretenses, continuam em grande parte incompreensíveis, o linear B permite que se conheça relativamente bem o mundo micênico. Por isso é preciso resistir à tentação de interpretar muito mecanicamente o mundo minoico a partir das informações coletadas em seu herdeiro grego. Assim sendo, dedicaremos a cada conjunto um capítulo específico.

Cronologia e evoluções

A Creta do Bronze Antigo (Minoico Antigo, abreviado MA) já apresenta um desenvolvimento notável, principalmente em volta de Cnossos e de Festos, cuja região, a planície de Messara, se cobre de grandes túmulos coletivos, de forma circular e encimados por uma espécie de abóbada. Continua difícil reconstituir o processo que levou ao nascimento da civilização palacial, em particular as parcelas respectivas da continuidade local e das influências externas, especialmente do Oriente Próximo (a chegada de novas populações não é cogitada aqui). Distinguem-se em seguida dois grandes períodos. No primeiro, chamado "protopalacial" ou "paleopalacial" (*ca* 2000-1700, ou seja, ao longo da fase cerâmica do Minoico Médio ou MM), são edificados os primeiros palácios (que, em Cnossos e Mália, sucedem edifícios do Minoico Antigo); ele se encerra com a destruição desses palácios, que em seguida são reconstruídos, às vezes com atraso (Festos). Começa aí o segundo período, chamado "neopalacial" (*ca* 1700--1450 na datação usual, ou seja, última parte do MM e início da fase chamada Minoico Recente

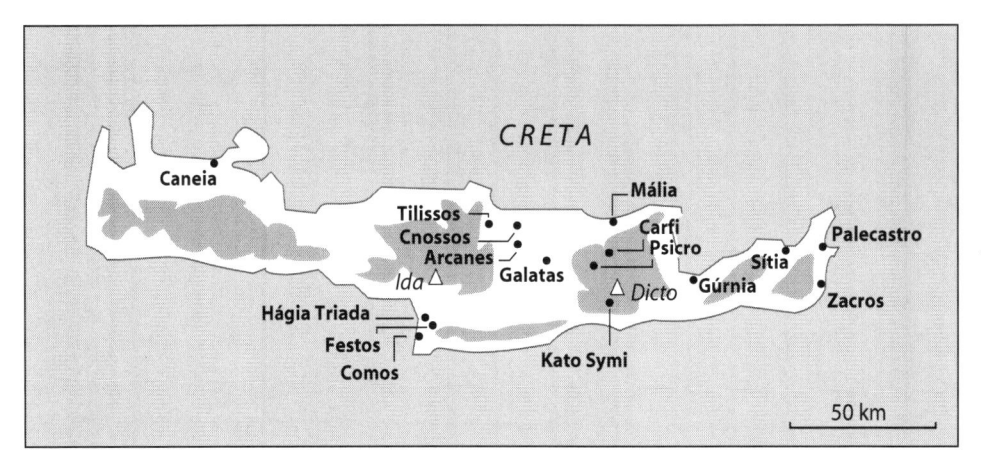

Mapa 3. Creta na Idade do Bronze.

ou MR), que na Grécia peninsular corresponde à expansão do poderio micênico; ele também se encerra com destruições, estas decisivas, exceto em Cnossos, que perdura até por volta de 1370 (a data mais comumente aceita), sob administração micênica (período chamado "monopalacial", sendo que outros sítios, como o de Hágia Triada, conservam apenas um papel secundário). A cronologia absoluta é notavelmente reforçada por concordâncias com os dados egípcios (importações em Creta, onde ademais foram descobertas cártulas faraônicas, e exportações cretenses no Egito); mas a cronologia do Minoico Recente poderia ser questionada por uma série de investigações em andamento (cf. abaixo). Por outro lado, correm soltas as discussões sobre muitos pontos, especialmente sobre as causas e a cronologia das duas ondas de destruições.

As de 1700 aproximadamente – que não tiveram o efeito catastrófico das segundas, visto que a civilização minoica ressurge mais brilhante que antes – continuam a ser as mais misteriosas: parece que se deve descartar a ideia de uma intervenção estrangeira, mas pensa-se em problemas internos (revolta popular ou, mais provavelmente, guerra cretense) e principalmente em terremotos (cf. particularmente em Festos). As destruições de *ca* 1450 eram explicadas antigamente pela violenta erupção do vulcão Tera-Santorini. Sabe-se hoje que esta aconteceu cerca de duas gerações antes, mas ainda falta determinar sua data absoluta. A arqueologia situa-a no final do século XVI, a partir dos tipos de cerâmica minoica encontrados na camada de destruição do sítio de Akrotiri, descoberto em 1967 por Spiridon Marinatos na ilha de Santorini (na qual hesitaremos em reconhecer a Atlântida evocada pelo mito platônico). Isso conviria, quando muito, para destruições secundárias sofridas pelos palácios mais ou menos no mesmo momento,

O mundo minoico

mas então se levantam os problemas ligados à força e à propagação da onda sísmica e do *tsunami*. Entretanto, outros estudos tendem a recuar a catástrofe para mais de um século antes (*ca* 1628), a partir dos dados seguintes: observação dos anéis de crescimento das árvores (dendrologia), coletas de amostras de gelo polar com marcas de uma intensa atividade vulcânica, datações por carbono 14 (sementes etc.). Se esse resultado se confirmasse, boa parte da fasagem cerâmica e, com ela, a cronologia do Bronze Recente no Egeu teriam de ser proporcionalmente deslocadas, com inevitáveis repercussões nas civilizações mais próximas, especialmente na egípcia, e no período micênico (capítulo seguinte). Seja como for, procura-se em outro lugar a causa das profundas turbulências que então sacodem Creta: ainda que a hipótese dos sismos continue viável para alguns sítios, em geral as destruições são interpretadas como tendo origem bélica, e desta vez poderiam ser imputadas aos gregos micênicos, cuja língua é decifrada em seguida nas tabuinhas em linear B descobertas em grande número em Cnossos. Mas, por sua vez, a cronologia dessas tabuinhas e de seu contexto é ardentemente debatida...

A própria evolução entre os períodos proto- e neopalaciais nem sempre é fácil de avaliar, principalmente porque até hoje pouco se sabe sobre os primeiros palácios: dos quatro grandes sítios mais estudados – Cnossos, Mália, Zacros e Festos –, é principalmente Festos que indica que se tratava de conjuntos semelhantes aos novos palácios, a partir dos quais, portanto, recriamos retrospectivamente a primeira fase. Creta estaria então dividida em grandes províncias, à frente das quais estaria cada um dos palácios mencionados acima; nessa época a parte ocidental parece relativamente abandonada. Os hábitats secundários multiplicam-se e o território também é balizado pelos "santuários" no alto dos montes e nas grutas, provavelmente frequentados no contexto da exploração agrícola e pastoril. O emprego dos selos e da escrita (depósitos de Festos) e também a existência de grandes edifícios diferentes do palácio (bairro *Mu* em Mália) mostram que a administração não era totalmente centralizada. Diversos avanços técnicos (torno rápido de oleiro etc.) possibilitam a produção de objetos mais refinados: bela cerâmica policrômica (conhecida como "de Camares", nome de uma gruta situada na vertente sul do monte Ida), vasos de pedra, selos, ourivesaria e armas de aparato. As relações com o exterior já estão comprovadas, tanto pela descoberta, na Síria e no Egito, de objetos cretenses por sua vez influenciados pelos estilos daquelas regiões, como pelos textos: os arquivos do palácio de Mari, no Eufrates – destruído por Hamurábi, rei da Babilônia, por volta de 1760 (cronologia média) ou 1690 (cronologia baixa) – mencionam estanho "para os cretenses" e "para o intérprete do chefe dos mercadores cretenses em Ugarit" (porto do litoral sírio, ao sul da embocadura do Oronte). As trocas com as ilhas e a península balcânica também estão atestadas, principalmente em Citera.

O período neopalacial, frequentemente qualificado de apogeu, caracteriza-se por um novo crescimento demográfico e por mais prosperidade, visível no luxo cada vez maior dos palácios e na difusão da cultura material minoica. Daí em diante, esta se espalha largamente entre os vizinhos e principalmente no Egito, onde, entre a segunda metade do século XVI e a primeira metade do século XV, floresce uma espécie de "moda minoizante", como sugerem, entre outros, os afrescos recentemente descobertos no sítio de Aváris, a leste do delta do Nilo, e uma plaqueta escolar egípcia para "formar nomes do país keftiu", isto é, cretense (Creta aparece com o nome de *Kaphtor* em Ugarit). Na própria Creta observa-se um aumento do número de sítios: estabelecimento palacial em Caneia, preenchendo uma lacuna na Creta ocidental, "vilas" de Hágia Triada, Arcanes, Tilissos etc., que poderiam ser extensões locais da administração central, em mãos de oficiais de nível mais alto – talvez os mesmos que um texto egípcio da época do faraó Tutmósis III (*ca* 1479-1424) chama de "os Grandes (chefes, príncipes?) do país keftiu". A interpretação dessa fonte – que é invocada igualmente para apoiar a hipótese de que Creta então tenha sido politicamente unificada – é controversa (cf. abaixo), mas o certo é que alguns centros antigos, como Festos e Mália, parecem declinar, ao passo que Cnossos parece exercer uma forma de primazia.

A civilização minoica

Convém lembrar já de início que temos uma falta absoluta de textos exploráveis. Desconhecemos até mesmo que língua(s) os minoicos falavam (parentesco com os falares da Ásia Menor mais provavelmente do que língua semítica? O máximo que sabemos é que o "chefe dos mercadores cretenses em Ugarit" era acompanhado por um intérprete.) Em contrapartida, as escritas cretenses – invenções locais que aparentemente nada devem aos sistemas orientais ou egípcios desenvolvidos hámais de mil anos – serviram de modelo para o cipro-minoico, utilizado em Chipre do século XIV ao século XI, e para o linear B empregado pelos micênios para notar grego (dextroverso: da esquerda para a direita). Em Creta mesmo, coexistem dois sistemas: o "hieroglífico" e o linear A silábico (1 caractere = 1 sílaba), às vezes usados num mesmo depósito de arquivos (bairro *Mu* de Mália) e talvez notando duas línguas diferentes; nesse caso, seria preciso admitir a prática do bilinguismo. O sistema "hieroglífico", que na realidade parece já assemelhar-se ao silábico, é assim chamado porque alguns signos são particularmente imagéticos; dele foram elucidados apenas as notações numéricas e alguns ideogramas explícitos ou passados para linear A e B. O pequeno número de textos atualmente conservados e sua brevidade (principalmente em selos) parecem eliminar toda esperança de uma decifração próxima. Essa escrita desaparece durante a época dos segundos palácios. O linear A, por sua vez, é exemplificado por cerca de 1.500 documentos: entre eles, alguns textos religiosos figuram em altares baixos chamados de "mesas de oferendas", mas a imensa maioria consiste em peças de arquivo bastante semelhantes ao que existe em linear B. A maioria dos silabogramas (cerca de 70, contra 87 em linear B) são comuns com este, mas, exceto por algumas palavras isoladas, seu valor fonético é claramente diferente e até agora nenhuma decodificação confiável foi proposta. A difusão aparentemente bastante ampla do linear A e o fato de ele não desaparecer após a chegada dos micênios poderiam indicar que seu uso não era apanágio de uma classe de escribas ligados ao meio palacial. Como se pode ver, com a falta de textos compreensíveis, falar da civilização minoica é um empreendimento arriscado. Por isso nos limitaremos aqui ao que pode ser deduzido dos dados arqueológicos.

Temos de partir naturalmente do que os minoicos deixaram de mais espetacular: os palácios, que deram seu nome a toda uma civilização. Esses conjuntos passaram por muitas destruições e remodelações. Os detalhes das reconstruções são infinitamente discutidos e consideráveis diferenças de dimensões poderiam sugerir uma hierarquia dos sítios, mas algumas características principais se destacam. As construções organizam-se em torno de um amplo pátio central retangular, de orientação norte-sul: em Cnossos, Festos e Mália, uns 50 metros por uns bons 20 metros em média, ou seja, 1.000/1.250 m² (área claramente menor em outros lugares). A monumentalidade desses espaços vem de pórticos com colunas e de largos lances de escadas que conduzem a pavimentos dotados de poços de iluminação. Distinguem-se os diferentes bairros por uma distribuição convencional: o setor econômico, constituído de oficinas e de uma infinidade de lojas onde se amontoam *píthoi* (vasos pintados ou em relevo que podem ser mais altos que um homem e armazenar até 10 hl); apartamentos oficiais e privados, em que se percebe a planta original do *polýthyron*, impropriamente chamado de "mégaro à cretense" (baias separadas por pilares substituem algumas paredes). Ali os recintos são menores, mas podem estar ricamente decorados com afrescos mostrando temas de inspiração variada e de confecção original: animais exóticos, motivos marinhos, cenas de "tauromaquia", procissões etc. Contíguas a esses faustosos conjuntos, cidades organizadas de acordo com um planejamento e com ruas cuidadosamente pavimentadas; nelas foram identificadas praças públicas e casas de dignatários (cf. em Mália, mas também nas aglomerações secundárias de Gúrnia e de Palecastro). Uma particularidade digna de nota é aparentemente a ausência de muralhas, o que contrasta com os sítios micênicos posteriores; mas esse ponto poderia ser objeto de uma revisão. Vestígios tão impressionantes suscitam muitas perguntas sobre a organização política, religiosa, social e econômica.

Pré-História e Idade do Bronze

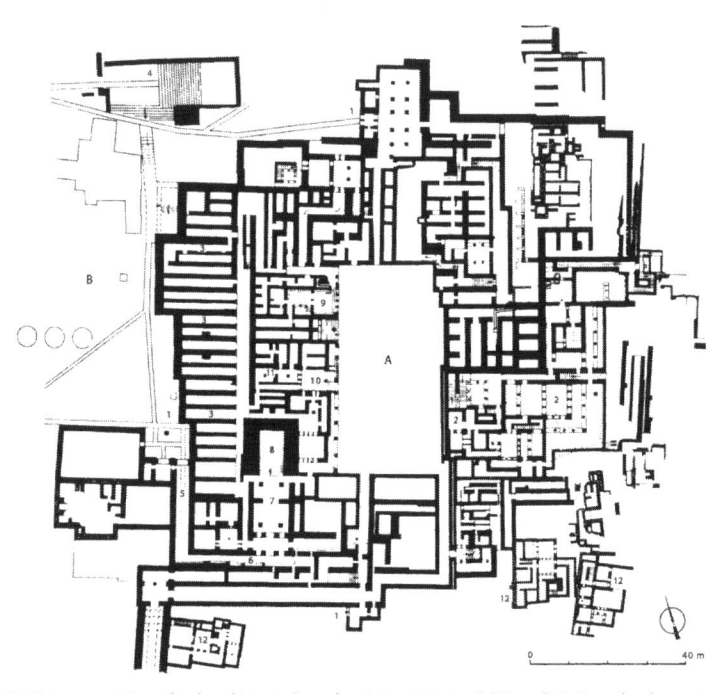

A. Pátio central. B. Pátio oeste. 1. Entradas do palácio. 2. Setor doméstico. 3. Lojas. 4. "Teatro". 5. Corredor das procissões. 6. Varanda. 7. Propileu interior. 8. Escadas. 9. Sala do trono. 10. Área cultual. 11. Salas com pilares. 12. Casas privadas.

Fig. 1. Cnossos. Planta geral do palácio (K. Papaioannou, *L'art grec*, Mazenod, 1993², fig. 822).

Vamos lembrar em primeiro lugar nossas incertezas quanto à organização política da ilha como um todo. Desde os principados autônomos da época protopalacial até a provável primazia cnossiana da fase neopalacial, nossa ignorância continua grande e a arqueologia sempre pode reservar surpresas. Basta pensar na recente descoberta do complexo de Petra (Sítia), na Creta oriental, e no achado de um novo palácio relativamente próximo de Cnossos e de Mália, em Galatas Pediados: tanto um como o outro poderiam levar a um profundo reexame da questão (por exemplo, sobre Galatas, cuja utilização parece não ter perdurado, levantou-se a hipótese de uma breve extensão cnossiana para o sudeste ou, ao contrário, a de uma dissidência abortada das elites locais com relação a Cnossos). Quanto à hierarquia dos poderes, na medida do possível deve-se evitar considerá-la anacronicamente. Imaginou-se no topo um rei, detentor de todas as prerrogativas: políticas, religiosas e econômicas. Mas faltam provas disso; afora a documentação egípcia da primeira metade do século XV, que mencionamos anteriormente, são invocados principalmente o modelo das monarquias orientais autocráticas e a lembrança do

O mundo minoico

lendário rei Minos, bem como uma hipotética "sala do trono" e um afresco de interpretação controversa no palácio de Cnossos. Arthur Evans pensava inclusive numa espécie de "rei-sacerdote", e alguns chegaram a considerar esses conjuntos como templos regidos por um poder teocrático. Supõe-se também, a partir das "vilas" implantadas no território e das ricas moradas encontradas em algumas cidades, uma classe de aristocratas mais administradores do que guerreiros, substituindo localmente o poder central. Quanto à participação do restante da população, poderia ser deduzida da existência de espaços livres, às vezes dotados de arquibancadas, como em Cnossos e Festos. A cripta hipostila de Mália (período protopalacial) foi até mesmo interpretada como uma sala do conselho por Henri van Effenterre: segundo ele, essas comunidades prenunciam as futuras cidades gregas. Na mesma perspectiva, o estabelecimento de Tera poderia ser visto como um precursor das repúblicas marítimas comerciantes. A julgar principalmente pela tipologia do hábitat, a estratificação da sociedade parece mais acentuada na época dos segundos palácios (aparecimento de uma classe intermediária entre a "nobreza" e o povo?). Mas, de modo geral, parece ter havido poucas tensões sociais.

Os espaços reservados de que acabamos de falar poderiam igualmente servir para manifestações religiosas. Aliás, numerosos recintos nos palácios parecem adequados para cerimônias (afrescos, "bacias lustrais", "mesas de oferendas" etc.). Distantes nas grutas e no alto dos montes, santuários dotados de arranjos arquitetônicos (altares) também são identificados no território, como em Kato Symi, que aparentemente continuará sem interrupção a ser um lugar de culto até a época histórica. Muitos dos objetos descobertos podiam ter um valor cultual: vasos rituais (rítons); cornos de consagração; machados duplos; estatuetas masculinas (figuras em pé com um gesto de adoração, *koûros* de marfim recentemente descoberto em Palecastro) e femininas (a famosa "deusa" de seios nus e segurando uma serpente em cada mão); por fim, aquelas enigmáticas pedras com depressões semiesféricas cuja destinação é muito controversa. Os motivos decorativos de certos selos, as "tauromaquias" mostradas pelos afrescos ou ainda a cena de oferenda que figura no célebre sarcófago de Hágia Triada (de época micênica, mas atestando seguramente influências locais anteriores) podem dar uma ideia do que eram as cerimônias. Contudo, seria preciso conhecer o panteão minoico, assunto que dá lugar às mais diversas reconstituições, conforme se tende para as referências orientais ou se extrapola a partir dos dados greco-micênicos. Assim, um vaso de esteatita em forma de colher, encontrado em Citera, poderia portar a inscrição *Da-ma-te*, ou seja, Deméter, se os silabogramas realmente tiverem ali o valor fonético que têm em linear B, e embora até hoje essa deusa não tenha aparecido na documentação micênica: deve-se vê-la como o avatar cretense de uma deusa-mãe/deusa da fecundidade pan-mediterrânea, tardiamente adotada pelos gregos[1]? Os sacrifícios humanos, como o que os arqueólogos reconstruíram num sítio da região de Arcanes, parecem excepcionais. Aparentemente os costumes funerários se inserem na continuidade dos períodos anteriores (inumação, sepulturas coletivas e também individuais, deposição de objetos votivos ou cultuais perto dos túmulos); são menos bem exemplificados na época neopalacial.

O sistema de produção, estocagem e troca é amplamente controlado pelo palácio, que mantém uma contabilidade precisa das entradas e saídas de matérias-primas, de gêneros alimentícios e de produtos artesanais. Estes são muito elaborados e colocam os especialistas cretenses num nível altíssimo que justifica as exportações abundantemente atestadas: vasos de pedra, de terracota ricamente decorada (motivo do polvo etc.) ou de metal; pequena glíptica; joias (cf. o pingente com abelhas, de Mália); estatuária, cuja importância nos gostos e nas práticas dos cretenses vem sendo reavaliada após descobertas recentes; afrescos extraordinariamente criativos, como os de Tera, que ainda hoje despertam admiração nos observadores. A produção agrícola era favorecida pela riqueza do solo: segundo algumas estimativas, o de Mália supria facilmente às necessidades da população e os estoques constituídos deviam possibilitar a exportação do excedente. No período seguinte, as tabuinhas em linear B mencionam também muitos rebanhos e provavelmente essa é uma realidade antiga. Ignora-se quase tudo sobre o estatuto dos camponeses e dos artesãos, principalmente seu grau de dependência com relação ao palácio (alguns indícios sugerem que podia ser bastante forte).

Resta considerar a "talassocracia" minoica, mencionada principalmente por Tucídides no século V (I, 4), numa época em que os cretenses ainda são conhecidos e temidos por suas atividades de pirataria. A expansão minoica fora de Creta, já na época protopalacial, não deixa nenhuma dúvida: o principal objetivo era abastecer-se de metais; por exemplo, de cobre, cuja proveniência, e particularmente o papel desempenhado por Chipre antes dos séculos XV-XIV, causam inflamados debates, pois as análises dos isótopos do chumbo contido em lingotes de cobre encontrados em Creta ou em objetos de bronze minoicos deram resultados contestados. As trocas com o Oriente e com o Egito são atestadas pela arqueologia e pelos textos, como aquele documento egípcio, já citado, do reinado de Tutmósis III, que menciona "os Grandes (chefes, príncipes?) do país de Keftiu (e) das ilhas centrais do Grande Verde": esta última expressão foi recentemente reinterpretada como designando o delta do Nilo, onde os minoicos teriam se implantado, mais ou menos como os gregos em Náucratis, alguns séculos mais tarde

---

1. I. Sakellarakis, J.-P. Olivier, "Un vase en pierre avec inscription en linéaire A du sanctuaire de sommet minoen de Cythère", *Bulletin de correspondance hellénique*, 118, 1994, pp. 343-51.

O mundo minoico

(*infra*, cap. 8); aliás, há cretenses representados nas pinturas que adornam os túmulos de altos dignatários egípcios. Além disso, os motivos marítimos ou exóticos são abundantes nos selos (navios) e nos afrescos ("batalha naval" e paisagens "nilóticas" de Tera). Documentos em linear A foram descobertos em todo o perímetro egeu (até Samotrácia) e objetos cretenses foram encontrados até no Ocidente (Sicília). Estabelecimentos permanentes existem sobretudo em Citera, Mileto e Rodes, comparáveis a entrepostos ou colônias; seu estatuto exato, que pode ter variado de uma época para outra, é discutido, pois a natureza das relações com Tera é particularmente controversa. Observa-se uma influência indireta em Melos (Filacopi), provavelmente mais acentuada em Ceos ("templo das estátuas" inspiradas na arte cretense, em Hágia Irini), e o sistema ponderal minoico é manifestamente adotado nas Cíclades. Por fim, o mito do Minotauro, sejam quais forem as intenções políticas atenienses que o embasam (promoção do herói nacional, Teseu), deve portar em si a marca de uma expansão e mesmo de uma dominação cretense até no continente. Portanto, a presença minoica nos mares não pode ser questionada; mas convém lembrar que neles os cretenses tinham concorrentes (insulares, orientais, egípcios, com os quais se supôs a existência de uma convenção no século XV), e não se deve analisar o caso com base no império marítimo ateniense do século V. As estruturas desse comércio de longo curso continuam desconhecidas (monopólio régio, autonomia dos dirigentes locais, classe de mercadores semi-independentes?).

Como se observou, a cultura minoica não se extingue com a chegada dos micênios. Incontestável em termos de administração palacial, o impacto real do acontecimento sobre os pontos mais remotos do território e sobre as mentalidades é mais difícil de ser determinado, tendo em conta as inércias características de todo e qualquer meio insular. A própria natureza do poder micênico em Creta e sua extensão, tanto cronológica como geográfica, ainda são discutidas. É preciso lembrar também que o linear A, ainda que fosse para uso não administrativo, não desapareceu após a chegada dos novos senhores: mais além das "idades obscuras" (*infra*, cap. 6), os que serão chamados de eteocretenses ("cretenses das origens", diferenciados das populações que chegam à ilha posteriormente) até mesmo serão vistos como tendo conservado a lembrança e algumas tradições dos tempos remotos em que a civilização de seus ancestrais se expandia por todo o Mediterrâneo oriental.

Capítulo 5

O MUNDO MICÊNICO

Os novos senhores do Egeu são gregos. O sítio de Micenas, escavado nos anos 1870 por Heinrich Schliemann, ainda é o mais impressionante, por seus vestígios e pela estonteante riqueza dos objetos descobertos; deu seu nome a essa civilização, cujas fases na Grécia peninsular são conhecidas pelo nome convencional de Heládico, mas cuja cronologia absoluta permanece parcialmente pendente das incertezas expostas no capítulo anterior. Além dos dados arqueológicos, aqui o historiador é auxiliado pelos textos em linear B, em número de mais ou menos 5 mil mas frequentemente muito curtos, em vasos, em nódulos (bolotas de argila que acompanhavam as transações, portando um selo e algumas indicações muito sucintas) e principalmente em tabuinhas de argila provenientes, em sua grande maioria, de Cnossos e de Pilos. Essas tabuinhas eram rascunhos de documentos contábeis consignando inventários de lojas e modificáveis em função do estado dos estoques. Foram cozidas acidentalmente, por incêndios que destruíram os palácios, e justamente por isso se fixaram como estavam e conservaram-se. Sua decodificação por Michael Ventris e John Chadwick, em 1952, constitui uma das descobertas mais importantes para o conhecimento do mundo grego antigo. Infelizmente, muitas vezes tais documentos são problemáticos, principalmente em caso de grafias ambíguas, e lançam apenas uma luz parcial sobre esse universo. Entretanto, ele não cessa de impressionar as imaginações, ainda mais porque seu fim, no qual vem interferir a espinhosa questão da "guerra de Troia" celebrada pela epopeia homérica, ainda é um dos maiores mistérios da Antiguidade.

Os primórdios da civilização micênica

Tudo indica que os ancestrais dos micênios chegaram à Grécia no final do Bronze Antigo, num movimento cuja natureza e amplitude ainda não foram precisadas (*supra*, cap. 3). Em todo caso, a arqueologia sugere que durante seus primeiros séculos o continente meso-heládico (ou seja, durante a fase do Heládico Médio = *ca* 2000-1550) está um tanto atrasado com relação ao restante do Egeu: produz uma cerâmica bastante monótona, com pintura fosca ou monocrômica (cinza, preta, vermelha ou amarela), alisada, chamada de *miniana* (do nome do legendário rei Mínias, em Orcômeno da Beócia); o hábitat é disperso e pontilhado de túmulos

O mundo micênico

modestos em fossa ou em cista (o morto é inumado na posição fetal, em cavidades pouco profundas, delimitadas por placas de pedra), às vezes agrupados em um *tumulus** bastante rudimentar, o que parece denotar uma fraca diferenciação social. Os estabelecimentos insulares apresentam um estágio de desenvolvimento superior, como o sítio fortificado de Hágia Irini, em Ceos, no qual é utilizado, como em Creta, um sistema de "marcas de oleiro" para identificar e controlar a produção, ou o de Colona, em Egina, que apresenta as mesmas características e parece constituir um importante centro tanto de produção como de trânsito dos objetos cicládicos para a península. Tudo muda depois de 1700, justamente quando os palácios cretenses são reconstruídos mais luxuosamente do que antes, mas sem que a relação entre as duas evoluções possa ser evidenciada. Isso porque em Micenas é feita uma estrutura funerária notável, o círculo B, escavado nos anos 1950, cujos túmulos em fossa restituíram muitos vasos em ouro e em prata, contas de âmbar e uma primeira máscara funerária de electro. Datado de 1650-1550 aproximadamente, ele anuncia o círculo A; este é assim chamado porque fora descoberto pelo próprio Schliemann, porém é um pouco mais recente (por volta de 1600-1500). Um dos últimos túmulos desse novo conjunto, o túmulo IV, onde estavam enterrados três homens e duas mulheres, restituiu um mobiliário funerário excepcional, que é impossível detalhar aqui: além de três exemplares das famosas máscaras de ouro, algumas das quais fizeram pensar em retratos, dezenas de vasos em metais preciosos e de armas em bronze de confecção excepcional (punhais com lâmina incrustada de ouro, de prata e de nigelo). Súbita e inesperada, essa riqueza excitou a imaginação dos modernos: instalação de uma dinastia cretense em Micenas, razia de micênios em Creta, mercenários enriquecidos por guerras no Egito na época dos hicsos (populações estrangeiras que ocupam Aváris por volta de 1720 e fornecem os faraós da 15ª. dinastia durante pouco mais de um século a partir de *ca* 1630) são hipóteses hoje abandonadas em proveito da noção de continuidade local. Apesar da escassez de dados e da modéstia dos sítios do período anterior, realmente parece que a Grécia do início do segundo milênio conheceu uma expansão demográfica devida ao desenvolvimento das culturas e da criação de animais (as ossadas dos círculos dos túmulos são de indivíduos de altura superior à média). Essa prosperidade, combinada com a expansão das trocas com o mundo cicládico e principalmente minoico, bastaria para explicar a emergência de uma aristocracia guerreira; em todo caso, é nesse sentido que podem ser interpretados o arranjo dos túmulos e tanto a natureza como a decoração dos objetos descobertos, em que são abundantes as cenas de caça e de combate.

---

* Pequeno monte geralmente construído com terra e pedras. (N. da T.)

Pré-História e Idade do Bronze

Na mesma ordem de ideias, os monumentais túmulos em cúpula (ou "em tolo" [*thólos*] termo grego que designa um edifício em forma de rotunda), com sua falsa abóbada recoberta de terra, que se desenvolvem simultaneamente com os túmulos em fossa e dos quais Micenas restituirá mais tarde os exemplos mais conhecidos, poderiam ser apenas a evolução petrificada dos *tumuli* antigos. Último tipo de sepulturas, os túmulos de câmaras cavados na rocha apresentam várias analogias com os túmulos em tolo (cf. o corredor de acesso, ou *drómos*) e, como eles, podem combinar o uso de fossas e de cistas conhecido mais antigamente; alguns restituíram um material também muito rico. Por sua vez, os hábitats escavados até agora são modestos, uma discrepância que pode sugerir que aquelas pessoas reservavam o melhor para seus mortos: a maioria das casas aparentemente deriva do tipo retangular alongado no qual se insere uma fileira de cômodos, chamado "mégaro" (*mégaron*) e conhecido desde o Neolítico. Também aqui a continuidade compete com as influências externas. Em todos os casos, ainda estamos longe dos palácios cretenses e mesmo dos estabelecimentos insulares ou da Troia anatólica, várias vezes reconstruídos, ampliados e, no caso destes últimos, fortificados. Entretanto as Cíclades praticamente não restituíram "túmulos régios"; e, se é legítimo extrapolar de tais sepulturas a existência de um poder de tipo dinástico, essas comunidades poderiam apresentar uma organização diferente, na qual alguns estudiosos viram prefigurações da cidade-Estado, à semelhança do que se supõe sobre Tera (capítulo anterior). Tanto nesse caso como no do continente, é aconselhável muita prudência, pois a exploração dos dados funerários fica sujeita a confirmação, como os melhores especialistas já enfatizaram: apenas os círculos e os maiores *thóloi* de Micenas, utilizados por várias gerações e cujo cunho ostentatório é indiscutível, são provavelmente sepulturas preparadas para personagens de sangue real e suas famílias.

Portanto, em sua primeira fase o mundo micênico apresenta uma riqueza que implica trocas com horizontes variados: nórdicos (âmbar), ocidentais, mas principalmente orientais e cretenses (metais e artesanato), ainda que esporádicas e provavelmente frequentemente indiretas. Observam-se características bélicas, bem como uma plausível divisão em principados, prenunciando a formidável expansão vista no período seguinte, que é mais bem conhecido graças a seus palácios-fortalezas e a seus arquivos.

O apogeu do mundo micênico

Vimos no capítulo anterior que depois de 1450 (?) Cnossos foi o único palácio que continuou a manter sua atividade em Creta, escapando das destruições sofridas pelos outros sítios – destruições imputáveis à instalação de um poder micênico na ilha. Além de algumas evoluções na cultura material e nas práticas funerárias (cf. abaixo), esse poder é detectável com precisão em Cnossos mesmo, através das cerca de 3 mil tabuinhas em linear B que o palácio restituiu a partir desse período e até 1370 aproximadamente (é provável que nem todos os textos de Cnossos sejam contemporâneos); nessa data, ele por sua vez é destruído e periclita, de acordo com a cronologia mais correntemente aceita (alguns baixam a chegada dos micênios para 1370 e mesmo mais tarde, e o desaparecimento do sistema palacial, ainda que já em declínio, para a segunda metade do século XIII). É inegável que os micênios tomaram emprestado dos cretenses seu sistema de escrita e adaptaram-no para sua língua, mas ainda se discute sobre a data desse empréstimo, que alguns julgam mais antigo (século XVII), e sobre suas modalidades (contatos em Creta, no continente ou nas ilhas, em implantações mistas?). Além disso, deve-se destacar que, no estado atual de nossos conhecimentos, os primeiros arquivos em grego aparecem em Creta muito antes que a península ateste isso, visto que as tabuinhas continentais mais antigas datam do século XIII. Mais ainda, o primeiro palácio administrado por micênios é um palácio cretense: por esses diversos paradoxos se mede a dívida que os primeiros gregos contraíram para com Creta – dívida cuja lembrança seus sucessores das épocas históricas conservarão. Na ilha e particularmente em Cnossos, as tradições locais perpetuam-se: produção de vasos de pedra, de marfins esculpidos e de selos gravados, arte dos afrescos (cf. o "Procissão" e o "Parisiense"). Mas a renovação da cerâmica (cf. o "estilo do palácio" e a crescente "micenização" do restante da produção) e objetos como o sarcófago de Hágia Triada provavelmente portam a marca dos novos senhores do lugar. Os antigos santuários continuam a ser frequentados, mas as sepulturas e os costumes funerários adotam formas continentais ("túmulos de guerreiros"). A destruição do palácio de Cnossos é atribuída à intervenção de um outro principado micênico continental, ou antes a uma revolta dos centros cretenses secundários. Com a antiga sede do poder passando para segundo plano, sítios como Hágia Triada e principalmente Caneia (Cidônia) parecem desempenhar daí em diante os papéis principais. É sobretudo em Caneia que são produzidos os "jarros em estribo", assim chamados em razão da forma de suas alças, e que provavelmente contêm óleo de oliva, exportado para os principados continentais (alguns portam inscrições em linear B que denotam uma ligação com a economia régia). Na costa sul, o sítio portuário de Comos desenvolve uma atividade intensa, depois declina e por volta de 1250 é abandonado. Considera-se que a Grécia se tornou uma "província" do mundo micênico.

No continente, é na primeira metade do século XIV que se edificam os conjuntos palaciais, após uma fase em que surgiu um hábitat ainda modesto mas apesar disso mais centralizado. Esse atraso não deixa de surpreender: acaso é concebível que os micênios pudessem incorporar-

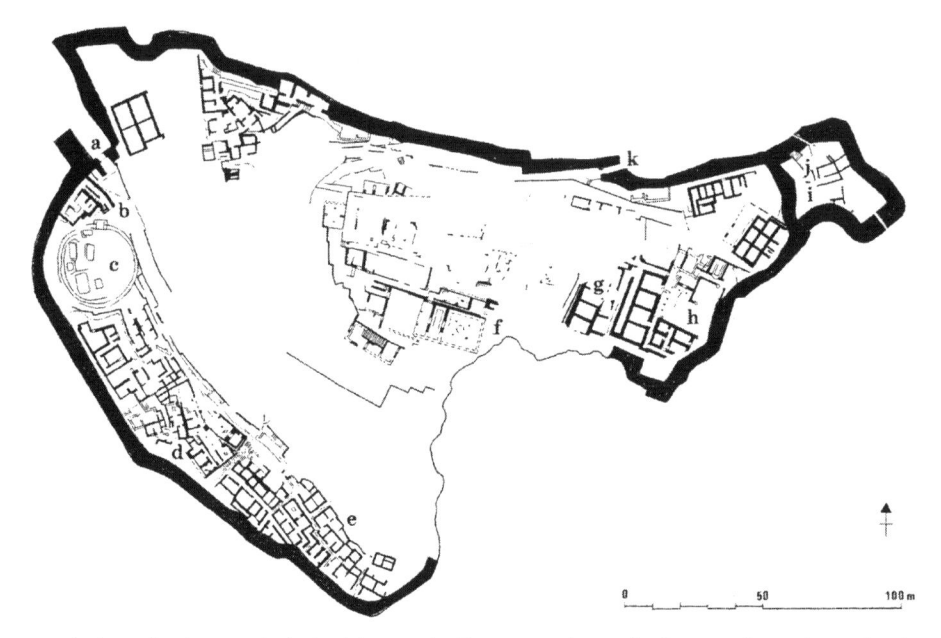

a. porta dos leões – b. celeiro – c. círculo A – d. "centro cultual" – e. setor sudoeste – f. palácio – g. oficinas – h. casa das colunas – i. extensão nordeste – j. descida para a cisterna subterrânea – k. porta norte.

Fig. 2. A acrópole de Micenas (R. Treuil *et al.*, *Les Civilisations égéennes*, PUF, 1989, fig. 51).

-se na administração minoica se já não tivessem uma experiência no assunto? Ao contrário, terão eles aprendido tudo lá, antes de importarem os métodos em sua pátria? Esses problemas, ligados aos debates sobre a idade das tabuinhas de Cnossos e à história da chamada Creta "monopalacial", cujo fim curiosamente coincide com a edificação dos grandes sítios peninsulares, até agora continuam insolúveis. Três palácios continentais foram amplamente escavados: Tirinto, que conheceu uma fase mais antiga, Pilos e obviamente Micenas. Mideia, na Argólida, está em fase de desobstrução. Um palácio situava-se em Tebas, mas está apenas parcialmente escavado, assim como os outros níveis antigos recobertos pela cidade moderna; entretanto, escavações de emergência recentemente trouxeram ao conhecimento dos micenólogos um novo lote de tabuinhas ricas em ensinamentos, principalmente no âmbito religioso. A vizinha Orcômeno, por sua vez, ainda é um caso duvidoso. Seguramente a Acrópole de Atenas abrigou um espaço fortificado, talvez um palácio, tardiamente. Na Fócida foi edificado um refúgio murado, Crisa, como Eutrésis na Beócia; quanto a Gla, vasto complexo fortificado situado no lago Copais em processo de drenagem, seu estatuto continua incerto. Também incerta é a função

O mundo micênico

dos "edifícios intermediários", de dimensões respeitáveis, como o de Ziguries em Coríntia (residências de lazer dos donos do poder, moradias de senhores locais etc.?). Como se vê por essa enumeração, o mapa político da Grécia micênica é hoje muito meridional, para não dizer essencialmente peloponésio, embora túmulos e outros vestígios tenham sido descobertos mais ao norte, como em Dimini e em Volos (antiga Iolcos?) na Tessália – sítios que podem reservar surpresas – ou a oeste (Acarnânia, Epiro, Cefalênia). Portanto, mais ainda do que na Creta minoica, a questão das relações entre principados micênicos é problemática. É quase certo que descobertas futuras atenuarão os desequilíbrios e preencherão as lacunas (na Lacônia, por exemplo, apesar dos vestígios do Menelaion e do tolo de Váfio, entre outros, e mesmo enquanto tabuinhas tebanas recentemente publicadas oferecem várias ocorrências do étnico *lacedemônio*). Entretanto, a excepcional densidade de grandes sítios na Argólida continuará a causar dificuldade: o debate deve estabelecer-se em termos de independência, de rivalidade ou de complementaridade? Como o Agamêmnon homérico, terá um rei de Micenas conseguido "vassalizar" seus vizinhos? Seja como for, a idade de ouro parece datar do Heládico Recente (HR) III B1, abrangendo o fim do século XIV e a primeira metade do século XIII; é nessa época que a cidade baixa de Micenas assume sua maior extensão e que são edificados os *thóloi* mais imponentes ("tesouro de Atreu" e "tesouro de Clitemnestra").

A civilização micênica

A civilização micênica pareceu padronizada e estereotipada, a tal ponto que se chegou a pensar na existência de uma verdadeira *koiné*, mais ou menos como o que será a comunidade cultural helenística (*infra*, cap. 23); mas hoje esse ponto de vista tende a ser nuançado.

Os palácios têm um aspecto muito diferente de seus antecessores cretenses e mencionou-se que as formas continentais antigas (hábitat tipo mégaro, casas com corredores) também devem ter exercido influência (*supra*, cap. 3). A característica mais marcante é que os sítios apresentam o aspecto de acrópoles poderosamente fortificadas, com exceção de Pilos, que entretanto não é desprovido de muralhas, como sondagens recentes mostraram. Assim, em Micenas, 30.000 m² são cercados por um cinturão de 900 m cujos muros ciclópicos (grandes blocos poligonais assentados sem argila) podem chegar a 8 m de espessura e possuem portas às vezes monumentais: o relevo com leões inserido no triângulo de descarga da porta principal é merecidamente célebre (primeira metade do século XIII). Imponentes abóbadas falsas e requintes diversos (caminho entre dois muros, portas secretas) também são conhecidos. A função desses espaços cercados é proteger o centro do poder, que administra e armazena as produções; outros, ainda mais vastos (10 ha em Crisa, o dobro em Gla), aparentemente podiam abrigar a população de uma região mais a totalidade ou parte dos rebanhos. O urbanismo parece muito menos planejado do que em Creta. Mas, como em Creta, existiam, em escala regional, verdadeiras redes de estradas, com pontes; por exemplo, na Argólida. O centro do palácio é o mégaro tripartite, de tijolos crus mas dotado de patamares e umbrais de pedra muito bem-feitos, com aspecto e dimensões praticamente idênticos nos três grandes sítios escavados: retângulo de aproximadamente 20 m × 10 m, com um portal de duas colunas entre duas pilastras dando acesso a um vestíbulo que se abre para o cômodo principal. Este é coberto de afrescos cuja técnica é de inspiração minoica; possui uma lareira central entre quatro colunas e um "trono" lateral (hipotético em Micenas, cujo mégaro é o menos bem conservado). Pátios internos, propileus (entradas monumentais), pavimentos superiores e poços de iluminação foram atestados, assim como numerosos anexos que serviam de salas de arquivos (cômodos 7 e 8 de Pilos, onde foram encontradas 80% das 1.200 tabuinhas restituídas pelo sítio), armazéns, oficinas, espaços com destinação administrativa ou militar etc. Alguns desses anexos podem estar relativamente descentrados, como as chamadas Casas do Mercador de Azeite, dos Escudos, das Esfinges, na cidade baixa de Micenas. Também foram identificados lugares de culto (cf. abaixo). O mobiliário, que pode ser ricamente decorado (marfim, principalmente), é conhecido através dos textos, e Pilos restituiu uma bela banheira desprovida de orifício de escoamento (outros exemplos menos bem conservados em outros lugares).

As tabuinhas estão repletas de indicações sobre a administração, mas frequentemente é difícil destrinçar os detalhes no meio de todos aqueles títulos, alguns dos quais sobrevivem na Grécia arcaica, quase sempre sofrendo consideráveis evoluções de sentido. No topo da hierarquia figura um rei, cujo título, *wa-na-ka*, reaparece no grego homérico *ánax*. Não se conhece com segurança nenhum nome próprio de *wa-na-ka*. Esse personagem provavelmente tem atribuições religiosas e possui terras (o *témenos*): até mesmo foi identificado um setor especificamente régio dentro da economia palacial. A seu lado, o *ra-wa-ke-ta*, dotado de um *témenos* mais modesto, poderia ser um chefe militar ou exercer principalmente funções sacerdotais. Em Pilos, o reino está dividido em duas "províncias", por sua vez constituídas de vários distritos: cada um é governado por um *ko-re-te*, que seria uma espécie de governador, assistido por um *po-ko-re-te*. Ainda nesse reino, *e-qe-ta* fazem a ligação entre o palácio e corpos de guarda costeira; eles sim são designados por seu nome pessoal, mas também por seu patronímico, o que sugere que se trataria de membros de uma nobreza de espada hereditária, companheiros do rei. O *da-mo-ko-ro* é talvez um governador de província, o termo *da-mo* podendo designar especialmente as comunidades rurais, com uma conotação política (cf. *dêmos* no grego posterior); nelas, uma parte da autoridade talvez esteja nas mãos dos *te-re-ta*, cujo nome supõe o exercício de um cargo e que foram vistos como uma espécie de barões, por sua vez detentores de terras chamadas de *ki-ti-me-na*, por oposição às *ke-ke-me-na* comunitárias (o estatuto das terras é uma das questões mais difíceis). Convém mencionar também o *qa-si-re-u*, que não está diretamente ligado nem à administração palacial nem às comunidades rurais; poderia tratar-se de um dignatário local associado a conselhos de anciãos. O termo persiste nos poemas homéricos e acabará assumindo nas cidades o sentido de "rei" (*basileús*); portanto, constitui um dos marcos mais importantes para rastrear as mutações da organização política desde a época micênica até a época arcaica. Por fim, os epigrafistas chegam a duvidar da existência de uma classe de escribas, pois a relação entre a infinidade de mãos identificadas e o número total de tabuinhas conservadas (uma centena para os 3 mil documentos de Cnossos) leva a pensar não em escribas profissionais e sim em administradores letrados (em Pilos, entretanto, um mesmo indivíduo inscreveu em cerca de 250 tabuinhas e às vezes é considerado um arquivista de nível superior). No ponto mais baixo da escala estão os escravos (*do-e-ro*, feminino *do-e-ra*, *doûlos* no grego posterior); mas seguramente existiam estatutos intermediários.

Também a religião é objeto de árduas controvérsias. O panteão conhecido através das tabuinhas é essencialmente grego, embora até hoje faltem Hefesto, Afrodite (?), Apolo – que entretanto talvez esteja presente com outro nome – e Deméter, que constitui um caso particular (cf. o capítulo anterior). O termo *po-ti-ni-ja* (a Soberana) é problemático: ora epiclese [cognome] divina, ora divindade autônoma, ela mesma polimorfa. Num sítio como Pilos observam-se continuidades marcantes (Poseidon é seu grande deus, como nos poemas homéricos) e rupturas evidentes (a deusa *Ma-na-sa* é desconhecida depois). São mencionados "escravos sagrados", cujo estatuto real é incerto, e diversas corporações que trabalham para os santuários, assim como terras sagradas e rendas devidas por esses mesmos santuários ao palácio, que em troca contribui para o serviço divino com pagamentos. Uma tabuinha de Pilos pertencente à série dos chamados "documentos cadastrais" menciona um litígio entre uma sacerdotisa de nome Erita e um *da-mo* a respeito de um lote de terra: a interessada reivindica o regime particular de "posse privilegiada", enquanto a comunidade lhe contesta esse direito, alegando, ao contrário, que ela tem apenas a posse ordinária de parcelas comunais[1]. Recentes análises osteológicas de ossadas de animais sacrificados revelaram que o ritual era bastante semelhante ao da época histórica. Os próprios vestígios dos santuários dão margem a apreciações muito diferen-

---

1. Cf. C. J. Ruijgh, *in* R. Treuil, P. Darcque, J.-Cl. Poursat, G. Touchais, *Les Civilisations égéennes du Néolithique et de l'Âge du Bronze*, 1989, pp. 416-417; P. Carlier, *Homère*, 1999, pp. 381-382.

tes por parte dos especialistas. Uns reiteram a dificuldade para identificá-los, por comparação com as numerosas menções epigráficas, ao passo que outros enfatizam que a época micênica é a época da diferenciação dos espaços religiosos, tais como o centro cultual de Micenas, no qual se reconhece um templo com seus ídolos votivos, e que talvez fosse o cenário de um culto oficial distinto dos cultos populares celebrados em espaços abertos. Como foi dito, as práticas funerárias observam uma grande diversidade, embora a cremação, difundida no Bronze Recente a partir da Anatólia, continue minoritária, e embora os túmulos em tolo e principalmente em câmara tendam a suplantar as sepulturas em fossa e em cista, que no entanto não desaparecerão totalmente, voltando mesmo a ficar em voga no final do período.

As economias micênicas, numa proporção importante, são controladas pelo palácio, que recolhe e redistribui boa parte da produção. Entretanto, tudo o que não era consignado nas tabuinhas e em outros documentos nos escapa. A fiscalidade às vezes observa uma base proporcional. Ela visa principalmente os animais de criação (10 mil ovinos, 1.825 cabras, 540 porcos e 8 bois nas séries Cc e Cn de Pilos), os cereais e outros gêneros alimentícios (vinho, oleaginosos), bem como o linho e a lã. O controle da produção abrange, entre outros itens, a metalurgia (400 ferreiros recenseados na série Jn de Pilos), a cerâmica (muito padronizada), os têxteis (cf. as centenas de obreiras palaciais na série Lc de Cnossos e nas séries Aa e Ab de Pilos, onde elas recebem uma ração mensal de trigo e de figos e são designadas por termos étnicos estrangeiros, tais como "milesianas" ou "lemnianas", o que provavelmente indica uma origem servil). As armas recebem atenção especial: espadas, das quais os especialistas conseguiram estabelecer uma tipologia complexa; capacetes com dentes de javali; armaduras, como a pesada couraça encontrada num túmulo de câmara de Dendra, perto de Mideia, na Argólida; carros, cujas modalidades de uso são muito discutidas, devido a seu alto custo e ao relevo inapropriado da Grécia. Também é conhecida a abundante produção de selos e a de estatuetas estilizadas, cultuais ou votivas, em *phî* (com os braços cruzados), em *psî* (com os braços levantados) e outras (cf. as descobertas do centro cultual de Micenas e as de Filacopi). Como o mundo micênico aparentemente conheceu a autossuficiência alimentar, tudo isso contribuía para escoar excedentes trocados pelos produtos indispensáveis de que a Grécia tem falta, principalmente metais (exceto o chumbo e a prata, provenientes do Láurion, na Ática).

A cerâmica é para nós o melhor marcador da expansão micênica no Mediterrâneo. Ora, ela foi encontrada da Sardenha até o Eufrates e da Trácia até o Nilo. Entretanto, neste caso como no dos minoicos, não se deve pensar na constituição de um império: a presença de vasos não implica forçosamente um contato direto e menos ainda uma instalação permanente. Admite-se em geral que os gregos exploraram os antigos circuitos minoicos, apropriando-se de seus entrepostos ou colônias entre a segunda metade do século XV e a primeira metade do século XIV, por exemplo em Rodes ou em Mileto. Esta última região, como outras no sudoeste da Ásia Menor, acolhe manifestamente populações micênicas ligadas a um reino de *Ahhiyawa* (muito provavelmente a forma hitita do grego *Akhaioí*, isto é, os aqueus, nome homérico dos micênios), que os arquivos hititas dos séculos XIV e XIII às vezes mencionam como uma fonte de conflito (os recentes trabalhos dos arqueólogos alemães que escavaram em Mileto sugerem, entre outras coisas, que os hititas, que chamam Mileto e sua região de *Millawanda*, assumiram seu controle na segunda metade do século XIII). Alguns situam o centro desse reino de *Ahhiyawa* em torno do litoral da Ásia Menor (por exemplo, em Rodes mesmo); outros veem-no mais como um grande principado aqueu continental, como Micenas ou Tebas. Do mesmo modo, as trocas com o Egito são intensas, a ponto de se ter levantado a possibilidade de relações diplomáticas. No Mediterrâneo ocidental, que podia fornecer os metais e o âmbar norte-europeus, material micênico foi descoberto em Ischia (ilhota situada ao norte da baía de Nápoles), na Sicília e na Sardenha, no golfo de Tarento e até no vale do Pó. Mas é sobretudo o Oriente que parece ter abastecido os palácios, tendo como base avançada Chipre, que por sua vez exportava cobre e que desempenha um papel de intermediária, entre influências orientais tradicionais e penetração micênica sobretudo a partir do século XIII (principalmente o sítio de Enkomi, perto de Salamina). Os restos de naufrágios descobertos na costa sul da Anatólia, perto do cabo Ulu Burun (naufrágio hoje datado com precisão dos últimos anos do século XIV, por dendrocronologia) e do cabo Gelidônia (naufrágio ocorrido cerca de um século depois), atestam a densidade e a complexidade das trocas nessa zona: enquanto a "nacionalidade" dos navios continua hipotética (sírio-palestina ou cipriota?), sua carga principal consiste em lingotes de cobre, mas nela figuram também estanho, vidro, objetos de bronze e de pedra, marfim, vasos sírios, cipriotas e micênicos, e foram identificados até mesmos restos de especiarias e fibras de lã tingida.

O fim do mundo micênico

Essa questão constitui um dos maiores enigmas da Antiguidade. Considerado durante muito tempo como súbito e geral, o fim do mundo micênico é hoje entendido diferente e diversamente pelos arqueólogos, que também neste caso se veem a braços com uma cronologia movediça.

O palácio de Pilos é destruído na segunda metade do século XIII (por volta de 1250, segundo alguns, mais por volta da virada do século segundo recentes estudos ceramológicos). Acreditava-se que em seguida tivesse ficado mais ou menos abandonado, mas uma cerâmica posterior foi identificada nele (HR III C, a partir de *ca* 1200). Além disso, algumas tabuinhas anteriores à destruição poderiam notificar preparativos militares e requisições de metais relacionadas com um estado de urgência, mas mesmo essa interpretação foi contestada: mais banalmente, as providências tomadas podem igualmente ser da alçada da administração normal em caso de conjuntura econômica difícil. Portanto, a exploração dos dados fornecidos por esse sítio, que atualmente estão em processo de revisão, é no mínimo delicada. Por volta de 1250, destruições atingem também Micenas e talvez Tebas, e é nessa época que o cinturão de Micenas é notavelmente reforçado, englobando o círculo A e protegendo o acesso a uma cisterna; a mesma preocupação com a água é visível em Tirinto, onde a muralha passa a cercar a cidade baixa, e em Atenas, onde a Acrópole é transformada em cidadela. Um muro de fortificação no istmo de Corinto e o cinturão de Gla também datariam dessa fase: embora estes dois últimos dados estejam particularmente sujeitos a confirmação, em conjunto as modificações então executadas revelam um clima de insegurança. No final do século XIII, Tebas e Gla são destruídas, assim como Tirinto e Micenas, que entretanto são reconstruídas e, no caso de Tirinto, numa área que talvez nunca tivesse sido atingida antes (cidade baixa). As Cíclades não são poupadas (cf. o sítio recentemente fortificado de Koukounaries, em Paros) e em Creta, principalmente na oriental, multiplicam-se os sítios-refúgios em lugares altos, como o de Karphi.

Os arqueólogos atribuem as destruições a manifestações violentas e principalmente a terremotos (especialmente na Argólida, em Micenas, Tirinto e Mideia); o incêndio não é uma prova decisiva nem num sentido nem no outro. Em todo caso, esses incêndios conservaram as derradeiras tabuinhas em linear B, por enquanto nenhuma delas posterior a *ca* 1200. Esse é provavelmente o melhor indício de que então o sistema palacial está periclitando, pelo menos na forma e no esplendor anteriores. Mesmo assim a produção cerâmica continua, frequentemente de qualidade muito inferior ("estilo do celeiro" em Micenas), às vezes com originalidade: o célebre "vaso dos guerreiros", que mostra uma espécie de desfile de soldados, data de 1150 aproximadamente. A forte homogeneidade cultural dos séculos anteriores atenua-se em proveito de um regionalismo novo. No último quarto do século XII, destruições finais atingem mortalmente a cidadela de Micenas, e Tirinto é praticamente abandonada. O número de sítios ocupados diminui muito: de 90% na Beócia a 50% na Ática, menos atingida, principalmente na costa leste (cf. a necrópole de Perati) – fenômeno que alguns relacionaram com o surgimento do mito local da autoctonia, mais tarde alimentado pelos atenienses. A fase final do Helládico (HR III C) leva os ceramólogos até o segundo quarto do século XI; o último estágio, às vezes chamado de "submicênico", é muito debatido pelos especialistas (*ca* 1070-1010 na Ática, região que passará a constituir a principal referência).

O mundo micênico

Como se pode ver, o desaparecimento dos palácios seguiu um processo mais evolutivo do que se imaginara inicialmente – em todo caso, lento e diversificado de um sítio para outro. Além disso, muitas características da civilização micênica sobrevivem-lhe durante bastante tempo, tanto que agora não se fala mais de derrocada e sim de decomposição: é o fim de um sistema antes de ser o fim de um mundo (James Hooker e Henri van Effenterre). Naturalmente a introdução dessa "longa duração" não deixa de influir nas explicações possíveis. Estas são de três tipos: movimentos de população, causas naturais, conflitos internos.

A primeira categoria privilegia a hipótese da invasão dórica, combinando a tradição mitológica (o retorno dos heráclidas, descendentes de Héracles, outrora expulso do Peloponeso por Euristeu) e os dados dialetais (o dialeto dórico é dominante no Peloponeso na época histórica). Tem o defeito de não encontrar quase nenhum apoio arqueológico: embora apareçam então uma cerâmica dita "bárbara", fíbulas e armas de um tipo novo (espada "Naue II", talvez de proveniência norte-ocidental) que faz mais uso do ferro e contudo a cremação passe a ser mais frequente, esses elementos intrusivos são esparsos demais para escorar a ideia de uma instalação maciça dando sequência a uma invasão súbita e brutal que o quadro das destruições já desmentia. Retomando a expressão célebre do arqueólogo inglês Anthony Snodgrass, seria uma "invasão sem invasores"; a isso se replicou que de qualquer forma a vinda dos recém-chegados é pouco detectável pelos arqueólogos, caso se tratasse de seminômades que praticamente não deixaram marcas e que podem ter adotado a cultura material de seus adversários derrotados, ainda mais depressa porque eles mesmos teriam sido conduzidos por ex-emigrados (os heráclidas). Uma série de hipóteses conexas estabelece relação com os problemas que então afetam a Anatólia (fim do império hitita, incomparavelmente mais poderoso, no primeiro quarto do século XII), Chipre (desaparecimento do reino de *Alashiya*, conhecido pela correspondência diplomática oriental), o Levante (destruição de Ugarit) e o Egito, onde os faraós, como Merenptah (*ca* 1212-1202) e Ramsés III (*ca* 1185-1153), repelem os "povos do mar" ou "povos do Norte". Os filisteus então estabelecidos na Palestina produzem uma cerâmica de inspiração micênica, mas não se sabe que papel os próprios micênios (os *Ekwesh* dos arquivos egípcios?) desempenharam nesses acontecimentos. Embora todas essas peripécias apresentem sintomas conjuntos de estado de urgência, as ligações entre elas ainda não foram demonstradas.

Também é nesse contexto que se pensou em colocar a "guerra de Troia" homérica, diversamente situada pelos antigos num leque de vários séculos a partir de 1334 (1184 pela cronologia de Eratóstenes). O nível VIIa da cidade situada em Hissarlik, destruído por um incêndio aparentemente de origem bélica e hoje datado de meados de 1220, fornece um bom candidato para ser identificado com a Troia (Ílion) da epopeia. Mas para muitos esse contexto não condiz, dadas as supostas capacidades de uma aristocracia micênica então em sérios apuros, a menos que se imagine um empreendimento irrefletido ou desesperado, até mesmo um êxodo armado maciço, o que não corresponde à tradição épica. Entretanto, o detalhamento da cronologia é incerto e outros retorquiram que uma potência em dificuldade podia precisamente lançar-se nesse tipo de empreendimento para tentar recuperar-se: chegou-se a propor que se visse nisso uma espécie de contraofensiva aqueia destinada a compensar a perda de Mileto/Millawanda (cf. acima), tirando proveito do enfraquecimento do império hitita, que também exercia sua influência sobre a região de *Wilusa*, nome equivalente ao grego Ílios/Ílion. Aliás, não está excluído que a epopeia que conhecemos se assente numa base de inspiração anterior, talvez parcialmente oriental, misturando vários conflitos e correspondendo a níveis arqueológicos mais antigos, dos séculos XIV e XIII, em que são detectadas outras destruições, principalmente um provável terremoto por volta de 1300 (últimas fases de Troia VI). Seja como for, a historicidade do acontecimento espera por uma prova e sua interpretação está prejudicada por excessivas incertezas cronológicas e outras controvérsias arqueológicas. Entretanto é forçoso reconhecer que o(s) autor(es) dos poemas tinha(m) noções bastante exatas sobre a importância da cidade de Troia e sobre a capacidade do rei de Micenas, na época de seu esplendor, para conduzir uma expedição asiática, talvez mesmo unindo os gregos, ainda que por um período e um objetivo limitados.

Entre os fatores naturais, não se pensa mais em invocar a erupção do vulcão de Tera (capítulo anterior), mas outros foram alegados: perturbações climáticas prejudicando a produção agrícola e desestabilizando a economia, enquanto as trocas, por sua vez, teriam sido afetadas pelos distúrbios que agitavam o Mediterrâneo oriental, privando as classes dirigentes de sua fonte preferencial de fornecimento de metais. Também aqui faltam provas. Mais ilustrados pelos dados arqueológicos, os terremotos podem ter abalado a própria organização política e social: embora alguns tenham duvidado que se possam imputar a um ou alguns sismos os danos ocorridos por volta de 1200 nos centros de poder de regiões tão distantes como a Argólida, a Messênia e a Beócia, essa explicação, compatível com as marcas de incêndio observadas, volta a ganhar prestígio atualmente (possíveis réplicas ou série bastante contínua de grandes abalos sísmicos em diferentes lugares).

Quanto aos conflitos internos, poderiam ser de dois tipos: opondo entre si os principados, que teriam se esgotado nessas guerras, ou opondo as aristocracias dominantes a seus súditos. Na segunda hipótese, deve-se entender por "súditos" dórios já instalados na península e primeiro submetidos ao poder vigente? Uma parte dos argumentos, de natureza dialetal (existência de um "micênico especial", protodórico, que teria sido falado pelas classes inferiores), é rejeitada pela maioria dos linguistas, embora a questão da diferenciação dialetal nas tabuinhas e a questão da posição do próprio micênico na história da língua grega continuem em discussão (cf. capítulo seguinte). Também se poderia imaginar uma "fronda" de senhores locais contra o poder central, que teria imposto uma superexploração das terras que se tornou insuportável, enquanto ele próprio era frágil bastante para ser primeiro desestabilizado e depois derrubado. Nesse esquema, os dórios – inferiores já presentes ou provavelmente guerreiros chegados há pouco e em pequenos bandos (também aqui o conceito "infiltração" está em voga hoje) – teriam sido utilizados e, por fim, teriam se imposto a seus empregadores atropelados pelos acontecimentos e pelo número cada vez maior de imigrantes? Essa hipótese teria a vantagem de dar novamente algum crédito à tradição literária e de harmonizar-se com os dados arqueológicos que, por um lado, põem em evidência certa continuidade cultural durante mais ou menos um século após a ruptura que o fim dos palácios constitui e, por outro lado, sugerem que os sítios não palaciais foram proporcionalmente menos atingidos pelas destruições.

Todas essas explicações rivalizam em engenhosidade e sofisticação. Vamos confiar que não demorará muito para que a arqueologia ofereça novas pistas, e manter provisoriamente que hoje um roteiro único está abandonado em proveito da ideia de que fatores diversos podem ter se combinado, à semelhança das destruições já constatadas, geograficamente dispersas e espalhadas no tempo. Excessivamente rígido e excessivamente centralizado, o sistema palacial terá sido incapaz de adaptar-se e de fazer frente a turbulências de origens diversas mas ocorrendo em cadeia e, pelo menos em parte, com ligações de causa e efeito. Por volta de 1700, confrontada com dificuldades aparentemente bastante semelhantes, a Creta minoica conseguira reerguer-se vigorosamente entre as fases proto- e neopalaciais (capítulo anterior). Na Grécia, será preciso esperar séculos para tornar a ver uma civilização tão brilhante.

SEGUNDA PARTE

Época arcaica

Capítulo 6

A GRÉCIA DO SÉCULO XI AO SÉCULO IX

A expressão "idades obscuras" às vezes é adotada para designar os séculos XI a IX na Grécia. De origem anglo-saxã (falou-se também de "Idade Média") e popularizada nos anos 1960-1970, ela tem um significado duplo: por um lado, a civilização grega conhece então uma nítida regressão, entre duas fases notáveis (o mundo dos palácios e a época arcaica: *infra*, caps. 7 a 9); por outro lado, a falta de documentos escritos e os míseros restos que chegaram até nós a tornam particularmente difícil de ser compreendida. Essa constatação continua parcialmente válida hoje, embora os avanços da arqueologia tenham retirado da fórmula muito de sua pertinência e encurtado notavelmente a época em questão: guardadas as incertezas cronológicas que pesam sobre o fim do mundo micênico, trata-se principalmente dos séculos XI-X e não mais se desce até o século VIII. Acima de tudo, a pesquisa atual prefere dar destaque à fecundidade do período, que manifestamente preparou o "renascimento" do alto arcaísmo. Como se pode ver, a problemática das rupturas e das continuidades domina os debates, ainda mais porque no final da cadeia (século VIII) os poemas homéricos e sua gênese constituem um fator da maior importância, que não cessa de excitar a curiosidade dos historiadores.

Dados demográficos

Além do inequívoco declínio da cultura material, os séculos XI e X são marcados por uma impressionante regressão demográfica, a julgar pela diminuição do número de hábitats e necrópoles arrolados. A rarefação dos vestígios é tanta que se procurou explicá-la por profundas mudanças no gênero de vida: um retorno ao pastoralismo, concebível pelo menos em certas regiões, e novos usos funerários limitando fortemente o acesso à sepultura individual poderiam explicar que aquelas pessoas tenham deixado atrás de si tão poucas marcas. Mas essas explicações, ainda que parcialmente válidas, não são suficientes e, entre outras, foram invocadas possíveis epidemias (cf. a que desfalca as fileiras dos aqueus no início da *Ilíada*) e uma esperança de vida limitada (30-40 anos). Aliás, uma tendência recente é atenuar a amplitude dessa "catástrofe", o que diminui proporcionalmente o crescimento atribuído aos séculos IX-VIII (época geométrica, capítulo seguinte). De fato, a regressão não é uniforme e alguns sítios novos aparecem ou desenvolvem-se, principalmente ao redor do canal euboico (Lócrida oriental; vasta necrópole de Perati, na Ática, que corresponde a um hábitat até hoje não descoberto; Lefkandi, na Eubeia): alguns não hesitam em ver nessa recomposição o prelúdio dos sinecismos (agrupamentos) constitutivos das futuras cidades. Esse ponto traz de volta a persistente questão dos movimentos de população, já mencionada rapidamente a propósito da hipotética responsabilidade dos dórios no colapso do sistema palacial micênico.

Como dissemos no capítulo anterior, a reconstituição dos fatos baseia-se principalmente na combinação de elementos linguísticos e mitológicos, retransmitidos pelos antigos, principalmente pelos historiadores (cf. Heródoto e Tucídides, que apresentam, quando oportuno, observações de ordem dialetológica). De fato, a partir do século VIII pode-se esboçar um mapa dos dialetos ao redor do Egeu. Percebe-se ali uma relativa coerência global que permite algumas reconstruções *a posteriori*, embora, por sua vez, a gênese do processo de diferenciação dialetal seja objeto de muitas discussões. Como o árcado-cipriota é o sucessor do micênico, deduz-se que a Arcádia abrigava na Idade do Bronze uma população que falava o dialeto dos senhores do país, alguns dos quais podem ainda ter se refugiado nessa região relativamente encravada, enquanto o Peloponeso se tornava majoritariamente dórico (arqueologia e mitos sugerem fatos semelhantes para a Acaia, de nome sugestivo, mas faltam os dados dialetais); outros encontraram asilo muito mais longe, principalmente em Chipre, em processo de helenização desde por volta do século XIII. Tessália e Beócia são de fala eólica, assim como Lesbos e o litoral asiático situado aproximadamente na mesma latitude, mas esses três conjuntos apresentam diferenças evidentes. O jônico se concentra na Ática e na Eubeia, passando também para a maior parte das Cíclades, até a parte costeira da Ásia que será chamada de Jônia (cuja fronteira dialetal com a zona eólica, principalmente em Quios e ao redor de Esmirna, se mostra movente). Por sua vez, o dórico, vindo do norte da península até o Peloponeso, atravessa o sul do Egeu: Cíclades meridionais, Creta, Dodecaneso e litoral asiático defronte.

Indiscutivelmente, migrações estão na origem dessa distribuição; e o historiador, que tem horror a lacunas, atribui a totalidade ou parte delas aos "séculos obscuros", pouco conhecidos e aparentemente conturbados, ao passo que os dados disponíveis são, em grande maioria, muito mais tardios; ele prefere associar-lhes os agrupamentos religiosos mais tarde atestados entre jônios (Apolo em Delos e Poseidon no cabo Mícale) e dórios da Ásia (Apolo em Triópion, no território de Cnido). Mas convém lembrar que a cronologia desses movimentos e os itinerários que seguiram (implantações protojônica e protoeólica já na Idade do Bronze, fluxo dórico posterior, motivos e progressões da colonização da costa anatólica desde a península balcânica?), as ligações que podem ter existido entre cada um deles (deslocamentos independentes ou

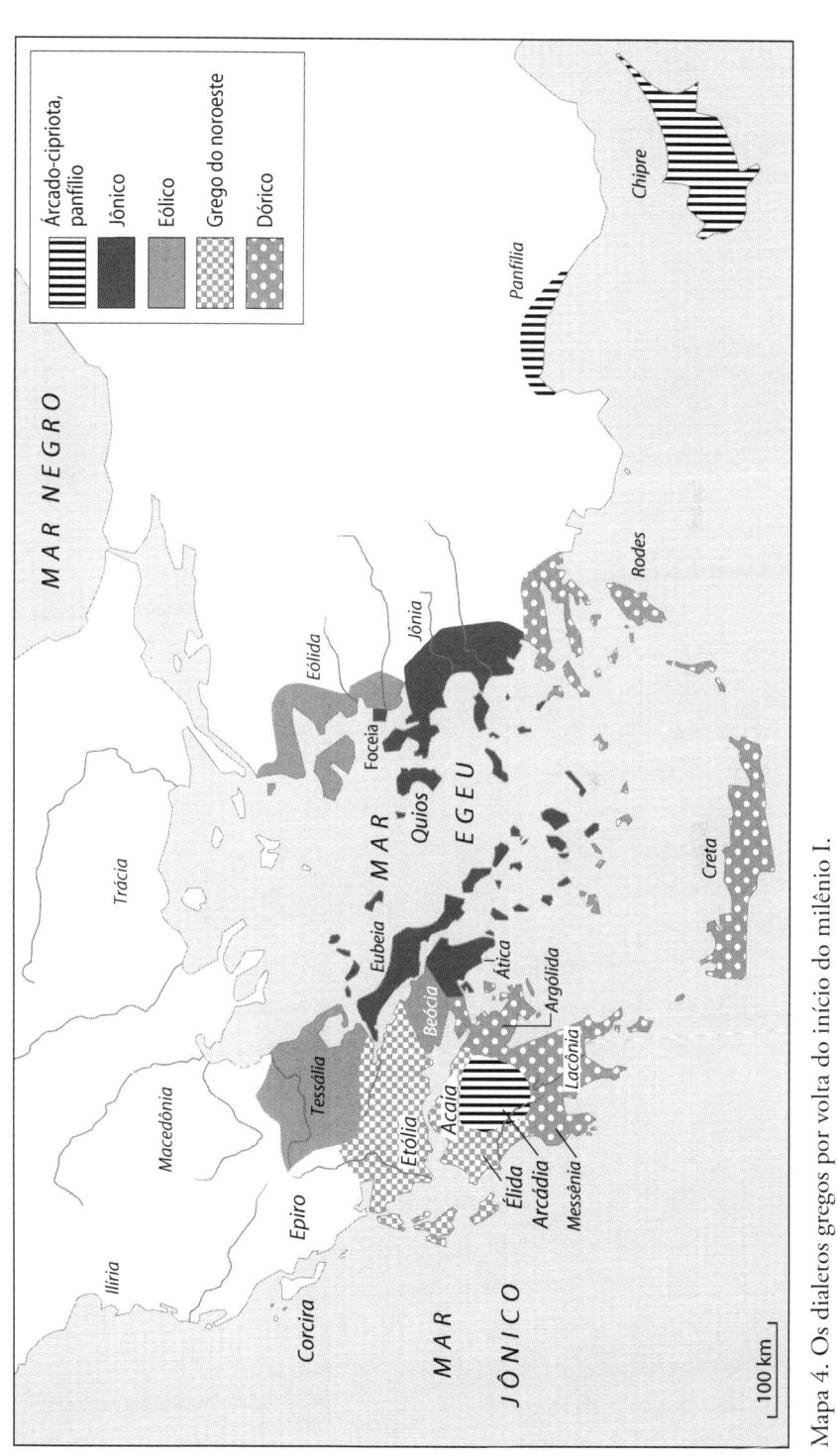

Mapa 4. Os dialetos gregos por volta do início do milênio I.

efeito dominó, em virtude do qual os jônios, primeiros ocupantes gregos da Acaia segundo uma tradição mítica, teriam, por exemplo, sido expulsos dela pelos aqueus, eles mesmos submetidos à nova pressão dórica?) e, por fim, sua amplitude (infiltrações mais do que invasões?) continuam muito hipotéticos. Quanto ao "retorno dos heráclidas" e outros mitos referentes às migrações eólica e jônica, eles se prestam a leituras múltiplas: uns insistem em sua coerência global e no fato de que acabaram constituindo para os gregos da época histórica uma espécie de vulgata que explicava suas origens respectivas; outros, ao contrário, apontam suas contradições ou o cunho propagandista e tardio (legitimação das pretensões esparciatas sobre o Peloponeso na época arcaica, contra os messênios e Argos; atenienses pretensamente autóctones e reivindicando o estatuto de metrópole dos jônios etc.). Em todo caso, é salutar enxergar, por trás de uma aparente unidade, a variedade das esferas culturais jônica e dórica, das quais provavelmente nossa percepção é simplista demais e excessivamente influenciada pelo antagonismo ateniense-esparciata do século V (*infra*, caps. 11 e 13).

Além disso, é preciso abrir espaço para os dialetos "do Noroeste" (etólio, fócio, lócrio, eleático etc.), pertencentes ao grupo grego ocidental, como o dórico de que são muito próximos, e levar em conta grande número de particularismos (cf. o eleático; sobre o macedônico, ver *infra*, cap. 16) ou de situações complexas. Assim, o panfílio, de substrato aqueu e portanto habitualmente associado ao conjunto árcado-cipriota, comporta um forte estrato eólico e até mesmo elementos dóricos: essa mestiçagem é produto de osmoses sucessivas e imprecisamente datáveis, numa região onde a partir do milênio II gregos de origens diversas se misturaram com as populações indígenas (*pámphiloi* significa "compostos de tribos de toda espécie"). É igualmente necessário levar em consideração a colonização arcaica no setor das ilhas "jônicas": o fato de Corcira pertencer ao conjunto dórico, por exemplo, é atribuível tão somente às implantações coríntias da segunda metade do século VIII, que suplantaram populações liburnas vindas do norte do Adriático, jônicas ou outras (cf. o caso bastante semelhante de Lêucade, estreitamente ligada ao continente acarniano e que só foi colonizada cerca de um século mais tarde; ou o caso muito discutido do Epiro, além de tudo aberto à penetração ilírica mas que alguns associam originalmente ao grupo noroeste). Em toda parte aonde forem, os colonos levarão o dialeto de sua metrópole, e o âmbito dórico se estenderá no Ocidente, o jônico no norte do Egeu e no mar Negro etc. (*infra*, cap. 8). Portanto, para as épocas remotas de que tratamos aqui, todo e qualquer mapa de distribuição dialetal só pode ser esquemático e carregado de incertezas, por falta de documentação confiável e suficientemente abundante (inscrições excessivamente raras e muito mais recentes). Mas, mesmo simplificado assim, esse quadro basta para dar uma ideia dos múltiplos problemas e hipóteses que o povoamento da Grécia suscita.

A Grécia do século XI ao século IX

O testemunho da arqueologia

Também desta vez a divisão segue uma terminologia elaborada pelos ceramólogos: nesse período de penúria arqueológica, mais do que nunca a cerâmica constitui o melhor ponto de referência. Mesmo assim, os conceitos "submicênico" (*ca* 1070-1010) e "protogeométrico" (*ca* 1010-900) são de uso delicado, pois se aplicam basicamente à Argólida, à Eubeia e à Ática, que logo desempenha um papel pioneiro no assunto, enquanto outras regiões conhecem uma evolução particular; além disso, os detalhes da cronologia são constantemente questionados pelos especialistas. Por isso vamos nos ater aqui ao essencial.

Entre as características dignas de nota, devemos mencionar a evolução da metalurgia: o ferro suplanta o bronze antes que o restabelecimento de relações firmes com o Oriente possibilite a reimportação do cobre e do estanho necessários (já na segunda metade do século X na Eubeia; aliás, as aparentes soluções de continuidade nesse âmbito poderiam dever-se apenas às lacunas atuais de nossa informação). O artesanato de bronze conhece então uma grande renovação e esse metal é utilizado simultaneamente com o ferro para muitas finalidades, inclusive militares. Outra característica da época: nos usos funerários passa a dominar a incineração (já praticada, mas marginalmente, na Idade do Bronze), exceto para as crianças e em algumas regiões, como a Argólida, onde a inumação continua preferencial. A cerâmica tem sua decoração muito simplificada (semicírculos e círculos concêntricos), porém é feita com um torno mais rápido e decorada usando o compasso: em breve, os *skýphoi* (uma espécie de copo) euboicos com semicírculos pendentes tornam-se abundantes da Macedônia às Cíclades e de Chipre ao Ocidente. Assim, as trocas recomeçam e a Eubeia então parece estar no topo.

O sítio mais espetacular da época fica em Lefkandi, nos confins orientais da planície lelantina, que será objeto de um conflito memorável entre as cidades de Cálcis e de Erétria, no século VIII provavelmente (*infra*, cap. 8). Os arqueolólogos encontraram ali os restos de uma construção que reconstituem como uma espécie de longa cabana absidal de aproximadamente 45 m × 14 m. Datado da primeira metade do século X e cercado de colunas de madeira formando um peristilo, esse edifício parece anunciar os futuros templos perípteros. No cômodo central, dois túmulos encerravam, um deles os esqueletos de quatro cavalos, e o outro, o esqueleto de uma mulher e uma urna de bronze rebatido, de um tipo cipriota então já antigo, contendo as cinzas de um homem morto entre 30 e 45 anos e acompanhada de armas de ferro. No final a construção havia sido desmantelada e totalmente soterrada sob um outeiro cuidadosamente preparado. A interpretação do conjunto continua ambígua: casa de um príncipe transformada em túmulo após sua morte, ou verdadeiro *herôon* (construção contendo os despojos e

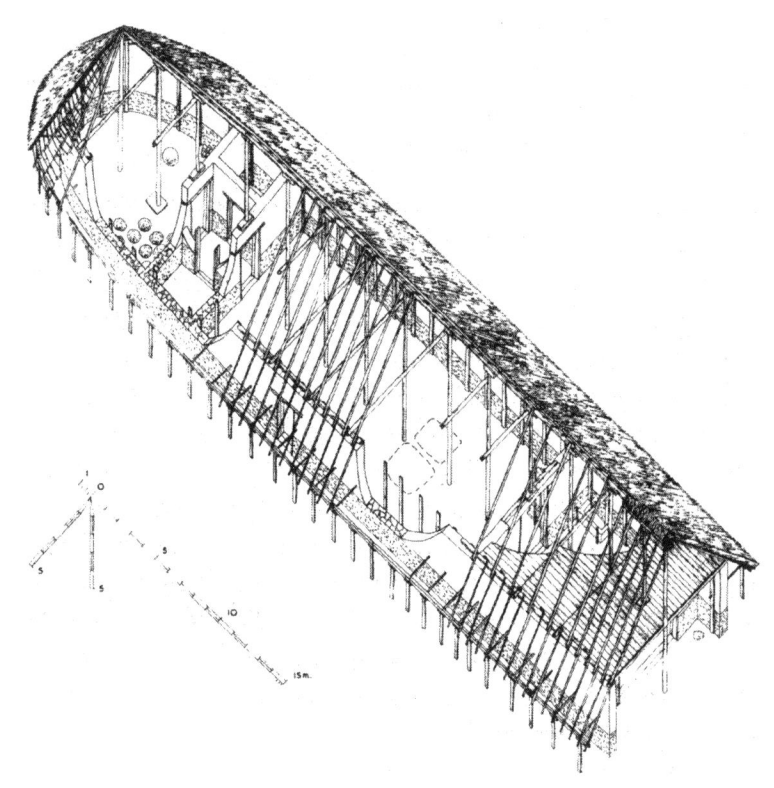

Fig. 3. Reconstituição axonométrica do edifício de Lefkandi (século X) (M.-Chr. Hellmann, *L'Architecture grecque*, Le Livre de Poche, "Références", n.º 544, 1998, fig. 26).

o culto de um personagem heroizado) edificado imitando uma residência principesca? Em todo caso, o ritual lembra o que se observará nos túmulos "régios" de Salamina do Chipre no final do século VIII (capítulo seguinte). Quanto aos cavalos, poderiam ser apanágio de uma forma de aristocracia equestre atestada mais tarde na Eubeia (cf. os hipóbotas, literalmente "criadores de cavalos", em Cálcis). Outro exemplo mais ou menos contemporâneo porém muito mais modesto, a "unidade IV-1" de Nicória, na Messênia, também é um edifício absidal que pode ser interpretado como um local com finalidade coletiva ou mais provavelmente como uma "casa de chefe" (o modelo primitivo dos *big men* melanésios proposto como paralelo pelos etnólogos, embora pareça apresentar algumas características em comum, é provavelmente muito impróprio para a Grécia dos "séculos obscuros"). Ao redor, cabanas formavam uma aldeia de uma centena de habitantes. Em outros lugares, os túmulos nos ensinam apenas o bastante para deduzirmos a importância da atividade bélica, sem que seja possível nos arriscarmos a ir adiante nas especulações sociopolíticas: as etapas que levam do *qa-si-re-u* micênico ao *basileús* homérico tiveram de ser vencidas num ritmo e seguindo modalidades muito variáveis de um lugar para outro, e ignora-se o essencial. Em meados do século IX, a aldeia de Esmirna, ao norte da Jônia, parece ter se cercado de uma muralha, o que supõe uma forma de organização comunitária (alguns preferem interpretar essa primeira fase dos vestígios como um muro de terraço).

Outra questão importante que agita os especialistas é a continuidade religiosa entre o fim do mundo micênico e o alto arcaísmo. O panteão micênico, com algumas diferenças, já é aquele conhecido na época arcaica, e estes últimos anos alongaram a lista dos sítios que atestam uma atividade cultual ininterrupta desde a Idade do Bronze, ainda que a identidade das divindades veneradas de um período para outro frequentemente continue hipotética. Podemos citar o santuário do monte Cinórtion, em Epidauro (Apolo Maleatas), o de Afaia em Egina (Atena?), o de Hágia Irini em Ceos (Dioniso?) e as grutas cretenses de Psicro e do monte Ida (Zeus?) ou o santuário de Kato Symi (Hermes e Afrodite?) nas encostas do monte Dicto. Alguns desses lugares de culto começam a existir na última fase do mundo micênico (HR III C); é o caso de Calapodi, na Fócida (Ártemis Elafebolos?) e talvez Dodona, no Epiro (Zeus) ou logo depois, como no istmo de Corinto (Poseidon) ou em Olímpia (Zeus). Delfos (Apolo Pítico), Delos (Apolo Delíaco) e Elêusis (Deméter) continuam duvidosos. Muitos desses santuários situam-se à margem das áreas habitadas e é possível vê-los como lugares de encontro regionais, em que a refeição comunitária que acompanhava o sacrifício desempenhava o papel principal, com a deposição de oferendas. Já se distinguem santuários urbanos e periurbanos, como em Karphi (Creta), que restituiu belos exemplares da "deusa com os braços levantados", típica da ilha nesse período. Entretanto, continua difícil fazer a distinção entre cultos domésticos e cultos comunitários, e mais ainda entre função de tipo político e função sacerdotal: ver os mégaros de Termos, na Etólia, cuja finalidade continua incerta, e principalmente o "edifício T", que teria sido construído no século XII, sobre as ruínas do mégaro palacial de Tirinto. Alguns pensam que esse mégaro, aberto para um altar, poderia ter continuado a funcionar praticamente sem ruptura como uma espécie de "casa de chefe", antes de no século VIII terminar como templo de Hera, deusa que por sua vez é apresentada como uma hipotética sucessora da Pótnia micênica...

Como se pode ver, esses dados deixam transparecer uma forma de caos e de fragmentação, em comparação com a impressão de unidade (talvez um tanto enganosa) que a civilização micênica transmitia. Mas neles se notam também certa recomposição e uma efervescência que em muitos aspectos prenuncia o "renascimento" subsequente. Em todo caso, os fenômenos são complexos o bastante para que os termos *ruptura* e *continuidade* se mostrem excessivamente esquemáticos, e hoje se tende a falar de *metamorfoses* ou de *transformações*.

Época arcaica

A escrita alfabética

A grande conquista dos gregos desse período é a redescoberta da palavra escrita, com o aperfeiçoamento do alfabeto. Este é tirado da escrita fenícia, o que Heródoto já explicava em termos tanto mitológicos como filológicos (V, 58). De fato, os sinais são muito parecidos, mas – inovação decisiva – alguns foram desviados de seu valor consonântico original, necessário para as línguas semíticas ocidentais mas supérfluo na pronúncia do grego, por notarem vogais (inversamente, estas não aparecem no alfabeto fenício, a não ser ocasionalmente, em textos aramaicos que portanto, segundo uma teoria minoritária, poderiam ter constituído um marco de inspiração para os gregos). O número limitado de letras (20) e sua simplicidade gráfica, tornando-as facilmente reversíveis para se escrever indiferentemente para a esquerda (escrita sinistrógrada), para a direita (destrógrada) ou em bustrofédon (alternativamente num sentido e no outro, como os bois na lavoura), explicam a rápida difusão do sistema, que coloca a escrita ao alcance da maioria das pessoas. A data, o lugar e as motivações dessa inovação são muito debatidos.

As mais antigas inscrições hoje conhecidas – pintadas ou incisadas em vasos – datam da segunda metade do século VIII, com uma possível exceção, proveniente da Itália (cf. abaixo). Mas, embora no início seguramente tenha havido um protótipo único (o reaproveitamento como vogais dos sinais consonânticos inutilizados é idêntico em toda parte), observam-se algumas variantes nas grafias, de acordo com a região e a cidade: esse processo de diferenciação supõe alguma demora, e hoje se considera que o momento-chave pode ter ocorrido no século IX ou mesmo já no século X.

Nessas condições, é preciso buscar o vetor idôneo; e para essa obra de invenção/adaptação a candidatura eubeia é hoje a que recebe mais votos. Enquanto Chipre – que entretanto é um importante lugar de trocas, em constante ligação com os fenícios (cf. a implantação em Cítio a partir de *ca* 850) – parece excluída em razão do apego de seus habitantes ao silabário local herdado dos minoicos e mantido em uso até o século III, as atenções se voltam para o entreposto sírio de Al Mina, na embocadura do Oronte, então muito ativo e no qual a cerâmica eubeia é atestada desde pelo menos o último quarto do século IX. Ao contrário dessa possível, se não provável, zona de descoberta e/ou de ajuste, o par eubeus-fenícios se reencontra um pouco mais tarde no Ocidente, nas costas do mar Tirreno, principalmente em Ischia/Pitecussa (ao norte da baía de Nápoles). Também nesse setor o alfabeto se difundiu rapidamente: uma necrópole do Lácio restituiu recentemente um grafito em letras gregas num vaso de produção local que é datável do final do século IX ou mais provavelmente do início do século VIII (fase pré-colonial), e é a partir de um modelo euboico que os próprios etruscos adotaram cedo a escrita alfabética. Portanto, a exportação do alfabeto – fenômeno precoce, especialmente nessas regiões marcadas pela estreita coabitação das diversas populações e por uma notável fluidez das trocas – parece seguir os itinerários euboicos. Entre outras hipóteses, a Grécia oriental, principalmente Rodes, e mesmo a Jônia por influência eventual de intermediários cilícios ou frígios, ou ainda Atenas, comunidade jônica aberta às influências orientais (capítulo seguinte), podiam igualmente oferecer um contexto propício para os contatos com os levantinos. Mas nessa ótica a Creta dos séculos X-VIII também tem seus partidários: Cnossos parece voltar a ser então um centro internacional (cf., entre outros, a tigela de bronze com uma inscrição fenícia, encontrada na necrópole de Tekké), enquanto na costa sul da ilha o porto de Comos é frequentado pelos fenícios, como mostram a cerâmica restituída pelo sítio e mesmo os vestígios de um santuário (templo B em bétilos, pedras aparelhadas características).

O novo sistema de notação podia acima de tudo facilitar a transmissão de informações entre os diferentes termos do tráfego colonial nascente (cf. *infra*, cap. 8). Entretanto, é surpreendente não encontrarmos nada que tenha uma função comercial imediata: as inscrições mais antigas estão claramente relacionadas com a "propriedade" no mais amplo sentido, à semelhança dos equivalentes semíticos contemporâneos (objetos enunciando o nome de seu proprietário, assinaturas de oleiro). Por isso muitos consideram que os primeiros mercadores gregos a comerciar com seus homólogos fenícios inicialmente fizeram as contas e as anotações de proveniências ou de recipientes, até mesmo de elementos contratuais, em suportes putrescíveis (papiros, peles etc.), o que explicaria que nada tenha chegado até nós. Por outro lado, é impressionante que os mais antigos textos conservados, em vasos para bebida, adotem uma forma versificada que já denota grande domínio e que digam respeito aos registros do concurso (*agón*) e do banquete (*sympósion*). Portanto, na tradição homérica, é fácil imaginarmos aristocratas banqueteando-se e entretendo-se em ouvir trechos de epopeias ou de peças de inspiração semelhante, paródica ou outra. Assim, numa cótila (espécie de taça) ródia ou jônica proveniente de um túmulo da necrópole de Ischia, sítio do estabelecimento colonial de Pitecussa (*ca* 725), foram incisadas três linhas, das quais dois hexâmetros (verso característico da poesia épica) aludindo à passagem da *Ilíada* em que é descrita a famosa taça de Nestor[1]. Essas linhas até mesmo deram origem à hipótese de que a escrita alfabética tenha sido inventada para notar a

---

1. *Ilíada* XI, 632-637; R. Meiggs, D. Lewis, *A Selection of Greek Historical Inscriptions to the End of the Fifth Century B. C.*², 1988, n. 1; D. Ridgway, *Les Premiers Grecs d'Occident. L'aube de la Grande-Grèce*, trad. francesa 1992, pp. 31-2 e fig. 9; E. Greco, *La Grande--Grèce*, trad. francesa 1996, p. 15 e figs. 7-8. Algumas lacunas na inscrição autorizam várias interpretações do texto; uma tradução possível, entre outras, é: "Sou a taça de Nestor, onde é bom beber; quem beber nesta taça será prontamente tomado pelo desejo de Afrodite com a bela coroa." (Variante: "Na taça de Nestor é bom beber, mas aquele que beber...")

poesia, especialmente a epopeia homérica. Inscrições funerárias, dedicatórias aos deuses e grafitos diversos se seguirão, antes que a escrita encontre um uso político: é uma verdadeira revolução que tem início com a adoção desses poucos caracteres.

Assim as "idades obscuras" deixam para sua posteridade a mais bela herança possível. Os gregos saberão fazê-la frutificar no período seguinte (século VIII), às vezes qualificado de "renascimento", no qual ressoam principalmente os cantos de Homero e de Hesíodo.

Capítulo 7

O MUNDO GREGO NO TEMPO DE HOMERO E DE HESÍODO

O século VIII constitui uma guinada fundamental para o historiador da Grécia: pela primeira vez, ele dispõe de documentos escritos que ultrapassam o estágio das peças contábeis e oferecem uma visão global das mais variadas áreas, como a sociedade, a política, as crenças, as trocas. É certo que os poemas homéricos e os de Hesíodo são acima de tudo obras literárias, nas quais a parcela do imaginário permanece fundamental, como em toda criação poética, e requerem cuidado para se evitar uma leitura tanto excessivamente literal como superinterpretativa[1]. Entretanto, explorar essas obras-primas é indispensável, não só porque constituíram a referência dos gregos durante séculos, mas também porque, em certa medida, são testemunhos de um período de transição em que a cidade se desenvolve e em que o mundo grego conhece uma expansão sem precedente (para facilitar a exposição, trataremos destes dois últimos pontos no capítulo seguinte).

A Grécia na época geométrica

Por volta de 900 teve origem em Atenas, antes de ser amplamente praticado em outros lugares, o estilo cerâmico denominado "geométrico", que apresenta uma decoração de alta qualidade, na qual se destaca o meandro substituindo os motivos circulares. Segundo a divisão usual, o Geométrico Antigo termina por volta de 850, dando lugar ao Geométrico Médio (até por volta de 750), que se caracteriza por uma ornamentação cada vez mais sofisticada, com as primeiras representações figuradas, ainda isoladas e rudimentares. Estas se tornam mais frequentes e mais complexas a partir da transição para o Geométrico Recente (por volta de 750--700), que se destaca pela produção dos grandes vasos do Dípilo ("dupla porta", edificada mais tarde a noroeste da cidade, no bairro Cerâmico, assim chamado porque os artesãos oleiros se concentraram ali). Neles estão representados desfiles de carros, navios, cenas de batalha ou de exposição do morto (*próthesis*) antes do transporte para o túmulo (*ekphorá*), que lembram certas passagens dos poemas homéricos, embora certamente não se deva considerar a decoração dos vasos como uma ilustração direta desses poemas.

---

[1]. Ver Ph. Brunet, *La Naissance de la littérature dans la Grèce ancienne*, Le Livre de Poche, "Références", nº 530, 1997.

Época arcaica

Essa é a época de um crescimento demográfico e de um enriquecimento visível do mobiliário dos túmulos. Assim, uma sepultura feminina do Areópago (colina situada ao pé da Acrópole), conhecida como da "Rich Lady", restituiu joias de ouro, mais de 30 vasos e um cofrezinho cuja tampa é adornada com cinco celeiros de trigo miniaturizados, evocando já na metade do século IX uma aristocracia agrária que poderia prefigurar a classe dos pentacosiomedímnios conhecida na época de Sólon (*infra*, cap. 9). O fato de a defunta estar grávida no momento da morte, como mostrou uma recente análise dos restos ósseos que a ânfora cinerária continha, também poderia explicar em parte a natureza e a abundância do mobiliário funerário. Seja como for, Atenas é então um dos centros mais prósperos, a julgar pela superioridade de seus artesãos e talvez devido à exploração das minas do Láurion – e neste caso a Ática poderia ter sido já na época o cenário de um início de sinecismo (capítulo seguinte). Além disso, as trocas recuperaram uma intensidade notável, como sugere um túmulo do Dípilo contendo estatuetas de marfim que revelam influências orientais (*ca* 730). No século VIII, especialmente no setor que virá a ser o principal cemitério de Atenas, observam-se também mudanças nas práticas funerárias, mais diversificadas: volta à inumação, e depois reaparecimento de túmulos de adolescentes ou de crianças ao lado dos túmulos dos adultos, o que poderia denotar maior acesso ao direito à sepultura; por volta da virada do século, os grandes *sêmata* aristocráticos (túmulos materializados pelos vasos monumentais mencionados acima) desaparecem e as oferendas são depositadas numa fossa contígua, ao passo que se recomeça a queimar a maioria dos mortos, não mais numa fogueira e sim nos próprios túmulos, agora agrupados fora das áreas de habitação. Essas sucessivas modificações do ritual, diferentes do que se observa em outras regiões da Grécia (cf. a Argólida e a Coríntia, onde a inumação é preferencial), foram interpretadas como reflexo de evoluções socioeconômicas e mesmo políticas, ou como uma intenção de diferenciação em certos grupos familiais etc.; mas, em última análise, não é fácil explicá-las.

A vizinha Eubeia, por sua vez, está sempre à frente: em Campânia, o estabelecimento colonial euboico de Pitecussa data do meio do século VIII ou pouco antes – ou seja, aproximadamente da época em que começa a tomar forma a cidade de Erétria, rival de Cálcis e talvez sucessora de Lefkandi, sítio por sua vez abandonado no final do século (capítulo anterior). Em outros lugares, aglomerações são destruídas, como Ásina, vítima dos argivos (por volta de 710, principalmente segundo Pausânias), ou periclitam, como Zagora, em Andros (por volta de 700). Outros centros logo conhecem um forte desenvolvimento, como Argos, Esparta, Corinto e Mégara no Peloponeso, as ilhas de Lesbos, Quios (Empório), Samos e Rodes, por fim Éfeso e Mileto no litoral asiático. Em toda a Anatólia ocidental, os gregos mantêm relações às vezes conflituosas, mas também trocas proveitosas com as populações parcialmente indo-europeias

Fig. 4. Ânfora funerária ática encontrada no Cerâmico, com cena de exposição do morto. Por volta de 760 a.C. Altura: 1,55 m. Museu Nacional de Atenas 804 (R. Martin, *L'Art grec*, Le Livre de Poche, "La Pochothèque", 1984, fig. 32).

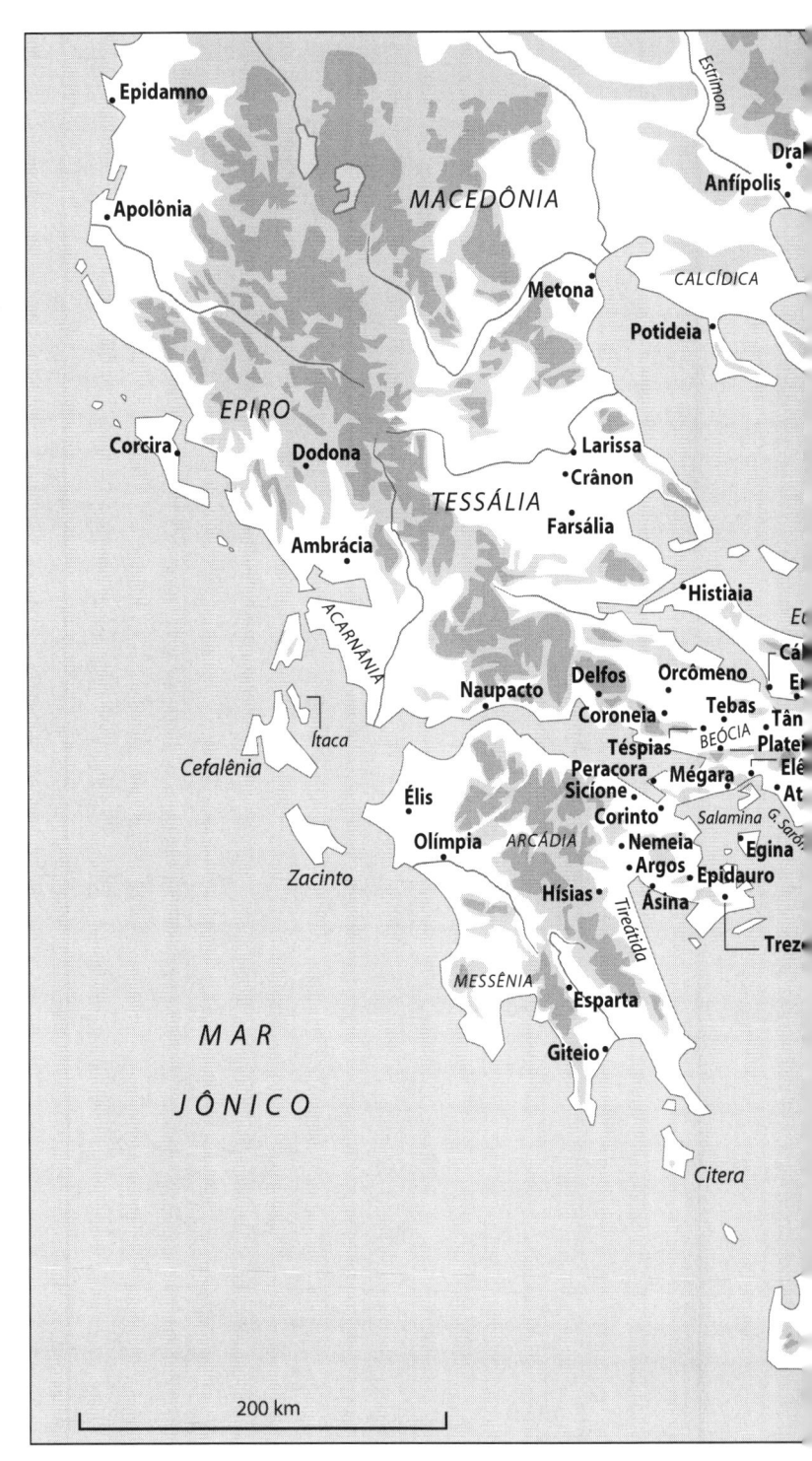

Mapa 5. Sítios mencionados nos capítulos 7 a 12 (*ca* 800-*ca* 450 a.C.).

TRÁCIA
- Abdera
- Dorisco
- Tasos

PROPÔNTIDA
- Bizâncio

- Sestos
- Helesponto
- Imbros
- Sigeu

TRÓADE
- Assos
- Adramítio

EÓLIDA
- Mitilena
- Lesbos

- Lemnos

MAR EGEU

- Foceia
- Cima

LÍDIA
- Hermos
- Sardes

- Quios
- Éritras
- Clazômenas
- Empório

JÔNIA
- Cólofon
- Éfeso
- Meandro
- Priena
- Samos
- Cabo Mícale
- Magnésia do Meandro
- Mileto
- Didima
- Lade

CÁRIA
- Halicarnasso

- Andros
- Reneia — Delos
- Paros
- Naxos
- Cós

- Ialisos
- Camiros
- Lindos

Rodes

- Tera

CRETA
- Dreros
- Gortina

Época arcaica

instaladas sobre as ruínas do império hitita. Heródoto dedica-lhes explicações bastante longas, principalmente a respeito das oferendas de seus soberanos ao santuário de Delfos: ao sul, lícios e cários, aos quais atribui diversas inovações militares, mas sobretudo o reino frígio de Midas, devastado pelos cimérios, que irrompem do norte do mar Negro a partir do final do século VIII (saque de Górdion, a capital, nos anos 690) e que será suplantado pelos lídios do rei Giges (*ca* 680-650), fundador da dinastia dos mermnadas, cuja capital é Sardes, também ela vítima das razias cimérias (seus descendentes mais famosos serão Aliates, que reina de 610 a 560 aproximadamente, e Creso, que reina de *ca* 560 a 546: cf. *infra*, cap. 10). Essas culturas, como as do Oriente Próximo às quais os gregos devem os sinais alfabéticos, contribuem para o "fenômeno orientalizante" que fecunda o helenismo, principalmente num período que vai aproximadamente de meados do século VIII à segunda metade do século VII (técnicas, artes plásticas e cerâmica, religião, costumes diversos, até o uso da moeda: capítulo seguinte), antes de, por sua vez, serem largamente influenciadas por ele.

É também uma fase determinante para os santuários, onde se edificam os primeiros templos, ainda rudimentares. Podemos citar o Heraion (santuário de Hera) de Samos, que, por volta do início do século VIII, poderia constituir o primeiro exemplo de complexo religioso do tipo "clássico" (espaço reservado denominado *témenos*, altar e templo contendo a estátua do culto); e também o de Peracora, no istmo de Corinto, ou ainda o Dafnefórion de Erétria, dedicado ao culto de Apolo Dafnéforo (literalmente, "porta-louro")[2]. A tradição situa o início dos concursos olímpicos em 776, data que para muitos pareceu excessivamente remota. As oferendas começam a acumular-se nesses lugares sagrados, principalmente os grandes tripés de bronze com cuba fixa e depois com caldeirão móvel, logo seguidos pelas primeiras estátuas, de dimensões e realismo cada vez maiores (madeira, mármore, bronze por fundição direta e depois pela técnica da cera perdida, com provável influência egípcia). Nessa produção se distinguem o Peloponeso (com destaque para Argos e Corinto) e principalmente Creta, que continua a contar com seus contatos preferenciais com os artesãos orientais (cf. os escudos votivos com decoração rebatida descobertos na gruta do monte Ida) e que desempenha um papel fundamental no desenvolvimento do estilo "dedálico". Aparentemente essas consagrações são feitas em prejuízo das sepulturas, menos dotadas, embora contraexemplos notáveis – como as tumbas de guerreiros de Argos, uma das quais restituiu uma armadura impressionante – façam lembrar que a diversidade continua a ser uma característica essencial do mundo grego. Excepcionais são os túmulos "régios" de Salamina de Chipre por volta de 700 (época em que a ilha

---

2. Ver M.-Chr. Hellmann, *L'Architecture grecque*, Le Livre de Poche, "Références", nº 544, 1998.

conta cerca de dez principados submissos aos soberanos assírios Sargão II e, depois, Senaqueribe), que revelaram práticas funerárias semelhantes às mencionadas nos poemas homéricos (cf. os funerais de Pátroclo no canto XXIII da *Ilíada*). Efetivamente, além da língua e da religião, um dos mais poderosos agentes da unidade cultural é então constituído pelas obras de Homero e de Hesíodo.

A epopeia homérica

Segundo a tradição, o autor é um aedo cego que viveu na Jônia (Quios?) no final do século IX ou no século VIII ("quatro séculos antes de mim", diz Heródoto II, 53). A *Ilíada* (cerca de 15 mil versos), que narra a cólera de Aquiles, ocorrida no décimo ano da guerra de Troia, e a *Odisseia* (cerca de 12 mil versos), que canta o retorno de Ulisses a sua pátria, são a parte conservada e mais bem acabada do ciclo troiano, que incluía também peças como *Cantos cíprios* (as origens e os primeiros nove anos da guerra) e outros *Retornos* (*Nóstoi*). Os poemas propriamente ditos compõem-se de vários subconjuntos: distinguem-se, na *Odisseia*, as peripécias de Telêmaco, depois as aventuras narradas por Ulisses entre os feácios e por fim o retorno a Ítaca e a vingança. Por isso o abade d'Aubignac, no século XVII, sugeriu que se tratasse originalmente de vários cantos independentes, compostos por autores diversos e interligados posteriormente. Esse é um dos aspectos mais famosos da "questão homérica" que opôs analistas e unitários, paroxismo das inúmeras querelas que agitaram os filólogos depois dos eruditos alexandrinos (*infra*, cap. 23). Mais sensíveis à coerência global, ainda que evoluções de forma e de fundo sejam perceptíveis entre os dois poemas, os especialistas atuais tendem a admitir a existência de um autor de gênio, ou de dois, compondo a *Ilíada* e depois a *Odisseia* com algumas dezenas de anos de intervalo. Mas isso não quer dizer que esse(s) autor(es) não tenha(m) herdado de uma longa tradição. De fato, parece estabelecido que a matéria dos poemas remonta em parte a um fundo micênico ou mesmo anterior (o verso utilizado, o hexâmetro datílico, poderia ter sido imitado dos minoicos), elaborado e transmitido ao longo de gerações por virtuoses da composição oral, valendo-se especialmente da repetição dos famosos "epítetos homéricos", e depois fixado e transformado em obra-prima por Homero graças ao novo alfabeto. A vulgata que se conhece hoje é resultado de um longo processo de edição que teria sido iniciado por Pisístrato, tirano de Atenas no século VI (*infra*, cap. 9: muitos consideram duvidosa essa tradição), e concluída pelos filólogos de Alexandria. Mas a extraordinária popularidade e a difusão rapidíssima dos poemas, ou pelo menos de sua substância, podem ser avaliadas em objetos como a "taça de Nestor" encontrada em Pitecussa (capítulo anterior).

Época arcaica

Outro ponto muito debatido é a questão do referente histórico, incerto devido à espessura cronológica da fase de elaboração. De fato, as *realia* homéricas mostram-se heterogêneas e compósitas, assim como a língua utilizada, que mistura artificialmente o dialeto jônico com outros elementos. A geografia e alguns objetos, tais como os capacetes com dentes de javali, são indubitavelmente micênicos, ao contrário da cremação dos mortos, que indica um uso posterior. O analfabetismo dos heróis, se não for uma opção poética, direciona para os primeiros tempos das "idades obscuras", ao passo que a organização política remete claramente às cidades emergentes do século VIII (o vocabulário especializado já é, em grande parte, aquele que se conhece nas épocas arcaica e clássica). É como se Homero tivesse deliberadamente se empenhado em encantar seus ouvintes projetando-os no mundo dos heróis dos tempos passados, do qual a memória coletiva guardara algumas lembranças, mas repintando esse universo fabuloso com as cores do cotidiano do auditório. Portanto, a necessidade de uma leitura "estratigráfica" dos poemas fica evidente quando se deseja recolocar um determinado pormenor em seu contexto exato, na medida do possível (cf. a questão insolúvel da guerra de Troia, rapidamente mencionada no capítulo 5). Mas nem por isso se deve perder de vista a autonomia e a coerência interna da obra-prima poética: como disse um dos maiores críticos alexandrinos, Aristarco de Samotrácia (*ca* 170), convém acima de tudo "explicar Homero por meio de Homero". Feitas essas ressalvas, passamos a percorrer rapidamente o "mundo de Ulisses" (M. I. Finley).

O lugar de honra é reservado aos aristocratas, a quem o poeta se dirige prioritariamente. Deles provêm os heróis que se enfrentam em combate singular, revestidos de soberbas armaduras e transportados em carro até o local da luta (qual pode ser aqui a relação com as práticas da Idade do Bronze?). O ideal agonístico de competição e de exaltação da *areté* (valor pessoal, especialmente em combate) continuará a ser uma referência constante nas épocas posteriores, nas fileiras dos *hómoioi* esparciatas (*infra*, cap. 9), assim como nas dos cidadãos atenienses sedentos de *philotimía* (amor às honrarias, outorgadas por boa conduta para com a comunidade). Além do butim, constituído especialmente pelas armas do vencido, o poder deles é avaliado por meio de suas propriedades, o *oîkos*, termo que designa conjuntamente o patrimônio e as pessoas da casa (principalmente a família próxima e os escravos, alguns dos quais podem ter uma posição notável, como a intendente de Ulisses, Eurinoma). Na moradia, um lugar fundamental é ocupado pela câmara do tesouro (*thálamos*), onde são guardadas as riquezas provenientes da guerra, dos saques e as ofertadas por outros nobres, aos quais se retribui para manter o prestígio. O próprio senhor prefere definir-se como entendido nos trabalhos do campo, enquanto a esposa dirige a atividade doméstica e colabora na produção (fiação e tecelagem). O casamento caracteriza-se pela prática do dom (presentes do noivo) e contradom (dote direto entregue pelo pai juntamente com a noiva). Com exceção desse ponto (apenas o dote direto subsistirá mais tarde), aqui aparentemente estamos muito mais perto dos domínios de Iscômaco tal como aparece no *Econômico* de Xenofonte, no século IV, do que dos inventários das lojas de Pilos. Os poemas praticamente não se interessam pelos pequenos proprietários independentes, que imaginamos, como Hesíodo, criticando duramente os excessos dos reis "devoradores de presentes". Na parte mais baixa da escala figuram os tetas, livres mas sem outro meio de vida além do trabalho braçal para outrem – condição que a sombra de Aquiles, que Ulisses encontra nos Infernos, considera a menos invejável de todas (canto XI da *Odisseia*). À parte estão os demiurgos, itinerantes e detentores de uma técnica altamente especializada que colocam a serviço das comunidades mediante remuneração (adivinhos, curandeiros, ourives etc.). As atividades marítimas revelam grande mestria, o que não é de surpreender numa época em que se redescobriram as antigas rotas percorridas na Idade do Bronze e em que os gregos se lançam na aventura colonial. Mesmo assim, os intercâmbios têm um estatuto ambíguo: o uso aristocrático e ritualizado do dom e contradom não é exclusivo do comércio à base de troca, que por sua vez nunca está muito longe da pirataria – atividade valorizada quando é um avatar guerreiro praticado pelos nobres e desprezível quando os fenícios ou outros traficantes a têm como profissão. A troca opera-se com as mais diversas mercadorias (vinho, metais manufaturados ou não, peles ou gado vivo, escravos), mas os bois constituem a unidade de medida preferencial para o valor dos bens: por exemplo, nos concursos fúnebres organizados para Pátroclo, é assim que os aqueus avaliam os prêmios postos em jogo por Aquiles para a prova de luta (12 animais para o grande tripé que vai ao fogo, 4 para o escravo qualificado e polivalente).

Entre os nobres, um círculo restrito é definido como reis (*basileîs*), dos quais um, *primus inter pares*, se distingue como o rei soberano (mesmo termo no singular, às vezes no comparativo ou no superlativo; o termo *ánax*, resquício micênico, é apenas um qualificativo traduzível por "senhor", empregado igualmente para um deus ou para o dono do *oîkos*). O termo *géras* designa os privilégios reservados aos *basileîs*, em forma de presentes do povo ou de partes de honra no butim e nos sacrifícios. Também podem ser arrecadadas contribuições, se necessário. O rei reinante detém um poder hereditário, que entretanto ele precisa justificar com uma posição efetivamente dominante, tanto por sua riqueza como por sua força: é assim que Agamêmnon garante para si o comando supremo dos aqueus, ao passo que, na ausência de seu pai, o jovem Telêmaco é posto em dificuldade pelos pretendentes, que devem conquistar os favores de Penélope para reinar no lugar dele. O rei, assistido pelos outros *basileîs*, delibera e reúne a assembleia dos soldados (*Ilíada*) ou dos cidadãos (*Odisseia*). Embora se observe algum avanço de uma epopeia para a outra, o povo não tem mais personalidade na política do que no meio da rua:

quem ousa fazer uso da palavra é logo rechaçado, e não há vestígio de voto. Apesar da oposição ou desaprovação de alguns de seus conselheiros, a opinião do rei sempre vence, como a de Zeus, que igualmente tem de lidar com a contestação dos outros deuses. *Basileús* e *basileîs* desempenham também um papel decisivo no exercício da justiça, em que parece ter início um esboço de regulação da *vendetta*: uma cena controversa que figura no escudo de Aquiles, descrito no canto XVIII da *Ilíada*, poderia indicar essa evolução lenta e empírica que conduz aos textos normativos elaborados pelas gerações seguintes, tais como o "código" de Drácon cerca de dois séculos depois (*infra*, cap. 9). A cidade homérica tem também as fratrias, termo que será retomado para designar estruturas sociais que ainda desempenham um grande papel na Atenas clássica.

É banal dizer que nos poemas o mundo dos deuses copia o dos homens, mas o ponto de vista inverso seria igualmente legítimo, com os heróis reivindicando uma ascendência divina que lhes permite um contato privilegiado com um determinado deus (cf. o par Ulisses-Atena na *Odisseia*). Homens e deuses estão igualmente subordinados ao destino (*moîra*), mas os homens dependem principalmente da boa vontade dos deuses, cujas boas graças tentam obter ou procuram apaziguar por meio de sacrifícios. Todos os atos constitutivos do culto tal como é conhecido nas épocas arcaica e clássica estão ilustrados nos poemas, desde a simples prece até a consulta aos oráculos; o termo *témenos* designa sempre os domínios reservados dos *basileîs* de nível superior, significação herdada do mundo micênico; mas em quatro ocorrências o sentido evoluiu para a acepção clássica de "espaço delimitado para um santuário". O *agón* fúnebre celebrado para Pátroclo evoca irresistivelmente os concursos que começam a ser organizados então, principalmente em Olímpia, onde foram encontrados tripés semelhantes aos que Aquiles oferece aos vencedores. Por fim, também nesse caso se pode detectar uma evolução entre as duas epopeias: enquanto os deuses da *Ilíada* participam da fúria dos homens, a *Odisseia* encerra-se, depois de Ulisses obter justiça, com uma reconciliação da comunidade de Ítaca, sob patrocínio de Atena, divindade políade (protetora da cidade) por excelência (canto XXIV, às vezes considerado uma adição tardia, é provável que erroneamente). Será que esse final tão moral quer significar que o mundo está mudando, aparentemente mais ordenado, mais civilizado, definitivamente o oposto do universo inumano dos Cíclopes, que "ignoram as assembleias e as leis"?

Hesíodo

Aqui, nenhuma dúvida sobre a identidade do autor: ele próprio dá na obra alguns elementos biográficos. Originário da Eólida, seu pai perdera quase tudo no comércio marítimo, antes de estabelecer-se na Beócia para explorar uma pequena propriedade em Ascra, não longe do monte Hélicon, morada das Musas. A herança opôs Hesíodo a seu irmão Perses, que vence mas logo fica arruinado: *Os trabalhos e os dias*, longa sequência de conselhos que o poeta lhe dá para ser bem-sucedido, é um valioso testemunho sobre o pequeno campesinato beócio, provavelmente no início do século VII. O outro poema conservado, *Teogonia*, é mais ambicioso e valeu a Hesíodo sua reputação de ordenador das genealogias divinas e dos ciclos míticos, empreendimento parcialmente complementado pelos *Hinos* chamados de "homéricos" – compostos mais tarde por autores anônimos e dedicados a uma determinada divindade em particular (Apolo, Deméter etc.). O próprio Hesíodo reivindica a posição de intermediário entre os deuses e os homens que sua arte lhe confere, assim como evoca orgulhosamente seus êxitos poéticos, como nos concursos fúnebres celebrados em Cálcis para o herói Anfídamas (talvez em relação com a guerra lelantina: capítulo seguinte).

O *oîkos* hesiódico tal como aparece em *Os trabalhos* é bem modesto em comparação com o dos heróis: basta confrontá-lo com as posses que Hefesto representa no escudo de Aquiles, no canto XVIII da *Ilíada*. Uma casa, um boi de lavoura, alguns escravos ou trabalhadores sazonais para auxiliarem um dono totalmente devotado a sua propriedade, uma esposa escolhida na idade certa e com cuidado para que não dilapide os recursos arduamente ganhos. Essa condição difícil se explica por uma degradação contínua, exposta no célebre mito das raças, que levou o homem da idade de ouro para a idade de ferro – a idade da decadência, na qual vive o poeta. Nessa existência mesquinha, a impressão é de que o equilíbrio é sempre precário e talvez questionado a todo momento por um endividamento não controlado – daí a afirmação do ideal de autarcia (autossuficiência, com algumas adaptações mencionadas abaixo) – ou pelas exigências excessivas dos *basileîs* da vizinha cidade de Téspias, aos quais o poeta recomenda mais justiça. Entretanto, não há em Hesíodo incitação à revolta, tampouco crise agrária: se aconselha a ter apenas um filho para não desmembrar o patrimônio, também admite que mais braços possibilitam rendimentos maiores; se não confia no comércio marítimo porque a navegação assusta, também expressa a ideia de lucro obtido do escoamento de um excedente de produção, com a perspectiva de aumentar a propriedade comprando parcelas vizinhas. Além dessas ambiguidades, deve-se destacar que essa poesia é didática, mas pouco técnica; em todo caso, é dominada por uma exigência dupla: moral, ao colocar o trabalho da terra acima de qualquer outra atividade laboriosa; e religiosa, ao recomendar a observância minuciosa dos ritos e do calendário. Por isso o conhecimento dos princípios divinos, revelado ao aedo pelas Musas, é fundamental.

A *Teogonia* é, à sua maneira, uma cosmogonia, até mesmo uma obra enciclopédica, que revela a origem do mundo desde o caos inicial até as últimas gerações divinas. Um lugar especial é reservado para os maus princípios (Engano, Fraqueza, Anarquia, Esquecimento) e para os bons, filhos de Zeus e Têmis (a Justiça, a Paz, as Horas etc.). Nela reencontramos o homem, punido pela dupla falta de Prometeu, que enganara seu primo Zeus fazendo duas partes desiguais de sacrifício (para os deuses os ossos cobertos de gordura, para os homens as carnes comestíveis) e depois lhe roubou o fogo do qual Zeus, cheio de rancor, privara os mortais: a punição é Pandora, a primeira mulher, "esse mal tão belo", presente pérfido que Epimeteu aceita, desprezando os conselhos de seu irmão Prometeu, e que abre o jarro onde estavam encerrados todos os males, mas também a Esperança. Essa visão pessimista está presente também em diversas narrativas sobre a vida dos deuses, repleta de assassinatos e mutilações: Zeus, que elimina sua esposa Métis, divindade que personifica a inteligência astuciosa, *a priori* não se mostra melhor do que seu pai Cronos, que por sua vez havia emasculado seu próprio pai Urano, ambos por medo de perderem o reinado em proveito de filhos ou de irmãos que tomariam seu lugar. Essa visão pessimista se expressa também pela consciência aguda de que a lei do mais forte governa o mundo (parábola do gavião e do rouxinol). Em compensação, Zeus é também o responsável pela justiça, com a qual presenteou a humanidade e que os reis sábios sabem aplicar, seguindo os conselhos do poeta inspirado de Apolo, deus da cadência harmoniosa e principalmente da justa medida. Aí está efetivamente a salvação do homem: encontrar em tudo a proporção correta, assim como o plantador calcula suas sementes com a maior exatidão possível, e aproveitar o *kairós* (oportunidade, lugar certo e momento certo para cada atividade). Portanto, o poeta dá a seu irmão muito mais que um conselho de sabedoria camponesa ao concluir assim *Os trabalhos*: "Feliz e afortunado aquele que, sabendo tudo o que se refere aos dias, faz seu trabalho sem ofender os imortais, consultando os avisos celestes e evitando todo descomedimento (*hýbris*)." Assim os princípios básicos da moral grega ficam estabelecidos por séculos e Hesíodo se junta a Homero no eminente papel de educador-encantador.

Capítulo 8

O APARECIMENTO DAS CIDADES E A AVENTURA COLONIAL

A cidade (*pólis*, plural *póleis*) é a forma de organização política por excelência da Grécia antiga. Por outro lado, os gregos que permaneceram à margem, agrupados em *éthne* (singular *éthnos*) mais ou menos estruturados, como na Etólia ou no Epiro, foram vistos com certa condescendência. Entretanto, até agora continua impossível datar o nascimento das *póleis* (foi antes um processo evolutivo e diversificado), assim como é difícil reconstituir seus primeiros tempos. Portanto, considerar a questão nesta altura de nossa explanação – ou seja, depois de termos tratado do mundo grego tal como aparece nos poemas homéricos e nos de Hesíodo – é simplesmente uma comodidade conforme com as reconstituições que hoje têm o favor da maioria, mas que rapidamente poderão evoluir. Mais seguramente, esse período (séculos VIII-VII) é também o da colonização, que corresponde a uma notável expansão do helenismo: emergência e multiplicação das cidades aparentemente estão relacionadas. Por fim, é nessa época de grande efervescência que surgem o hoplitismo e depois a moeda. Tudo isso está ilustrado por numerosos textos – ainda que, em sua imensa maioria, muito posteriores ou alusivos – e principalmente por uma grande quantidade de dados arqueológicos.

A cidade-Estado

A expressão designa uma estrutura política (*pólis*) que, em graus variáveis, goza de autonomia (*autónomos* = regido por suas próprias leis) e de independência (*eleuthería* = liberdade); geralmente é constituída por sinecismo (agrupamento, reunião) de pequenas comunidades preexistentes. Os antigos frequentemente atribuem esse agrupamento a um herói mítico (Teseu em Atenas). Embora essencialmente institucional (compartilhamento de valores e de regras em comum), normalmente ele resulta na formação de um centro urbano (*pólis* ou *ásty*, com o notório contraexemplo de Esparta, que permanece praticamente desprovida de um), associado a um território (*khóra*) no qual persiste um hábitat rural mais ou menos denso e que deve garantir a subsistência dos habitantes. Entre estes, os cidadãos (*politai*, singular *polítes*) são reconhecidamente o elemento-chave: é significativo que o termo *politeía* designe a cidadania individual antes de remeter, por derivação de sentido, às instituições da *pólis* em sua globalidade.

Época arcaica

Nessa época, devem ser no máximo algumas centenas de indivíduos na maioria das cidades, alguns milhares nas maiores; essa escala reduzida provavelmente favoreceu a emergência progressiva da noção de participação coletiva na administração dos assuntos comunitários. Por isso se fala [do povo] dos atenienses, dos argivos, dos milésios, como de um corpo organizado, mais que de Atenas, de Argos ou de Mileto, a não ser como topônimos. Em consequência dessa "compartimentagem" política, o estrangeiro (*xénos*) é tanto um grego de uma outra cidade como um *bárbaros*, termo que na origem é uma onomatopeia para designar os não helenófonos.

A qualidade de cidadão, essencialmente ligada ao nascimento e ao gozo da terra (propriedade fundiária etc.), confere o direito e o dever de cumprir sua parte nas atividades da cidade, em que a religião e a defesa têm os papéis principais. As mulheres são mantidas à margem e sua participação limita-se a manifestações religiosas; no ponto mais baixo da escala estão os escravos – presas de guerra ou comprados, ou até mesmo cidadãos decaídos, mas cujo estatuto varia muito de uma cidade para outra (*infra*, caps. 9 e 12) e que parecem ser pouco numerosos no período considerado aqui. O *oîkos* (*supra*, cap. 7) continua a ser o cenário da vida cotidiana, mas o corpo cívico conhece outras estruturas, que às vezes os modernos chamam de "grupos de sociabilidade" ou "de parentesco ampliado". Essas estruturas foram constituídas a partir de laços pretensamente genéticos (ancestral comum) e sobretudo geográficos. Sua importância religiosa e sua implicação no funcionamento da cidade são claras, mas os contornos continuam bastante indistintos, ainda mais porque diferentes ajustes podem ter ocorrido ao longo dos séculos. Podemos citar as *géne* (singular *génos*), famílias ou clãs muitas vezes da aristocracia e exercendo hereditariamente prerrogativas sacerdotais; as fratrias, interpretadas como fraternidades fictícias em torno de cultos principalmente ligados à família; por fim, no nível superior da estrutura, as tribos (*phylaí*, singular *phylé*), originalmente em número de três nas cidades dóricas (hileus, dimanes e pânfilos, como em Esparta) e de quatro nas cidades jônicas, como Atenas, onde portam os nomes dos legendários filhos de Íon, herói epônimo dos jônios (capítulo seguinte). Mas há muitas outras subdivisões e configurações, pois cada cidade apresenta particularismos, nesse âmbito como em todos os outros (cultos, calendário, instituições etc.).

Os especialistas não estão de acordo quanto à data em que surgiram as cidades, principalmente porque cada qual faz uma ideia diferente do que é uma cidade nascente. Para mencionar apenas as opiniões extremas, lembramos que alguns consideraram que os sítios da Idade do Bronze oferecem o primeiro exemplo delas, transmitido com ou sem solução de continuidade para as gerações seguintes, enquanto outros explicam que é preciso esperar as experiências isonômicas do final do arcaísmo (capítulo seguinte) para que realmente se possa falar de cidade. Hoje a maioria opta pelo século VIII (por exemplo, a arqueologia permite situar o sinecismo

O aparecimento das cidades e a aventura colonial

de Argos em 750 aproximadamente), ou seja, o período das primeiras fundações coloniais, que supõem uma prática política anterior, ainda que o conceito de colônias-laboratórios também tenha sido defendido com bons argumentos, podendo as metrópoles ter se beneficiado em seguida com uma espécie de "retorno de experiência": pensa-se no caso de Erétria, que está só começando a tomar forma no momento das expedições para o Ocidente e no norte do Egeu; no caso de Mégara, cujo sinecismo poderia ser um pouquinho anterior ou até mesmo mais ou menos contemporâneo à fundação de Mégara Hibleia na Sicília; ou ainda no importante papel desempenhado pelas populações da Acaia na colonização ocidental, ao passo que sua pátria parece mais ou menos desprovida de cidades antes do século V (cf. abaixo). Nesse âmbito como em tantos outros, os contatos com o Oriente, sobretudo fenício, podem ter sido proveitosos, se não decisivos. Na verdade, os critérios de avaliação são variáveis, e afinal a conjunção de diversos fatores é que terá possibilitado que essas comunidades atingissem uma espécie de limiar ou de massa crítica que as fez passar para a era da cidade: crescimento demográfico, cultos e defesa em comum, capacidade de tomarem uma decisão coletiva e de produzirem um esforço coordenado visando, por exemplo, à edificação de um templo ou de muralhas etc. A pesquisa atual, alimentada pela rápida renovação dos dados arqueológicos sobre as "idades obscuras", inclina-se a ser mais flexível no uso do conceito de *pólis*, que alguns tendem a envelhecer (à semelhança do que foi observado com relação ao alfabeto), enquanto, ao contrário, outros, mais sensíveis aos aspectos institucionais (codificação das leis etc.), o rejuvenescem.

Nos últimos 20 anos os especialistas têm se interessado principalmente pelos aspectos religiosos do fenômeno, por meio dos quais essas comunidades, por assim dizer, tomaram posse de seu espaço-tempo, elaborando genealogias míticas enquanto simultaneamente definiam os contornos de seus territórios ao disputarem o controle de santuários fronteiriços (por exemplo, o santuário de Hera em Peracora, que provavelmente Mégara perdeu para Corinto no século VIII, ou o de Ártemis Limnátis, comum aos lacedemônios e aos messênios) e apropriando-se dos vestígios heládicos ainda visíveis e associados aos mitos fundadores. De fato, é então que se difunde o "culto dos túmulos" (deposição de oferendas geométricas em sepulturas da Idade do Bronze), acompanhado de cultos heroicos, com os poemas homéricos constituindo ao mesmo tempo um estimulante e um testemunho desse passado recomposto. A cidade eubeia de Erétria, à qual já nos referimos nos dois capítulos anteriores, oferece um caso bem estudado e bastante representativo das reconstituições e hipóteses propostas pelos especialistas. Na primeira metade do século VIII, hábitat e túmulos estão dispersos na planície costeira limitada por um delta fluvial e fechado ao norte pela acrópole; duas áreas cultuais já são identificáveis, uma delas correspondente ao futuro santuário da divindade políade, Apolo Dafnéforo, cujo primeiro templo os arqueólogos reconstituem como uma espécie de cabana absidal feita de madeira e de terra crua, semelhante a um modelo de terracota descoberto em Peracora. O aproveitamento do espaço urbano afirma-se na virada dos séculos VIII/VII, com a edificação, no santuário principal, de um templo de 100 pés ("hecatômpedo", ou seja, cerca de 35 m) e depois com a construção de muros represando o delta. Os mortos são então relegados para a periferia, mas o que mais interessou aos especialistas foram os túmulos descobertos perto da porta oeste (*ca* 720-680), que o futuro cinturão englobará na aglomeração. Ao lado de sepulturas de crianças inumadas, covas dispostas em nichos abrigavam caldeirões de bronze contendo as cinzas de adultos; a principal (túmulo nº. 6) restituiu grande quantidade de armas: aparentemente o morto era de posição aristocrática e por isso envolvido na condução da guerra. Em seguida o local foi transformado em *herôon* e a localização das sepulturas foi sinalizada por um triângulo isósceles feito de placas de pedra, certamente recobertas por um *tumulus*, ao qual se juntaram construções anexas. Tudo isso foi comparado com o pouco que os autores nos contam sobre a guerra lelantina (do nome da planície homônima situada a oeste de Erétria, na zona de fronteira com Cálcis), na qual se supõe terem combatido, talvez no último terço do século VIII, duas amplas coalizões agrupadas em torno dos calcídios e dos erétrios. Vencidos, os erétrios teriam perdido uma parte de sua influência além-mar (acredita-se detectar repercussões desse conflito até no mundo colonial: ver abaixo) e teriam sido forçados a abandonar o antigo sítio de Lefkandi (*supra*, cap. 6) para se reagruparem um pouco mais longe a leste, na nova implantação. Portanto, formulou-se a hipótese de que as sepulturas da porta oeste, que está voltada na direção do inimigo irredutível, Cálcis, tenham motivado um culto heroico ligado a esse evento de grande repercussão, com fins comemorativos e apotropaicos.

O exercício do poder e sua evolução dentro das primeiras cidades só podem ser reconstituídos imperfeitamente, de acordo com um esquema muito geral e que em muitos pontos se baseia numa tradição reelaborada tardiamente, sobretudo nos séculos V-IV (Heródoto, Tucídides, Aristóteles etc.). Ela relata que as atribuições dos reis antigos foram repartidas entre aristocratas (cf. a coexistência, nos poemas homéricos, do *basileús* e dos *basileîs*), governando de modo oligárquico (*olígoi* = pouco numerosos) e distribuindo entre si os cargos públicos, também chamados de magistraturas (*arkhaí*, singular *arkhé*: poder de comandar delegado pela comunidade aos magistrados, frequentemente chamados de arcontes). Assim, em Corinto, é provavelmente uma monarquia hereditária que cede lugar para a oligarquia exercida pela família dos 200 baquíadas (747-657?). Praticando a endogamia, estes designam anualmente um dos seus para exercer a magistratura suprema (*basileús* ou prítane). O poder dos baquíadas baseia-se acima de tudo na propriedade fundiária, mas sob seu governo a cidade conhece um forte desenvolvimento e uma grande prosperidade (rivalidade com Mégara pelo controle do istmo que abre a cidade para dois mares e ao mesmo tempo lhe permite bloquear o acesso terrestre ao Peloponeso, santuário ístmico de Poseidon, construções navais e expansão colonial). Na Jônia, são conhecidos os neleidas de Mileto e os basílidas de Éritras; em Lesbos, os pentílidas de Mitilena. Em Atenas, a realeza hereditária teria sido substituída por três arcontes (aquele criado mais antigamente, o "arconte rei", porta um título particularmente sugestivo). No início estes exercem o cargo vitaliciamente; em seguida o arcontado é reduzido para dez anos e torna-se anual a partir de 684/3 ou 683/2 (o ano ateniense começa na lua nova seguinte ao solstício de verão e portanto vai basicamente de julho a junho; daí uma defasagem de cerca de um semestre com relação a nosso cômputo)[1]. Com o passar dos anos, a evolução demográfica, social e econômica leva a um compartilhamento cada vez maior das responsabilidades: multiplicação e anualidade das magistraturas, às vezes atribuídas por sorteio e sem iteração, papel do conselho articulado com a assembleia do povo etc. Essa evolução secular não se deu no mesmo ritmo nem seguindo as mesmas modalidades em todos os lugares, e sofreu muitas perturbações (tirania, guerra civil chamada *stásis*) antes de chegar ao que os gregos designarão com o termo *demokratía* (de *krátos*, o poder, e *dêmos*, o povo). Também a democracia será praticada com múltiplas variações de uma cidade para outra e em lugar nenhum constituirá uma experiência irreversível. No capítulo seguinte daremos alguns exemplos dessas vicissitudes.

A falange hoplítica

Uma das etapas determinantes desse processo foi provavelmente a modificação do modo de combater, frequentemente chamada de "reforma hoplítica" – expressão enganosa, pois também aqui a evolução teve de ser progressiva. Em meados do século VII, em todo caso, as representações figuradas – como a célebre *ólpe* (variedade de cântaro) "Chigi" (antiga coleção privada italiana) – mostram que a falange constituída de fileiras cerradas de hoplitas pesadamente armados está em ordem de marcha, avançando ao ritmo do *aulós* (uma espécie de flauta, ou melhor, de oboé). Na verdade, capacete, couraça, perneiras, espada curta e pique (mais de 2 m de comprimento) já eram conhecidos há muito tempo. A inovação técnica está no grande es-

---

[1]. Lista dos meses atenienses (normalmente de 29 ou 30 dias alternadamente, o que dá um ano teórico de 354 dias, exigindo que de tempos em tempos fosse intercalado um mês suplementar para compensar a defasagem entre ciclo lunar e ciclo sazonal, ou seja, solar): *hekatombaión* (± julho), *metageitnión, boedromión, pyanepsión, maimakterión, poseideón, gamelión, anthesterión, elaphebolión, mounichión, thargelión, skirophorión*. Sobre esses calendários lunissolares, próprios de cada comunidade política (início do ano num equinócio ou num solstício, nomes particulares de meses), consultar: A. E. Samuel, *Greek and Roman Chronology, Calendars and Years in Classical Antiquity*, 1972; C. Trümpy, *Untersuchungen zu den altgriechischen Monatsnamen und Monatsfolgen*, 1997; R. Hannah, *Greek & Romam Calendars. Constructions of Time in the Classical World*, 2005.

cudo redondo (1 m de diâmetro ou um pouco menos) feito de madeira revestida de bronze, o hoplo (*hóplon*), arma emblemática do hoplita (a expressão "jogar o escudo" significa "desertar"). Ao contrário dos antigos escudos presos frouxamente nos ombros por um boldrié, este é solidamente fixado no braço esquerdo por duas alças (o *pórpax* na altura do úmero e a *antilabé* apertada na mão). Por isso ele pode oferecer apenas uma proteção frontal parcial; a parte direita do corpo, a descoberto para segurar o pique, protege-se atrás do arredondamento excedente do hoplo do vizinho da direita na falange. A falange, portanto, é a contraparte tática da adoção do novo escudo; além disso, induz grande solidariedade e instaura uma forma de igualdade entre os combatentes (entretanto a primeira fileira e sobretudo a ala direita, mais expostas, podem ser reservadas a corpos de elite). Os duelos entre príncipes, à moda homérica, desaparecem de cena, o que não impede o hoplita arcaico de perpetuar o ideal de *areté* (bravura) heroica, ainda mais facilmente na medida em que algumas passagens da *Ilíada* parecem evocar experimentações que prenunciam a falange (ver também os poemas de Tirteu para Esparta: capítulo seguinte). A cavalaria, por sua vez, fica restrita a demonstrações de prestígio (o cavalo ainda é um atributo aristocrático), de ligação ou de flanqueamento, exceto em algumas raras regiões que fazem dela uma especialidade, como a Tessália.

A panóplia (equipamento completo) custava caro: na época clássica, os totais variam de algumas dezenas a algumas centenas de dracmas, dependendo das fontes e das estimativas. Por isso, no início ela deve ter sido apanágio de aristocratas ou de camponeses relativamente abastados, principais interessados nos ganhos de terras obtidos por meio da guerra: o termo *hippeîs* (literalmente, "cavaleiros" ou "cavalheiros"*), que permaneceu para designar, por exemplo, a elite de hoplitas de Esparta, poderia ser uma reminiscência dessa fase inicial. Reconstitui-se em seguida um encadeamento de fenômenos sociais, militares e políticos que se acredita estarem tão intimamente ligados que as relações de causa e consequência mútuas não podem ser vistas com clareza (primado do feito guerreiro sobre o âmbito sociopolítico ou o inverso, interação etc.?). Segundo o esquema mais comumente aceito, as fileiras dos hoplitas teriam pouco a pouco se reforçado, ao sabor do enriquecimento e das mutações sociais. Inevitavelmente, a paridade e a coesão obtidas no campo de batalha teriam transparecido na cena política: a direção dos assuntos públicos tinha necessariamente de ser partilhada proporcionalmente aos riscos assumidos em combate por esses soldados-cidadãos de um novo tipo. Portanto, ampliação do corpo cívico, participação conjunta na defesa da pátria (a terra dos ancestrais) e aspirações igualitárias teriam feito parte da mesma gênese.

---

* Entenda-se "cavalheiro" em seu sentido original: homem da elite social e/ou econômica. (N. da T.)

O aparecimento das cidades e a aventura colonial

Fig. 5. Hoplitas marchando para o combate. Vaso Chigi. Protocoríntio, 650-630. Roma, Villa Giulia (P. Lévêque, *L'Aventure grecque*, Le Livre de Poche, "Références", nº 449, 1964, fig. 27).

Ademais, o combate hoplítico se mostra muito codificado, até mesmo ritualizado, eminentemente político em sua essência: sob esse aspecto pode-se falar de *agón*, competição leal na mesma linha dos grandes concursos que tomam forma na mesma época. A guerra – que as fontes nos apresentam como estival, ou seja, restrita a um período de menor atividade agrícola, mas também como um estado de relacionamento praticamente normal entre cidades vizinhas – teoricamente não visa a eliminar o adversário. Em geral seu objetivo é conquistar, pela pressão das falanges em confronto, uma porção de território cujo ganho é sinalizado pelo troféu consagrado aos deuses e que consiste nas armas abandonadas pelo inimigo. Entretanto, é preciso destacar que a guerra de cerco, mais rara e pouco controlada, é mais radical, e que na prática o próprio "código" hoplítico frequentemente é violado. Seja como for, a despeito de suas normas rígidas, essa forma de combate, aperfeiçoada no século IV pelos tebanos e principalmente pelos macedônios, dá aos gregos uma superioridade militar quase total no Mediterrâneo: os mercenários gregos são muito requisitados, principalmente no Egito (cf. as inscrições em grego deixadas no início do século VI nas estátuas colossais de Abu Simbel), e a falange só será sobrepujada pela legião romana.

Época arcaica

Expansão colonial

Aqui é preciso evitar anacronismos, pois o fenômeno em questão nada tem a ver com os empreendimentos das épocas moderna e contemporânea. Para avaliá-lo, dispomos do testemunho dos autores e das inscrições[2], relativamente tardio e muitas vezes anedótico, e principalmente de dados arqueológicos cada vez mais abundantes. Entretanto, é impossível enumerar aqui todas as fundações gregas no Mediterrâneo e no mar Negro. Por isso nos limitaremos a abordar em linhas gerais o movimento, cuja cronologia, aliás, às vezes se mostra flutuante (concordância ou discordância entre fontes literárias e arqueológicas). Devem-se distinguir duas fases. A primeira começa em meados do século VIII ou pouco antes e abrange aproximadamente uma centena de anos: pontos de origem (Cálcis e outros eubeus, Mégara e Corinto) e de destino (principalmente a Sicília e o que mais tarde será chamado de "Magna Grécia", ou seja, basicamente a costa da Itália meridional) mantêm-se relativamente concentrados. Podemos citar as colônias calcídicas de Pitecussa (*ca* 750, com elementos eretrianos e uma forte presença fenícia: as ligações com o entreposto levantino de Al Mina são manifestas e convém lembrar que a data comumente aceita para a fundação de Cartago é 814), de Cumas (*ca* 750), Catânia e Zancle (*ca* 730; Zancle foi renomeada Messina no início do século V) e finalmente de Régio (pouco depois de Zancle?). Devemos mencionar também a instalação dos coríntios em Corcira, onde, segundo Plutarco, teriam desapossado erétrios (*ca* 734/3, ou então 706, talvez em relação com a guerra lelantina), e em Siracusa por volta de 734/3; ou ainda as peregrinações dos megarenses comandados por Lâmis, que após a morte de seu chefe acabaram se instalando num território cedido pelo rei siciliano Híblon e lá fundaram Mégara Hibleia (*ca* 730 ou um pouco antes?). Os aqueus se estabelecem na Itália meridional, em Síbaris e Crotona (último quarto do século VIII), depois em Metaponto (*ca* 630). Os ródios e os cretenses entram na Sicília, em Gela (*ca* 690). As fundações de Tarento por Esparta (final do século VIII) e de Locros Epizefírica pelos lócrios do Leste ou do Oeste (ózolas) são iniciativas isoladas, ao passo que os habitantes da Ática praticamente não participam da aventura, certamente muito ocupados em controlar seu vasto território (cerca de 2.500 km²) e em completar o sinecismo.

A segunda fase apresenta muito mais dispersão. A direção tomada é o norte, explorado pelos eubeus desde o último terço do século VIII aproximadamente (cf. o próprio nome da Calcídica e as implantações erétrias, como Metona). Na Trácia, os parianos instalam-se em Tasos por volta de 680, segundo a cronologia mais comumente aceita (episódio ilustrado pelo

---

2. Ver, por exemplo, o caso de Cirene: Heródoto IV, 145-158, e H. van Effenterre, F. Ruzé, *Nomima. Recueil d'inscriptions politiques et juridiques de l'archaïsme grec* I, 1994, nº 41.

testemunho do poeta Arquíloco), e os coríntios em Potideia, por volta de 600. Na região dos estreitos temos os milésios em Cízico por volta de 680 e os megarenses na Calcedônia e depois principalmente em Bizâncio por volta de 660 ou pouco antes. O mar Negro é frequentado majoritariamente pelos milésios (fundação de Sinope, cuja data oscila entre o final do século VIII e a segunda metade do século VII; de Istro e de Ólbia aproximadamente em 650, tendo Ólbia uma segunda fase na virada do século; e em seguida muitas outras, como Apolônia por volta de 610, Panticapeia e Odesso por volta de 575-570), e também pelos inevitáveis megarenses (em Heracleia do Ponto, onde são acompanhados por beócios, por volta de 560-550). A África acolhe Cirene, fundada pelos tereus em 631 aproximadamente, e mais ou menos na mesma época (*ca* 620?) o *empórion* (entreposto) de Náucratis, no ramo canópico (ocidental) do delta do Nilo, posteriormente dotado pelo faraó de um estatuto particular (cf. abaixo). No Ocidente, as colônias de primeira geração, por sua vez, começaram a criar outras (por exemplo, Selinunte, fundada por Mégara Hibleia e por um novo contingente de megarenses entre 650 e 630 aproximadamente, Himera por Zancle mais ou menos na mesma época, Posidônia/Pesto por Síbaris por volta de 600, Agrigento por Gela aproximadamente em 580). No Adriático, os corcireus instalam-se em Epidamno por volta de 625, associados a coríntios que fundam também Ambrácia (por volta do terceiro quarto do século VII) e depois Apolônia da Ilíria (*ca* 600, com corcireus). Mas são os foceenses, já implantados em Lâmpsaco, no Helesponto (pouco antes do meio do século VII) e também eles exploradores do Adriático, que lançam as últimas grandes expedições, fundando Massália (Marselha, por volta de 600, com instalações anexas posteriores, como Telina/Arles) e depois Alália (Aléria) em Cirnos, ou seja, a Córsega (*ca* 565), em seguida suplantada por Eleia (Vélia), no oeste da Lucânia (*ca* 540-535); eles chegam a aventurar-se até as costas ibéricas (Empórias/Ampúrias, fundação seguramente pouco posterior à de Massália, ao norte da península; Hemeroscópion ao sul da região de Valença, Mainaca na região de Málaga, implantações sobre as quais há muitas incertezas). Nesse Mediterrâneo ocidental em que os gregos frequentemente estão associados aos etruscos (cf. o *empórion* misto de Gravisca, porto de Tarquínia), às vezes a competição é intensa, não apenas com estes mas também com os fenícios e especialmente com os cartagineses, que, por exemplo, os precederam na Espanha (cf. *infra*, cap. 14).

As narrativas de fundação, em sua imensa maioria transmitidas por fontes tardias, apresentam infinitas variedades de detalhes, mas é possível extrair um esquema geral. A cidade-mãe (metrópole), eventualmente em colaboração com uma ou várias outras cidades, envia um grupo de homens dirigidos por um chefe de expedição (*arkhegétes*) e fundador (*oikistés*, *ktístes*) para estabelecer uma colônia (*apoikía*, uma verdadeira cidade, normalmente diferente do *empórion*,

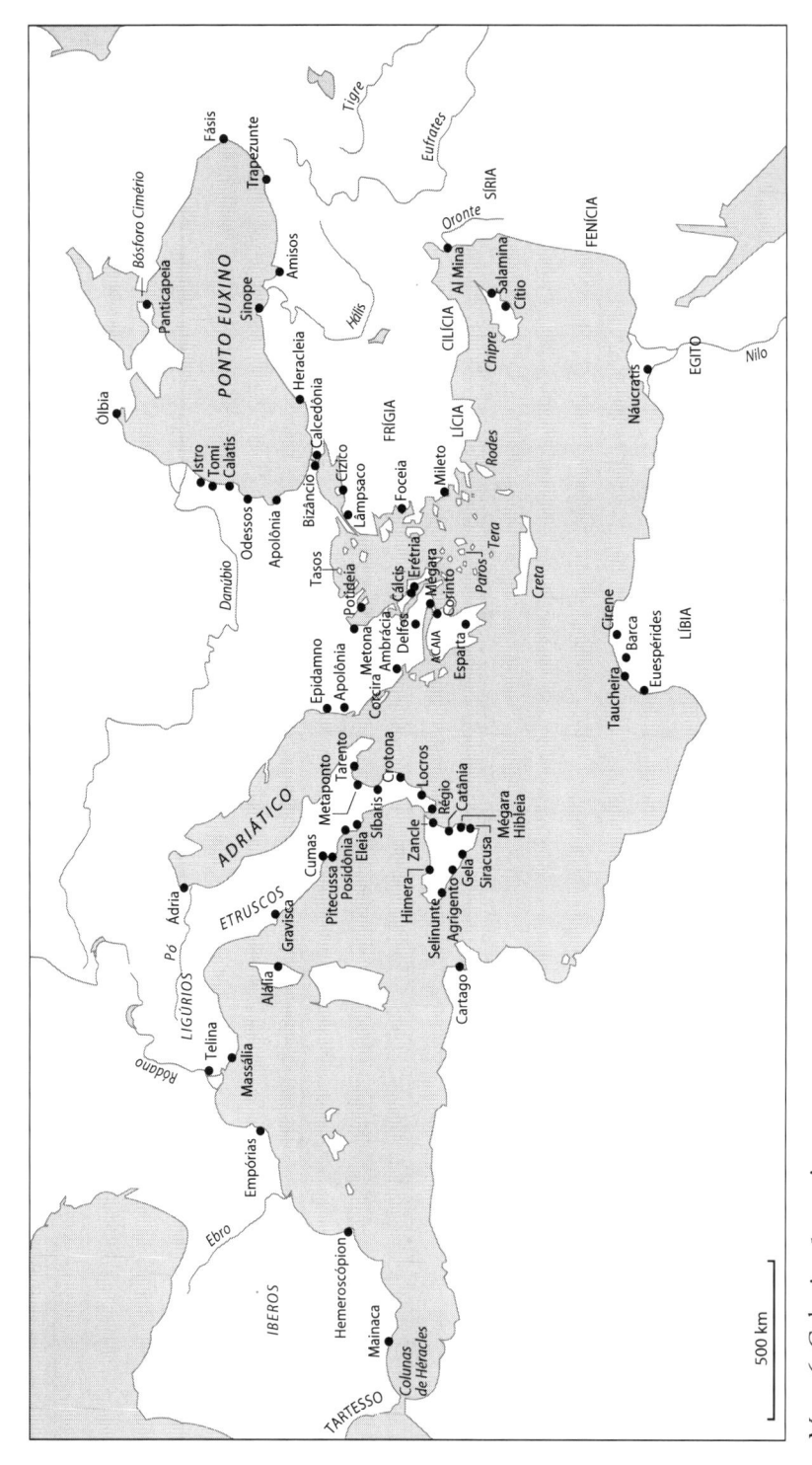

Mapa 6. Colonização arcaica.

simples entreposto dedicado ao comércio). A destinação é dada ou confirmada por um oráculo, especialmente o de Delfos, cujo papel seguramente foi amplificado por tradições tardias que reivindicam um patrocínio apolíneo, com a cumplicidade do clero pítico: o santuário, onde também podiam ser obtidas informações sobre a viagem, parece ter influído principalmente na colonização ocidental. Uma expedição de reconhecimento determinava o ponto de chegada e podia servir para tomar contato com os nativos (um bom exemplo disso são os tereus na Líbia), com os quais há testemunhos de todos os tipos de relações, desde a acolhida amigável (gauleses e foceenses) até a escravização brutal (mariandinos ao redor de Heracleia do Ponto). Uma vez atingido o objetivo, um pouco à moda de Nausítoo para os feácios, no início do canto VI da *Odisseia,* normalmente cabe ao *oikistés* traçar a planta da cidade e da futura muralha, delimitar o espaço sagrado (*témenos*) e público (*agorá*) e proceder ao loteamento das habitações (*oíkoi*), às quais correspondem as parcelas cultiváveis no território adjacente (configuração bem estudada em Mégara Hibleia e em Metaponto, onde se lê uma planta ortogonal que prefigura as teorias de Hipódamo de Mileto no século V). A nova cidade torna-se independente (não se trata aqui de impérios, o que constitui a principal diferença com relação às colonizações da era moderna). Entretanto, nela arde o fogo trazido do lar comunitário da metrópole*, da qual é conservado também o panteão, às vezes enriquecido com outras divindades (cf. a Ártemis de Éfeso em Massália). O *oikistés*, que pode iniciar uma dinastia local (por exemplo, Batos e os batíadas em Cirene), às vezes recebe um culto de tipo heroico (cf. o edifício duplo no canto noroeste da ágora de Mégara Hibleia, geralmente interpretado como um *herôon*, mas essa identificação é contestada; ou o "monumento de Glauco" em Tasos). A filiação institucional pode ser pregnante ou aparecer menos nitidamente, e uma inscrição tásia de *ca* 520 apresenta como único o caso de Aquerato, que foi arconte simultaneamente em Tasos e em Paros. Mais geralmente, as relações entre cidades-mãe e colônias são muito oscilantes, podendo chegar ao conflito: o mais antigo combate naval conhecido de Tucídides é o de Corinto contra sua colônia Corcira, por volta de 664. Muitas cidades novas logo se tornaram mais poderosas e renomadas que a metrópole (é o caso de Cirene com relação a Tera).

Complexas, as motivações do empreendimento colonial continuam a ser discutidas. A mais evidente diz respeito à desproporcionalidade existente na Grécia metropolitana entre a área disponível de terras cultiváveis e a população em crescimento regular desde o século IX. Essa falta de terra (*stenokhoría*) frequentemente era acentuada pela concentração fundiária e, mais pontualmente, as dificuldades alimentares podiam ser dramaticamente agravadas por um aci-

---

* Literalmente em grego "cidade-mãe"; não confundir com as metrópoles das épocas moderna e contemporânea. (N. do R. T.)

dente climático (cf. a seca que atinge Tera e impele os habitantes, apesar de muito reticentes, a embarcar para a Líbia; segundo Arquíloco, toda a miséria da Grécia havia acorrido a Tasos). Contrariamente, a Tessália e, em menor grau, a Beócia – onde não faltam terras e as tradições marítimas aparentemente são menos desenvolvidas – permanecem afastadas desse movimento. Mas suas preocupações comerciais não são menos indiscutíveis, seja para minorar as carências de uma impossível autarcia, seja pelo lucro, que o próprio Hesíodo leva em consideração. Ainda que também fossem ameaçados pela fome, seguramente os calcídios visavam a uma forma de controle sobre o estreito de Messina ao se estabelecerem em Zancle e Régio (cf. também os megarenses na Calcedônia e Bizâncio), ao passo que Massália e a maioria de suas irmãs, principalmente Vélia, dotadas de um território modesto e impróprio para uma verdadeira agricultura de subsistência, são acima de tudo portos para os piratas-intermediadores foceenses que então pilham o Ocidente em suas pentacontarremes (teoricamente, um navio de guerra com 50 remadores, ou seja, 25 por bordo, mas do qual os foceenses fazem uso polivalente). Por fim, é provável que às vezes a colônia tenha constituído uma forma de resposta a uma crise política, seja porque uma parte da facção dirigente estivesse fugindo do banimento (é o caso de Árquias, fundador de Siracusa, membro da dinastia dos baquíadas, que então governa Corinto), seja a fim de livrar-se de uma fração da população (como em Esparta os partênios, aparentemente originários de uniões ilegítimas, enviados para fundarem Tarento). De qualquer forma, é impressionante que, pelo menos nos primeiros tempos, muitas colônias, com sua demarcação regular das parcelas, pareçam ter o cuidado de reservar por sorteio um lote (*klêros*) igual para seus cidadãos; Diodoro da Sicília até mesmo menciona um caso de exploração comunitária nas ilhas Eólias (Lípari). Talvez se quisesse construir lá um mundo melhor, e é precisamente nas colônias que são atestados alguns dos mais antigos legisladores que conhecemos, como Zaleuco em Locros (século VII) ou Carondas na Catânia (século VI). Por isso alguns consideram os gregos ocidentais como pioneiros também em matéria política, ainda que suas cidades possam ter conhecido os mesmos desvios que no Velho Mundo (tiranias, principalmente em Agrigento, Cumas, Gela e Siracusa). Na verdade, os dados de que dispomos mostram-se ambíguos e de difícil interpretação. Assim, o loteamento homogêneo dos primeiros tempos não era incompatível com a existência e, depois, com o fortalecimento progressivo de uma aristocracia agrária (por oposição aos que chegavam posteriormente, aos artesãos etc.), como recentemente se observou a propósito de Mégara Hibleia (a fundação de Selinunte poderia indicar uma *stásis* provocada pela excessiva rigidez da grade dos lotes e por desequilíbrios demográficos e sociais). Causas estruturais e conjunturais, destinos individuais e impulso coletivo, necessidade de terra e apetites comerciais, espírito de revanche política – nenhum desses fatores exclui os outros.

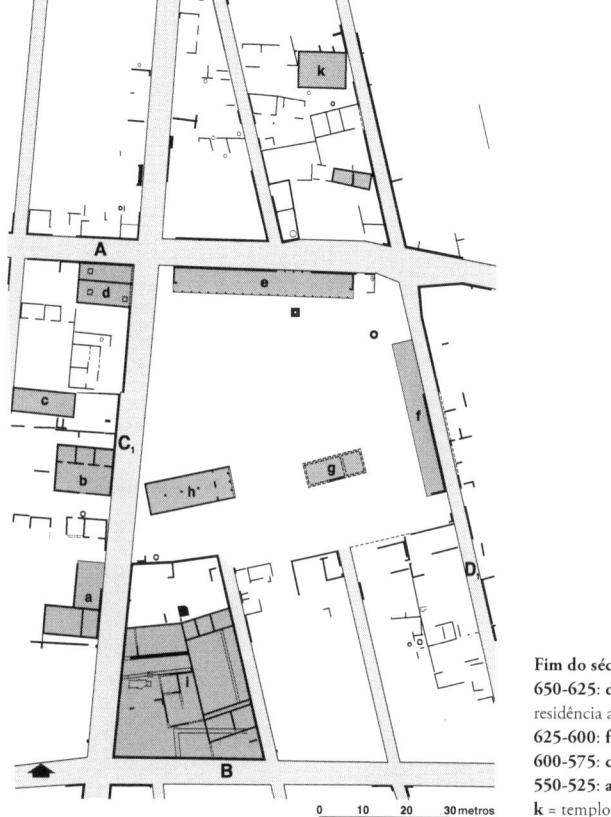

Fim do século VIII: A, B, C1, D1 = ruas
650-625: d = *heróon*? e = pórtico i = edifício público ou residência aristocrática? g e j = templos
625-600: f = pórtico? h = templo
600-575: c = templo
550-525: a = edifício (público?) em ângulo b = pritaneu?
k = templo

Fig. 6. A ágora de Mégara Hibleia (segundo G. Vallet, F. Villard, P. Auberson, *Mégara Hyblaea III: guide des fouilles,* 1983, fig. 4, e F. De Angelis, *Megara Hyblaia and Selinous. The Development of two Greek City-States in Archaic Sicily,* Oxford University School of Archaeology, 2003, fig. 14).

As causas só podem ser estabelecidas imperfeitamente, mas as consequências do movimento são patentes. A primeira diz respeito à própria diáspora: o helenismo passa a alcançar praticamente todas as regiões do Mediterrâneo e os contatos com os nativos frequentemente dão lugar a trocas fecundas: introdução de novas práticas agrícolas (vinha, oliveira) e de outras técnicas; escrita alfabética transmitida aos etruscos (*supra*, cap. 6) e mais tardiamente aos gauleses (*infra*, cap. 14); equipamento hoplítico adotado em várias regiões da Itália; empréstimos dos gregos aos artistas locais ou, inversamente, desenvolvimento de artesanatos indígenas imitando e renovando as produções da metrópole (cerâmica principalmente); sincretismos religiosos (culto de Deméter e de Coré na Sicília). Paralelamente, a descoberta do outro e a coexistência com civilizações diferentes devem ter contribuído para os gregos tomarem consciência da originalidade e do valor de sua própria cultura, se não da unidade desta: provavelmente não é por acaso que uma das primeiras ocorrências do termo *pan-helenos* (todos os gregos) aparece em Arquíloco num contexto colonial. Mas provavelmente foi no âmbito comercial que a colonização teve os efeitos mais concretos.

O tráfego mediterrâneo arcaico

O comércio de longo curso alcança então um desenvolvimento sem precedente, qualquer que tenha sido seu papel nas origens da aventura colonial. Entretanto, continua difícil analisá-lo, pois a arqueologia nos permite basicamente discutir sobre a cerâmica e não conseguimos saber sobre a maioria dos produtos, a não ser projetando retrospectivamente o que nos informam textos muito posteriores (século IV especialmente). Tradicionalmente são distinguidos: comércio colonial (por exemplo, entre Corinto, que exporta sobretudo pequenos vasos para perfume, e suas colônias ocidentais, que lhe retornam cereais) e comércio internacional, que procede de uma cabotagem com múltiplas escalas, em que provavelmente os portos de redistribuição desempenhavam um papel importante. Esse caso poderia ser ilustrado por restos de um naufrágio (datado do último quarto do século VI) no pontal Lequin, em Porquerolles, que restituíram cerâmica de armazenamento proveniente da Jônia (Mileto, Samos, Quios), de Tasos, de Atenas e de Corinto/Corcira, bem como cerâmica fina ática e principalmente jônica. Globalmente, as metrópoles exportam produtos acabados, tais como os vasos decorados (principalmente Corinto, suplantada por Atenas no século VI), mas também vinho e óleo. O frete de retorno consiste em gêneros alimentícios (além dos cereais já mencionados a propósito das colônias coríntias do Ocidente, o peixe seco contribui, por exemplo, para a fortuna das cidades pônticas), em produtos utilitários (madeira e peles da Trácia e do Ponto, escravos de proveniências diversas) ou exóticos (papiro egípcio, sílfio de Cirene, que era uma planta com múltiplas virtudes, utilizada, por exemplo, como condimento e como remédio) e naturalmente em metais. O ouro e a prata vinham principalmente do norte do Egeu; o cobre e o estanho, do Oriente, da Etrúria ou da Espanha, sobretudo do reino de Tartesso. Visto como uma espécie de Eldorado, Tartesso localizava-se aproximativamente em Andaluzia. Segundo Heródoto, foi descoberto casualmente, em fins do século VII, por Coleu de Samos, desviado pelo vento leste quando navegava para o Egito (IV, 152), e depois assiduamente frequentado pelos foceenses: estes fizeram amizade com o rei Argantonio, que pode ter financiado parcialmente a bela muralha cujos vestígios foram encontrados recentemente em Foceia (I, 163). Entretanto, a maioria dos navios viaja a uma velocidade média que provavelmente não ultrapassa 3-4 nós (Ulisses menciona cinco dias de travessia, em condições muito favoráveis, entre Creta e o Egito, ou seja, cerca de 550 km: *Odisseia* XIV, 252-257); suas dimensões são modestas e as cargas chegam no máximo a algumas dezenas de toneladas (em Marselha, as escavações da praça Jules-Verne, não longe de um cais do porto arcaico, revelaram os restos de um navio da segunda metade do século VI, com cerca de 15 metros de comprimento por 3-4 m de largura e com capacidade de carga estimada em cerca de 15 toneladas).

Os atores das trocas são múltiplos e ignora-se como se organizam os produtores de óleo ou de perfumes, as oficinas de ânforas ou de vasinhos que contêm esses líquidos preciosos e os transportadores: assim, os foceenses parecem ser verdadeiros profissionais do tráfego marítimo e alguns historiadores chegaram a falar de uma rede deles. Ricos proprietários exportam seus excedentes em navios dos quais são donos, conduzidos por eles mesmos ou por pessoal especializado (um exemplo disso no canto VIII da *Odisseia*); mas a exploração de um navio em cooperativa também pode ter sido praticada pelos mais modestos, antes de desenvolver-se uma verdadeira profissão de armador, mais comum nos séculos seguintes. O empirismo e as iniciativas individuais foram certamente a base dessas atividades, ao passo que a intervenção das cidades se mostra muito rara: pode-se pensar na construção, pelos coríntios, do *díolkos*, um caminho de sirgagem que atravessava o istmo, permitindo assim que se evitasse o perigoso contorno do Peloponeso, provavelmente mediante pagamento de uma taxa de passagem; em Atenas, nas leis atribuídas a Sólon sobre as exportações (capítulo seguinte), especialmente de azeite, que se costuma relacionar, talvez abusivamente, com a difusão das ânforas chamadas de "SOS" por causa dos motivos que adornam seu gargalos. Os primeiros documentos inscritos em folhas de chumbo, sugerindo a formalização de certos usos contratuais, aparecem no século VI (textos de Berezan, perto de Ólbia Pôntica, ou de Pech Maho, a uns 60 km a sudoeste de Agde[3]). Proveniente das trocas ritualizadas que a epopeia homérica ilustra e que perdurarão no contexto das relações de hospitalidade entre aristocratas (dom e contradom), a *emporía* (comércio marítimo) vai pouco a pouco se estruturando, praticada por nobres como os cretenses do *Hino homérico a Apolo* ou o baquíada Demarato, por aristocratas sem dinheiro, como Teógnis de Mégara, por pequenos proprietários tentados pela aventura, como o irmão de Hesíodo etc. Heródoto menciona a fortuna inigualável acumulada assim por Sóstrato de Egina e é provavelmente o entreposto internacional de Náucratis que melhor encarna esse mundo dos negócios que está nascendo, principalmente após sua reorganização com o apoio do faraó Amá-

---

3. H. van Effenterre, F. Ruzé, *Nomima. Recueil d'inscriptions politiques et juridiques de l'archaïsme grec* II, 1995, nº 72 e 75; L. Dubois, *Inscriptions grecques dialectales d'Olbia du Pont*, 1996, nº 23.

Época arcaica

sis (570-526): a praça, que goza de uma espécie de monopólio para o comércio com o Egito, é administrada por prepostos (*prostátai*) nomeados pelas nove cidades que têm participação no santuário do Helênion (oito cidades jônicas e dóricas da Ásia Menor, mais Mitilena, na Eólia), enquanto Samos, Mileto e Egina desempenham nela um papel diferente (Heródoto, II, 178-179). Existem relações diretas; por exemplo, o irmão da poetisa Safo, Caraxo, vai lá vender vinho de Lesbos (cf. também os achados de ânforas de Quios). Consegue-se até mesmo reconstituir uma espécie de comércio triangular em que especialmente os milésios teriam se destacado, trocando, no norte do Egeu e em suas colônias pônticas, produtos acabados (tecidos, armas etc.) por metais preciosos que em seguida eram encaminhados, amoedados ou não, para o Egito, de onde eram trazidos trigo, papiro e linho, entre outros produtos.

A moeda

Esse comércio baseia-se essencialmente na troca ou numa permuta por metal não amoedado (cf. o "tesouro de Erétria", que continha 510 gramas de ouro em lingotes e pequenos objetos depositados num vaso do final do século VIII), enquanto, a partir do primeiro quarto do século VI aproximadamente, as cidades da Ásia descobrem o uso da moeda. Esse uso é imitado do reino da Lídia, onde corre um pequeno afluente do Hermos, o Pactolo, célebre por carregar palhetas de electro, liga de ouro e prata (ouro branco) utilizada para as primeiras emissões. Em seguida a moeda passa para a Europa, inicialmente para Egina e depois Atenas e Corinto (terceiro quarto do século VI). Já se discutiu muito sobre as origens dessa invenção fundamental, da qual os gregos logo souberam tirar partido. A ligação com o comércio internacional é secundária, pois se observou que as primeiras moedas quase não viajavam para fora do território da comunidade emissora e que centros comerciais muito prósperos, como Tiro na Fenícia ou Bizâncio no Bósforo, demoraram para cunhá-las. Em contrapartida, dentro das próprias cidades as vantagens práticas são indiscutíveis. Isso porque a moeda estabelece um padrão comum, constituindo assim um instrumento relativamente simples e portanto virtualmente acessível à imensa maioria para as operações contábeis e a regulação das trocas: basta pensar na retribuição exata dos serviços (soldos militares, financiamento das obras públicas etc.), no pagamento das multas e outras taxas, posteriormente na prestação de contas dos magistrados ao deixarem o cargo etc. Mas o interesse mais evidente é de ordem fiscal, ligado ao monopólio que a cidade se arroga nesse assunto. Além de ela dar a seu numerário um valor nominal ligeiramente superior ao valor metálico intrínseco (de 5% em Atenas no século V) – a diferença servia principalmente para compensar as despesas de manufatura –, era obrigatório trocar as espécies

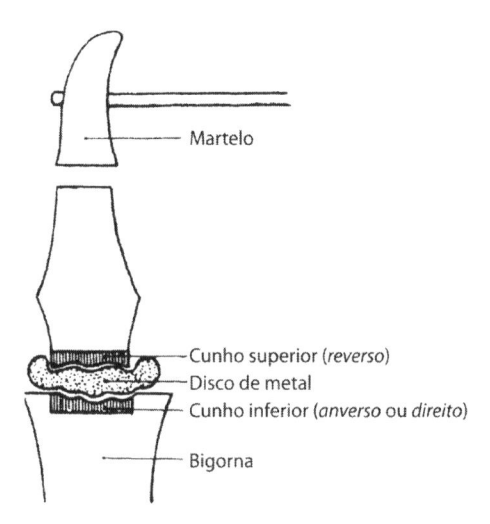

Fig. 7. Cunhagem de uma moeda grega (segundo P. Lévêque, *L'Aventure grecque*, Le Livre de Poche, "Références", n? 449, 1964, fig. 24).

estrangeiras pelas moedas locais, as únicas que tinham valor legal na cidade, a uma taxa que disponibilizava algum lucro. Outro aspecto primordial é que a moeda constitui uma expressão da soberania política: o termo grego para designar a moeda, *nómisma*, está ligado a *nómos*, lei; e estabeleceu-se que apenas as cidades que gozassem de certa *autonomía* podiam ter seu numerário próprio. Assim, em Erétria, que está entre as primeiras cidades da Grécia europeia a bater moeda, uma lei inscrita, contemporânea das primeiras emissões, já estipula que as peças devem ter curso legal (*ca* 525). Essa soberania é orgulhosamente proclamada através da estampa iconográfica: divindade políade (cf. as moedas de Atenas, que, a partir de *ca* 510, portam no anverso Atena e no reverso seu animal favorito, a coruja), produção nacional (cf. o sílfio em Cirene ou a cevada em Metaponto), animal ou objeto emblemático (tartaruga em Egina, Pégaso em Corinto, escudo na Beócia). Mas essa prioridade política não exclui um uso comercial, primeiro localmente (cf. Heródoto I, 94, a respeito dos donos de loja lídios) e depois numa escala mais ampla, provavelmente bastante precocemente mas sobretudo nas épocas clássica e helenística (*infra*, caps. 12, 18 e 23).

Cada cidade possui um sistema ponderal próprio; daí padrões monetários diferentes, que complicam as conversões, embora possa ocorrer uma unificação progressiva entre as cidades de uma mesma região. Os dois sistemas principais são o eginético (1 talento = 37,7 kg), utilizado principalmente em Egina, no Peloponeso e na Grécia central, e o ático; neste, o talento monetário pesa cerca de 26 kg, dividido em 60 minas, 1 mina valendo 100 dracmas (ou seja, 6 mil

Época arcaica

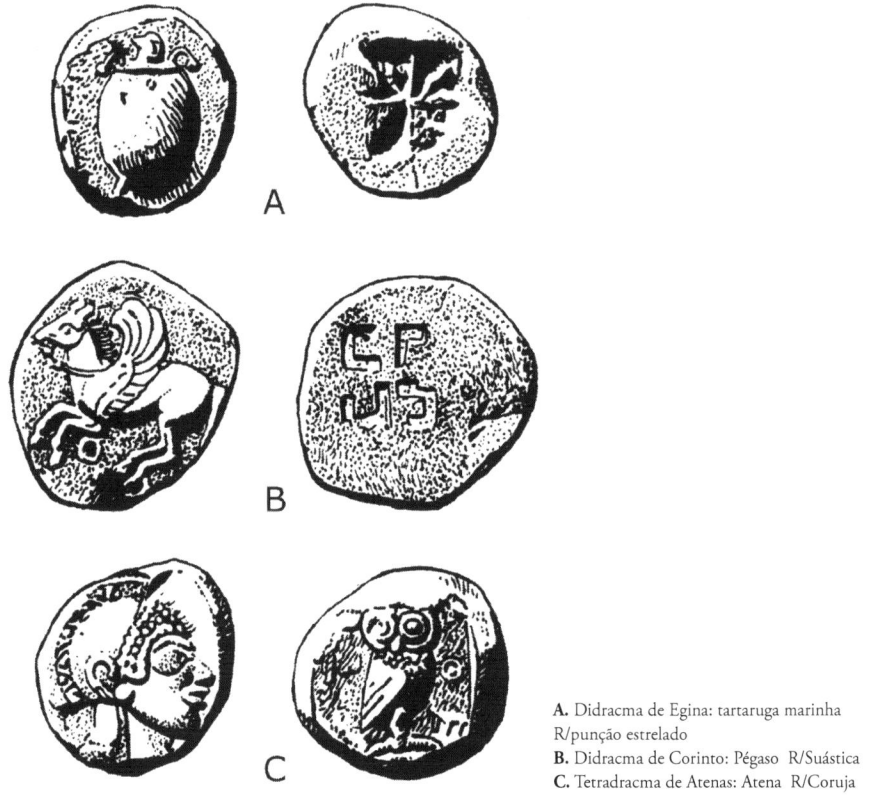

A. Didracma de Egina: tartaruga marinha R/punção estrelado
B. Didracma de Corinto: Pégaso R/Suástica
C. Tetradracma de Atenas: Atena R/Coruja

Fig. 8. Moedas gregas arcaicas, ampliadas cerca de 30% (P. Lévêque, *L'Aventure grecque*, Le Livre de Poche, "Références", nº 449, 1964, fig. 26).

dracmas por talento). Portanto a dracma ática pesa aproximadamente 4,30 g; *drachmé* designa etimologicamente um "punhado" de espetos para assar chamados *oboloí* (uma dracma divide-se em seis óbolos). Esses espetos às vezes eram reunidos em grupos de seis ou em feixe – dos quais foram encontrados exemplares depositados em túmulos (pertencem ao registro aristocrático do banquete) ou consagrados em santuários, especialmente na Argólida em fins do século VIII; podem ter constituído valores de referência pré-monetários, mas esse ponto continua controverso. Depois do electro, utilizado nos primeiros tempos na Ásia e, em algumas cidades, até a época de Alexandre (cf. as "cizicenas", moedas de Cízico usadas nas grandes transações e amplamente difundidas no Ponto), a prata passa a ser o metal habitual das moedas. Cunhavam-se principalmente trióbolos (= ½ dracma), dracmas, didracmas (= 2 dracmas) que frequentemente equivaliam a um estáter (termo genérico utilizado para qualificar a denominação principal de um sistema monetário), tetradracmas (= 4 dracmas) etc. O ouro é amoedado em período de crise, ou mais correntemente, como na Ásia e no norte do Egeu; a proporção ouro/prata parece oscilar entre 1:16 e 1:10 (1:12 com bastante frequência). O bronze – cujo emprego se difunde a partir do século V, ao mesmo tempo que a proporção de estanho na liga tende a diminuir em proveito do chumbo, menos oneroso – é batido para as pequenas denominações necessárias nas transações diárias, à razão de 8:1 por óbolo no sistema ático. O ferro supostamente é utilizado sobretudo no Peloponeso (cf. Esparta, cujo caso é muito discutido etc.).

Depois do alfabeto e do hoplitismo, a moeda constitui um novo trunfo para o helenismo, agora presente em praticamente todo o litoral do Mediterrâneo. Resta-lhe consolidar suas instituições políticas para assegurar suas posições e estar apto a vencer os concorrentes.

Capítulo 9

EVOLUÇÃO DAS CIDADES NA ÉPOCA ARCAICA

A colonização sanou parcialmente uma espécie de crise de crescimento da *pólis*, principalmente a falta de terras. Entretanto, não soluciona todos os problemas, e para um grande número de cidades a história dos séculos VII e VI é a história de uma sequência de sobressaltos e de experiências políticas diversamente bem-sucedidas. Pelo menos é o que sugerem nossas fontes, principalmente Heródoto, Tucídides, Xenofonte (*Constituição dos lacedemônios*), Aristóteles, Plutarco (*Vidas* de Licurgo e de Sólon) e as primeiras inscrições jurídicas. Legisladores, tiranos, mudanças de regime sucedem-se seguindo ritmos e processos variáveis. Portanto, a linearidade da explanação apresentada a seguir, inevitavelmente muito sucinta, não deve induzir em erro, ainda mais porque o conteúdo de algumas reformas e a cronologia dos eventos, que abrangem mais de dois séculos, até hoje não são conhecidos com precisão. Nesse estágio, na realidade ainda é impossível escrever uma história contínua e global do mundo grego; às vezes chega a ser preferível, para clareza do assunto, mencionar desde já o que as épocas posteriores informam, ainda que com risco de anacronismo (instituições). Mesmo assim, tentaremos extrair as grandes linhas da evolução antes de nos determos em dois casos mais bem documentados: Esparta e Atenas, que dominarão o século V, o século do primeiro classicismo.

A crise da cidade: tiranos e legisladores

A leitura dos poemas de Hesíodo já sugeria uma oposição entre o pequeno proprietário e os *basileís* da cidade de Téspias, "devoradores de presentes" e facilmente levados a dar "sentenças tortas" (cf. *Trabalhos*, 219-221 e 248-251). A crise que está em gestação é ao mesmo tempo econômica (agrária), social e política: a grande aristocracia que monopoliza o poder agrupa em suas fileiras os ricos proprietários fundiários, que tendem a aumentar seus domínios à custa das pequenas e médias propriedades, cada vez menos viáveis, com o endividamento tão temido por Hesíodo podendo ser saldado por meio da escravidão. A essas tensões superpõem-se conflitos internos da aristocracia dirigente – um conjunto que pode degenerar em *stásis*, estado de distúrbios sociopolíticos agudos, às vezes próximos da guerra civil. É nesse contexto que surgem personagens que a tradição gosta de apresentar como providenciais porque conseguiram acalmar as coisas, seja pela força do poder que exerceram – os tiranos – seja por meio de reformas – os legisladores. Aliás, nem sempre é fácil distinguir as duas categorais, nem situar a dos esinetas, conhecidos em algumas cidades da Ásia ou das ilhas; estes constituem uma espécie de "tirania eletiva" (retomando a expressão de Aristóteles, *Política*, III 14, 1285a), aparentemente com a missão de arbitrar e de consignar o direito por escrito (cf. o mandato exercido dez anos por Pítaco em Mitilena, por volta do início do século VI).

De origem mais antiga, ainda que às vezes sucedendo a uma obra legislativa que não obteve os bons resultados esperados, como em Atenas (cf. abaixo), a tirania é muito difundida, até nas colônias do Ocidente, que dela dão exemplos duradouros e recorrentes, mas posteriores, com algumas exceções (cf. o cruel Fálaris em Agrigento, no segundo quarto do século VI). É um fenômeno ambíguo, ainda mais difícil de ser compreendido porque nossas fontes, em sua maioria, provêm da Atenas democrática dos séculos V e IV, em que se impôs *a posteriori* uma imagem negativa do tirano, simultaneamente estereotipada e contraditória, explorada principalmente na tragédia: a imagem de um déspota às vezes sanguinário (cf. Periandro, filho de Cípselo, em Corinto, e que entretanto algumas tradições colocam entre os Sete Sábios!) e cuja personalidade extravagante pode ser complacentemente encenada através de anedotas pitorescas ou edificantes (cf. a história do anel de Polícrates, tirano de Samos astucioso e descomedido, contada por Heródoto em III, 40-43). Portanto, nossa percepção da tirania arcaica está inevitavelmente carregada de hipóteses mais ou menos arriscadas e generalizações parcialmente abusivas.

O tirano geralmente provém da aristocracia; por exemplo, Cípselo pertence pelo lado materno à família dos baquíadas, da qual um dos 200 membros é anualmente eleito magistrado supremo em Corinto. Toma e conserva o poder pela força, frequentemente a partir de uma magistratura militar, primeiro exercida legalmente (Cípselo é polemarca). Liquida, se necessário por assassinato ou banimento, a oligarquia ou monarquia vigente. Aparentemente quase sem tocar na forma das instituições, governa com alguns fiéis, cercado por uma guarda pessoal (cf. os doríforos ou "portadores de lança" de Periandro, os "portadores de bastão" de Pisístrato em Atenas) e às vezes legando o poder a seu(s) filho(s), que raramente parece(m) à altura do pai. A aristocracia, que neste caso paga por sua incapacidade de administrar as cidades e reprimir os descontentamentos, frequentemente é a primeira vítima desses golpes de Estado, como atestam belamente os poetas exilados que vituperam os usurpadores e ao mesmo tempo lamentam seu próprio infortúnio (Alceu em Lesbos, Teógnis em Mégara).

Entre as características do governo dos tiranos, devemos citar sua política de prestígio (oferendas faustosas aos grandes santuários, como os monumentos de Delfos tradicionalmente atribuídos a Cípselo e a Clístenes de Sicione; instauração ou reorganização de concursos, como

Época arcaica

os do Istmo, de Sicíone ou as Grandes Panateneias em Atenas; acolhimento aos melhores poetas da época, como Anacreonte junto a Polícrates e depois aos filhos de Pisístrato); amizades e alianças matrimoniais (cf. Periandro de Corinto e Trasíbulo de Mileto; Pisístrato e Lígdamis de Naxos; as suntuosas núpcias de Agarista, filha de Clístenes[1]); um forte desenvolvimento militar animando uma política externa dinâmica (o papel de Clístenes na "primeira guerra sagrada" em Delfos: *infra*, cap. 12; ambições marítimas de Polícrates, um dos promotores da trirreme na Grécia e amigo do faraó Amásis, o que não o impede de, sob o sucessor deste, Psamético, fornecer a Cambises, o rei dos persas que estava a ponto de conquistar o Egito em 525, um contingente constituído de seus adversários políticos, assim comodamente afastados...). Por fim, devemos mencionar as medidas econômicas e sociais, que estão entre as mais controversas: *díolkos*, construções navais e prosseguimento da colonização (Potideia) em Corinto; provável incentivo ao artesanato (cerâmica orientalizante e invenção do estilo de figuras negras em Corinto, figuras negras e depois invenção do estilo de figuras vermelhas em Atenas, onde se multiplicam também as estátuas de *koûroi*, rapazes, e de *kórai*, moças, como em Samos); política de obras públicas, principalmente em Samos (o Heraion, o túnel aberto pelo arquiteto-engenheiro Eupalino de Mégara), mas também em Atenas (construções e melhoramentos na Acrópole e na ágora, aduções de água e fonte Eneacrunos, início da construção do templo de Zeus Olímpico etc.); hipotéticas inovações fiscais (dízimo anual dedicado a Zeus por Cípselo?) e emissões monetárias (cf. Pisístrato e seus filhos). Alguns autores antigos, como Aristóteles e Nicolau de Damasco, expressam dúvidas sobre as reais motivações dessas medidas, que teriam visado principalmente a ocupar as massas e desviá-las da política. Assim, Pisístrato teria feito a justiça ser administrada nos campos a fim de afastar da *ásty* os camponeses da Ática; mas isso também pode ser visto como uma tentativa de facilitar o acesso à justiça do Estado, contra a autoridade às vezes abusiva que os grandes proprietários aristocratas possuíam localmente.

Intervém aqui a difícil avaliação do papel da tirania na afirmação do ideal de isonomia (cf. abaixo), muito diferente conforme se refira ao exemplo ateniense ou ao modelo esparciata. Podem os tiranos ser qualificados de demagogos, no sentido original do termo, que não é pejorativo (condutor do *dêmos*, ou seja, do povo)? Estes podem ter buscado e obtido uma forma de apoio popular, organizando a classe hoplítica (Fídon em Argos, ainda que sua ação e a cronologia, oscilando entre os séculos IX e VI, continuem muito conjecturais?), espoliando os mais ricos e tomando medidas de tendência igualitária (possível redistribuição de terras em Corinto; Teágenes contra os criadores de gado de Mégara, Polícrates contra os geômoros, gran-

---

1. Heródoto VI, 126-131 (segunda metade dos anos 570).

des proprietários de terras em Samos?), ou rebaixando a minoria anteriormente dominante (leis de Periandro contra o luxo em Corinto; Clístenes talvez hostil à aristocracia dórica de Sicíone, cujas três tribos ele traveste com os nomes grotescos de *Porcos, Burros* e *Leitões*, medida na verdade enigmática, acompanhada de outras que visam explicitamente à grande rival Argos, como a remodelagem da religião cívica; atitude aparentemente ambígua e inconstante de Pisístrato e depois de seus filhos com relação a grandes famílias atenienses, como os filaidas e os alcmeônidas: cf. abaixo).

A história de Esparta, que não conheceu a tirania, e o fato de que na maioria dos casos é a aristocracia, na forma de uma oligarquia mais ou menos moderada, que retoma o controle das cidades após a queda do tirano, justificarão a ideia de que se trata apenas de um parêntese facultativo na evolução das *póleis*. Mas, se priorizarmos o exemplo ateniense, que vê o triunfo da democracia isonômica, seremos mais sensíveis ao fato de que o prestígio da aristocracia provavelmente não saiu intacto desses regimes – que em alguns casos se mantiveram durante muito tempo, às vezes com breves intervalos (cf. os cipsélidas em Corinto entre 657/6 e 584/3 aproximadamente, os ortagóridas de Sicíone durante uma centena de anos a partir de *ca* 655, Pisístrato e seus filhos por meio século) – e veremos isso mais como uma etapa que contribuiu para a emergência do sentimento de igualdade entre os membros da comunidade política. Em resumo, é forçoso reconhecer que as causas e consequências políticas, sociais e econômicas desse fenômeno original ainda escapam amplamente à análise. A tirania conhecerá outros avatares nos séculos V e IV, na Ásia Menor e sobretudo no Ocidente (*infra*, cap. 14).

Não é mais simples abordar os legisladores, dos quais os mais famosos – Licurgo de Esparta e Drácon ou Sólon de Atenas – adquiriram uma dimensão mais ou menos legendária. Ao lado dessas grandes figuras subsiste uma série de inscrições, frequentemente mutiladas ou pouco explícitas, mas que revelam um esforço anônimo e notável de fixar o direito. Elas provêm, entre outras, das cidades do Peloponeso, da Jônia (lei de Quios estabelecendo as competências e responsabilidades dos magistrados, o poder do povo, as jurisdições de apelação etc.) e principalmente de Creta (cf. a lei de Dreros contra a iteração do cosmado, magistratura superior, ou o famoso "código" de Gortina, cujas 600 linhas aproximadamente, gravadas por volta de 450, reúnem disposições muitas vezes certamente mais antigas, tratando principalmente do estatuto das pessoas e dos bens)[2]. Os temas que abordam são múltiplos. Dão especial atenção à regula-

---

[2]. H. van Effenterre, F. Ruzé, *Nomima. Recueil d'inscriptions politiques et juridiques de l'archaïsme grec*, I, 1994, nº 62 (Quios, mais do que Éritras) e 81 (Dreros); II, 1995, pp. 2-18, 358-89, e nº 4, 6, 16, 30-36, 40, 46, 48-49, 51, 53-54, 66, 76, 81 (extratos do "código" de Gortina); E. Lévy, "La cohérence du code de Gortyne", em E. Lévy (ed.), *La Codification des lois dans l'Antiquité*, 2000, pp. 185-214.

ção dos conflitos familiais ou entre particulares: sanção e compensação por violências exercidas, principalmente nos casos de assassinato, para deter a engrenagem da vingança; contratos de casamento e heranças, em que se procura preservar o *oîkos*, sobretudo no espinhoso caso das epicleras atenienses (filhas sem irmão que devem transmitir o patrimônio familiar a um filho e para isso casar com o parente mais próximo do lado paterno, sob controle da cidade); constituição de arquivos e embrião de legislação do trabalho etc. Os cultos são objeto de "leis sagradas" (preparação e frequentação dos santuários, natureza das oferendas e calendário dos sacrifícios etc.). Surgem as primeiras leis "constitucionais", referentes sobretudo à admissão de novos cidadãos, à convocação das assembleias, ocasionalmente mencionando votos emitidos pela maioria, à designação e rotatividade dos magistrados, dos quais se começa a estabelecer listas (arconte epônimo anual em Atenas, que dá seu nome ao ano e possibilita a datação de decretos e leis). O exercício da justiça revela a intervenção cada vez maior da comunidade no trato dos interesses individuais: instalam-se tribunais, emanação da assembleia ou de um conselho restrito, mas também tabelas de multas e um sistema de cauções; testemunhos e debates contraditórios são pouco a pouco codificados e qualquer um (*ho boulómenos* = "quem quiser") pode intervir em favor de uma pessoa lesada (para a Atenas clássica, cf. *infra*, cap. 18). Essa apropriação coletiva do direito tende a reduzir a arbitrariedade e a garantir a boa ordem e a estabilidade numa cidade mais harmoniosa, porém não igualitária – estado que os gregos expressam pelo conceito dificilmente traduzível de *eunomía* ("boa distribuição": cf. o verso 32 da elegia de Sólon citada por Demóstenes, *Embaixada infiel* 255, em que, *a contrario*, a expressão é definida principalmente como uma defesa contra a injustiça, a discórdia, o descomedimento etc.).

Esparta

Assunto um tanto exasperante esse da história arcaica de Esparta e da obra de seu legislador mítico, Licurgo, a respeito do qual "não se pode dizer nada que não seja contestável", como enfatiza Plutarco. As próprias autoridades da Lacedemônia – que cultivavam o gosto pelo segredo, como lamenta Tucídides, e oportunamente conseguiram revisar a história da cidade para servir-lhes de propaganda (cf. os reis reformadores Ágis e Cleômenes, no século III; *infra*, cap. 19) – não facilitaram muito nossa tarefa. A falta de documentos de primeira mão (inscrições) e o fato de muitas de nossas fontes serem de obediência ateniense e portanto desfavoráveis, com exceção de Xenofonte e de Platão, acabaram de cercar de mistério a questão.

Entretanto, aparentemente não há nada excepcional nos primeiros tempos da cidade espartaciata: no final do século IX ou no início do século VIII, um sinecismo sem verdadeira urbani-

Evolução das cidades na época arcaica

zação entre quatro aldeias (Pitana, Mésoa, Limnas, Cinosura), às quais se juntou posteriormente a comunidade de Amiclas; participação no movimento de colonização e nos concursos olímpicos; cultos variados (Apolo Carneio, Ártemis Órtia, Atena Calquiecos etc.), acompanhados de festas prestigiosas, especialmente em honra de Apolo (Jacíntias, Carneias, Gimnopédias); artesanato de alta qualidade (principalmente pequenos bronzes e, nos dois primeiros terços do século VI, cerâmica com decoração figurada que produziu as notáveis taças "lacônias"); músicos e poetas de renome (estadia de Terpandro de Lesbos, Alcmano).

Mas o que prioritariamente chama atenção é a história militar, pontilhada de conflitos de fronteira, muitos deles com a poderosa rival Argos (derrota na batalha de Hísias, tradicionalmente datada de 669, ante a falange hoplítica comandada pelo tirano Fídon?) e sobretudo no contexto da expansão na Messênia, cuja cronologia continua muito controversa. A primeira guerra, que durou cerca de 20 anos, poderia ter ocorrido na segunda metade do século VIII ou mesmo no primeiro terço do século VII, e a segunda guerra teria completado a conquista em meados ou na segunda metade do século VII. Os detalhes são interminavelmente discutidos, na medida em que o encadeamento dos conflitos parece ligado a reformas políticas de primeira importância. Porém, em vez de uma obra global e sintética devida a um único homem (Licurgo: cf. abaixo), imagina-se com relação a essas reformas um processo evolutivo cujo essencial pode ter se produzido entre o final do século VIII e a primeira metade do século VII aproximadamente (pode a fundação de Tarento por volta de 706, que supostamente está ligada à primeira guerra da Messênia, constituir um *terminus post quem*, ou seja, um limite superior, visto que relativamente poucas marcas características das instituições esparciatas parecem em vigor na colônia, à parte a possível existência de éforos?). Seja como for, no fim das contas Esparta consegue possuir um território de mais de 8 mil km² e mantém sua vocação continental (o porto principal é Giteio, a uns 50 km ao sul). Aparentemente é em ligação com esse desenvolvimento territorial e militar que a cidade evolui para tornar-se um caso único no mundo grego, uma espécie de Estado-caserna que foi objeto de fascinação ou de repulsa tanto entre os antigos como entre os modernos.

Segundo tradições divergentes, Licurgo teria importado de Creta a constituição de Esparta, ou então a teria recebido de um oráculo de Apolo Pítico, o deus fundador por excelência. Essa *rhêtra*, parafraseada pelo poeta Tirteu, contemporâneo da segunda guerra da Messênia, e conservada principalmente por Plutarco, cabe em algumas linhas ritmadas e presta-se a uma memorização fácil[3]. Ela prevê a fundação de um santuário de Zeus e de Atena, que são divindades

---

3. H. van Effenterre, F. Ruzé, *Nomima. Recueil d'inscriptions politiques et juridiques de l'archaïsme grec* I, 1994, nº 61.

políades (protetoras da cidade) tradicionais; uma divisão da população em tribos e *obaí* (subdivisões gentílicas ou territoriais: nesta última hipótese, talvez as cinco aldeias mencionadas acima?); a constituição de um Conselho de Anciãos (*Gerousía*) de 30 membros, incluindo os dois reis (também chamados de arquegetas); por fim, a realização regular, num lugar predeterminado, de assembleias do povo (*apellaí* ou mais provavelmente *ekklesíai*, a quem aparentemente deve caber a última palavra, embora uma emenda – às vezes chamada de "pequena *rhêtra*" e cuja cronologia (por volta do fim da primeira guerra da Messênia?) e sentido ainda são muito discutidos – reforce claramente as prerrogativas da *Gerousía*.

Além disso, sabemos que os reis provêm de duas famílias, os ágidas e os euripôntidas, entre as quais são proibidas as uniões matrimoniais e pode haver uma forte rivalidade. Esses reis são chefes de guerra; mas depois do "desacordo de Elêusis" entre Cleômenes e Demarato (506: cf. abaixo) apenas um deles de cada vez comanda normalmente as tropas em campo. Assumem também importantes responsabilidades religiosas e sociais (direito de família, principalmente com relação às filhas *patroúkhoi*, o equivalente das epicleras atenienses). Seus funerais suntuosos, que impressionaram Heródoto, mostram como eram importantes para a comunidade. Os gerontes, com idade superior a 60 anos, têm uma função judiciária e probulêutica (ou probuleumática: *proboúleuma* = projeto de decreto), ou seja, submetem propostas à Assembleia, que os elegeu por aclamação, vitaliciamente. Portanto, são irresponsáveis, o que faz de Esparta uma cidade oligárquica arquetípica, pelo menos do ponto de vista da Atenas pós-clisteniana. Em contrapartida, os cinco éforos, que não aparecem na *rhêtra*, seja porque ainda não existem ou mais provavelmente porque suas atribuições então são muito secundárias, constituem um colégio eminentemente democrático em sua essência, visto que são eleitos por um ano entre todos os cidadãos. Um é epônimo, e no século VI (graças à iniciativa de um deles, Quílon, na primeira metade do século?) todas as áreas acabam sendo de sua competência: religiosa, política (tendem a substituir a *Gerousía* em sua função probulêutica), militar, diplomática, policial e judiciária, o que lhes permite se imporem aos próprios reis, com os quais trocam mensalmente um juramento mútuo e aos quais podem fazer convocações. Resumindo tudo, acaba sendo muito difícil definir esse conjunto em que os poderes de tipos monárquico (nesse caso, diárquico), oligárquico e democrático se justapõem e se equilibram, realizando a *eunomía* que Tirteu preconiza e na qual Políbio, no século II, verá uma prefiguração da constituição de Roma.

A Licurgo é atribuída também a instituição da *agogé*, educação "à esparciata", patrocinada principalmente por Ártemis Órtia e assegurada pela cidade. Os filhos de cidadãos (e alguns outros: cf. os *móthakes* mencionados abaixo) são arregimentados com a idade de sete anos, para se fazer deles os melhores soldados; às meninas é reservado um tratamento específico, à base de canto coral e principalmente de exercícios físicos, para que mais tarde produzam as mais belas crianças, pois os recém-nascidos são impiedosamente selecionados. A pederastia, que associa adolescentes (erômenos, ou seja, amados) a adultos geralmente jovens (erastas, isto é, amantes), é uma verdadeira instituição social, assumindo uma dimensão ritual e pedagógica (a questão da castidade dessas relações é discutida). No final do percurso a elite dos jovens cumpre a criptia, uma espécie de prova de resistência cujo significado permanece controverso e cujo conteúdo exato é incerto, devido a divergências nas fontes. O cripto (do verbo *krýptein*, esconder) devia viver afastado durante um longo período, sem equipamento ou quase, buscando com que subsistir sem se deixar ver, e degolar um ou vários hilotas. Seguramente essa regressão iniciática a um estado quase selvagem visava a desenvolver o instinto de sobrevivência e preparar para as mais difíceis missões (alguns especialistas falam de comandos): provavelmente há uma ligação entre a criptia e o recrutamento dos 300 *hippeís*, corpo de elite constituído de hoplitas, contrariamente ao que esse termo significa (cavaleiros) e comparável a uma espécie de guarda real. Aos 30 anos o homem integra as fileiras dos cidadãos de pleno direito, também chamados *hómoioi* (os iguais). Estes participam da *syssítion*, refeição conjunta diária, característica da vida comunitária à qual o espartano está obrigado e que ao mesmo tempo confere às mulheres uma independência de fato muito superior à condição das atenienses, por exemplo (práticas bastante semelhantes vigoravam nas cidades cretenses). Cada um deve levar às sissítias sua contribuição, o que teria possibilitado uma distribuição igualitária das terras – também devida a Licurgo – em 9 mil lotes ou *kleroî* (sing. *klêros*), número teoricamente correspondente ao dos cidadãos originais.

Aqui aparece um dos pontos fracos desse belo edifício: cada lote é cultivado por "dependentes rurais", os hilotas, uma espécie de escravos presos à terra e obrigados a pagar a *apophorá*, isto é, uma renda sobre as colheitas (o uso da moeda, considerado proscrito por Licurgo, é muito limitado na cidade). A origem desses hilotas é incerta (pré-dórios e/ou messênios escravizados: cf. *supra*, cap. 5), seu estatuto é muito discutido (propriedade nem totalmente coletiva nem totalmente privada, mas partilhada entre a cidade e os esparciatas?) e provavelmente eles constituem uma categoria bastante heterogênea. Mas seu número proporcionalmente muito alto (na batalha de Plateia, em 479, cada um dos 5 mil esparciatas está acompanhado de sete hilotas com armas leves: capítulo seguinte); e os maus-tratos que lhes são reservados – e que podem chegar até o assassinato (cf. a criptia) ou aos massacres que uma declaração de guerra anual torna lícitos – fazem deles um perigo interno potencial para a cidade. Em contrapartida, são pouco temidas as revoltas dos periecos, habitantes das redondezas agrupados em cidades que gozam de certa autonomia, apesar de sujeitas à supervisão dos éforos, e geralmente prósperas (os periecos é que exercem a maioria das atividades artesanais e comerciais). Integram as fileiras dos hoplitas e partilham com os esparciatas a qualidade de *lacedemônios*, mas estão subordinados a um regime fiscal particular e permanecem à margem da comunidade cívica. Portanto, como se pode ver, a sociedade de Esparta, muito complexa, está longe de ser tão equilibrada quanto suas instituições, pois parece que os *kleroî* só eram inalienáveis teoricamente e que a propriedade privada conheceu um desenvolvimento precoce, com as diferenças de fortuna levando a melhor sobre o sistema paritário, se é que este realmente chegou a existir: o endividamento e o empobrecimento podiam impedir o espartano de contribuir para a sissítia, provocando seu rebaixamento para os inferiores (*hypomeíones*; também se tornavam inferiores aqueles que eram acusados de covardia no combate: os *tréssantes*, literalmente "tremedores"). Inversamente, existem outras categorias intermediárias que são beneficiadas com promoções, principalmente por feitos guerreiros, tendo acesso à educação esparciata ou em virtude de uma forma de clientelismo, mas cujos contornos nem sempre aparecem claramente: podem-se citar, entre outros, os *móthones*, jovens hilotas que servem o filho do senhor e destinados a ser libertados; os *móthakes*, livres, criados com jovens esparciatas e podendo obter a cidadania (Gilipo e Lisandro, grandes homens da guerra do Peloponeso, seriam dois deles), e por fim os neodâmodas, libertos assimilados aos periecos, atestados entre 420 e 369.

De fato, é principalmente nos séculos V e IV, quando os desequilíbrios sociais em germe no sistema irão crescendo, restringindo os *hómoioi* a uma minoria cada vez mais reduzida, que essas categorias serão exemplificadas (*infra*, caps. 11, 13, 15 e 18). Na época arcaica, a cidade aparentemente atinge e conserva uma estabilidade que a coloca a salvo da tirania e lhe permite sobrepujar suas rivais na região. A partir da segunda metade do século VI, Esparta ganhou ascendência sobre Argos ("batalha dos campeões" pela posse da Tireátida, entre Lacônia e Argólida, por volta de 546; vitória de Sepeia, a sudeste de Argos, em 494). Constituiu ao seu redor uma liga peloponésia cujo funcionamento é bastante fraco, mas que lhe confere uma forma de preeminência em matéria de relações internacionais no mundo grego e lhe garante principalmente a salvaguarda de seus interesses vitais (a Lacônia e a Messênia), para além da primeira zona protetora constituída pelos territórios ocupados pelos periecos. Mostra-se suficientemente poderosa para derrubar tiranos, como Lígdamis de Naxos, e para, juntamente com os coríntios, sitiar Samos na grande época de Polícrates, ainda que sem êxito (em 525 ou pouco depois, quando os esparciatas acolheram favoravelmente os oponentes políticos dos quais Polícrates tentara livrar-se enviando-os a Cambises: cf. acima). Sob comando de Cleômenes I (*ca* 520--488), no final do século ela interfere nos assuntos atenienses (abaixo). Além disso, ainda que tenha se fechado em si mesma e agora pareça bastante pobre em termos de cultura material e artística, é forçoso reconhecer que a cidade explorou, visivelmente tateando (pequena *rhêtra*, eforato), um caminho original que fez dela uma espécie de laboratório para a realização política do ideal de igualdade entre os cidadãos. Nesse âmbito, Atenas toma um caminho totalmente diverso, muito mais rico em promessas para o futuro.

Atenas

Em comparação com a de Esparta, a história ateniense dos séculos VII-VI mostra-se muito menos movimentada, visto que apresenta – bastante tardiamente – uma espécie de concentrado das vicissitudes políticas conhecidas pelas cidades. Além das fontes habituais (Heródoto, Tucídides e Plutarco), é preciso destacar aqui a importância da *Constituição dos atenienses*, relato histórico e institucional produzido pela escola de Aristóteles nos anos 330 ou mais certamente 320 (*supra*, cap. 1). Mas nem mesmo esse tratado escapa à crítica, que suspeita de anacronismo alguns detalhes, especialmente na seção dedicada a Drácon, cuja constituição é rejeitada como apócrifa, ou seja, não autêntica.

O processo de sinecismo que resulta na cidade ateniense deve ter se realizado gradualmente, a partir do século IX. Foi concluído, à custa de uma ardente rivalidade e de repetidos conflitos com a vizinha Mégara, pela anexação definitiva de Elêusis no final do século VII ou início do século VI, e depois pela de Salamina (ação de Sólon e de Pisístrato: cf. abaixo). No capítulo anterior dissemos como as tradições locais relatam o fim da monarquia e o estabelecimento dos arcontes (rei, polemarca, epônimo, depois os seis tesmótetas). Os assuntos essenciais estão sob controle de um conselho aristocrático que agrupa vitaliciamente os ex-arcontes – o Areópago, assim chamado porque se reúne na colina de Ares, perto da Acrópole. A assembleia popular parece ter então apenas atribuições limitadas. A população está agrupada nas quatro *phylaí* (tribos dos geleontes, egícoras, árgades, hopletes). Cada uma é liderada por um *phylobasileús* e subdivide-se em 12 naucrarias comandadas por prítanes, ou seja, um total de 48 naucrarias, cujo nome poderia sugerir que eram circunscrições fiscais ligadas às construções navais (ou aos templos?). Distinguem-se também três categorias socioeconômicas: os eupátridas ("bem-nascidos"), ricas famílias aristocráticas que exercem o poder político e religioso (por exemplo, o *génos* dos filaidas, o dos eteobútadas, dos alcmeônidas etc.); os outros proprietários de terras, chamados *geomóroi* ou *ágroikoi*; e por fim os demiurgos, que compartilham as atividades restantes (artesanato etc.). Antes do século VI, a ágora (praça pública) situa-se a leste da Acrópole e não no local onde é conhecida hoje, a noroeste.

O primeiro episódio notável da história política ateniense é a tentativa de golpe de Estado de Cílon. Nos anos 630 (636 ou 632?), esse aristocrata, a quem a vitória nos concursos olím-

Época arcaica

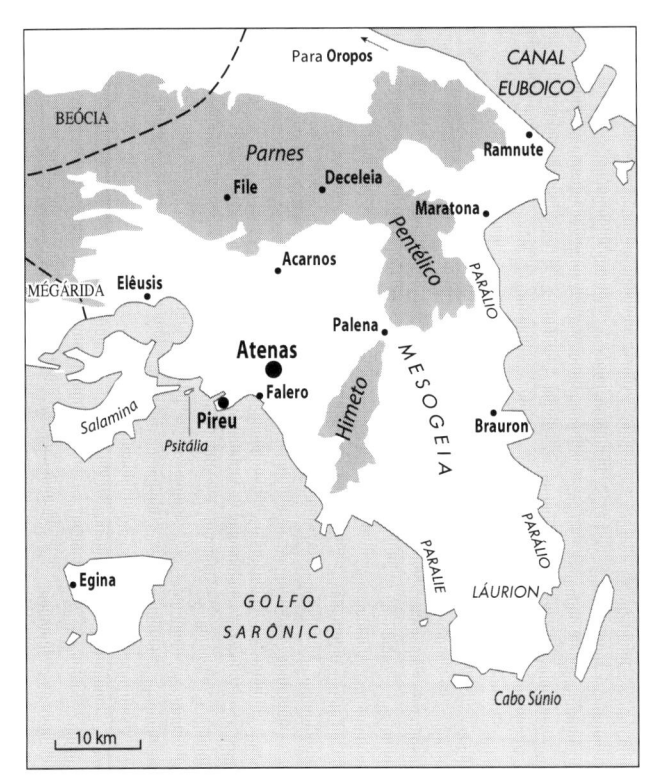

Mapa 7. Ática.

picos tornara célebre, tentou estabelecer a tirania, apoiado pelo sogro Teágenes, que era tirano em Mégara (cf. acima). Para isso, Cílon e seus partidários tomaram posição na Acrópole, imediatamente sitiada pela população, que em seguida apelou para os arcontes, entre os quais o alcmeônida Mégacles. Sem víveres, os sitiados instalaram-se como suplicantes ao pé do altar de Atena e inicialmente obtiveram a promessa de que seriam poupados; mas por fim foram removidos e mortos (entretanto as fontes divergem sobre o destino do próprio Cílon, que aparentemente escapou). Porém isso era um sacrilégio, que em seguida pesará como uma mancha sobre os alcmeônidas, forçados a se exilarem. Esse contexto de rivalidades às vezes sangrentas entre grandes famílias explica em parte a ação de Drácon uns dez anos mais tarde (*ca* 621), cujo código "escrito com sangue", como Dêmades dirá no século IV, trata do direito criminal e valeu a seu autor uma reputação de extrema severidade, donde nosso adjetivo "draconiano"[4]. A parte

---

[4]. H. van Effenterre, F. Ruzé, *Nomima. Recueil d'inscriptions politiques et juridiques de l'archaïsme grec* I, 1994, n.º 02 (outra tradução comentada em P. Brun, *Impérialisme et démocratie à Athènes. Inscriptions de l'époque classique*, 2005, n.º 93).

conservada diferencia homicídio voluntário e involuntário, e regulamenta estritamente as possibilidades de transação entre as famílias: um dos objetivos claros é deter o ciclo de vinganças e impor a mediação da cidade e de seus magistrados ou tribunais. Essa lei resistirá bastante bem ao tempo (*infra*, cap. 13), como uma parte da obra muito mais ampla atribuída a Sólon, em quem os atenienses verão retrospectivamente o pai de sua democracia; mas essa é provavelmente uma figura parcialmente reconstruída e um tanto idealizada.

A cronologia usual situa o arcontado de Sólon em 594/3, num período de crise agrária aguda cujas causas e manifestações são objeto de vigorosas controvérsias entre os especialistas. Entretanto, os sintomas são razoavelmente claros: concentração excessiva das terras nas mãos de poucos e endividamento dos camponeses, às vezes chamados de hectêmoros (que devem pagar um sexto, ou cinco sextos?); essas dívidas podiam por fim ser saldadas em escravidão, enquanto os direitos dos credores talvez fossem sinalizados por marcos colocados nos lotes penhorados. Sólon procedeu então à chamada *seisákhtheia*, literalmente "retirada do fardo", isto é, abolição das dívidas e da servidão que delas podia resultar, mandando arrancar simbolicamente os marcos. Mas, ele mesmo sendo aristocrata "da classe mediana" e partidário da moderação, como declara numa de suas elegias políticas transmitidas pela *Constituição dos atenienses*, Sólon não fez mais que apagar os efeitos sem sanar as causas, desistindo de uma redistribuição das terras; daí o descontentamento provocado por sua arbitragem e o caos em que Atenas não demora a cair novamente após sua partida.

Outras medidas que a tradição lhe atribui podem ser relacionadas com esse contexto de crise social, mas frequentemente suscitam ceticismo entre os modernos: desenvolvimento do artesanato, proibição de exportações agrícolas (com exceção do azeite), modificação do sistema de pesos e medidas (convém lembrar que a nova localização da ágora poderia estar passando pelos primeiros trabalhos). Também estão em foco o direito de família (epiclerato, direitos das mulheres, direitos dos filhos, luto etc.), o tribunal popular da Helieia, diante do qual todo cidadão podia apresentar-se como acusador ou apelante, e a criação de um Conselho (*Boulé*) dos 400 (100 por tribo), particularmente controverso. O nome de Sólon também permanece associado à instauração de quatro classes censitárias condicionando o acesso às magistraturas, sendo que provavelmente todas ou algumas já existiam antes. De qualquer forma, trata-se de uma evolução fundamental que consagra a primazia da fortuna sobre o nascimento, embora nessa época e ainda por muito tempo os dois coincidam amplamente (*infra*, caps. 12 e 13). Assim, essas classes diferenciam: os pentacosiomedímnios, que dispõem de um rendimento de no mínimo 500 medidas de produtos secos ou líquidos; os *hippeís* (proprietários de um cavalo?), entre 300 e 500 medidas; os zêugitas (ou seja, possuidores de uma junta de bois, uma espécie

Época arcaica

de classe média na qual são recrutados os hoplitas?) entre 200 e 300; e por fim os tetas, cidadãos com baixos rendimentos, cuja participação se limita à Assembleia e ao tribunal popular e que podem servir como tropas ligeiras (*psiloí*). Lembramos, para terminar, uma lei mencionada por Aristóteles e Plutarco, segundo a qual "aquele que, numa *stásis*, não tomar das armas com um dos dois campos sofrerá atimia (destituição cívica) e não terá nenhum direito político": acima da inautenticidade provável ou da paternidade duvidosa de algumas das reformas consideradas, esse período permaneceu na mente das gerações posteriores como aquele em que tinham se desenvolvido a responsabilidade coletiva e a consciência política do povo.

A partida de Sólon (para o Egito, a fim de fazer negócios e visitar o país) inicia uma fase de distúrbios: período sem arconte (anarquia), depois arcontado de Damásias durante mais de dois anos etc. A *stásis* recomeça e nos anos 560 três grupos se enfrentam; caracterizam-se como é dito esquematicamente a seguir, mas suas bases regionais, socioeconômicas e políticas são discutidas: os pedíacos ("homens da planície", nas proximidades da *ásty* e proprietários das melhores terras), em torno do eteobútada Licurgo, partidário da oligarquia; os paralianos ("homens do litoral", talvez os artesãos e os mercadores), em torno do alcmeônida Mégacles, descendente do arconte do século VII, moderado; por fim os diacrianos ("homens das montanhas", especialmente a nordeste da Ática, agrupamento heterogêneo de excluídos e descontentes), em torno do polemarca Pisístrato. Pertencente ao círculo de Sólon, Pisístrato "passava por ser o mais próximo do povo" (Aristóteles) e além disso distinguira-se por derrotar os megarenses em Niseia, o porto de Mégara situado em frente a Salamina, o que permitira a Atenas recuperar definitivamente esta cidade (*ca* 570-565). Pisístrato consegue estabelecer a tirania graças a um simulacro de atentado contra sua pessoa, provavelmente em 561/0. A sequência dos acontecimentos é muito confusa, especialmente sua cronologia, com Pisístrato perdendo e recuperando o poder em duas ocasiões, em episódios dos quais Heródoto fez um relato pitoresco (I, 59-64): na primeira vez, ele teria sido reconduzido por Atena em pessoa, numa encenação rocambolesca imaginada por Mégacles (anos 550, mas o cunho propriamente "tirânico" desse interlúdio é discutido); depois, mais prosaicamente, seu segundo retorno (batalha de Palena, em 546/5 segundo a cronologia mais comumente aceita) foi facilitado pelo apoio de vários amigos e pelas riquezas acumuladas durante expedições à Trácia (cf. as minas de prata do monte Pangeu).

Sua tirania está de acordo com o esquema geral (cf. acima), mas ele dá a impressão de um personagem antes complacente: além de próximo dos camponeses – aos quais teria concedido empréstimos talvez parcialmente financiados por um dízimo (?) sobre as colheitas –, parece manter também relações oportunistas, e portanto flutuantes, com as grandes famílias rivais, principalmente as dos filaidas e dos alcmeônidas (estes, ou em todo caso uma parte deles, pa-

Evolução das cidades na época arcaica

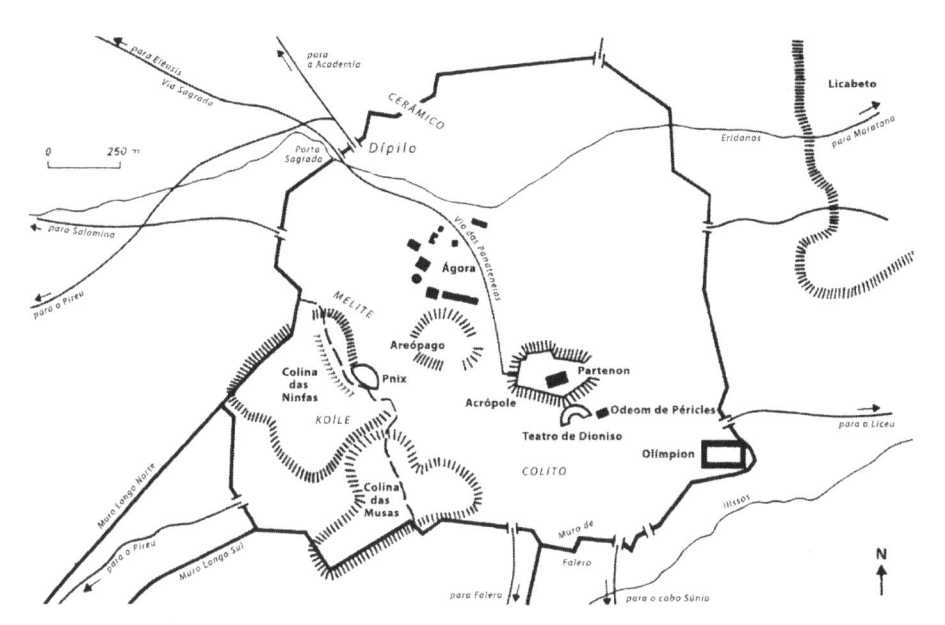

Fig. 9. Croqui do sítio de Atenas (Cl. Orrieux, P. Schmitt Pantel, *Histoire grecque*, PUF, 2002⁴, fig. 41).

recem ter retomado o caminho do exílio depois de 546/5). Exceto pela criação dos "juízes dos demos" (aldeias), as instituições antigas aparentemente continuam a existir, adormecidas ou controladas por parentes. Parece que Atenas nunca foi tão próspera e a época é brilhante: no plano edilitário (entretanto, a atribuição das muitas construções de então à tirania descontínua de Pisístrato é amplamente hipotética; além disso, às vezes é difícil diferenciar entre a parte dele e a de seus sucessores, os pisistrátidas, que, por exemplo, começaram a construir o Olímpion: cf. acima); no plano econômico (florescimento do artesanato cerâmico; cunhagem das moedas ditas *Wappenmünzen*, porque de início sua iconografia foi erroneamente interpretada como brasões familiares; quanto às primeiras "corujas", alguns as atribuem aos pisistrátidas, enquanto outros as relacionam com as reformas clistenianas mencionadas abaixo); por fim, no plano cultural (instauração de um concurso de tragédias nas Grandes Dionisíacas, edição dos poemas homéricos?). Deixando marcas duradouras da influência ateniense nas Cíclades (purificação de Delos, onde talvez ele tenha contribuído para a edificação de um templo de Apolo) e no norte do Egeu (implantações na Trácia, em Sigeu na Tróade), Pisístrato além disso confirmou, se é que não deu, os direcionamentos básicos da política externa de Atenas, reconhecida como "metrópole dos jônios".

Época arcaica

Ele morre em 528/7 e lega o poder a seus filhos, principalmente ao primogênito, Hípias, que teve de conciliar-se com os filaidas e os alcmeônidas (segundo uma lista de arcontes inscrita aproximadamente um século mais tarde, o futuro legislador Clístenes teria exercido essa função em 525/4). Por causa de um desentendimento privado (um caso amoroso) que assumiu ares de complô político, em 514 seu irmão caçula Hiparco foi assassinado por Harmódio e Aristogíton. Executados, ambos ganharam o título popular de tiranóctones (tiranicidas) e, pouco depois de 510, foram os primeiros mortais estatuificados na ágora às expensas da cidade (grupo esculpido por Antenor). O governo de Hípias então se endurece (violências contra os filaidas, novo exílio dos alcmeônidas) e o descontentamento dos aristocartas e do povo aumenta, até que por fim, em 510, o tirano é expulso com auxílio do rei Cleômenes de Esparta. Os alcmeônidas, fazendo uso principalmente de seu crédito em Delfos (onde eram adjudicantes da reconstrução do templo de Apolo: *infra*, cap. 12), desempenharam indiscutivelmente um grande papel no caso. Pouco depois, na pessoa de seu chefe Clístenes, neto materno do célebre tirano de Sicíone homônimo (cf. acima), são novamente eles que fazem a cidade dar o passo decisivo rumo à democracia, não sem dificuldade. Isso porque as reformas empreendidas a partir de 508/7 (detalhadas abaixo) provocaram a oposição de uma facção aristocrática comandada por Ságoras; este, por sua vez, beneficiado pelo apoio de Cleômenes e alegando o sacrilégio outrora cometido pelos alcmeônidas contra Cílon, obrigou Clístenes a fugir e fez seus partidários serem banidos; entretanto, logo foram chamados de volta por uma revolta popular (Ságoras e Cleômenes chegaram a ficar sitiados na Acrópole e tiveram de negociar uma retirada por capitulação). Uma segunda tentativa deles, apoiada por uma frágil coalizão agrupando os coríntios (na verdade indecisos), os beócios e os calcídios, fracassou em 506 (episódio do "desacordo de Elêusis" mencionado acima, seguido de dupla vitória ateniense sobre os beócios e os calcídios, com instalação de 400 clerucos, ou seja, colonos militares, nas terras dos hipóbotas de Cálcis). Entretanto, a ameaça fora grave o bastante para que os atenienses solicitassem o auxílio dos persas, projeto afinal abandonado, sem que o papel de Clístenes no assunto fique bem claro (frequentemente o fato de ele desaparecer de nossas fontes pouco depois é relacionado com esse procedimento, que enfim foi reprovado pela opinião pública).

Mas foram as reformas que fizeram Clístenes passar para a posteridade. Suas motivações reais são discutidas e restam algumas ambiguidades entre a sinceridade de seu sentimento democrático e a parcela de cálculo político visando a firmar a supremacia de sua família contra os clãs rivais. Em todo caso, ele obteve o apoio do povo, ao passo que a incorporação de novos cidadãos (estrangeiros atraídos pela prosperidade da cidade, escravos libertos) servia tanto à sua causa pessoal quanto à do novo regime, ambas contando com partidários ardorosos. Além

Evolução das cidades na época arcaica

disso, nem sempre é fácil distinguir entre o que o legislador realizou pessoalmente e certas reformas complementares, às vezes datadas imprecisamente e cuja aplicação só é atestada mais tardiamente (por exemplo, a data da instauração do ostracismo, hoje majoritariamente atribuída a Clístenes, deu material para muitas discussões). Assim, a explanação apresentada a seguir servirá também para esboçarmos um quadro das instituições atenienses no final da época arcaica e no século V, sendo que alguns dados só chegam a ser corretamente exemplificados no século IV, proporcionalmente superdocumentado (*infra*, cap. 18). Mas o certo é que a obra realizada é amplamente revolucionária e denota uma visão política de excepcional maturidade, em que a abstração rivaliza com o pragmatismo, pois nela se pode sentir a influência de sistemas filosófico-aritméticos desenvolvidos pelos pensadores jônios (falou-se de "democracia decimal").

Como antes (capítulo precedente), os habitantes estão agrupados em *géne* e fratrias, que conservam sua importância, principalmente religiosa. Vivem num demo, entidade que a reforma coloca na base da vida cívica. Os demos (originalmente talvez uma centena, 139 no século IV) são o equivalente de nossas comunas rurais ou distritos urbanos e têm populações desiguais, proporcionalmente às quais são representados no Conselho (cf. abaixo). Dotados de instâncias locais (os demotas reunidos em assembleia elegem ou sorteiam anualmente um demarco), desempenham um papel importante para o registro dos cidadãos quando atingem a maioridade (18/20 anos) e para a identificação civil: um ateniense declara sua identidade dando seu nome, o nome do pai (patrônimo) e principalmente sua demótica, que ele conserva mesmo em caso de transferência de moradia. Os metecos (estrangeiros domiciliados: *infra*, cap. 12) também devem inscrever-se num demo de residência. Mas a maior novidade consiste na criação de dez tribos, que passam a constituir o eixo de toda a vida política e militar (conscrição etc.). Essas tribos recebem o nome de heróis da mitologia ática, cuja escolha é sancionada pelo oráculo de Delfos e cujas estátuas serão erigidas na ágora. Cada tribo compreende três terços (trítias) provenientes de três zonas que coincidem aproximadamente com três regiões da Ática: uma trítia da cidade (*ásty*, com uma periferia bastante vasta englobando uma parte de litoral), uma trítia da costa (parálio, às vezes avançando bastante para o interior, como ao norte de Elêusis ou no Láurion) e uma trítia do interior (mesogeia, atravessando o centro da Ática, esquematicamente do Parnes ao Láurion exclusive). Portanto, há no total 30 trítias, à razão de dez por zona geográfica, reunidas em grupos de três (uma de cada zona), cada grupo formando uma tribo. Consequentemente, a tribo aparece como uma montagem um pouco artificial, normalmente desprovida de base territorial coerente (entretanto a atribuição das trítias às tribos por sorteio fez com que algumas recebessem no leste da Ática uma trítia costeira e uma trítia interior contíguas). Os demos são divididos – em número variável de acordo com suas populações, de modo que haja certa paridade demográfica – entre as trítias, ou seja, entre as tribos. Com essa redivisão o corpo cívico fica bastante embaralhado, pois as novas estruturas políticas ultrapassam os quadros sociológicos tradicionais e as solidariedades locais que constituíam o cimento das facções regionais e das clientelas aristocráticas.

Essa notável construção se expressa muito concretamente no funcionamento das instituições, entre as quais principalmente o Conselho (*Boulé*): a partir das candidaturas apresentadas pelos demos, é dentro das tribos que são sorteados, à razão de 50 para cada uma, os 500 buleutas que constituem o Conselho. Nele os 50 buleutas de cada tribo exercem a pritania (comissão executiva e permanente) durante um décimo do ano; com isso o calendário político fica defasado com relação aos 12 meses lunissolares do calendário religioso, que tradicionalmente ritma a autoridade exercida pelos eupátridas, detentores dos grandes sacerdócios. No final de cada pritania é sorteada a tribo que será responsável pela seguinte. Também é um sorteio que designa por 24 horas o epístata dos prítanes (uma espécie de presidente, que guarda as chaves do tesouro armazenado nos templos, os arquivos e o sinete da cidade; mais importante é na verdade o papel do secretário, renovado por sorteio em cada pritania e cujo trabalho é redigir, arquivar e publicar as atas). O Conselho é convocado pelos prítanes em sessão plenária cerca de 275 dias por ano. Está investido de grandes responsabilidades em matéria de finanças e de política externa; principalmente, tem a função fundamental de preparar as sessões da Assembleia, submetendo-lhe projetos e resoluções (função probulêutica).

A Assembleia (*Ekklesía*) devia reunir-se primitivamente na ágora, antes de passar para a colina vizinha, a Pnix (já na virada dos séculos VI/V, ou somente por volta de 460? Cf. *infra*, cap. 11). Devido à proximidade, os demos urbanos e periurbanos estão mais representados nela do que os demos rurais, o que provavelmente tem consequências nas evoluções políticas. Em virtude da *isegoría* (igualdade de palavra), todo cidadão, sem distinção, pode pedir a palavra, por exemplo para propor uma moção que será examinada e formalizada pela bulé (*proboúleuma*) antes de voltar para a *Ekklesía*, onde será homologada por uma votação e se tornará lei (*nómos*) ou decreto (*pséphisma, dógma*) – essas duas categorias não são distinguidas claramente antes do final do século V. De fato, é sempre o povo que decide em última instância, com liberdade para rejeitar ou emendar as propostas. Parece que originalmente havia uma sessão por pritania, chamada de principal (*kyría*), mais um número variável de sessões ordinárias, limitadas a quatro na época de Aristóteles (ou seja, um total de 40 durante o ano, sendo dez principais) e às quais podiam somar-se reuniões extraordinárias exigidas pelas circunstâncias. As votações quase sempre se fazem por erguer de mãos (*kheirotonía*); às vezes, por meio de pedrinhas à maneira de fichas (*psêphoi*) – processo que normalmente condiz com a exigência de um *quorum* (número mínimo de pessoas presentes), necessário particularmente quando se vota a respeito de um indivíduo. É o que acontece com relação ao ostracismo: se a Assembleia principal da sexta pritania adotou esse princípio, uma sessão da oitava pritania, em que é exigido um *quorum* de 6 mil, pronuncia-se seguindo um procedimento particular, visto que o nome daquele a quem se deseja ostracizar é inscrito em um caco de cerâmica, o óstraco (*óstrakon*), do qual as escavações restituíram grande número de exemplares. Sofre ostracismo o indivíduo que tiver o maior número de *óstraka* com seu nome. Desse modo os atenienses afastam da cidade qualquer cidadão que tiver adquirido influência excessiva ou seja suspeito de aspirar à tirania, por um período de dez anos, durante o qual ele conservará seus bens e a cidadania. O voto é secreto também nos tribunais populares; o principal é a Helieia, cujos jurados são sorteados. A função desses tribunais vai muito além do âmbito judiciário estrito e pouco a pouco se tornará um verdadeiro instrumento de regulação política, ao lado da *Ekklésia*, principalmente em caso de ação pública (*graphé*, distinta da ação privada, *díke*: cf. *infra*, cap. 18).

Entre os nove arcontes preexistentes, três se distinguem por suas atribuições religiosas e jurisdicionais. O arconte epônimo (usualmente chamado de "o arconte"), além de servir de referência cronológica anual, supervisiona principalmente a organização das Grandes Dionisíacas (*infra*, cap. 11) e instrui as causas referentes ao direito privado dos cidadãos (tutela das filhas epicleras etc.). O rei ocupa-se, por exemplo, dos mistérios de Elêusis (*infra*, cap. 12) e instrui as ações por impiedade e por assassinato. O arconte polemarco, que conserva um papel militar operacional até a época da batalha de Maratona (capítulo seguinte), exerce atividades religiosas relacionadas com o exército e a guerra (concursos e sacrifícios pelos mortos em combate) e tem competência nos assuntos envolvendo os estrangeiros, inclusive os metecos. Os seis tesmótetas, aos quais foi acrescentado um secretário para que cada uma das dez tribos estivesse representada, dedicam-se principalmente aos tribunais. A partir de 487/6, os arcontes são designados por meio de um sorteio duplo com favas, com base numa lista de candidatos pré-selecionados pelos demotas (essa primeira etapa provavelmente dá lugar a um voto); ao término de seu ano de função, continuam a engrossar as fileiras do Areópago (cerca de 150 areopagitas em média?), que conserva o prestígio mas vê suas prerrogativas reduzidas *de facto* pelas novas instâncias. Muitos outros magistrados também são sorteados, tais como os Onze, responsáveis pela prisão e pelas execuções. Além de ser a expressão da vontade divina, o sorteio tem um cunho igualitário e acabará sendo considerado indissociável da democracia (assim, as crises oligárquicas, como sob os Quatrocentos em 411 ou durante a deriva observada na virada dos séculos II/I, tenderão a substituí-lo pela eleição: *infra*, caps. 13 e 21). Em contrapartida, são normalmente eletivas as magistraturas que requerem qualificações espcíficas, especialmente militares, como a dos dez

Época arcaica

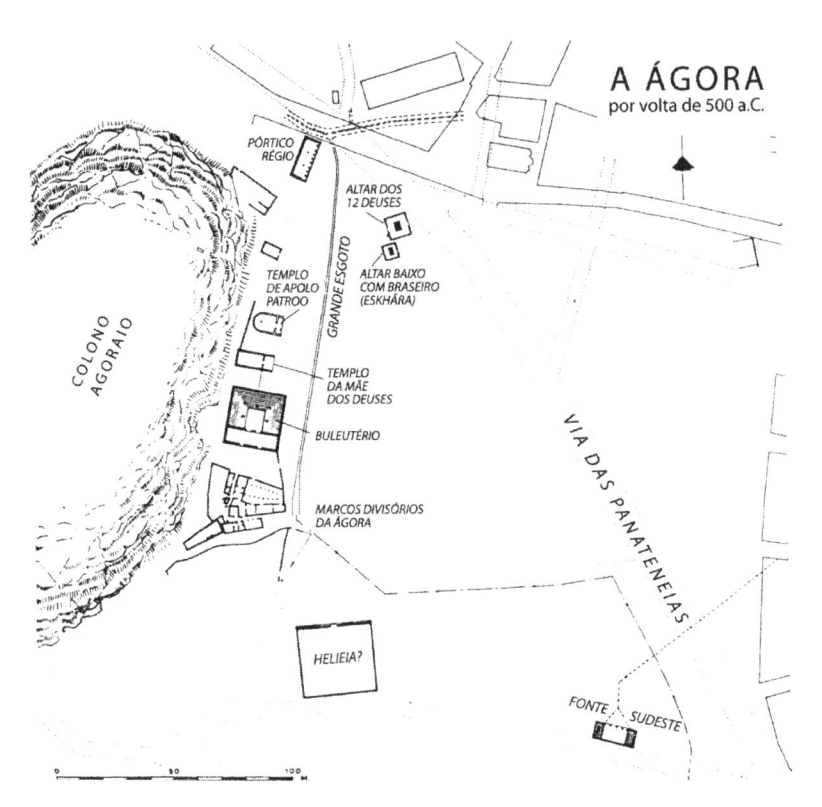

Fig. 10. Planta da ágora de Atenas por volta de 500 a.C. (R. Martin, *L'Art grec*, Le Livre de Poche, "La Pochothèque", 1984, fig. 196).

estrategos a partir de 501/0, chefes do exército em companhia do arconte polemarco, ainda por pouco tempo: é a Assembleia que os elege, originalmente à razão de um por tribo. O mesmo modo de designação é utilizado para os dez taxiarcos, cada um dos quais comanda o contingente de hoplitas fornecido por sua tribo, mas cuja instituição talvez seja posterior (século V?).

Antes de ser sorteados de acordo com um procedimento centralizado (no século IV, presidido pelos tesmótetas no santuário de Teseu), para atingirem o total de 50 buleutas que cabe a cada tribo (cf. acima), os candidatos a buleutas com seus suplentes são pré-selecionados (*prókrisis*), certamente por votação, nos demos, em quantidade proporcional ao número de demotas (assim, no século IV alguns demos têm apenas um representante, outros uma dezena ou mais, e talvez as flutuações demográficas tenham então obrigado a ajustar as cotas buleúticas e a atribuição dos demos às trítias). Futuros buleutas e candidatos às outras magistraturas são submetidos a um exame prévio (*dokimasía*); ao deixarem o cargo também devem prestar contas de

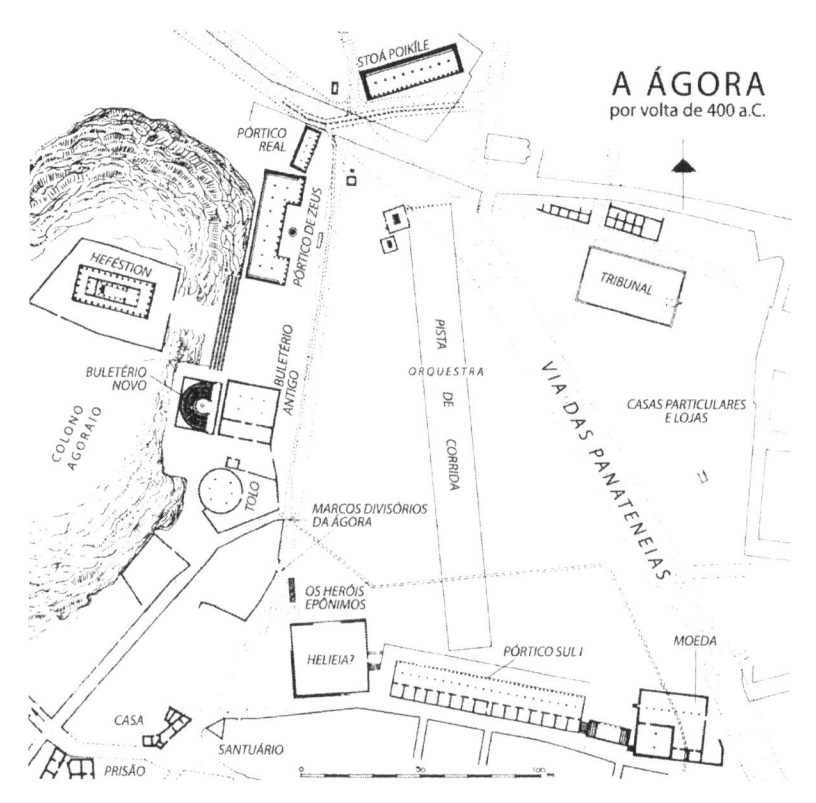

Fig. 11. Planta da ágora de Atenas por volta de 400 a.C. (R. Martin, *L'Art grec*, Le Livre de Poche, "La Pochothèque", 1984, fig. 197).

sua atividade e de sua gestão (*eúthynai*), princípio que Heródoto considera um dos pilares da democracia (III, 80). Embora as contingências demográficas possam impor a participação dos tetas no Conselho, as magistraturas cujos titulares manipulam fundos mais ou menos importantes (cf. os tesoureiros, *tamíai*, singular *tamías*), teoricamente são acessíveis apenas às duas ou três classes censitárias superiores, até mesmo apenas aos pentacosiomedímnios (é o caso dos tesoureiros de Atena), principalmente por razões práticas de solvabilidade, pois os delitos ocasionam uma retificação ou uma multa, ou mesmo sanções mais pesadas (até a pena de morte, bem atestada para os estrategos no século IV: *infra*, cap. 18). Originalmente o controle dos magistrados deve ser supervisionado pelo Areópago e pelo Conselho.

A cidade disponibilizará para todos esses órgãos edifícios que facilitem seu funcionamento, agrupados na ágora ou nas proximidades e frequentemente remanejados: *bouleutérion* para o Conselho e *thólos* para os prítanes (o pritaneu, aparentemente localizado no setor da antiga

Época arcaica

ágora, abriga o fogo sagrado da cidade e destina-se principalmente ao arconte epônimo e às recepções oficiais), pórtico régio para o arconte rei, tribunais, arquivos (no Metroon, ou seja, o santuário da Mãe dos Deuses, *Méter*, associado ao "buleutério velho" a partir do início do século IV) etc.[5]. As próprias instituições conhecerão em dois séculos vários ajustes que demostram sua flexibilidade e adaptabilidade (*infra*, caps. 11, 13 e 18).

O verdadeiro poder ainda está majoritariamente em mãos das antigas elites, mais bem formadas e ricas o bastante para dispor do tempo livre necessário para a condução dos assuntos públicos: na maioria são aristocratas, que gostam de agrupar-se em redes de amizades, as heterias, conhecidas principalmente nos séculos V/IV e que não devem ser vistas como partidos políticos – conceito impróprio para qualificar as realidades da época. Entretanto, esse sistema, que se baseia numa participação ampla, é qualificado de isonômico (*isonomía* pode ser traduzido por "repartição igual"); anuncia a democracia que será concluída no século seguinte, com as discriminações censitárias mencionadas mais acima se desvanecendo pouco a pouco, paralelamente à implementação progressiva de um sistema de indenizações (*misthoí*). De fato, o número (várias centenas) e a anualidade das magistraturas – colegiais, não acumuláveis e, com algumas exceções, não renováveis (um indivíduo podia ser buleuta duas vezes na vida, mas não consecutivamente, e estratego sem limitação) – impunham uma rotação tal que quase todos os cidadãos podiam em algum momento assumir responsabilidades, se assim quisessem (provavelmente se recorria a designações compulsórias em caso de penúria de candidatos). Esse amadorismo *a priori* supõe um notável nível médio de instrução, principalmente a capacidade de ler e escrever, embora não tenhamos condições de avaliar o grau de alfabetização e nesse âmbito possa haver certa distância entre as exigências teóricas do sistema e a prática diária: assim, uma parte dos cacos de ostracismo provavelmente era inscrita previamente e depois distribuída aos votantes, como sugere sua grafia às vezes idêntica; mas essa mesma observação pode ser interpretada diferentemente (mais globalmente, a participação respectiva da escrita e da oralidade na vida das cidades é objeto de debates recorrentes). Em todo caso, as provas que os atenienses estão a ponto de enfrentar vitoriosamente vão convencê-los definitivamente da excelência de seu regime e firmá-lo nas mentalidades. Independentemente do que se possa ter dito, Atenas permanece para sempre como a mãe de todas as democracias.

---

5. Como a maioria dos grandes sítios arqueológicos, os vestígios da ágora levantam múltiplos problemas de identificação. Assim, alguns veem a residência de Pisístrato e seus filhos no edifício de planta grosseiramente trapezoidal construído poucos depois do meio do século VI no sudoeste da praça. Quanto à Helieia, tradicionalmente localizada no ângulo sudoeste, ela poderia igualmente situar-se no lado oposto (séculos V-IV). O edifício na outra extremidade do pórtico sul é identificado como uma oficina monetária. A partir do século IV, o monumento dos heróis epônimos, onde eram afixados os documentos oficiais, fica em frente ao "buleutério velho". Mais tarde serão construídos outros edifícios, como o pórtico de Átalo II, que fecha a ágora a leste (*infra*, cap. 22).

Evolução das cidades na época arcaica

Entretanto, é preciso lembrar que as experiências políticas da Grécia arcaica não se limitam às de Esparta e Atenas e que a evolução de centenas de *póleis* escapa a nosso conhecimento. Devemos destacar também que, ao lado dessas cidades, o período vê surgirem os primeiros esboços de Estados federais (*koiná*, sing. *koinón*). Na Beócia, Tebas, fortalecida por um regime fundiário estável e equilibrado que se deveu ao baquíada Filolau, estendeu sua influência no último quarto do século VI (moedagem federal com a estampa do escudo), mas esbarra na resistência de Orcômeno, de Téspias e de Plateias, aliada de Atenas a partir de 519. Quanto à Tessália, é organizada sobre uma base quádrupla (a região é dividida em quatro tétradas) ao mesmo tempo original e sofisticada, e na qual se percebem algumas analogias com a Lacedemônia (penestas, frequentemente comparados aos hilotas; povos perieços subjugados, como os perrebos, os magnésios etc.). As etapas da expansão tessálica e da constituição do *koinón* continuam muito controversas; mas, sob o impulso de grandes famílias (como os alêuadas de Larissa, os escôpadas de Crânon e os equecrátidas de Farsália), os tessálios aparentemente estiveram entre os mais ativos e mais poderosos nos séculos VII e VI, como sugere, entre outros indícios, seu domínio sobre a anfictionia de Delfos (*infra*, cap. 12). Mais do que nunca, o mundo grego é múltiplo e diverso, no momento em que desponta a ameaça persa, que vai precisamente ajudá-lo a medir sua força e a amplitude de seus recursos.

TERCEIRA PARTE

Época clássica

Capítulo 10

GUERRAS MÉDICAS

Com as reformas de Clístenes, Atenas atinge o grau de maturidade política que caracteriza a idade clássica. Entretanto, a periodização tradicional faz a época clássica começar com o século V e as guerras médicas. Estas marcam o advento de uma arma antiga, mas que ganhou diversos aperfeiçoamentos: a marinha; e reforçam a democracia ateniense, que então se torna suficientemente forte para assumir a liderança de um império. Nessa evolução, decisiva para todo o mundo grego no século V e mesmo muito depois, outro ateniense excepcional se distingue: Temístocles, personagem tão ambíguo quanto fascinante. Na falta naturalmente prejudicial de fontes persas, é principalmente através de Heródoto que conhecemos esses episódios célebres, mas cujo avesso nem sempre é fácil desenredarmos com precisão de detalhes. Mas já há muito tempo se vem observando que sua obra *Histórias*, que privilegia o papel desempenhado por Atenas, apresenta os acontecimentos das duas décadas 499-479 seguindo uma continuidade lógica – se não uma coerência – que em parte poderia ser ilusória (cf. a importância dada ao mecanismo da vingança). Devemos juntar-lhe outra obra-prima, *Os persas*, de Ésquilo, que combateu pessoalmente em Maratona e Salamina. Por fim, temos Diodoro da Sicília (livros X e XI), Plutarco (*Vidas* de Aristides e de Temístocles) e outros documentos, como o célebre e muito controverso "decreto de Temístocles", descoberto em Trezena[1] e hoje majoritariamente considerado um apócrifo do século IV.

Causas

A denominação "guerras médicas" dada a esse conflito entre gregos e persas provém do nome dos medas, que dominavam os persas na época dos primeiros contatos entre esses povos e as populações helênicas, antes de serem subjugados e associados a eles por Ciro o Grande, em 550 aproximadamente. Mas os gregos continuaram a utilizar essa denominação, embora não correspondesse mais à realidade política do Oriente. Sob o impulso de Ciro (559-530), de Cambises (530-522) e, depois, de Dario I, o império aquemênida (nome do clã familiar de

---

1. P. Brun, *Impérialisme et démocratie à Athènes. Inscriptions de l'époque classique*, 2005, nº 2.

Época clássica

Ciro) estendeu-se por imensos territórios que iam do Indo ao Egeu e ao Egito. As causas do conflito com os gregos devem ser buscadas na Jônia, região onde o helenismo teve um desenvolvimento particularmente brilhante no século VI. Nela há cidades poderosas, como Samos, onde se destacou o tirano Polícrates, morto pelo sátrapa de Sardes[2], e outras muito prósperas, como Mileto, à qual se atribuem várias dezenas de colônias e que também conhece a tirania (cf. capítulo anterior). Entre essas cidades, 12 estão agrupadas na liga jônica, que celebra o culto de Poseidon Helicônio no santuário conjunto do Paniônion, no cabo Mícale – organização essencialmente religiosa, que dificilmente podia ter a eficiência política que alguns, como Bias de Priena ou Tales de Mileto, gostariam de atribuir-lhe. A produção literária e filosófica da Jônia é notável (Mimnermo e Xenófanes de Cólofon, Tales, Anaximandro e Hecateu de Mileto, Heráclito de Éfeso), assim como a escultura e a arquitetura (grandes templos de Hera em Samos e de Ártemis em Éfeso), em que brilham os artistas polivalentes Roicos e Teodoro, introdutores na Grécia da técnica de cera perdida. Na segunda metade do século, a região, que antes estava sob influência lídia (reinado de Creso: cf. *supra*, cap. 7), caiu sob domínio dos persas: estes controlam-lhe os assuntos públicos por intermédio de tiranos que compartilham amplamente seus interesses e impõem um tributo aparentemente bastante tolerável.

Portanto, é difícil explicar a revolta que agita a região na virada do século. Heródoto atribui-a a Aristágoras, tirano interino de Mileto na ausência do titular, seu primo e sogro Histieu, retido por Dario em Susa. Conspirando com o sátrapa de Sardes, Artafernes, Aristágoras o teria arrastado para uma operação que, segundo prometia, seria fácil e lucrativa. Seu projeto consistia em apoderar-se da ilha de Naxos, onde acabava de eclodir um movimento popular contra aristocratas aos quais Aristágoras estava ligado – primeira etapa antes da conquista de outras Cíclades e da Eubeia. Mas, devido à resistência dos náxios, o empreendimento teria andado mal. Incapaz de cumprir suas promessas, Aristágoras viu-se empurrado para a revolta, incentivado pelo próprio Histieu. Essa fuga para a frente forçou-o a proclamar a isonomia em Mileto e em outras cidades: com sua ajuda ou seguindo seus conselhos, elas se livraram de seus tiranos e elegeram estrategos (500-499). A trajetória desse ambicioso um tanto trapalhão esconde na verdade o quê? Se os especialistas não acreditam mais numa crise econômica (declínio do comércio jônico direcionado para as colônias pônticas, devido à dominação do rei Dario I sobre uma parte da Cítia e sobre os Estreitos em 513/2), a escapatória política escolhida por Aristágoras revela provavelmente um sentimento antitirânico – e portanto antipersa – bastante forte no demo de Mileto e no restante da Jônia, plausivelmente receptivos às inovações atenienses e

---

2. Segundo Heródoto (III, 89), Dario havia dividido o império persa em 20 satrapias.

ao mesmo tempo descontentes com um critério considerado pouco equitativo para a cobrança do tributo (cf. abaixo as adaptações autorizadas por Mardônio e Artafernes depois de 494). Portanto, o fundamento da revolta não seria propriamente o despertar de uma consciência nacional contra o ocupante bárbaro, explicação então anacrônica, e sim mais provavelmente uma crise sociopolítica.

Em seguida Aristágoras foi para Esparta, contando obter lá o apoio dos melhores hoplitas da Grécia. A despeito de sua explanação brilhante, ilustrada por uma tabuinha de bronze onde estava gravado um mapa "da Terrainteira", Cleômenes, desencorajado pelas distâncias a percorrer, mandou-o embora. Em compensação, ele teve uma acolhida favorável entre os atenienses, que provavelmente perceberam a oportunidade de se arvorarem em paladinos dos jônios em geral e das cidades isonômicas em particular, mas que principalmente estavam de olho em Hípias, o pisistrátida que se exilara junto a Artafernes. Assim, Atenas enviou 20 navios, e os erétrios, que também eram de origem jônica, enviaram cinco. Sardes, capital da Lídia, foi incendiada em 498 e depois o corpo expedicionário tornou a embarcar, não sem ter sofrido algumas perdas. Em seguida os persas retomaram as posições perdidas, conquistando em Lade (ilhota situada ao largo de Mileto) uma vitória naval decisiva contra as 353 trirremes reunidas por jônios irresolutos e mal organizados, apesar dos esforços meritórios de Dionísio de Foceia. Depois saquearam Mileto, cuja população foi em parte deportada (494). Mardônio e Artafernes reorganizaram então a Jônia com moderação e pragmatismo, para relativa satisfação dos habitantes: adaptando-se aos regimes isonômicos estabelecidos nas cidades, impuseram que estas passassem a resolver suas contendas por meio do direito e fixaram para o tributo bases mais justas.

Tudo poderia ter acabado aí. Mas Dario, seja porque considerava que sua vingança contra Atenas e Erétria não se consumara[3], seja mais provavelmente para estabelecer domínio sobre o Egeu e assegurar-se de que mais nenhuma ameaça viria da Grécia, enviou primeiro seu genro Mardônio para consolidar a dominação persa na Trácia e confirmar a fidelidade da Macedônia (492). Tasos, que nessa ocasião se submetera, no ano seguinte teve de desmantelar suas muralhas (nas quais foram abertas brechas) e entregar seus navios. Depois o Grande Rei dirigiu aos gregos um ultimato, exigindo deles "a terra e a água" (491). Segundo Heródoto, esbarrou na recusa dos atenienses e dos espartanos. Além de essa ser para o historiador a oportunidade de contar uma anedota edificante (os atenienses teriam lançado o mensageiro persa no precipício do Báratro, enquanto os espartanos o teriam jogado num poço, o que era um modo espirituoso e provocante de entregar a terra e a água), vemos delinear-se precocemente, através do con-

---
3. Ele teria mandado um serviçal repetir-lhe três vezes em cada jantar, desde o incêndio de Sardes: "Meu senhor, lembra-te dos atenienses"... (Heródoto, V, 105)

fronto greco-persa, um duelo a distância entre as duas grandes cidades do momento. Entretanto, alguns indícios poderiam sugerir que os atenienses estavam divididos quanto à atitude a adotar ante os persas: na linha da aliança preconizada por alguns (responsabilidade de Clístenes?) em 507/6 (capítulo anterior), intuiu-se, por exemplo, a ação de um partido mais favorável à conciliação (papel dos alcmeônidas?) por trás da condenação do poeta Frínico por haver representado uma tragédia sobre a tomada de Mileto, tragédia que emocionou grandemente a população em 493 – o mesmo ano em que, por sua vez, Temístocles dava um impulso decisivo aos trabalhos de fortificação do Pireu (cf. abaixo).

Primeira guerra

Em 490, o homem forte em Atenas parece ser Milcíades o Moço, eleito estratego depois de voltar da propriedade do Quersoneso (Trácia) que herdara de seu tio homônimo. Ameaçado pela expansão persa no norte do Egeu, era também um feroz adversário de Hípias, que outrora mandara assassinar seu pai. Como membro do *génos* dos filaidas, também não devia ter simpatias particulares pela isonomia nem pelos alcmeônidas. Em todo caso, é ele que comanda as operações contra as forças bárbaras conduzidas por Dátis, provavelmente bastante modestas, apesar dos números apontados por Heródoto. Partindo da Cilícia, Dátis chegou a Samos e depois subjugou as ilhas do Egeu, incendiando principalmente Naxos. Erétria, que resistiu seis dias antes de ser entregue por dois dos cidadãos mais em evidência, é duramente castigada (templos pilhados e incendiados, população escravizada e em parte deportada para a região de Susa). Depois, a conselho de Hípias, que manteve partidários na região, Dátis desembarca na baía de Maratona, próxima de Erétria e considerada propícia para as evoluções da cavalaria (entretanto esta não participará da batalha, ausência que até hoje não recebeu uma explicação plenamente satisfatória). Milcíades vai ao seu encontro com os hoplitas atenienses reforçados por um contingente enviado por Plateias, cidade vizinha e amiga (ou seja, 10 mil homens no máximo, contra mais ou menos o dobro do lado dos bárbaros?). Depois de aguardar inutilmente um auxílio prometido por Esparta, retardado pela celebração das festas de Apolo Carneio, Milcíades convence o Estado-Maior a entrar em ação (isso no momento em que, como pensam alguns, os persas reembarcavam sua cavalaria para lançar-se do outro lado da Ática?). Heródoto insiste no heroísmo inaudito dos atenienses atacando um inimigo muito superior em número. Acima de tudo, o desenrolar do combate mostra a maturidade tática da falange ateniense, arrasada no centro, que está desguarnecido por escassez de efetivos, e superior nos flancos, que porém não cometem o erro de perseguir os fugitivos e sim voltam-se em tenaz para anular a

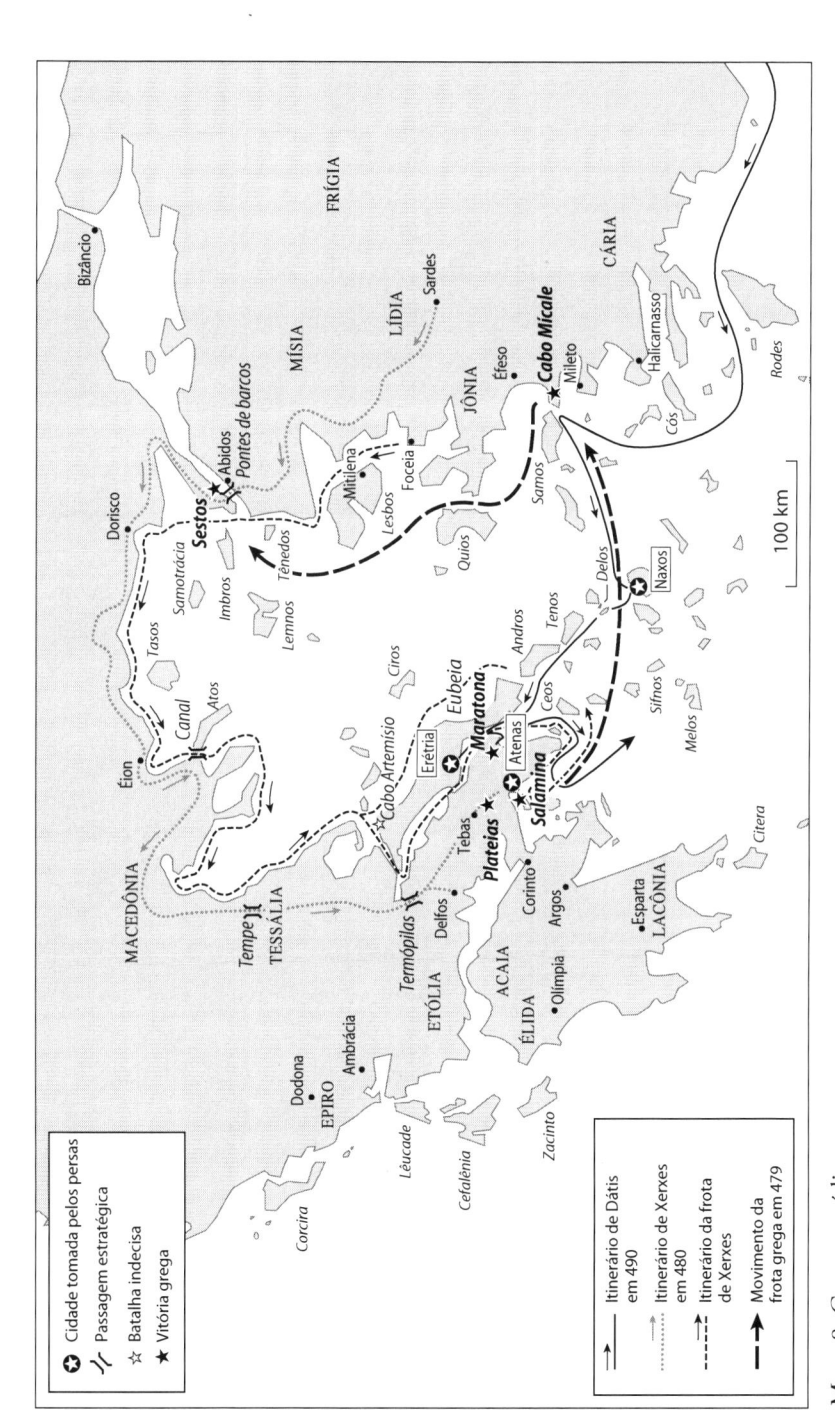

Mapa 8. Guerras médicas.

vantagem alcançada pelos persas no centro da linha de batalha. Com 192 mortos – cujos restos foram enterrados no local, sob um *tumulus* ainda visível hoje – contra mais de 6 mil, os atenienses triunfam.

Dátis volta para a Ásia sem tentar outro desembarque: seus adversários, que retornaram a toda pressa para Atenas, dissuadiram-no disso (nesse ponto Heródoto menciona, para refutá-la, a acusação, provavelmente difundida por seus adversários políticos, de que os alcmeônidas teriam estado prontos a entregar a cidade aos persas, sendo que eles, quando muito, eram favoráveis a uma aliança com o Grande Rei: cf. acima). Para os persas, no final das contas essa derrota é bastante secundária, visto que dois de seus principais objetivos (sujeição do Egeu e punição de Erétria) foram alcançados. Aliás, em vez de rancor aos atenienses, Dario, morto em 486, lega a seu filho Xerxes a necessidade de retomar as rédeas do império (cf. abaixo). Em contrapartida, as façanhas de seus "maratonômacos" (combatentes de Maratona, entre os quais o irmão de Ésquilo, que teve a mão decepada ao agarrar-se à popa de um navio persa) conferem a Atenas um imenso prestígio, e a vitória avaliza o novo regime ao mesmo tempo que fortalece o partido da resistência aos persas. Além disso, o evento confirma a superioridade dos hoplitas. Entretanto, não será mais apenas deles que dependerá a salvação dos gregos dez anos mais tarde.

Período entre as guerras

Milcíades é rapidamente desacreditado por uma expedição contra Paros cujas motivações são pouco claras: o caso, que termina mal, custa-lhe um processo e uma alta multa, que será paga pelo filho Címon após sua morte (de um ferimento na coxa, sofrido em Paros e que gangrenou). Agora a figura marcante em Atenas passa a ser Temístocles. Sua origem é conhecida (o pai pertence a um *génos* de segundo plano, os licômidas, e a mãe é supostamente de origem bárbara), mas a cronologia exata de sua atividade ainda é discutida, principalmente a relação entre seu arcontado de 493/2 e a ambiciosa política naval que ele põe em prática a partir de 483/2. Esta aparentemente se insere no contexto de ferozes lutas de influência entre facções, em que a órbita democrata parece acabar levando a melhor. A partir de 487/6, os arcontes são sorteados e sua função, que perde simultaneamente uma parte do aspecto aristocrático e da influência política, fica cada vez mais restrita a atribuições administrativas e protocolares (o polemarco Calímaco, morto em Maratona, é o último a combater com os estrategos). Sem que se possam captar todos seus lados ocultos, os ostracismos sucedem-se: o primeiro contra um parente dos pisistrátidas que permanecera em Atenas, Hiparco, filho de Carmo (488/7); depois contra Xantipo, pai de Péricles (485/4); e contra Aristides, porta-voz da classe dos hoplitas, cuja hostilidade à política naval de Temístocles o faz ser visto como um "conservador" (483/2). Na verdade, são os tetas, ou seja, os mais modestos, que fornecem a grande maioria dos 170 remadores necessários para uma trirreme (navio de linha de batalha por excelência, desde o último quarto do século VI), e o desenvolvimento da marinha não deixa de ter ligação com a evolução do regime político (*infra*, caps. 11 e 13).

Temístocles, segundo parece, havia lançado as bases desse desenvolvimento já em 493/2, com o projeto de construir um porto no Pireu, local totalmente adequado, com suas três angras de Cântaro, Zea e Muníquia, e visto que até então Atenas estivera praticamente desguarnecida de infraestruturas desse tipo. Mas o passo decisivo é dado no contexto do conflito sem-fim que opõe a cidade à vizinha Egina e que se intensificou durante esses anos: Temístocles usa-o como pretexto para fazer aprovar sua "lei naval", persuadindo os compatriotas, de início reticentes, a não dividirem, como era o costume, os rendimentos de uma nova jazida de chumbo argentífero descoberta no maciço do Láurion, e sim destiná-los à construção de trirremes, ao custo unitário de pelos menos um talento (parece que antes Atenas só possuía algumas poucas). Num segundo momento, a medida estende-se à totalidade dos rendimentos do Láurion, o que permite que os atenienses, que se improvisam em marinheiros, alinhem 200 trirremes no momento da invasão de Xerxes. Segundo Heródoto, foi por haver previsto tal invasão que Temístocles procedeu a esse armamento sem precedentes; Tucídides chega a atribuir-lhe um intuito visionário, o de dotar Atenas de uma força capaz de garantir-lhe a hegemonia: o conhecimento de exemplos do passado, como o cerco ineficaz realizado no final do século VII por Sadiates e depois por Aliates, reis da Lídia, contra os milésios, senhores do mar, pode tê-lo inspirado. De qualquer forma, é uma guinada decisiva, que condicionará as relações políticas e a estratégia na Grécia por todo o século; Péricles não fará mais que reassumir esses princípios para aplicá-los sistematicamente. Além disso, Temístocles confirma-se como um político temível, perito em manipulação da opinião pública e em desinformação (cf. as pressões exercidas sobre a Pítia, inicialmente favorável aos bárbaros, e o famoso oráculo segundo o qual Atenas seria salva por uma "muralha de madeira", judiciosamente interpretado como salvação pelas trirremes, ao passo que muitos atenienses o haviam entendido como um incentivo para se erguer uma paliçada na Acrópole). Isso lhe permite não só controlar a opinião pública ateniense, mas também ser a eminência parda do Estado-Maior aliado ao longo da guerra, mesmo quando Esparta foi designada como chefe da coalizão.

Época clássica

Segunda guerra

Depois de sufocar as revoltas que atingiam outras partes de seu reino (Egito, Babilônia), Xerxes retoma os projetos de conquista ocidental do pai, incitado por Mardônio, cuja insistência encontra um apoio oportuno no apelo de alguns tessálios (alêuadas de Larissa). O exército, reunido ao término de longos preparativos, é considerável, a julgar pelo que narra Heródoto, que se compraz em descrever seus equipamentos multicores: 1,7 milhão de homens na infantaria, 80 mil na cavalaria e uma frota incluindo, entre outros componentes, 1.207 trirremes, das quais cerca de um quarto com tripulações gregas (jônios, insulares etc.). Desses números, apenas o último pareceu aceitável para alguns, mas em média os especialistas baixam o efetivo real para 600 navios e 60 mil a 200 mil homens de tropa – um total a que aparentemente faltava coesão, com exceção da elite dos persas, cujo valor Heródoto elogia (cf. o corpo dos 10 mil "imortais", assim chamados porque nele um homem morto ou doente era imediatamente substituído e, portanto, o efetivo se mantinha inalterado). Na primavera de 480, essas tropas, comandadas por Xerxes em pessoa, atravessam o Helesponto sobre duas pontes de barcos construídas durante os meses anteriores, enquanto um canal cavado na base do istmo evita que a frota faça a volta do Atos, onde uma tempestade custara tão caro à expedição de 492: o episódio ilustra tanto a genialidade dos engenheiros fenícios como a *hýbris* (descomedimento) do Grande Rei. Dali a armada – que Ésquilo compara à "invencível onda dos mares" (*Os persas*, v. 90) – avança para o sul.

Os gregos podem contrapor uma força de cerca de 40 mil hoplitas e 300 trirremes; os contingentes terrestres são fornecidos principalmente por Esparta, que exerce o comando supremo a partir do quartel-general do istmo, perto de Corinto, e por seus aliados peloponenses (Argos permanece neutra), enquanto Atenas assume dois terços do recrutamento naval. No campo dos coligados corre uma forte tensão que opõe os atenienses e alguns outros – entre os quais os eubeus, partidários de uma defesa setentrional que preserve suas cidades – aos lacedemônios e seus aliados, dispostos a sacrificar tudo para salvar o Peloponeso, *a priori* mais fácil de ser defendido. Esse desacordo estratégico fundamental vai dar a Temístocles oportunidade para demonstrar todo seu talento. No campo dos "medizantes" (do verbo medizar = aderir ao partido dos medas, ou seja, dos persas) figuram naturalmente os gregos da Ásia e das ilhas (as mensagens subversivas de Temístocles incitando à defecção praticamente não surtirão efeito), mas também os tebanos e com eles os beócios, exceto Téspias e Plateias. As difíceis relações que os gregos mantêm entre si às vezes determinam sua atitude para com o invasor; assim, segundo Heródoto, os fócios tomaram o partido da resistência principalmente porque seus inimigos hereditários, os tessálios, pendiam para o lado oposto. Os cretenses esquivaram-se e Heródoto conta como os corcireus, depois de armarem cerca de 60 trirremes, ficaram prudentemente aguardando nas águas da Messênia e da Lacônia, convictos de que os persas venceriam; mais tarde, alegaram que os ventos etésios os haviam impedido de atravessar o cabo Maleia... Os coligados também teriam pedido auxílio ao poderoso tirano de Siracusa, Gélon, mas o deixaram de lado devido a suas pretensões excessivas (reivindicava o comando): é que ele mesmo, por sua vez, tinha de enfrentar a ameaça cartaginesa, contraparte ocidental da guerra greco--persa (*infra*, cap. 14).

Uma primeira linha de defesa, no vale do Tempe, entre a Tessália e a Macedônia, é logo abandonada, o que resulta em empurrar definitivamente os tessálios para o campo dos persas. O primeiro choque acontece nas Termópilas, desfiladeiro eminentemente estratégico que barra o acesso para o sul, e no qual 7 mil homens foram reunidos sob comando do rei Leônidas de Esparta (entre os quais 4 mil peloponenses, mil fócios e 400 tebanos cujo estatuto é incerto: reféns ou contrários à política dos dirigentes de sua cidade?). A posição é defendida até ser contornada por traição (um grego da região, o málio Efialtes, indicou aos bárbaros um atalho mal guardado pelos fócios). Depois de mandar embora boa parte de seus homens, Leônidas luta até a morte juntamente com 300 esparciatas. Para grande espanto de Xerxes, estes cuidaram minuciosamente da aparência física antes de morrerem, perfeitamente fiéis à reputação de sua cidade, para a qual esse sacrifício será um dos maiores motivos de glória (cf. o famoso epitáfio atribuído a Simônides de Ceos: "Estrangeiro, vai dizer a Esparta que jazemos aqui por obediência às suas leis"). Nesse intervalo de tempo, Temístocles, que subornou os almirantes de Esparta e de Corinto com fundos que os eubeus lhe entregaram (e dos quais pôs de lado a maior parte para si mesmo...), conseguiu que uma parte da frota estacionasse diante do cabo Artemísio, ao norte da Eubeia. As trirremes gregas, na defensiva, agrupam-se em círculo, popas no centro e esporões direcionados para o exterior (a chamada formação do *kýklos*); elas travam ali uma batalha incerta, mas sem sofrerem derrota, depois se retiram em boa ordem e atravessam o Euripo em segurança, principalmente graças à heroica façanha das Termópilas, que retardou o avanço terrestre dos persas. Quanto à frota inimiga, já reduzida pela tempestade do cabo Sépias (pontal meridional da península de Magnésia), enfrenta outra na costa oriental da Eubeia, onde perde uma esquadra enviada para contornar a ilha.

Pouco depois, Delfos escapa miraculosamente da pilhagem. Entre outros prodígios, segundo Heródoto, um raio teria provocado um desmoronamento que deteve o avanço de um destacamento do exército bárbaro – o que foi logo interpretado como intervenção divina, mas que em vez disso deve ser visto como uma anedota inventada ou floreada *a posteriori* para fazer esquecer o medismo da Pítia (o acúmulo de ex-votos depois da guerra mostra que de fato o prestígio do santuário não foi abalado por essas horas sombrias). Mas até o momento foram travados apenas combates retardadores, e a grande questão é saber onde acontecerá o enfrentamento decisivo. O tropismo peloponense incita lacedemônios e coríntios a optar por uma defesa no istmo, que fortificam às pressas, com risco de entregar Atenas ao invasor: em contrapartida, oferecem hospitalidade aos atenienses, muitos dos quais efetivamente se refugiam em Trezena. Mas, brandindo a ameaça de uma defecção ateniense, Temístocles consegue convencê-los a combater em Salamina, ilha situada a algumas amarras do Pireu. Para impossibilitar um novo recuo, ele prontamente provoca o ataque de Xerxes, que temia precisamente que seu adversário tornasse a escapar-lhe (um falso desertor, inventado por Temístocles, vai convenientemente alertar os persas nesse sentido). Assim, os campos da Ática e a *ásty*, especialmente a Acrópole, são evacuados e saqueados duas vezes, no final do verão de 480 e novamente na primavera seguinte (entre outros atos de pilhagem, Xerxes manda transportar para Susa o grupo de estátuas dos tiranicidas, que será restituído por Alexandre Magno ou por um de seus sucessores selêucidas e recolocado ao lado das estátuas substitutas esculpidas em 477/6). Mas os atenienses, que, na urgência, decretaram a união sagrada e chamaram de volta a maioria dos ostracizados, têm a satisfação e a vantagem de combater às portas de casa.

Presos numa armadilha (o estreito entre Salamina e a Ática consiste num canal de 2 quilômetros de largura e navios egípcios barram a saída do lado de Mégara), a única solução para os gregos é lutar com a frota persa – que por sua vez comete o erro de entrar no estreito, o que praticamente transforma em desvantagem sua superioridade numérica. O confronto é confuso e tanto combatentes como espectadores parecem ter dificuldade para situar-se nele, a exemplo de Xerxes, que se instalou ao pé do monte Egaleu, defronte de Salamina, para assistir a seu triunfo, o que tem um efeito perverso: seus homens, tomados de emulação e querendo brilhar diante dele, redobram a precipitação e multiplicam a desordem. Os atenienses conhecem perfeitamente o local (ventos, correntes, costas) e são galvanizados pela energia do desespero, como se deduz da célebre convocação relatada por Ésquilo: "Ide, filhos dos gregos, libertai a pátria, libertai vossas crianças e vossas mulheres, os santuários dos deuses de vossos pais e os túmulos de vossos antepassados: é o combate supremo" (*Os persas*, vv. 402-405). Os coligados saem vitoriosos e aniquilam inclusive a fina flor da infantaria persa que desembarcara na ilhota de Psitália, barrando a baía do lado leste a fim de exterminar ali os náufragos gregos. Os bárbaros perdem mais de 200 navios, ou seja, cerca de 40 mil homens "massacrados como atuns". A *mêtis* grega ("inteligência engenhosa", da qual Temístocles, digno herdeiro de Ulisses, é agora o depositário) triunfa sobre a *hýbris* bárbara: sem que se trate de uma fuga desesperada, como os autores antigos gostam de sugerir, Xerxes retoma o caminho do Helesponto e volta a Sardes, de onde manterá contato com a frente ocidental até que os assuntos babilônicos o requisitem mais a leste. Deixa na Europa a elite do exército terrestre, ou seja, várias dezenas de milhares de homens que passam o inverno aquartelados na Tessália, sob comando de Mardônio. Este teria enviado então um cariano para consultar os oráculos acessíveis aos persas, na Beócia.

O inverno decorre em negociações: Mardônio aborda os atenienses por intermédio do rei Alexandre da Macedônia (dito "o Fileleno") para propor-lhes uma aliança, que recusam. Os atenienses aproveitam a ocasião de uma segunda tentativa, algum tempo depois, para dirigir um ultimato aos esparciatas e aos peloponenses, que já haviam retornado timidamente para sua península. Após algumas respostas dilatórias (era preciso esperar o fim da celebração das Jacíntias e da edificação da muralha para barrar o istmo), Esparta decide-se a marchar ao encontro dos persas, e seus aliados peloponenses seguem-na de perto. Os dois exércitos defrontam-se em Plateias, no final do verão de 479: os povos gregos estão enumerados na coluna serpentina que sustenta o tripé consagrado em Delfos depois da vitória; essa coluna está conservada em Istambul, a antiga Constantinopla, para onde foi transportada pelo imperador Constantino no século IV d.C.[4]. Entre os 40 mil hoplitas gregos há 5 mil esparciatas, acompanhados do mesmo número de periecos e comandados pelo regente Pausânias, e 8 mil atenienses que os aliados pretendem deixar enfrentar o contingente persa, pois os consideram mais acostumados com esse adversário desde Maratona, justamente quando Mardônio, que discorda vivamente de seu colega Artabazo sobre a conveniência de travar batalha, deseja medir-se com os esparciatas. Após 12 dias de hesitações, de movimentações das tropas e de escaramuças, os gregos conseguem uma vitória total: Mardônio é morto e a falange, especialmente a de Esparta, mostra mais uma vez sua superioridade técnica (armamento) e tática. Falta apenas aniquilar os últimos navios refugiados no cabo Mícale, onde, um ano depois de Salamina, aporta a frota dos aliados sob comando de Leotíquidas, rei de Esparta. O contingente ateniense é comandado por Xantipo, que de lá vai em seguida lutar em Quersoneso, cujo controle assume no fim do outono (cerco e tomada de Sestos, o último feito de guerra relatado por Heródoto).

Avaliação

Quem é o grande vencedor desse conflito ao qual os antigos se comprouveram em dar uma dimensão épica, embora, do ponto de vista persa, o acontecimento provavelmente seja bastante

---

4. J.-M. Bertrand, *Inscriptions historiques grecques*, 1992, nº 16.

Época clássica

marginal e suas consequências, no final das contas, sejam limitadas (além do recuo no Egeu, observa-se particularmente uma nova revolta na Babilônia)? Uma primeira resposta seria "o helenismo", com tudo o que isso acarreta para o futuro da civilização ocidental como um todo. Provavelmente é prudente não ir longe demais nesse caminho: nunca se saberá como nem por quanto tempo uma dominação persa na Grécia teria se exercido, e é preciso lembrar que mais de metade dos gregos escolheeu o lado errado. Assim os tebanos, por exemplo, terão muito trabalho para reconstruir uma boa reputação. Mas, contrariamente aos juramentos trocados em 481 pelos coligados, que haviam prometido "consagrar ao deus de Delfos a décima parte de todos os bens daqueles que tivessem se rendido aos persas sem serem forçados a isso"[5], praticamente não houve represálias, pois Esparta e Atenas se neutralizaram. É que, no fim das contas, cada qual se preocupara principalmente com seus próprios interesses: os peloponenses haviam permanecido obcecados pelo Peloponeso, os atenienses haviam tentado tudo para permanecer perto da Ática, e tanto uns como outros não estavam em posição de dar lição de moral aos que haviam procurado salvar o que podia ser salvo... Embora, mais ou menos no momento em que é travada a batalha de Salamina, os siracusanos de Gélon derrotem os cartagineses de Hamílcar em Himera – o que dá à luta contra os bárbaros uma dimensão mediterrânea –, essas divisões mostram como ainda está distante a realização de um ideal pan-helênico. Entretanto, não se pode negar que o acontecimento tenha favorecido uma forma de conscientização, expressa por Heródoto quando relata a resposta dos atenienses aos esparciatas, inquietos com a ideia de que Atenas pudesse corresponder aos avanços de Mardônio durante o inverno de 480/79: "Os atenienses não poderiam trair o mundo grego (*tò hellenikón*), comunidade de sangue e de língua, que partilha os mesmos santuários e sacrifícios, bem como costumes semelhantes" (VIII, 144). Provavelmente é significativo que em Olímpia os árbitros das provas passem então a chamar-se helanodices, "juízes dos gregos" (primeira ocorrência em 476). Para as gerações futuras, em todo caso, o evento deixará a lembrança de uma espécie de idade de ouro em que os helenos estavam unidos contra o inimigo hereditário, o que poderá ser explorado por algumas propagandas, especialmente no século IV.

Mais concretamente, é Atenas que sai consideravelmente fortalecida dessas guerras. Os hoplitas de Esparta certamente não desmereceram sua reputação de heroísmo beirando a invencibilidade. Mas já desde o início (solicitação de Aristágoras) a cidade se mostrou hesitante e timorata, retardando continuamente a transição para a ação, por motivos religiosos ou por dificuldade para estimular seus aliados peloponenses. Temístocles, por sua vez, está no auge da

---

5. Heródoto, VII, 132.

glória: depois de Salamina, para a outorga do prêmio ao mais valoroso, ao passo que cada um dos chefes gregos votou em si mesmo, ele obteve o segundo lugar por uma confortável maioria; e ante a impossibilidade de apontar alguém para o primeiro, visto que todos tinham o mesmo direito, ele é que foi reconhecido como o verdadeiro responsável pela vitória... Mesmo em Esparta é acolhido com honras excepcionais. A audácia dos atenienses, que pagaram o tributo mais pesado, sacrificando sua cidade e seu território, fez maravilhas; e era natural que a cidade ficasse com os dividendos, como ela não deixará de lembrar em vésperas da guerra do Peloponeso. Então Atenas pode lançar legitimamente as bases de seu império, enquanto Esparta, de volta a seu casulo peloponésio, de certa forma lhe deixa o campo livre. Só falta realizar o grande desígnio de Temístocles, que aliás cuida disso pessoalmente, antes de ser ostracizado (capítulo seguinte). Portanto, tão logo a guerra termina, delineia-se um mundo grego bipolar que coloca frente a frente os blocos lacedemônio e ateniense. Soma-se a isso uma dimensão política, sobre a qual Heródoto se compraz em insistir: se os gregos venceram, é também porque combatiam com liberdade e para a liberdade, contra as massas escravizadas pelo Grande Rei. Ora, o que pode representar melhor esse ideal de liberdade do que a isonomia ateniense? Esta passa a tender para cada vez mais democracia, visto que, com Salamina, os tetas – ou seja, o populacho ainda deixado à margem de muitas funções na cidade – venceram sua própria Maratona e podem esperar tirar disso um reconhecimento político proporcional. Embora os detalhes sejam muito complexos (por exemplo, o eupátrida Címon, filho de Milcíades, torna-se um dos melhores pivôs da liga de Delos), marinha, democracia e império serão indissociáveis até o final do século.

Capítulo 11

PENTEKONTAETÍA

O termo *pentekontaetía* significa "cinquenta anos" e habitualmente designa o intervalo entre o fim das guerras médicas e o início da guerra do Peloponeso, em 431 (*infra*, cap. 13). Esse período consagra a supremacia de Atenas: valendo-se de sua superioridade marítima, a cidade institui um império (o grego diz: uma *arkhé*) no Egeu, fortalece sua democracia e, à sombra do novo Partenon, gaba-se de ter se tornado a "escola da Grécia", segundo a expressão célebre que Tucídides atribui a Péricles. O historiador passa a ser nossa fonte principal, mas o resumo que ele apresenta desses anos é muito conciso e a trama cronológica está longe de ser indiscutível. As inscrições, apesar de cada vez mais numerosas, suscitam quase tantos problemas quantos solucionam, e o conjunto é complementado aqui ou ali pelos testemunhos tardios de Diodoro da Sicília (livros XI-XII) e de Plutarco (*Vida de Címon, Vida de Péricles*): por mais surpreendente que possa parecer, subsistem muitas faixas de sombra sobre o "século de Péricles".

A "liga de Delos"

A vitória de Mícale não havia encerrado totalmente a guerra contra os bárbaros: estes ainda ocupavam algumas praças no norte do Egeu e os jônios pediam o apoio da coligação para se porem a salvo da ameaça persa. Foi então que Esparta, que respondia pelo comando supremo, retirou-se após alguns debates internos, principalmente porque sua hegemonia estava em parte desacreditada pelo comportamento arrogante do regente Pausânias. Ele foi chamado de volta à sua pátria a fim de responder por graves acusações: suspeitavam-no de conluio com os persas, mas na realidade o que incomodava era a ambição pessoal do vencedor de Plateias. Portanto, os insulares e cidades da Ásia se voltaram para Atenas e o congresso constitutivo da nova liga, oficialmente denominada "os atenienses e seus aliados", reuniu-se em Delos durante o inverno de 478/7. Os espartiatas já haviam fechado os olhos no ano anterior quando Temístocles mandara reconstruir as muralhas de Atenas e concluir as do Pireu: provavelmente mais ocupados com considerações de política interna (caso Pausânias, temor de uma revolta de hilotas) e com os assuntos peloponésios, que tomavam a peito acima de tudo (ameaças surgidas de um fortalecimento de Argos e dos arcádios), igualmente deixaram a aliança ateniense organizar-se. Esta visava a ampliar a política de prevenção marítima concebida por Temístocles para fazer frente a um possível retorno dos persas. Aristides implantou o tributo (*phóros*), proporcional aos rendimentos das cidades contratantes, talvez se inspirando no que Artafernes fizera por volta de 493 (capítulo anterior). Elas podiam quitá-lo em espécie, isto é, fornecendo navios (cf. principalmente as ricas cidades que Aristóteles denomina "guardiãs da *arkhé*, Quios, Lesbos e também Samos até esta revoltar-se) ou pagando, a fim de cobrir as despesas militares, especialmente navais (construção e manutenção das trirremes, soldo das tripulações). Aristides fixou o montante teórico dos rendimentos anuais em 460 talentos, cifra que entretanto parece incompatível com as estimativas baseadas nas inscrições a partir de 454/3 (cf. abaixo). De fato, elas apresentam totais inferiores e não se encontrou uma explicação satisfatória para essa diferença. O tesouro era conservado por tesoureiros, os helenótamos, cujo nome remete à vitória dos gregos sobre os bárbaros (cf. os helanodices de Olímpia); ficava armazenado em Delos, onde se reunia o conselho dos aliados, composto de um delegado por cidade. Atenas, que designava os helenótamos e comandava as operações militares, ocupava naturalmente uma posição dominante; além disso, os contratantes tinham de jurar "ter os mesmos amigos e os mesmos inimigos".

A liga cumpriu muito honrosamente sua missão: depois de expulsar os persas da Trácia (com exceção da praça de Dorisco, às margens do Hebro), Címon conseguiu uma vitória decisiva, em terra e em mar, perto da embocadura do Eurimedonte, na Panfília, entre 469 e 466, ou seja, pouco antes da morte de Xerxes (465). A mesma expedição ganhou para a liga as cidades da região e as da Cária, mais ao norte, que assim se somavam às da Jônia, daí em diante a salvo da ameaça persa. Pouco depois, os aliados prepararam – sem Címon, que estava ostracizado (cf. abaixo) – uma expedição contra Chipre, a qual se desviou para o Egito, que entrara em secessão contra a autoridade persa, aproveitando-se do difícil acesso de Artaxerxes ao poder. De 460/59 a 454, um contingente ateniense é introduzido no delta do Nilo e depois exterminado por um contra-ataque persa; Atenas também perde ali uma expedição de socorro de cinquenta trirremes – o que, à razão de 200 homens por navio, indica perdas humanas consideráveis. Mas os atenienses não precisam de muito tempo para voltar a erguer a cabeça. Chamado de volta do exílio, em 450 Címon comanda uma frota de 200 trirremes contra Chipre; mas morre durante o cerco de Cítio, antes de seus homens derrotarem a esquadra bárbara em Salamina (Chipre). Essa vitória põe fim aos projetos persas de expansão no Egeu. As fontes do século IV, retransmitidas por Diodoro e Plutarco, situam aqui (ou seja, por volta de 449/8) a conclusão de um acordo chamado "paz de Cálias", do nome do suposto negociador ateniense. Esse acordo teria garantido a autonomia das cidades gregas da Ásia, interditado para as forças marítimas dos persas uma zona entre Fasélis ao sul e o Bósforo ou mesmo o rio Hális ao norte, e desmilitarizado a Ásia Menor numa faixa costeira de cerca de 70 quilômetros de largura. Poucas questões são mais debatidas pela historiografia moderna, imitando Teopompo no século IV, do que a da autenticidade dessa paz. Os céticos alegam os seguintes pontos, referentes tanto à forma (transmissão da informação) como ao fundo (conteúdo do acordo): silêncio de Tucídides (o que, em si, constitui um argumento um tanto fraco); contradições em fontes, todas elas posteriores à "paz do Rei" (386), ou seja, num período em que os atenienses floreiam seus sucessos passados para denegrir proporcionalmente a diplomacia esparciata (*infra*, cap. 15); concessões territoriais pouco verossímeis da parte do Grande Rei; acordo contraproducente para os próprios atenienses, visto que torna quase inútil sua aliança. De qualquer forma, essa fase das operações suspende o confronto greco-persa até o final do século. Mas também anula uma das razões de ser da liga de Delos, revelando claramente o imperialismo ateniense.

O imperialismo de Atenas

Somos aqui particularmente dependentes da interpretação de Tucídides, cuja tese centraliza-se em mostrar como os aliados (*sýmmakhoi*) se tornaram súditos (*hypékooi*), num processo que levou à guerra do Peloponeso. O princípio é aceito por todos, mas, devido às insuficiências de nossas fontes e, principalmente no caso das inscrições, às incertezas que pesam sobre sua data, é mais difícil reconstruir as etapas dessa evolução, que muitos consideram inscrita nos genes da política temistocleana. Em todo caso, muito cedo os atenienses mostram predisposições. Já em 476/5, depois de expulsar os persas da fortaleza de Éion, perto da embocadura do Estrímon, Címon apodera-se de Ciros, uma base de piratas. Essa investida audaciosa está de acordo com os objetivos da liga, visto que contribui para garantir a segurança de seus membros, mas serve igualmente aos interesses particulares de Atenas. Isso porque Ciros é uma primeira etapa na rota dos Estreitos (antes de Lemnos e Imbros, também sob controle) e sua anexação encontra até mesmo uma justificativa mitológica, pois se acreditava que Teseu – o rei legendário a quem era reconhecido um papel decisivo na formação da cidade de Atenas – fora morto na ilha: Címon traz de lá, com grande pompa, ossos atribuídos ao herói, aproveitando a ocasião para uma bela jogada de propaganda pessoal.

Também as operações na Trácia atendem a preocupações atenienses. A região é rica em madeira de construção, indispensável para as trirremes de que a liga necessita (à razão de no mínimo 60 árvores para um navio, principalmente pinho e carvalho para a quilha), e também em minérios. Ela já havia despertado o interesse de Pisístrato (*supra*, cap. 9) e de Milcíades, o próprio pai de Címon (capítulo anterior). Uma primeira tentativa de implantação em Ennea-

-Hodoi (Nove Caminhos, alguns quilômetros ao norte de Éion), em 465/4, abortou devido ao massacre dos colonos, perpetrado pelos trácios, em Drabesco. Mas uma geração depois os atenienses estabelecerão as colônias de Brea, mal localizada (final dos anos 440), e principalmente de Anfípolis, perto do sítio de Ennea-Hodoi (437/6). Pouco antes da guerra do Peloponeso, a adesão de Metona, às portas do reino da Macedônia, com o qual os atenienses mantêm relações flutuantes, completa o dispositivo. Na mesma perspectiva, o controle da península de Quersoneso, o livre acesso ao Ponto Euxino e, talvez, a expedição ao Egito atendem ao importante problema do abastecimento de cereais (os *hellespontophylakês* ou "guardiães do Helesponto", magistrados encarregados de supervisionar o comércio do trigo pôntico, são atestados apenas numa inscrição datada de 426/5, mas poderiam ter sido instituídos anteriormente). Devemos colocar nesse mesmo capítulo a expansão ocidental, por intermédio da colonização (Túrio, no local da antiga Síbaris, em 444/3; mas essa fundação que pretende ser pan-helênica escapará ao controle ateniense), bem como diversos tratados bilaterais com cidades como Régio e Leontinos, cuja cronologia entretanto é incerta (pouco antes do início da guerra do Peloponeso?).

Quanto às adesões à liga, nem todas foram espontâneas; longe disso. A coação já é utilizada em *ca* 475-470, contra a cidade de Caristo, e logo surgem as primeiras tentativas de secessão: Naxos (data incerta, por volta de 470 ou um pouco depois); em seguida Tasos, que é condenada a deitar abaixo suas muralhas, restauradas depois das guerras médicas (capítulo anterior), entregar sua frota, pagar pesadas indenizações e principalmente desistir da exploração de sua pereia (anexo continental) em benefício dos atenienses (465-463). Egina é subjugada após cerca de dois anos de uma dura guerra terrestre e naval (459/8-457/6); para pagar o que deve a Atenas, ela cunha novas moedas, em que a tartaruga terrestre substitui a tartaruga marinha, operação que lhe permite obter um lucro no câmbio. A revolta da Eubeia é severamente reprimida em 446, assim como a de Samos no final dos anos 440 (cf. abaixo).

Portanto, a transferência do tesouro para a Acrópole, que se costuma situar em 454, como uma consequência do desastre do Egito, não poderá ser vista como um momento decisivo no desenvolvimento do imperialismo ateniense, que então já estava bem firme. Mas é a partir dessa época que, graças às inscrições, temos mais informações sobre o *phóros*: infelizmente muito mutiladas, as grandes estelas portando o que é impropriamente chamado de "listas do tributo ateniense" contabilizam normalmente as primícias (*aparkhaí*) – ou seja, a sexagésima parte de cada pagamento, retirada para a deusa Atena –, o que permite calcular o total devido por cada cidade e que variava muito (simplificando, de menos de 1 talento até 15 talentos ou mais). As cotizações, cujo montante era fixado cada quatro anos nas Grandes Panateneias e que eram cobradas anualmente nas Grandes Dionisíacas, aparentemente se mantinham muito

Época clássica

suportáveis, ainda que um processo draconiano estivesse previsto em caso de atraso ou de inadimplência (penalidades). O decreto proposto por Clínias (talvez o pai de Alcibíades) pouco depois do meio do século (448/7?) notifica, por exemplo, especificações minuciosíssimas para a cobrança e o transporte das somas no Helesponto, na Trácia (a que mais rende; por exemplo, 120 dos 417 talentos recebidos em 446), nas ilhas e na Jônia, ou seja, nos quatro principais distritos de arrecadação (explicitamente distinguidos como tais pelas listas a partir de 443/2, o ano da primeira estratégia de Péricles: cf. abaixo), aos quais se soma um distrito da Cária, fundido com a Jônia em 438/7. Talvez na mesma época, o decreto conhecido como "de Clearco" impõe o uso das moedas, pesos e medidas de Atenas, mas sua interpretação é muito discutida, principalmente quanto às modalidades concretas de aplicação e ao contexto (dependendo da reconstituição, o texto tanto é considerado dos anos 430 como chega a cair até por volta de 420, data para a qual pesquisas recentes apontam e que lhe dá naturalmente um alcance diferente, visto que então a situação econômica de Atenas é muito mais delicada: *infra*, cap. 13)[1].

Detectam-se outras manifestações do imperialismo ateniense, tais como ingerências nos assuntos políticos, especialmente em caso de distúrbios ou após uma tentativa de secessão: Éritras em meados do século, Mileto e Cálcis nos anos 440 são obrigadas a aceitar uma constituição democrática. Mas não há em tudo isso nenhuma ideologia: os atenienses estão cuidando principalmente de seus interesses estratégicos e financeiros e, com pragmatismo, adaptam-se visivelmente a muitos regimes, contanto que estes permaneçam fiéis à aliança. Várias cidades têm de acolher uma guarnição (*phrourá*) comandada por um frurarco, às vezes também "arcontes" ou ainda *epískopoi* (literalmente, "supervisores") – magistrados cujas funções ainda não conhecemos com precisão. Seguindo um processo iniciado no final do século VI (*supra*, cap. 9), Atenas instala também clerucos, que são, em princípio, colonos militares que conservam sua cidadania ateniense mas recebem um *klêros* (lote de terra) além-mar (os detalhes sobre a natureza das implantações e o estatuto dos clerucos são muito discutidos). Esse *klêros* é retirado dos territórios de cidades, cujo *phóros* aparentemente recebe uma redução proporcional ao rendimento perdido (cf. em Andros e em Naxos por volta de 450 etc.). Às vezes, uma parte ou a totalidade dos habitantes é expulsa e substituída por colonos atenienses, como em Histiaia (Oreu) em 446/5. Um dos pontos que mais impressionaram os contemporâneos – por exemplo, o autor anônimo da *Constituição dos atenienses*, panfleto provavelmente escrito por volta de 430 (segundo alguns, somente no século IV, mas em todo caso erroneamente atribuído a

---

1. P. Brun, *Impérialisme et démocratie à Athènes. Inscriptions de l'époque classique*, 2005, nº 9 (decreto de Clínias) e nº 18 (decreto "de Clearco").

Pentekontaetía

Xenofonte) – diz respeito ao âmbito judiciário: as competências dos tribunais atenienses foram estendidas a todos os assuntos relacionados com as decisões "comuns", bem como aos litígios envolvendo cidadãos ou jurisdicionados estrangeiros considerados amigos de Atenas. Por fim, a consagração a Atena da sexagésima parte das contribuições e a obrigação de participar da festa das Grandes Panateneias oferecendo uma panóplia e uma vaca em sacrifício à deusa podiam ser sentidas como uma forma de obrigação de obediência religiosa e política.

Nesse processo de submissão gradual, os aliados tiveram sua parcela de responsabilidade, como Tucídides enfatiza judiciosamente: ao deixar a cargo de Atenas, com algumas poucas exceções (cf. acima), toda e qualquer iniciativa militar, eles próprios se colocaram em posição de inferioridade – situação que em seguida os atenienses alimentaram e que seu apetite (*pleonexía*) e seu ativismo (*polypragmosýne*) acabaram tornando insuportável. Aqui se expressa uma concepção típicamente grega de liberdade (*eleuthería*), que não se detém onde começa a dos outros, como se diz hoje, mas só se realiza plenamente na dominação exercida sobre o outro. É essa engrenagem que Tucídides manda os embaixadores atenienses enviados a Esparta pouco antes do início da guerra do Peloponeso resumirem sem dissimulação: "Foi porque não quisestes prosseguir a luta contra os bárbaros que restavam na Grécia que os aliados se dirigiram a nós […]. Justamente por assumirmos essa tarefa, fomos obrigados a dar a nosso império sua extensão atual. Fomos impelidos a isso antes de tudo pelo temor, depois pelo zelo por nosso prestígio e em seguida por interesse […]. Não podemos mais correr o risco de devolver a liberdade a nossos aliados. De fato, aqueles que se tivessem separado de nós teriam passado para o vosso lado […]. Não somos os primeiros a comportar-se assim. Sempre se viu o mais forte colocar o mais fraco sob sua dependência […]. Nunca os argumentos de direito, quando surgia uma oportunidade de crescer pela força, detiveram quem quer que fosse em sua expansão […]. Quando se pode usar de violência, não há necessidade alguma de processo" (I, 75-77). Essa lucidez cínica, que encontrará muitas aplicações ao longo da guerra, deriva diretamente da moral hesiódica (*supra*, cap. 7).

Esse crescimento sem precedente do poderio ateniense se realiza inevitavelmente à custa de Esparta, antiga detentora do estatuto de *hegemón* (chefe). Como foi mencionado acima, os esparciatas, sem protestarem muito, haviam deixado os atenienses fortificarem a cidade e o Pireu. Tiveram de agir estritamente às escondidas para que Temístocles, que despertara muita rivalidade em Atenas e cuja hostilidade a Esparta era notória, ao contrário de Címon, fosse ostracizado por medismo, provavelmente em 471: depois de uma breve permanência em Argos, de onde se entregou a algumas maquinações antiespartacas, o vencedor de Salamina refugiou-se junto ao Grande Rei, que lhe deu os rendimentos de três cidades, entre as quais

Época clássica

Magnésia do Meandro. Pausânias, por sua vez, depois de diversas aventuras, principalmente na Ásia Menor, retornou a Esparta, onde foi eliminado pelos éforos, murado num edifício anexo ao santuário de Atena Calquiecos (*ca* 470 ou mais provavelmente 467/6); assim desapareciam de cena, mais ou menos simultaneamente, os dois principais artífices da vitória de 480-479.

Mais paradoxalmente, foi através da ação de Címon, espartófilo declarado, que as relações entre Atenas e Esparta começaram a degradar-se de fato: enquanto ele comandava uma tropa de 4 mil hoplitas na Messênia, para lá auxiliar os lacedemônios contra os hilotas revoltados após o terremoto de 464 e entrincheirados em seu bastião invencível do monte Itomo ("terceira guerra da Messênia"), as autoridades esparciatas dispensaram-no sem deferências diplomáticas (462/1). Címon, acusado por Péricles de "ser amigo dos lacedemônios e inimigo da democracia"[2], foi ostracizado e os atenienses anunciaram o rompimento da aliança outrora feita com Esparta contra os medas, que continuava em vigor, pelo menos formalmente. Além disso, por volta de 460 aliaram-se com Argos e Mégara, cujo porto de Niseia, no golfo Sarônico, foi ligado à cidade pelos Muros Longos, mais ou menos no momento em que os atenienses construíam os seus entre o Pireu e a cidade (458/7), finalizando assim os projetos de Temístocles, que preconizava a edificação de uma base de operações inexpugnável (Muro Longo norte e Muro de Falero; o Muro Longo sul é uma boa dezena de anos posterior). Corinto, que aproximadamente na mesma época se muniu de um dispositivo equivalente direcionado para seu porto ocidental (Lecáion), sentiu-se naturalmente ameaçada por essa intrusão no Istmo, e Esparta simultaneamente.

Em 457, em seguida a fatos pouco conhecidos que aconteceram na Grécia central, um exército esparciata aliado aos tebanos derrotou os atenienses na Beócia, em Tânagra; dois meses depois, estes se desforram derrotando os beócios não longe dali, em Enófita. Pouco depois, Egina finalmente cedia (cf. acima). Por volta de 456/5, o estratego Tólmides encabeçou reides em volta do Peloponeso (incêndio do arsenal de Giteio) e no golfo de Corinto; segundo Diodoro, nessa ocasião os atenienses assumiram o controle de Zacinto, de Cefalênia (especialmente com esta as relações serão estreitadas em 431) e de Naupacto, cidade onde foram instalados messênios em exílio depois de capitularem (entretanto a tomada de Naupacto poderia remontar a um dos dois ou três anos anteriores). Depois foi a vez de Péricles atacar os interesses coríntios até a Acarnânia, obtendo de passagem a adesão dos aqueus, ao norte do Peloponeso (*ca* 454). Às vezes se considera que essa fase marcou o apogeu da *arkhé* ateniense, mas o desastre do Egito inverteu um pouco a tendência (cf. acima).

---

2. Plutarco, *Péricles*, IX, 5.

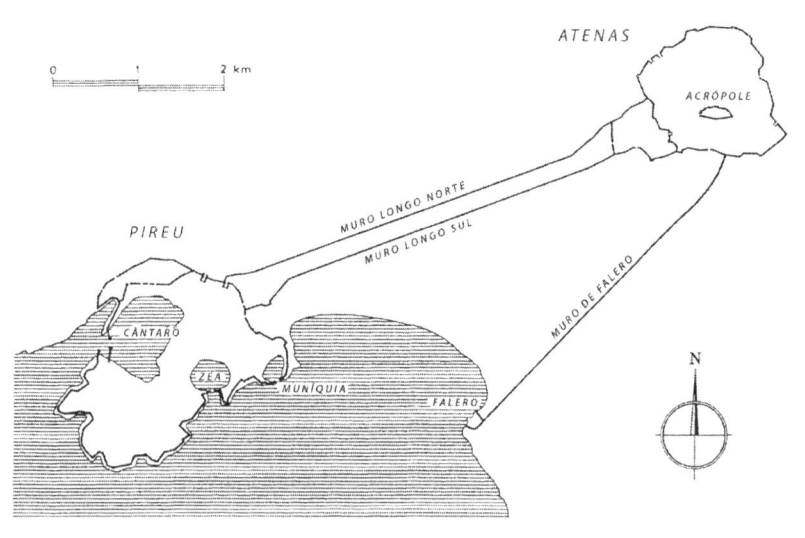

Fig. 12. Atenas, os Muros Longos, o Pireu (J.-P. Adam, *L'Architecture militaire grecque*, CNRS, 1982, fig. 238).

Depois de uma trégua de cinco anos, negociada por Címon (451?), uma obscura "segunda guerra sagrada" em torno de Delfos e, principalmente, uma nova derrota ateniense em Coroneia (Beócia), que possibilita a implantação de uma confederação beócia dominada por Tebas (447/6), em 446/5 Atenas e Esparta firmam uma paz de 30 anos. Essa paz ratifica as conquistas atenienses, com exceção da Acaia, dos portos de Mégara, que um pouco antes se aliara a Esparta, e de Egina, declarada autônoma ao mesmo tempo que continua a fazer parte da liga de Delos; também estabelece o princípio da arbitragem e a regra de não intervenção entre as duas alianças. Assim, em 441/0 os peloponenses não intervêm para apoiar os oligarcas de Samos revoltados contra Atenas, que tomara posição contra eles num litígio opondo-os à democrática Mileto a respeito do território de uma terceira cidade, Priena. Os atenienses instalam então em Samos uma democracia, logo derrubada pelos oligarcas, que contam com o apoio do sátrapa de Sardes, Pissutnes. São necessários uma forte expedição naval comandada por Péricles em pessoa, uma vitória contra a poderosa frota sâmia e nove meses de cerco para fazer a cidade entrar na linha (440/39). Dessa vez Atenas deixa ficar os oligarcas, mas lhes impõe suas condições habituais: reféns, entrega da frota, derrubada das muralhas, pesada indenização de guerra saldada em pagamentos escalonados (até por volta de 414/3; Samos recuperará a democracia em 412 e em seguida se confirmará como a aliada mais fiel de Atenas: *infra*, cap. 13).

Época clássica

Atenas, "escola da Grécia"

É preciso evocar aqui a figura de Péricles, que deu seu nome a esse século habitualmente arrolado entre os "séculos de ouro" da história universal. Nascido por volta de 490, Péricles pertence, pelo lado materno, ao *génos* dos alcmeônidas: é sobrinho-neto de Clístenes e filho de Xantipo (ostracizado em 485/4 e depois chefe do contingente ateniense em Mícale). Apesar de apresentado por algumas de nossas fontes como um aristocrata um tanto altivo, deu-se a conhecer ao assumir a coregia (cf. abaixo) de *Os persas*, de Ésquilo, em 472, o que provavelmente revela sua admiração por Temístocles. De fato, embora então nem sempre seja fácil fazer a distinção entre as convicções políticas e as rivalidades familiais entremeadas de interesses individuais, a coerência de sua ação situa-o decididamente na esfera democrática, visto que já desde o início da vida pública se opõe aos *olígoi* e principalmente provoca o ostracismo de dois dos principais líderes das "pessoas de bem" (*kaloì kagathoí*): Címon (461) e depois Tucídides, filho de Melésias (443; não confundir com o historiador). Agiu assim por ser amigo de Efialtes. Antes de ser misteriosamente assassinado, este havia aproveitado a ida para a Lacônia (e/ou o consequente descrédito na volta) de Címon e de seus hoplitas, que os especialistas comparam com uma espécie de "classe média" moderada, para despojar o Areópago, órgão aristocrático por excelência, de suas principais prerrogativas políticas e judiciárias, em proveito das instâncias populares: os areopagitas passavam a ficar limitados ao papel de corte criminal em caso de assassinato de um cidadão ateniense (462/1, mas os detalhes cronológicos são incertos). Péricles e seu grupo encarregam-se de retomar essa política, fazendo Címon ser ostracizado em 461 (cf. acima). Em 457/6, os zêugitas são admitidos no arcontado; depois é implantada a mistoforia (remuneração pela presença, a fim de indenizar da perda de um dia de trabalho), primeiro para os jurados dos tribunais, chamados dicastas ou heliastas (*misthós dikastikós* ou *heliastikós*, de 2 a 3 óbolos), depois para os prítanes e os outros buleutas (na época de Aristóteles, respectivamente 6 e 5 óbolos) e para outros magistrados. Embora pouco depois uma reforma da cidadania traga algumas restrições (451/0: capítulo seguinte), isso mostra como as instituições tiram proveito da nova prosperidade. Talvez seja também nessa época que a colina de Pnix é adaptada para acolher as sessões da Assembleia; que são reorganizados principalmente o controle dos magistrados e o processo de *eisangelía* (alta traição e acusações afins), daí em diante supervisionados pelo Conselho, pela Assembleia ou pelo Tribunal do Povo; por fim, que é instituída a *graphé paranómon*, ou ação de ilegalidade contra o autor de uma proposta julgada não conforme com as leis, e pela qual os tribunais populares podem suspender ou anular um voto da Assembleia. Provavelmente é mais que uma simples coincidência que a primeira *graphé paranómon* datável com segurança ocorra em 415, ou seja, exatamente depois do último ostracismo conhecido, em 417 ou 416 (de Hipérbolo: *infra*, cap. 13): mais ou menos como a *eisangelía*, o novo processo destinava-se a substituir o ostracismo, que caíra em desuso, como instrumento do controle exercido pelo povo sobre seus dirigentes.

Segundo Aristóteles, o império sustenta então mais de 20 mil pessoas, diretamente (cleruquias, *phóros* utilizado para as indenizações, os soldos dos remadores e dos hoplitas, os salários dos empregados dos arsenais etc.) ou indiretamente (obras públicas, prosperidade gerada pelo controle da navegação e pelo desenvolvimento do *empórion*, porto comercial do Pireu). Assim, ele melhora notavelmente a vida diária da democracia, principalmente a dos tetas, que fornecem a maior parte das tripulações das trirremes, nas quais se baseia agora a superioridade de Atenas; portanto, é preciso contentá-los. Por isso o democrata Péricles é também um chefe militar e um defensor do imperialismo: a partir de 443/2, é no posto de estratego que ele dirige os assuntos públicos, com a eloquência e principalmente a inteligência superiores que Tucídides tanto elogia e que lhe permitem ser eleito 15 anos sucessivos, até morrer, em 429 (*infra*, cap. 13). De fato, seus adversários só conseguem atingi-lo através do círculo de pessoas que lhe são próximas: sua amante Aspásia, uma milésia culta e mundana; o escultor Fídias, acusado, numa data incerta dos anos 430, de desviar fundos destinados à estátua de Atena (cf. abaixo); ou ainda um de seus mestres, o filósofo Anaxágoras de Clazômenas, ameaçado de um processo por impiedade porque afirmou, contrariando a religião tradicional, que o mundo era regido por uma racionalidade suprema, o *noûs*. Aparentemente a carreira excepcional de Péricles constitui um dos maiores paradoxos desse regime "democrático no nome, em que na realidade o principal cidadão é quem governa", como destaca Tucídides. Mas este atribui também ao estratego o memorável discurso em honra dos mortos do primeiro ano da guerra do Peloponeso (*Epitáphios*), no qual é proclamada, em termos que não envelheceram, a excelência de uma cidade onde a maioria decide, onde é o mérito e não a fortuna que dá acesso às honrarias e onde a lei, incentivando ao mesmo tempo a ascensão social e o engajamento político, garante o desenvolvimento harmonioso tanto do indivíduo como da comunidade (II, 37-40).

Além desse monumento de eloquência política, que permanece como um dos alicerces da democracia ocidental, esse século deixou outros sinais de sua grandeza; também aqui a ação de Péricles foi determinante. O mais tangível, nessa política de prestígio, são as construções em toda a Ática: templos de Poseidon no cabo Súnio, de Atena em Palena e de Nêmesis em Ramnunte, reforma dos santuários de Elêusis (*telestérion* destinado às iniciações: capítulo seguinte) e de Brauron etc. Mas é a Acrópole, saqueada pelos persas em 480 e que Címon começou a reparar, que constitui o canteiro de obras mais excepcional. Ainda que o empreendimento

Época clássica

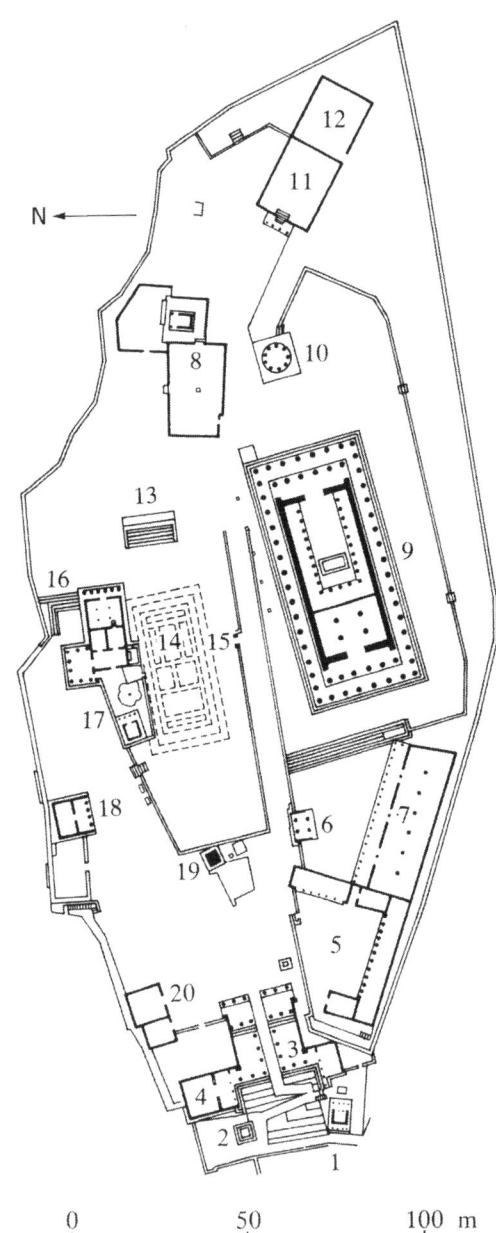

1. Bastião e templo de Atena Nice – 2. Monumento equestre de Êumenes II de Pérgamo, atribuído em seguida a Agripa – 3. Propileus – 4. Sala de banquetes, posteriormente "pinacoteca". – 5. Santuário de Ártemis Braurônia – 6. Entrada da calcoteca – 7. Calcoteca – 8. Santuário de Zeus Polieus – 9. Partenon – 10. Templo de Roma e de Augusto – 11-12. *Têmenos* de Pândion e ateliê de Fídias? – 13. Altar de Atena Políade? – 14. Fundações do "templo velho" de Atena – 15. Acesso ao terraço do "templo velho" – 16. Erecteion – 17. Santuário de Pandrosa – 18. Casa das arréforas – 19. Estátua colossal de Atena Prômacos – 20. "Edifício noroeste".

Fig. 13. Planta da acrópole de Atenas na época imperial (R. Martin, *L'Art grec*, Le Livre de Poche, "La Pochothèque", 1984, fig. 215).

pudesse provocar algum descontentamento, hoje se questiona o fundamento da acusação segundo a qual Péricles teria pura e simplesmente financiado os trabalhos com o *phóros* dos aliados: é bem verdade que o opulento tesouro de Atena contava com o pagamento dos *aparkhaí*, mas também era alimentado pela décima parte do butim obtido nas expedições militares, e aparentemente tudo isso propiciava transferências de fundos e lances de escrituração dos quais não conseguimos captar todos os detalhes (reembolso de empréstimos etc.: cf. os decretos de Cálias, em 434/3?[3]).

Seja como for, o Partenon é edificado com uma rapidez espantosa, entre 447 e 438, embora uma parte da decoração esculpida só seja implantada mais tarde; um pagamento pelos frontões foi registrado ainda pouco antes da guerra do Peloponeso. É obra dos arquitetos Calícrates e principalmente Ictino, sob a autoridade superior de Fídias. Este é também o autor da monumental estátua criselefantina (em ouro e marfim) de Atena, suntuosa oferenda de no mínimo 700 talentos, ou seja, segundo algumas estimativas, aproximadamente o custo do próprio Partenon, que a abriga como um porta-joias de mármore. A planta do edifício, em que as ordens dórica e jônica se misturam, retoma a de um projeto anterior inacabado, mas sua construção é admiravelmente refinada, com diversos ajustes destinados a corrigir as ilusões de óptica (convexidade do embasamento, colunas excepcionalmente esbeltas para a ordem dórica, levemente inclinadas em eixos diferentes de acordo com sua posição etc.). Igualmente elaborado, o programa iconográfico, em grande parte criado por Fídias e executado por ele mesmo e seus colaboradores (a parcela que se atribui a Fídias varia em função da ação judiciária intentada contra ele, imprecisamente datada: cf. acima), reflete também a grandeza da cidade. Esta se coloca em cena e, por um efeito de espelho, se contempla na frisa contínua da parede da cela (*cella*, recinto retangular), representando a procissão das Panateneias, enquanto os frontões e a frisa dórica exaltam o triunfo da humanidade sobre a bestialidade, da razão sobre a selvageria, colocando a dominação de Atenas e sua obra civilizadora sob o patrocínio dos deuses. Como já se observou inúmeras vezes, o Partenon não é propriamente um templo: o culto realizava-se em outro lugar (restos do "templo velho" da época arcaica, depois Erecteion: cf. abaixo); deve antes ser visto como uma oferenda grandiosa à glória da cidade e de sua padroeira, Atena. Logo depois (437--432) são construídos os Propileus, entrada monumental onde também se mesclam as ordens e cujo arquiteto, Mnésicles, teve de adaptar-se a dificultosas desigualdades de terreno; perto dele é construído, nos anos 420, o pequeno e gracioso templo de Atena Nice (*Níke*, Vitória). Geralmente se considera que o Erecteion, que acolhe os cultos políades tradicionais e abriga

---

3. P. Brun, *Impérialisme et démocratie à Athènes. Inscriptions de l'époque classique*, 2005, nº 114.

Época clássica

principalmente a antiga estátua de madeira de Atena utilizada nas cerimônias (*xóanon*), pertence a um programa de inspiração diferente, posterior à paz de Nícias e concluído, seguindo uma planta complexa e original (cf. o pórtico das Cariátides), pouco antes do fim da guerra do Peloponeso (ou seja, entre 421 e 406 aproximadamente).

Na Atenas de Péricles também era possível acompanhar as conferências dos sofistas. Esses sábios itinerantes, mestres do pensamento e da palavra, eram inevitavelmente atraídos pela grande cidade onde podiam gozar do estatuto de metecos (capítulo seguinte)[4]. Nela, mediante altas somas, ensinavam a organizar o discurso de modo que se pudesse argumentar sobre qualquer tipo de problema, em conformidade com os hábitos da democracia, que se alimenta de debates contraditórios. Protágoras de Abdera, autor de uma famosa máxima que encontra uma forma de aplicação na política de seu amigo Péricles ("O homem é a medida de todas as coisas"), é um dos mais célebres dessa geração, juntamente com Górgias de Leontinos e Pródico de Ceos. Quanto a Sócrates, que coloca o *lógos* num outro nível e professa gratuitamente, ele também faz papel de sofista aos olhos do autor cômico Aristófanes, que provavelmente reflete assim uma opinião corrente. Na verdade, exceto nos círculos letrados que seguem com paixão suas explicações, os sofistas, a maioria estrangeiros, parecem ser vistos com certa desconfiança pela população, e rapidamente o termo adquire uma conotação pejorativa.

É o teatro que continua a ser a expressão mais notável do nível excepcional de cultura coletiva que a cidade alcançou[5]. Ela própria supervisiona a organização dos concursos dramáticos, principalmente por ocasião das Grandes Dionisíacas, celebradas em fins de março (mês *elaphebolión*), por intermédio do arconte epônimo, assistido pelos epimeletas (comissários), especialmente encarregados da procissão do falo (falofória) que abria os festivais. Assim, é o arconte epônimo que, para cada um dos três autores trágicos, designa um corego, cuja liturgia (cf. capítulo seguinte) consiste em financiar, por cerca de 2.500 a 3.000 dracmas, o coro e os figurantes, inclusive as vestimentas e o treinamento; os protagonistas (atores principais) originariamente são escolhidos e pagos pelos dramaturgos e depois designados e remunerados pela cidade, que paga também os músicos e mesmo os poetas. Havia também uma prova de ditirambos (canto coral acompanhado de dança) em que concorriam dez coros de rapazes e dez de homens representando as dez tribos, e um concurso de comédias em que cinco autores se enfrentavam: para essas disciplinas, a designação dos coregos envolvia também as tribos, em algumas épocas. Os vencedores eram designados por voto secreto de jurados sorteados entre o

---

4. Ver J. de Romilly, *Les Grands Sophistes dans l'Athènes de Périclès*, Le Livre de Poche, "Biblio essais" nº 4109, 1989.

5. Ver P. Demont e A. Lebeau, *Introduction au théâtre grec antique*, Le Livre de Poche, "Références", nº 525, 1996; J.-Ch. Moretti, *Théâtre et société dans la Grèce antique*, Le Livre de Poche, "Références", nº 585, 2001.

público, seguindo um procedimento complexo que lembra um pouco o dos tribunais populares (*infra*, cap. 18). Os autores recebiam uma coroa de hera, símbolo de Dioniso, e os coregos um tripé que em seguida era dedicado ao deus. Os atores, que de todo modo usavam máscaras, eram do sexo masculino. Mas, mediante uma quantia módica, todos, inclusive mulheres, crianças, estrangeiros e escravos, podiam assistir às representações. Portanto, a afluência ultrapassava a capacidade de acomodação, estimada em menos de um décimo da população; por isso se recorria à reserva de lugares, especialmente para os que gozavam do privilégio de *proedría* (lugar de honra) devido à função (por exemplo, sacerdotes e magistrados) ou ao mérito. Inicialmente o teatro de Dioniso tinha arquibancadas de madeira formando uma espécie de *pi*; depois se tornou um semicírculo de pedra, no terceiro quarto do século IV (governo de Licurgo: *infra*, cap. 18); ficava contíguo ao santuário do deus, apoiado no flanco sul da Acrópole. No século V, nele era apresentado também o tributo das cidades aliadas e os órfãos de guerra desfilavam. Havia outros teatros em Atenas e no restante da Ática.

Hoje é um pouco difícil imaginar a atmosfera desses espetáculos, cuja encenação podia pôr em ação um maquinário complexo e que empregavam centenas de artistas. O público assistia, por exemplo, à representação sucessiva de uma trilogia (três tragédias) e de um drama satírico, todos do mesmo autor. Eram abordadas as mais graves questões, como na *Eumênides*, de Ésquilo (458), que reflete a reforma do Areópago por Efialtes, ou em *As suplicantes*, de Eurípides (484-406), que põe em cena mulheres de Argos reclamando em Tebas os restos mortais de seus entes queridos – transposição mitológica dos árduos debates que em 424 opõem atenienses e tebanos no caso de Délion e que Tucídides relata com detalhes (*infra*, cap. 13). Num tom muito diferente, as comédias de Aristófanes não hesitam em zombar da política de Péricles ou dos belicistas, como aquele Lâmaco a quem Dicépolis de *Os acarnianos*, em plena guerra do Peloponeso (425), lembra sem rodeios que no debate político "a violência não serve de nada" (v. 591), respondendo assim a distância aos embaixadores que vieram justificar a expansão de Atenas perante as autoridades de Esparta (cf. acima). A vitória dava grande prestígio aos coregos e dramaturgos. Mas é provavelmente a pessoa de Sófocles (496-406), amigo de Péricles e, entre outros cargos políticos, eleito estratego em 441, principalmente devido ao sucesso de *Antígona*, que melhor encarna a importância do teatro na vida da cidade.

Para que fosse o "século de Péricles" eram necessários bastantes gênios criadores e artesãos qualificados, mas também um público capaz de associar-se à obra em andamento. Por isso se falará de imperialismo cultural ateniense? A expressão seria ao mesmo tempo forçada e anacrônica, visto que é preciso sempre tomar cuidado com o "atenocentrismo" de nossas fontes e porque outras regiões também brilham, tais como o Peloponeso com seus escultores (Policleto de Argos, inventor do "cânon" pouco depois de 450) e seus arquitetos (Líbon de Élis, autor do templo de Zeus em Olímpia), ou a Magna Grécia, cuja arquitetura religiosa é particularmente inventiva (especialmente em Posidônia/Pesto). Mas Atenas atrai os maiores autores (Heródoto), pensadores (cf. Hipódamo de Mileto, filósofo-urbanista do Pireu) e artistas estrangeiros (cf. Polignoto de Tasos, que participa principalmente da decoração do pórtico dito "pécilo", isto é, ornado de pinturas, ao norte da ágora). Inversamente, convém lembrar que uma das sete maravilhas do mundo, a estátua criselefantina de Zeus no templo de Olímpia, deve-se a Fídias. Ainda que o "estilo severo", que floresce aproximadamente entre 480 e 450 (cf. os frontões do templo de Zeus em Olímpia, ou o auriga de Delfos), seja definido pelos especialistas como um fenômeno pan-helênico, a influência exercida pelo grande canteiro de obras que é a Acrópole é geralmente admitida. Mais ainda, esse impulso criador fora do comum, que em tão pouco tempo produziu uma concentração tão grande de obras-primas, indiscutivelmente contribuiu para a formação da sensibilidade artística e para o desenvolvimento do discurso estético que as gerações seguintes praticarão (Isócrates, Platão, Aristóteles etc.). Portanto, o brilho de Atenas, então senhora "das artes, das armas e das leis", está à altura do elogio que dela faz seu guia no *Epitáphios*. Mas talvez o mais admirável seja precisamente isto: o sentido do *kairós* preconizado por Hesíodo (*supra*, cap. 7) – nesse caso, a consciência que os próprios atenienses tinham (pelo menos os mais esclarecidos) da excepcional aventura que estavam vivendo e da herança que deixariam para o mundo.

Capítulo 12

ASPECTOS DA CIVILIZAÇÃO GREGA NO SÉCULO V

Por falta de espaço, é impossível considerar aqui por todos os ângulos a civilização do primeiro classicismo, da qual, aliás, muitos elementos já estão presentes desde o século VI pelo menos e voltam a ser encontrados no século IV, que é o mais bem documentado (*infra*, cap. 18). Por isso nos limitaremos a uma rápida apresentação a respeito da religião, da sociedade e da economia. Como quase sempre, nossa informação é muito – para não dizer excessivamente – ateniense: provém tanto dos autores quanto das inscrições e do material arqueológico (iconografia dos vasos, vestígios etc.). Enquanto os fatos religiosos, devido a sua importância na vida dos gregos, estão bem ilustrados, para a história econômica sofremos uma carência aguda de dados, exceto com relação às moedas.

A vida religiosa

Os *hierá* (conjunto do que se refere ao sagrado) ritmam a existência dos gregos. Vimos que, em suas linhas gerais, as representações religiosas estão fixadas ou formalizadas nos poemas de Homero e Hesíodo, e é mais ou menos na mesma época (século VIII) que o espaço religioso se estrutura: temeno (*témenos*) e altar oferecem, sob certas condições, asilo (do grego *asylía*) aos fugitivos e permanecem os únicos realmente indispensáveis para o culto, mas os templos se multiplicam – orgulho da cidade nascente (*supra*, cap. 7). No século V, ela é onipresente na prática religiosa, e a piedade (*eusébeia*, contrário *asébeia*) conhece diferentes manifestações. Constituída acima de tudo de ritos que presumivelmente levam os fiéis a encontrar seu lugar certo na ordem harmoniosa do mundo, a religião grega é essencialmente coletiva: abluções, preces, libações e sacrifícios, habitualmente seguidos de refeições, cantos e danças, são feitos em conjunto. O panteão é riquíssimo e existem infinitas variedades de minúcias nos cultos prestados localmente a divindades que de fato são comuns a todo o mundo grego; as mais importantes são as 12 olímpicas, mas paramentadas com epicleses (cognomes) que podem ser expressões identitárias (por exemplo, Apolo Carneio entre os dórios e particularmente em Esparta, Atena Partenos em Atenas, Ártemis Elafebolos no *éthnos* fócio). Embora nas cenas pintadas ou esculpidas seja bastante fácil reconhecer os deuses por seus atributos convencionais (arcos de Apolo

Época clássica

e de Ártemis, raio de Zeus, égide de Atena, coroa de hera de Dioniso, clava do herói Héracles etc.), suas atribuições divergem muito de um local para outro e às vezes acabam se superpondo: Poseidon, Afrodite e os Dióscuros (Castor e Pólux) ou "Grandes Deuses", especialmente venerados na Samotrácia, compartilham o mar e a navegação; a fecundidade é uma função complexa, que diz respeito a Deméter, Afrodite, Hera e outras mais. Quanto aos heróis, que se valem da ascendência parcialmente divina que as genealogias míticas lhes conferem, são vistos como mediadores entre os homens e os deuses; às vezes assumem uma dimensão política como fundadores ou assimilados (cf. Teseu em Atenas) e também podem ser-lhes atribuídos poderes específicos, por exemplo divinatórios ou curativos (cf. Anfiarau: *infra*, cap. 18). Mais geralmente, o âmbito dos mortos é o preferido das práticas de feitiçaria; assim, as tabuinhas de chumbo com fórmulas mágicas destinadas a neutralizar rivais (defixões) habitualmente eram escondidas nos túmulos.

O sacrifício – que foi relacionado com a queda original do homem, causada por Prometeu e condenando a humanidade ao consumo alimentar e portanto à materialidade e à morte, ao passo que os deuses se contentam com aromas, néctar e ambrosia mas gozam de imortalidade – é convencionalmente dividido em duas grandes categorias (diferenciação esquemática demais para dar conta da infinita variedade de situações): nos cultos ctônicos (divindades subterrâneas ou infernais, como Plutão/Hades), normalmente o sangue é vertido na terra e as vítimas podem ser inteiramente queimadas (holocausto); nos outros cultos, dedicados a divindades às vezes qualificadas de uranianas, degola, libações e cozimento destinam-se ao céu (*ouranós*) e dão lugar à partilha de alimento de acordo com uma ordem protocolar (*thysía*). O comércio assim estabelecido com a potência divina visa a obter dela um favor (função propiciatória), a desviar sua cólera (função apotropaica), a agradecer-lhe. As principais proibições dizem respeito à pureza e à sujeira (*míasma*), em geral ligada ao sangue. Assim, em 426 os atenienses purificam a ilha sagrada de Delos, lugar mítico do nascimento de Apolo: as ossadas são retiradas dos túmulos e transportadas para a ilha vizinha de Reneia e daí em diante é proibido morrer e dar à luz em Delos.

Apesar de também codificada num objeto ligado ao culto etc., a oferenda (*anáthema*), que consiste em primícias da colheita, dá mais espaço para a iniciativa individual, mas a prática religiosa continua fundamentalmente comunitária e portanto reservada aos membros do grupo que se dedica a ela. É assim no interior do *oîkos* (casa da família), protegido por um gênio bom que toma a forma de uma serpente, por Zeus Herceio (literalmente, "do espaço fechado", "do lugar cercado" e Zeus Ctésio ("das posses") e principalmente por Héstia (fogo doméstico), homenageados cotidianamente. Todas as grandes etapas do ano e da vida (nascimento, casamento, morte, chegada de um novo escravo etc.) são motivo para cerimônias, nas quais o chefe da família é o oficiante. Por exemplo, em Atenas, por ocasião da festa das Anfidrômias, o círculo familial reconhece o recém-nascido, com o qual dão voltas correndo ao redor da casa. Outro exemplo: o morto é exposto (*próthesis*) e pranteado (*thrênos*) na casa, antes da saída do corpo (*ekphorá*) e do cortejo fúnebre até a sepultura; as formas do luto (prazos, despesas, purificação etc.) foram pouco a pouco sendo codificadas pela cidade. Além disso, ela própria se encarrega dos funerais dos mortos na guerra; seus corpos são depositados no *demósion sêma*, túmulo público situado fora dos muros, do lado do Cerâmico. A fratria, colocada sob proteção de Zeus Frátrio e de Atena Frátria, prolonga os cultos familiais, nos banquetes oferecidos pelo recém-casado, na apresentação das crianças nascidas durante o ano (ou um pouco antes) ou ainda nos "ritos de passagem", como o ingresso na idade adulta, que é motivo para uma segunda apresentação aos membros da fratria (festa das Apatúrias, em cujo terceiro dia os meninos púberes cortam os cabelos para oferecê-los a Ártemis: cf. abaixo). A articulação religiosa entre a cidade e esses níveis inferiores fica evidente na *dokimasía* dos novos arcontes antes de assumirem o cargo (*supra*, cap. 9). Isso porque, segundo Aristóteles, esse exame não diz respeito a suas qualificações e sim principalmente às origens familiais; e pergunta-se a cada um "se ele participa de um culto de Apolo Patroo e de Zeus Herceio e onde ficam esses santuários".

Cidade e religião são de fato indissociáveis. As múltiplas festas e celebrações, algumas mensais, outras anuais, marcam o andamento do calendário (em Atenas possivelmente abrangiam 120 dias por ano, metade dos quais para as celebrações anuais). Elas ajudam a fortalecer a coesão da comunidade cívica ao longo dos meses, muitos dos quais têm nomes teofóricos, como *artemísion*, *apellaíos* (de Apolo), *diós* (de Zeus). São conhecidas, por exemplo, as Heraias de Argos e de Samos, as Jacíntias e as Gimnopédias de Esparta. Mas as mais bem documentadas são as festas atenienses. Entre as principais destacam-se as Panateneias, celebradas em honra de Atena Políade, no mês *hecatombaión* (± julho). Anualmente, as Pequenas Panateneias devem durar um ou dois dias e compreendem basicamente procissão e sacrifício. No terceiro ano de cada olimpíada, as Grandes Panateneias, preparadas pela comissão de dez atlotetas (sorteados para quatro anos, à razão de um por tribo) prolongam-se por cerca de uma semana, pois nelas são organizados concursos musicais, ginásticos e hípicos (cf. as representações nas ânforas "panatenaicas" entregues aos vencedores destas duas últimas categorias de provas, contendo óleo proveniente das oliveiras sagradas). A grande procissão (*pompé*), que Fídias e seus colaboradores representaram parcialmente no friso jônico do Partenon, atravessava toda a cidade, desde o ponto de partida no bairro do Cerâmico (*supra*, cap. 7; no início do século IV é construído ali um edifício *ad hoc*, o Pompcion) até a Acrópole; nele era entregue a Atena seu *péplos*, veste de

Época clássica

lã tecida por moças das melhores famílias, pelas duas arréforas e uma centena (?) de ergastinas ["trabalhadoras"] que as haviam auxiliado (subsistem muitas incertezas sobre a periodicidade, a preparação e o andamento dessa parte da cerimônia). A festa, de grande importância política, encerrava-se com uma faustosa hecatombe (etimologicamente, sacrifício de 100 bois, cuja carne era distribuída entre a população). As Leneanas, celebradas no inverno (mês *gamelión*) em honra a Dioniso, deus dos excessos e da embriaguez liberadora (cf. *As bacantes*, de Eurípedes), incluem concursos dramáticos; porém os mais importantes são organizados nas Grandes Dionisíacas que mencionamos no capítulo anterior. Por fim, as Tesmofórias (em *pyanepsión*, ± outubro) são festas da fecundidade, celebradas pelas mulheres casadas em honra de Deméter e sua filha Coré-Perséfone.

Mas a fertilidade do território, vital para essas comunidades que permanecem amplamente agrárias, também é invocada pelos novos cidadãos, os efebos, que tomam por testemunhas de seu juramento "os marcos da pátria, o trigo, a cevada, as vinhas, as oliveiras, as figueiras"[1]. Preces, sacrifícios, oráculos e presságios a serem interpretados (entranhas das vítimas imoladas, voo dos pássaros, fenômenos atmosféricos e astronômicos) acompanham também os exércitos. Assim como o corpo cívico, a constituição é apadrinhada pelos deuses: algumas fontes mencionam a legendária sanção oracular recebida em Delfos por Licurgo de Esparta, e os heróis epônimos das dez tribos clistenianas são aprovados pela Pítia antes de serem estatuificados na ágora, espaço no mínimo tão religioso quanto político (cf. o altar dos Doze Deuses etc.). Já antes, os atenienses haviam fundamentado sua legitimidade política elaborando o mito fundador do sinecismo graças a Teseu, acompanhado pelo da autoctonia. Por fim, lembramos que toda sessão da Assembleia, cujo nome poderia estar etimologicamente ligado às festas de Apolo em Esparta (*apellaí*), se abre com um sacrifício, e que a ordem do dia começa pelo exame das questões religiosas: falar nela "sendo o primeiro depois dos *hierá* (assuntos sagrados)" é um privilégio.

De fato, a cidade delibera e decide sobre tudo o que se refere à religião, especialmente por intermédio das "leis sagradas": organização e regras de frequentação dos santuários; programa das festas; calendário e natureza dos sacrifícios; administração do tesouro sagrado, ao qual ela recorre, na forma de empréstimo, em caso de necessidade; disposições judiciárias, como as acusações por impiedade ou por roubo de bens sagrados, passíveis de pena de morte. Por isso não é de espantar que as autoridades tenham também uma função de tipo sacerdotal (cf. o arconte rei em Atenas, os reis em Esparta); e, embora a tradição reserve um lugar privilegiado a

---

1. Chr. Pélékidis, *Histoire de l'éphébie attique, des origines à 31 avant Jésus-Christ*, 1962, pp. 110-3 (também em J.-M. Bertrand, *Inscriptions historiques grecques*, 1992, nº 18; e em P. Brun, *Impérialisme et démocratie à Athènes. Inscriptions de l'époque classique*, 2005, nº 104).

algumas grandes famílias (por exemplo, em Atenas, os eteobútadas para o culto de Atena Políade, ou os eumólpidas e os cérices em Elêusis), a maioria dos sacerdotes, simples técnicos a serviço da cidade, são sorteados anualmente, como os magistrados. Esses exemplos mostram que nosso conceito de laicidade seria totalmente desprovido de sentido na *pólis*, que pode ser definida também como uma comunidade religiosa. Ela acolhe de bom grado os cultos estrangeiros (cf. a deusa frígia Cibele, a deusa trácia Bêndis), contanto que neles reconheça suas próprias crenças e práticas: o "demônio" de Sócrates, individual e inassimilável pela comunidade, é visto, ao contrário, como uma ameaça para a cidade e seus deuses titulares (capítulo seguinte).

O misticismo, outra forma de religiosidade marginal ou com tendência sectária, desenvolve-se a partir do século VI, especialmente na Magna Grécia, onde parece ter exercido uma influência política (Empédocles em Agrigento, Pitágoras em Crotona, conhecido também por suas pesquisas matemáticas). O mito de Orfeu e o culto de Dioniso (dois personagens que, cada um a seu modo, passam por ter escapado ao além) servem de bases para a doutrina órfico-pitagórica. Ela se fundamenta em textos sagrados propagados por alguns autores (Píndaro, Platão) e é ilustrada por lâminas de ouro inscritas descobertas em túmulos: considera que a natureza humana, semidivina e semiterrestre, pode, à custa de práticas de iniciação, ascese e purificação (regime vegetariano e outras restrições alimentares), evitar as reencarnações sucessivas, libertar-se do invólucro carnal e confundir-se com o espírito divino. É difícil avaliar a difusão dessas crenças esotéricas e em parte clandestinas, mas sua finalidade soteriológica (para a salvação, já que veem a morte como libertadora) conferiu-lhes manifestamente alguma popularidade. Mais bem conhecida porque integrada na vida da *pólis*, a religião de mistérios era mais acessível. É atestada em várias cidades, como na Samotrácia, mas novamente é Atenas que fornece o melhor exemplo, com Elêusis, em que podia ser iniciado todo helenófono de um sexo ou do outro, livre ou escravo: o sucesso era tão grande que os participantes chegavam a milhares. As fases preparatórias (Pequenos Mistérios no demo de Agra, à beira do rio Ilissos, na periferia imediata da *ásty*, no início da primavera; primeiros dias dos Grandes Mistérios no início do outono, em Atenas, em Falero e em Elêusis mesmo) são os mais conhecidos: o banho ritual, o sacrifício, o jejum e o consumo de bebidas e produtos diversos, por fim a manipulação de objetos sagrados conferiam a qualidade de mista. A fase derradeira, a epopsia, era acessível 18 meses após a participação nos Pequenos Mistérios. O essencial de seu conteúdo nos é desconhecido. Depois da grande procissão que percorria os 20 quilômetros da via sacra que levava a Elêusis, a última etapa acontecia no *telestérion*, edifício das iniciações, onde era habilmente mantida uma atmosfera propícia para despertar a emoção mística, especialmente pelos jogos de luz supervisionados por um oficiante chamado daduco (literalmente, "porta-archote"). Podia

Época clássica

comportar a representação de um drama comemorando o mito de Deméter em busca de sua filha Coré e a contemplação de objetos sagrados (a espiga de trigo, presente da deusa aos homens em geral e aos atenienses em particular?) que o hierofante exibia. Esse ritual complexo, em que se misturavam ciclo da natureza, fecundidade e expectativas escatológicas, supostamente mergulhava os participantes em arrebatamentos de beatitude. Sua fama ultrapassava amplamente as fronteiras de Atenas e sua importância para a cidade se mede pelo processo intentado em 415 contra Alcibíades, suspeito de participação numa paródia das cerimônias (capítulo seguinte).

A cidade é por excelência o ambiente da prática religiosa, mas, acima dos particularismos cívicos, esta é também um fator de unidade numa escala mais ampla. Excetuando-se a língua, pode-se até mesmo dizer que é a única a merecer plenamente o qualificativo de pan-helênica, principalmente nesses cadinhos da identidade grega que são os santuários internacionais, como os de Olímpia (Zeus), de Delfos (Apolo), do istmo de Corinto (Poseidon) e de Neméia (Zeus), onde são celebradas as festas maiores. Para isso, uma trégua sagrada é proclamada por embaixadores especiais, os teoros, em todo o mundo grego, onde são acolhidos por anfitriões devidamente designados, os teoródocos. Delegações oficiais (também chamadas teorias) e particulares afluem à panegíria. Esta consiste em sacrifícios e outras manifestações religiosas usuais. Comporta também uma feira, mas a atração principal são os concursos (*agônes*, sing. *agón*). Deles podem constar provas ginásticas (corrida em diferentes distâncias, disciplinas de combate, salto em distância, lançamento de disco e de dardo; estas três últimas especialidades, combinadas com o *sprint* e a luta, constituíam o pentatlo); provas hípicas (corridas de cavalos montados, de bigas ou de quadrigas etc.); provas musicais (drama, ditirambo, música instrumental). O programa varia de acordo com a festa; por exemplo, os concursos olímpicos não admitem provas musicais. A periodicidade é de quatro anos em Olímpia e Delfos (concursos pentetéricos, ou seja, celebrados cada quinto ano), de dois anos em Corinto e Neméia (concursos trietéricos, celebrados cada terceiro ano); essas quatro grandes manifestações constituem o assim chamado Período. Os vencedores recebem como recompensa uma coroa vegetal (concursos ditos "estefanitas", do grego *stéphanos* = coroa, de oliveira selvagem em Olímpia, de louro em Delfos etc.). A glória que conquistam é imensa: na primeira metade do século V e muito além, pode ser avaliada pelas *Odes* que Píndaro compôs para alguns deles, ou pela popularidade internacional de Teógenes de Tasos, boxeador que se destacou também no pancrácio (mistura de luta livre e boxe, às vezes comparada com o *catch*) e na corrida de fundo, e a quem os compatriotas erigiram um altar e uma estátua na ágora[2].

---

2. Y. Grandjean, F. Salviat *et al.*, *Guide de Thasos*², 2000, pp. 27 e 73-6.

Aspectos da civilização grega no século V

Entre outros (Dodona em Epiro, Didima perto de Mileto, na Jônia), mas numa posição superior, a ponto ser considerado o centro (*omphalós* = umbigo) do mundo, o santuário de Delfos distingue-se ademais por seu oráculo, que cidades e particulares podem consultar mediante pagamento de uma taxa (o *pelanós*). Nele Apolo se expressa, em pareceres às vezes ambíguos – daí seu cognome de Lóxias (Oblíquo) – pela boca da Pítia, que permanece sentada num tripé no fundo do templo (*ádyton*) e a quem os profetas transmitem perguntas referentes tanto a preocupações cotidianas como a assuntos da maior importância: a tradição – é bem verdade que frequentemente suspeita e possivelmente embelezada *a posteriori* – mostra a Pítia como parte ativa na colonização, na obra constitucional, nas guerras médicas etc. O oráculo é controlado pela vizinha cidade de Delfos, que dele extrai grande prosperidade e às vezes concede prioridade para a consulta (privilégio de *promanteía*). O renome e a fortuna do santuário, onde se acumulam riquezas extraordinárias na forma de ex-votos muitas vezes guardados em "tesouros" – pequenos edifícios em forma de templo construídos com essa finalidade pelas cidades –, exigiram que se implantasse também uma instância de controle internacional, a Anfictionia (de uma palavra grega que significa literalmente "habitar ao redor"). Trata-se de uma associação constituída pelos povos e cidades vizinhos, que poderia ter se estruturado por ocasião da "primeira guerra sagrada", travada por volta de 590 contra a cidade de Cirra, perto de Delfos, que se tornara culpada de sacrilégio por taxar os peregrinos. A Anfictionia é composta majoritariamente dos tessálios e dos povos que deles dependem (perrebos, dólopos, aqueus de Ftiótida, magnésios, málios, eniames localizados ao sul do rio Espérquio, entre Dolópia e Eta), mas nela estão igualmente representados a cidade de Delfos, os fócios, os lócrios (os do oeste ou ózolas, ou seja, a região de Anfissa e de Naupacto, e os do leste, cujo território se estende ao sul das Termópilas, defronte da ilha de Eubeia), os beócios, jônios (atenienses e eubeus) e dórios (especialmente as cidades do nordeste do Peloponeso, como Corinto, Sicíone e Argos; muito ocasionalmente, Esparta). O conselho (*synédrion*) dos 24 hieromnêmones – delegados enviados pelos anfictiões – reúne-se duas vezes por ano, na primavera e no outono, para deliberar sobre os assuntos do santuário e outros problemas ligados à administração religiosa; assim, por volta de 514/3, é ele que confia aos alcmeônidas a reconstrução do templo de Apolo, destruído por um incêndio em 548/7 (por um montante de 300 talentos, segundo Heródoto II, 180; cf. *supra*, cap. 9). Cada quatro anos ele tem o encargo de organizar os prestigiosos concursos píticos.

A sociedade

Depreende-se claramente dos textos que uma cidade é acima de tudo o conjunto dos cidadãos (*polîtai*) que a compõem. Essa condição supõe uma ascendência cidadã, mas também uma

Época clássica

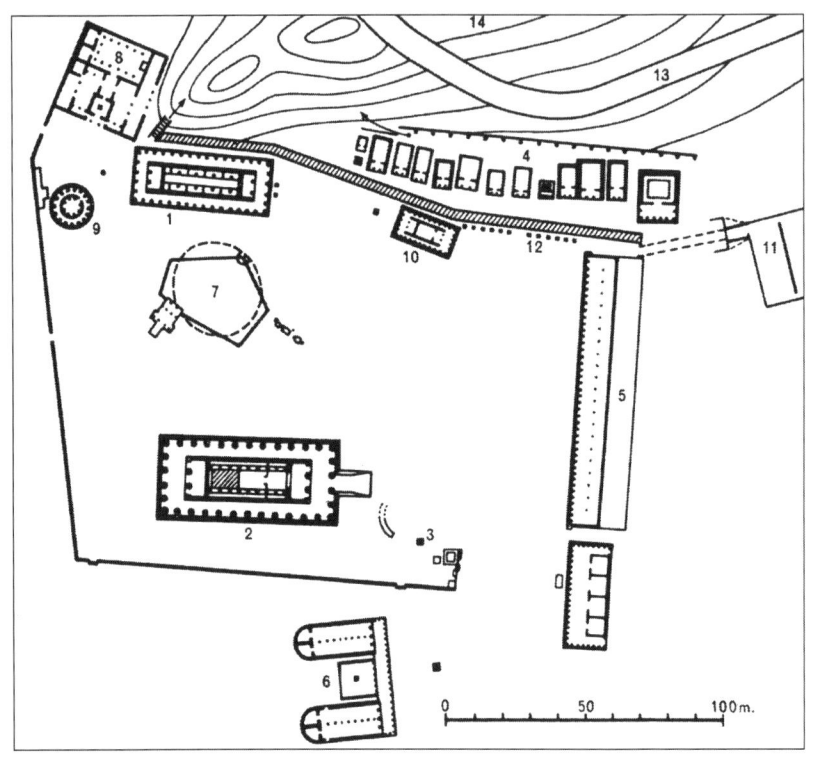

1. Templo de Hera – 2. Templo de Zeus – 3. Vitória de Peônio – 4. Terraço dos Tesouros – 5. Pórtico de Eco – 6. Buleutério – 7. Pelópio – 8. Pritaneu – 9. Filipeu – 10. Templo da Mãe dos Deuses – 11. Estádio – 12. Estátuas de Zeus (as zanes) – 13. Estrada moderna – 14. Monte Crônion

Fig. 14. O santuário de Zeus em Olímpia (Fr. Chamoux, *La Civilisation grecque*, Arthaud, 1963, fig. 29, p. 417).

Fig. 15 (*p. seguinte*). O santuário de Apolo em Delfos (segundo J.-Fr. Bommelaer, D. Laroche, *Guide de Delphes. Le site*, École française d'Athènes, 1991, prancha V; A. Jacquemin, *Offrandes monumentales à Delphes*, École française d'Athènes, 1999, prancha 3).

formação (*paideía*) cujo rigor vimos em Esparta (*supra*, cap. 9). Creta, com uma mesma institucionalização da pederastia e o treinamento nos *agélai* (literalmente, "rebanhos"), em que se obtém a qualidade de *dromeús*, que permite o ingresso no *andreîon* ("casa dos homens"), apresenta numerosas semelhanças, o que não é de surpreender nesse substrato dórico. Em Atenas, após uma educação que está a cargo das famílias – e portanto reservada a uma forma de elite (escolas privadas para a aprendizagem dos rudimentos, dos grandes poetas e de diferentes disciplinas musicais; palestras para o exercício físico) –, com a idade de 16 anos os rapazes são

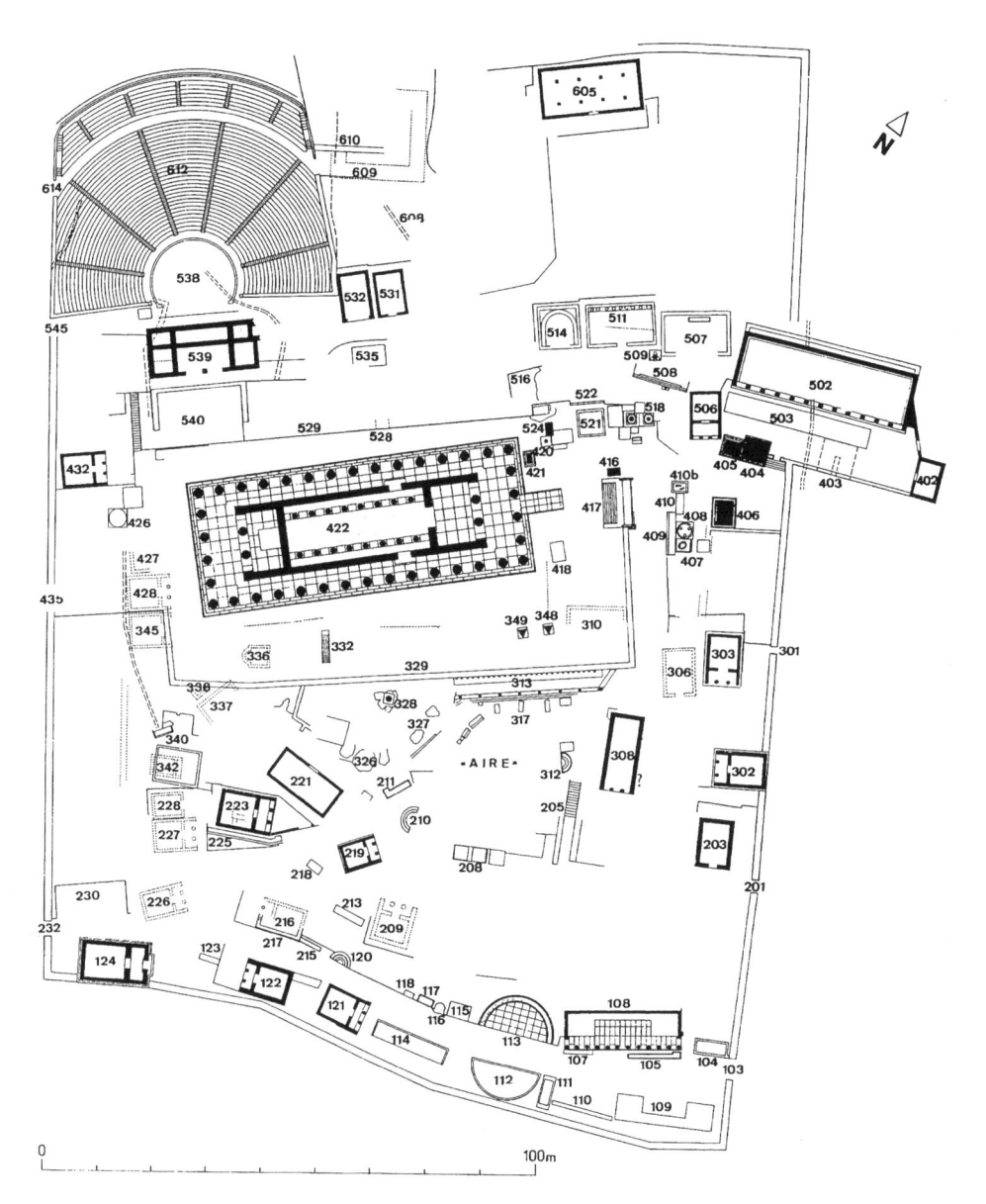

104. Base do touro de Corcira (1ª metade do séc. V) – 108. Pórtico anônimo (séc. V/IV) – 109. Monumento dos "navarcas" lacedemônios (fim do séc. V) – 110. Base de Maratona ("monumento de Milcíades", 2º quarto do séc. V?) – 112-113. Hemiciclos argivos (sécs. V e IV) – 114 e 409. Grupos estatuários de Tarento (séc. V e IV) – 121. Tesouro de Sicíone (séc. VI) – 122. Tesouro de Sifnos (*ca* 525) – 124. Tesouro de Tebas (2º terço do séc. IV) – 219. Tesouro de Cnido (meados do séc. VI?) – 223. Tesouro de Atenas (início do séc. V) – 225. Base de Maratona (heróis epônimos? 490) – 302. Tesouro de Cirene (334-324) – 308. Tesouro de Corinto (fim do séc. VII?) – 313. Pórtico dos atenienses (478) – 328. Esfinge dos náxios (*ca* 570-560) – 329. Sustentação do terraço do templo ("muro poligonal", último quarto do séc. VI) – 349. Localização aproximativa do pilar dos messênios e dos naupactianos (meados do séc. V) – 406. Pilar que sustenta o carro dos ródios (último terço do séc. IV) – 407. Tripé da vitória de Plateias (479) – 408. Tripé de Crotona (*ca* 470) – 417. Altar de Apolo (Quios, séc. V e III) – 418. Pilar de Paulo Emílio (168/7) – 422. Templo de Apolo (sécs. VI e IV) – 502. Pórtico de Átalo I (fim do séc. III) – 509. Base da coluna de acanto que sustenta as "Dançarinas" (*ca* 330) – 511. Grupo estatuário do tessálio Dáocos (*ca* 338-334) – 518. Oferendas dinomênidas (Siracusa, *ca* 480-470) – 524. Pilar etólico de Prúsias da Bitínia (182) – 538, 539 e 612. Teatro – 540. Nicho de Cratera (Caçada de Alexandre, *ca* 320-300) – 605. *Lésche* (lugar de reunião) dos cnídios (2º quarto do séc. V)

Época clássica

inscritos nos registros da fratria (festa das Apatúrias, mencionada acima: as fontes deixam pairar alguma dúvida sobre a idade da inscrição, o que sugere que podia haver um primeiro registro já na pequena infância, ou que os usos variavam de acordo com as circunstâncias e/ou as fratrias). Dois anos mais tarde, chegando à idade de efebos, são inscritos nos registros do demo, segundo um processo complexo ilustrado no século IV (*Constituição dos atenienses*, XLII), mas cujos princípios devem remontar a práticas mais antigas: os demotas procedem ao exame da idade e da ascendência; o candidato reprovado pode apresentar um recurso perante o tribunal popular, procedimento arriscado porque o fracasso condena à escravidão; por fim, uma derradeira *dokimasía* perante a *Boulé* controla as listas. As modalidades da efebia como instituição militar são bem conhecidas somente após a remodelação dos anos 330 (*infra*, cap. 18), mas uma primeira organização poderia remontar à época cimoniana, em relação com o culto de Teseu (apenas as três primeiras classes censitárias teriam sido abrangidas então), antes de uma reforma ocorrida imediatamente após a guerra do Peloponeso. Terminada a efebia, o jovem podia participar das sessões da Assembleia, mas só desempenhava plenamente seu papel de cidadão com 30 anos, idade requerida para ter acesso às magistraturas e aos júris populares. Uma educação "superior" podia ser obtida junto aos sofistas e depois, no século IV, em escolas de retórica (a de Isócrates, onde a escolaridade de três ou quatro anos custava mil dracmas, era particularmente conceituada), ou com os filósofos, cujo ensino abordava áreas múltiplas.

Cabe ao cidadão um conjunto de prerrogativas e de deveres. Entre as prerrogativas podemos citar: propriedade fundiária (no final do século, cerca de 80% dos atenienses ainda são proprietários de terra; em Esparta, vimos que a posse de um *klêros* é condição *sine qua non*); participação nos assuntos públicos (Assembleia e tribunais, Conselho e magistraturas) e religiosos (sacerdócios e sacrifícios); por fim, diversas vantagens (distribuições de dinheiro; assistência excepcional em caso de penúria; indenizações, ou *misthoí*, por exemplo para os júris populares em Atenas). Os deveres consistem principalmente nas obrigações militares (mobilização por classes de idade até 59 anos no contexto das tribos atenienses) e no imposto direto, mais ou menos regular e que pode taxar a produção agrícola (cf. os magistrados denominados carpólogos em Tasos) ou ser proporcional ao capital, como a *eisphorá*, cujo primeiro exemplo conhecido com segurança em Atenas rendeu 200 talentos em 428/7. Dependendo da gravidade, um descumprimento provoca uma multa, a atimia (degradação) parcial (interdição judiciária) ou total (perda dos direitos políticos, exclusão da ágora e dos santuários) e até mesmo a pena de morte. Os atenienses mais ricos (a partir de 3-4 talentos de patrimônio, mas havia fortunas maiores: atribuem-se 50 talentos a Cleonte e 200 a Cálias) estão ademais sujeitos às liturgias. Voluntárias ou obrigatórias quando têm finalidade militar, consistem em assumir um serviço público que pode ser particularmente oneroso (de algumas centenas de dracmas a cerca de um talento). Podemos citar a trierarquia, ou seja, o financiamento, juntamente com a cidade, de uma trirreme, da qual o trierarco assume também o comando, e a coregia, que visa a cofinanciar um espetáculo (capítulo anterior). Na continuidade das tradições agonísticas e suntuárias da aristocracia, prestígio e consideração associavam-se aos que haviam se destacado desse modo, mas o peso das despesas exigiu adaptações (sintrierarquia ou trierarquia colegiada já nos últimos anos da guerra do Peloponeso) e às vezes o uso do procedimento de *antídosis* (troca), que permitia transferir essas despesas para um concidadão caso se demonstrasse que ele era mais rico; a recusa deste expunha-o a uma troca das duas fortunas. Por fim, o cidadão se define com relação a todos os que, em graus diversos, estão nas margens da *pólis*: mulheres, estrangeiros residentes ou de passagem, escravos. Estas últimas categorias juntas são numericamente majoritárias na comunidade, mas tal constatação não pode interferir na definição dos regimes vigentes nas cidades para, por exemplo, questionar o cunho democrático do regime ateniense, que só pode ser avaliado institucionalmente no âmbito dos "que têm direito"; bastará lembrar que nas democracias modernas o voto feminino é uma conquista relativamente recente.

Vimos que a mulher esparciata gozava de relativa liberdade na vida diária. Diferentemente das epicleras atenienses (*supra*, cap. 9), contava também com um regime bastante favorável em matéria de sucessão, como na cidade cretense de Gortina, cujos usos são conhecidos por meio do célebre "código" inscrito na pedra. Na Macedônia, é dada às viúvas a faculdade de fechar contratos sem tutor legal (*kýrios*) e também em Epiro as mulheres têm alguma autonomia. Mas, de modo geral, costuma-se comparar a condição feminina na Grécia com a de alguém eternamente na minoridade. De Hesíodo em diante, os autores multiplicaram os aforismos misóginos (Sófocles, *Ajax*, v. 293: "O adorno das mulheres é o silêncio"); uma personalidade de exceção, como Aspásia, desperta certa reprovação. Sem ficar necessariamente reclusa no gineceu perpetuando os trabalhos de Penélope, a mulher ateniense é cuidadosamente mantida longe da política. As meninas pequenas podem, em certas circunstâncias, ser inscritas na fratria do pai, mas sua educação permanece estritamente limitada ao mínimo (música e letras para uma minoria, e não necessariamente nos melhores lugares). O grande momento da existência feminina é o casamento – contrato firmado pelo pai ou pelo *kýrios*, que entrega com a noiva um dote, restituído em caso de repúdio (exceto adultério confesso ou delito semelhante, circunstâncias nas quais a lei impunha a ruptura da ligação conjugal, sob pena de atimia). A união permite grandes diferenças de idade (aproximadamente entre 25 e 40 anos para os homens, a partir de 14/15 anos para as mulheres em Atenas e menos ainda em outras cidades) e visa principalmente a gerar filhos legítimos (em Esparta o celibato era penalizado com infâmia). Caso queira, o marido pode confiar à esposa grandes responsabilidades no *oîkos*, como o Iscômaco de Xenofonte, que no *Econômico* pretende fazer de sua mulher uma espécie de "rainha das abelhas".

Entretanto, em Atenas o lugar da esposa muda com a lei promulgada por Péricles em 451: daí em diante, como em muitas outras cidades, a cidadania passa a ser reconhecida apenas para as crianças nascidas não só de pai ateniense mas também de mãe que seja filha de um cidadão. Essa medida restritiva, cujas motivações ainda são discutidas (limitação do número dos "de direito" e melhor acesso de todos à rotação das magistraturas, intenção de opor-se às uniões estrangeiras, frequentes entre os aristocratas, ou de facilitar o casamento das atenienses pobres), pode ter levado a pensar numa forma de cidadania feminina. No entanto é significativo que, exceto nas utopias cômicas de Aristófanes (*Lisístrata*, *A Assembleia das mulheres*), destinadas a provocar o riso e nas quais tudo acaba entrando nos eixos, a tomada de posição feminina mais forte seja expressa por Antígona em sua *stásis* contra o tirano Creonte; mas seu objeto são as leis não escritas da piedade. De fato, é a religião que constitui o melhor vetor de integração na vida pública, especialmente na alta sociedade, através de uma iniciação específica (cf. as meninas chamadas "ursas" no santuário de Ártemis em Brauron) ou de funções reservadas nas festas (canéforas, ou seja, portadoras de cestas de flores etc.). Nelas as mulheres podem ter os papéis principais, como a esposa do arconte rei nas Antestérias, celebradas em honra de Dioniso; e mesmo algumas festas eram exclusivamente femininas (Tesmofórias, mencionadas acima; Adônias, em honra de Adônis, divindade da sedução, de origem oriental). Os sacerdócios são o ponto culminante dessa trajetória. O mais notável é provavelmente o de Atena Políade, que confere à sua titular – como Lisímaca, uma forte personalidade dos séculos V/IV[3] – uma autonomia judiciária e patrimonial (faculdade de doar para a deusa sem se reportar ao *kýrios*), o direito de apor seu sinete em registros, e lhe dá a oportunidade de apresentar sua contabilidade perante as instâncias da cidade, como os outros sacerdotes e sacerdotisas (cf. Ésquines, *Contra Ctesifonte*, 18). Por isso ocasionalmente lhe são atribuídas, por decreto, honrarias cívicas, como o elogio público e a coroa. Portanto, à sua maneira a ateniense pode participar da vida da comunidade política.

O estrangeiro (*xénos*) não tem, por assim dizer, nenhum direito quando está fora de sua pátria; mas as tradições antigas de hospitalidade (*xenía*), particularmente bem exemplificadas pelos aristocratas homéricos, e as exigências da troca contribuíram para o desenvolvimento de usos internacionais. Além das convenções bilaterais, designadas pelo termo geral *sýmbola* (etimologicamente, as duas partes de um objeto que servem de sinal de reconhecimento quando

---

3. B. Holtzmann, *L'Acropole d'Athènes. Monuments, cultes et histoire du sanctuaire d'Athéna Polias*, 2003, pp. 220-1.

os dois possuidores as reúnem), a instituição mais bem conhecida e mais desenvolvida, especialmente no âmbito do império ateniense, é a proxenia. O próxeno designado por uma cidade – frequentemente em virtude de antigos laços familiais com ela – é uma espécie de anfitrião público que acolhe os jurisdicionados dessa cidade quando passam pela pátria dele, onde zela por seus interesses (caução etc.). Em troca, recebe algumas honrarias e privilégios na cidade que o escolheu; portanto, a proxenia é simultaneamente útil e honorífica. Pode-se citar o caso bem conhecido do ateniense Címon, notório amigo de Esparta (dá ao filho o nome de Lakedaimónios) e próxeno de Esparta em sua cidade.

Em Atenas, os estrangeiros que nela estão há mais de um mês entram na categoria dos metecos (a maioria gregos). Inscritos num demo sob responsabilidade de um "patrono" (*prostátes*) que lhes serve de fiador e os representa em justiça (pertencem a uma jurisdição especial), devem pagar uma taxa distintiva, o *metoíkion* (anualmente, 12 dracmas para os homens, a metade para as mulheres), a menos que obtenham o privilégio da isotelia, que lhes permite contribuir com a mesma quantia que os cidadãos (em todos os casos, os metecos estão obrigados a pagar a *eisphorá*, sobre um sexto do montante total). Com diversas restrições, podem também ser coregos, participar das festas religiosas e servir no exército. A Assembleia às vezes lhes concede a epigamia (direito de desposar uma ateniense) e mesmo a *égktesis* (direito de propriedade fundiária na Ática), mas a cidadania continua a ser concedida só muito raramente (cf. no capítulo seguinte, para o fim da guerra do Peloponeso). Portanto, eles são parcialmente integrados na comunidade. Mas, vistos de modos diversos (os "bons" metecos são gregos estabelecidos na cidade, de cujo destino compartilham; os "maus", mais provavelmente de origem bárbara, estão interessados apenas num lucro rápido), permanecem cuidadosamente diferenciados dos cidadãos (a respeito deles, chegou-se a falar de "anticidadãos"). Muitos são de condição modesta (pequenos artesãos e comerciantes, trabalhadores agrícolas), mas alguns podem prosperar, como o armeiro Céfalo, originário de Siracusa e pai do orador Lísias, que possui uma fábrica de armas e 120 escravos, ou como os que atuam no comércio de longo curso, atividade à qual sua origem estrangeira e o conhecimento dos bons filões os predispõem.

A escravidão ameaçava virtualmente a todos. Podia-se ser capturado licitamente, na guerra ou em virtude do direito de represália, que era exercido contra todo e qualquer membro da comunidade do culpado (*sýle*), e depois ser revendido se não houvesse pagamento de resgate. Salteadores e piratas também alimentavam o mercado; o fenômeno é exemplificado já nos poemas homéricos (cf. o destino do porqueiro Eumeu, no canto XV da *Odisseia*) e particularmente bem conhecido na época helenística (*infra*, caps. 20, 21 e 23). Os escravos – gregos e principalmente bárbaros – em sua maioria eram comprados, pelo preço de 2 a 5 minas aproximadamente (ou seja, 200 a 500 dracmas), dependendo de suas qualificações (a locação custava um óbolo por dia ou um pouco mais) e faziam parte do pessoal da casa (*doûloi, oikétai*; sobre a escravidão de tipo hilótico, cf. *supra*, cap. 9). Muitos atenienses, principalmente entre os tetas, não possuíam escravos, como o inválido defendido por Lísias, e quase sempre dois ou três eram suficientes para ajudar a explorar as terras familiais e permitir que o proprietário cumprisse seus deveres cívicos. Com a notável exceção dos escravos empregados nas jazidas de minérios do Láurion, parece que sua situação cotidiana não era muito ruim, embora não tivessem nenhum direito e o dono lhes regulamentasse a vida até mesmo quanto às relações sexuais (os filhos de escravos quase sempre eram enjeitados). Era proibido agredir o escravo de outrem, mais por necessidade de proteger a propriedade do que por zelo humanitário, e existia até mesmo algum recurso contra maus-tratos infligidos pelo dono (asilo em certos santuários). O emprego da tortura para obter um testemunho num processo, previsto pela lei, parece ter sido muito raro na prática. As estelas funerárias mostram a intimidade que podia existir entre uma dona de casa e sua serva. Alguns escravos, os pedagogos, eram encarregados de levar as crianças à escola e, eventualmente, contribuir para sua instrução. A outros eram confiadas responsabilidades maiores, por exemplo a exploração de uma porção de patrimônio distante demais, uma atividade artesanal ou comercial (no século IV estes às vezes são chamados de *khorís oikoûntes*, literalmente "morando separadamente"). Podiam ter participação no rendimento e constituir um pecúlio próprio, entretanto raramente suficiente para comprarem a liberdade e passarem à categoria de metecos; e mesmo essa promoção não dispensava o liberto de todas as obrigações para com o amo, que continuava a ser seu *prostátes*. O caso de Pásion, empregado de banco libertado no início do século IV, que retomou o negócio de seu antigo senhor e mais tarde recebeu a cidadania em agradecimento por serviços prestados aos atenienses, é um caso excepcional de mobilidade social. A utilização militar dos escravos, a não ser como serviçais de campanha ou como remadores, parece excepcional antes da guerra do Peloponeso. Nas *stáseis* (guerras civis) desencadeadas por ela, houve também algumas tentativas de instrumentalização política dos escravos (por exemplo, em Corcira em 427), e Tucídides conta que 20 mil deles fugiram aproveitando-se da guerra decélica (capítulo seguinte). Mas, com exceção de casos bem específicos, como o dos hilotas da Messênia, praticamente não se conhecem revoltas servis na Grécia (sobre a época helenística, cf. *infra*, cap. 23). Provavelmente a presença de escravos era muito difusa e todo fugitivo devia ser denunciado e restituído; daí a queixa dos atenienses contra os megarenses às vésperas da guerra do Peloponeso.

Desde Sólon, um cidadão normalmente não podia mais ser escravizado em Atenas e, no século IV, Platão defenderá a ideia de que nenhum grego deveria ser reduzido à servidão. Mas o princípio da escravidão nunca foi seriamente questionado, pois era vista como uma lei da natureza, o que permitia justificar uma comodidade prática e econômica. É o que Aristóteles ressalta numa passagem célebre do livro I de *Política* (I 3, 1253b – 7, 1255b): depois de admitir que seria possível passar sem operários e sem escravos se os instrumentos pudessem trabalhar sozinhos, ele desenvolve a ideia de que há na espécie humana indivíduos tão inferiores aos outros quanto o corpo o é com relação à alma ou o animal com relação ao homem; assim, o emprego das forças corporais é o melhor partido que se pode tirar deles. Isso não impede Atenas de confiar importantes responsabilidades a escravos públicos (*demósioi*), como os verificadores da moeda numa lei de 375/4, sujeitos a 50 chicotadas em caso de falha, o que denota sua condição servil[4]. A cidade empregava-os também em tarefas burocráticas e a serviço dos órgãos da democracia (contínuos diversos, 300 arqueiros citas estacionados no Areópago e garantindo a manutenção da ordem na Assembleia ou nos tribunais).

Visão geral da economia

Metecos e escravos têm acima de tudo uma função econômica na cidade e suscitam a questão do valor do trabalho nas sociedades gregas. O ideal do cidadão ocioso (*skholé*) que se dedica aos estudos e aos assuntos públicos aparece principalmente como uma construção filosófica e moralista desenvolvida no século IV; assim, Aristóteles afirma em *Política* que "a cidade ideal não fará do profissional um cidadão" (III, 5, 1278a), pois os trabalhos manuais ou remunerados tiram totalmente do espírito a disponibilidade e a elevação, indispensáveis para a virtude política. Esparta já antes pôde colocar em prática esse ideal graças aos hilotas e aos periecos, mas prioritariamente a serviço das armas. No início da guerra do Peloponeso, o próprio Péricles, no célebre discurso que já mencionamos no capítulo anterior (*Epitáphios*), insiste na necessidade de poder conciliar seus assuntos pessoais com os da cidade; daí a implementação progressiva das indenizações de participação (*misthoí*). A imensa maioria dos cidadãos atenienses ocupava-se de seus patrimônios e trabalhava de alguma maneira: as contas de construção do Erecteion, na Acrópole, os mostram, no final do século, misturados com os metecos e os escravos (o salário básico varia em torno de uma dracma por dia, ou seja, o equivalente ao soldo de um hoplita em campanha). Mesmo assim, existia uma hierarquia entre o que Hesíodo já considerava como a atividade nobre por excelência – a agricultura – e o artesanato, mais ou menos bem visto dependendo da cidade (Corinto era considerada a menos reprovadora) e mais ou

---

4. P. Brun, *Impérialisme et démocratie à Athènes. Inscriptions de l'époque classique*, 2005, nº 94.

Época clássica

menos degradante dependendo do grau de *know-how* exigido, desde o *bánausos* empregado nas tarefas mais vulgares até o *demiourgós* que dominava uma técnica elaborada (aliás, é muito difícil estabelecer a distinção entre artista e artesão, pois ambos são acima de tudo detentores de uma *tékhne*). O artesanato frequentemente permanece familial e rural, mas em Corinto e Atenas identificam-se bairros especializados (por exemplo, os oleiros no Cerâmico ou no sudoeste da ágora), sem que se deva ver nisso uma segregação social: proximidade das matérias-primas ou de um curso d'água necessários para a fabricação, como o Ilissos para os curtidores atenienses, saída de uma estrada útil para o encaminhamento das mercadorias, como a que liga a cidade ao Pireu, são motivações mais evidentes. Estima-se em menos de meio milhar o número de artesãos de cerâmica em Atenas. O comércio, principalmente o varejista praticado pelos *kápeloi* (lojistas), ocupa a posição inferior da escala.

Como dissemos, a agricultura é a atividade principal: segundo algumas estimativas, podia ocupar até 80% da população, com grandes disparidades de uma cidade para outra (em Atenas, provavelmente muito menos). Enquanto em Esparta o *klêros* teria 10 a 18 hectares de área, as maiores propriedades atenienses, frequentemente loteadas, raramente ultrapassavam 20 hectares, mas a elas podem somar-se bens na parte além-mar do império. A maioria provavelmente situa-se entre um pequeno lote e uma dezena de hectares; segundo alguns, uma propriedade de 3 a 6 hectares é suficiente para fornecer o rendimento necessário para as despesas de um hoplita. Observam-se poucas evoluções nas práticas agrícolas, a não ser talvez uma ampliação da área cultivada à custa de pastos livres situados principalmente nos confins, chamados *eskhatiái* (fenômeno às vezes qualificado de "colonização interna"), e uma tendência à concentração fundiária mais ou menos acentuada, dependendo da cidade. Entre as raras inovações, os especialistas citam a introdução de plantas forrageiras, como a alfafa, importada da Pérsia.

O gênero de vida é modesto. Apenas as classes mais altas divertem-se criando cavalos, sinal exterior de riqueza ridicularizado por Aristófanes, e uma cultura material mais para sóbria transparece nas estelas ditas "dos hermocópidas" porque, segundo a interpretação tradicional, consignam os bens dos que foram condenados por mutilar as hermas, em 415 (na verdade parece que se deve vê-los como bens confiscados dos autores de outro grande escândalo do momento, a paródia dos mistérios de Elêusis: ver o próximo capítulo). A carne, principalmente a bovina, permanece marginal na alimentação: nos calendários de sacrifícios de alguns demos no início do século IV, contam-se aproximadamente seis ovinos para um bovino, e o consumo é estimado em 2 kg por pessoa e por ano. Na legislação soloniana, o valor de um carneiro teria sido equivalente ao de um medimno (uns bons 30 kg) de trigo, ou seja, 1 dracma; mas no último terço do século V um carneiro custa no mínimo 10 dracmas (2 a 5 vezes mais para um boi) e o preço do trigo subiu para 5-6 dracmas. O vinho normalmente se vende por menos de 10 dracmas a metreta (pouco menos de 40 litros), mas pode chegar à centena para alguns *crus*, enquanto o preço da metreta de azeite fica em torno de 15 dracmas. Não é impossível que uma produção de tipo especulativo já tenha se desenvolvido em algumas cidades, em torno de gêneros mais valorizados (azeite e mel da Ática, peixes secos do Ponto, grãos da Beócia e da Tessália, vinhos de Lesbos, de Quios ou da Trácia). Alguns produtos do artesanato também eram famosos (tecidos de Mileto, tecidos finos "de Amorgos", com que são confeccionados os sedutores trajezinhos que a Lisístrata de Aristófanes possui). Mas não se chega a falar de especialização ou de racionalização, exceto para a exploração de minérios (cf. os arrendamentos do Láurion e as técnicas de refino do metal). Os ateliês atenienses de Hipérbolo (lâmpadas), de Cléon (couro e peles), de Céfalo (armas) ou o sistema de produção das túnicas de lã que se pode entrever em Mégara aparentemente permanecem excepcionais. Sobre esses diversos pontos, o século seguinte trará mais esclarecimentos (*infra*, cap. 18).

A autarcia é vista como um ideal e as trocas são seu complemento natural. Entre primitivismo e modernismo, a pesquisa atual tende a colocar o mundo grego clássico entre a economia de consumo ou de subsistência – em que a demanda precede e supera a oferta – e a economia de mercado. Nessa perspectiva, ao lado de Egina e de Corinto, mais ativas no Ocidente, o império ateniense parece ter desempenhado no Egeu um papel pioneiro: podemos citar a regressão da pirataria, o desenvolvimento das instalações portuárias – principalmente no Pireu, que é visto pelos contemporâneos como um "*empórion* da terra" –, a implementação de uma zona unificada onde se desenvolve um verdadeiro mercado monetário dominado pelas "corujas" e, por fim, comportamentos novos, conhecidos mais tarde pelo nome de *oikonomía attiké*, ou maneira ática de administrar seu *oîkos* (é essa a etimologia do termo *economia*). É representada por Péricles, que, segundo Plutarco nos conta, vendia em bloco todas suas colheitas e depois ia comprando à medida que precisava, mantendo uma rigorosa contabilidade das despesas e receitas. Alguns negócios podiam inserir-se no contexto de convenções internacionais. É assim que tratados firmados com os reis da Macedônia concedem aos atenienses uma posição privilegiada para importar madeira naval, que é uma das riquezas da região; em 411, Andócides, cuja família era ligada à do rei Arquelau, provavelmente faz uso dessas facilidades para abastecer de remos a frota estacionada em Samos (*Sobre seu retorno*, 11; cf. próximo capítulo). De fato, as demandas militares são um dos principais estimulantes da atividade, principalmente num mundo que, na opinião da maioria, permanece dominado pela primazia do político. Portanto, vamos agora retomar o curso dos acontecimentos do século V.

Capítulo 13

GUERRA DO PELOPONESO

Possuímos aqui um guia excepcional: Tucídides, que nos informa "ter empreendido o trabalho logo no início das hostilidades, pois previra que aquela seria uma grande guerra e que teria mais repercussão do que todos os conflitos anteriores". Mas, ainda que tenha conhecido o resultado do confronto, não pôde concluir sua narrativa. A partir do ano 411/0, Xenofonte, com seu *Helênicas*, substitui-o; dispomos também de algumas páginas de Aristóteles sobre a tirania dos Trinta, do resumo de Diodoro e das biografias de Plutarco enfocando Nícias, Alcibíades e Lisandro. As comédias de Aristófanes fornecem valiosos esclarecimentos sobre a sociedade e a opinião pública atenienses, ao passo que alguns atores da época deixaram discursos: Andócides, envolvido na mutilação das hermas em 415; Antifonte, um dos principais líderes do golpe de Estado oligárquico de 411; o meteco Lísias, cuja família foi vítima dos Trinta em 404. Ao longo de mais de um quarto de século (431-404), os gregos, inclusive a Sicília, cindem-se em torno de Esparta e de Atenas, finalmente vencida e que por alguns meses tem de renunciar à sua democracia. Mas, no fundo, é todo o mundo das cidades que sai enfraquecido dessa que alguns especialistas consideram a primeira guerra total da história.

Causas

Entre os antecedentes da guerra, destacam-se três acontecimentos, envolvendo principalmente duas cidades aliadas de Esparta ameaçadas em seus interesses econômicos: Corinto, potência marítima e comercial em concorrência com Atenas, e Mégara, que se juntou ao campo esparciata pouco antes da paz de 446. Em primeiro lugar houve o caso de Epidamno, colônia mista de Corcira e Corinto: a braços com a guerra civil e com a hostilidade dos bárbaros da vizinhança, pediu ajuda a Corinto. Esta, que por sua vez era metrópole de Corcira mas não estava em bons termos com ela, aproveitou a oportunidade de retomar a iniciativa na região. Os corcireus firmaram então com Atenas uma aliança defensiva e, na batalha naval das ilhas Sibota (a sudeste de Corcira), a frota coríntia vitoriosa não pôde levar avante sua vantagem devido à presença de uma esquadra ateniense (433). Pouco depois, a cidade de Potideia, membro da liga de Delos mas também colônia de Corinto, com a qual permanecera muito ligada,

Guerra do Peloponeso

Mapa 9. Guerra do Peloponeso, alianças em 431.

rebelou-se abertamente contra Atenas, que havia exigido que ela destruísse uma parte de suas muralhas e entregasse reféns (433/2); os atenienses tiveram de empreender então um cerco que durou quase três anos (432-430/29) e lhes custou mais de 2 mil talentos – cerco ao término do qual os potidenses foram expulsos e uma colônia ateniense foi instalada. Por fim, em 432 (ou um pouco antes) Atenas votou um decreto vetando aos megarenses os mercados da Ática e os portos da liga, por dois motivos: eles acolhiam escravos fugitivos e haviam cultivado abusivamente terrenos fronteiriços indivisos ou consagrados e portanto proibidos.

Furiosas, Corinto e Mégara pressionaram então os esparciatas a interferir, enquanto os atenienses pregavam o uso da arbitragem, em conformidade com as convenções de 446/5. A Assembleia de Esparta – em que o rei Arquidamo, partidário da paz, se opôs ao éforo Esteneledas, que defendia a posição contrária – votou afinal a favor da guerra, por medo de ver a liga peloponense desagregar-se e de simultaneamente perder o indispensável controle sobre a Messênia e os hilotas. Portanto, os atenienses não são responsáveis de direito pelo conflito; mas temos de seguir Tucídides quando considera secundários os fatos acima expostos e vê "a causa mais verdadeira" (*alethestáte próphasis*) dessa guerra, inevitável em sua opinião, no temor inspirado pela expansão desmedida de Atenas, que rompia os equilíbrios e colocava Esparta numa posição instável ante seus aliados. Quanto ao próprio Péricles, além de talvez desejar desviar a atenção dos escândalos que atingiam seu círculo privado (*supra*, cap. 11), aparentemente se tornou culpado de alguns erros de avaliação em sua política agressiva com relação a Corinto. Em todo caso, foi ele que fez os atenienses rejeitarem o ultimato que os esparciatas apresentaram no inverno de 432/1 (retirada de Potideia, revogação do decreto megárico, respeito à autonomia dos gregos, principalmente à dos eginenses).

Forças em confronto e estratégias

Em toda guerra os recursos determinam em grande parte as estratégias; neste caso, os dois blocos que se defrontam são diferentes sob todos os aspectos. Esparta e seus aliados dispõem de várias dezenas de milhares de hoplitas e da excelente cavalaria beócia, mas têm apenas uma centena de trirremes, principalmente de Corinto e da Ambrácia. Faltam-lhes recursos em dinheiro; daí projetos de empréstimos em Delfos e em Olímpia, e de coesão nas opções e no comando, como destaca Péricles. Em contrapartida, ele impõe uma estratégia clara e coerente, inspirada em Temístocles. Atenas dispõe apenas de 13 mil hoplitas e 1.200 cavaleiros, mais os reservistas, mas tem grandes riquezas em dinheiro (reserva na Acrópole de 6 mil talentos amoedados, entrada anual de 600 talentos especialmente graças ao *phóros*, 500 talentos de ouro ou prata em objetos e oferendas diversas que os santuários podem emprestar-lhe etc.) e uma frota de 300 trirremes, sem igual no Mediterrâneo.

Certamente extrapolada das antigas birremes com duas fileiras superpostas de remadores (até cem) e aperfeiçoada no século VI (papel respectivo dos fenícios, dos coríntios e dos sâmios?), a trirreme* já constituía a ponta de lança das esquadras mobilizadas na segunda guerra médica. Mas, como explica Tucídides, faltavam então a todos a experiência e a destreza necessárias para tirar o máximo proveito dela. É a guerra do Peloponeso que fornece a esse navio formidável a oportunidade de mostrar todo seu valor, e precisamos deter-nos nele por alguns instantes. Sua concepção e seu manejo são muito complexos, como demonstraram as diversas tentativas de reconstituição, que durante muito tempo permaneceram infrutíferas, até que por

---

* Em grego, *triére*, termo de que derivam "trierarquia" e "trierarco" (ou "trierarca"), que o autor aborda em seguida. (N. da T.)

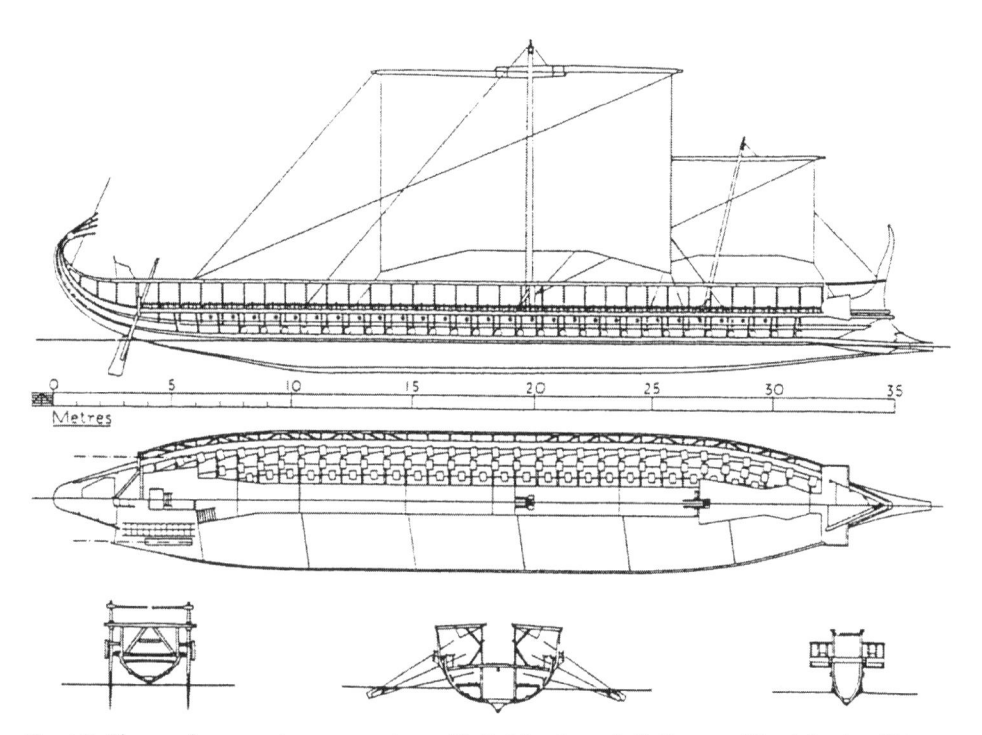

Fig. 16. Plantas de uma trirreme ateniense (J. S. Morrison, J. F. Coates, *The Athenian Trireme*, Cambridge University Press, 1986, fig. 62).

fim fosse construído um exemplar: hoje de vez em quando é possível vê-lo navegando no golfo Sarônico. A bordo instalam-se cerca de 170 remadores, em três fileiras (de cima para baixo, tranitas, zígitas ou zêugitas – não confundir com a classe censitária ateniense homônima – e talamitas), cerca de 15 oficiais e tripulantes, necessários principalmente para manobrar os dois mastros e as velas, que possibilitam uma navegação com vento a favor mas são baixadas antes de um confronto; por fim, uma dezena de hoplitas de bordo, chamados "epíbatas", mais alguns arqueiros. O comando está a cargo de um trierarco, cuja liturgia (trierarquia) consiste também em assumir boa parte dos gastos com equipamento e soldos. Os atenienses tornaram-se peritos na construção e no uso desses navios. Relativamente frágeis (embora possam servir por mais de dez anos, mediante uma boa manutenção, têm desempenho máximo apenas durante alguns anos), mas elegantes (cerca de 35 metros de comprimento por 5 metros de largura e de altura), têm calado baixo (inferior a 2 metros). Assim, sua pouca estabilidade exige mar calmo, mas a velocidade (de 5 nós a quase 9 nós em ponta) e a capacidade de manobra as tornam temíveis em mãos de tripulações bem treinadas, especialmente no manejo dos remos (mais de 4 metros de comprimento). A rapidez das conversões (*anastrophaí*), aplicada em táticas habilmente preparadas, como o *períplous* (manobra envolvente ou giratória) ou o *diékplous* (investida), proporciona às esquadras atenienses indiscutível superioridade no combate, enquanto o império egeu fornece remadores e toda a infraestrutura exigida pelas escalas, indispensáveis para o descanso diário e o reabastecimento dos milhares de homens amontoados a bordo. Portanto, Péricles convence seus compatriotas a apostar tudo nesse trunfo incomparável: Atenas, cujo abastecimento vem essencialmente do mar, se tornará literalmente uma ilha, com a população se entrincheirando atrás do cinturão urbano e dos Muros Longos durante as incursões do inimigo no território; evitará um grande confronto terrestre no qual o lado adverso levaria vantagem e ao mesmo tempo executará reides de pressão contra o Peloponeso. Além dessa oposição fundamental nos recursos militares e nas concepções estratégicas, Tucídides insiste no contraste de caracteres entre lacedemônios contemporizadores e timoratos e atenienses inovadores, dinâmicos e ousados: isso também explica as opções feitas por cada lado.

Os acontecimentos

Não é possível relatar aqui todos os episódios do conflito, que olharemos como um todo, de acordo com a concepção de Tucídides. Mesmo assim, podem-se distinguir três grandes fases: a chamada "guerra arquidâmica" até a "paz de Nícias" (431-421); a paz armada e a expedição da Sicília (421-413); finalmente, a chamada "guerra decélica" e a derrocada final de Atenas (413-405).

A primeira fase das operações, também conhecida como "guerra dos dez anos", deve seu nome ao rei de Esparta, Arquidamo. O primeiro ato bélico é o ataque dos tebanos a Plateias, velha aliada de Atenas na Beócia. É um fracasso, e os tebanos, auxiliados pelos peloponenses, só tomarão e arrasarão a cidade em 427, ao cabo de um cerco de dois anos, matando os homens e escravizando o restante da população – porém boa parte fora evacuada pelos atenienses após a primeira tentativa tebana. Os atenienses, por sua vez, já em 431 expulsam os eginenses de sua ilha e nela se instalam (os eginenses foram acolhidos no Peloponeso). Mas o essencial vai se desenrolando ano a ano (exceto em 429 e 426) na Ática: segundo os usos arcaicos, os hoplitas peloponenses invadem o território na primavera-verão, causando estragos cuja amplitude é difícil avaliar, mas provavelmente mais limitada do que se pensou durante muito tempo – a não ser nas mentes. De fato, Péricles aparentemente subestimou o apego dos atenienses a sua terra e principalmente os riscos sanitários ligados ao amontoamento da população na *ásty* e no espaço estreito que levava ao Pireu: uma epidemia qualificada de peste, mas que mais provavelmente foi uma febre tifoide, causa grandes danos em 430. Depois de contestado e penalizado durante algum tempo, Péricles por fim é reeleito estratego, mas morre da doença (429).

Seguindo os planos dele, os atenienses fazem vários reides nas costas do Peloponeso e seu estratego Fórmion, mesmo com um número muito inferior de homens, consegue nas águas de Naupacto uma vitória espetacular que fragiliza ainda um pouco mais o moral das esquadras inimigas (429). Uma revolta é reprimida em Mitilena (Lesbos); suas muralhas são destruídas e grande parte dos rendimentos do solo é atribuída a clerucos, enquanto eclode a terrível guerra civil de Corcira, entre democratas apoiados por Atenas e oligarcas apoiados por Esparta: primeiro exemplo – minuciosamente analisado por Tucídides, que vê aí o início de um outro tipo de epidemia – dos efeitos devastadores do conflito em andamento sobre os assuntos internos das cidades, muitos dos quais permanecerão desestabilizados durante longo tempo (427-425). Em 426, o estratego ateniense Demóstenes sofre uma dolorosa derrota ante os ferozes etólios, cujos soldados com armas leves se adaptam melhor que os hoplitas aos bosques acidentados da Etólia. No mesmo ano, Esparta reforça sua posição na região das Termópilas com a fundação de Heracleia Traquínia. Em 425, Demóstenes consegue uma revanche importante ao estabelecer um ponto fortificado em Pilos, na Messênia, do qual será fácil provocar rebeliões de hilotas. Os hoplitas enviados por Esparta para reduzir essa cabeça de ponte veem-se encurralados na ilhota de Esfactéria e são forçados a capitular por Cléon, que se torna então o político de destaque em Atenas. O acontecimento tem uma repercussão enorme: os gregos não reconhecem nele o heroísmo dos combatentes das Termópilas e o prestígio de Esparta fica fortemente afetado, sem contar a pesada perda militar e demográfica (120 *hómoioi* prisioneiros de Atenas). Citera, tomada em 424, constitui outra base de operações para desestabilizar a Lacedemônia e suas dependências territoriais.

Mas os atenienses, que pareciam ter conseguido assim uma vantagem decisiva, sofrem sucessivamente dois reveses durante o inverno de 424/3. Por um lado, os tebanos, que, comandados pelo beotarco Pagondas, deram a sua falange uma profundidade inusitada, derrotam o exército ateniense em campo raso em Délion, na Beócia. Por outro lado, o esparciata Brásidas realiza a façanha de atravessar toda a Grécia com uma tropa composta de 1.000 mercenários peloponenses e de 700 hilotas assim afastados da Lacônia; consegue a rendição de Anfípolis, que Tucídides, então estratego, não pôde impedir, pois chegou tarde demais com a pequena esquadra baseada em Tasos (fracasso que paga com o exílio). Portanto, o equilíbrio entre os dois campos é restabelecido e, após uma trégua de um ano, firmada em 423, a morte simultânea, no ano seguinte, dos dois chefes mais dinâmicos – Cléon e Brásidas – no cerco de Anfípolis facilita naturalmente a paz. Atenas viu suas reservas de dinheiro irem desaparecendo: em 428/7 são

Época clássica

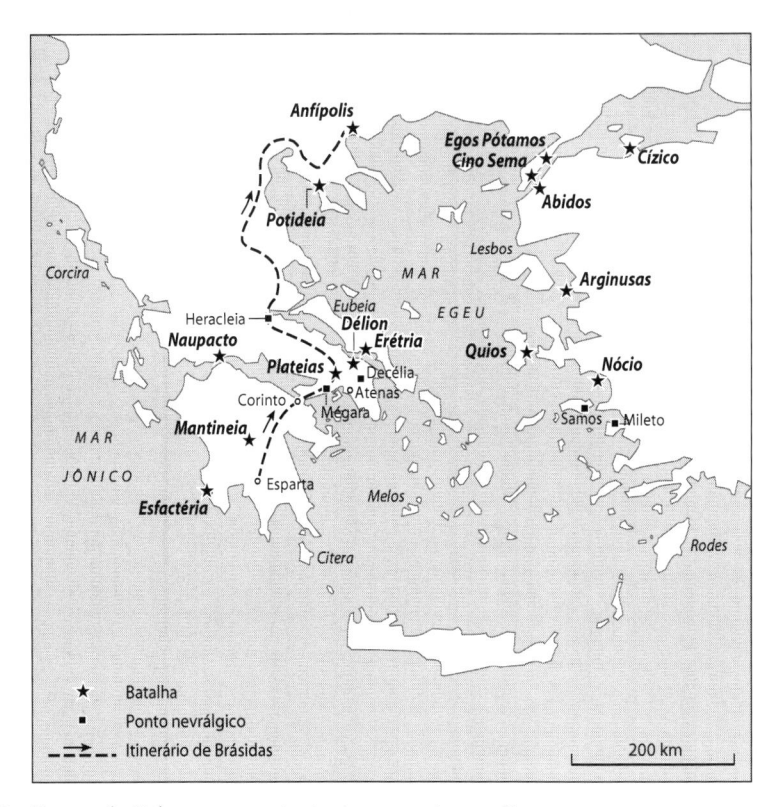

Mapa 10. Guerra do Peloponeso, principais operações no Egeu.

coletados 200 talentos de imposto excepcional, a *eisphorá*; em 426/5, o decreto de Cleônimo impõe regras mais estritas para a percepção do *phóros*, principalmente ordenando às cidades que designem coletores do tributo e prevendo para os contraventores processos por traição perante as instâncias atenienses; em 425/4, o montante do *phóros* está aproximadamente triplicado[1]. Somam-se a isso as fortes sangrias operadas no efetivo de cidadãos pelas epidemias e pelos combates, o cansaço da população e o rancor dos camponeses desenraizados, que Aristófanes reproduz. Esparta, por sua vez, empenha-se em recuperar os homens capturados em Esfactéria e em prevenir-se contra rebeliões de hilotas. Firmada em 421, a chamada "paz de Nícias" (nome do principal negociador ateniense, que já se opusera ao demagogo belicista Cléon) previa principalmente a devolução dos prisioneiros e das praças conquistadas, especialmente uma troca Pilos-Anfípolis. Aos aliados de Atenas, assegurava a autonomia e o retorno ao

---

1. Tucídides III, 19; P. Brun, *Impérialisme et démocratie à Athènes. Inscriptions de l'époque classique*, 2005, nos 17 e 20.

tributo de Aristides. Sua duração prevista era de 50 anos, mediante renovações anuais; mas, além dos eleatas (habitantes de Élis, no noroeste do Peloponeso), os beócios, os coríntios e os megarenses recusaram-se a prestar juramento. Essas abstenções sugerem que Atenas saía da primeira fase do conflito em posição vantajosa, visto que Esparta não conseguira consolidar sua posição de *hegemón* dentro de sua aliança, sendo que manifestamente fora acima de tudo por essa razão que em 432 cedera às insistentes solicitações de seus aliados.

Sem a menor dúvida, tudo isso nada mais era que uma pausa tática, e muitas cláusulas do tratado não passaram de letra morta (cf. as devoluções de Anfípolis e de Pilos, que Esparta só recuperará em 410/9; o reajuste do *phóros* foi desigual entre os aliados). De fato, esse período de "paz" dá lugar na realidade às operações mais espetaculares do conflito: portanto, é justamente como a segunda fase da guerra do Peloponeso que ele deve ser entendido. As duas grandes cidades empenham-se em pôr ordem em seus respectivos campos. Esparta está às voltas com manobras de Argos, neutra desde o início mas que obtém uma aliança defensiva que a une a Atenas, Mantineia e Élis (419). Embora esse tratado não esteja formalmente em contradição com a paz de 421, a situação no Peloponeso vai se tornando cada vez mais instável: já no ano seguinte acontece a batalha de Mantineia, que, pelos efetivos mobilizados, é também a mais importante de toda a guerra. É um sucesso total para Esparta, que assim faz brilhar novamente seu brasão, embaciado desde o caso de Pilos (o pequeno contingente ateniense escapa por pouco do aniquilamento e os dois estrategos são mortos). Atenas, por sua vez, não consegue recuperar Anfípolis, mas arrasa Melos, ilha dórica que se recusava a submeter-se e cujo território já fora saqueado em 426: todos seus habitantes em idade de portar armas são executados, as mulheres e as crianças são escravizadas e 500 colonos atenienses instalam-se na ilha (416). Tucídides compôs um diálogo merecidamente célebre em que faz falarem os estrategos atenienses e as autoridades de Melos antes do desenlace: a lei do mais forte, que é também a da natureza dos homens e dos deuses, nele é reafirmada com raro cinismo.

Isso porque os demagogos e os partidários do imperialismo a qualquer custo voltaram a dominar em Atenas, na pessoa de Alcibíades, que já fora o promotor da aliança com Argos. Alcibíades, sobrinho de Péricles, que foi seu tutor, é discípulo de Sócrates, mas nossas fontes o apresentam principalmente como um aristocrata jogador, ambicioso e desprovido de escrúpulos. Em 415 ele se opõe a Nícias, porta-voz dos moderados, e convence os atenienses a atacar a Sicília, projeto que visto objetivamente é uma loucura – em todo caso, contrário às recomendações de Péricles, que prometera a vitória aos atenienses com a condição de se contentarem com o império já existente e não lançarem a cidade em aventuras insensatas. Alcibíades, ao contrário, exagera a necessidade de crescerem cada vez mais: "De agora em diante estamos numa situação tal que precisamos simultaneamente preparar novas conquistas e não abandonar nada, pois correríamos o risco de cair sob domínio estrangeiro, se nós mesmos deixássemos de dominar."[2] Estamos lembrados de que já antes da guerra Atenas havia criado diversos contatos diplomáticos com cidades da Sicília e da Magna Grécia, onde além disso estabelecera uma colônia, Túrio (*supra*, cap. 11). Em 427 ela já enviara à Sicília 20 navios para uma expedição que Tucídides apresenta como exploratória: oficialmente, era preciso então socorrer a cidade de Leontinos, que os atenienses auxiliaram durante três anos. Desta vez é Egesta (ou Segesta), em guerra contra Selinunte, que apela para os atenienses, dos quais é aliada desde 418/7 pelo menos; na realidade, estes planejam apoderar-se de novos recursos e ao mesmo tempo privar os peloponenses de uma possível ajuda, especialmente Corinto, metrópole de Siracusa e que poderia obter dela um apoio valioso. Os preparativos são consideráveis: 100 trirremes, 40 das quais são usadas como cargueiros (uma é chamada de "hipagogo", transporte de cavalos), mais de 2 mil hoplitas, aos quais se juntarão destacamentos aliados. Numa página célebre, Tucídides descreve a partida dessa expedição, "espetáculo extraordinário, testemunho de uma ambição quase inacreditável" (VI, 31-32). Atenas está tomada de descomedimento, assim como Alcibíades, que pouco depois é apanhado por sua própria *hýbris*. De fato, dois escândalos estouram nesse momento: estátuas de Hermes que ficavam nas esquinas aparecem mutiladas, e fica-se sabendo que os mistérios de Elêusis (cf. no capítulo anterior) foram parodiados em reuniões secretas. Acusado justa ou injustamente, Alcibíades, que primeiro haviam deixado partir, é chamado de volta a Atenas, mas consegue esquivar-se e acaba encontrando refúgio em Esparta.

Assim, é sob o comando de Nícias e de Lâmaco que os atenienses sitiam Siracusa, depois de uma travessia que os levou de Corcira às costas da Itália meridional. Mas os receios de Nícias – agora sozinho, depois da morte de Lâmaco em combate – não demoram a concretizar-se: as tropas mostram-se insuficientes, ainda mais porque os aliados sicilianos não fornecem o auxílio previsto. Além disso, Siracusa, secundada por reforços peloponenses sob as ordens do espartiata Gilipo, revela-se um adversário temível, que aliás apresenta muitos pontos em comum com Atenas (democracia, tradições navais: frota de no mínimo 80 trirremes); fica claro aqui o profundo desconhecimento das realidades sicilianas pelos atenienses. Embora lhes sejam enviados reforços substanciais, comandados por Demóstenes, eles fracassam na tentativa de circunvalação no planalto de Epípolas, que domina Siracusa. Em consequência de uma série de erros de seus generais (adiamentos e temor supersticioso de Nícias após o eclipse lunar de 27 de agosto de 413, que paralisou o exército), veem-se encurralados no Grande Porto, como se tivéssem

---

2. Tucídides VI, 18.

esquecido a lição que outrora eles mesmos deram ao Grande Rei no reduto de Salamina. Após a capitulação, Demóstenes e Nícias são executados e, dos milhares de atenienses aprisionados nas pedreiras de Siracusa, as Latomias, muito poucos conseguiram voltar a Atenas (413). Esse fracasso estrondoso constitui a virada decisiva da guerra, como bem mostrou Tucídides, que lhe dedicou dois livros inteiros; daí em diante, as trirremes siracusanas é que cruzarão o Egeu ao lado de seus aliados peloponenses.

A ajuda fornecida pelos peloponenses a Siracusa já anunciara o fim da paz e marcava o início da última fase do conflito, às vezes chamada de "guerra decélica" ou "guerra da Jônia", por causa das duas principais frentes abertas. De fato, já em 413, a conselho de Alcibíades, o rei Ágis de Esparta volta a acossar a Ática, mas agora sem interrupção sazonal, a partir da base fortificada de Deceleia. Os efeitos não demoram a se fazer sentir: todas as terras e o gado estão perdidos, 20 mil escravos desertaram, o abastecimento a partir de Eubeia está muito prejudicado e a exploração das minas do Láurion, comprometida. Para substituir provisoriamente o tributo (que ainda será episodicamente coletado mais tarde) é instituída uma taxa do vigésimo (5%) sobre o comércio marítimo. Mas Atenas se encontra numa situação desesperada, como enfatiza Tucídides: "Já não era uma cidade e sim uma fortaleza" (VII, 28). Entretanto, acompanhando o autor, só podemos admirar a energia e a resistência excepcionais dos atenienses, que vão aguentar-se assim por mais de seis anos. A situação fica ainda mais grave quando os esparciatas decidem separar de Atenas as cidades da Jônia (Quios, Mileto etc.), com auxílio financeiro dos sátrapas concorrentes Farnabazo e principalmente Tissafernes, junto do qual vamos reencontrar Alcibíades, que perdeu seu crédito em Esparta (teve uma ligação escandalosa com a mulher de Ágis, Timeia). Os atenienses conseguem refrear a onda de secessões enviando uma forte esquadra para apoiar a democracia recém-estabelecida em Samos (412/1).

Mas é na frente política que esse corpo expedicionário se ilustra primeiro. Isso porque, ao passo que em Atenas os oligarcas derrubaram a democracia a fim de firmar a paz – constituindo um novo Conselho de 400 membros, abolindo os *misthoí* e deixando plenos direitos de cidadãos apenas aos 5 mil capazes de suportar o custo de um equipamento de hoplita –, Trasíbulo e alguns outros levam os marinheiros de Samos a se amotinarem, jurando permanecer fiéis à democracia e dar prosseguimento à guerra. Imagem impressionante, de uma cidade cortada em dois, numa *stásis* que rapidamente vê impor-se a democracia dos remos: a verdadeira Atenas está onde estão suas trirremes, tanto que Alcibíades, depois de incentivar o movimento oligárquico, se aproxima de Trasíbulo, compreendendo que para ele esse é o melhor meio de voltar aos assuntos públicos (411). O desbaratamento de outra esquadra em Erétria e a perda da Eubeia precipitam a queda dos Quatrocentos. Após um breve intervalo assegurado pelos

Cinco Mil, a democracia é restabelecida e – consequência da crise política – a codificação das leis é confiada a uma comissão de *anagrapheís*, à qual se deve especialmente a reedição da lei de Drácon sobre o homicídio e de uma parte revisada da legislação soloniana (*supra*, cap. 9). Esparta, mal apoiada por Tissafernes, cujo jogo pessoal se mostra bastante ambíguo, não soube aproveitar a oportunidade. Graças a vários sucessos na região dos estreitos, principalmente três belas vitórias navais em Cino Sema e em Abidos (411) e depois ao largo de Cízico (410), Atenas consegue recuperar suas posições (porém Bizâncio, que desertou em 411, só será retomada por Alcibíades em 408). Abastecimento e rendimentos estão novamente assegurados: uma taxa de 10% sobre os transportes que saem do Ponto é recolhida então na região da Calcedônia. Na euforia, os atenienses rejeitam aberturas de paz vindas de Esparta e o demagogo Cleofonte, um fabricante de liras, distingue-se por instaurar a diobelia (provavelmente uma alocação de dois óbolos que será paga até por volta de 406 aos cidadãos necessitados). Em 407, Alcibíades é triunfalmente recebido em Atenas, isentado das acusações que pesavam sobre ele desde 415 e eleito estratego com plenos poderes.

Enquanto os atenienses, contra todas as previsões, se encontram novamente em posição favorável, dois fatos vêm mudar profundamente a situação. Dario II (Grande Rei desde 424/3), desejando retomar o controle do litoral da Ásia Menor, envia para lá seu filho Ciro o Jovem, que firma uma aliança com Esparta – sem ambiguidade desta vez. Esparta, por seu lado, designou um navarca de grande valor, Lisandro, que reforça a frota graças aos recursos postos à sua disposição por Ciro. Na primavera de 406 ele vence a batalha naval de Nócio (Jônia), sem a presença de Alcibíades. Afastado de seu comando, este vai para a Trácia, de onde tentará uma derradeira resistência simbólica pouco antes da batalha de Egos Pótamos (abaixo); em seguida buscará asilo junto a Farnabazo, que porém mandará matá-lo algum tempo depois. Entretanto, tendo Lisandro encerrado seu mandato anual, seu sucessor Calicrátida é derrotado nas ilhas Arginusas (sudeste de Lesbos), para onde os atenienses, num derradeiro esforço (cf. a fabricação de moedas de ouro e de prata recheadas de bronze), enviaram 110 trirremes com todos os homens disponíveis, sem distinção de classe (verão de 406). Mas, depois de manobras orquestradas principalmente pelo oligarca moderado Terâmenes, os generais vencedores, ao voltar, são acusados de alta traição (*eisangelía*) e condenados à morte por não terem recolhido seus náufragos após a batalha. Na realidade, uma tempestade impediu-os disso, e é muito mais a democracia ateniense que então se assemelha a um barco desgovernado, privando-se de seus últimos oficiais de valor e transformando a vitória em derrota tão amarga quanto absurda. Cleofonte faz ser rejeitada uma nova proposta de paz lacedemônia. Lisandro – agora oficialmente *epistoleús*, ou seja, segundo-comandante com funções de secretário, mas na realidade o verdadeiro chefe das operações – consegue por fim surpreender na ancoragem a esquadra ateniense em Egos Pótamos, no Quersoneso (405).

Então o que restava do império desmorona. Apenas os sâmios resistem e – fato excepcional, pois apenas os plateenses haviam usufruído dessa medida no início do conflito – os atenienses concedem-lhes a cidadania coletivamente, para o caso de serem obrigados a abandonar sua cidade e desejarem instalar-se em Atenas[3]. Depois os próprios atenienses, famintos atrás de suas muralhas, tentam negociar com Ágis e Lisandro, principalmente por intermédio de Terâmenes. As conversações duram todo o inverno de 405/4. Por fim, ao passo que Tebas e Corinto pediam a destruição de Atenas, os esparciatas – talvez um pouco por se lembrarem das façanhas outrora realizadas em conjunto contra os bárbaros, mas principalmente para não dar a essas duas cidades excessiva liberdade de ação na região – contentaram-se em impor uma aliança ("mesmos amigos e inimigos"), a entrega de todos os navios exceto 12 e a demolição dos Muros Longos, "que eles saparam ao som das flautas, com extremo entusiasmo, imaginando que esse dia inaugurava para a Grécia uma era de liberdade", conta Xenofonte com uma ponta de ironia (*Helênicas*, II, 2, 23).

De imediato, as consequências mais graves são políticas. Isso porque o acordo prevê também a volta à "constituição dos antepassados" (*pátrios politeía*), conceito vago, mas que Lisandro – que deixa um harmosta (governador) com uma guarnição em Atenas – concebe como uma oligarquia, à semelhança dos regimes instalados então em todas as cidades "libertadas". Essa oligarquia está nas mãos dos Trinta, cujos dois mentores principais são Terâmenes e Crítias, ex-discípulo de Sócrates e parente de Platão. Segundo Xenofonte, os primeiros tempos são bastante satisfatórios: os Trinta, dos quais um dos primeiros atos foi anular as leis de Efialtes (*supra*, cap. 11) e devolver ao Areópago suas antigas prerrogativas, voltam-se contra os sicofantas ("denunciantes de figos" e, consequentemente, "delatores", termo que segundo Plutarco remonta às leis de Sólon sobre as exportações), que envenenavam a vida dos atenienses. Depois os extremistas, chefiados por Crítias, suplantam os moderados, cujo chefe, Terâmenes, é morto. Violências, acertos de contas sangrentos e proscrições sucedem-se então, atingindo especialmente os metecos (cf. as peripécias, algumas rocambolescas, narradas por Lísias em *Contra Eratóstenes*), até que uma pequena tropa de democratas, chefiados por Trasíbulo, retome a iniciativa, apoderando-se da fortaleza de File, no noroeste da Ática; em seguida, crescendo rapidamente, consegue libertar o porto da cidade (404-403). A anistia é aprovada por votação, exceto para os sobreviventes dos Trinta Tiranos (os últimos serão eliminados em 401, quando

---

3. J. Pouilloux, *Choix d'inscriptions grecques*[2], 2003, n.os 23-24 (outra tradução comentada em P. Brun, *Impérialisme et démocratie à Athènes. Inscriptions de l'époque classique*, 2005, n.os 31-32).

Época clássica

Elêusis, onde haviam se estabelecido, é reintegrada à cidade). Esparta – apesar da oposição de Lisandro, que então está às voltas com a hostilidade do rei Pausânias, que deseja limitar-lhe a autoridade – fecha os olhos para a restauração da democracia.

Consequências da guerra

A Grécia sai profundamente marcada desse quarto de século: algumas transformações seguramente estavam esboçadas já antes, mas a guerra, no mínimo, acelerou o processo. Em primeiro lugar no âmbito militar: enquanto as técnicas de cerco, apesar de alguns avanços, novamente mostraram seus limites, passa a ser incontestável que não há vitória possível sem domínio do mar, o que mais uma vez confirma a exatidão do ponto de vista de Temístocles. Fazendo de Atenas uma talassocracia, ele indiretamente obrigou os lacedemônios a acompanhar a tendência, ainda que tenha sido preciso esperar o ouro persa e Lisandro para fazê-los dar o passo decisivo nesse setor. Em terra, o confronto de falanges continua a ser a rainha das batalhas, mas a cavalaria e principalmente as tropas ligeiras ficaram mais valorizadas. É principalmente para alimentar as fileiras destas que são recrutados os mercenários, bárbaros ou gregos que perderam suas raízes em anos de campanhas, em busca de um engajamento e de um exército que fará o papel de pátria. Embora Xenofonte conteste isso em *Anábase*, os Dez Mil que caminham com ele através das regiões asiáticas em 401-400 pertencem realmente a essa categoria (*infra*, cap. 15). Portanto, é a figura do soldado-cidadão que se vê abalada, enquanto a especialização cada vez maior das tarefas militares esboça um início de profissionalização também no topo: os generais vão pouco a pouco abandonando a assembleia para os oradores profissionais. Mais globalmente, as atrocidades cometidas pelos dois campos ao longo dessa guerra feriram a fundo o código hoplítico, que, é bem verdade, aparentemente já sofrera muitas torções anteriormente.

Continua difícil avaliar as perdas humanas e medir o impacto da guerra sobre a demografia. O número de cidadãos atenienses, por exemplo, teria se reduzido à metade com relação a 431. Quanto ao êxodo rural, hoje se tende a minorar sua amplitude, ainda que a população urbana, frequentemente miserável, tenha manifestamente conhecido um crescimento relativo. Também aqui esses fenômenos são exemplificados principalmente em Atenas, onde, num contexto de empobrecimento global, o artesanato pode ter se beneficiado com essas transferências: poderia ser esse o destino de Eutero, a quem Xenofonte faz dizer que, despojado de seu patrimônio, está agora "forçado a trabalhar com as mãos para obter o necessário" (*Memoráveis* II, 8). Muitas fortunas parecem ter quase desaparecido, como a de Nícias, que possuía 1.000 escravos alugados aos concessionários das minas de Láurion, ou a de Alcibíades, que em seu período de esplendor gastava sem medida para fazer suas parelhas correrem nos concursos pan-helênicos. Paralelamente, apareceram *neóploutoi* (novos-ricos) e com isso o pessoal político se viu renovado já na primeira fase da guerra: o "dono de curtume" Cléon e depois o fabricante de lâmpadas Hipérbolo, que foi o último ostracizado (417 ou 416?), tornam-se protótipos do demagogo odiado e ridicularizado por moderados como Tucídides ou Aristófanes. A aristocracia fundiária não é mais a única detentora do poder; a fortuna, qualquer que seja sua origem, suplanta o nascimento, e o ponto em comum das novas gerações parece ser uma preocupação maior com os interesses privados: o respeito ao indivíduo, elogiado por Péricles em *Epitáphios*, tinge-se de individualismo. As atribuições de um Andócides, membro do prestigioso *génos* dos céricos (ou outro), banido e arruinado após os escândalos de 415, que se refaz no comércio marítimo (*supra*, cap. 12) antes de recuperar seus direitos de cidadão e então ser novamente exilado, ilustram bastante bem os descaminhos da época e as evoluções em andamento.

Assim, também o campo político e social conserva os estigmas do conflito: a guerra civil, frequentemente utilizada em proveito próprio pelos beligerantes, estendeu seus estragos a praticamente todas as regiões. Mesmo Atenas acabou por vacilar, perdendo na restauração de 403 uma oportunidade de abrir e renovar seu corpo cívico. De fato, para evitar que escravos se beneficiem com ele, é atacado como ilegal (*graphé paranómon*) o decreto de Trasíbulo que dá direito de cidadania aos que haviam combatido pelo restabelecimento da democracia (apenas alguns, que participaram em File, serão aparentemente inscritos; aos outros é concedida apenas a isotelia, igualdade de encargos fiscais[4]). O decreto de Formísio para que se retirasse a cidadania dos que não possuíam bens fundiários (apenas 5 mil) também é rejeitado, enquanto a lei de Péricles reservando a qualidade de cidadãos unicamente aos filhos de pai e mãe atenienses, que fora suspensa durante a guerra, é recolocada em vigor e rigorosamente aplicada (penas severas logo serão instituídas contra casamentos mistos). A democracia bem tenta restaurar-se. Retoma-se a obra de codificação, colocando ordem nas leis, claramente diferenciadas dos decretos e cuja elaboração passa a ser confiada a comissões legislativas de nomótetas, designados entre aqueles que prestaram o juramento dos heliastas, ou seja, os jurados do tribunal popular; paralelamente, uma ação pública "por haver proposto uma lei inoportuna" é criada, distinta da *graphé paranómon*, agora reservada aos decretos inconstitucionais. A fim de atingir o *quorum* exigido para algumas sessões da Assembleia, em lugar da coerção (uma corda pintada com vermelhão, utilizada anteriormente para direcionar os cidadãos para a Pnix), institui-se uma indenização por presença, que os modernos costumam chamar de *misthós ekklesiastikós* – pare-

---

4. P. Brun, *Impérialisme et démocratie à Athènes. Inscriptions de l'époque classique*, 2005, nº 155.

ce que não tanto para combater o desinteresse dos atenienses como para incitá-los à pontualidade (decreto de Agírrio estabelecendo, pouco depois da restauração democrática, uma indenização de 1 e depois 3 óbolos para os primeiros 6 mil a chegarem). Mas, no conjunto, procura-se principalmente evitar toda forma de novidade ou de excesso, encolhendo-se timidamente sob os valores tradicionais.

É nesse contexto de crise moral que se insere o processo de Sócrates, acusado de corromper a juventude e de não reconhecer os deuses da cidade, pelo poeta Meleto, o orador Lícon e Ânito, um rico curtidor de peles que já fora amigo de Terâmenes antes de passar para o campo dos democratas (399). Entretanto os discípulos de Sócrates nos apresentam seu mestre como um cidadão modelo: além de outros feitos, combateu valorosamente em Potideia e em Délion; entre os prítanes, foi o único a opor-se à condenação dos generais vitoriosos nas Arginusas. Mas seu discurso não convencional e suas relações com Alcibíades e Crítias, embora não tenha se associado aos Trinta, faziam dele um personagem no mínimo ambíguo e podiam contribuir para designá-lo como uma espécie de bode expiatório. De fato, o comportamento de Sócrates foi provocador e paradoxal até o final. Depois de uma primeira votação mostrar uma pequena maioria contra ele (60 votos sobre 501), segundo o uso, o júri devia pronunciar-se entre as penas propostas pela acusação e pelo acusado, e seria de esperar uma simples multa. Mas Sócrates pediu para ser alimentado no pritaneu, o que normalmente era uma honra reservada aos hóspedes ilustres ou aos cidadãos particularmente merecedores. Pouco depois, quando lhe propuseram que fugisse, ele se recusou a salvar-se, em todos os sentidos do termo, por respeito às leis de sua pátria (cf. *Memoráveis* e *Apologia de Sócrates*, de Xenofonte; *Apologia* e *Críton*, de Platão). Ordem moral em Atenas, ordem social em Esparta: no mesmo ano em que Sócrates bebe a cicuta (ou em 398, ou mesmo em 397?), os éforos sufocam no berço a revolta fomentada por Cínadon e seus cúmplices, que "não queriam mais ser inferiores a ninguém" (*Helênicas*, III, 3, 4-11). Por isso é nas fileiras desses *hypomeíones*, dos neodâmodas e dos hilotas (*supra*, cap. 9) que é mobilizada boa parte das tropas enviadas para o exterior no início do século IV (expedições asiáticas e recrutamento de Dionísio o Velho). Depois das rebeliões hilóticas do passado, essas são novas rachaduras num edifício que se mostrará incapaz de suportar o peso da vitória (*infra*, cap. 15).

Portanto, de tudo isso ressaltam aparentemente dois vencedores: Esparta e sobretudo o Grande Rei, que volta ao jogo aproveitando-se dessa guerra fratricida. Mas, longe de apresentar o equilíbrio do primeiro classicismo, o século IV será o da dispersão das energias até o esgotamento, antes de um recém-chegado, o reino da Macedônia, impor sua concepção de unidade: provavelmente não é exagero dizer que boa parte do mundo grego nunca se recuperará totalmente da guerra do Peloponeso.

Capítulo 14

OS GREGOS NO OCIDENTE, NA CIRENAICA E NO PONTO EUXINO

Os gregos do Ocidente não estão isolados da metrópole e sua história não começa no século IV. Entretanto, é válido reservar-lhes um capítulo neste lugar, porque desempenham um papel específico na história do helenismo e esse papel então está excepcionalmente documentado, especialmente graças a Diodoro, bem informado sobre sua pátria, em particular nos livros XIII a XVI, e a Plutarco (*Vidas* de Díon e de Timoleonte); ambos buscaram a informação em autores contemporâneos dos fatos ou pouco posteriores, como Filisto, companheiro dos Dionísios, ou Timeu de Tauromínio (Taormina), que, ao contrário, é hostil a eles. As cartas de Platão, que passou três períodos em Siracusa, também dão esclarecimentos interessantes, ainda que muito se tenha discutido sobre sua autenticidade. Além disso, os livros III a VI de Estrabão fornecem grande quantidade de dados, e tanto a Sicília como a Itália meridional restituíram aos arqueólogos um material considerável: lá se encontram, por exemplo, os templos gregos mais bem conservados. Por sua vez, Marselha (Massália), "cidade foceense", como ainda hoje gosta de autodenominar-se, é objeto de pesquisas renovadas. Por fim, diremos algumas palavras sobre as outras periferias do mundo grego, Cirenaica e Mar Negro, que também são palco de uma produtiva atividade arqueológica.

Visão geral da Magna Grécia e da Sicília antes do século IV

As condições da instalação dos gregos no Ocidente foram expostas no capítulo 8. Como no Ponto Euxino, apenas uma faixa litorânea é ocupada. O interior, frequentemente montanhoso, continua a ser domínio dos nativos: na Sicília, de oeste para leste, elimos, sicanos e sículos, depois mercenários de origens diversas (principalmente campanienses) implantados pelos tiranos; na Itália, samnitas, iapígios (entre os quais os messápios) e principalmente os lucanos, que constituirão antes dos brútios um Estado poderoso; gauleses celtoligúrios ao redor de Massália. Essas populações se mostram mais ou menos turbulentas e receptivas à influência grega: basta pensar no soberbo templo de Egesta ou Segesta, cidade elima, enquanto na Magna Grécia Cumas e Posidônia (que toma então o nome de Pesto) passam para o domínio bárbaro no último quarto do século V. A elas se somam os cartagineses, senhores da parte mais ocidental da

Época clássica

Sicília, domínio que os gregos qualificam com o termo *epikráteia*, e os etruscos no norte da Campânia; os cartagineses são os sucessores dos terríveis fenícios já tão mal vistos na *Odisseia*, enquanto os etruscos são fortemente influenciados pela cultura grega, como demonstraram espetaculares descobertas arqueológicas na Etrúria. Especialmente na Sicília, a situação se complica ainda mais porque as populações são muito misturadas. Numerosos comerciantes púnicos frequentam regularmente os portos gregos ou neles residem, e existem comunidades gregas nas implantações cartaginesas: a extraordinária estátua de um jovem encontrada em Mozzia (Mótia), sítio púnico no pontal ocidental da Sicília, constitui uma das obras-primas da estatuária grega e poderia ser um símbolo dessa coabitação (encomenda de um cartaginês a um ateliê grego ou produto da pilhagem de um sítio grego?). Quanto às cidades, aqui como em outros lugares podem ser ferozmente rivais: por exemplo, em 510 Síbaris é saqueada por Crotona e passa a depender dela, enquanto Siracusa exerce domínio sobre os siciliotas, nome dado aos gregos da Sicília, e mesmo além. Ademais, frequentemente são dilaceradas pela *stásis* (guerra civil). Essa mistura explosiva produz uma história particularmente complexa e, pelo menos no século IV, um pouco repetitiva, principalmente na Sicília, onde os fatos são mais conhecidos e a insularidade confere uma vaga coerência ao conjunto: sujeição ou revolta dos nativos, guerras contra os bárbaros, conflitos de influência ou de fronteira entre cidades e distúrbios sociopolíticos superpõem-se e se entrelaçam, às vezes inextricavelmente.

Essa situação não impede os gregos ocidentais de usufruir globalmente grande prosperidade. Às vezes ela se deve basicamente ao comércio, como em Marselha ou em Régio, cujo tirano Anaxilau (494-476) pouco depois de 490 estende seu controle sobre o estreito, apossando-se de Zancle (à qual dá o nome de Messina, já que ele próprio é de origem messênia). Mas provavelmente o elemento mais notável é constituído pelos casos de exploração metódica do território visando a uma produção especulativa de cereais. Assim, prospecções e fotografias aéreas revelaram um rigoroso parcelamento em vastas áreas da *khóra* de Metaponto, cujo principal símbolo monetário é a espiga de cevada; também foram descobertos vários entrepostos ligados com a costa e o conjunto revela uma produção abundante, parcialmente destinada à exportação. Dependendo do caso, as terras podiam ser cultivadas pelos próprios cidadãos, eventualmente auxiliados por escravos ou por servos nativos (cilírios a serviço dos *gamóroi*, grandes proprietários em Siracusa). Outros produtos eram famosos, como o vinho de Agrigento, muito apreciado pelos cartagineses, a ourivesaria e as roupas tingidas de púrpura em Tarento, onde aparentemente a exportação de lã era proibida. Tarento destaca-se também pelo artesanato de bronze, assim como outras cidades da Itália meridional, como Régio e Locros, que é conhecida também por seus *protomaí* (representações limitadas à cabeça e ao pescoço) e relevos

Os gregos no Ocidente, na Cirenaica e no Ponto Euxino

Mapa 11. Sicília e Magna Grécia.

votivos (*pínakes*) de terracota. A produção de vasos decorados também é florescente: na segunda metade do século V, sob influência principalmente de oleiros e pintores vindos de Atenas para se instalar em Túrio e depois em outros lugares, uma bela cerâmica imitando o estilo ático de figuras vermelhas, mas com uma decoração de inspiração original, desenvolve-se na Lucânia, Apúlia, Campânia e Sicília, onde as descobertas de fornos e vestígios de ateliês têm se multiplicado nestas últimas décadas (cf. em Metaponto). Ainda hoje a riqueza das colônias gregas se mede facilmente pelos vestígios impressionantes que restituíram: túmulos pintados e templos de Posidônia, onde se observam ousadias e refinamentos que se antecipam ao Partenon; templos em quantidade inigualada em Selinunte; o "vale dos templos" em Agrigento, no terraço inferior da cidade, que chegou a ter 200 mil habitantes, dos quais 20 mil cidadãos, segundo Diodoro da Sicília (estimativas semelhantes para Selinunte, diminuídas por alguns mas confirmadas pelas últimas pesquisas arqueológicas).

Na Magna Grécia, as instituições continuam bastante mal documentadas, embora algumas inscrições em bronze venham às vezes compensar a escassez das informações fornecidas pelos autores (cf. a respeito dos legisladores arcaicos: *supra*, cap. 8). Nela são encontradas aproximadamente todas as configurações observadas em outros lugares: oligarquias de aristocratas, como em Crotona (com intervalos democráticos e tirânicos) ou em Régio (até a tirania de Anaxilau); democracias moderadas, como em Tarento, que entre 367/6 e 361/0 (cronologia usual, mas pouco segura) é governada por um amigo de Platão, o erudito pitagórico Arquita, e da qual Aristóteles elogia a constituição equilibrada e certas práticas sociais; ou como em Locros, onde a partir da segunda metade do século IV são atestados uma Assembleia, um Conselho e magistrados anuais formando colégios de três, pois os cidadãos estão divididos em três tribos (cf. as contas do santuário de Zeus transcritas em tabuinhas de bronze). Mas, muito particularmente na Sicília, o fato marcante é a tirania, que já havia prosperado na primeira metade do século V. Além de Cleandro e depois Hipócrates em Gela (*ca* 505-490) e Teronte em Agrigento (*ca* 489-472), podemos citar os dinomênidas de Gela e de Siracusa, onde Gélon tomou o poder por volta de 485, aproveitando-se da oposição entre os *gamóroi* e o povo provisoriamente aliado aos cilírios, antes de reorganizar a região como bem quis (destruição de Camarina e evacuação forçada de Mégara Hibleia, transferências de população). Vemos em Heródoto e Tucídides que, depois dos gregos da Jônia mas antes da Atenas de Temístocles, é na Sicília que as frotas de combate se compunham de mais trirremes, sinal de um grande desenvolvimento técnico e econômico: isso não é de surpreender, pois, juntamente com o leste da Grécia, a ocidental era a mais exposta à concorrência oriental, nesse caso principalmente fenício-púnica, e a seu formidável potencial naval. Em 480, Gélon está poderoso a ponto de vencer os cartagineses em

Himera; depois seu irmão Híeron, que o sucedeu em 478, derrota os etruscos ao largo de Cumas (474). Enquanto os grandes santuários da metrópole ressoam com a glória dos dinomênidas (vitórias em Olímpia, consagração em Delfos de tripés monumentais e do célebre auriga), Siracusa adorna-se com templos e sua corte é famosa em toda a Grécia: acolhe, entre outros, Píndaro, Epicarmo de Cós, pioneiro da comédia, e Ésquilo, que nela fez representar *Os persas* pouco depois de sua criação em Atenas e termina seus dias em Gela.

Entretanto, na maioria das cidades a tirania desaparece ao longo dos anos 460 (o último dinomênida, Trasíbulo, cai em 466/5; Régio e Messina libertam-se deles em 461). Especialmente na Sicília, é substituída por democracias, mais ou menos impregnadas de oligarquia e frequentemente pontilhadas por fortes tensões, devidas, entre outras causas, à heterogeneidade dos corpos cívicos, que os tiranos haviam remodelado como bem queriam, a fim de firmar sua política pessoal. É nesse contexto de múltiplas contestações que a eloquência judiciária supostamente nasceu em Siracusa (Córax e Tísias, de quem o sofista Górgias teria sido aluno); imitando Atenas, os siracusanos até mesmo experimentaram durante algum tempo um equivalente do ostracismo, que entre eles tinha o nome de petalismo. Soma-se a isso a agitação dos nativos: entre 460 e 450, os sículos, congregados por um ex-mercenário, Ducécio, formam no centro da ilha um Estado independente. Entretanto, o movimento comandado por Ducécio – que, por sua vez, parece perfeitamente helenizado – aparentemente se baseia mais em suas ambições pessoais do que numa verdadeira consciência nacional sícula. Em todo caso, as cidades, por uma vez reunidas atrás de Siracusa, conseguem neutralizá-lo e Ducécio é exilado em Corinto; retorna à Sicília e morre pouco depois. Durante a guerra do Peloponeso os siracusanos conseguem repelir a invasão ateniense entre 415 e 413 (capítulo anterior). Em seguida, enquanto o estratego Hermócrates guerreia com os aliados peloponenses no Egeu, relacionando-se nessa circunstância com os sátrapas da Ásia Menor, Díocles reforma as instituições da cidade num sentido mais democrático (quase se poderia dizer mais ateniense...), principalmente substituindo o sorteio pela eleição para designação dos magistrados. Hermócrates, próximo da facção oligárquica, é destituído e condenado ao exílio. É nesse contexto que se delineia uma nova ameaça cartaginesa.

Dionísio o Velho (406-367)

A *epikráteia* púnica então se limitava principalmente às praças de Mótia, Solunte e Panormo (Palermo). Como o partido belicista estava novamente em cena, sob comando do magônida Aníbal, neto daquele Amílcar outrora derrotado em Himera, os cartagineses aproveitaram o fim da guerra do Peloponeso – que retinha no Egeu uma parte das forças de Siracusa e as de seus aliados peloponenses – para retomarem a ofensiva. Como em 415, tudo começa com um conflito de fronteira, entre Egesta e Selinunte, que Atenas não está mais em condições de arbitrar. Egesta volta-se então para Cartago, que não perde a oportunidade de interferir. Em 409, Selinunte é tomada e quase toda destruída, assim como Himera, cuja parte da população que ainda não fora evacuada é torturada e executada para vingar a morte de Amílcar. Responsabilizado pela ineficiência do socorro siracusano, Díocles é exilado, sem que Hermócrates – que entretanto acaba de realizar uma incursão nas cidades destruídas e raides vitoriosos contra Mótia e Panormo – possa tirar proveito disso. Pois Hermócrates tornou-se suspeito ao recrutar tropas graças a subsídios do sátrapa Farnabazo e é rejeitado pelos compatriotas, que o acusam de aspirar à tirania. Entretanto, com a cumplicidade de alguns partidários, ele consegue penetrar em Siracusa; mas o povo, informado, imediatamente se reúne na ágora, portando armas, e executa-o juntamente com a quase totalidade de seus companheiros (408/7). Essa engrenagem é muito representativa do complexo siciliano: um problema greco-indígena local degenerou em confronto greco-púnico e depois em crise política em Siracusa. Em 406, uma nova ofensiva cartaginesa resulta na destruição de Agrigento, mais uma vez mal apoiada pelos siracusanos.

Entre os sobreviventes do círculo de Hermócrates figura Dionísio, jovem de 25 anos, aparentemente de boa família e que Timeu descreve como "um louro alto e sardento". Inicialmente condenado a pagar uma multa por haver apresentado na Assembleia a proposta ilegal de condenar sem processo os generais incompetentes, ele volta à carga com a ajuda de seu amigo Filisto (o futuro historiador e que pagou a multa por ele), desta vez com mais sucesso, pois é eleito estratego (406). Trazendo de volta do exílio outros partidários de Hermócrates que o apoiarão, obtém do povo de Gela a condenação à morte dos cidadãos mais ricos e o confisco de seus bens. Esses novos subsídios permitem-lhe aumentar o soldo de suas tropas; depois faz os colegas estrategos serem destituídos por negligência. Logo em seguida, enquanto seus partidários se empenham em lembrar qual foi a superioridade de Siracusa sobre Cartago quando as forças da cidade estavam sob comando de um único (Gélon, no século V), ele é eleito estratego com plenos poderes (*strategós autokrátor*, em 405). Enquanto se encontra em Leontinos, por meio de uma encenação simulando um atentado contra sua pessoa, como Pisístrato outrora em Atenas, consegue uma guarda pessoal de várias centenas de homens. Em seguida desposa a filha de Hermócrates e livra-se de seus inimigos mais influentes e mais ricos. Agora o vemos munido de todo o aparato do perfeito tirano – a tal ponto que se chegou a expressar reservas quanto à autenticidade de alguns detalhes transmitidos por nossas fontes, que poderiam ser parte do "folclore" convencionalmente ligado à tirania (*supra*, cap. 9).

Os gregos no Ocidente, na Cirenaica e no Ponto Euxino

As operações contra Cartago infelizmente não são mais produtivas e, *in extremis*, uma tentativa de golpe de Estado perpetrada por cavaleiros siracusanos – representando as classes mais ricas, frequentemente hostis à tirania – fracassa. Entretanto os oponentes tiveram tempo de assassinar a esposa de Dionísio, antes de serem massacrados por ele ou de se refugiarem fora da cidade. Em 405 é firmada a paz com Cartago: o tratado, desfavorável para Siracusa, que no entanto evitou o pior, prevê que os elimos e os gregos que voltarem a suas cidades da Sicília ocidental pagarão tributo a Cartago e não terão direito de reerguer suas muralhas, enquanto os sículos e as cidades gregas da Sicília oriental serão autônomos, escapando portanto da dominação de Siracusa. Mas a submissão desta a Dionísio é reafirmada, o que para o tirano basta por enquanto. Não se sabe por que Cartago, cuja superioridade militar era então evidente, não procurou tirar mais proveito dela. Diodoro menciona uma epidemia de peste no exército; mas acredita-se que isso seja um *tópos* (lugar-comum), o da punição dos sacrilégios bárbaros que destroem os templos gregos (como o de Hera em Agrigento, cujo incêndio deixou marcas visíveis até hoje). Também é possível que os cartagineses tenham receado uma intervenção dos peloponenses, recém-liberados da guerra contra Atenas.

Os anos que se seguem a esse tratado são ocupados em consolidar a tirania, inicialmente fortificando a ilhota de Ortígia, onde Dionísio estabelece seu palácio, protegido assim dos perigos tanto internos como externos. É de lá que, em 404/3, sufoca uma nova tentativa de revolução. As terras confiscadas de seus adversários ele loteia entre mercenários, cidadãos pobres, cilírios helenizados e outros escravos libertos promovidos a neocidadãos (*neopolítai*) e por isso mesmo transformados em partidários fiéis do tirano, que assim recompõe o corpo cívico de acordo com seu interesse. Isso não o impede de desposar uma jovem aristocrata siracusana, Aristômaca, irmã de Díon (cf. abaixo). A mesma política vale fora de Siracusa. De fato, sem fazer caso do tratado de 405, Dionísio reata com a expansão: apodera-se de Catânia e de Naxos, vende os habitantes e instala mercenários campanienses e sículos em seus territórios, enquanto os leontinos são deportados para Siracusa, da qual se tornarão cidadãos (403). Do lado continental, é firmada uma aliança com a cidade de Locros, sancionada por outro casamento, com a aristocrata Dóris, o que lhe permite intensificar a pressão sobre Régio. Ao mesmo tempo, é feito um amplo esforço armamentista visando à retomada da guerra contra Cartago. As lições das tentativas de cerco atenienses de 414 foram aprendidas: têm início no planalto de Epípolas gigantescos trabalhos de fortificação que mobilizam 60 mil obreiros de condição livre, estimulados por bonificações substanciais; peça-mestra do dispositivo, o forte de Euríalo, que será concluído muito mais tarde, constitui um dos sucessos da arquitetura militar grega. Siracusa transforma-se então numa verdadeira fábrica de armamentos, até mesmo no opistódomo

Época clássica

(recinto posterior) dos templos, segundo Diodoro: artesãos e engenheiros constroem ali armas de toda espécie, inventam a catapulta, segundo se diz, enquanto os arsenais, alimentados pelas florestas do Etna, lançam as primeiras tetrarremes e pentarremes, provavelmente seguindo modelos cartagineses (muito provavelmente navios com apenas duas pontes, mas com dois ou três remadores por remo, e mais pesados que as trirremes). Conta-se que Dionísio, desejando aumentar o ardor dos artesãos e dos obreiros, participava pessoalmente dos preparativos. Assim é constituído um exército importante e bem equipado, composto de siracusanos e de mercenários recrutados até em Esparta, entre os inferiores (*supra*, caps. 9 e 13). Os cartagineses foram então intimados a se retirar de todas as cidades gregas e, segundo Diodoro, o ódio racial, incentivado por Dionísio, desencadeou-se: em toda parte os interesses púnicos foram prejudicados por motins e perseguições (398/7).

As operações começaram pelo cerco de Mótia, muito longo e complexo, do qual Diodoro deixou um relato espetacular. A ilha acabou caindo, mas em 396 Himilco, comandante do exército de socorro enviado por Cartago, retoma-a e desloca a guerra para o leste: arrasa Messina e ameaça Siracusa. Dionísio retorna precipitadamente, no momento em que, sem sucesso, seus oponentes tentam aproveitar-se dos acontecimentos para derrubá-lo, acusando-o sobretudo de prolongar propositalmente o estado de guerra para manter-se no poder. Siracusa é salva por suas muralhas e pela peste, que, mais uma vez, teria atingido o exército bárbaro. Em 393, outra expedição cartaginesa, sob as ordens de Mágon, não consegue nada mais; no ano seguinte é firmada a paz, mais favorável que a de 405 porque Tauromínio e os sículos passam a depender oficialmente de Siracusa, enquanto Cartago parece afrouxar a pressão sobre as cidades gregas da *epikráteia*, limitada ao setor norte-ocidental da ilha. (Uma terceira guerra, cuja cronologia é incerta, se encerrará pouco depois de meados dos anos 370, com um revés: Cartago ganhará provisoriamente várias posições, inclusive Selinunte, pois a fronteira é fixada no rio Halico.)

Valendo-se desses (relativos) sucessos que o levam a ser honrado em Atenas com o título de "arconte da Sicília" (394/3)[1], Dionísio retoma sua expansão na Magna Grécia. Sempre aliado a Locros, em 390/89 empreende uma guerra contra a Liga Italiota, constituída de cidades agrupadas sob a liderança de Crotona e unidas por um tratado de assistência mútua. Régio – objetivo antigo de Dionísio, que já há muito tempo almeja controlar o estreito de Messina – faz parte dela. Com auxílio dos lucanos, sai vencedor (vitória perto do rio Eléporo, de localização incerta) e firma uma paz vantajosa com a Liga (388). Isolada, Régio acaba se rendendo, após

---

1. P. Brun, *Impérialisme et démocratie à Athènes. Inscriptions de l'époque classique*, 2005, nº 37.

um cerco de 11 meses (387/6). Obtendo, menos de dez anos depois, a submissão de Crotona, aliado com Metaponto, Tarento e sua colônia de Heracleia, ele passa a dominar a Itália meridional. Segundo Estrabão, até mesmo decide proteger seus domínios por um muro cruzando toda a largura da Calábria. Mas suas ambições vão muito além. Apesar das honrarias que os atenienses lhe concederam, em 387 envia 20 trirremes ao esparciata Antálcidas, no contexto das operações que prenunciam a paz do Rei (capítulo seguinte). Pouco depois, resolve em proveito próprio os assuntos públicos dos molossos, um povo do Epiro, instalando no trono seu amigo Alcetas, anteriormente refugiado em Siracusa. Embora os arqueólogos hoje tendam a revisá-la para menos, porque os achados nem sempre confirmam os testemunhos antigos, sua política colonial é aparentemente muito dinâmica. Segundo Diodoro, ele funda principalmente Lissos, na Ilíria, e incentiva implantações diversas na Dalmácia (Faros e Issa). Alguns atribuem-lhe também a fundação, no local de antigos entrepostos, de Ancona e de Ádria, que teriam possibilitado sua presença nas duas costas do Adriático e a cobrança de taxas sobre os produtos em trânsito, principalmente a partir da Itália setentrional (trigo, âmbar etc.). Mas a paternidade dessas duas fundações lhe é contestada e, mais globalmente, discute-se a natureza da expansão siracusana no Adriático, principalmente quanto às colônias militares. Em todo caso, pode recrutar novos mercenários entre os gauleses estabelecidos nessas regiões, e uma incursão em território etrusco rende-lhe um butim de 1.500 talentos. Segundo Diodoro, que lhe atribui até mesmo a intenção de pilhar o santuário de Delfos, tornou-se o homem mais poderoso da Europa.

É que a personalidade pitoresca de Dionísio e sua ação política fizeram correr muita tinta. As anedotas bizarras multiplicaram-se, como é frequente com relação aos tiranos. Insiste-se muito em sua desconfiança beirando a paranoia; por exemplo, só se deixaria barbear pelas três filhas, chamadas Virtude (*Aretê*), Justiça (*Dikaiosýne*) e Temperança (*Sophrosýne*), com cascas de noz em brasa. Sua crueldade era proverbial e sua megalomania ficou famosa principalmente quando ele fez representar uma tragédia de sua autoria em Atenas, no concurso das festas leneanas, e obteve um primeiro prêmio de favor, mais ou menos no momento em que os atenienses faziam aliança consigo (368/7). Não desmereceu a tradição de mecenato dos tiranos sicilianos, acolhendo principalmente Platão, antes de desentender-se com ele (388). No governo da cidade, Dionísio tem muito do político manhoso. Sabe alimentar uma ficção de democracia (Assembleia, moeda com a legenda cívica *Syrakosíon = [moeda] dos siracusanos*) e apoia-se no *dêmos* (povo), que remodelou em proveito próprio, introduzindo tantos novos cidadãos quanto necessário. Suas guerras contínuas, recorrendo a grandes efetivos de mercenários, são ademais financiadas por uma fiscalidade tão inventiva quanto insistente e por uma política monetária direcionada para as trocas locais e as emissões fiduciárias (dracmas de prata supervalorizadas no valor nominal de 2 dracmas e numerário de bronze alinhado com moedas púnicas).

Tudo isso explica que, para os teóricos políticos do século IV, tenha se tornado uma espécie de arquétipo do tirano e de tudo o que há de reprovável nesse sistema, contaminando em contrapartida o próprio conceito de tirania e provavelmente falseando a percepção que um Aristóteles podia ter dos tiranos arcaicos (*supra*, cap. 9). Mas, nessa linha, provavelmente lhe atribuíram mais do que realmente fez. Convém lembrar também que Isócrates, impressionado por seu ardor no combate aos cartagineses, durante algum tempo pensou nele para comandar a guerra pan-helênica contra os persas. Herdeiro de tradições ocidentais (dinomênidas), atenienses (aspirações talassocráticas) e orientais (pode ter se inspirado em certos usos aquemênidas quando acompanhava Hermócrates no Egeu), na realidade Dionísio realizou uma síntese original delas; e muitos o veem como fundador do primeiro grande Estado territorial do mundo grego, o que o tornaria um precursor de Alexandre e de seus herdeiros helenísticos (*infra*, caps. 17 e 19).

Dionísio o Jovem, Díon e Timoleonte (367-337)

Com a morte de seu pai, quando as hostilidades com Cartago recomeçaram, Dionísio o Jovem, que é filho da lócria Dóris, consegue conservar o poder por meio de uma votação da Assembleia (367). Bastante astucioso mas de natureza indolente e tido como beberrão, segundo nossas fontes ele nada tem do temperamento paterno, ainda que o início de seu reinado seja favorecido com alguns sucessos militares e políticos. Por isso os que o cercam esperam ter algum domínio sobre ele, especialmente Díon, que fora um fiel companheiro de Dionísio o Velho; inclusive se tornara seu cunhado com o casamento deste com sua irmã Aristômaca (cf. acima) e ao mesmo tempo seu genro, pois havia desposado uma das filhas de Dionísio, Areté. Muito rico, Díon é também discípulo de Platão desde a primeira estadia deste em Siracusa, e é ele que convence o novo tirano a chamar de volta o filósofo. Segundo a carta VII, Platão teria hesitado antes de decidir-se a aproveitar essa oportunidade de concretizar suas ideias políticas. Depois de um início excelente (segundo Plutarco, toda a corte começou a gabar-se de entender de geometria), Díon e Platão despertaram suspeitas. Dionísio astuciosamente conseguiu que Díon fosse acusado de conluio com os cartagineses e forçou-o a exilar-se, enquanto Platão, sem ter conseguido impor nada concreto, voltou para Atenas (367/6). A Sicília conheceu então um período de paz, mas aparentemente sem desfrutar de um retorno de prosperidade. O descontentamento dominou os siracusanos, decididamente versáteis. Pela terceira e última vez, Platão tomou o caminho de Siracusa, mas sua tentativa de reconciliação entre Dionísio e Díon fracassou, enquanto seu sobrinho Espeusipo, futuro diretor da Academia, sondava a opinião pública e confirmava a impopularidade de Dionísio (360).

Na primavera de 357, Díon, a quem Dionísio inicialmente deixou sua fortuna, reúne 800 mercenários e alguns navios em Zacinto, esquiva-se da frota de Filisto, que guardava o canal de Otranto, e desembarca em Heracleia Minoa, cidade grega da *epikráteia*, onde é favoravelmente recebido pelas autoridades púnicas, pois Cartago tinha tudo a ganhar com a *stásis* que está latente em Siracusa. Ao chegar à cidade, Díon é saudado como libertador, embora tivesse obtido pouco apoio dos outros exilados siracusanos, que provavelmente viam a operação como um ajuste de contas em família. Na verdade, o personagem é, no mínimo, ambíguo e a sequência dos acontecimentos, muito confusa. Enquanto Dionísio exilou-se em Locros, o próprio Díon se mostra arrogante e altivo. Manda assassinar seu ex-condiscípulo e mais perigoso rival, o navarco Heráclides, que tinha o favor do *dêmos* (mas seria ele o demagogo disposto a tudo, como o retrata Plutarco, ele próprio neoplatônico e simpatizante incondicional de Díon?); também se abstém de arrasar a cidadela de Ortígia, como se a tirania só tivesse mudado de rosto. Por fim, em 354 Díon é assassinado por um de seus companheiros, o ateniense Calipo. Segue-se um interlúdio tirânico exercido pelo assassino e depois por dois outros filhos de Dionísio o Velho, antes de Dionísio o Jovem retomar o poder, em 346. A Sicília vê-se então a braços com a divisão, e a tirania volta a florescer na maioria das cidades (cf. Andrômaco, pai do historiador Timeu, em Tauromínio).

É nessas condições que os oponentes siracusanos a Dionísio, entre os quais Hícetas, que então governava Leontinos, lançaram um apelo a Corinto (metrópole de Siracusa), na qual Timoleonte foi então designado para comandar na Sicília algumas centenas de mercenários (345/4). Personagem surpreendente, esse Timoleonte: nossas fontes apresentam-no como favorecido pela sorte e expõem complacentemente todos os prodígios que acompanharam sua aventura siciliana. Seu passado é quase desconhecido, exceto que na juventude teria matado o próprio irmão, suspeito de ambicionar a tirania em Corinto. Quando desembarca em Tauromínio, onde é bem recebido por Andrômaco, as adesões multiplicam-se e em 50 dias ele consegue a abdicação de Dionísio, que terminará a vida como mestre-escola em Corinto. Segue-se uma fase confusa de combates de rua em Siracusa, parcialmente dominada por Hícetas, ao qual se associou um exército púnico. Por fim, temendo uma confraternização entre mercenários gregos presentes em ambos os lados, os cartagineses preferem retirar-se e Hícetas foge. Timoleonte então cuida prioritariamente de evitar os erros cometidos por Díon e elimina toda e qualquer ambiguidade sobre suas intenções políticas, arrasando as muralhas de Ortígia e lançando um primeiro conjunto de reformas, entre as quais uma distribuição de terras.

Época clássica

Entretanto, para ir mais longe nesse âmbito ele precisa ter as mãos absolutamente livres e não sofrer a ameaça púnica. Mas Cartago envia à Sicília um exército considerável, que Timoleonte enfrenta em 341 ou 339, com efetivos muito inferiores, às margens do Crimiso (Sicília ocidental, localização duvidosa); sua habilidade tática (ataca no momento em que o inimigo está atravessando o rio), auxiliada por uma tempestade providencial, dá-lhe a vitória. Fica então com total liberdade de ação para liquidar os tiranos (com exceção de Andrômaco), instalar oligarquias moderadas como em Siracusa (entretanto, a natureza exata das reformas e do novo regime é assunto de debate entre os especialistas) e confederar as cidades siciliotas, repovoadas por colonos provenientes da metrópole. O período seguinte é descrito como um verdadeiro renascimento para a ilha, o que a arqueologia confirmou em parte (numerosas construções, circulação de moedas com o tipo coríntio de Pégaso etc.). Em 337, no auge da glória mas considerando encerrada sua obra, Timoleonte retira-se, justificando plenamente os temas desenvolvidos por sua propaganda, que o mostrava como um libertador desinteressado, uma espécie de antitirano. Quando morre, em 334, os siracusanos organizam-lhe funerais nacionais. Mas a Sicília rapidamente recai na desordem – daí as dúvidas expressas por alguns quanto à profundidade e à eficácia das reformas empreendidas.

Mais tarde Siracusa reatará com o poder monárquico, na pessoa de Agátocles, tirano (com o título de *strategós autokrátor*, entre outros títulos legais) a partir de 316, depois rei de *ca* 305 a 289, imitando os diádocos. Agátocles trava uma luta feroz contra Cartago, chegando a levar a guerra à África (310-307); relaciona-se principalmente com Ptolomeu I, por intermédio de Ofelas de Cirena (assassinado em 308) e depois por uma aliança matrimonial (casa com a princesa lágida Teoxena, na virada dos séculos IV/III), e também com Pirro e Demétrio Poliorceta, dando sua filha Lanassa a um e depois ao outro (por volta de 295-291). Depois de um novo intervalo político confuso e da passagem de Pirro (278-276), Híeron II – *strategós autokrátor* entre 275 e 270 aproximadamente e rei até 215 – embeleza a cidade e mantém uma corte brilhante. Após um longo cerco, em 211 a cidade cai nas mãos dos romanos, apesar das invenções de Arquimedes, enquanto a maior parte da Sicília já fora anexada a Roma no final da primeira guerra púnica (246-241, mas a província pretoriana só é criada em 227). Quanto às cidades da Itália meridional agrupadas na Liga Italiota que Arquita de Tarento reconstituíra, com o desaparecimento do império siracusano ficam entregues à pressão crescente dos bárbaros do interior (brútios principalmente). Mais ou menos bem auxiliadas pelas iniciativas esporádicas de reis-aventureiros provenientes da Grécia (Arquidamo III de Esparta e o rei do Epiro Alexandre o Molosso, que ali morrem respectivamente em 338 e 331/0, depois Pirro entre 280 e 275), são absorvidas pela aliança romana já no primeiro terço do século III (*infra*, caps. 19-20).

Os gregos no Ocidente, na Cirenaica e no Ponto Euxino

Marselha (Massália)

A colonização foceense foi rapidamente abordada no capítulo 8. As vicissitudes da Jônia no século VI e no início do século V, especialmente a tomada da metrópole pelo meda Harpago, general de Ciro (546/5), provocaram uma nova emigração no Mediterrâneo ocidental, porém suas modalidades e amplitude ainda são discutidas: o silêncio de Heródoto sobre Massália, sendo que o autor se alonga sobre o cerco de Foceia, é particularmente frustrante; e uma anotação breve e ambígua de Tucídides, bem como de outras fontes, transmitidas principalmente por Estrabão, pioram o problema. Em todo caso, a cidade conheceu um desenvolvimento bastante rápido e sua extensão foi precisada pelos arqueólogos – principalmente a do porto do Lacydon, mais vasto que o atual Vieux Port e cujas escavações revelaram várias fases de melhoramentos (cais, arsenal com boxes para navios). Inicialmente concentrado na área atual do forte Saint-Jean e na colina Saint-Laurent, o hábitat estendeu-se para o interior e por fim uma muralha (inventários dos séculos VI, IV e II) engloba os Moulins e os Carmes. Os monumentos e a topografia são pouco conhecidos ainda hoje (templos de Atena, de Apolo Delfinino e de Ártemis Efésia; teatro). Sabemos mais sobre o regime político, elogiado por Aristóteles no século IV (oligarquia aberta ao mérito) e mais tarde qualificado por Estrabão de "a constituição democrática mais bem regulamentada de todas as desse tipo" (VI 1, 5). Estrabão menciona o conselho oligárquico dos 600 timucos (literalmente "os que detêm as honras"), presididos por 15 dentre eles, que por sua vez são dirigidos por três, entre os quais ainda se distingue um presidente. Esses timucos são eleitos vitaliciamente entre os cidadãos que têm filhos e com a condição de que os ascendentes sejam cidadãos já há três gerações: o caráter arcaico dessas disposições foi enfatizado muitas vezes, assim como o conservantismo dos massalienses em geral, ainda mais firmemente presos às suas raízes (cultos e antropônimos tipicamente jônios etc.) por estarem isolados num ambiente bárbaro.

A cidade possuía escolas de grande renome até em Roma. Conhecidos por serem austeros e disciplinados, os massalienses tinham também fama de poliglotas, falando, além do grego, o gaulês e depois o latim. A questão do relacionamento com os nativos é precisamente uma das mais debatidas. Segundo os autores, as relações, originalmente boas, em seguida tiveram altos e baixos (cf. o cerco comandado pelo chefe gaulês Catumando, que por fim teria se reconciliado com os massalienses, no início do século IV). A influência grega sobre as populações locais é indiscutível, mas parece um tanto tardia e difícil de ser avaliada: podem-se citar a introdução da oliveira e o modo de trabalhar a vinha, a técnica de construção das muralhas, como em Saint-Blaise, a adoção do alfabeto (uso bem atestado pelas inscrições, principalmente a partir

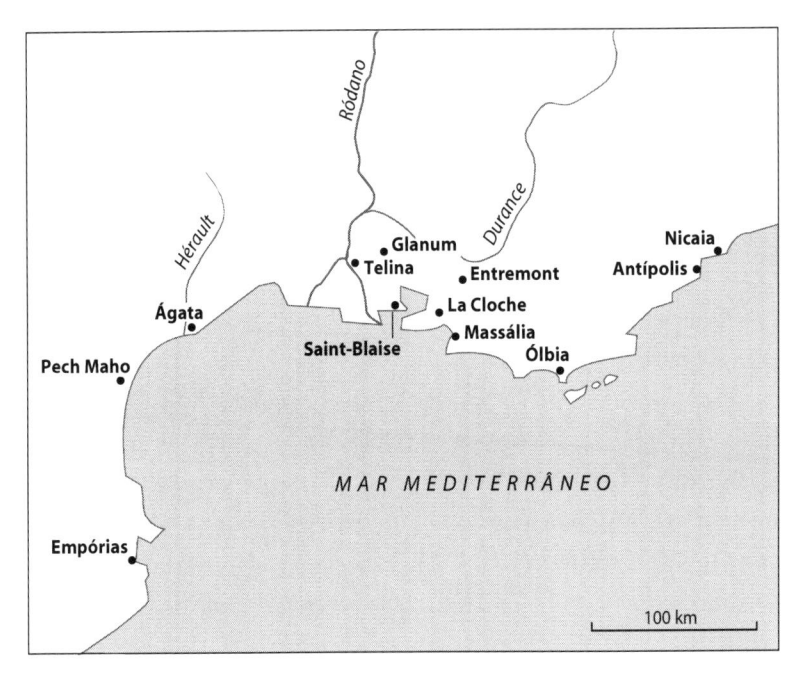

Mapa 12. Marselha e sua área de expansão.

do século II[2]). Uma indicação de influência cruzada também pode ser detectada na adaptação às formas gregas da cerâmica modelada dos nativos, utilizada em Massália mesmo em fins da época helenística. O vale do Ródano desempenhou o papel de corredor de irrigação, difundindo às vezes bem longe as moedas massalienses e objetos gregos. Entretanto, o trajeto seguido, no último terço do século VI, pela célebre cratera de bronze descoberta num túmulo principesco em Vix, perto de Châtillon-sur-Seine, é objeto de acalorados debates: o itinerário alpino a partir dos entrepostos de Ádria ou de Spina, na embocadura do Pó, tem igualmente partidários fervorosos (o próprio objeto provavelmente foi feito numa colônia da Itália meridional). Muito mais perto de Marselha, observa-se também a persistência das tradições locais, principalmente religiosas, como o culto das cabeças cortadas, que impressionava fortemente os gregos. Esse culto é atestado, por exemplo, em Entremont, em Glanum, onde influências arquitetônicas gregas e itálicas se misturam, ou ainda no *oppidum* de La Cloche, a alguns quilômetros da cidade.

Dotada de uma *khóra* reduzida antes do século IV e mesmo até o século II, em que tira proveito da conquista e da pacificação da Gália Transalpina pelos romanos (fundações de Aix e

---

2. Porém já na primeira metade do século VI existem no leste da Gália vestígios de escrita alfabética, vinda da Etrúria pelos Alpes: St. Verger, "Un graffite archaïque dans l'habitat hallstattien de Montmorot (Jura, France)", *Studi Etruschi*, 64, 1998, pp. 265-316.

de Narbonne por volta de 120), recebendo deles alguns territórios indígenas, Massália era voltada principalmente para o mar. Os numerosíssimos restos de naufrágio repertoriados em todo o litoral mediterrâneo francês apontam para um comércio de redistribuição dos produtos da Grécia metropolitana; evidenciam principalmente a exportação das produções locais – sobretudo o vinho contido em ânforas produzidas abundantemente a partir do último terço do século VI aproximadamente (com uma pasta micácea característica a partir de *ca* 500) – aparentemente em relação com os acontecimentos que afetaram Focéia e com o afluxo de novos colonos, que teria dinamizado a atividade (correlativamente, esse período se caracteriza pela menor difusão dos produtos etruscos). As fundações mais tardias de Ágata/Agde mais a oeste (fim do século V, mas o sítio já era frequentado antes), Ólbia/Hyères (*ca* 330), Nicaia/Nice e Antípolis/Antibes (séculos III/II) mais a leste são pontos de apoio militares contra uma região interior potencialmente perigosa e postos comerciais (por exemplo, Ágata se comunicava com o interior pelo Hérault, cujo curso devia ser parcialmente navegável). Em troca, os massalienses tentavam captar, entre outros, o tráfego de ferro, estanho e âmbar, produtos muito procurados.

Ao norte do litoral ibérico, Empórias (Ampúrias), aparentemente mais aberta para as populações indígenas, também conhece um belo desenvolvimento: a primeira implantação, situada numa ilhota (*palaiá pólis*), é vantajosamente complementada no continente por uma cidade de traçado regular e rodeada por uma muralha. Os sítios de Alália, na Córsega (necrópoles que restituíram belos vasos áticos), e depois principalmente de Eleia/Vélia no oeste da Lucânia (muralhas imponentes e conceituada escola de filosofia, com Parmênides em fins do século VI e Zênon no século V), nada ficam a dever. Por isso alguns especialistas não hesitaram em mencionar um *Commonwealth* foceense, dentro do qual Massália teria obtido uma espécie de *leadership* após a tomada da cidade-mãe. Seja como for, a batalha naval de resultado incerto, travada por volta de 540 ao largo de Alália pelos foceenses, mostra claramente que estes tinham duros concorrentes nos cartagineses e principalmente nos etruscos, antigamente implantados nessas regiões. Também se verá uma ilustração disso na pirataria seletiva executada contra os interesses púnicos e etruscos pelo foceense Dionísio, nas águas tirrenas onde ele se retirara após a derrota de Lade em 494, segundo Heródoto (*supra*, cap. 10). No segundo quarto do século V, uma lâmina de bronze descoberta no sítio languedociano de Pech Maho traz numa face um documento comercial grego envolvendo iberos e na outra um texto etrusco.

Após um período de relativo retraimento no século V, que poderia dever-se a um avanço celta e à expansão ateniense, no século IV Massália volta a ganhar impulso. As viagens de exploração então realizadas são o símbolo mais famoso disso, principalmente a que levou Píteas para o norte da Europa, provavelmente nos anos 320, ou seja, aproximadamente no momento em que, na outra extremidade da *oikouméne* (terra habitada), Alexandre Magno arrastava seu exército para a descoberta da Índia (*infra*, cap. 17). Certamente em busca dos países do estanho e do âmbar, mas também estimulado por uma curiosidade de erudito, Píteas atravessou as Colunas de Héracles (Gibraltar), subiu a costa até as ilhas britânicas e talvez tenha chegado à Islândia (Tule?), onde viu os limites do mar gelado (o "pulmão marinho"), antes de abordar as praias do Báltico. Estrabão transmitiu-nos alguns trechos do relato da viagem e, seguindo Políbio, prefere considerar esse massaliense um perito em gabolices. A tendência atual é dar crédito a Píteas, bem como reconhecer sua competência em geografia, astronomia e matemática, o que lhe permitia calcular as latitudes medindo a inclinação do Sol com um instrumento denominado *gnómon*.

Aliados fiéis de Roma (segundo Justino, os primeiros colonos a caminho da Gália teriam descansado na embocadura do Tibre e feito amizade com o rei Tarquínio), os massalienses dão-lhe um valioso apoio naval durante as guerras púnicas (cf. a batalha do Ebro em 217). Fazem uso dessas relações privilegiadas para ajudar outras cidades foceenses em dificuldade, como Lâmpsaco em 197/6 e a própria Foceia, a metrópole onde uma comunidade se manteve e onde um culto de Massália divinizada é instituído por volta de 130 (*infra*, caps. 20 e 21). Mas, ao mesmo tempo, enfrentam o aumento da concorrência dos comerciantes romanos e dos produtos italianos. Apanhados na tempestade das guerras civis, dão por si no lado de Pompeu, e César sitia a cidade em 49. Massália é então a última cidade grega do Ocidente a perder a independência, embora, por respeito à sua grandeza passada, o conquistador lhe demonstre clemência.

Cirenaica e Ponto Euxino

Marselha ocupa um lugar à parte no mundo grego e seria impossível não nos determos um pouco nela. Nem por isso devemos esquecer que outras regiões propiciaram um desenvolvimento original do helenismo, como ao redor de Cirene e de seus estabelecimentos secundários implantados um pouco mais a oeste (Euespérides, Taucheira, Barca, fundadas novamente e às vezes deslocadas com nomes dinásticos por Ptolomeu III: *infra*, cap. 19). Os cireneus, inicialmente em bons termos com os nativos, por volta de 570 derrotaram uma coalizão egípcio-líbia e também têm de entender-se bem com Cartago, principalmente para exploração do tráfego de caravanas (ouro do Sudão, penas de avestruz, escravos). Apesar de diversos contratempos (mediação pró-aristocrática do legislador Demônax de Mantineia, depois intervenção dos persas no século VI), até 440 a cidade é dominada pela dinastia dos batíadas, sucessores do fundador Bato (as vitórias píticas do último rei, Arcesilau IV, são cantadas por Píndaro). Em seguida esta dá lugar a uma "república" nas mãos da aristocracia fundiária. A função mais alta era então a de sacerdote de Apolo, escolhido para um ano entre os cidadãos com mais de 50 anos – restrição de idade que valia também para a magistratura principal, a dos estrategos. Uma clara tendência oligárquica caracteriza ainda as instituições reorganizadas por Ptolomeu filho de Lagos (*diágramma* de 321, conhecido por uma inscrição[3]). Este confiará Cirene ao governo de Ofelas, assassinado por Agátocles de Siracusa em 308 (cf. acima), e depois a seu genro Magas (300--250: cf. *infra*, caps. 19 e 22). A cidade restituiu ruínas imponentes (avenida monumental, templos de Apolo e de Zeus) e possui, a 20 km de distância, um porto mais tarde chamado de Apolônia, reflexo de sua grande prosperidade, baseada na produção de trigo e na exploração do sílfio. Assim como os massalienses haviam feito mais ou menos dois séculos antes no santuário de Atena Pronaia, os cireneus também edificaram um suntuoso tesouro em Delfos, mas no santuário de Apolo (por volta de 330). Sua vida intelectual é rica e renomada já no século IV (escolas de filosofia e de medicina) e produz na época helenística mentes notáveis, como o poeta erudito Calímaco (*ca* 310-240), o sábio Eratóstenes (*ca* 275-195) e o filósofo Carnéades (214/3-129/8; cf. *infra*, cap. 23).

Também no Ponto Euxino os gregos estão às voltas com os bárbaros, principalmente os trácios e os citas, cuja arte dos metais preciosos, merecidamente célebre, inspira-se, entre outros, em motivos gregos. Algumas dessas tribos estão organizadas em reinos cujas elites se helenizam fortemente (cf. os reis do Bósforo Cimério, na Crimeia, que mantêm relações amigáveis e de interesse com Atenas). A riqueza das cidades baseia-se nos recursos tradicionais da região (*supra*, cap. 8) e a arqueologia revelou na costa setentrional do mar Negro uma exploração cerealista e vitícola dos territórios bastante semelhante ao que existe na Itália meridional (caso de Ólbia e de Quersoneso, fundada no século V por Heracleia Pôntica e onde os *kleroî* podiam ultrapassar 25 hectares). Em todas essas regiões, o século IV parece caracterizar-se por certa expansão das trocas, talvez porque o império ateniense tenha contribuído para estimular a atividade e para desenvolver circuitos comerciais que sobrevivem a ele, apesar das vicissitudes hegemônicas e do empobrecimento de uma parte da antiga Grécia, antes de serem redinamizados após a conquista de Alexandre (*infra*, caps. 17-18).

A história política é bem pouco conhecida, exceto em Heracleia, sobre a qual somos informados principalmente pelo historiador local Mêmnon (século I/II d.C.?). Nela predomina a figura do tirano Clearco, que derruba a oligarquia vigente e nos é apresentado como simultaneamente cruel, demagogo e excêntrico. Reina durante 12 anos (364-352) e morre assassinado,

---

3. A. Laronde, *Cyrène et la Libye hellénistique, LIBYKAI HISTORIAI, de l'époque républicaine au principat d'Auguste*, 1987, pp. 95-128; J.-M. Bertrand, *Inscriptions historiques grecques*, 1992, nº 77.

mas sua dinastia se mantém sem ser seriamente contestada até os anos 280, inclusive quando a cidade passa (por matrimônio) para o domínio do diádoco Lisímaco, em 302/1 (*infra*, cap. 19). Heracleia conhece em seguida um longo período de independência (*ca* 280-70), que ela defende ferozmente, principalmente por meio de uma hábil diplomacia que a coloca no centro de uma rede de alianças regionais convencionalmente chamada de "liga do Norte" (principalmente com Bizâncio e Calcedônia). Seu vigor comercial mede-se pela ampla difusão de suas ânforas timbradas no Ponto Euxino, mas no século III é principalmente Sinope que brilha nesse campo, antes de ser tomada pelo rei Fárnaces I do Ponto, em 183. Na época helenística, há certa falta de fontes literárias para o lado ocidental ("Ponto esquerdo"), mas uma rica epigrafia informa sobre a vida religiosa, sobre as instituições, geralmente democráticas (de origem megárica ou milésia, dependendo do caso), e sobre a ação dos evergetas (benfeitores: *infra*, cap. 22), como Protógenes de Ólbia por volta de 230. O período é pontilhado de conflitos entre as cidades; por exemplo, entre Cálatis (colônia de Heracleia) e Bizâncio pelo controle do porto de Tomi, pouco antes de meados do século III; ou ainda entre Apolônia, apoiada por Istro, e Mesêmbria, por um litígio de fronteira na primeira metade do século II. Mas nessa região o que precipita o declínio é a pressão cada vez maior dos bárbaros; assim, Istro se vê às voltas com os getas e os trácios – os mesmos trácios só a muito custo contidos pelos bizantinos, que além disso são obrigados a instaurar uma taxa de passagem pelos Estreitos a fim de pagarem o tributo exigido pelos gálatas estabelecidos na região (*ca* 230-220)[4]. Quanto à próspera Ólbia, já por volta dos anos 230 também está exposta à ameaça gálata e além disso tem de enviar "presentes" para o reizete Saitafernes; em meados do século II ela se coloca sob protetorado do rei cita Ciluro, antes de ser incorporada ao reino de Mitridates VI Eupátor (*infra*, cap. 21); depois é destruída pelo geta Birebistas, por volta de 55 a.C.

Ainda que desigualmente documentadas, essas diversas amostras aí estão para lembrar a extraordinária variedade das experiências vividas pelo helenismo, que, sempre conservando sua identidade, soube adaptar-se às mais diversas condições.

---

4. Institut Fernand Courby, *Nouveau choix d'inscriptions grecques*², 2005, n.os 5-6; Políbio IV, 45.

Capítulo 15

HEGEMONIAS DA PRIMEIRA METADE DO SÉCULO IV

As guerras médicas haviam modelado um mundo egeu bipolar: no capítulo 13 vimos aonde levou o enfrentamento sem trégua que resultou delas. O meio século seguinte é o de uma impossível estabilidade: nele estão às voltas três potências, Esparta, Atenas e Tebas, com a arbitragem do Grande Rei e, por fim, um único derrotado, Esparta, mas nenhum verdadeiro vencedor numa Grécia exangue. A trama dos fatos torna-se muito complexa e teremos de resumir consideravelmente. É que nossas fontes se multiplicam, dando informações que nem sempre é fácil conciliar: historiadores como Xenofonte (*Anábase, Helênicas, Agesilau*), o autor anônimo das *Helênicas* de Oxirrinco, Diodoro da Sicília (livros XIV e XV) e Plutarco (*Vidas* de Agesilau e de Pelópidas); textos de Isócrates; inscrições cujo número vai aumentado; moedagens.

Hegemonia esparciata

A vitória de 404 colocava Esparta diante de uma decisão de consequências tão graves quanto em 479: ou assumir a hegemonia no lugar de Atenas ou retirar-se seguindo seus objetivos bélicos iniciais, que eram manter o controle da liga peloponense e ao mesmo tempo posar de libertadora dos gregos oprimidos pelos atenienses. Predominou a primeira corrente, encarnada principalmente por Lisandro, que conseguiu forçar a natureza profunda da cidade, um tanto retraída e concentrada em si mesma. A hegemonia esparciata rapidamente se revelou tão dura e arrogante quanto sua predecessora ateniense, se não mais: a oligarquia foi favorecida em toda parte, frequentemente em forma de decarquias (grupos de dez oligarcas devotados a Esparta), às vezes com apoio de governadores militares, os harmostas, comandando destacamentos de inferiores (*supra*, cap. 9) assim comodamente afastados da Lacedemônia. Como acontecera em Atenas, os acertos de contas foram numerosos e sangrentos, a tal ponto que, segundo Isócrates, essa nova hegemonia fez em três meses mais vítimas do que os processos que Atenas fizera durante toda sua dominação. Podemos lembrar aqui as palavras atribuídas *a posteriori* por Tucídides aos embaixadores atenienses que foram a Esparta em 431: "Se outros viessem a suceder-nos, então as pessoas iriam apreciar nossa moderação [...]; se vos acontecesse derrubar-nos e fôsseis vós a exercer o domínio, rapidamente veríeis desaparecer a popularidade que o temor que inspiramos vos proporcionou" (I, 76-77). Tornando-se suspeito, principalmente pela popularidade que deve à sua vitória (cf. em Samos: *infra*, cap. 18) e pelas riquezas que acumulou (a origem modesta poderia explicar em parte sua ambição e cupidez: *supra*, cap. 9), Lisandro já em 403 é afastado dos assuntos públicos, mas não demora a recuperar influência, por intermédio de seu protegido, Agesilau. É com seu apoio que Agesilau, irmão de Ágis, se torna rei, suplantando o filho deste, Leotíquidas, suspeito de ser filho bastardo de Alcibíades (*ca* 400-398). Ao longo dos anos seguintes Agesilau será o grande homem de Esparta, despertando admiração principalmente em Xenofonte, enquanto outros o julgam mais severamente. No Peloponeso, o domínio de Esparta não afrouxa: em 400, a cidade recalcitrante de Élis, que controlava Olímpia, é forçada a submeter-se. Lembramos também que esse é o período em que a sociedade lacedemônia é abalada pela tentativa de revolta fomentada por Cínadon e outros inferiores e sufocada no nascedouro pelos éforos (*supra*, cap. 13).

Também com os persas os problemas não tardam a surgir. A difícil sucessão de Dario II, morto em 405/4, já dera origem à expedição dos Dez Mil, recrutados por Ciro o Jovem, que reivindicava o poder contra seu irmão primogênito, Artaxerxes II. O empreendimento gorara com a morte do pretendente (batalha de Cunaxa, perto da Babilônia, em 401). A longa e penosa trajetória de seus mercenários, agora sem empregador, através das regiões asiáticas é o tema do apaixonante e comovedor relato feito por Xenofonte – como protagonista da aventura – em *Anábase* [A retirada]: ao chegarem à costa sul do Ponto (região de Trapezunte, uma colônia de Sinope), os gregos lançaram aquele famoso brado de alegria: "*Thalatta, thalatta!*" ("O mar, o mar!"), para eles sinônimo de volta à pátria (*Anábase*, IV 7, 24). Ao passo que os sátrapas, principalmente Tissafernes e Farnabazo, contavam cobrar novamente o tributo do Rei junto às cidades gregas da Ásia, estas obtiveram o apoio de Esparta. Foi enviada uma nova expedição, reforçada por sobreviventes dos Dez Mil e sob comando de Tíbron (400-399), em seguida substituído por Dercílidas e depois por Agesilau em pessoa (396), o que acabou de envenenar as relações entre persas e lacedêmonios. Enquanto Agesilau – que, excepcionalmente, então concentrava o comando do exército e o da frota – guerreava e reunia um butim considerável, Artaxerxes mandou executar Tissafernes, julgado incapaz. Depois o Grande Rei considerou oportuno livrar-se dessa presença incômoda em seus territórios, para isso suscitando na Grécia maquinações antiespartanas. Os descontentamentos que ali haviam surgido e o ouro persa deviam facilitar grandemente a operação; constituiu-se então uma coalizão heteróclita que agrupava Atenas, pronta para agarrar essa primeira oportunidade de reerguer-se, Corinto e Tebas, então dominadas pelos democratas e decepcionadas por Esparta não haver atendido sua solicitação de destruir Atenas em 405/4, e Argos, sempre hostil a Esparta. A fim de prevenir-se contra os oligarcas favoráveis à paz, Corinto chegará a firmar alguns anos mais tarde uma espécie de acordo de simpolitia com Argos, o que equivalerá praticamente a reunir as duas cidades, com vantagem para Argos (*ca* 392-386; as opiniões divergem quanto à exata natureza jurídica dessa união).

Um obscuro conflito de fronteira na Grécia central, entre fócios e lócrios, desencadeou a "guerra de Corinto" (onde foi estabelecido o quartel-general dos coligados), que durou dez anos. Seus principais aspectos são os seguintes. Lisandro morre nos primeiros combates na Beócia (395) e em seguida os sucessos parecem divididos: a falange lacedemônia confirma sua esmagadora superioridade perto de Neméia, numa batalha que pode ser considerada sua obra-prima, e depois novamente em Coroneia, na Beócia, agora sob comando de Agesilau, chamado de volta da Ásia (394). Mas no mesmo ano o ateniense Cônon, que já participara dos últimos anos da guerra do Peloponeso, nem sempre levando vantagem, consegue ao largo de Cnido uma brilhante vitória à frente de uma frota posta à sua disposição pelos persas: para o derrotado de Egos Pótamos é uma bela revanche, dez anos depois, acabar assim com a efêmera talassocracia de Esparta. Esta perde então a maioria de suas posições no Egeu oriental, onde simultaneamente os democratas tornam a emergir. Voltando a Atenas, onde – honraria excepcional – erigem-lhe uma estátua, Cônon acelera a reconstrução dos Muros Longos. Exceto pela frota, a cidade recupera as bases de seu antigo poder: retoma o controle de Delos e das ilhas indispensáveis a seu abastecimento pôntico, Ciros, Lemnos e Imbros; recomeça a cunhar "corujas" de prata boa, que rapidamente voltam a ganhar um estatuto de moeda internacional aproximadamente equivalente ao que tiveram no século V. Em 390, Ifícrates, à frente de seus peltastas (infantaria ligeira cujo nome deriva de um tipo de escudo chamado *pélte*) com equipamento e técnicas de combate aperfeiçoados por ele, aniquila um batalhão de hoplitas lacedemônios nos arredores de Corinto – um acontecimento de grande repercussão. No mesmo ano, Trasíbulo obtém a reintegração de Tasos e de Bizâncio; restabelece, principalmente no Bósforo, a taxa do vigésimo (5%) sobre o tráfego marítimo (cf. *supra*, cap. 13) e depois subjuga Lesbos. Em seguida alcança o sudeste do Egeu, mas por causa de suas exigências excessivas é assassinado em Panfília (389/8). Pouco depois, os atenienses são incapazes de impedir o reide comandado pelo esparciata Telêucias contra o Pireu.

Atenas é também aliada do rei de Salamina do Chipre, Evágoras, em rebelião contra o poder aquemênida. Os avanços atenienses no Egeu oriental são tais que na Pérsia se toma consciência desse novo perigo: o plano anti-Agesilau funcionou bem demais. A política de equilíbrio das potências executada pelo Grande Rei e seus conselheiros – em que além disso se defrontam correntes pró-esparciata (Tiribazo, que em 392 mandou prender Cônon) e pró-ateniense

Época clássica

(Estrutas) – visa a enfraquecer os gregos, colocando-os em posição de se neutralizarem mutuamente (como Alcibíades já havia aconselhado a Tissafernes, 20 anos antes). Portanto, nesse momento ela exige uma aproximação de Esparta. Assim sendo, agora é esta que conta com o apoio naval dos persas, e sem demora a frota comandada por Antálcidas ameaça o acesso aos Estreitos. Atenas ainda não tem recursos próprios suficientes para competir e aceita a paz que se segue, chamada "paz do Rei" ou "paz de Antálcidas", firmada em Sardes em 386. Ela é o primeiro exemplo de "paz comum" (*koiné eiréne*), conceito muito em voga no século IV, porém teórico demais e facilmente instrumentalizado pelos mais poderosos, que, a pretexto de fazer respeitar o tratado, se permitem muitos abusos. As cidades da Ásia e Chipre cabem a Artaxerxes; Atenas fica com Ciros, Lemnos e Imbros, e as outras cidades veem garantida sua autonomia – princípio considerado incompatível com a existência de ligas como a Confederação Beócia, comandada por Tebas desde 446 (*supra*, cap. 11). Esparta é oficialmente designada *prostátes* (chefe) da paz, mas é Artaxerxes que manipula os cordéis. Isócrates, no *Panegírico*, critica essa paz vergonhosa e o abandono dos gregos da Ásia Menor, sobre os quais entretanto é preciso dizer que alguns aparentemente preferiam a autoridade de um sátrapa ao imperialismo de uma cidade hegemônica. Do ponto de vista aquemênida, o retorno das cidades gregas da Ásia sob a autoridade régia marca o fim do parêntese aberto com a criação da liga de Delos cerca de um século antes. Entretanto os assuntos do Grande Rei não florescem por igual em toda parte, visto que ele tem de enfrentar a secessão de Evágoras do Chipre e a do Egito – situação que poderia explicar seu empenho em pacificar a Grécia.

Na prática, Esparta dá as cartas e não demora a apresentar sua versão muito pessoal da autonomia das cidades, primeiramente pondo ordem nos assuntos peloponenses: já em 385, a cidade arcadiana de Mantineia, culpada de ter escolhido o lado errado durante a guerra de Corinto, é tomada e desmantelada em quatro comunidades menores (diecismo). Também convém ocupar os numerosos efetivos de inferiores recrutados nos anos precedentes e um outro objetivo de campanha, mais distante, é encontrado em 382: a cidade de Olinto, acusada de tornar-se excessivamente poderosa à frente da Confederação Calcídica. Ao cabo de quatro campanhas difíceis, Olinto capitulará, para grande proveito do rei da Macedônia, Amintas III, aliado de Esparta (379). Mas o fato mais marcante dessa fase – que alguns especialistas consideram o apogeu da hegemonia esparciata – diz respeito a Tebas: a caminho da Trácia, um destacamento lacedemônio, comandado por Fébidas, desvia-se e toma Cadmeia, cidadela de Tebas, colocando imediatamente à frente dos assuntos públicos o chefe da corrente pró-lacedemônia Leoncíades, no lugar do hostil Ismênias (382). O caso provoca grande escândalo na Grécia, pelo menos em Atenas, pois é visto como um duplo sacrilégio: contra os juramentos trocados quando foi firmada a paz e contra os usos referentes às tréguas sagradas (as tebanas estavam celebrando as tesmofórias locais e os concursos píticos se aproximavam). Tebas liberta-se ao cabo de três anos (cf. abaixo), mas o importante aqui é notar que Fébidas não é claramente desaprovado em Esparta, não mais que Esfódrias após sua fracassada tentativa de ataque ao Pireu em 378: tanto um como outro são apoiados principalmente por Agesilau, devido a razões complexas e às vezes obscuras em que se misturam relações pessoais e estratégia geral (intenção de precipitar a guerra contra Atenas antes que esta se torne poderosa demais?). Essas agressões, que consideramos mais como excessos ou provocações cínicas, são vistas pelos contemporâneos como atos de descomedimento (*hýbris*). Elas aparentemente levam os atenienses a elaborar uma estratégia que dá preferência à defesa do território (reforço da rede de fortificações) e, mais globalmente, decuplicam a energia de uma cidade que já estava pronta para recuperar sua antiga preeminência.

Recuperação de Atenas

Vimos acima como os atenienses, principalmente graças à ação de Cônon e Trasíbulo, haviam recobrado muitas posições a partir dos anos 390. Com o Pireu e os Muros Longos praticamente reconstruídos, era preciso dotar a cidade de uma frota digna desse nome; isso foi feito em 378, graças às reformas financeiras de Calístrato, que organizou a caixa militar do *stratiotikón* e cobrou uma *eisphorá* por meio das novas simorias (subdivisões fiscais: *infra*, cap. 18). Faltava então dar um quadro geral às alianças bilaterais firmadas ao longo de vários anos e algumas das quais nos são conhecidas por meio das inscrições (cf. o tratado com Quios, datado de 384). Em fins do inverno de 378/7, justamente depois de três novas alianças serem formalizadas – com Tebas, Bizâncio e Metimna de Lesbos –, o decreto de Aristóteles lança as bases do que se chamou de "segunda confederação marítima", cujos membros fundadores são, além dos quatro já citados, Rodes e Mitilena, a principal cidade de Lesbos. Transcrito numa estela relativamente bem conservada, descoberta na ágora[1], esse decreto, que é considerado uma espécie de carta fundadora, enuncia muito explicitamente os objetivos da nova liga: sua meta é que "os lacedemônios deixem os gregos viverem tranquilos, livres e autônomos". O apego à paz comum e as conquistas do Grande Rei são reafirmados, mas a aliança é aberta a todos, sob forma defensiva. São dadas aos candidatos todas as garantias: estrito respeito à autonomia, certeza de não sofrer imposição de guarnição nem de tributo, proibição para os atenienses de

---

1. J. Pouilloux, *Choix d'inscriptions grecques*², 2003, nº 27 (outra tradução comentada em P. Brun, *Impérialisme et démocratie à Athènes. Inscriptions de l'époque classique*, 2005, nº 46).

Época clássica

adquirir propriedades nos territórios dos contratantes, com efeito retroativo (restituições), proibição severa de propor algo contrário ao presente decreto. Até mesmo está especificado que se destruam as "estelas não amigáveis" aos aliados – decisão à qual alguns ligaram o estado de degradação em que chegaram até nós os restos das estelas consignando as primícias do tributo do século V (*supra*, cap. 11). Vê-se que os atenienses tratam de marcar bem a ruptura com os abusos do passado, dos quais o *phóros* ficou sendo um símbolo. Ele é substituído pela *sýntaxis* (plural *syntáxeis*), contribuição financeira que não exclui uma participação armada, solicitada de acordo com a necessidade: ignoram-se os detalhes, mas é certo que as somas coletadas a partir de 373/2 pelo menos eram insuficientes para financiar o esforço de guerra (máximo de aproximadamente 200 talentos). A liga era dotada de um conselho (*synédrion*) que reunia em Atenas um delegado por cidade e que, entre outras atribuições, decidia sobre a cobrança da *sýntaxis* e provavelmente fixava seu montante, em ligação com a *Boulé* e a *Ekklesía* atenienses. A própria Atenas não é representada nele, e visivelmente se buscou certo equilíbrio, pelo menos teórico, entre a cidade hegemônica e as instâncias em comum, que parecem ter colaborado em boa harmonia, em todo caso até a "guerra dos aliados" (abaixo). Na prática, o funcionamento do conjunto, aparentemente bastante complexo, está pouco exemplificado; mas os atenienses conservavam muitos meios de influenciar as decisões, e sua Assembleia, soberana, tinha total poder de ratificá-las ou não, especialmente quanto às questões mais graves. A lista das cidades aliadas, parcialmente conservada na mesma estela, pelo menos mostra o grande sucesso da nova liga, que terá mais de 60 membros. Então tudo sorri para os atenienses e a fortuna das armas nada fica a dever aos êxitos diplomáticos: em 376, ao largo de Naxos, o estratego Cábrias conquista, com os navios recentemente construídos, uma vitória naval decisiva contra a frota lacedemônia. Na sequência, Timóteo, filho de Cônon, consegue novas adesões no mar Jônico (cefalenitas, acarnânios etc.). Atenas, que agora está em posição forte para firmar com Esparta uma paz que será muito popular na cidade, torna-se novamente a primeira potência naval no Egeu (375/4).

Muito já se discutiu sobre a sinceridade das intenções atenienses. Parece que a liga funcionou com o espírito dos termos iniciais até o final dos anos 370, em que foram registradas as últimas adesões espetaculares, principalmente no mar Jônico (sucesso de Timóteo em 375, depois campanha abortada em Corcira, por falta de fundos e de equipagem, e finalmente levada a bom termo por Ifícrates em 372) – ou seja, enquanto Tebas, que figura entre os membros fundadores, compartilhou com Atenas o mesmo objetivo (o declínio de Esparta) sem ofuscar seu brilho. Por volta de 373, a destruição de Plateias pelos tebanos (cf. o *Plataico* de Isócrates) provocou nova aproximação entre Esparta e Atenas; mas é a batalha de Leuctras, em 371, que rompe definitivamente o equilíbrio entre atenienses e tebanos, cujos objetivos já não coincidiam e que se tornavam rivais. Desse ponto de vista, a reviravolta das cidades eubeias, distanciando-se da Segunda Confederação para seguirem os tebanos imediatamente após sua vitória, é muito significativa. As pretensões navais de Epaminondas, a partir de 365, talvez tenham contribuído para acelerar ainda mais a evolução (cf. abaixo). A atitude ateniense então se endurece e aparentemente ocorre uma deriva que lembra a do século V, embora devamos evitar comparações abusivas. De fato, segundo parece, o imperialismo era consubstancial à liga de Delos e expressara-se já antes da "paz de Cálias" em 449 (*supra*, cap. 11). Desta vez os atenienses primeiramente se empenharam em não fazer nada que fosse juridicamente contrário à "carta" de 377: por exemplo, Samos não é membro da liga quando Timóteo a toma em 366/5 e nela instala uma importante clerúquia. Mesmo assim, isso era zombar do espírito da aliança e, quando Ceos faz secessão em 364, provavelmente em relação com a nova política naval de Epaminondas, os atenienses fazem-na voltar ao bom caminho à força e tomam diversas medidas claramente imperialistas; por exemplo, obrigando seus habitantes a fazer as causas mais importantes ser julgadas pelos tribunais atenienses e depois assumindo a exclusividade de um produto muito valorizado da ilha, o ocre (ou vermelhão, utilizado nas construções navais e em tintas).

Mais geralmente, as extorsões de *syntáxeis* pelos estrategos a serviço de uma política que atendia exclusivamente aos interesses atenienses, a expansão no norte do Egeu (Pidna e Metona nas costas macedônicas; Potideia na península calcídica; Sestos na de Quersoneso), frequentemente acompanhada da implantação de clerúquias, suscitaram descontentamentos e inquietudes, ainda mais porque o *hegemón* nem sempre tinha condições de cumprir sua função de proteção. Assim, em 362 o tirano tessálio de Feras, Alexandre, fez vários raides contra as Cíclades e ousou até mesmo uma incursão no porto do Pireu: a Atenas de Ifícrates, de Timóteo e de Cábrias está longe de exercer sobre o Egeu uma soberania igual às de Címon e de Péricles. Isso se comprova espetacularmente por ocasião da "guerra dos aliados", em 357, quando Rodes, Cós, Quios e Bizâncio desertam, apoiadas pelo dinasta e sátrapa da Cária, Mausolo. Duas vezes a frota ateniense é derrotada pelos coligados ao largo da Jônia (batalhas de Quios e de Embata, perto de Éritras); ela perde Cábrias, morto em combate, e Timóteo, que é forçado a exilar-se, incapaz de pagar a pesada multa a que foi condenado. Entretanto, mais ou menos no mesmo momento Atenas retoma o controle da Eubeia e a Segunda Confederação se manterá até 338, especialmente nas Cíclades e no norte, como em Samotrácia ou em Tênedos. Mas sai abalada dessa guerra, pois os atenienses tiveram de reconhecer a independência das cidades vitoriosas e esse revés marca uma mudança decisiva em sua política. De fato, o que às vezes é chamado, talvez abusivamente, de "partido da paz" se impõe então (cf. Isócrates, *Sobre a paz*) e as reformas financeiras de Eubulo (lei sobre o *theorikón*: *infra*, cap. 18) provocam um claro aumento dos rendimentos, mas também uma rigidez maior em matéria de despesas e de intervenções militares, e portanto uma reatividade menor, da qual Filipe da Macedônia saberá tirar bom proveito. Esse ponto será tratado no próximo capítulo; antes disso, é preciso falar da terceira grande protagonista dessa primeira metade de século: a cidade de Tebas.

Hegemonia tebana

Havíamos deixado Tebas em 382, sob controle das tropas lacedemônias postadas na Cadmeia e de uma facção de oligarcas espartanófilos (cf. acima). Essa situação não perdura e, já no inverno de 379/8, um grupo de democratas refugiados em Atenas, agindo de surpresa, consegue libertar a cidade. Então a democracia é restabelecida e, graças a sua riqueza agrícola e demográfica, a cidade consegue reconstituir a seu redor a Confederação Beócia, dissolvida por ordem de Esparta por ocasião da paz do Rei. Entretanto, as bases são diferentes e dão uma posição melhor para Tebas, à qual cabem quatro distritos e, portanto, pelo menos quatro beotarcas (chefes do exército federal, designados para um ano) em sete, sendo que a relação era de quatro em onze na antiga organização. Nela, o principal órgão era um conselho de delegados, que é substituído por uma assembleia primária, aparentemente mais democrática, mas na qual os tebanos são grandemente majoritários, visto que sua cidade é a sede das reuniões e nela está também a oficina monetária federal. Portanto, essa nova liga surge como um instrumento de expansão, temível em mãos de chefes de exceção, como Pelópidas e Epaminondas: o desaparecimento destes, no final dos anos 360, sela o progressivo declínio de Tebas, o que permite medir retrospectivamente o papel fundamental que desempenharam na efêmera hegemonia da cidade, embora a tendência hoje seja nuançar esse ponto de vista. É principalmente Pelópidas que vemos atuar nos anos de formação: entre os organizadores do exército – que compreende especialmente o famoso batalhão sagrado – ele conta com 300 homens de elite ligados pelo amor, segundo Plutarco; é também o vencedor dos primeiros combates contra tropas de Esparta, especialmente em 375 em Tegira, no norte da Beócia, apesar de dispor de efetivos muito inferiores. Por volta de 373, os tebanos livram-se de estorvos, destruindo Plateias, fiel aliada de Atenas (na qual a população vai refugiar-se), e depois derrubando as muralhas de Téspias.

Dissemos mais acima como esse aumento de poder havia decidido atenienses e lacedemônios a aproximarem-se: no congresso realizado em Esparta em 371 para renovar a paz, eles fazem frente conjunta contra Tebas, entretanto formalmente membro da aliança ateniense. Como em 386, não se permite que os embaixadores tebanos prestem juramento em nome de todos os beócios, ao que Epaminondas teria replicado pedindo a Agesilau que reconhecesse a autonomia da Lacedemônia. Portanto, Tebas não é incluída no tratado e a guerra é imediatamente votada pela Assembleia de Esparta, que envia o rei Cleômbroto com um grande exército, no qual há 700 esparciatas. O confronto ocorre na planície de Leuctras, ao sul da Beócia: o Estado-Maior tebano, com Epaminondas na vanguarda, pode contar com uma cavalaria de qualidade claramente superior e concentra o grosso de sua infantaria pesada na ala esquerda, em 50 fileiras de profundidade, a fim de atropelar a elite das tropas lacedemônias, colocadas à direita com o rei Cleômbroto, como deve ser. Um ataque fulminante desse lado, que dá um aspecto "oblíquo" ao movimento da linha de batalha beócia, atinge seu objetivo: o rei é morto e o dispositivo adverso desorganiza-se. Nada menos de 400 esparciatas morrem, ou seja, um terço do total dos cidadãos mobilizáveis nessa época: esses números mostram os efeitos desastrosos da oligantropia esparciata (*infra*, cap. 18).

A notícia da vitória tebana é recebida friamente pelos atenienses, cuja liga perde boa parte de sua razão de ser devido ao súbito rebaixamento de Esparta. Oportunistas, eles não dão sequência a um pedido de assistência apresentado pelos arcádios. Isso porque no Peloponeso a derrota da cidade hegemônica desencadeou a agitação das facções democráticas e diversos movimentos de independência, como em Eleia ou em Mantineia, cujos muros são reerguidos. Ao contrário de Atenas, Tebas atende à solicitação arcádia e envia Epaminondas e Pelópidas. Eles pilham a Lacônia e ocupam o porto de Giteio. Depois fundam novamente Messena, ao pé do monte Itomo, lugar de destaque da grande revolta dos anos 460 (*supra*, cap.11), antes de patrocinarem o sinecismo de Megalópolis, nova capital federal arcádia e sede da Assembleia dos Dez Mil. No espaço de alguns meses, a Lacedemônia perdeu sua posição de *prostátes* da paz, mas também seu domínio sobre a parte principal do Peloponeso, onde se encontra isolada por uma espécie de cordão sanitário, e mesmo grande parte de seu território (a Messênia). Mas a cidade propriamente dita, que não é cercada de muralhas, não é ameaçada, graças à hábil defesa organizada por Agesilau. Segundo Plutarco, este teve também de reprimir duas tentativas de revolução, com auxílio dos éforos (uma teria sido de responsabilidade de *hómoioi*). No fim das contas, temera-se o pior, mas o edifício aguentou bastante bem, talvez porque uma forma de percepção do interesse comum, se não de consciência nacional, suplantou então as tensões internas: algumas comunidades periecas, principalmente perto da fronteira arcádia, desertam, mas os hilotas da Lacônia, a quem as autoridades prometem a liberdade se combaterem ao lado delas, permanecem fiéis (teria havido até 6 mil voluntários), assim como algumas cidades aliadas, como Corinto e Fliunte. Chamados a auxiliar, os atenienses ficam divididos entre a satisfação de ver seu velho inimigo em tão má situação e o temor da ameaça tebana. Por fim,

Mapa 13. O mundo grego no século IV (404-336).

Hebro

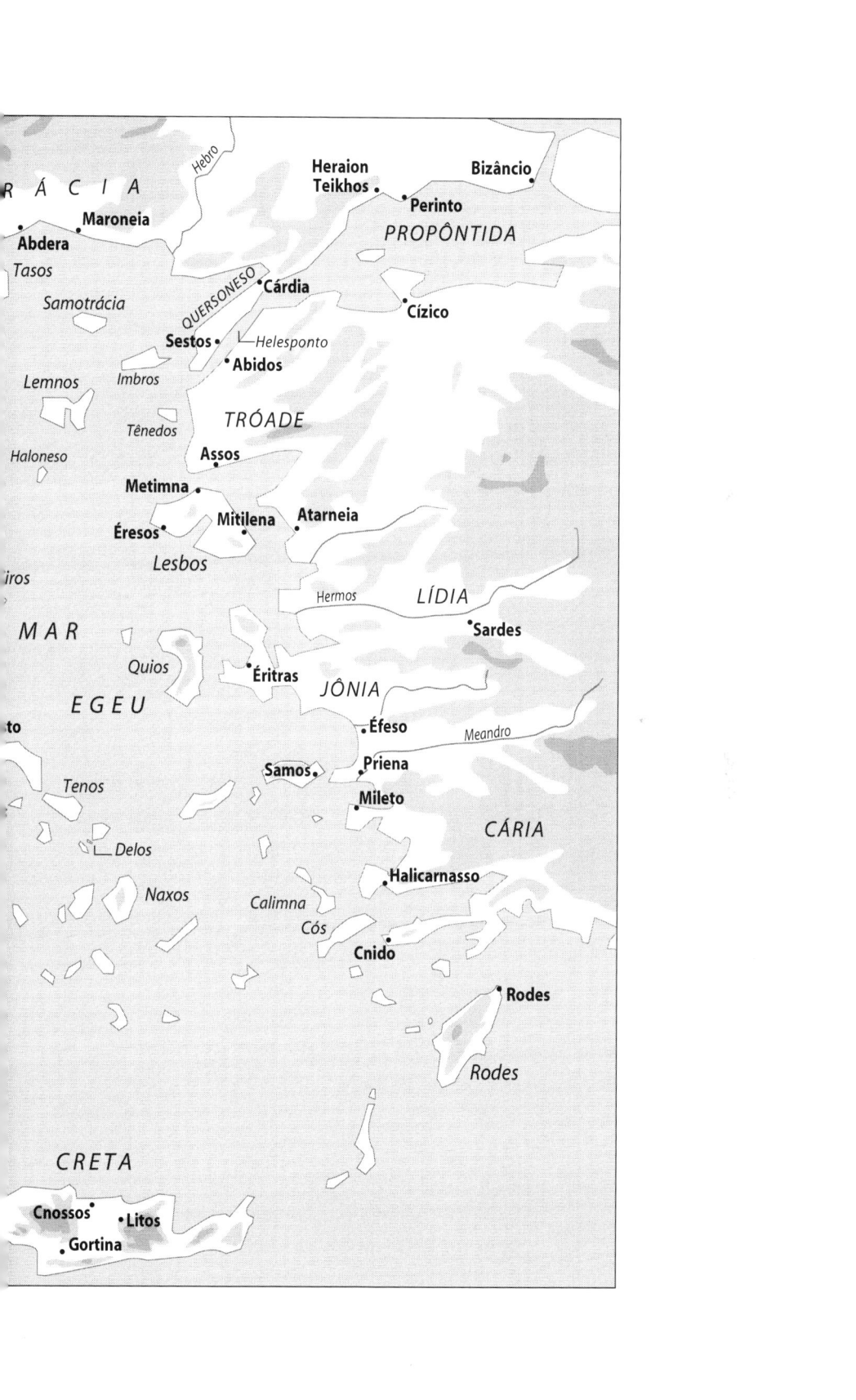

Heraion Teikhos • **Bizâncio**
• **Perinto**
PROPÔNTIDA

R Á C I A
• **Maroneia**
• **Abdera**
Tasos
Samotrácia
QUERSONESO •**Cárdia**
•**Cízico**
Sestos•
Helesponto
•**Abidos**
Lemnos
Imbros
Tênedos
TRÓADE
Haloneso
Assos•
Metimna•
Mitilena• **Atarneia**
Éresos•
Lesbos
iros
Hermos **LÍDIA**
MAR
•**Sardes**
Quios
Éritras•
E G E U
JÔNIA
•**Éfeso**
Meandro
Priena
to
Samos•
Mileto
Tenos
CÁRIA
Delos
•**Halicarnasso**
Naxos
Calimna
Cós
•**Cnido**
•**Rodes**
Rodes

CRETA
•**Cnossos** •**Litos**
•**Gortina**

enviam suas tropas, sob comando de Ifícrates, mas ele chega tarde demais e pouco se empenha em barrar o caminho de volta do exército beócio. Retornando a Tebas, Pelópidas e Epaminondas são convocados em juízo por haverem ultrapassado o prazo final de seus mandatos anuais de beotarca; a popularidade de ambos e os resultados que obtiveram derrotam os acusadores (369).

Essas iniciativas mostraram claramente que Tebas ambicionava ser muito mais que uma potência regional. O que vem a seguir confirma isso, especialmente a expansão para o norte. Desde meados dos anos 370, a Beócia tinha naquele lado um vizinho poderoso na pessoa de Jasão, o tirano de Feras, que, depois de colocar a Tessália sob seu domínio com o título de *tagós*, dispunha de forças consideráveis e declarara suas intenções hegemônicas: inspirado pelas iniciativas lacedemônias do início do século, ele teria até mesmo pensado na possibilidade de enfrentar o Grande Rei; alguns atribuem-lhe também a intenção de saquear Delfos, como Dionísio o Velho (capítulo anterior). Seu assassinato, em 370, pôs fim a esses projetos hipotéticos e abriu caminho para os tebanos na região, mas não sem dificuldades. Foram necessárias várias campanhas para confinar Alexandre, o sucessor (indireto) de Jasão, em Feras: primeiramente prisioneiro deste e depois libertado (368/7), Pelópidas morreu vencendo a batalha de Cinoscéfalas, que reforçava o domínio de Tebas sobre a Tessália (364). Essas operações também permitiram que os tebanos se imiscuíssem nos assuntos da Macedônia, então – e como frequentemente – a braços com uma crise dinástica na qual o ateniense Ifícrates também interfere: já em 369 ou 368 eles haviam conseguido que lhes fossem entregues reféns, entre os quais Filipe, o irmão mais novo dos reis Alexandre II (assassinado em 369/8 por Ptolomeu de Aloro, que reina até 365) e Perdicas III (365-360/59). Entretanto a cidade tem grande dificuldade para fazer seu novo estatuto de *hegemón* ser reconhecido. Pode-se ver isso no fracasso da paz comum que Pelópidas e Artaxerxes tentam implantar em 367, no congresso de Susa, que previa principalmente o reconhecimento da independência messeniana e o desarmamento da frota ateniense, mas pela qual nenhuma cidade condescende em jurar. Pode-se avaliá-lo também pelo modesto balanço final da política naval esboçada por Epaminondas em 365-364. Com as 100 trirremes construídas então, ele empreende uma grande turnê diplomática no Egeu, cujos resultados concretos contra a aliança ateniense se mostram limitados (provável deserção de Bizâncio, defecção certa mas logo reprimida em Ceos). Falta às ambições dos tebanos uma dimensão marítima que é estranha às suas tradições e ultrapassa seus meios.

Em contrapartida, na Beócia o domínio da cidade não afrouxa: inicialmente integrada à Confederação, Orcômeno, tradicionalmente rebelde a Tebas, é arrasada em 364. Mas é no Peloponeso que os tebanos têm de redobrar sua atividade: os arcádios, nos quais eles basearam o essencial de seu dispositivo antiespartiata, retomam suas antigas pendências. Uma guerra feita contra Élis degenera em sacrilégio, visto que se recorre ao tesouro sagrado de Olímpia para pagar o soldo das tropas de elite arcádias, os *epáritoi*, e que se luta em Altis (nome do santuário de Zeus) em plena celebração dos concursos. Os mantineanos protestam perante a assembleia federal dos Dez Mil e é firmada a paz com os eleatas; mas o caso degenera rapidamente em guerra entre Mantineia – apoiada por Atenas e por Esparta, ansiosa por conseguir sua revanche – e Tegeia, a outra grande cidade arcádia, apoiada por Tebas e seus aliados da Grécia central. As duas coligações enfrentam-se perto de Mantineia, em 362. No plano militar, os tebanos mais uma vez mostram superioridade sobre os esparciatas, mas a morte de seu último chefe carismático, Epaminondas, impede-os de explorá-la. Encerrando as *Helênicas* com esse episódio, Xenofonte escreve: "A divindade fez tão bem as coisas que cada um dos dois campos ergueu um troféu, como se tivesse conquistado a vitória [...] A incerteza e a confusão foram maiores depois do que antes em toda a Grécia" (VII 5, 26-27). Essa batalha de resultado incerto não marca o fim das ambições tebanas: a cidade intervirá novamente para pôr ordem nos assuntos arcádios e apoiar o sinecismo da capital federal, Megalópolis; ainda que algumas posições lhe sejam contestadas (cf. a aliança dos atenienses e dos tessálios em 361), ela continua a ser uma força importante, principalmente na Grécia central, onde eventos decisivos ocorrerão em breve. Em 362/1, os gregos firmam uma nova *koiné eiréne* (paz comum). Esparta, definitivamente afastada da grande política, não é associada a ela, tampouco o Grande Rei, o que constitui uma mudança importante. De fato, a atenção do poder aquemênida concentra-se em outro ponto: é preciso submeter o Egito e abafar uma revolta de sátrapas cuja amplitude e gravidade são discutidas. Além de um profundo cansaço, esse meio século de corrida para a hegemonia deixa na Grécia um equilíbrio tão frágil quanto precário. Em breve um *outsider* vindo do Norte saberá tirar disso o melhor partido.

Capítulo 16

FILIPE II E A HEGEMONIA MACEDÔNICA

A ascensão macedônica constitui uma virada decisiva e um dos períodos mais estimulantes da história antiga. Embora convenha, aqui como em outros pontos, evitar as comparações anacrônicas, é também uma época perpetuamente revisitada, porque seus fatores são de grande modernidade. De fato, o confronto entre Filipe e Atenas permaneceu como um arquétipo do combate entre o despotismo e a democracia, analisado tão lucidamente e em termos tão contundentes por Demóstenes, por exemplo nos §§ 40-43 do discurso *Sobre as questões de Quersoneso*. Assim, esse axioma do mesmo Demóstenes, que exorta seus compatriotas – entorpecidos pela política então em vigor, segundo ele – a defenderem a causa dos democratas ródios, se encaixaria perfeitamente em alguns debates atuais de política externa: "Alegar razões de direito para não empreender nada já não é honestidade, é covardia" (*Pela liberdade dos ródios*", 28). Portanto, na linha de frente de nossas fontes figuram as arengas do grande orador, que, a partir do final dos anos 350, designa a seus concidadãos Filipe da Macedônia como o inimigo público número um.

Mas nestas últimas décadas é principalmente o rei que tem merecido atenção. Filipe, que na historiografia durante muito tempo sofreu a comparação com a personalidade excepcional de seu filho Alexandre, é hoje reconhecido como um dos maiores estadistas da história, um autêntico construtor de impérios cuja ação não pode ser reduzida unicamente ao confronto com Atenas e menos ainda a um duelo a distância com Demóstenes, relativamente superdocumentado em comparação com a obra realizada, imensa e que em parte ainda escapa ao nosso conhecimento. Felizmente seus adversários, como Ésquines, contradizem um pouco um Demóstenes sempre propenso a assumir o melhor papel, e dispomos também de algumas explanações um pouco abstratas de Isócrates. Como Teopompo, Éforo e os atidógrafos (autores de crônicas sobre a Ática) são conhecidos apenas por alguns fragmentos, a única narrativa contínua é a de Diodoro da Sicília (livro XVI), cuja cronologia frequentemente se mostra pouco confiável e que pode ser complementado aqui e ali pelo resumo esquelético de Justino. Inscrições e moedas também ocupam um lugar importante, e a espetacular descoberta dos túmulos régios de Vergina (a antiga Egas), há cerca de 30 anos, restituiu um material surpreendente, ao mesmo tempo que suscitava dificuldades de interpretação à altura do personagem fascinante que é Filipe.

Filipe II e a hegemonia macedônica

Os primeiros tempos de Filipe (360-353)

Antes do século IV, sabemos relativamente pouco sobre a Macedônia, que ocupa uma posição marginal. A dialetologia, entre outros meios, estabeleceu que os macedônios são gregos (seu falar ancestral é intermediário entre o tessálio e o grego "do noroeste": cf. *supra*, cap. 6), mas o povoamento da região foi marcado por uma grande heterogeneidade. Esta subsiste principalmente entre a baixa Macedônia, em que domina a *pólis*, e as *éthne* tradicionais da alta Macedônia, onde reinam dinastias locais e que vivem em aldeias administradas por conselhos de anciãos (peliganos). A região contém grandes riquezas: demografia próspera, área agrícola fértil, recursos minerais e madeira muito valorizada para construção naval, cuja exploração é um monopólio régio. Suas fragilidades principais são de ordem política. A monarquia existe desde o século VII, mas o primeiro rei que desempenha um papel de destaque em nossas fontes é Alexandre I, dito Fileleno, cujo reinado abrange aproximadamente a primeira metade do século V. Graças a sua alegada ascendência heráclida, que uma tradição liga a Têmeno, rei da cidade de Argos (dinastia argéada, que outro mito faz descender diretamente de Zeus), foi autorizado a participar dos concursos olímpicos; na segunda guerra médica, fez papel de intermediário entre gregos e persas, antes de aproveitar-se do recuo destes para duplicar a área de seus domínios, adotando além disso uma moeda abundante e de alta qualidade. Depois dele, Perdicas II é conhecido principalmente por haver mantido relações instáveis com Atenas. Sucede-o o enérgico Arquelau (413-399), que realiza um esforço de armamento sem precedente (Tucídides divulga-o) e junto do qual o autor trágico ateniense Eurípedes encerra sua carreira. No primeiro quarto do século IV, Amintas III (393-370), pai de Filipe, transfere de Egas para Pela a capital política do reino.

Algumas tradições locais, tais como a formação dos jovens, especialmente a dos pajens ligados à pessoa do rei (*basilikoì païdes*), lembram as práticas observadas em Esparta ou em Creta, mas se constatam também claras afinidades com o Epiro e a Tessália vizinhos. As instituições primitivas continuam pouco conhecidas, principalmente as relações entre o rei e os macedônios, às vezes constituídos em assembleias de soldados; daí a comparação com os usos homéricos: a natureza da monarquia macedônica – "contratual" segundo a tese "constitucionalista", que não tem unanimidade – ainda é debatida (para a época helenística, ver *infra*, cap. 22). No exercício do poder, aparentemente muito dependia da personalidade do rei e de sua capacidade de impor-se: primeiramente à própria família e aos outros nobres, cuja elite, constituída com base no mérito, forma um conselho (os assassinatos são frequentes na corte, principalmente no primeiro terço do século IV); em seguida a seus súditos, especialmente às populações da alta

Época clássica

Macedônia, controladas com dificuldade, como os orestas e os lincestas, sem contar os turbulentos vizinhos epirotas, ilírios, trácio-citas e afins (cf. os péones, os tribalos e os getas). Todos esses são fatores de instabilidade, principalmente na falta de um exército bem estruturado, apesar de algumas reformas, cuja paternidade, aliás, é muito controversa (exceto a ação de Arquelau): em 360 (ou 359), Perdicas III, que reinava desde 365, é derrotado e morto, juntamente com 4 mil de seus homens, pelos ilírios do rei Bardílis.

Filipe é o irmão mais novo do rei Perdicas e tem pouco mais de 20 anos quando é aclamado rei, talvez depois de exercer a regência para seu sobrinho criança, Amintas IV. Lembramos que ele foi refém em Tebas na época áurea (capítulo anterior), mas é difícil avaliar com precisão o que extraiu disso. Em todo caso, não é inexperiente; e sua excepcional energia, acompanhada de um temperamento firme, permite-lhe agir com eficiência em todas as frentes, tanto internamente (afasta os rivais, eliminando principalmente o pretendente Argeu, apoiado pelos atenienses, que contavam servir-se dele para recuperar Anfípolis) como no exterior (ganha tempo reconhecendo a suserania de Bardílis, casa com a filha deste, Audata, trata com os péones e os trácios). Uma paz é rapidamente firmada com os atenienses, já presentes em Pidna, Metona e Potideia e aos quais Filipe reconhece seus direitos sobre Anfípolis (um pacto secreto prevendo uma troca Anfípolis-Pidna poderia ter sido selado um pouco mais tarde, mas esse é um ponto muito controverso). Ao mesmo tempo, reorganiza o exército, numa reforma cujo conteúdo (terminologia) e ritmo ainda são discutidos: ao lado da cavalaria, que compreende os *hetaîroi* (companheiros), a falange, com a elite dos *pezétairoi* (companheiros a pé), é reestruturada e duramente treinada; uma nova arma é progressivamente introduzida: a sarissa, muito mais longa (entre 5 e 6 m) que a lança tradicional do hoplita (para a cavalaria havia uma variante provavelmente mais manejável) e que impõe o uso de um escudo menor que o *hóplon*. Essa falange, que ainda será melhorada pelos sucessores de Filipe, e a cavalaria – uma temível arma de choque, formada por influência dos tessálios e também das populações trácio-citas – constituem um par original que garantirá para os macedônios uma superioridade incontestada durante um século e meio, até o confronto fatal com a legião romana. É também sob Filipe, e depois sob Alexandre, que as armas de arremesso (catapultas de torção) e as técnicas de cerco conhecem um aperfeiçoamento sem precedente. Os resultados não tardam: péones e ilírios são vencidos em 358 e as fronteiras do reino são alargadas e pacificadas.

Enquanto os atenienses, derrotados na "guerra dos aliados", se decidem pela paz e reformam sua administração, sob direção de Eubulo (lei sobre o teórico: *infra*, cap. 18), Filipe se aproveita da situação e, contrariando os acordos, não restitui Anfípolis, da qual se apoderou em 357, pouco antes de Pidna (inverno de 357/6). Depois toma Potideia, entregue a Olinto –

cidade líder da próspera liga calcídica, com a qual no momento tem interesse em entender-se bem (356) –, Metona, que Atenas socorre tarde demais, e por fim Abdera e Maroneia (355--354). Apodera-se também da implantação tásia de Crênides – fundada novamente, com um estatuto especial, com o nome de Filipos –, de onde não tardará a controlar as jazidas de metais preciosos do monte Pangeu: a moedagem régia (oficinas de Pela e de Anfípolis ou de Egas), próxima do padrão calcídico para a prata e do padrão ático para o ouro (Filipe é o primeiro rei macedônio a cunhar nesse metal), ilustrará algumas das grandes etapas de sua ascensão (cf. o tipo do cavaleiro, comemorando a vitória olímpica de 356; Apolo laureado, provavelmente em ligação com as vitórias na guerra fócia). Os atenienses perderam assim a quase totalidade de suas posições na região. Isso porque a nova doutrina devida a Eubulo – certamente seria errôneo julgar que ela leve ao desarmamento da cidade e pregue sistematicamente a não intervenção – apesar de tudo trava-lhe a ação e limita as expedições distantes unicamente a seus interesses vitais. Mas essa ausência ou lentidão de reação provavelmente se explica também pelo fato de que em Atenas ainda não se avaliou a dimensão das ambições de Filipe e espera-se que ele seja derrubado por uma dessas revoluções palacianas que são costumeiras na corte da Macedônia. Entre desdém e equívoco, tal expectativa se mostrará correta, mas somente 20 anos mais tarde; nesse meio de tempo, Atenas terá perdido quase tudo.

A "terceira guerra sagrada" e a "paz de Filócrates" (356-346)

É a década crucial para a expansão macedônia. Nesse processo, o santuário de Delfos desempenha um papel determinante. Desde meados dos anos 360, os anfictiões (cf. *supra*, cap. 12) estão reconstruindo nele o templo de Apolo, destruído por volta de 373 por um deslizamento de terra após um abalo sísmico. Em 357/6, essa obra de piedade consensual é perturbada por um escândalo cuja trama oculta até hoje não foi elucidada. Uma multa dupla é imposta então a Esparta e aos fócios vizinhos do santuário: Esparta pela ocupação sacrílega da Cadmeia, entretanto já antiga (382: capítulo anterior) e os fócios por haverem cultivado uma parte da "terra sagrada" correspondente ao território da antiga cidade de Cirra, dedicada a Apolo desde a "primeira guerra sagrada" (*ca* 590) e cujo uso era proibido. A necessidade de reunir fundos para as obras em andamento pode ter sido explorada a fim de acertar velhas contas: suspeita-se dos tebanos e tessálios, aliados e com a força da maioria no conselho anfictiônico; mas muitas outras hipóteses foram formuladas e os detalhes da cronologia também se prestam a infinitas discussões. De qualquer forma, os condenados se recusam a pagar. Esparta, por intermédio do rei Arquidamo, desempenhará na sequência apenas um papel marginal, em conformidade com o que passa a representar no cenário internacional. Mas os fócios, que já há muito tempo reivindicam a posse do santuário pítico, cometem o irreparável, sob comando de seu chefe Filomelo: ocupam o santuário, cujas fabulosas riquezas não tardam a pilhar para pagar seus mercenários. É o início da "terceira guerra sagrada", que opõe os fócios, auxiliados em segredo por seu tradicional aliado ateniense, a uma coligação que agrupa principalmente os outros anfictiões.

Em 355 ou 354, estes conseguiram na batalha de Neon (Fócida), em que morreu Filomelo, uma vitória que poderia ter sido decisiva se os tebanos tivessem explorado imediatamente essa vantagem em vez de se dispersarem numa empreitada asiática (apoio ao sátrapa revoltado Artabazo) cujas motivações profundas ainda são discutidas. O intrépido sucessor de Filomelo, Onomarco, aproveita-se disso para reconstituir seu exército e ameaça a Tessália com auxílio dos tiranos de Feras, dissidentes. É então que os outros tessálios recorrem a Filipe, que talvez já houvesse intervindo na região em 358. Os fócios infligem-lhe sucessivamente duas das três raras derrotas que o rei sofre durante seu reinado. Ele então recua para retornar com toda força e no ano seguinte alcança uma estrondosa vitória perto do golfo de Págasas, no campo de Croco (353 ou 352), onde suas tropas vão para o combate coroadas de louro, a árvore sagrada de Apolo. Destino reservado aos sacrílegos, o cadáver de Onomarco é crucificado e os mortos (juntamente com os prisioneiros?) do exército fócio são lançados no mar. Entretanto Filipe não consegue continuar avançando, porque o desfiladeiro das Termópilas está bloqueado, principalmente por um destacamento ateniense. No momento ele se contenta em submeter a cidade de Feras e faz-se eleger chefe dos tessálios – vitória estratégica e militar (cavalaria) fundamental para o que vem a seguir.

Enquanto a guerra sagrada se estagna, os anos seguintes são ocupados na frente norte-oriental, principalmente na Trácia, cujo reino está em plena decomposição desde a morte de Cótis, rei dos odrísios, em 360/59. Depois de alianças complexas e sutis, em que não faltam reviravoltas, entre os herdeiros de Cótis, os atenienses e Filipe, este consegue sair-se o melhor possível e se fixa na Propôntida, apoderando-se, no outono de 352, da fortaleza de Heraion Teikhos, que devolve à cidade aliada de Perinto. Os atenienses, inicialmente decididos a interferir, nada fazem, enganados pela falsa notícia da doença ou mesmo da morte de Filipe; todos esses acontecimentos mostram-no como um perito também em propaganda e desinformação. Considera-se que esse avanço fulgurante, tanto para o sul como na direção do Ponto Euxino, foi revelador para os atenienses: pela primeira vez desde Xerxes, um rei controla quase tudo entre os dois setores eminentemente estratégicos que são as Termópilas e os Estreitos. Em todo caso, é desse período (351) que data a *Primeira filípica* de Demóstenes, que entretanto parece ter inicialmente apoiado a política de Eubulo: na obra o orador critica a passividade de seus compatriotas, que considera culpável, e prega a intervenção contra Filipe (cf. no § 50: "Por hoje não querermos lutar contra ele lá, talvez seja aqui que nos veremos forçados a isso"), mas não é ouvido.

Após um intervalo de dois anos, dedicados a consolidar suas posições na região da Ilíria e a intensificar seu domínio sobre o Epiro, Filipe se volta contra a liga calcídica e especialmente contra seu aliado de ontem, Olinto, que apela para Atenas: é o momento para os três discursos de Demóstenes, as *Olintíacas*. Mas o orador tropeça na lei referente ao *theorikón* e os atenienses enviam reforços insuficientes quando uma revolta na Eubeia, que sempre foi para eles uma causa prioritária, desvia-lhes a atenção. Filipe aproveita-se dessas tergiversações e, subornando oficiais de cavalaria designados para a defesa de Olinto, invade e destrói a cidade. Os atenienses por fim se decidem a enviar um corpo expedicionário considerável, mas, atrapalhado pelos ventos do norte, ele chega tarde demais para intervir (348). Incapaz de guerrear em várias frentes e enredada tempo demais em debates contraditórios que a penalizam perante um adversário que naturalmente não tem as mesmas desvantagens institucionais e pode tomar uma dianteira decisiva, aproveitando todas as ocasiões de agir, Atenas, no final, não consegue evitar a perda da Eubeia e, ao mesmo tempo, da Trácia como aliada estratégica. Filipe acha-se então em posição forte para fazer propostas de paz: não é de seu interesse prolongar as hostilidades com uma cidade cuja capacidade naval afinal de contas continua a ser importante; uma aliança ou pelo menos a neutralidade de Atenas lhe seria mais conveniente. De modo geral, parece que Filipe foi menos hostil para com Atenas do que Demóstenes pretendeu fazer crer e do que muitos atenienses eram para com ele. Após a queda de Olinto, o próprio Eubulo e seus amigos, entre os quais Ésquines, por algum tempo pensam em empreender na Grécia uma ação diplomática visando a isolar o rei, sem grande resultado.

Isso porque durante esse tempo o andamento da guerra sagrada se acelera: os beligerantes estão esgotados por dez anos de um conflito em que, a pretexto de religião, as atrocidades se multiplicaram; e agora são os tebanos que recorrem a Filipe. Este distribuiu promessas em todos os sentidos, tanto aos amigos como aos inimigos, e os atenienses por fim se decidem a jurar a chamada "paz de Filócrates", do nome de um de seus embaixadores, como um mal menor (cf. o discurso de Demóstenes *Sobre a paz*). Mas, de seu lado, o rei retarda intencionalmente seu próprio juramento de paz, na expectativa de um desfecho favorável com relação a Delfos. Realmente, o estratego fócio Faleco acaba entregando-lhe as Termópilas em troca de um salvo-conduto para si e seus homens (em seguida alguns foram recrutados por Timoleonte para sua expedição siciliana: *supra*, cap. 14). Habilmente, Filipe confia o ajuste da paz ao conselho anfictiônico, do qual tem o favor por intermédio dos delegados beócios e tessálios. O conselho pune duramente os fócios, mas sem aniquilá-los, e transfere seus dois assentos para Filipe, que, com os 12 sufrágios atribuídos ao bloco tessálio, desfruta *ipso facto* de uma maioria; além disso é confiada ao rei a presidência dos concursos píticos (verão de 346). Assim, esse que Demóstenes, e seguramente muitos outros com ele, consideram um "bárbaro" é recebido com todas as honras na mais prestigiosa instância da velha Grécia. Além da promoção inesperada e do aumento de credibilidade que dela decorre, isso dá a Filipe direito de fiscalizar o que acontece ao sul das Termópilas e um excelente trampolim para futuras intervenções. Em seu discurso *Filipe*, publicado no mesmo ano, Isócrates entroniza-o como a única encarnação eficiente do pan-helenismo para uma futura cruzada contra o império persa – projeto que o rei, se já o concebeu (cf. os primeiros contatos com Hérmias, tirano de Atarneia e de Assos, já em 347?), entretanto ainda não está em condições de executar. Os dez anos seguintes vão colocar-lhe nas mãos todos os trunfos para isso.

Estabelecimento da hegemonia macedônica (346-336)

O período imediatamente posterior a esse triunfo diplomático lembra que o reino da Macedônia é fundamentalmente uma potência balcânica, visto que esse tempo é dedicado principalmente a diferentes campanhas contra os ilírios e ao fortalecimento do protetorado sobre o Epiro: Filipe, já casado desde 357 com a princesa molossa (povo epirota) Olímpias, mãe de seu filho Alexandre, nascido no ano seguinte, coloca no trono do Epiro um outro Alexandre, que é o irmão mais novo de Olímpias (343/2). O rei, cujas guerras incessantes e sucessos internacionais contribuem para forjar a consciência nacional de seus súditos, transforma radicalmente a Macedônia (urbanização e desenvolvimento das unidades cívicas, agrupadas em quatro regiões administrativas e militares, também dotadas de uma instância deliberativa). Tem ainda o cuidado de colonizar o interior trácio por meio de grandes transferências de populações, perpetuando ali os métodos de seus antecessores. A Tessália, por sua vez, é objeto de uma reforma constitucional cujos detalhes ainda são muito discutidos (anos 345-343). Já reconhecido como líder guerreiro notável e hábil diplomata, Filipe confirma assim seus talentos de organizador e administrador.

Com Atenas, as relações se envenenam rapidamente, por iniciativa de Demóstenes e de outros cujo papel aparentemente não foi menor, como Hegésipo e Hipérides. Estes começaram dando caça aos "filipizantes", como Filócrates, que foge e é condenado à morte *in absentia*. Dessa época data também uma célebre disputa com Ésquines, conservada pelos dois discursos homônimos *Sobre a embaixada infiel*, que repisam as maquinações de 346; entretanto Ésquines é absolvido. Filipe, por sua vez, em 344 consegue fazer fracassar uma aproximação diplomática entre Atenas e Artaxerxes III Oco, que reina desde 359/8 e suspeita dos manejos do macedônio no setor dos Estreitos, no momento de lançar uma grande ofensiva para finalmente dominar o Egito (o que será feito em 343/2; Hérmias de Atarneia é executado mais ou menos na mesma época). Outro fato revelador da deterioração das relações entre o rei da Macedônia e Atenas é a famosa "querela das sílabas" a respeito da ilhota de Haloneso, que Filipe havia tomado dos piratas e desejava, como um gesto de conciliação, "dar" (em grego, *doûnai*) aos atenienses, ao passo que Demóstenes e seus amigos afirmavam que ele nada mais fazia que devolvê-la (*apodoûnai*), considerando que essa área insular lhes pertencia (342). As chicanas não tardam a desandar em guerra fria: entre 342 e 340, aguilhoados por Demóstenes, que encadeia arengas (*Terceira* e *Quarta Filípicas*), os atenienses juntam a eficiência à energia e fazem frente a Filipe em todo lugar onde podem: intervindo na Acarnânia, recuperando a Eubeia, tomando posição no Quersoneso com o corpo expedicionário do estratego Diopites (341), socorrendo, de comum acordo com outros gregos e com o poder aquemênida, Perinto e Bizâncio sitiadas por Filipe, que sofre então o segundo e último grande fracasso de sua carreira militar, depois do que Onomarco lhe infligira (340). Ele não tarda a vingar-se, interceptando um comboio de 180 navios carregados de trigo com destino a Atenas, mal protegido pelo estratego Cares; essa provocação é a última e os atenienses quebram a estela do tratado de 346. Parece, entretanto, que ambas as partes tentaram até o fim evitar um choque frontal; mas novamente Delfos ia precipitar as coisas.

Em 340, enquanto Filipe está fora guerreando contra os citas, o delegado lócrio de Anfissa no conselho anfictiônico acusa os atenienses de terem fixado escudos de ouro no templo recém-construído de Apolo antes que fosse oficialmente consagrado e de terem mandado gravar nele uma inscrição mencionando o medismo dos tebanos em 480. Ésquines, que então faz parte da delegação ateniense, desvia a atenção dos anfictiões contra os anfissenses, acusando-os de terem cultivado uma parte da terra sagrada de Apolo. Essa manobra diversiva funciona otimamente: os anfissenses recusam-se a se submeter a uma inspeção e a engrenagem das sanções anfictiônicas leva a uma nova guerra sagrada, primeiramente comandada pelos tessálios, que obtêm poucos resultados. Filipe, que retornou da Cítia – e que hoje se tende a considerar como alheio ao desencadear desse caso infeliz, o que não o impede de explorá-lo com seu conhecido oportunismo –, é chamado em socorro. Graças à extraordinária mobilidade de seu exército e com a habitual rapidez de intervenção, ele envia um destacamento para pôr ordem na região de Anfissa (derrota do estratego ateniense Cares e de seu colega beócio Próxeno) e, principalmente, corre para Elateia, na fronteira fócio-beócia, com o grosso de suas tropas: o caminho para Tebas e mais além, para a Ática, está totalmente aberto para ele.

No discurso *Sobre a coroa*, que responde ao *Contra Ctesifonte* de Ésquines, Demóstenes deixou um relato memorável do pânico que então invade Atenas, apresentando-se como o homem providencial[1]. Realmente, o orador por fim obteve a suspensão da lei de Eubulo sobre o teórico em proveito do fundo militar; também conseguiu implantar uma aliança um tanto inesperada: a de sua pátria com Tebas, à qual na emergência propôs condições muito vantajosas (os tebanos despendem menos e comandam mais). As tropas concentram-se em Queroneia, onde a falange macedônica engenhosamente chefiada por Filipe (recuo tático para atrair e distender a linha inimiga) e também a cavalaria comandada por Alexandre – que tem então 18 anos e ânsia de se mostrar à altura do pai – derrotam a coalizão (fim do verão de 338). O batalhão sagrado dos tebanos é aniquilado; um pedestal sustentando um leão monumental foi edificado sobre a sepultura dos combatentes dessa unidade de elite, pela qual Filipe tinha muita consideração. A própria Tebas, cuja conduta é vista como traição, é tratada duramente: são-lhe impostas tanto a oligarquia como uma guarnição acantonada na Cadmeia. Em Atenas, tomam-se medidas extremas prevendo um cerco: Demóstenes, cuja atitude em combate aparentemente não foi exemplar, supervisiona o reforçamento das fortificações, e Hipérides promete cidadania aos metecos e liberdade aos escravos que se alistarem. Tudo isso não servirá para nada: Filipe, que acaba de conhecer o fracasso nesse exercício, deseja evitar um cerco longo e oneroso e tem mais interesse em conciliar-se com os atenienses, cuja frota poderia ser-lhe útil. Uma paz afinal de contas vantajosa para a cidade é negociada por Dêmades, que fora capturado em Queroneia, bem como por Ésquines e Fócion: os prisioneiros são devolvidos sem resgate, Alexandre em pessoa escolta o cortejo fúnebre que reconduz para Atenas os despojos dos soldados que tombaram no campo de batalha. A confederação marítima é dissolvida, mas os atenienses conservam as clerúquias vitais de Ciros, Lemnos e Imbros, a de Samos, não menos importante, a administração do santuário de Delos e principalmente sua democracia, reforçada já na primavera de 336 por uma lei estigmatizando toda e qualquer tentativa de instalar uma tirania.

Um passeio militar no Peloponeso termina de consolidar a autoridade de Filipe: seus partidários assumiram ali o controle de várias cidades e Esparta ainda perde algumas porções de território, na ausência do rei Arquidamo, que foi guerrear na Itália atendendo aos tarentinos – aventura em que perde a vida (*supra*, cap. 14). Portanto, o terreno está preparado para a implantação de uma nova estrutura que coroe o edifício pacientemente construído durante mais de 20 anos. É em Corinto, lugar de destaque do pan-helenismo combatente na segunda guerra médica, que todas as cidades gregas, exceto Esparta, durante o inverno de 338/7 se associam na paz comum (*koiné eiréne*) chefiada por Filipe, que é eleito *hegemón*. O juramento está conservado numa estela descoberta na Acrópole e pode ser complementado por outras fontes: proclama

---
1. *Sobre a coroa*, 169-173.

Filipe II e a hegemonia macedônica

fidelidade à monarquia argéada e o compromisso de todos de não modificar a ordem política e social[2]. Um *synédrion* (conselho) de delegados deve reunir-se periodicamente, sobretudo por ocasião dos concursos pan-helênicos, para examinar os assuntos conjuntos. Do ponto de vista militar, é prevista uma assistência mútua, especialmente contra quem quer que infrinja a *koiné eiréne*. Assim, a liga se torna simaquia (aliança) quando Filipe faz votar a guerra contra os persas, que a propaganda argéada apresenta como uma ameaça para a nova paz, desenvolvendo além disso o tema da vingança pelos sacrilégios perpetrados em 480 contra diversos santuários da Grécia (Delfos, a Acrópole etc.). Indo além desses pretextos, para Filipe o que importa é tirar proveito da crise que o poder aquemênida está atravessando, pois Artaxerxes III foi assassinado no verão de 338. Na primavera de 336, uma vanguarda de macedônios comandados por Parmênion e Átalo chega à Ásia, onde os gregos os recebem como libertadores: enquanto, de seu lado, o rei talvez pensasse em organizar seu próprio culto (cf. o *Philíppeion, thólos* contendo estátuas da família real, edificado em Olímpia?), sua estátua é colocada pelos efésios ao lado da de Ártemis, da qual ele se torna assim *sýnnaos* (= que compartilha o templo), e dois altares a Zeus Filipeu são erguidos na cidade de Éresos, em Lesbos (depois de sua morte?).

Filipe não terá oportunidade de juntar-se às suas tropas: é assassinado por um macedônio chamado Pausânias, em plena celebração do casamento de sua filha Cleópatra com Alexandre o Molosso, no teatro de Egas. O próprio Filipe se casara um pouco antes, pela sétima vez, com uma outra Cleópatra, sobrinha de Átalo; e, embora nossas fontes apresentem o atentado como uma vingança pessoal de Pausânias e simultaneamente como um caso moral, muitos suspeitaram de um complô tramado por Olímpias e seu filho Alexandre, então brigado com o pai e ameaçado de perder a sucessão para novos herdeiros putativos, visto que ele mesmo não tinha ascendência macedônica pura (Olímpias é epirota). Esse ponto ainda é motivo de debates, assim como a personalidade de Filipe, alternadamente visto como um bêbado debochado que se comprazia no descomedimento, um político manhoso e sem escrúpulos, mas também como um combatente valoroso (cf. seus inúmeros ferimentos), amigável e excelente orador, hábil diplomata e gênio político perito em tirar o melhor partido da situação e em agarrar prontamente todas as ocasiões favoráveis. Por outro lado, o balanço desse quarto de século crucial praticamente não sofre contestação. Um dos suntuosos túmulos de Vergina talvez contivesse os despojos desse que "desaparecido muito cedo, tornou-se o maior rei da Europa", nas palavras de Diodoro (XVI, 1 e 95). Faltava conquistar a Ásia, grande projeto que será executado por Alexandre, a quem a obra paterna inspirará uma constante emulação.

---

2. P. Brun, *Impérialisme et démocratie à Athènes. Inscriptions de l'époque classique*, 2005, nº 83.

Capítulo 17

ALEXANDRE O GRANDE

A prodigiosa aventura de Alexandre de certo modo encerra o período iniciado pela invasão persa dos anos 490-480: ao mesmo tempo que o classicismo grego se desvanece, o império bárbaro desmorona e a conquista abre para o helenismo novos horizontes. Mas, ao contrário da época de Filipe, relativamente poucas fontes diretas ou contemporâneas nos informam sobre esses 13 anos de reinado que revolucionaram o Mediterrâneo oriental e muito além: algumas inscrições e alusões nos últimos discursos de Demóstenes e de seus colegas, os fragmentos dos "historiadores de Alexandre" (Calístenes, sobrinho de Aristóteles e historiador oficial, executado por Alexandre em 327, o almirante Nearco, o general Ptolomeu, futuro fundador da dinastia lágida, Aristóbulo e Clitarco), em que se inspiraram os historiadores tardios, principalmente Diodoro da Sicília (livro XVII), Plutarco em sua *Vida de Alexandre*, Arriano (*Anábase*) e Quinto Cúrcio (*Histórias*). Soma-se a isso a iconografia, também relativamente tardia mas abundante: citaremos somente o célebre mosaico da Casa do Fauno em Pompeia (batalha de Issos?) e a rica série de retratos restituídos pela estatuária. Em resumo, já na Antiguidade tudo está reunido para constituir um verdadeiro mito em torno da personalidade flamejante do conquistador (cf. o *Romance de Alexandre*, com versões múltiplas, elaboradas a partir de um original grego que provavelmente remonta ao século III d.C.). Desde então, Alexandre foi visto alternadamente como o protótipo do herói romântico, como um gênio visionário ou como um problemático com inclinações sanguinárias. Vamos limitar-nos a um rápido resumo dos fatos, suficiente para constatar que o filho soube fazer a herança deixada pelo pai dar grandes frutos.

Os primeiros tempos do reinado (336-335)

Alexandre tem 20 anos quando sucede o pai; já teve então oportunidade de mostrar seu valor, principalmente em Queroneia. Mas precisa impor sua autoridade o mais rapidamente possível, primeiro na Macedônia, onde as regras da sucessão dinástica aparentemente deixam campo livre para golpes de Estado, e perante os gregos, muitos dos quais, como Demóstenes, consideram com certo desdém "esse jovenzinho". Com uma energia digna do pai e auxiliado pela mãe, Olímpias, e por Antípatro, um oficial de Filipe, Alexandre, na mais pura tradição macedônica, manda assassinar seus rivais potenciais, principalmente Amintas IV, sobrinho de Filipe e que este havia desaposado do trono, e Átalo com sua família, inclusive Cleópatra, a última esposa de Filipe. Depois empreende uma turnê diplomática que lhe permite reformar em algumas semanas a rede constituída por seu pai em 20 anos: fidelidade tessália, reconhecimento pelos anfictiões, juramento da liga de Corinto (e portanto dos atenienses) ao novo *hegemón*. Na primavera de 335, enfrenta brilhantemente as obrigações de todo soberano macedônio: a consolidação das fronteiras setentrionais, contra os trácios, os tribalos e os getas de além--Danúbio, onde oferece um sacrifício a Zeus, a Héracles e ao deus do rio (recebe lá também a amizade dos celtas, embora estes tenham ferido um pouco seu orgulho ao lhe replicarem que só tinham medo de uma coisa: não dele, mas de que o céu lhes caísse na cabeça...). Depois guerreia contra as tribos ilírias na região do Adriático.

Enquanto isso, Dario III Codomano, que se impôs à frente do império persa, empenha-se em expulsar a vanguarda enviada à Ásia por Filipe. Enquanto seu general, o *condottiere* ródio Mêmnon, reconquista as posições litorâneas e insulares obtidas por Parmênion, o Grande Rei reutiliza em benefício próprio a manobra que funcionara tão bem para Artaxerxes II em 396/5: provocar na própria Grécia uma revolta na retaguarda do invasor (*supra*, cap. 15). Destina fundos aos oponentes, como Demóstenes, e promete subvenções aos gregos que se rebelarem contra o poder macedônico. A notícia da morte de Alexandre na Ilíria desencadeia a rebelião de Tebas, que peloponenses e atenienses prometem ajudar, quando o rei surge imprevistamente com seu exército: os tebanos, abandonados a si mesmos, rejeitam as ofertas de negociação e resistem heroicamente ao cerco, mas são derrotados. Inspirando-se nos métodos de seu pai, Alexandre habilmente deixa para o conselho da liga a tarefa de decidir sobre o destino de Tebas, implicando assim todos os gregos na sanção. Mas esta precisa ser exemplar. Os inimigos tradicionais da cidade na Beócia e na Fócida trouxeram novamente à baila a velha história do medismo tebano, que, é bem verdade, assumia um novo sentido no contexto das operações asiáticas em andamento. Assim, a cidade é arrasada e os habitantes são vendidos como escravos. Em Atenas, a população prepara-se para o pior, como em 338; mas Dêmades amansa Alexandre, que exige apenas que lhe sejam entregues os líderes, entre os quais Licurgo, Hipérides e Demóstenes. Este expõe então a famosa parábola dos carneiros que entregam seus cães aos lobos, e o povo não dá prosseguimento: apenas o estratego Caridemo tem de exilar-se. Alexandre, que, como o pai, sabe muito bem que sitiar Atenas lhe traria muito mais custo que benefício, contenta-se com essa medida simbólica. Dêmades, que por sua ação receberá dos concidadãos as maiores honrarias, até mesmo obtém de Alexandre que Atenas recupere Oropos e seu importante santuário do herói Anfiarau, adivinho e curandeiro, na fronteira beócia (Oropos passara para as mãos de Tebas em 366 e Filipe dera-lhe a independência em 338).

No outono de 335, o rei reúne pela terceira vez o conselho da liga e é confirmado na missão de comandar a guerra contra os persas, designando a cada um os contingentes que deve fornecer. O auxílio dos aliados mostra-se bastante modesto: 7 mil soldados da infantaria (contra 12 mil macedônios) e 600 cavaleiros, além de navios; no total, o exército de terra tem pelo menos 30 mil homens a pé e 5 mil cavaleiros. Conta com notáveis corpos técnicos: engenheiros, intérpretes, serviço topográfico etc.; aparentemente é sob Alexandre que os termos "companheiros" e "companheiros a pé" acabaram designando respectivamente o conjunto da cavalaria e da infantaria macedônicas (cujo equipamento tendia a tornar-se mais leve); daí as novas denominações "agema" para a guarda a cavalo e "hipaspistas" para a elite da infantaria. Alexandre confiou a guarda da Europa ao fiel Antípatro, que dispõe de outro exército com aproximadamente metade do potencial macedônico (12 mil na infantaria e 1.500 na cavalaria). Essa distribuição das forças denota uma prudência que convida a levantar a questão dos objetivos de Alexandre: tinha ele já desde o início planejado ir tão longe como foi, aliás suscitando objeções por parte de seu Estado-Maior e de suas tropas? No discurso *Filipe* (346: capítulo anterior), Isócrates propusera a seu pai três planos: limitar-se a libertar as cidades gregas da costa, repelir os persas para além de uma linha que ia de Sinope ao norte até a Cilícia ao sul, ou o desmantelamento puro e simples do império aquemênida. Mas, de certa maneira, tudo se ajustava e a opção escolhida pode igualmente ter evoluído em função do desenrolar das operações, com os sucessos não fazendo mais que reforçar as ambições do conquistador: desse ponto de vista, a passagem pelo Egito e a consulta ao oráculo de Amon podem ter constituído um momento decisivo (abaixo). Entre as motivações de Filipe e, depois, de Alexandre, certamente figura a intenção de reabastecer o tesouro régio, esvaziado pelas incessantes campanhas militares (nossas fontes mencionam dívidas que montam a várias centenas de talentos, mas as cifras são discordantes e sua interpretação é controversa). Ora, o império aquemênida tinha a fama – justificada – de ser fabulosamente rico e os argéadas, como muitos outros gregos impressionados pelos sucessos das expedições lacedemônias do início do século IV (*supra*, cap. 15), deviam estar convictos de que ele constituía uma presa fácil.

A pesquisa atual mostrou que essa visão das coisas era, em parte, infundada: ainda que as forças centrífugas sempre o tenham ameaçado em razão de sua imensidão e heterogeneidade (cf. as secessões do Egito ou as revoltas de sátrapas), o império aquemênida aparentemente não é esse colosso com pés de barro em plena decadência. O próprio Dario III está longe de ser o soberano ilegítimo, covarde e incapaz que muitos descrevem a partir de algumas fontes gregas,

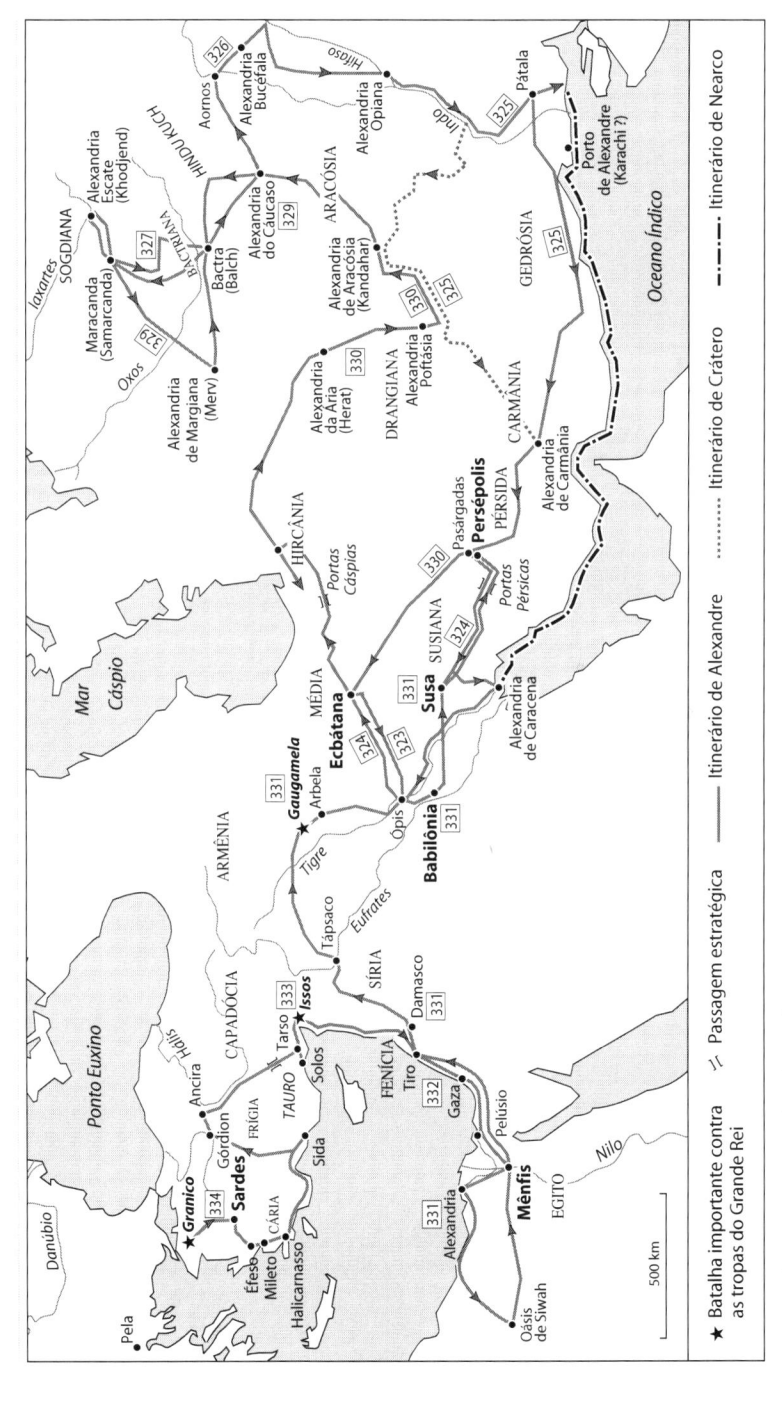

Mapa 14. A expedição de Alexandre.

sujeitando-se ao lugar-comum da *tryphé* (frouxidão) bárbara. Ademais, ele pode contar com um reservatório militar considerável e procedeu a preparativos precoces: além de uma elite relativamente reduzida de combatentes persas (cf. os Mil da guarda régia comandada pelo quiliarca), seu exército compreende uma cavalaria valorosa, contingentes locais de infantaria inumeráveis, ainda que pela qualidade intrínseca e pela heterogeneidade sejam uma tropa medíocre, e principalmente cerca de 50 mil mercenários gregos calejados – ou seja, mais do que Alexandre. Porém este pode contar com seus macedônios, totalmente devotados, mais bem armados e mais experientes, e principalmente com seu próprio gênio militar, que sobrepuja largamente as qualificações de Dario e seu Estado-Maior. O rei e seus sátrapas adotam uma estratégia que logo se mostra defeituosa, provavelmente porque inicialmente eles avaliaram mal não só a situação (é a primeira vez que o Império se vê confrontado com uma guerra de conquista total e sem trégua) mas principalmente o adversário (a cavalaria macedônica, sobretudo, tinha uma força sem precedente entre os gregos). Na primavera de 334, o exército entra em Abidos, cabeça de ponte ainda mantida por Parmênion na Ásia. Conta-se que, de seu navio, Alexandre fincou em terra uma lança para fazer valer seus direitos sobre o continente asiático (*gê doriktetos*, terra conquistada pela lança) e que, o primeiro a desembarcar, imediatamente se dirigiu em peregrinação a Troia para lá celebrar sacrifícios em honra dos heróis homéricos, gesto "tão romântico quanto publicitário" (P. Goukowsky).

A guerra contra Dario (334-331)

Mêmnon de Rodes preconizava uma espécie de política da terra queimada, a fim de impedir o abastecimento do exército de Alexandre, evitando ao mesmo tempo um choque frontal; mas não consegue impor seu ponto de vista, pois os sátrapas preferem mobilizar um exército a verem seus domínios sacrificados. Graças a uma carga de cavalaria impetuosa e de grande audácia, Alexandre conquista uma primeira vitória às margens do rio Granico (junho de 334). A propaganda régia não deixa de explorar esse sucesso e expede 300 panóplias tomadas do inimigo para serem consagradas na Acrópole, com a inscrição: "Alexandre filho de Filipe e os gregos, exceto os esparciatas, sobre os bárbaros da Ásia." A Frígia helespôntica e a Lídia são conquistadas no momento certo para encher os cofres (Sardes abre as portas para Alexandre, que permite que os lídios conservem suas leis ancestrais), e as cidades gregas da costa são "libertadas", ou seja, as oligarquias favoráveis aos persas são liquidadas e uma forma de autonomia lhes é reconhecida (cf. em Éfeso e em Priena). Mas aparentemente lhes são solicitadas contribuições, e seu estatuto com relação à liga de Corinto não está claro. A acolhida, aliás, não é unanimemente entusiasta. Alexandre encontra forte resistência em Mileto (onde licencia sua frota, pouco seguro da lealdade das tripulações gregas) e em Halicarnasso (submetida a um longo cerco que ele confia a um de seus tenentes). Obtém o compromisso de fidelidade da dinasta da Cária, Ada, e depois conquista as praças costeiras até a Panfília, contando privar de suas bases a frota inimiga. O início de 333 é passado em Górdion, a antiga capital do rei Midas. Era lá que estava o famoso nó górdio, que prendia ao timão o jugo do carro de Górdios, pai de Midas: segundo uma tradição local, quem conseguisse desatá-lo se tornaria senhor da Ásia. Conta-se que Alexandre, não perdendo essa oportunidade de impressionar as mentes, teria liquidado a questão com um golpe de espada. Depois de receber reforços essencialmente macedônicos (3 mil soldados a pé e 300 cavaleiros), prossegue caminho rumo à Cilícia. Mas, nesse entretempo, Mêmnon aproveitou sua superioridade naval para lançar uma contraofensiva no Egeu, retomando principalmente Quios e Lesbos. Entretanto, morre diante de Mitilena (primavera de 333); com Mêmnon desaparece um dos melhores estrategos do campo persa, ainda que nossas fontes gregas provavelmente o favoreçam um tanto exageradamente. Seu sobrinho Farnabazo substitui-o à frente da frota, com algum sucesso; mas os efetivos são cortados por Dario, que prepara então uma nova ofensiva, não sem ter concebido o projeto de abrir uma segunda frente na Grécia: para isso oferece subsídios ao rei de Esparta, Ágis III, que então ambicionava reconquistar um pouco do terreno perdido por sua cidade.

Agora fica claro para o poder persa que a empreitada em andamento é muito mais ambiciosa do que as incursões do início do século. Descartando o plano do estratego ateniense Caridemo, que é executado, Dario assume pessoalmente a frente de um vasto exército (um pouco mais de 100 mil homens?), fato relativamente raro, pois não é de uso a pessoa do Grande Rei expor-se ao perigo. O choque acontece na fronteira entre a Cilícia e a Síria, em Issos, onde os dois exércitos se confrontam com a frente de batalha invertida, pois os persas chegam pela retaguarda de Alexandre. É mais um sucesso total para os macedônios: Dario e uma parte de seu exército conseguiram fugir para organizar uma defesa mais oriental, mas Alexandre apoderou-se do acampamento do rei e principalmente de sua família, a quem tratou com respeito (novembro de 333). No início do ano seguinte, Tiro se recusou a submeter-se, por causa de um mal-entendido religioso (os tironianos opunham-se a que Alexandre sacrificasse a Melqart, equivalente fenício de Héracles, ancestral mítico dos argéadas). A cidade caiu após um cerco memorável de aproximadamente sete meses, que até hoje é uma referência em matéria de poliorcética (do grego *poliorkeîn* = sitiar); entre os habitantes houve 8 mil mortos e 30 mil prisioneiros vendidos como escravos. Depois foi a vez de Gaza: enquanto Chipre e Rodes se aliavam, o controle da Fenícia marcou o fim da frota persa e permitiu a recuperação das posições que

Mêmnon e depois Farnabazo haviam conquistado ou reconquistado nas costas egeias. De seu lado, Antígono o Zarolho, colocado por Alexandre como sátrapa da Grande Frígia, repelia uma contraofensiva persa. Provavelmente foi durante esse período que Alexandre inaugurou suas moedagens de prata e depois de ouro, cunhadas inicialmente pela oficina de Tarso (Cilícia) e depois em outras cidades.

No final de 332, Alexandre entra no Egito, que o sátrapa Mazaces lhe entrega sem combater. É acolhido muito favoravelmente pelos egípcios e sacrifica ao touro Ápis, em Mênfis, onde provavelmente é coroado como faraó. A fim de tirar o melhor partido das riquezas do país, escolhe um local cujo valor já era conhecido para nele fundar Alexandria, que superará o velho entreposto de Náucratis (início de 331). Depois avança até o oásis de Siwah, sede de um oráculo de Amon famoso até mesmo na Grécia, onde o deus é identificado com Zeus. Nele Alexandre é saudado como "filho do deus": o processo de divinização iniciado no tempo de Filipe avança à medida que seu filho vai acumulando sucessos; essas anedotas são sabiamente exploradas pela propaganda régia. Consciente de que um sátrapa único poderia ser tentado pela secessão e no Egito teria à disposição todos os meios para atingir seus fins, Alexandre dividiu ali o poder militar e administrativo, com Cleômenes de Náucratis como responsável pelas finanças, e ao mesmo tempo deixou para os nativos um lugar importante. Conta-se também que enviou uma missão para explorar o Sudão a fim de descobrir o segredo da cheia do Nilo.

Tudo isso foi realizado em um inverno. Na primavera de 331, depois de reorganizar os fundos militares, confiados a Hárpalo, Alexandre toma a direção da Babilônia, onde Dario se recolhera. O Grande Rei lhe teria enviado então várias propostas, especialmente a de torná-lo seu genro e ceder-lhe toda a região a oeste do Eufrates. Alexandre as teria rejeitado desdenhosamente; e a Parmênion, que teria lhe declarado que "aceitaria essas propostas se fosse Alexandre", teria respondido secamente que "as aceitaria se fosse Parmênion"[3]. Também dessa vez a propaganda oficial seguramente desempenhou seu papel e pesam muitas dúvidas sobre o conteúdo das ofertas; entretanto, aceita-se o princípio de que houve aberturas diplomáticas da parte de Dario. Isso não exclui que o Grande Rei dê mostras ao mesmo tempo de uma bela capacidade de reação e de grande energia: forma um novo exército, no qual introduz diversos aperfeiçoamentos, com base nos ensinamentos extraídos das derrotas recentes. A leste do alto Tigre, região atingida por Alexandre, encontra um local propício para o confronto, em Gaugamela, perto de Arbela (outubro de 331): o terreno muito aberto e nivelado deveria permitir-lhe tirar partido de sua superioridade numérica e de seus terríveis carros munidos de foices. Alexandre, por sua

---
3. Plutarco, *Alexandre*, XIX, 8.

vez, dispôs a falange em duas linhas com alas em forma de crescente; esse conjunto podia converter-se num vasto quadrado capaz de conter uma tentativa de cerco. Apesar disso, Mazeu, que comanda a ala direita dos persas, deixa em má situação seu oponente direto, Parmênion. Mas Alexandre, introduzindo-se numa brecha provocada pelo movimento da ala esquerda sob as ordens de Besso, sátrapa de Bactriana, direciona sua principal força de ataque para a guarda régia: a fuga de Dario (com destino à Média) mais uma vez lhe dá a vitória.

A conclusão da conquista (331-325)

Babilônia entrega-se ao novo "rei da Ásia", ainda que o estatuto de libertador que nossas fontes lhe conferem esteja seguramente amplificado, também aqui, pela imagem oficial. O valoroso Mazeu aderiu e Alexandre instala-o nela como sátrapa – gratificação que visa principalmente a seduzir as elites persas ainda leais ao Grande Rei, embora a autoridade deste comece a ser seriamente abalada pelos fracassos militares. Susa também cai sem combater, com os 50 mil talentos que nela estão armazenados; mas no caminho de Persépolis Alexandre encontra forte resistência da parte das populações da Pérsida e do sátrapa Ariobarzanes. Seu tesouro aumenta ainda mais com as fabulosas riquezas descobertas na cidade (120 mil talentos), que é incendiada na primavera de 330. Provavelmente deve-se ver nisso uma represália destinada a impressionar os persas, mas é também uma mensagem dirigida aos gregos, antes mesmo da chegada da notícia de que Antípatro havia reprimido a revolta provocada por Ágis III em 331/0 (batalha de Megalópolis; Demóstenes, que, mais ou menos no mesmo momento, obtém porém a condenação de Ésquines e justifica com sucesso toda sua política no discurso *Sobre a coroa*, convenceu os atenienses a absterem-se). Realmente, a vingança pan-helênica para a qual Alexandre recebeu procuração da liga de Corinto agora atingiu a maioria de seus objetivos. É consumada quando Dario, que primeiro se refugiara em Ecbátana (Média), é assassinado pelo sátrapa de Bactriana, Besso, que usurpa o título de Grande Rei. Sem se importar com as contradições envolvidas, Alexandre encontra nisso um pretexto para ir ainda mais longe: a fim de arvorar-se em verdadeiro sucessor dos aquemênidas, convém agora vingar Dario, e Alexandre faz correr o rumor de que este o tinha designado pessoalmente para tal missão. Funerais régios são organizados, com o mesmo intuito com que será restaurado o túmulo de Ciro o Grande, fundador da dinastia, em Pasárgadas.

Esse novo desígnio assegura a Alexandre a adesão de grande número de persas, a muitos dos quais, por conhecerem bem as realidades locais, confia a administração das regiões conquistadas, mantendo-lhes o antigo título de sátrapas. Daí em diante, também o exército será conti-

Época clássica

nuamente enriquecido com elementos asiáticos, ainda que os tesouros aquemênidas motivem certa afluência aos centros de recrutamento na Grécia e em outros lugares (além dos macedônios, vários milhares de mercenários chegam como reforço a Susa durante o inverno de 331/0, depois a Bactra durante o inverno de 329/8; inversamente, em Ecbátana em 330, contingentes aliados são mandados de volta para suas pátrias, com uma alta bonificação). Paralelamente, a realeza muda de natureza, com Alexandre adotando progressivamente a etiqueta oriental. Por isso muitos macedônios, discordando do prosseguimento da conquista e nostálgicos das tradições nacionais, começam a manifestar seu descontentamento. Filotas, filho de Parmênion, é executado após um simulacro de processo por traição, em Drangiana, pouco antes de seu pai, assassinado em Ecbátana (330). Depois será a vez de Clito, um amigo de infância, que além disso salvara a vida de Alexandre em Granico, mas que o rei, cansado de suas críticas, mata com a própria mão durante uma bebedeira – gesto que em seguida lamenta amargamente (328). Em 327, Alexandre casa com uma princesa de Sogdiana, Roxana, e recruta 30 mil jovens iranianos; equipa-os e treina-os do jeito macedônico e faz aprenderem o grego. A cólera chega ao auge quando, encorajado pelos aduladores, quer que as pessoas se inclinem diante dele à maneira dos dignatários persas, numa postura que os gregos denominam proscinese e que reservam aos deuses: a indignação é dupla, visto que o rei espera que os gregos se comportem como bárbaros e simultaneamente cometam um sacrilégio. Por fim Alexandre desiste de seu projeto, mas, depois que um complô tramado pelos pajens foi descoberto, elimina Calístenes, que fora um dos inspiradores da contestação.

Enquanto isso, a anábase prosseguiu nem bem nem mal na direção das satrapias altas (ou "satrapias superiores"). Depois de atravessar as Portas Cáspias, o exército entrou na Hircânia e de lá em Drangiana e depois em Aracósia (330), onde Alexandre funda as primeiras Alexandrias da Ásia central (cf. Alexandria de Aracósia, hoje Kandahar). Essas implantações, nas quais são instalados principalmente mercenários gregos e prisioneiros libertos, são pontos de apoio para dominar a região conquistada. Na primavera de 329, depois de passar o inverno na região de Cabul, Alexandre atravessa o Hindu Kuch, que os gregos confundem com o Cáucaso. Até 327 (subsistem incertezas quanto aos detalhes da cronologia e de alguns movimentos), empreende a conquista da rica planície de Bactriana e, depois, de Sogdiana, antiga fronteira norte-oriental do império aquemênida, região próspera mas de relevo mais difícil. Depara ali com a resistência frequentemente feroz de populações em parte nômades e às vezes divididas e, portanto, pouco controláveis (citas e assimilados, como os sacas, os parnos, os masságetas etc.), enquanto os senhores feudais, entrincheirados em seus ninhos de águia inexpugnáveis, aderem para se rebelar melhor. Assim, Besso lhe é entregue pelos sogdianos (329), que em seguida fazem uma guerrilha feroz sob comando de um deles, Espitâmenes, que por sua vez é decapitado pelos masságetas em fins do ano 328. Além de aproveitar essa oportunidade para realizar novas façanhas militares, Alexandre mostra seu pragmatismo ao reagir com várias ondas de repressão, mas também ao estabelecer uma aliança matrimonial (Roxana), ao tratar, por exemplo, com os corásmios que vivem perto do delta do Oxo (Amu Daria), no sul do mar de Aral e, por fim, ao estabelecer novas colônias: mais além de Samarcanda, a mais distante é Alexandria Escate ("a última"), hoje Khodjend, às margens do Iaxartes, atual Syr Daria (329; em 323 haverá cerca de 20 mil colonos gregos em Bactriana e Sogdiana).

Em 326 tem início a conquista da Índia – nome que deve ser entendido como o atual Paquistão e principalmente o vale do Indo (o "país dos cinco rios"), cujo controle os soberanos aquemênidas haviam perdido depois de Dario I, que fizera sua frota descer o rio e enviara o cariano Cílax de Carianda para reconhecer as costas do oceano Índico e do mar Vermelho até o istmo de Suez. Talvez esteja precisamente aí um dos primeiros objetivos dessa campanha que não se justifique por fins estratégicos: selar o entendimento com as tropas asiáticas maciçamente engajadas já desde algum tempo. Invocou-se também o temperamento romântico, se não místico, de um Alexandre atraído pela imensidão e pelo desconhecido, até mesmo animado por uma curiosidade de explorador que os eruditos que o acompanham talvez estimulem. Mais concretamente, a riqueza da Índia era proverbial. A região é a presa de guerras entre principados, do que Alexandre tira proveito num primeiro momento: sua fama precedeu-o e, antes mesmo que ele tornasse a atravessar o Hindu Kuch (verão de 327), o rei de Táxila (a leste do Indo) lhe propusera uma aliança. Um exército de cerca de 120 mil homens é reunido; nele estão lado a lado macedônios, mercenários gregos, trácios e orientais de todas as origens. O adversário mais temível é o rei Poro, que aparentemente ambiciona controlar o Pendjab. No verão de 326, às margens do Hidaspe, um afluente oriental do Indo, o extraordinário gênio militar de Alexandre brilha novamente. Embora à custa de pesadas perdas, o exército de Poro é vencido, apesar de englobar um componente novo e assustador para os gregos: segundo as fontes, de 85 a 200 elefantes treinados para o combate. Ferido, Poro é tratado com consideração e deixado *in loco* como rei vassalo, segundo o costume indiano. Comemorando a vitória são fundadas duas colônias, uma chamada Alexandria Niceia e a outra, Alexandria Bucéfala, em homenagem ao cavalo de Alexandre, Bucéfalo, morto pouco antes.

Segundo algumas representações geográficas da época, o Indo era simplesmente o curso superior do Nilo. Mas Alexandre foi informado de que essa representação era errônea e, por instigação de Poro e do máuria Chandragupta, concebeu o projeto de marchar mais para leste, aparentemente na direção da região dos nandas e do vale do Ganges, cuja embocadura supostamente se comunicava com o Oceano ou mar Exterior, o que fazia dele uma das extremidades do mundo habitado. Mas, quando o exército chegou ao Hífaso, outro afluente do Indo mais a leste, a exaustão das tropas, maltratadas principalmente pela monção, manifestou-se claramente e os macedônios se recusaram a seguir adiante (calculou-se que em oito anos e meio haviam sido percorridos quase 20 mil quilômetros). Depois dessa nova desavença com os seus, provavelmente dramatizada à vontade pelos autores, Alexandre acabou cedendo: os presságios desfavoráveis observados durante um sacrifício no rio teriam permitido que agisse assim sem prejuízo para sua imagem, e talvez agora ele mesmo estivesse convencido de que ir adiante não era oportuno. Doze altares monumentais foram erigidos aos deuses do Olimpo, para marcar o ponto extremo alcançado pela expedição. Construiu-se uma frota de mil navios a fim de descer o Hidaspe e depois o Indo, o que acabou sendo tudo menos um cruzeiro de lazer. Também dessa vez Alexandre teve de demonstrar alternadamente clemência e ferocidade. Sangrentos combates, nos quais o próprio rei foi ferido e dado como morto, foram travados contra os indianos que viviam no baixo vale do rio, principalmente os malos (325). O exército então se dividiu em três partes para retomar o caminho da Mesopotâmia: com os feridos, o comboio e uma parte da falange, Crátero tomou o caminho tradicional por Kandahar; o almirante cretense Nearco recebeu a missão de explorar as costas na direção do golfo Pérsico (cf. o pitoresco relato transmitido por Arriano); com o restante das tropas, Alexandre esperava assegurar o apoio terrestre à frota, mas o avanço através dos desertos da Gedrósia (Baluquistão) foi dos mais penosos e ele sofreu perdas importantes. A junção com Crátero deu-se na Carmânia, onde Alexandre passou o início do inverno de 325/4. O próprio Nearco, fazendo escala na região de Hormuz, foi apresentar-lhe seu relatório antes de retomar caminho.

Os assuntos egeus e a monarquia universal (324-323)

As prodigiosas façanhas do rei eram conhecidas nas partes ocidentais do império (relatos dos veteranos repatriados etc.). Embora nenhuma rebelião tivesse ocorrido na Europa desde 331/0 (revolta de Ágis de Esparta: cf. acima), urgia reassumir controle sobre ela. No Oriente, o boato da morte de Alexandre, em 325, pusera em perigo a autoridade central: ressurgência de pretendentes nativos, agitação nas colônias militares de Bactriana etc. Alguns governadores deixados no comando das regiões conquistadas haviam agido como bem entendiam, oprimindo as populações e executando uma política totalmente pessoal. Alexandre eliminou os incorretos e ordenou aos sátrapas que licenciassem seus mercenários, procedendo a uma ampla renovação dos comandantes de tropas, com exceção de Cleômenes de Náucratis e Antígono o

Zarolho. O elemento macedônio passou a predominar nos níveis superiores da administração local. Esse expurgo oriental não deixou de ter consequências na Grécia, onde os sinais de agitação já eram antigos. Basta lembrar particularmente o sombrio caso de Hárpalo, tesoureiro-mor de Alexandre na Babilônia, que no final de 325 fugiu com 5 mil talentos, indo para a Cilícia e depois para Atenas (Antímenes de Rodes substitui-o como preposto para assuntos financeiros). Depois de muito hesitar, os atenienses, que anteriormente lhe haviam concedido a cidadania como agradecimento por suas generosidades interesseiras (doações de trigo), acolhem-no e depois, temendo a cólera de Alexandre, prendem-no e por fim deixam-no fugir. Mas nesse entretempo uma parte dos fundos desapareceu e Demóstenes e Dêmades são processados por corrupção (324/3). O incidente, que reacende as mais vivas tensões entre Atenas e o poder argéada, mostra bem o nervosismo que reina na velha Grécia.

Outra dificuldade relaciona-se com as tropas liberadas, principalmente os mercenários reunidos no cabo Tênaro, que constituem um foco de agitação potencial: para facilitar-lhes o retorno às respectivas pátrias e reduzir os riscos de *stásis* que poderiam desestabilizar a Grécia, e ao mesmo tempo conquistar novos partidários nas cidades, Alexandre intima-as a reintegrar os banidos e restituir-lhes seus bens ("decreto de Susa", transmitido por Nicanor aos gregos reunidos para os concursos olímpicos do verão de 324, entre os quais 20 mil banidos, segundo Diodoro). A decisão constitui uma agressão ao princípio de autonomia das cidades e sua aplicação inevitavelmente suscita dificuldades. Aparentemente é acompanhada do pedido de instauração de um culto em honra de Alexandre, "deus invencível" – exigência inaudita, pois até então esses cultos procediam de iniciativas locais, pelo menos oficialmente (as verdadeiras intenções de Filipe nesse âmbito continuam controversas: capítulo anterior). Também nesse caso as reações parecem divergir, à semelhança do que acontece em Atenas: algumas consciências se insurgem, como o patriota Licurgo, que teria declarado que seria preciso purificar-se *ao sair* do santuário de Alexandre, ao passo que o pragmático Dêmades teria advertido seus compatriotas de que, ao preservar o céu, eles se arriscavam a perder a terra... (As clerúquias atenienses, como em Samos, eram particularmente visadas pelo decreto sobre o retorno dos banidos.) Por fim o culto é instituído e agora fica claro para todos que o simulacro de direito encarnado pela liga de Corinto viveu em proveito de uma monarquia brutal e autocrática, até mesmo teocrática. De *hegemón* Alexandre passou a Grande Rei e mesmo a mais ainda, pois para os persas o rei é apenas um intercessor entre o grande deus Ahura-Mazda e o povo.

Mas a crise mais grave opõe novamente Alexandre a seus macedônios, que já não suportam ver a realeza despojada de todas suas características nacionais em benefício de usos bárbaros, tanto mais que agora está evidente que Alexandre não regressará a Pela (Babilônia é sua capital).

Época clássica

Prosseguindo com seu projeto de fusão das elites gregas e iranianas, ele dá o exemplo desposando uma filha de Artaxerxes III e uma de Dario, sem por isso repudiar a bela Roxana (a poligamia era comum entre os argéadas e os aquemênidas). Mas as "núpcias de Susa" implicam também, apesar das objeções, em várias dezenas de oficiais superiores casados com outras tantas jovens da aristocracia persa. Paralelamente, as uniões mistas já consumadas de 10 mil macedônios com mulheres asiáticas são reconhecidas e oficializadas com presentes; mas é estipulado que, se os homens acabassem voltando para seu país, os filhos permaneceriam na Ásia e Alexandre se responsabilizaria por sua manutenção. O rei contava integrar a seu exército os filhos nascidos desses casamentos, assim como incorpora os 30 mil primeiros "epígonos" – jovens iranianos que há alguns anos vêm sendo recrutados e formados à macedônica (cf. acima). É novamente em Susa, segundo a maioria dos autores – mas em Ópis, ao norte da Babilônia, segundo Arriano – que o desentendimento chega ao paroxismo. Enquanto Alexandre anuncia que vai mandar de volta os veteranos macedônios, com muitas gratificações, o que deveria ter contentado a tropa, esta manifesta seu despeito e literalmente se amotina, incitando-o com ironia a doravante fazer campanha com seu "pai" Amon. O rei manda executar os líderes, censura os macedônios pela ingratidão e retira-se para seu palácio, cercado de dignatários persas. Essa crise passional dura três dias, até que os macedônios vão lhe implorar perdão. A reconciliação é celebrada com um imenso banquete no qual sacrificam à Concórdia (*Homonoía*) entre macedônios e persas. O último problema vem de Antípatro, que na prática se tornou uma espécie de vice-rei na Macedônia e que Crátero e os veteranos deviam destituir de seu comando europeu: estava sendo chamado para junto de Alexandre. Refratário à deriva oriental da realeza e sabendo da sorte que foi reservada a Parmênion, Antípatro não obedece e para ganhar tempo envia seu filho Cassandro em embaixada, enquanto o próprio Crátero se atrasa no caminho: ninguém tem interesse numa guerra civil entre macedônios, no momento em que novos projetos de sedição são preparados em Atenas por Hipérides e Leóstenes.

O final de reinado é marcado pela perda de Heféstion, "primeiro depois do rei" e seu amigo mais próximo; Alexandre lamentou sua morte exaltadamente, como Aquiles chorando por Pátroclo (teria gastado mais de 10 mil talentos com os funerais). Os gregos foram novamente solicitados para um culto heroico ao defunto, e teoros – embaixadores sagrados – logo se apresentaram para comunicar a Alexandre seu consentimento: o envio de tais delegações, normalmente reservadas para a consulta aos oráculos ou para os concursos pan-helênicos, sugere que, agradando ou não, o caráter divino do rei estava se integrando nos costumes. Alexandre recebe também as homenagens apresentadas por embaixadores provenientes de toda a *oikouméne* (terra habitada) e principalmente do Ocidente (Itália etc.). Talvez nessas regiões se tivesse notícia dos projetos de conquista ocidental que algumas fontes repetem: seu tio Alexandre o Molosso já tentara uma incursão lá (*supra*, cap. 14), ao passo que ele mesmo, segundo alguns, visava prioritariamente Cartago (os cireneus haviam prestado obediência quando ele se dirigia para Siwah). De imediato, depois de conceber o projeto de uma circunavegação africana, Alexandre preparava uma exploração do Cáspio e principalmente uma grande expedição à Arábia, combinada com um projeto de dobrar a península, provavelmente a fim de estabelecer uma ligação marítima entre a Índia, a Babilônia – cujos canais estava melhorando – e o Egito: os navios da frota da Fenícia chegaram a ser desmontados e transportados para o Eufrates a fim de descer o rio. Mas em junho de 323, após alguns dias de febre, Alexandre morreu, na Babilônia, com menos de 33 anos: já se pensou em malária, em efeitos conjugados do esgotamento e do alcoolismo, até mesmo num assassinato tramado por Antípatro.

As ambiguidades e contradições da personalidade de Alexandre, totalmente descomedida e sobre a qual se formularam os mais diversos julgamentos, foram arroladas já há muito tempo: o "desejo imperioso" (*póthos*) de conquistar e de sobrepujar, que o impelia à máxima temeridade, mas também o senso agudo do possível, a crueldade e as cóleras de bêbado, a insaciável curiosidade intelectual (uma biblioteca de campanha acompanhava-o na anábase e as observações novas que esta validava foram proveitosas para os estudos de seu mestre Aristóteles, entre outros, por intermédio de relatos científicos) etc. Em todo caso, é forçoso constatar que a obra realizada do Danúbio ao Indo não tinha nenhum antecedente conhecido. Entre os feitos mais notáveis, podem-se citar suas fundações, que os antigos contavam por dezenas, mas cujo número exato ainda é discutido pelos modernos (papel respectivo de Alexandre e de seus oficiais ou sucessores, problemas de localização etc.). Uma delas, Alexandria do Egito, se tornaria a maior cidade do Mediterrâneo, suplantada apenas por Roma. Atendendo principalmente a considerações estratégicas, essas colônias difundiram também os valores gregos, especialmente os da *pólis*, sem contar a língua e o modo de vida em geral: muito mais que um império, Filipe e Alexandre fundaram uma época, a do advento do helenismo como referência cultural ao redor do Mediterrâneo e no Oriente – bela revanche para os que alguns qualificavam de "bárbaros"! As intenções comerciais também não estavam ausentes, a julgar principalmente pela localização de certas implantações (cf. Alexandria do Egito ou Alexandria Cárax/de Caracena, no golfo Pérsico), pelas missões de exploração que Alexandre ordenou e pela coerência de sua política monetária (adoção do padrão ático também para as emissões em prata, mas sem impor sistematicamente os tipos régios aos gregos nem aos bárbaros, o que é interpretado como pragmatismo, se não como indício de certo desprendimento do rei com relação a seu numerário). Além disso, a conquista havia rendido um butim considerável, que no ano 330 montava a 180 mil talentos. Deles só restavam 50 mil quando morreu o rei; ele tinha de fazer frente a grandes despesas, mas em 324/3 o império produzia um rendimento de 30 mil talentos, segundo Justino.

Não há nenhuma necessidade de insistir na bravura de Alexandre em combate, em suas qualidades de condutor de homens nem em suas excepcionais aptidões em matéria de tática e de estratégia: mesmo que não as tenha revolucionado, é preciso destacar seu dom infalível para captar o instante oportuno para o ataque, num notável aproveitamento do *kairós* (*supra*, cap. 7). Embora, ao morrer, ainda restasse naturalmente muito a fazer nessa área, sabe-se o bastante para concluir que ele também herdara do pai um grande talento de administrador, adaptando-se com flexibilidade e pragmatismo às realidades das regiões conquistadas: basta lembrar seu respeito aos cultos locais e o uso da administração nativa quando era necessário – por exemplo, a chancelaria aquemênida de língua aramaica. Até mesmo concebeu o projeto inédito de fazer seu império ser governado por uma casta mestiça e inventou uma nova forma de monarquia, absoluta e baseada num cunho divino materializado pelo culto ao soberano, com a convicção "de ter sido enviado pelos deuses para ser o governante e o conciliador do universo [...] ordenando que todos considerem a terra habitada (*oikouméne*) como sua pátria"; desse ponto de vista, sua origem macedônica colocava-o relativamente a salvo do preconceito desdenhoso dos gregos com relação aos bárbaros[4]. Assim, não é de surpreender que durante séculos a *imitatio Alexandri* (imitação de Alexandre) tenha constituído uma referência para os muito grandes deste mundo: Alexandre permanece como um dos fenômenos da história universal.

---

4. Plutarco, *A fortuna, ou A virtude de Alexandre* (I), 6 (*Moralia*, 329 C).

Capítulo 18

MUTAÇÕES DO SÉCULO IV

Sob muitos aspectos o século IV é herdeiro de seu predecessor: a história política dos primeiros 50 anos é a resultante direta da guerra do Peloponeso, e uma clara impressão de continuidade emana também dos fatos de civilização. Entretanto, em 341 Demóstenes descreve longamente, e deplora, a amplitude das mudanças com relação aos "bons e velhos tempos" (*Filípicas III*, §§ 36-52). É que, pouco a pouco, muitas características da época helenística começam a emergir. Assim como fizemos para o século V, vamos destacar em linhas gerais as principais evoluções, em matéria religiosa, socioeconômica e política; em todas essas áreas, as fontes são mais numerosas e mais exploráveis, devido à abundância de inscrições e ao volumoso conjunto legado pela eloquência judiciária (alegações políticas e civis, especialmente o *corpus* demostênico), enquanto os escritos teóricos se multiplicam (Isócrates, Xenofonte, Eneias o Tático, Platão, Aristóteles).

Religião

É uma das áreas em que as coisas evoluem mais lentamente, e o quadro geral apresentado no capítulo 12 continua válido para o período considerado aqui. Aliás, as evoluções observadas já se iniciavam no século V e prolongam-se para além do século IV. A cidade continua a ser o cenário privilegiado da prática religiosa e as manifestações tradicionais de piedade conservam todo seu vigor. Ao lado delas, acreditamos detectar uma forma de individualização (cf. a sincera devoção de um Xenofonte a Ártemis ou a Zeus Meilíquio, ou seja, "doce, benevolente") e de interiorização das crenças, deixando transparecer a busca de uma proximidade maior com o divino, a aspiração de encontrar remédios concretos para os tormentos da existência, uma salvação pessoal tanto quanto a salvaguarda da coletividade. Uma divindade até então secundária beneficia-se muito com essas tendências: Asclépio, especialmente venerado em Epidauro, onde seu santuário é então consideravelmente embelezado por um templo (*ca* 380-370), um *thymélè* (edifício circular, de uso incerto) e um teatro primorosamente construído (último terço do século). Nele os peregrinos vão buscar a cura, especialmente pela incubação e pelo sonho, num pórtico destinado especialmente para isso, como no Anfiaraion de Oropos (santuário de Anfiarau, herói adivinho e curandeiro, nos confins da Ática e da Beócia). Porém não se deve deduzir disso uma progressão das superstições à custa da racionalidade. De fato, essas práticas que beiram a magia sempre existiram e, paralelamente, a escola de medicina de Cós, outro lugar prioritário do culto de Asclépio, se desenvolve em torno do legado de Hipócrates (nascido por volta de 460 e morto entre 375 e 351). Em Atenas, onde fora introduzido pouco depois da grande epidemia do início da guerra do Peloponeso (420), Asclépio possui um santuário próspero, enquanto Aristóteles e seus amigos, no Liceu, estudam cientificamente a fisiologia, entre outras matérias.

Duas características marcantes do período são o sucesso do misticismo, sob diversas formas (orfismo, iniciação eleusina etc.) e o desenvolvimento do dionisismo. Isso porque a mitologia dionisíaca era capaz de fornecer explicações para a dualidade alma-corpo, ao mesmo tempo que oferecia um derivativo para outras angústias. Ademais, essas crenças propiciaram o desenvolvimento de associações cultuais (tíases) que se multiplicaram ao longo dos séculos seguintes, às vezes nos limites mas não fora da cidade – cuja organização, aliás, imitavam (instâncias, decretos etc.). Em Delfos, por exemplo, assiste-se a uma promoção muito oficial desse culto ao lado do de Apolo, e Dioniso conservará um lugar eminente na religião helenística, investido de uma dimensão política por algumas monarquias. As divindades estrangeiras, por sua vez, continuam a penetrar, principalmente no Pireu, que atrai negociantes de todos os lugares; podemos citar, por exemplo, Ísis, que provém do Egito e terá posteriormente grande popularidade, ou os deuses sírio-fenícios, como Adônis, restrito ao culto privado, e Astarté (Afrodite), que é oficialmente reconhecida.

Surgem outros tipos de culto, que entretanto também acabam ligados a usos antigos. Desde muito tempo os gregos honravam os heróis, pan-helênicos como Héracles, locais como Teseu; nas colônias, prestava-se culto ao fundador (*supra*, cap. 8). A guerra do Peloponeso revelou outros personagens cujo sucesso só podia ser visto como favorecido pelos deuses; por exemplo, Lisandro, a quem são erguidos altares, especialmente em Samos, onde as grandes festas das Heraias mudam de nome para Lisandreias. Essas honrarias são quase divinas, mas um limite é ultrapassado duas gerações mais tarde, com as manifestações cultuais de várias cidades a Filipe da Macedônia, antes de em 324 Alexandre impor por decreto seu próprio culto a todos os gregos (*supra*, caps. 16-17). Esse culto régio, que encontrou aqui ou ali algumas resistências, como em Atenas, alcançará grande sucesso na época helenística. É igualmente numa tradição antiga – visto que já a *Teogonia* de Hesíodo privilegia as alegorias – que se deve buscar a origem das abstrações divinizadas, algumas das quais são particularmente prestigiadas no século IV, como *Eiréne*, a Paz, muito em voga em Atenas depois do tratado de 375/4 com Esparta (cf. o grupo esculpido por Cefisódoto, pai de Praxíteles, que a representa como uma mulher trazendo nos braços o filho *Ploûtos*, Pluto, a riqueza). Deve-se ver nisso a contraparte religiosa de um esforço político recorrente para estabelecer a "paz comum" (*koiné eiréne*), regularmente reafirmada para melhor ser violada em proveito desta ou daquela hegemonia (*supra*, cap. 15). Outras abstrações sobreviverão a uma moda efêmera, como *Homonoía*, a Concórdia, ou (*Agathé*) *Týkhe*, a (Boa) Fortuna, que se torna um hábito invocar ao propor os decretos. São elementos que vivificam a religião grega, cujos componentes tradicionais – é preciso insistir nisso – coexistirão com esses novos cultos ao longo da época helenística.

Aspectos socioeconômicos

É em Esparta que as transformações parecem ser mais importantes, ainda que nossas fontes – em sua maioria de obediência ateniense ou de tendência moralizante – insistam com uma complacência certamente excessiva no tema da decadência (cf. o próprio Xenofonte, *Constituição dos lacedemônios*). Aristóteles e Plutarco mencionam desequilíbrios profundos na distribuição das terras: fortuna excessiva de uns deixando os outros sem recursos, principalmente desde a hipotética *rhêtra* do éforo Epitadeu (final do século V ou primeira metade do século IV?), que teria autorizado a doação ou a legação do *klêros*; essa venda disfarçada teria acelerado a ruptura – já iniciada – do belo equilíbrio conseguido por Licurgo (*supra*, cap. 9). Acredita-se que as mulheres concentraram nas mãos boa parte da propriedade fundiária (dois quintos, segundo Aristóteles), enquanto o afluxo de riquezas em forma de butim ou de contribuições dos aliados – principalmente em metais preciosos amoedados, cujo uso anteriormente era, se não proibido, pelo menos muito limitado e estritamente controlado – corrompia os costumes, desenvolvendo a cupidez e o gosto pelo luxo, que agora já não se temia ostentar às claras. Sabemos das consequências com relação à organização militar: a decadência dos *hómoioi*, incapazes de pagar a contribuição para as sissítias, somada às perdas por causa das guerras e a uma baixa natalidade, a despeito de algumas leis "natalistas", acentuaram os efeitos da oligantropia (falta de cidadãos), com proveito para as categorias inferiores. Será preciso esperar cerca de um século e meio depois de Leuctras para que reformas substanciais e uma verdadeira obra de restauração da sociedade lacedemônia sejam empreendidas (capítulo seguinte).

Também em Atenas se constata maior mobilidade da riqueza fundiária. Os marcos hipotecários multiplicam-se, mas principalmente porque a terra continua a ser uma garantia de peso em caso de empréstimo; não se deve concluir disso uma profunda crise agrária. Prospecções arqueológicas recentes sugerem mais provavelmente que a exploração da Ática atinge então seu nível mais alto (evolução semelhante na Beócia e nas Cíclades, por exemplo); para isso provavelmente também contribuem um melhor emprego da mão de obra e a difusão de alguns avanços técnicos (triturador com tremonha). Até mesmo teria se desenvolvido uma forma de agricultura especulativa, voltada para os mercados; tudo isso dá uma imagem de relativa prosperidade dos campos. Segundo algumas estimativas, menos de 10% dos atenienses possuiriam cerca de 50% das terras, mas é provável que muitos ainda correspondam ao modelo do *autourgós*, pequeno proprietário explorando pessoalmente seu terreno. Em 322, dentre eles 22 mil (Diodoro) ou mais provavelmente 12 mil (Plutarco) possuiriam o equivalente a menos de 2 hectares: daí o grande número de partidas para a Trácia quando Antípatro oferecerá terras lá para aqueles que o novo regime censitário havia privado de seus plenos direitos de cidadãos (capítulo seguinte). Aliás, nossas fontes levam a deduzir que a partilha das terras e o perdão das dívidas eram temas então bastante comuns na Grécia. Mais ainda, a leitura do tratado de *Poliorcética* de Eneias o Tático ensina que a maior ameaça para uma cidade sitiada é o perigo interno, constituído de todos os descontentes e excluídos; portanto, o autor recomenda, se preciso, socorro aos devedores e garantia do necessário a todos a quem ele poderia faltar.

Em alguns lugares os tiranos conseguiram explorar esses descontentamentos para consolidarem seu poder, como em Siracusa Dionísio o Velho ou em Heracleia Pôntica Clearco e seu filho Timóteo, que remodelaram amplamente o corpo cívico de acordo com seus próprios interesses, redistribuindo as terras e anulando as dívidas. Xenofonte alonga-se também sobre o caso de Êufron de Sicíone, chefe de mercenários e tirano popular, cuja ação está no centro do confronto entre Esparta e Tebas na primeira metade dos anos 360. Inversamente, entre os princípios constitutivos da liga de Corinto, que deve ser um instrumento de estabilidade nas mãos de Filipe II, figura o compromisso de não tolerar partilha de terras nem abolição de dívidas nem libertação de escravos para fins revolucionários. Entretanto, uma contagem minuciosa revelou que no século IV o número de *stáseis* arroladas não era maior do que no século V; e também aqui convém levar em conta os desequilíbrios de nossa informação, pois as fontes privilegiam naturalmente as situações de crise. Assim, Diodoro se estende sobre o "citalismo" de Argos, onde, pouco depois de Leuctras, mais de mil ricos proeminentes foram executados (bastonadas ou, segundo alguns, uma espécie de crucificação?), antes que o povo se voltasse contra os demagogos. Mas a pobreza continua a ser um fato incontestável, e o desenvolvimento do mercenariado provavelmente constitui uma das provas mais eloquentes disso. Tais tropas até mesmo acabam constituindo uma espécie de potências móveis e autônomas, como se depreende de Eneias o Tático, que menciona consecutivamente os embaixadores "de cidades, de tiranos ou de exércitos" (*Poliorcética*, X, 11).

Mutações do século IV

Se voltarmos a Atenas, constatamos que na verdade os salários aumentaram (2 dracmas por dia, ou mais, não são raras no canteiro de obras de Elêusis pouco depois de 330). Mas o mesmo acontece com os preços: no final dos anos 360 é preciso desembolsar 40 dracmas por um porco e 70 por um boi; quanto ao medimno de trigo, comprovadamente não é raro ultrapassar o preço de 5-6 dracmas, considerado razoável (sabe-se de picos de 16 dracmas para o frumento e 18 para a cevada); essa alta global é explicada diversamente pelos especialistas (contexto político-militar ou mais provavelmente conjuntura e tendências da economia agrícola: más colheitas, desenvolvimento dos mercados e da especulação etc.). Ora, estima-se que para subsistir são necessários 3 óbolos por dia, o que corresponde ao *misthós* do heliasta quando o sorteio o designa para fazer parte do tribunal (cf. abaixo); o *misthós ekklesiastikós*, por sua vez, subiu para 1,5 dracma para a sessão principal de cada pritania. Portanto, mesmo não sendo suficientes para viver o ano todo, essas indenizações ocasionais constituem um complemento muito significativo. É que Atenas, graças principalmente à força de sua moeda, que até as emissões argéadas praticamente não tem rival e é protegida por uma legislação escrupulosa (lei de 375/4 sobre as imitações estrangeiras[1]), permanece fundamentalmente rica: inscrições de Epidauro e de Delfos (contas de construção e de reforma dos santuários) mostram, por exemplo, que, entre 350 e 335 aproximadamente, o dinheiro ático ganhou mais de 6% sobre o eginense (*supra*, cap. 8), penalizado pelas "guerras sagradas". A política sensata de Eubulo e depois a de Licurgo (cf. abaixo) também contribuíram para preservar a *homonoía*, garantindo aos cidadãos o mínimo (o *trophé*, literalmente "alimento") e ao mesmo tempo evitando medidas extremas como a partilha das terras e a abolição das dívidas, conforme é estipulado no juramento dos heliastas.

Portanto, o abastecimento de grãos (*sîtos*), dos quais boa parte é importada, é a principal preocupação, especialmente durante os períodos difíceis, como nos anos 360-357 e 330-325. O mar Negro não é a única procedência, mas ocupa um lugar particular, se não essencial, verificável pela importância que os atenienses lhe atribuem. Eles cuidam, por exemplo, de manter as melhores relações com os soberanos espartócidas (do nome do fundador da dinastia, Espártoco) reinantes no Bósforo Cimério (Crimeia), de onde a cidade faz vir anualmente cerca de 400 mil medimnos (em 340, são nada menos de 180 navios dirigindo-se para Atenas que Filipe intercepta na entrada norte dos Estreitos: *supra*, cap. 16). Os atenienses exportam para lá vinho, azeite e cerâmica decorada ("estilo de Kertch", do nome moderno de Panticapeu, onde esses vasos foram encontrados em grande número), mas a mercadoria trocada pelo trigo era igualmente comprada na rota do Ponto; por exemplo, vinho em Calcídica da Trácia. Uma lei

---

1. P. Brun, *Impérialisme et démocratie à Athènes. Inscriptions de l'époque classique*, 2005, nº 94.

Época clássica

estabelecida por Agírrio, publicada recentemente, regulamenta em 374/3 a taxação (1/12 em gêneros), o transporte, o armazenamento e a venda em Atenas de uma parte da produção de trigo e de cevada das clerúquias de Lemnos, Imbros e Ciros, "para que o povo disponha de uma reserva de cereal público" (total anual estimado em mais de 30 mil medimnos, dos quais 4/5 de cevada)[2]. A clerúquia de Samos, estabelecida principalmente para compensar a perda de Oropos e seu território em 366, também devia desempenhar um papel considerável (visto que em meados do século o Conselho local reunia 250 buleutas e o total dos efetivos podia chegar a 10 mil homens). Também são conhecidas diversas disposições legislativas destinadas a captar os produtos trafegados e a facilitar o abastecimento, como por exemplo a proibição de os cidadãos e os metecos emprestarem dinheiro para navios que não transportassem cereal destinado a Atenas e a obrigação de vender *in loco* o cereal importado, à razão de um terço no Pireu e dois terços na cidade, sob responsabilidade de magistrados especializados, os epimeletas do *empórion*. Além disso existem – desde o século V, mas seus efetivos ou campos de competência vão crescendo – agorânomos (comissários do mercado), metrônomos (responsáveis pelos pesos e medidas) e sitofílaces (comissários para o cereal), agora mais ou menos igualmente distribuídos entre a cidade e o porto. Tudo isso contribui para manter os preços em Atenas entre os mais baixos; as autoridades chegam a negociar com os importadores um "preço estabelecido" (*kathestékuia timé*, uma noção cuja interpretação ainda é discutida quanto aos pormenores). Na primeira metade dos anos 320, num período de grande penúria, Cirene expediu para diversas cidades cerca de 800 mil medimnos de grãos, dos quais 100 mil só para Atenas[3]. Um decreto de 325/4 informa que esta até mesmo decidiu estabelecer uma nova colônia no Adriático, para facilitar seu abastecimento ocidental e combater a pirataria; ignora-se se esse projeto se concretizou (para a produção cerealista na Magna Grécia e no Ponto, ver também *supra*, cap. 14)[4].

As diferenças de fortuna e as fortes disparidades sociais transparecem na tributação direta, bastante bem documentada para a Atenas do século IV. Nas 100 simorias (circunscrições fiscais) instauradas em 378 após uma estimativa (*tímema*) do capital tributável em cada demo – que deu um montante ligeiramente inferior a 6 mil talentos –, os atenienses e também os metecos (um sexto do total) são obrigados a pagar a *eisphorá*, proporcionalmente à sua fortuna. Os mais pobres estão isentos, mas ignoramos tanto o limite inferior exigido (em torno de 2 mil dracmas?) como o número de contribuintes (entre um terço e um quinto do total de cidadãos, avaliado por

---

2. P. Brun, *Impérialisme et démocratie à Athènes. Inscriptions de l'époque classique*, 2005, nº 95 (cf. O. Picard, *Guerre et économie dans l'alliance athénienne (490-322 av. J.-C.)*, 2000, pp. 157-8).

3. A. Laronde, *Cyrène et la Libye hellénistique, LIBYKAI HISTORIAI, de l'époque républicaine au principat d'Auguste*, 1987, pp. 30-4.

4. P. Brun, *Impérialisme et démocratie à Athènes. Inscriptions de l'époque classique*, 2005, nº 122.

alguns em 25 mil ou 30 mil); também o caráter progressivo do imposto e sua ligação com os antigos quadros censitários solonianos permanecem controversos. A Assembleia vota a cobrança da *eisphorá*, que portanto não é anual, e seu montante: aparentemente, em geral se limitava a um centésimo do capital global, ou seja, cerca de 60 talentos, divididos entre as simorias (em 347/6 o imposto torna-se anual, mas para um montante de 10 talentos). Para garantir e acelerar a percepção, a partir de 364 pelo menos, os 300 mais ricos, classificados em cada simoria, tinham a seu encargo uma liturgia denominada *proeisphorá*, ou seja, deviam adiantar a soma devida por sua simoria e em seguida cobrar esse adiantamento dos outros simoritas, com apoio das instâncias legais: obrigação seguramente pouco gratificante, mas o conjunto parece ter dado um rendimento bastante satisfatório. Em 358/7 a lei de Periandro instaurou um sistema especial para o encargo mais pesado, a trierarquia, que os mais abastados recalcitravam para pagar: os 1.200 cidadãos mais ricos, divididos em 20 simorias trierárquicas, passavam a partilhar as despesas, em função do número de trirremes necessárias. Destinada a aliviar a parcela de cada um repartindo os custos por um número maior, essa reforma excessivamente complicada parece nunca ter funcionado bem; em 340/39 Demóstenes faz votar o retorno a um sistema muito semelhante à antiga trierarquia individual e direta, abrangendo os 300 cidadãos mais ricos.

Estima-se que a "classe litúrgica" que assume *proeisphorá*, trierarquias e liturgias cultuais tem de 1 mil a 2 mil cidadãos. A propriedade fundiária permanece como o valor de referência: na administração de Licurgo (338-326 ou mais provavelmente 336-324?), essa mesma categoria adquire 16% das terras públicas postas à venda. Mas os arrendamentos de minas constituem outra aplicação preferencial e, em geral, a riqueza diversificou-se consideravelmente. É o que se pode ver pelos bens que Demóstenes herdou antes de ser espoliado por seus tutores desonestos (cf. o discurso *Contra Áfobo*): duas fábricas, uma de facas, onde trabalham 30 escravos, proporcionando um rendimento anual de 3 mil dracmas, e a outra de leitos (20 escravos e 1.200 dracmas de rendimento anual), totalizando um capital de 23 mil dracmas, sem contar o estoque de matérias-primas, estimado em 15 mil dracmas; uma casa de 3 mil dracmas e 10 mil dracmas em móveis e objetos diversos; 8 mil dracmas disponíveis; 4.600 dracmas em depósitos bancários e um pouco mais de 3 talentos de créditos em haver; o total chega a quase 14 talentos e aparentemente denota, da parte do pai do orador, uma estratégia geral bem pensada. Portanto, as evoluções iniciadas na segunda metade do século V acentuaram-se, e alguns chegaram a falar de negocismo, especialmente nos meios do *empórion*, através do que comumente é chamado de "empréstimos marítimos" (aliás, uma parte dos bens investidos pelo pai de Demóstenes pertence a essa categoria). Esses "empréstimos" geravam um contrato escrito (*syggraphé*) e eram concedidos para mercadores (*émporoi*) ou armadores (*naukléroi*) a taxas muito altas (entre

Época clássica

20% e 30% aproximadamente, enquanto a taxa habitual fica em torno de 12%), proporcionais aos riscos inerentes a toda viagem por mar (o credor tinha pouco ou nenhum recurso em caso de naufrágio, de ataque de piratas etc.). Durante o período de navegação, ou seja, da primavera ao outono, uma legislação especial garantia aos *emporikaì díkai* (processos comerciais) uma tramitação acelerada (julgamento no mês seguinte à apresentação da queixa, procedimento especialmente atraente para os estrangeiros, pois evitava que tivessem de inscrever-se como metecos). O *corpus* demostênico das *Defesas civis* está repleto de trapaças pitorescas envolvendo escroques de todo tipo, faselitanos, massalienses e outros.

A documentação ateniense tem grande peso aqui, mas a evolução das práticas e das mentalidades se verifica também em outros lugares. Um dos casos mais espetaculares é aparentemente o de Tasos, que, entre o final do século V e o início do século IV, legisla sobre o vinho, produto famoso da região (regulamentação sobre as colheitas, controle das importações e da comercialização num amplo setor costeiro, sanções contra os traficantes). Esse dispositivo foi relacionado com a produção de ânforas, timbradas a partir de 395-390 aproximadamente, e com a riqueza geral da cidade: dotada de grandes recursos em minérios, ela produz uma abundante moedagem cujo tipo é renovado então, ao mesmo tempo que é introduzido o numerário em bronze; tudo isso constitui um conjunto notavelmente coerente que anuncia, em pequena escala, experiências mais amplas praticadas na época helenística (Egito lágida: *infra*, cap. 22)[5]. As fontes disponíveis sugerem, em todo caso, que nunca as cidades haviam se ocupado tanto de política comercial, como mostra ainda uma inscrição de Éritras, na Jônia, regulamentando na segunda metade do século o mercado da lã, produção nacional renomada (pesagem da lã, horários de venda, idade dos carneiros, deveres do agorânomo etc.)[6]. Em Tenos, nas Cíclades, uma inscrição conserva o registro de cerca de 50 transferências e empréstimos hipotecários realizados ao longo de um ano, sob o arconte Amínolas. Casas na cidade, cujo preço varia de 60 dracmas a mais de 2 mil dracmas num total de pouco mais de 2 talentos, e propriedades rurais, cujo montante pode chegar a 8 mil dracmas num total superior a 10 talentos, são objeto de transações. Destas, algumas obedecem claramente a estratégias familiais (reagrupamento de patrimônios após partilhas sucessórias) ou servem para fazer frutificar dotes, o que chegou a sugerir uma espécie de "negocismo rural", embora este continuasse a ser próprio de uma margem da sociedade constituída pelos mais ricos[7]. Esses comportamentos supõem também boas

---

5. Documentação reunida por Y. Grandjean, O. Picard, F. Salviat, *Guide de Thasos*², 2000, pp. 175-92 e 303-9.

6. H. Engelmann, R. Merkelbach, *Die Inschriften von Erythrai und Klazomenai (Inschriften griechischer Städte aus Kleinasien, IK* 1), 1972, nº 15, com Chr. Chandezon, *L'Élevage en Grèce (fin V^e – fin Ier s. a. C.). L'apport des sources épigraphiques*, 2003, pp. 211-2.

7. R. Étienne, *Ténos II. Ténos et les Cyclades du milieu du IVe siècle av. J.-C. au milieu du IIIe siècle ap. J.-C.*, 1990, pp. 51-83, com Ph. Gauthier, "L'archonte éponyme à Ténos", *Revue des études grecques*, 105, 1992, pp. 111-20.

reservas de numerário, como a que o pai de Demóstenes conservava consigo. Por isso os especialistas gostam de insistir na crescente monetarização da economia nessa época (cf. o aumento das emissões em bronze, que custa menos de um centésimo da prata), condizente com o desenvolvimento da atividade bancária, encarnada em Atenas pelos ex-escravos Pásion e Fórmion. A expansão do crédito (cf. os empréstimos concedidos pelo santuário de Apolo Délio, de obediência ateniense, tanto a cidades como a particulares) também pode ser compreendida como um sinal de dinamismo econômico, quando a dívida não atinge proporções catastróficas que comprometam a ordem social e política. Salientou-se que o percurso de um Xenofonte desde o *Econômico*, que trata da gestão tradicional do patrimônio doméstico, até *Póroi* (fontes de rendimentos), em que são considerados diversas inovações para aumentar a receita da cidade (abaixo), era bastante emblemático da evolução geral.

Evoluções políticas

Os cenários socioeconômicos por trás das dificuldades enfrentadas pelas cidades foram expostos mais acima: extensão (relativa) das *stáseis* e retorno das tiranias são duas consequências do que muitos não hesitam em qualificar de "crise". Os próprios autores antigos, principalmente Isócrates e Demóstenes, exploram o tema do "era melhor antes", mas está evidente que carregam nas tintas a fim de criticar certos abusos contemporâneos ou provocar uma reação salutar ante uma ameaça precisa. Como vimos acima, muitos aspectos dessa crise não são novos, ainda que a guerra do Peloponeso e os incessantes conflitos que se seguiram tenham seguramente acelerado e agravado os processos, pelo menos no âmbito militar, em que se observa, muito esquematicamente, um relativo declínio do hoplitismo cidadão tradicional em proveito dos peltastas mercenários, da cavalaria e da guerra de cerco (poliorcética). Mas podemos igualmente bem insistir nas respostas apresentadas.

O desenvolvimento dos Estados federais, ilustrado principalmente pelos exemplos beócio e tessálico, constitui uma pista promissora. Mais notável ainda é a volta ao primeiro plano da ideologia monárquica, da qual a tirania é habitualmente vista como uma forma degenerada. Esse tema da realeza sensata é abordado principalmente por Isócrates, correspondente do rei de Chipre Evágoras e de seu filho Nícocles, e a Macedônia constitui seu mais belo sucesso. Mas as próprias cidades souberam adaptar-se muito bem às novas condições. O aperfeiçoamento ocorre principalmente em Atenas, onde as reformas começam imediatamente depois da restauração da democracia em 403 (*supra*, cap. 13) e continuam em seguida, sem que ainda hoje se possa datá-las bem. Assim, os prítanes conservam sua função probuleumática, mas a presidência do

Época clássica

Conselho e da Assembleia é confiada a nove proedros sorteados entre as tribos não responsáveis pela pritania, desse modo mais diretamente associadas aos assuntos públicos; além disso, a designação ocorre imediatamente antes de cada sessão, o que ajuda a evitar eventuais pressões ou tentativas de corrupção. Nos anos 370, o processo de concessão da cidadania é dificultado, visto que agora são necessárias duas reuniões da Assembleia, a segunda com um *quorum* de 6 mil e uma votação com voto secreto: estima-se em algumas centenas os estrangeiros de mérito, frequentemente grandes personagens, que receberam então esse favor diplomático; e ainda, este só tinha efeito se o beneficiário se instalasse para viver em Atenas (fala-se portanto de "cidadania potencial"). Ante a complexidade cada vez maior da administração, as magistraturas e comissões *ad hoc*, em grande maioria constituídas por sorteio, multiplicam-se, incham ou têm suas atribuições ampliadas (cf. a enumeração que figura na *Constituição dos atenienses*). Entre muitos outros, citamos os dez auditores contábeis que examinam as finanças dos magistrados que deixam o cargo (*logistaí*, ou logistas, distintos de seus homônimos provenientes do Conselho, que examinam as contas em cada pritania). Lembramos também os astínomos, que são responsáveis pela manutenção das ruas e têm funções de polícia (cuidam principalmente para que a locação das musicistas-cortesãs não ultrapasse o preço de duas dracmas fixado pela lei e não provoque rixa…), à razão de cinco para a cidade e outros cinco no Pireu. Objeto dos maiores cuidados, o Pireu goza de um estatuto particular: diversos magistrados especializados oficiam ali (cf. acima) e seu demarco é designado por um processo de sorteio centralizado e não local. Desde os anos 360, o cargo de secretário do Conselho é anual e conta com o auxílio de um secretário para as leis e um secretário para os decretos. Metade dos estrategos passa a receber uma atribuição precisa (hoplitas, defesa do território, Pireu, simorias trierárquicas). Em 346/5 procede-se a uma revisão geral dos registros civis nos demos. Pouco depois de Queroneia, a efebia (cf. *supra*, cap. 12) é reformada e a partir daí abrange virtualmente todos os jovens atenienses, que nela recebem um subsídio para alimentação, além de equipamento e formação militares (vida em comunidade, aprendizagem do manejo das armas, principalmente nos três ginásios públicos suburbanos, manobras e patrulhas no território, ronda dos santuários, guarnições no Pireu e nas fronteiras, revistas e prestação de juramento). Seus responsáveis (o cosmeta, os dez sofronistas e dois pedótribas) são eleitos.

É do século IV que possuímos o maior número de informações sobre o exercício da justiça, muito elaborado. Esquematicamente, as causas dividem-se em dois tipos distintos: privadas, *díkai* (singular *díke*) e públicas, *graphaí* (singular *graphé*); mas os contornos antigos desses conceitos não coincidem exatamente com os nossos e a distinção provém principalmente das diferenças de procedimentos (assim, a execução da pena está a cargo do vencedor numa *díke*, mas cabe aos magistrados numa *graphé*). Mas esses procedimentos, por sua vez, com frequência se encavalam e nem sempre é fácil delimitar o que compete respectivamente ao Tribunal do Povo, à Assembleia, ao Conselho, até mesmo ao Areópago, por exemplo em caso de alta traição (*eisangelía*) ou para controle dos magistrados (*dokimasía, eúthynai*); assim, o Conselho vigente procede no final do ano à *dokimasía* dos nove arcontes e dos buleutas recém-designados para o ano seguinte, mas o tribunal popular é o único a se pronunciar sobre o secretário dos arcontes e permanece soberano para todos os magistrados, principalmente em caso de apelação. Lembramos também que a fronteira entre os âmbitos judiciário e político é tênue, visto que uma ação de ilegalidade (*graphé paranómon*) pode dar aos tribunais a oportunidade de invalidar um decreto da Assembleia (*supra*, cap. 11); a variante reservada às leis, mais rara, constitui um caso extremo, pois chega a dar ao tribunal popular a oportunidade de reexaminar uma lei promulgada por alguns de seus membros reunidos em comissão legislativa, os nomótetas (*supra*, cap. 13).

A queixa deve ser apresentada perante o magistrado competente, por exemplo o arconte epônimo para o que diz respeito à família, o rei para um assunto religioso (*supra*, cap. 9), os estrategos para o direito militar, os epimeletas do *empórion* para um litígio comercial no Pireu etc. O magistrado pode rejeitar a queixa se ela não for de sua competência; se o defensor opuser uma "exceção de inadmissibilidade" (*paragraphé* refutando o fundamento da acusação, visando a qualidade do acusador, um prazo de prescrição etc.), o caso fica suspenso e mesmo anulado se o tribunal confirmar a inadmissibilidade. Os magistrados superiores cuidam principalmente das causas públicas ou dos casos importantes. As causas privadas até 10 dracmas são da alçada dos Quarenta, sorteados à razão de quatro por tribo e sucessores dos juízes dos demos de Pisístrato restabelecidos pouco antes de meados do século V (eram 30 até o fim da guerra do Peloponeso). As causas com montante superior são repassadas pelos Quarenta a árbitros escolhidos dentro das tribos entre os cidadãos de 59 anos, ou seja, a última das 42 classes etárias mobilizáveis. Mediante o pagamento de custas judiciais proporcionais à gravidade do litígio, é organizada uma instrução preliminar em forma de audiência das partes (*anákrisis*), com todos os documentos requeridos e prestação de juramento. Essa etapa pode resultar num acordo (ações privadas); do contrário, o caso é transmitido aos tesmótetas, que o inscrevem no calendário dos tribunais. Estes funcionam cerca de 200 dias por ano, em seções de 201 a 2.501 jurados, dependendo da importância da causa julgada (mínimo de 501 para uma ação pública; esses números ímpares visam a impedir uma igualdade absoluta dos votos, mas, se esta acabar acontecendo em decorrência da deserção inesperada de um ou vários jurados, o intimado é absolvido). A partir de uma quota constituída anualmente de cerca de 6 mil juízes, com mais de 30 anos de idade, os júris são selecionados todo dia útil, de acordo com a necessidade, por meio de vários sorteios feitos principalmente com auxílio de aparelhos engenhosos e sofisticados (*klerotéria*), para evitar corrupção.

Juramentados, os juízes votam em segredo, com duas fichas (*psêphoi*) circulares atravessadas por um eixo, um deles cheio, significando absolvição, e o outro oco, indicando a condenação – particularidade que é fácil dissimular segurando a ficha pelo eixo entre o polegar e um outro dedo. A urna de votação, em bronze, recebe a ficha válida e a outra é depositada numa urna de madeira; a abertura dessas urnas, que fica obstruída entre as operações, só deixa passar uma ficha. A apuração é feita por meio de uma mesa com furos nos quais são fixados os eixos das fichas; o conjunto constitui um dispositivo eficaz contra fraudes. Não há deliberação, mas a votação ocorre após audição das partes, que devem usar da palavra pessoalmente. Entretanto, frequentemente elas recorrem a logógrafos que compõem a alegação (Lísias, Iseu, Demóstenes vivem dessa atividade) ou a amigos generosos mais qualificados para falar, denominados sinégoros. O tempo de fala é medido pela clepsidra, um relógio de água. As penas eram estabelecidas pela lei ou por uma votação após propostas das partes (cf. para Sócrates: *supra*, cap. 13). Nossas fontes estão repletas de chicanices processuais, e Demóstenes tem bons trunfos para declarar que os estrategos de sua época correm mais risco diante dos tribunais do que nos campos de batalha. Mas também se procura limitar os excessos causados pelas acusações abusivas: em alguns casos, o denunciante recebe uma parte do montante da condenação, e a ameaça de uma ação contra outrem pode possibilitar-lhe a prática de uma chantagem remuneradora, mas os próprios sicofantas (delatores) correm risco de altas multas e de atimia parcial (proibição de intentar novamente o mesmo tipo de ação judicial), exatamente como o autor de uma *graphé* que não tivesse conseguido um quinto dos votos (cf. *supra*, caps. 11 e 12).

É também no século IV que dispomos de mais informações sobre as finanças públicas, sempre em Atenas. Seu funcionamento continua muito empírico, praticamente sem previsão orçamentária, embora seja feito um indiscutível esforço de racionalização, principalmente graças a Calístrato, Eubulo e Licurgo. Além da contribuição sobre o capital (*eisphorá*), que foi abordada mais acima, os rendimentos da cidade provêm principalmente da exploração dos recursos minerais (contratos de locação das jazidas do Láurion, reorganizados nos anos 370), da taxa alfandegária do quinquagésimo sobre as mercadorias (arrendado por Andócides por 36 talentos no ano 400 aproximadamente, num período entretanto difícil, o que supõe mais de 1.800 talentos de mercadorias comercializadas), de outras taxas (*métoíkion* a ser paga pelos metecos etc.), das custas judiciais e de multas diversas, sem esquecer o butim de guerra. As adjudicações do Estado (exploração das minas, arrendamento dos impostos etc.) e a venda dos bens confiscados eram efetuadas por magistrados especiais, os dez poletas designados por sorteio à razão de um por tribo.

Mutações do século IV

Entre os setores que mobilizam os fundos e as energias, podemos citar as ampliações portuárias, especialmente as do porto de guerra, com suas centenas de abrigos para as trirremes e seu arsenal construído pelo arquiteto Fílon de Elêusis (347/6). As despesas militares, para as quais Calístrato criou um fundo especial, o *stratiotikón*, são muito pesadas. A cavalaria, comandada por dois hiparcas (um por cinco tribos) e dez filarcos (um por tribo), eleitos, custa cerca de 40 talentos por ano (a manutenção dos cavalos é subvencionada). Em 351 Demóstenes propõe, inutilmente, a criação de uma força de ação rápida composta de 10 trirremes, 2 mil hoplitas, dos quais 500 cidadãos, e 200 cavaleiros; estima seu custo anual em 92 talentos. Comparativamente, os custos de funcionamento da *Ekklesía* são avaliados em cerca de 45 talentos por ano; os dos tribunais, em cerca de 30 talentos. Os fundos são repartidos anualmente de acordo com a *merismós* (lei de distribuição), sob controle do Conselho e dos dez recebedores gerais (*apodéktai*, apodectas, sorteados à razão de um por tribo). A partir das reformas de Eubulo (355/4?) e até 339/8, os excedentes passam não mais para o *stratiotikón* e sim para o *theorikón*, simultaneamente fundo dos espetáculos e caixa assistencial que contribuía para a manutenção dos cidadãos pobres; a partir daí a lei proíbe a transferência desses créditos para o fundo militar, sob pena de morte (cf. *supra*, cap. 16). Eubulo, reeleito no colégio dos dez "prepostos para o teórico", cujo mandato dura quatro anos (de uma festa das Grandes Panateneias até a seguinte), torna-se um dos personagens mais influentes de Atenas: sob sua administração (354-346?), a receita anual chega a 400 talentos. Esse total será triplicado com Licurgo, que ocupará o novo posto de "administrador das finanças" ao longo do reinado de Alexandre.

Os especialistas consideram que a cidade equilibrava adequadamente suas contas, exceto por despesas excepcionais causadas pelas guerras, que cada vez mais os habitantes relutam em financiar – daí as dificuldades dos estrategos, entregues a si mesmos e forçados a pagar suas tropas com seu próprio dinheiro ou a pilhar as regiões que atravessam. Todos esses elementos são muito representativos dos esforços de adaptação da cidade e das ideias novas, especialmente depois da guerra dos Aliados, que revelou a fragilidade do império. A preocupação agora é aumentar os recursos fora de um enquadramento hegemônico, como Xenofonte preconiza no preâmbulo de *Póroi*, seu tratado sobre as rendas públicas, contemporâneo das reformas de Eubulo, ao qual, aliás, o autor está ligado: Atenas pode sustentar a massa do povo, ou seja, os mais pobres, sem dominar injustamente os outros gregos. É bem verdade que esse opúsculo não oferece um pensamento econômico global no sentido moderno do termo, mas seu autor propõe diversas medidas técnicas referentes à exploração das minas (constituição de um capital de mão de obra servil alugada aos concessionários das minas por um óbolo diário por homem), aos metecos e às atividades comerciais do Pireu, destinadas acima de tudo a aumentar a receita fiscal.

Época clássica

Tudo isso não confirma a ideia de um declínio da democracia ateniense, que manifestamente soube reformar-se e preservar a paz civil. Mas seguramente os costumes mudam. Assim, as antigas práticas litúrgicas começam a ceder terreno ante os atos de evergetismo, boas ações e doações voluntárias, mais rentáveis para seus autores em termos de consideração e de prestígio. Por outro lado, Demóstenes – que coloca sua própria fortuna à disposição quando é encarregado de reforçar as defesas de Atenas depois de Queroneia – estigmatiza o gosto excessivo pelo consumo e pelo luxo ostentatório de seus contemporâneos (cf. certos monumentos corégicos comemorando uma vitória, como o de Lisícrates por ter vencido a prova de coro na categoria etária dos rapazes em 334, visível ainda hoje a leste da Acrópole[8]). Outro comportamento precursor da época helenística são as imensas honrarias concedidas aos generais vencedores (Cônon, Cábrias etc.), que anunciam a ideologia régia da vitória (*infra*, cap. 22). Devemos enfatizar também a crescente especialização das funções. Frequentemente é citado como exemplo o caso dos estrategos, que ficam cada vez mais restritos às tarefas militares, ao mesmo tempo que continuam às ordens das instâncias da cidade: como os outros magistrados, na *Ekklesía kyría* de cada pritania (cf. *supra*, cap. 9), eles são confirmados ou não em seu cargo por uma votação por erguimento de mãos da Assembleia, onde profissionais da palavra e da política passam a dominar. Assim a carreira de um Demóstenes – várias vezes trierarca, buleuta, embaixador, preposto para o teórico e autor de diversas leis ou decretos, principalmente a respeito da frota e das fortificações, cujo financiamento supervisionou – não tem muito a invejar dos grandes políticos do século anterior, exceto por nela faltar a estratégia. Atribui-se só a Timarco uma centena de propostas de decretos, ao passo que Fócion, que é apresentado como um estadista à moda antiga, é eleito estratego 45 vezes. Mas essa hiperatividade de alguns não é um fato novo, tampouco os excessos de demagogia condenados por Xenofonte e outros ou as relações familiais existentes entre dirigentes, como Calístrato, sobrinho de Agírrio, Timóteo, filho de Cônon e ligado a Ifícrates (casamento dos filhos de ambos) apesar de antes haver mantido péssimas relações com ele etc.

Paralelamente, o engajamento militar dos cidadãos realmente parece decair, em proveito dos mercenários; mas o uso destes é visto acima de tudo como um complemento que se tornou necessário devido à multiplicação dos teatros de operações, principalmente os distantes. Em todo caso, a participação da maioria na política continua bem real: na época de Aristóteles é preciso sortear todo ano, além dos 500 buleutas, cerca de 600 magistrados e eleger mais uma centena deles. A categoria dos liturgos continua naturalmente a ter um papel importante, mas

---

8. J.-Ch. Moretti, *Théâtre et société dans la Grèce antique*, 2001, pp. 227-9; P. Brun, *Impérialisme et démocratie à Athènes. Inscriptions de l'époque classique*, 2005, nº 102.

a ligação entre magistraturas e classes censitárias se perde, visto que desde pelo menos meados do século um pobre pode tornar-se arconte ou tesoureiro de Atena, embora este último cargo esteja teoricamente reservado aos pentacosiomedímnios (*supra*, cap. 9). Depois do parêntese dos Trinta, o Areópago certamente não foi rebaixado para o nível em que Efialtes o colocara, e seus poderes até mesmo aumentaram gradualmente: controle dos santuários e da aplicação das leis, intromissão em certos assuntos políticos etc. Por iniciativa de Demóstenes em particular, suas competências judiciárias são ampliadas, por exemplo imediatamente depois de Queroneia ou no contexto do processo especial de *apóphasis*, ação pública utilizada principalmente no caso de Hárpalo em 324. Mas ele continua a provocar desconfiança e o apego à democracia permanece forte, como atesta a lei contra a tirania adotada depois de Queroneia[9]. Realmente, ao lado das críticas severas e das utopias desenvolvidas por Platão, a democracia moderada continua a ser o menos ruim dos regimes, do ponto de vista de Aristóteles, principalmente em virtude dos princípios lógicos e matemáticos de mediana e de probabilidade. Também é nessa época que os teóricos revisitam a *pátrios politeía* (constituição dos antepassados) e a obra dos fundadores (Drácon, Sólon, Clístenes). Em suma, embora lhe tenha faltado a supremacia que as circunstâncias lhe recusaram, o século IV ateniense não se mostrou menos inovador que seu ilustre antecessor; soube, em ampla medida, prolongar-lhe as experiências, adaptando-se como possível à nova situação.

Fora de Atenas, embora não se devam ignorar as dificuldades pelas quais passa o mundo grego, também se tende a relativizar a amplitude da crise vivida pelas cidades. É que os avanços realizados no conhecimento do mundo helenístico forçaram a abandonar a ideia, predominante durante muito tempo, de que a cidade grega morrera em Queroneia. Simultaneamente, a fase anterior não pode mais ser considerada como uma lenta agonia. O que está efetivamente desaparecendo é o tipo de cidade hegemônica que vinha dominando o cenário internacional há pelo menos um século e meio. Mas na nova ordem do mundo o modelo da *pólis*, que continua a ser o ambiente da vida cotidiana, ainda tem pela frente um belo futuro. Herdeiro do século V e assentando os enquadramentos da época helenística, o século IV brilha também pela criatividade, frequentemente vista em relação com a inquietude dos espíritos e a evolução dos costumes. Basta lembrar a nova sensibilidade que em breve se expressará nas comédias de Menandro, o anticonformismo naturalmente provocador do cínico Diógenes, mas também as obras-primas da escultura, cujos temas se renovam (adolescência, nudez feminina), com requintes de virtuosidade, movimento, sensualidade e expressividade. Podemos citar Praxíteles,

---

9. J. Pouilloux, *Choix d'inscriptions grecques*², 2003, nº 32 (outra tradução comentada em P. Brun, *Impérialisme et démocratie à Athènes. Inscriptions de l'époque classique*, 2005, nº 101).

Época clássica

no segundo terço do século (Afrodite de Cnido, Hermes de Olímpia), Escopas (frontões do templo de Atena Aleia em Tegeia, por volta de 340), Lisipo, que inventa um novo cânone (a escultura "Apoxiômeno", a estátua de Ágias de Farsália) e se coloca a serviço dos argéadas. A arquitetura, por sua vez, produz edifícios particularmente originais, como o "monumento das Nereidas" em Xantos (por volta de 380), o Tolo de Delfos (por volta de 380-370: fotografia da capa) e o Mausoléu de Halicarnasso (por volta de 360-350), em que trabalham os maiores artistas da época: será visto como um prenúncio o fato de dois desses monumentos terem sido edificados em lugares que a cultura grega tem como terra adotiva oriental (Lícia e Cária). Já nos anos 380 Isócrates havia avaliado bem a evolução em andamento, que ele então atribuía à obra civilizadora de Atenas: "O nome *grego* não designa mais a raça e sim a maneira de pensar, e são chamados de gregos mais aqueles que participam de nossa educação do que os que têm a mesma origem que nós" (*Panegírico*, 50). Portanto, entre continuidade e revolução, essa época constitui uma etapa essencial na história do helenismo, que a conquista de Alexandre fez mudar de escala.

QUARTA PARTE

Época helenística

Capítulo 19

O MUNDO HELENÍSTICO ATÉ A PRIMEIRA GUERRA DA MACEDÔNIA
(323-*ca* 215 a.C.)

A denominação convencional "época helenística" habitualmente se aplica aos três séculos que separam a morte de Alexandre da morte de Cleópatra VII, última representante das realezas macedônicas provenientes da conquista. O desmembramento dessa conquista dá margem a acontecimentos particularmente complexos até o início dos anos 270, quando se opera uma forma de estabilização. Os grandes reinos encontram então o lugar que *grosso modo* conservarão até o início do século II, antes da nova divisão asiática ocasionada pela paz de Apameia (188) e pelo fim da dinastia antigônida na Europa (168). Mas a verdadeira guinada é constituída pela interferência recorrente de Roma nos assuntos gregos a partir da primeira guerra da Macedônia (215-205), pouco depois do notável sincronismo que o ano 217 apresenta (fim da guerra dos aliados e da quarta guerra da Síria). Assim sendo, essa é a cesura escolhida para este primeiro capítulo, que trata da história factual da época helenística. Diodoro da Sicília, Plutarco (*Vidas de Êumenes, de Demétrio, de Pirro, de Arato e especialmente de Ágis e Cleômenes*) e, depois deles, principalmente Políbio nos informam sobre os acontecimentos importantes. Mas o que está conservado de suas obras só cobre muito incompletamente o período e, além de algumas alusões garimpadas em outros autores (Estrabão, Mêmnon de Heracleia, Pausânias, Polieno, Ateneu, Justino etc.), as inscrições e os papiros é que vão pouco a pouco preenchendo as lacunas, ainda numerosas, especialmente em torno de meados do século III, cuja cronologia frequentemente continua aproximativa.

Diádocos

Assim são chamados os sucessores de Alexandre, que compartilharam sua herança (do grego *diádochos* = que herda, que assume a sucessão). Isso porque o desaparecimento do conquistador deixa a família argéada sem candidato válido ao trono: seu meio-irmão Filipe III Arrideu é mentalmente inapto e Roxana ainda não deu a luz ao futuro Alexandre IV. Portanto, esse vazio requer uma regência, ao passo que a imensidade das terras conquistadas impõe que o poder seja repartido entre vários homens fortes. Ao longo de 50 anos, marcados por partilhas e guerras, estes impiedosamente disputarão entre si os despojos, todos ou quase todos alimentando a esperança de reconstituir por conta própria a unidade do império. Esse turbilhão os arrebatará um após outro até o último, Seleuco, morto em 281.

Uma primeira partilha é decidida em 323 na Babilônia. No topo das responsabilidades estão Antípatro, confirmado em sua estratégia europeia, Perdicas, encarregado da Ásia com o título de quiliarca, e por fim Crátero, designado tutor (*prostátes*) dos dois reis, Filipe III e o bebê de Roxana. No nível inferior, embora seu contato direto com os territórios – que continuam a chamar-se satrapias – lhes dê na realidade um poder mais concreto, estão principalmente Ptolomeu, filho de Lagos (Egito e Cirenaica confiada a Ofelas), Antígono Monoftalmo, ou seja, o Zarolho (Anatólia ocidental), Lisímaco (Trácia) e Êumenes de Cárdia, ex-chanceler de Alexandre e também o único que não é macedônio (Paflagônia e Capadócia, encrave que na realidade ainda falta conquistar). Seleuco, por sua vez, aparece como comandante da cavalaria (hiparca) e ainda não recebeu um território.

Antes de tudo esses homens têm de enfrentar os distúrbios que a morte de Alexandre inevitavelmente provocou: em Bactriana, onde eclode uma nova revolta de colonos militares, severamente reprimida, e principalmente na Grécia europeia, sempre pronta para rebelar-se contra o jugo macedônico. À frente deste último movimento estão os atenienses, comandados por Hipérides, pelo general Leóstenes e por Demóstenes, apesar de um tanto hesitante no início. Em torno da cidade, desertada pelos pró-macedônios, entre os quais Aristóteles, constitui-se uma vasta coalizão que agrupa etólios, fócios, lócrios e depois também os acarnânios, alguns peloponenses e outros mais. Leóstenes obriga Antípatro a fechar-se dentro da cidade de Lâmia; daí o nome de "guerra lamíaca" dado a esse conflito. Mas, depois da morte de Leóstenes durante o cerco, os macedônios retomam a iniciativa, obtendo a vitória naval de Amorgos e, em terra, a de Crânon, na Tessália, com tropas de reforço levadas por Crátero (322). Atenas perdeu o último instrumento da grandeza passada: sua frota, que lhe valera a mansuetude de Filipe em 338. Por isso agora é tratada muito mais duramente. Hipérides é executado, Demóstenes suicida-se no santuário de Poseidon na Caláuria (perto de Trezena), onde se refugiara. Uma guarnição macedônica é acantonada em Muníquia. Embora as instituições sofram poucas modificações, o corpo cívico é consideravelmente reduzido por uma reforma censitária, o que desnatura profundamente a democracia que os atenienses prezavam acima de tudo (de acordo com as fontes, 22 mil ou mais provavelmente 12 mil cidadãos teriam sido destituídos porque possuíam menos de 2 mil dracmas; 9 mil conservaram seus plenos direitos). Essa nova "oligarquia da derrota" (Éd. Will) é presidida por Fócion, então octogenário, e por Dêmades. Além disso, a cidade perde Samos e Oropos (que em seguida passará ainda por muitas outras vicissitudes) e tem de pagar uma pesada indenização de guerra. Muito mais que Egos Pótamos (*supra*, cap. 13), Amorgos marca o fim de uma época: é bem verdade que haverá um derradeiro esforço nos anos 260 (abaixo), mas a grandeza ateniense realmente acabou.

Vencida essa etapa, os diádocos, que entretanto estão ligados por diversas alianças matrimoniais, podem dar livre curso a suas rivalidades. Perdicas, que usurpou o título de *prostátes*, volta-se contra Ptolomeu, que pouco antes lhe teria surrupiado os restos mortais de Alexandre. Mas, depois de um ataque fracassado contra o Egito, é assassinado em decorrência de uma conjuração em seu Estado-Maior. O lágida, que se singulariza pela prudência e pelo espírito independente, recusa-se a retomar os títulos de Perdicas, como lhe propuseram os conjurados. Enquanto isso, Crátero morre, derrotado por Êumenes, aliado de Perdicas. Assim, uma nova partilha ocorre em Triparadiso, na Síria. Antípatro passa a assumir a tutela dos reis, Seleuco recebe a satrapia de Babilônia e Antígono, "estratego da Ásia", é encarregado da luta contra Êumenes, condenado por seus concorrentes pela morte de Crátero (321 ou 320). A morte de Antípatro, em 319, muda o jogo. Isso porque, contra seu próprio filho Cassandro, Antípatro confiou a guarda dos reis a um outro velho oficial de Filipe, Poliperconte. A luta que se segue, envenenada por rivalidades femininas, não tardará a precipitar a perda do que resta da família argéada: em 317, Olímpias elimina Filipe III e sua esposa Eurídice e no ano seguinte ela mesma é assassinada por Cassandro. Este, que obteve o apoio dos outros diádocos, conserva a guarda do pequeno Alexandre IV e conta consolidar sua legitimidade casando com Tessalônica, meia-irmã de Alexandre e epônima da cidade então fundada em sua honra, Tessalônica. Além disso, depois de mandar executar Dêmades (319), toma o controle de Atenas, onde um breve interlúdio democrático facilitado por Poliperconte acaba de custar a vida a Fócion (318); em 317, Cassandro confia a cidade ao filósofo peripatético Demétrio de Falero, cujo governo moderado (redução do censo para mil dracmas) é conhecido principalmente por suas leis suntuárias (*infra*, cap. 23). Pouco depois, Cassandro convida os tebanos a reconstruírem sua cidade, empreendimento no qual contribuem os antigos aliados atenienses (315).

Poliperconte, por sua vez, parece ter obtido menos sucesso, apesar de um original edito (*diágramma*) de anistia para as faltas cometidas pelos gregos por ocasião da guerra lamíaca, o que equivalia a liquidar as oligarquias então impostas por Antípatro e propiciar o retorno dos exilados. Confinado no Peloponeso, onde seu *diágramma* provocou violências e acertos de contas, ele desaparece de nossas fontes por volta de 302, depois de uma longa hostilidade com Cassandro, cujos detalhes são pouco conhecidos. Na Ásia, Antígono, já vencedor de Êumenes, a quem mandou executar (316/15), se apossa da Babilônia, de onde expulsa Seleuco; indo contra Cassandro, declara estar encarregado do reino e proclama a liberdade das cidades ("manifesto de Tiro"), incentivando além disso a formação de uma liga das insulares, o *koinón* dos

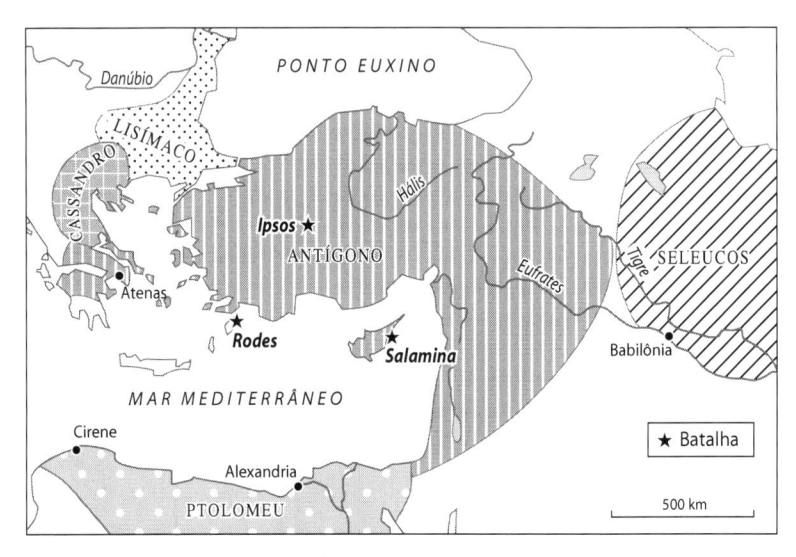

Mapa 15. Os reinos helenísticos antes de Ipsos.

nesiotas (seu centro religioso é Delos, que em 314 escapa da tutela ateniense e torna-se independente). Entretanto ele e seu filho Demétrio sofrem alguns reveses militares, principalmente em Gaza contra Ptolomeu, e em 311 é firmada uma paz geral, da qual apenas Seleuco – que nesse entretempo recuperou a Babilônia e de lá partiu para conquistar as satrapias superiores – não participa. (Esse ano de 312/11 será considerado o marco inicial da era régia selêucida, embora Seleuco só tenha assumido o título régio com os outros diádocos, alguns anos depois: cf. abaixo.) No ano seguinte, Cassandro elimina Alexandre IV e sua mãe Roxana, o que põe fim na ficção da tutela: desaparecida a linhagem argéada, os diádocos têm total liberdade para tentar concretizar suas aspirações unitárias.

Antígono, aparentemente o mais audacioso e empreendedor, persegue o duplo objetivo de fixar-se na Europa contra Cassandro e de controlar o mar contra Ptolomeu. Em 307, Demétrio é recebido em Atenas como libertador: é o fim do regime presidido por Demétrio de Falero, que se refugia junto a Cassandro. Os atenienses concedem ao antigônida honrarias inauditas, entre as quais a criação de duas tribos, a *Antigonis* e a *Demétrias*, no contexto de restauração da democracia (passa a haver portanto 600 buleutas e 12 pritanias por ano: cf. *supra*, cap. 9). No ano seguinte, graças à vitória de Salamina do Chipre, Demétrio toma a ilha de Ptolomeu, que assumira seu controle na segunda metade dos anos 310, quando colocara como governador seu próprio irmão Menelau. Antígono e seu filho adotam então o título de *basileús* (rei), logo imitados por Ptolomeu e os outros diádocos, que não querem ficar atrás (306-305/4; Agátocles faz o mesmo em Siracusa, após uma guerra de resultados moderados contra Cartago: *supra*, cap. 14). Depois de nova expedição malsucedida contra o Egito (final de 306), Demétrio, que passará para a posteridade com o cognome de Poliorceta (Sitiador), sitia Rodes durante um ano inteiro, inutilmente. A cidade é socorrida por Ptolomeu, a quem agradece votando-lhe um culto (305/4); além disso, para comemorar a estrondosa vitória, nela é edificado o famoso Colosso, que é uma estátua de Hélios (o Sol, divindade políade), considerada uma das sete maravilhas do mundo.

Entretanto esses fracassos não interrompem a incansável atividade de Demétrio. Em 302, ele reconstrui na Grécia uma liga inspirada no modelo da liga de Corinto anteriormente implantada por Filipe II (*supra*, cap. 16): Cassandro é o primeiro visado por essa nova aliança[1]. Uma ampla coalizão reunindo este, Lisímaco e Seleuco – que voltou do Oriente com elefantes que lhe enviara o soberano da dinastia indiana dos máurias, Chandragupta (em grego, Sandracoto) – é então organizada contra Antígono e Demétrio. O Zarolho morre na batalha de Ipsos (Frígia) em 301; o filho conserva sua frota e algumas praças litorâneas na Ásia e na Europa, mas não Atenas, que passa a ser governada pelo tirano Lácares, com apoio de Cassandro (Demétrio acabara se tornando intolerável, principalmente ao instalar seu harém no Partenon e ao modificar, por capricho, o calendário das iniciações em Elêusis). Lisímaco é o grande vencedor da operação, visto que toma para si a Ásia Menor até o Tauro, menos alguns encraves, especialmente os que Ptolomeu mantém na costa sul. Seleuco se apossa da Síria, onde funda em 300 uma nova capital, Antioquia, mas tem de desistir da Fenícia e da parte sul do país (Cele-Síria ou "Síria vazia"), ocupadas pelo lágida: essa é a origem das guerras da Síria, que pontuarão durante mais de um século a história helenística em geral e as relações entre lágidas e selêucidas em particular.

Depois de aproximar-se de Seleuco, a quem dá a filha Estratonice antes de ela por fim desposar seu genro Antíoco I, Demétrio consegue restabelecer-se na Grécia, aproveitando-se da morte de Cassandro (297). Após um cerco que castiga duramente a cidade, ele obriga Atenas – de onde Lácares foge – a render-se (295). Em seguida invade a Macedônia, onde seu exército o proclama rei: um dos objetivos paternos – recuperar a pátria-mãe – está alcançado (294). No ano seguinte, funda uma nova capital, a importante praça de Demétrias, no golfo Pagasético. Mas o Poliorceta logo tem de enfrentar os etólios, que haviam saído sem danos da derrota na guerra lamíaca, e principalmente o turbulento rei do Epiro, Pirro (292-289). É no decorrer desses anos que Agátocles de Siracusa faz aliança com Pirro antes de voltar-se para Demétrio,

---

1. J.-M. Bertrand, *Inscriptions historiques grecques*, 1992, nº 83.

casando sucessivamente sua filha Lanassa com um e depois com o outro (*ca* 295-291), dando como dote a ilha de Corcira, da qual se apossara por volta de 299 (e da qual parece manter o controle efetivo). Acossado por Pirro e por Ptolomeu, que retomou Chipre (295/4), colocou os nesiotas sob seu protetorado (por volta do início dos anos 280) e contribuiu para a libertação de Atenas (287), Demétrio tenta uma última aventura na Ásia, onde Seleuco o captura (286/5). Oferecem-lhe um cativeiro dourado na Síria, onde morre em 283, deixando a lembrança de uma personalidade particularmente pitoresca. A situação na Europa então está confusa: a Macedônia é repartida entre Pirro e Lisímaco, mas este não demora a ficar como único dono do terreno (285), ao passo que o filho de Demétrio, Antígono Gônatas (o Cambaio), ainda mantém algumas praças estratégicas, os "entraves", entre as quais o Acrocorinto (acrópole de Corinto), o Pireu, Cálcis e Demétrias. Restam agora apenas três diádocos, governando três grandes reinos: Ptolomeu, que desaparece em 283/2 e deixa o lugar para seu filho de um segundo casamento, Ptolomeu II, associado ao trono desde 285; Seleuco, secundado pelo filho Antíoco I, corregente encarregado das províncias orientais desde 294 ou 293; e por fim Lisímaco, até então bastante discreto, provavelmente porque se ocupou principalmente em consolidar seus domínios trácios contra a ameaça representada pelos bárbaros do Norte (gauleses especialmente), mas que, pelo menos teoricamente, parece ter nas mãos os trunfos maiores, visto que seus domínios avançam largamente na Europa (Trácia, Macedônia e Tessália) e englobam o essencial da Ásia Menor.

Os acontecimentos deixam-lhe pouco tempo para tirar proveito dessa posição vantajosa. Sinistros dramas familiais envenenam o fim de seu reinado: casado em segundas núpcias com Arsínoe, irmã de Ptolomeu II, para agradar a ela manda executar Agátocles, filho do primeiro casamento. Esse crime seguramente contribui para degradar as relações em seu círculo: Filetero, encarregado de guardar o abundante tesouro armazenado em Pérgamo (9 mil talentos), aproxima-se então de Seleuco (283 ou 282), junto do qual também se refugiou Lisandra, a viúva de Agátocles. Na corte de Seleuco esta reencontra seu irmão Ptolomeu Cerauno (o Raio), que, como ela, era filho da primeira esposa de Ptolomeu I (Eurídice) mas fora afastado em proveito do filho da segunda (Berenice), Ptolomeu II, irmão de Arsínoe (cf. acima). Esse ninho de víboras leva Seleuco a decidir-se pela guerra e Lisímaco é derrotado e morto em Curopédio, perto de Sardes (281). Seleuco, que mais uma vez se afirma como um general de primeira linha, recupera *ipso facto* os domínios de seu adversário e prepara-se para atacar a Macedônia; mas tão logo atravessa os Estreitos é assassinado por aquele do qual era entretanto o benfeitor, Cerauno, *outsider* inesperado na corrida para o poder supremo e prestes a reunir Ásia e Europa. Cerauno consegue inclusive livrar-se de Pirro, a quem os tarentinos pediram ajuda, inquietos com

O mundo helenístico até a primeira guerra da Macedônia

os avanços de Roma na Itália meridional: impaciente – como Gônatas e Antíoco – por afastar o eácida, fornece-lhe subsídios adequados para facilitar essa expedição ocidental. Nela Pirro obterá vitórias moderadas, chegando a ser durante algum tempo *hegemón* (chefe, mais provavelmente do que rei?) dos siciliotas (280-275). Agora Cerauno está com as mãos livres, mas o desaparecimento de Lisímaco provoca um deslocamento rápido das fronteiras setentrionais de seu reino, que cede sob a pressão das invasões gaulesas (bandos de Bélgio e de Breno principalmente). Cerauno é levado pela tormenta (280/79), a Grécia é submergida até a altura de Delfos, cujo santuário é salvo por uma providencial tempestade de neve e por um exército predominantemente etólio (inverno de 279/8). São necessários dois anos para que Antígono Gônatas restabeleça a situação, graças a sua vitória nos arredores de Lisimáquia, na Trácia (277). Os gálatas (denominação grega, reservada pelos modernos aos gauleses da Ásia Menor) refluem; uma boa parte vai estabelecer-se na Grande Frígia, na futura Galácia. Por muito tempo eles continuarão a tumultuar a Ásia Menor, apesar da ação de Antíoco I já nos anos 278-275 e depois provavelmente por volta de 269 ("batalha dos elefantes", datada imprecisamente). Arquétipo da barbárie para o imaginário grego e para a propaganda etólia ou régia (rei Salvador, especialmente em Pérgamo: cf. abaixo), essas tribos – na realidade bastante bem organizadas e fornecendo mercenários temidos – serão um importante ator dos séculos seguintes. Gônatas, de agora em diante reconhecido como rei na própria Macedônia (277/6), aproveita o sucesso para ampliar sua influência na Grécia.

O caleidoscópio helenístico então se estabiliza por algumas décadas; desse ponto de vista, a principal novidade na segunda metade do século III será a emergência do reino de Pérgamo, pois Filetero se aproveitou das dificuldades encontradas por Antíoco I para emancipar-se da tutela selêucida a partir do início dos anos 270 (dinastia atálida). As linhas de força então se dividem do seguinte modo: o vizinho mais próximo é muito naturalmente um inimigo; daí o antagonismo entre lágidas e selêucidas em torno da Cele-Síria, entre lágidas e antigônidas pelo controle do mar, depois entre selêucidas e atálidas na Ásia Menor, entre antigônidas e atálidas pelos Estreitos. Inversamente, instaura-se uma aliança de fato entre antigônidas e selêucidas e entre atálidas e lágidas, que têm os mesmos inimigos: respectivamente, os atálidas e os selêucidas, que assim se veem acuados. Localmente, esse jogo diplomático-militar pode ser arbitrado ou perturbado na Ásia pelos ródios, quase sempre aliados dos lágidas e dos atálidas, e na Europa pelas ligas etólia e aqueia, que irão se fortificando ao longo do século. No continente asiático, resta um pouco de espaço para que reinos secundários apareçam ou assumam importância (Bitínia já em 297, Ponto a partir de 281 aproximadamente, Capadócia por volta de 260-255, Bactriana em meados do século ou pouco depois, Armênia principalmente nos séculos II e I).

Por fim, além dos irrequietos gálatas já mencionados, será preciso contar com novas incursões bárbaras (parnos/partas no Irã, dardânios na Europa etc.).

Os assuntos asiáticos até 215 aproximadamente

Como foi dito acima, a história das relações entre lágidas e selêucidas é ritmada pelas chamadas guerras da Síria. A primeira, sobre a qual pouco se sabe, eclode em 274, após um entendimento entre Antíoco I e Magas, meio-irmão de Ptolomeu II que se proclamara rei de Cirene. Esse entendimento visava a acuar Ptolomeu, chamado de Filadelfo (literalmente, "que ama a irmã") por ter se casado em segundas núpcias com sua própria irmã, Arsínoe, imitando o costume faraônico. Entretanto o projeto fracassou e as operações – executadas na Cele-Síria (Ptolomeu teve de defender o Egito a partir da região de Pítom) e não na Baixa Mesopotâmia, como às vezes se acreditou (improvável expedição de Ptolomeu a partir do golfo Pérsico) – praticamente não deram resultados concretos; encerraram-se com uma paz de *statu quo* que talvez tenha dado motivo para uma procissão espetacular organizada em Alexandria e cuja descrição Ateneu nos conservou (271/0?). Antíoco morre dez anos depois, não sem sofrer uma dura derrota perto de Sardes, contra Êumenes de Pérgamo, sobrinho e sucessor de Filetero; embora as consequências imediatas dessa batalha ainda sejam discutidas, o território pergameno passará a constituir um encrave sempre pronto para crescer à custa do reino selêucida.

A segunda guerra da Síria (*ca* 260-253) também está pouco documentada. Tem como cenário principal a Ásia Menor, onde os lágidas mantêm sólidas posições costeiras, da Jônia à Cilícia, e envolve um personagem dos mais enigmáticos, corregente já há vários anos e encarregado dessas regiões: Ptolomeu dito "o Filho", filho de Filadelfo (adotivo ou nascido de seu primeiro casamento?) e frequentemente confundido com um "Ptolomeu de Éfeso". Aliado ao tirano de Mileto, Timarco, esse Ptolomeu se rebela, dando a Antíoco II oportunidade para tomar o controle de algumas cidades, entre as quais Mileto e Éfeso, com auxílio dos ródios, o que supõe um rompimento excepcional entre estes e Alexandria. Ao passo que a influência de Rodes no Egeu se amplia, a guerra se resolve antes positivamente para Antíoco. O tratado de paz leva o selêucida a casar-se em segundas núpcias com a filha de Filadelfo, Berenice; a posição de sua primeira esposa, Laódice, não está clara (parece que se deve afastar a ideia de um repúdio). É aproximadamente nessa época que ocorre no Irã outra série de eventos, cuja cronologia é controversa (entre a segunda metade dos anos 250 e *ca* 238, de acordo com as reconstituições): secessão da Bactriana, onde Diódoto se atribui o título régio; emancipação de Andrágoras, sátrapa de Partiena-Hircânia, em seguida eliminado por Ársace I, chefe dos nômades parnos, que tomam o nome de partas depois de se estabelecerem na região (a era régia arsácida começa em 247). Quaisquer que sejam as ligações entre essas diferentes peripécias e sua relação com a frente ocidental (segunda e terceira guerras da Síria?), essa reação em cadeia torna clara a imensa dificuldade dos selêucidas em manter sua dominação sobre áreas tão extensas. Os dois antigos adversários, Antíoco II e Ptolomeu II, desaparecem em 246, o segundo depois de recuperar Cirene (casamento de Berenice, filha de Magas, com o futuro Ptolomeu III: cf. *supra*, cap. 14, *infra*, cap. 22) e ao cabo de um reinado de cerca de 40 anos, considerado como marco do apogeu do Egito lágida.

A terceira guerra da Síria (246-241) procede da aliança matrimonial que havia selado o fim do conflito anterior. Para sua sucessão, Antíoco não designou o filho mais novo, que teve com sua segunda esposa, a lágida Berenice, e sim Seleuco, o filho primogênito que Laódice lhe dera 20 anos antes – daí o nome de "guerra laodiceia" dado a esses eventos. Atendendo ao chamado de sua irmã, Ptolomeu III encontrou-a assassinada juntamente com o filho, em Antioquia. De lá ele teria avançado até a Babilônia, sem encontrar quase nenhuma resistência; até mesmo teria trazido de volta dessa expedição espetacular – embora a propaganda régia exagerasse os resultados[2] – estátuas de deuses egípcios levadas no século VI pelo persa Cambises (pesam algumas dúvidas sobre a autenticidade dessa façanha, de imenso valor para os egípcios; em todo caso, provavelmente não é essa a origem do cognome de Ptolomeu, "Evergeta", ou seja, "Benfeitor", que é tipicamente grego: *infra*, cap. 23). Após a retirada do lágida, chamado de volta por causa de distúrbios ocorridos no Egito, Seleuco II recupera a maior parte de seus domínios, com a notável exceção de Selêucia da Piéria, o porto de Antioquia. Também perdeu Éfeso, Mileto e diversas outras praças; além disso, teve de deixar a Ásia Menor para a corregência de seu irmão caçula, Antíoco Hiérax (o Gavião). Não demora a eclodir a "guerra fratricida", fértil em consequências, visto que constitui um marco essencial na ascensão de Pérgamo: em 240 ou 239 Hiérax derrota Seleuco II em Ancira, mas, encontrando dificuldade para controlar seus mercenários gálatas, desvia-os contra seu aliado pergameno e Átalo, o sucessor de Êumenes, derrota-os, tornando-se momentaneamente senhor da Ásia Menor e assumindo para tanto o título régio acompanhado do cognome Sóter, ou seja, Salvador (*ca* 238/7). Hiérax desaparece em 227/6, pouco antes de seu irmão Seleuco, que por sua vez não conseguiu restabelecer a situação no Irã. O sucessor de ambos, Seleuco III, mal chega a reinar três anos (226/5-223), ao passo que Ptolomeu III, cuja área de influência se estendeu até as costas da Trácia, morre durante o inverno de 222/1.

---

2. Cf. a inscrição triunfal de Adúlis (mar Vermelho): J.-M. Bertrand, *Inscriptions historiques grecques*, 1992, nº 102.

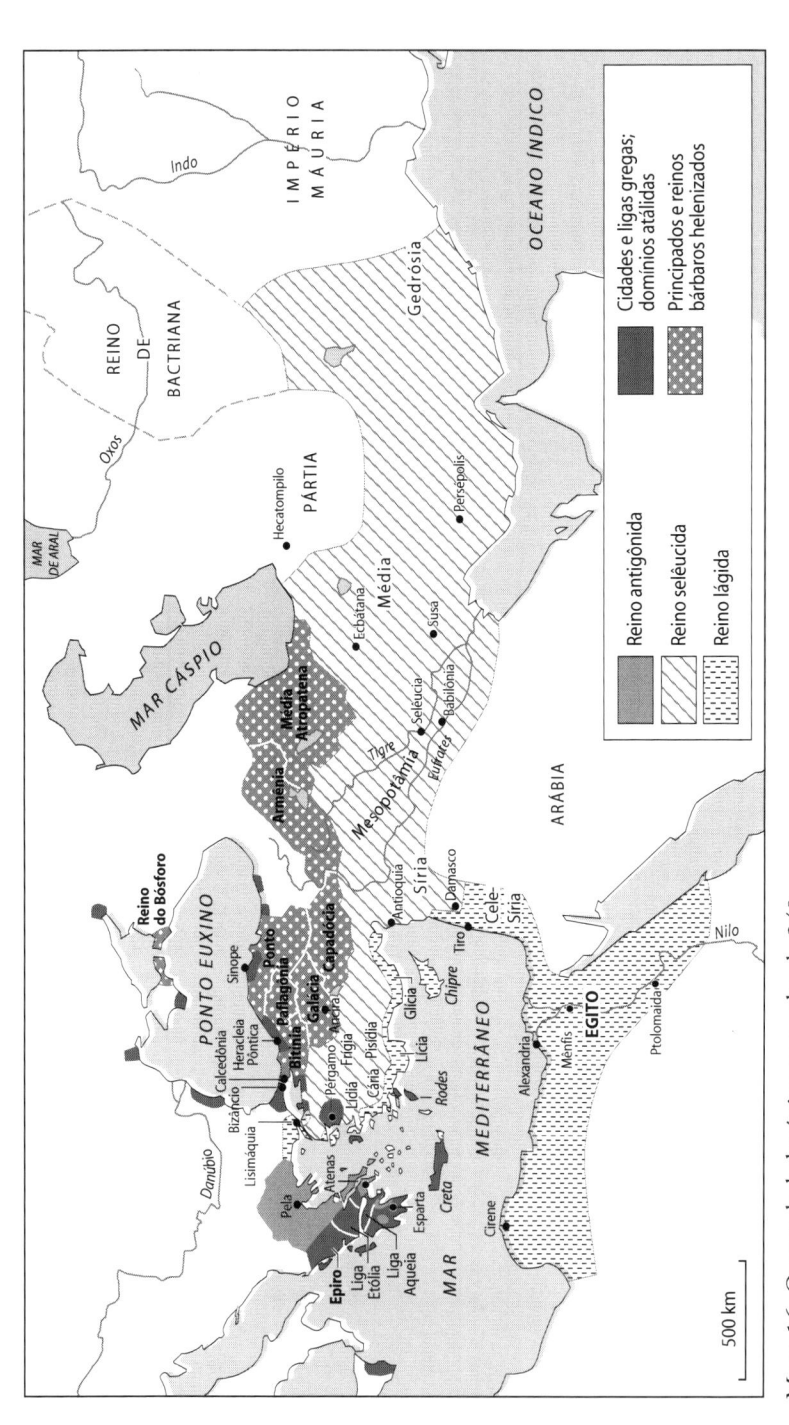

Mapa 16. O mundo helenístico por volta de 240.

O mundo helenístico até a primeira guerra da Macedônia

O novo monarca selêucida, Antíoco III, é um personagem de grande envergadura, ao contrário de seu concorrente lágida. De fato, Ptolomeu IV Filopátor (literalmente, "que ama o pai", ilustração da continuidade dinástica), que foi aluno de Eratóstenes, nos é apresentado por Políbio como indolente e inapto para conduzir o reino. Ao passo que Antíoco rapidamente se livra de seu ministro Hérmias, personagem sinistro segundo Políbio, Ptolomeu permanece sob o domínio de seus conselheiros Agátocles e Sosíbio, que começam por fazê-lo eliminar todas as personalidades de seu círculo que possam ter alguma influência sobre ele. A primeira tarefa de Antíoco é sufocar a revolta de Mólon, governador das satrapias superiores, com auxílio de seu estratego Zêuxis, que ao longo de muitos anos será seu homem de confiança em todos os teatros de operações (222-220). É então que seu primo Aqueu, que já brilhara contra Hiérax e depois reconquistara a Ásia Menor à custa de Átalo, usurpa o título de rei. Mas Antíoco não reage imediatamente, pois julga mais oportuno tirar proveito da situação no Egito (dificuldades financeiras e falta de preparo militar) para passar à ofensiva naquela região: consegue recuperar Selêucia da Piéria, mas a quarta guerra da Síria (219-217) termina em fracasso. Inicialmente preservada pelos expedientes tradicionais (inundação da região de Pelusa, a leste do Delta, e enchimento dos poços de água potável da área), o Egito é salvo pela política enérgica do ministro de Ptolomeu, Sosíbio, que reúne um exército reforçado com 20 mil egípcios equipados como nas falanges. Em Ráfia, no sul da Palestina, as tropas de Ptolomeu vencem as de Antíoco (217). Na verdade, essa batalha de resultados opostos mostra-se bastante paradoxal: Antíoco venceu seu duelo pessoal contra Ptolomeu (a ala direita, que ele comandava, arrasou a ala esquerda onde seu adversário se colocara), mas sem conseguir eliminá-lo nem capturá-lo e, no restante da linha de frente, seus homens levaram a pior; e também esse sucesso lágida teve consequências desastrosas. De fato, o reino estava salvo, a Cele-Síria conservada, mas a participação decisiva dos nativos na vitória modificou a relação de forças entre o poder macedônico e seus súditos egípcios: pouco depois, secessões e distúrbios multiplicaram-se na *khóra* (território), com o clero nativo aproveitando-se da situação para fortalecer sua posição. Assim, de certa forma esse período sela o declínio da monarquia lágida. Isso ainda não acontece com o campo selêucida, que se recobra espetacularmente da derrota para viver uma segunda idade de ouro. A fim de recuperar o prestígio, já em 216 Antíoco decide derrotar o "vice-rei" da Ásia Menor, Aqueu: sitiado na cidadela de Sardes, este é capturado e morto em fins do ano 214. No quarto de século seguinte, Antíoco se empenhará em reconstituir territórios outrora possuídos ou reivindicados pelo fundador da dinastia, Seleuco I; daí uma atividade voltada para todas as direções: para o Oriente, a Cele-Síria e o Ocidente (Ásia Menor e depois Europa), que por fim o levará à guerra contra Roma.

Época helenística

Os assuntos europeus até 215 aproximadamente

Na Grécia, Gônatas emprega os primeiros anos de reinado em varrer do país os bandos residuais de gálatas e em impor sua autoridade. A escolha de Pela como capital marca sua intenção de inserir-se na tradição. De volta da Itália em 275 (em 272, Tarento, entregue a si mesma, submete-se a Roma, que estende seu domínio sobre toda a Itália meridional), Pirro retoma seus projetos macedônicos e em 274 inflige uma dura derrota a Gônatas. Este tem de deixar a Macedônia e consegue a revanche dois anos depois, em Argos, onde Pirro morre numa luta de rua. Antígono está livre de seu rival mais sério, mas durante todo o reinado tem de enfrentar dificuldades diversas.

A primeira vem de Atenas. Libertada em 287, embora ainda restem guarnições macedônicas no Pireu e em algumas praças da Ática (Súnio), ela recuperou sua democracia; uma das primeiras decisões consiste em prestar honras póstumas a Demóstenes, entre as quais uma célebre estátua-retrato pelo escultor Polieucto. Essa tendência antimacedônica de nostalgia pela antiga grandeza da cidade se repete mais tarde, encarnada principalmente por Gláucon e seu irmão Cremônides, epônimo da guerra do mesmo nome (268/7-263/2). Conservou-se o decreto pelo qual este propõe uma aliança com o rei Areu de Esparta, que por sua vez ambiciona ser uma espécie de *basileús* helenístico com dimensões peloponenses (cf. as moedas com seu nome)[3]. Nesse decreto, o acordo é colocado sob os auspícios dos maiores precedentes da história ateno-esparciata, com Gônatas ocupando de certa forma o papel outrora desempenhado por Xerxes (*supra*, cap. 10). O decreto menciona também a política de Filadelfo, por trás da qual se julgou intuir a influência de sua irmã-esposa Arsínoe, morta há pouco (270), mas apesar disso citada no texto: o que importava para o lágida era contrariar os projetos de expansão marítima de Antígono, que além do mais estava em bons termos com Antíoco desde as guerras gálatas (cf. acima). Essa derradeira convulsão da história militar ateniense se transforma em catástrofe: nas mãos de Gônatas, o Acrocorinto cumpre perfeitamente sua função de entrave e impede os coligados de se juntarem (Areu é morto em 265). Atenas é sitiada e uma expedição lágida fracassa em libertá-la, talvez com a supremacia naval dos Ptolomeus sendo prejudicada na fantasmática batalha naval de Cós – porém a data e o contexto dessa batalha ainda são incertos (alguns especialistas situam-na por volta de 255). Assim como Demétrio de Falero, que foi acolhido por Ptolomeu I 35 anos antes quando Cassandro morreu, Cremônides encontra asilo em Alexandria, onde servirá Filadelfo como navarca (almirante), principalmente na batalha de Éfeso, durante a segunda guerra da Síria (cf. acima). Gônatas, que também conseguiu

---

3. J.-M. Bertrand, *Inscriptions historiques grecques*, 1992, nº 95.

conter Alexandre II do Epiro, impõe aos atenienses uma ocupação militar, deixando-lhes uma autonomia limitada, sob autoridade de um comissário régio que será ninguém menos que o neto de Demétrio de Falero. Em 255 ele lhes devolverá a liberdade, mas é somente em 229 que o povo, comandado por Euríclides e seu irmão Mícion, conseguirá negociar por 150 talentos a partida das últimas guarnições antigônidas (pouco depois, uma aproximação com Ptolomeu III resulta na criação de uma décima terceira tribo, *Ptolomaidas*).

São os etólios, neutros no conflito, que mais proveito obtêm desses acontecimentos. Eles souberam tirar o melhor partido de sua posição de salvadores de Delfos em 279/8, ocupando na Anfictionia os assentos macedônicos que seus detentores haviam abandonado desde Demétrio Poliorceta. Não contentes com o reconhecimento internacional – notável para esses que Tucídides considerava como semibárbaros –, pouco a pouco vão associando à sua confederação (*koinón*) todos os povos da Grécia central e progressivamente anexando os sufrágios anfictiônicos correspondentes. Controlam a região das Termópilas a partir do final dos anos 260 e, passando a contar com duas saídas marítimas, no golfo de Corinto e no canal eubeu, podem dar livre curso a suas atividades de pirataria, acobertadas em certa medida pelo conselho anfictiônico, onde têm maioria. Esse tipo de terrorismo precoce possibilita que desenvolvam uma política externa ativa, se não agressiva, para com seus alvos potenciais, principalmente cidades egeias às vezes forçadas a ingressar em sua aliança (ver também as convenções de *asylía*: *infra*, cap. 22). Isso passa a ser um sério contrapeso ao poder antigônida na Grécia.

Pouco depois do meio do século (*ca* 246/5?) esse poder talvez se destaque por uma nova vitória contra a frota ptolomaica, ao largo de Andros: o acontecimento é no mínimo tão enigmático quanto a batalha de Cós, mencionada acima; mas esse período corresponde aparentemente a uma certa recuperação de influência antigônida nas Cíclades, à custa dos lágidas, e ao eclipse do *koinón* dos nesiotas até sua reforma por Rodes em torno do início do século II. (Na verdade, é bastante difícil precisar a natureza e os contornos tanto geográficos como cronológicos da influência exercida por uns e outros no Egeu nessa época.) Entretanto, entre 251/0 e 245/4 aproximadamente, o dispositivo meridional de Gônatas é abalado pela revolta de Alexandre, governador em Corinto e na Eubeia. Mas no Peloponeso a força ascendente é a de Arato de Sicione, que, aparentemente de início apoiado por Gônatas, livrou sua cidade do tirano que a governava (251). Em 245, Arato toma as rédeas da liga aqueia, que se reconstituíra por volta de 280: regularmente será eleito seu estratego, dando-lhe uma extensão nova. Em 243, apodera-se do Acrocorinto, chegando a provocar uma aliança de Gônatas com os etólios contra ele. Dois anos depois estes invadem o Peloponeso, onde diversas alianças lhes conferem alguma influência, mas são derrotados por Arato. Então é firmada a paz, fazendo desse ano de

Época helenística

241 um ponto de equilíbrio precário na história da época, no momento em que termina a guerra laodiceia e, no Mediterrâneo ocidental, a primeira guerra púnica. Com 80 anos de idade, Gônatas, o "rei filósofo" (foi discípulo principalmente de Zênon de Cício), morre depois de um reinado exercido de modo notável, que lhe permitiu restabelecer a Macedônia (240-39).

Subsistem muitas faixas de sombra na atividade de seu filho Demétrio II, já desde muito tempo associado ao governo do reino. Demétrio tem de enfrentar uma coalizão – antinatural, entretanto – de etólios e aqueus ("guerra demetríaca") e principalmente a pressão dos dardânios ao norte; morre lutando com estes (229). Seu filho Filipe, jovem demais para reinar, é confiado à regência de Antígono, filho de Demétrio "o Belo" (que por sua vez era meio-irmão de Antígono Gônatas: cf. *infra*, cap. 22) e cujo cognome Dóson (particípio futuro do verbo *didónai* = dar) não está bem explicado (segundo alguns, significaria que ele devia entregar o poder a seu detentor legítimo, quando este tivesse idade para assumir; mas Plutarco, em *Paulo Emílio* VIII, 3, dá uma interpretação muito menos lisonjeira). Rapidamente revestido do título régio mas sem perder de vista a missão de tutor que lhe é confiada, Antígono Dóson repele os dardânios, retoma a Tessália, brevemente ocupada pelos etólios, e lança uma expedição à Cária, onde conquista algumas praças. Principalmente, atende ao apelo de Arato e dos aqueus, ameaçados pela política revolucionária de Cleômenes III de Esparta, apoiado por Ptolomeu III (227-225). Retomando e adaptando as ideias de Ágis IV (244-241), Cleômenes eliminou os éforos e empreendeu a reconstituição do corpo cívico (*anaplérosis*), elevado a 4.000-4.500 cidadãos, redistribuindo as terras, principalmente para os periecos. Assim como Ágis, Cleômenes distribui sua própria fortuna e decide um perdão das dívidas. O rei preconiza também um retorno ao regime de Licurgo e aos valores tradicionais da *agogé* (*supra*, cap. 9), ao mesmo tempo que equipa a falange à moda macedônica, misturando assim conservantismo e inovação (ver também, após a abolição do eforato, a criação dos patrônomos, uma espécie de administradores e guardiães das tradições, um dos quais é epônimo).

A guerra cleomênica abala todo o edifício aqueu, em perigo na Élida e já privado principalmente de Argos, que aderira algum tempo antes, e da região do Istmo. Mediante a promessa de recuperar Acrocorinto, Dóson atende ao pedido de Arato e expulsa Cleômenes do norte do Peloponeso, em 224. No mesmo ano, implanta a Aliança Helênica, herdeira distante da liga de Corinto, da qual ele é o *hegemón* e que une aqueus, beócios, fócios, lócrios do leste, eubeus, tessálios, acarnânios e epirotas (a dinastia eácida extinguiu-se pouco antes de 230 e o *koinón* passa a ser de tipo "republicano"); supõe-se que cercar os etólios também fosse um dos objetivos da manobra. Mas por enquanto é prioritário derrubar Cleômenes. Na urgência, para reabastecer seu tesouro e complementar os efetivos, este propôs aos hilotas que comprassem sua liberdade pelo preço de 5 minas e se alistassem; 6 mil teriam sido recrutados assim. Mas é definitivamente derrotado pelas tropas da coalizão, em 222, em Selásia, ao norte da Lacônia. Pela primeira vez em sua história, Esparta sofre uma ocupação estrangeira. Sua antiga constituição é restabelecida (principalmente o eforato, mas não a realeza); Cleômenes refugia-se em Alexandria. Em 221, ao cabo de um reinado enérgico e pragmático, o leal Dóson morre de tuberculose pulmonar, transmitindo os assuntos públicos para o jovem Filipe V. Este é logo solicitado pelos aqueus, atacados pelos etólios: um dos objetivos da entrada em guerra da Aliança Helênica é a libertação de Delfos, mas após quatro anos de um conflito estéril (saque de Díon e de Dodona pelos etólios; saque de Termos, o grande santuário federal destes, por Filipe V), a "guerra dos aliados" termina, sem resultado digno de nota, com a paz de Naupacto, em 217, ou seja, no mesmo ano da batalha de Ráfia (acima).

Também em 217, as tropas romanas sofrem o desastre do lago Trasímeno contra o corpo expedicionário de Aníbal. Em 216 ele obtém nova vitória em Canas e no ano seguinte firma um tratado com Filipe V. Os romanos não se esquecerão disso.

Capítulo 20

OS ESTADOS HELENÍSTICOS PERANTE ROMA
(*ca* 215-168 a.C.)

O fio condutor da história helenística passa agora a ser a conquista romana. São as primeiras etapas desse processo que Políbio se empenhou em expor; mas a partir daí seu relato pode ser complementado pelo de Tito Lívio, que nele se inspira largamente, por Plutarco (*Vidas* de Filopêmen, Flaminino e Paulo Emílio) e por Apiano (*Guerras da Ilíria*, *Guerras da Síria*) principalmente. Inscrições e papiros continuam a trazer um fluxo constantemente renovado de informações. Entretanto, convém evitar uma reconstituição excessivamente linear da expansão romana no Oriente: o imperialismo, o filelenismo e seu contrário (ver a reação encarnada por Catão o Velho), as ambições pessoais e os interesses econômicos, por fim o que os gregos chamavam de *Týkhe* (Tique, a Fortuna) desempenharam seu papel e frequentemente é difícil levar em conta as circunstâncias. Seja como for, o destino do mundo grego foi decidido ao longo desses 60 anos que vão da primeira guerra da Ilíria à terceira guerra da Macedônia e, de acordo com o princípio polibiano de *symploké* (entrelaçamento dos fatos), a ascensão de Roma vai pouco a pouco reunificando as histórias da Grécia europeia e asiática.

Origens da intervenção romana

Facilitados por uma clara convergência cultural, são antigos os contatos entre Roma e o helenismo – que causa alguma desconfiança, mas principalmente exerce aquele forte poder de sedução que um verso célebre do poeta Horácio, numa *Epístola* a Augusto, mencionará mais tarde: "A Grécia conquistada conquistou seu feroz vencedor..." (II 1, 156). Esses contatos ocorreram principalmente por intermédio das cidades da Magna Grécia (assim, Nápoles passou para a órbita romana já em 327/6) e da Sicília, ou por intermédio da amizade massaliense, tão valiosa por ocasião das guerras púnicas (*supra*, cap. 14). Lembramos também as campanhas de Pirro na Itália nos anos 280-275, com o eácida sendo por fim repelido após a batalha de Maleventum/Benevento (capítulo anterior). Fontes tardias mencionam uma troca de embaixadas entre Ptolomeu II e Roma em 273, como parte de uma política ocidental e marítima que alguns pensaram ter sido inspirada ao rei por sua irmã-esposa Arsínoe: aparentemente, a única consequência concreta desses contatos amigáveis foi a adoção de dois sistemas monetários paralelos. De qualquer modo, na época da segunda guerra contra Cartago (218-201) os romanos já conhecem o caminho da península balcânica.

De fato, a primeira intervenção militar romana ali tivera como objetivo o reino ilírio da rainha Teuta, em 229-228. A causa foi o avanço da pirataria ilíria, cujas *lémboi* (embarcações ligeiras) pilhavam o Adriático, prejudicando os comerciantes italianos. Segundo Políbio, estes teriam determinado o Senado a enviar uma embaixada a Teuta, que teria mandado executar um dos emissários; segundo Apiano, atendendo a um apelo de Issa – importante praça de comércio do arquipélago dálmata, outrora colonizada por Dionísio o Velho (*supra*, cap. 14) –, os romanos teriam enviado à região uma missão de informação, e foi durante a travessia que um de seus embaixadores teria sido morto por piratas. Em todo caso, uma expedição foi enviada ao local e, com auxílio de Demétrio de Faros, anteriormente a serviço de Teuta, os romanos forçaram-na a pedir a paz depois de livrarem Corcira, Apolônia e Epidamno do jugo ilírio. A rainha comprometeu-se a não permitir que mais de dois barcos ilírios passassem juntos ao sul de Lissos. Quanto às cidades libertadas, eram autônomas e isentas de tributo, mas se tornavam clientes perante Roma, que exercia assim uma espécie de protetorado descontínuo sobre as áreas costeiras entre Issa e Corcira, principalmente sobre os territórios dos *éthne* (povos) partinos, ao norte de Epidamno, e atintânios. O arquipélago dálmata foi entregue a Demétrio como recompensa por sua ajuda – os romanos contavam com esse dinasta para vigiar os ilírios. De fato, todas as tropas evacuaram prontamente a região e os romanos limitaram-se a confiar os territórios que controlavam a esses novos Estados clientes, inaugurando ali um procedimento que teria muitas outras aplicações em outros lugares. Pouco depois, várias embaixadas romanas visitaram os gregos, aliviados pelo revés infligido aos piratas ilírios, para comunicar-lhes as cláusulas do tratado. Os romanos foram então aceitos para participar dos concursos ístmicos. Esse caso, no final das contas acidental e de consequências limitadas, sugere que não há então da parte de Roma nenhum intuito de expansão no Mediterrâneo oriental. Em 219, uma segunda expedição romana veio restabelecer o *statu quo*, visto que Demétrio de Faros violara as cláusulas do contrato ao conduzir dezenas de *lémboi* para pilhar as costas da Messênia e piratear até nas Cíclades, de onde foi repelido pelos ródios.

Primeira e segunda guerras da Macedônia

O tratado firmado em 215 entre Filipe V e Aníbal (então na Itália), que prevê que sejam reservados para o rei da Macedônia os territórios colocados sob protetorado romano na Ilíria, dá novo impulso ao interesse de Roma pelos assuntos gregos, agora diretamente ligados a suas preocupações mais urgentes. Entretanto, a primeira guerra da Macedônia propicia apenas operações limitadas. Filipe, durante algum tempo aconselhado por Demétrio de Faros, que desaparece em 214, e emancipado da influência de Arato, que morre no ano seguinte, visa principalmente a Ilíria. Os romanos, por sua vez, estão localmente muito ocupados com os cartagineses e por isso fazem uma espécie de guerra por delegação, aliando-se aos adversários tradicionais dos antigônidas, os etólios, que são apoiados também por Átalo I de Pérgamo (em 212 ou 211, ou seja, mais ou menos no momento em que Siracusa é tomada por Marcelo, na segunda guerra púnica). O acordo feito prevê que os romanos, encarregados das operações navais, ficarão com o butim e deixarão as conquistas territoriais para os etólios, que por sua vez se comprometem a atacar Filipe em terra; assim, a ação mais notável das forças romanas é a tomada da ilha de Egina, cedida aos etólios e depois vendida por estes a Átalo. Exceto por essa operação pontual, Roma deixa seus aliados suportarem praticamente todo o peso da guerra. Mas Filipe exibe uma energia notável e se mostra superior, chegando a avançar até Termos, que saqueia mais uma vez. Esgotados e mal apoiados, os etólios veem-se forçados a firmar com ele uma paz em separado, o que em Roma é visto como violação da aliança (206). Eles cedem boa parte de seus anexos na Tessália ocidental e na costa egeia; acima de tudo, o rancor que os ex-aliados guardam desse mal-entendido está na origem de uma desavença cujas consequências serão consideráveis para todo o Mediterrâneo oriental 15 anos mais tarde. Em 205, em Fenice, capital do *koinón* epirota, uma paz geral põe fim ao conflito, homologando a conquista da Atintânia por Filipe. Do ponto de vista romano, a sequência dos acontecimentos mostra esse tratado como uma simples pausa tática, mas sem que ainda nada indique um plano deliberado de conquista para além do Adriático.

As origens da segunda guerra da Macedônia devem ser buscadas muito mais a leste. De fato, é nessa direção que se concentra o interesse de Filipe, cuja margem de manobra ocidental está limitada pela paz de Fenice. Visando a uma nova política de expansão egeia que retome as horas gloriosas dos fundadores de sua dinastia, mas sem possuir os meios correspondentes, principalmente navais, ele se associa a Dicearco, um pirata etólio (nessa época, piratas etólios são encontrados em praticamente todos os campos). Este se empenha em apoiar os cretenses – também reconhecidos como piratas temíveis e então em guerra contra os ródios, que fazem o policiamento dos mares ("primeira guerra cretense"). Com o butim obtido nessas operações Filipe consegue munir-se de uma frota de alto bordo. A situação na Ásia e no Egito não tarda a dar-lhe uma oportunidade de utilizá-la.

Com a morte de Ptolomeu IV (204), a dinastia lágida, já abalada desde a quarta guerra da Síria, está a braços com uma grave crise. Isso porque Ptolomeu V Epifânio (qualificativo ligado às aparições divinas, mas cujo significado nesse uso é complexo e controverso) é jovem demais para reinar: as rivalidades de seus tutores (Sosíbio, que logo morre, depois principalmente Agátocles e Tlepolemo) desencadeiam terríveis motins em Alexandria, enquanto a *khóra* é palco de várias rebeliões (Alto Egito e Delta). Antíoco III, por sua vez, começou a realizar o projeto de recuperar o território de seu glorioso antepassado Seleuco I. A anábase (212-204) conduziu-o no rastro de Alexandre, permitindo-lhe restabelecer uma forma de suserania sobre as partes mais orientais do reino. Nelas a autoridade selêucida vinha sendo atacada desde meados do século por movimentos secessionistas, como a constituição do reino de Bactriana (Diódoto I e II, depois Eutidemo I e seu filho Demétrio) ou a revolta de Mólon, mas também pela irrupção de populações externas, como os parnos/partas (dinastia arsácida: capítulo anterior). A empreitada acaba parecendo mais uma turnê diplomática do que uma conquista militar, como sugerem o tratado com o parta Ársace II (209) ou o tratado que Antíoco acaba tendo de firmar depois de sitiar inutilmente Bactra, pelo qual Eutidemo vê a independência de seu reino oficialmente reconhecida (206). Mas ela levou o rei da Armênia à Arábia, passando pelos confins iranianos anexados por príncipes indianos, de onde traz elefantes; também lhe deu a oportunidade de fazer nas regiões atravessadas abundantes coletas que reabasteceram o tesouro real; por fim, valeu-lhe um prestígio considerável, expresso no cognome Megas (o Grande), que antes dele só Alexandre havia portado. Os acontecimentos do Egito oferecem uma oportunidade ideal para passar à etapa seguinte do programa: a conquista da Cele-Síria, que os selêucidas sempre consideraram que devia lhes pertencer. Mas ele também precisa levar em conta as ambições de Filipe, sendo que antigônidas e selêucidas tradicionalmente mantêm boas relações. Portanto, em 203/2 é firmado um pacto cujos detalhes não são bem conhecidos, mas que prevê a partilha das possessões lágidas. Filipe atravessa os Estreitos, apodera-se de diversas praças (Quios), enquanto outras lhe abrem as portas (Mileto), sitia Samos, saqueia o território de Pérgamo, trava duas batalhas navais contra Átalo e os ródios (Lade e Quios), depois passa o inverno de 201/0 em Bargílias (Cária). Lá é mal reabastecido por Zêuxis, pois aparentemente Antíoco começa a achar esse aliado invasivo demais. Chamado de volta pelos assuntos da Grécia, Filipe deixa suas tropas ocuparem a Cária e retorna à Europa: a Ática é saqueada em 200, antes de ser socorrida a partir de Egina pelas frotas ródia e atálida (em Atenas, uma tribo *Atalis* substitui então a *Antigonis* e a *Demétrias*, o que, com a *Ptolomaidas*, reduz o total para 12: cf. capítulo anterior). É provavelmente na sequência desses acontecimentos que os ródios, já influentes no Egeu, reativam a liga dos nesiotas, aparentemente adormecida desde meados do século III. Antíoco, por sua vez, aproveitando-se principalmente da deserção de oficiais etólios a serviço dos lágidas, conquista em 200 a vitória de Pânion (localização incerta, talvez uns

Época helenística

40 km a leste de Tiro); apodera-se da Cele-Síria e assume a partir de então o título de Grande Rei (quinta guerra da Síria).

Nesse entretempo, Cipião venceu Aníbal em Zama e Roma, agora livre da ameaça cartaginesa, tem liberdade de ação (202). A vontade de fazer uma pausa militar manifesta-se na cidade. Entretanto, ao longo do ano 200, dois ultimatos intimam Filipe a não atacar nenhum Estado grego e a evacuar as antigas possessões lágidas, ainda que as operações em curso não afetem os territórios incluídos no tratado de Fenice. Vários fatores explicam a decisão romana de entrar em guerra: mais do que uma visão global da geopolítica egeia, somada à consciência real do perigo representado pelo eixo Antioquia-Pela, os especialistas mencionam a lembrança da aliança feita entre Filipe e Aníbal, a ambição dos magistrados vencedores de Cartago e a dos protagonistas da primeira guerra da Macedônia, e por fim as dificuldades inerentes a toda desmobilização em massa, especialmente a necessidade de atribuir aos veteranos terras do *ager publicus* (territórios conquistados pelo povo romano), sob pena de suscitar descontentamentos diversos. Esse partido da guerra – cadinho do imperialismo e defensor de uma política mais realista do que filelênica, embora esse sentimento exista e possa escorar o princípio de uma intervenção – sai vitorioso, não sem resistência (houve um voto negativo dos *comitia centuriata*, comícios por centúrias, a assembleia do povo romano convocado em seus quadros militares, as centúrias). Ele é reforçado pelo pedido de ajuda proveniente de Átalo e dos ródios e, depois, dos atenienses, que souberam explorar a nova disponibilidade do incomparável poderio romano (201/0).

Os dois primeiros anos da guerra (200-199) dão poucos resultados: Filipe apodera-se de Abidos e as legiões praticamente não avançam na Ilíria e no Epiro. O aparecimento do jovem e brilhante cônsul filelênico Tito Quíncio Flaminino, em 198, muda a situação: chegando ao golfo de Corinto, ele incita Filipe a negociar, mas as exigências romanas expostas nas negociações de Lócrida (que Filipe se retire para a Macedônia e renuncie a suas aquisições recentes e à Grécia, principalmente aos "entraves" ainda em seu poder: capítulo anterior) parecem inaceitáveis para o rei. A batalha decisiva acontece no ano seguinte, nas colinas Cinoscéfalas (Tessália); travada em meio ao nevoeiro, durante muito tempo confusa e incerta, ela termina com uma vitória um tanto casual das legiões. De acordo com as negociações de Lócrida, a paz imposta a Filipe restringe-o à Macedônia, mas no fim das contas é clemente, em prejuízo dos etólios principalmente: o rei deve apenas pagar indenizações e entregar reféns (entre os quais seu filho Demétrio), mas conserva seu reino – um útil Estado-tampão contra os bárbaros do Norte (197/6). Quanto aos assuntos gregos, uma comissão senatorial de dez membros chegou para resolvê-los à sua moda, o que provocou vivas discussões com Flaminino. O episódio mais célebre dessa fase é narrado numa página memorável de Políbio (XVIII, 46). Acontece nos concursos ístmicos de 196, em que Flaminino faz proclamar solenemente – provocando primeiro incredulidade e em seguida uma tempestade de aplausos – um senátus-consulto declarando os gregos "livres, isentos de guarnições e de tributos, usufruindo de suas próprias leis", especialmente os povos da Grécia central e da órbita tessálica, que Filipe e os etólios disputavam entre si. A forma da proclamação mostra que os romanos assimilaram a retórica helenística, com o tema da liberdade inserindo-se numa propaganda antimonárquica que não se desmentirá nos anos seguintes. Quanto ao conteúdo, provavelmente esconde muitas segundas intenções; e também nesse caso os modernos avaliaram de modos diversos o peso do filelenismo, que, ao mesmo tempo que é mais um sentimento pessoal e uma inclinação cultural do que um programa político, provavelmente não deixa de influir na linha diplomática então adotada. Seja como for, a relação entre Roma e os gregos passa a corresponder ao conceito romano da *fides* – lealdade recíproca que, concretamente, se traduz por um protetorado, *patrocinium*, exercido de acordo com o arbítrio do vencedor. Isso se verifica já no ano seguinte, quando Flaminino simula fazer a guerra contra o rei-tirano Nábis de Esparta ser decidida em votação por um conselho pan-helênico. Esse rei, aliado de Roma contra os macedônios, pretendia dar prosseguimento à obra de Cleômenes e oprimia a cidade de Argos. Vencido mas não aniquilado, Nábis não é destronado pelo procônsul, que não teve tempo de terminar a guerra e talvez não quisesse deixar para um sucessor os dividendos de uma vitória total. Em todo caso, Flaminino estabelece pessoalmente as cláusulas de paz, tendo também o cuidado de não dar excessiva liberdade de ação à liga aqueia no Peloponeso, embora ela recupere Argos. Sua ação atinge também as instituições, visto que ele dá constituições censitárias às cidades tessálias, garantias de estabilidade interna e de fidelidade a Roma. Obtém de tudo isso a imensa glória que havia buscado (cf. o concurso das Titeias, assim chamado a partir de seu prenome, Tito, e que os argivos instituíram depois de serem libertados de Nábis). Apesar da oposição de alguns senadores reforçados pelos dez comissários, em 194 ele obtém a retirada total das legiões. A descrição de seu triunfo em Roma sugere que soube tirar o melhor partido material desses sucessos; continua a ser um personagem ambíguo por mais de um motivo (mesmo assim, as acusações de maquiavelismo de que às vezes é objeto são muito exageradas).

Guerra de Antíoco

Entretanto nem tudo estava acabado, pois o senátus-consulto que deixou histéricas as multidões reunidas nos concursos ístmicos de 196 também envolvia os "gregos da Ásia". O que estaria em causa, visto que a guerra da Macedônia fora uma guerra balcânica? Pensou-se nas efêmeras conquistas de Filipe entre os Estreitos e a Cária (202-200). Mas nessa época já não resta muita coisa delas e o Senado visivelmente tem outras ideias na cabeça: muito mais provavelmente o objetivo é mandar uma advertência para Antíoco III. Senhor da Cele-Síria, ele não avançou até o Egito, sem que se possa compreender bem por quê: lembrança de Ráfia, necessidade mais urgente de organizar seus novos territórios e principalmente de passar à etapa seguinte do programa de reconquista, na Ásia Menor? Em todo caso é nessa região, onde desde a retirada de Filipe o campo está livre, que talvez sejam encontradas já em 198 marcas de empreitadas desfalcando as possessões atálidas. No ano seguinte, Antíoco lança uma ofensiva de grande envergadura, impondo, com auxílio do fiel Zêuxis, sua suserania sobre a Cilícia, a Lícia, a Cária (já parcialmente reconquistada em 203) e a Jônia, onde são liquidadas as últimas possessões lágidas. Passa o inverno de 197/6 em Éfeso e de lá envia tropas para ocupar Abidos, mas esbarra na resistência de Esmirna e de Lâmpsaco. Um decreto desta cidade em honra de seu embaixador Hegésias mostra que os lampsacenos solicitaram o auxílio do Senado em Roma, de onde foram remetidos para Corinto, para junto de Flaminino e dos dez comissários senatoriais, pouco antes da famosa proclamação de que se falou acima[1]. Deve-se destacar aqui a prodigiosa aceleração da história, que pode ser avaliada por essas práticas diplomáticas: no outono de 201, em circunstâncias equivalentes, a cidade cária de Alabanda (Antioquia dos Crisorianos) julgava obter a salvação no reconhecimento pelos gregos de uma asilia patrocinada por Antíoco, o que absolutamente não impediu Filipe V de saquear seu território para reabastecer-se durante o inverno seguinte[2]; quatro anos depois, e desta vez contra Antíoco, é Roma que parece aos lampsacenos o único interlocutor viável nesse assunto. Portanto, é válido pensar que esse apelo contribuiu para incitar os romanos a incluírem a Ásia em sua proclamação. Uma contraembaixada enviada por Antíoco, que acabava de atravessar os Estreitos para retomar posse da Trácia, parte extrema das possessões de Seleuco em 281, não mudou nada nisso.

É precisamente em Lisimáquia que o rei encontra L. Cornélio Lêntulo, que lhe reitera a imposição já formulada em Corinto: evacuar a Europa e as praças tomadas dos lágidas, respeitar as cidades autônomas. Antíoco contrapõe uma recusa por improcedência, retorquindo que não se intrometia nos assuntos da Itália. O Egito, cujos interesses Lêntulo vinha oficialmente defender, constitui o único ponto no qual Antíoco age de acordo com a vontade romana, por necessidade e por cálculo: em 195, depois de fracassar em apoderar-se de Chipre, ele firma a paz com Ptolomeu V, chegando a dar-lhe em casamento sua filha Cleópatra (I), um pouco

---

1. J.-M. Bertrand, *Inscriptions historiques grecques*, 1992, nº 119.
2. F. Lefèvre, *Corpus des inscriptions de Delphes IV. Documents amphictioniques*, 2002, nº 99; Políbio XVI, 24.

depois (inverno de 194/3). Entretanto, essa aparente concessão não abranda a desconfiança de Roma, pois no mesmo ano Aníbal – cujas andanças constituem simultaneamente uma espécie de traçador e de *stimulus* do expansionismo romano no Oriente nessa época – vem buscar refúgio junto a Antíoco: Roma reage reelegendo para o consulado Cipião o Africano, o vencedor de Zama. Mas as tensões e hesitações do Senado se comprovam no ano seguinte com a decisão de evacuar a Grécia: além da influência pessoal de Flaminino, rival de Cipião, o desejo de fechar um teatro de operações que favorece excessivamente as ambições individuais certamente não é a menor motivação dessa retirada (cf. acima). Assim, a passividade se impõe em Roma e esse período de "guerra fria" se prolonga, pois por enquanto ninguém está pronto nem disposto a iniciar as hostilidades.

Os contatos são retomados em 193. Flaminino em pessoa recebe em Roma uma embaixada do selêucida e propõe um meio-termo honesto: os romanos se desinteressarão da Ásia se Antíoco deixar a Trácia; caso contrário, estenderão seu *patrocinium* sobre as cidades asiáticas. O campo selêucida pede um prazo para refletir – prazo fatal para a sequência das operações, visto que problemas familiares (morte do príncipe herdeiro Antíoco, possível repúdio da rainha Laódice) talvez atrapalhem a tomada de decisão régia. Os etólios, que têm um litígio com Roma desde 206 e além disso querem revanche porque não receberam praticamente nada dos despojos antigônidas na Grécia, e Êumenes II, que reina em Pérgamo desde 197, aproveitam a oportunidade para impelir tanto uns como outros ao irreparável. Os etólios tentam convencer Antíoco de que a Grécia toda se rebelará atrás dele se intervier na Europa, e em seguida acenam aos gregos com um auxílio maciço do mais poderoso dos reis em caso de rebelião contra os romanos. Êumenes empenha-se em fazer fracassar toda e qualquer negociação entre Antíoco e Roma, onde alimenta a psicose anti-Aníbal espalhando notícias falsas, principalmente a de uma travessia dos Estreitos por Antíoco com grande pompa, em 192, sendo que se trata de uma simples turnê administrativa. Provavelmente o próprio rei também tem sua parcela de responsabilidade, pois aparentemente ouve com benevolência as elucubrações etólias, embora até o fim hesite em lançar-se na aventura. Aliás, faz isso timidamente: no outono do mesmo ano de 192, só 10 mil homens desembarcam em Demétrias, que os etólios acabam de tomar. Quanto aos gregos, longe das promessas etólias se mostram hesitantes e Antíoco consegue poucas adesões, em face de uma sólida coalizão composta dos romanos, dos aqueus e de Filipe V. Sem dar atenção aos conselhos de Aníbal, que preconizava concentrar as tropas no Epiro para fazer frente ao desembarque romano, o rei estaciona nas Termópilas, cuja posição, mal defendida pelos etólios, é contornada pelo exército romano, comandado pelo cônsul Mânio Acílio Glábrio, quase como em 480 (*supra*, cap. 10). Antíoco entra na Ásia com apenas 500 homens

(191). Dois anos depois, os etólios são forçados a aceitar um tratado desigual (*foedus iniquum*), cedem bom número de suas posições externas e perdem a liderança dentro da anfictionia délfica. Ao contrário, a liga aqueia, que se enriqueceu com Esparta e depois com a Messênia e a Élida, domina sozinha o Peloponeso.

Mas Roma – onde passa a impor-se o partido dos que hoje seriam chamados "falcões", encarnado por Cipião o Africano – não pretende parar aí. Como o próprio Cipião não pode ser reeleito cônsul, pois já o fora menos de cinco anos antes (cf. acima), é designado seu irmão mais novo, acompanhado na Ásia pelo glorioso irmão mais velho, que exerce o comando de fato, levando consigo 5 mil veteranos da África. As primeiras operações são navais: os ródios, derrotados em consequência de uma traição em Samos, em seguida conquistam duas vitórias ao largo da Panfília e da Jônia (190). Forçado a levantar o cerco de Pérgamo, que seu filho Seleuco comandava, Antíoco tenta inutilmente renegociar com os romanos, cada vez mais exigentes. A batalha decisiva acontece durante o inverno de 190/189, em Magnésia do Sípilo, sob condições climáticas difíceis. Com efetivos duas vezes menores (30 mil a pé, contra mais de 70 mil) porém mais aguerridos e formando uma tropa muito mais homogênea, e além disso bem orientados por Êumenes, os romanos aniquilam o exército selêucida. A paz – cujo tratado é integralmente transmitido por Políbio (XXI, 43-46) – é firmada no ano seguinte, em Apameia (Frígia): Antíoco recebe a amizade dos romanos à custa de condições territoriais (evacuação das regiões situadas a oeste do Tauro, com exceção da Cilícia), financeiras (indenização acumulada de 15 mil talentos) e militares (limitação do número de elefantes e de navios); além disso tem de entregar reféns, entre os quais seu filho, o futuro Antíoco IV. As outras questões são tratadas pelo procônsul Mânlio Vulso, que acaba de fazer uma terrível campanha contra os gálatas para impressionar as populações, assistido por dez comissários senatoriais. As antigas possessões selêucidas são divididas entre os dois aliados, que passam a ser rivais: o reino de Pérgamo, que alcança então sua maior extensão (até a Europa, com o Quersoneso e a costa trácia adjacente, que entretanto Filipe V lhe contesta), e Rodes, a quem são atribuídas a Cária ao sul do Meandro e a Lícia, em termos ambíguos (como súditas aos olhos dos ródios, na qualidade de amigas e aliadas segundo o Senado especificará mais tarde). As cidades são tratadas em função de seu estatuto anterior e de seu comportamento para com Antíoco e os romanos. As que haviam escapado da dominação selêucida são declaradas *liberae et immunes* (livres e isentas de tributo): nesse caso estão as mais importantes (além das ilhas do litoral, Lâmpsaco, Cólofon, Magnésia do Meandro, Mileto, Halicarnasso etc.), com a notável exceção de Éfeso, que se torna patrimônio atálida.

Daí em diante, os assuntos gregos são resolvidos no Senado (que os gregos chamam de *sýgkletos*), onde se acotovelam as embaixadas, como as de Êumenes e dos ródios, que não hesitam em denegrir-se mutuamente para obter a melhor parte do festim. No final de 188, exército e magistrados romanos retiram-se. Aníbal buscou um derradeiro refúgio junto a Prúsias I da Bitínia; suicida-se quando seu protetor é intimado a entregá-lo depois de uma derrota contra Êumenes, numa guerra em que o atálida acabou recebendo o apoio do Senado (*ca* 186-183). Pouco depois, o reino de Pérgamo sai ainda mais forte de uma vitória contra Fárnaces I do Ponto (182-179). Quanto a Antíoco, cujas dificuldades financeiras foram estimadas de modos diversos pelos modernos, é morto pela população quando tentava pilhar um santuário indígena em Elimaida (Susiana), em 187: a partir daí o poder seleucida irá regredindo continuamente, em primeiro lugar nas regiões situadas a leste da Babilônia. Trinta anos após o desastre do lago Trasímeno, Roma não tem mais rivais no Mediterrâneo.

Roma, a Grécia e o Oriente, de Apameia a Pidna (188-168)

Na Grécia propriamente dita, depois do declínio da Etólia, o último Estado com alguma envergadura é a liga aqueia, aliada de Roma e então governada por Filopêmen, que Plutarco qualificará de "o último dos gregos". Pela força, em 188 ele consegue submeter Esparta, às voltas com sérias divisões desde o desaparecimento de Nábis e a adesão ao *koinón* (192), que boa parte da população rejeitava. Mas Filopêmen morre na guerra contra a secessão de Messena; o estratego eleito para sucedê-lo – seu antigo braço direito Licortas, pai do historiador Políbio – obriga a cidade a reintegrar-se na liga (183/2). Nossas fontes indicam que o restante do país está a braços com a *stásis* (guerra civil), especialmente por causa das dívidas, para as quais a arbitragem do Senado é solicitada em várias ocasiões (cf. as comissões enviadas à Etólia e depois à Tessália em 174 e 173). Na Macedônia, Filipe V realizou uma obra de restauração interna, econômica e demográfica. Aproveitando-se da guerra contra Antíoco, durante a qual Roma teve de mostrar-se conciliadora a seu respeito, ele se manteve ou retomou pé em diversas praças das quais a paz de 197/6 o privara; por exemplo, ao redor da Tessália (Demétrias) e na Trácia, de onde se empenhou em consolidar as fronteiras setentrionais do reino contra seus perigosos vizinhos (dardânios, entre outros). Diversas embaixadas, principalmente atálidas, foram queixar-se disso perante o Senado, que então reformula suas exigências passadas, parcialmente executadas por Filipe (evacuação de Enos e de Maroneia em 183). Pouco antes de morrer, este mandou executar seu próprio filho caçula Demétrio, refém em Roma após a batalha das Cinoscéfalas e depois embaixador no Senado, perante o qual gozava de um favor suspeito. Perseu, o primogênito, sucede Filipe em 179 e revela-se um político hábil, dando prosseguimento à obra paterna e ademais conquistando, por meio de uma propaganda eficaz, a simpatia

Época helenística

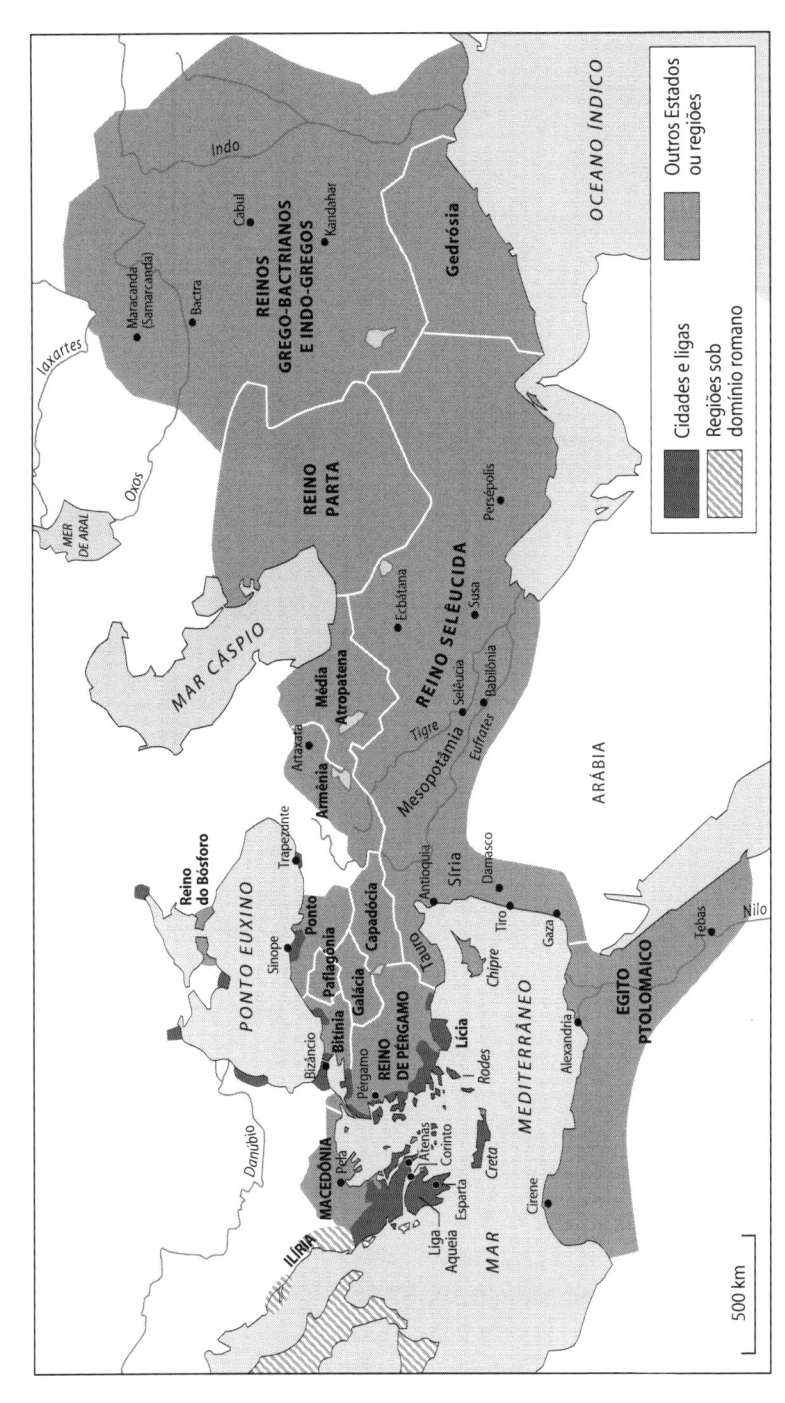

Mapa 17. O mundo helenístico por volta de 185.

Os Estados helenísticos perante Roma

de grande número de gregos (em 178, chega-se a ver novamente delegados macedônios ocupando assentos na Anfictionia de Delfos; em 174, é firmado um tratado com a Confederação Beócia). Além disso, alianças matrimoniais com Seleuco IV, cuja filha Laódice Perseu desposa, e com Prúsias II da Bitínia, a quem ele dá sua irmã Ápama, despertam inquietação em Êumenes de Pérgamo, que não cessa de envenenar as relações entre o antigônida e o Senado.

Uma embaixada romana à Grécia estreita os laços em 172 e a guerra é aprovada por votação no ano seguinte, depois de Êumenes escapar por pouco de um atentado quando voltava de Roma. Hoje está estabelecido que, embora a propaganda romana tenha se empenhado em imputar a Perseu a responsabilidade pelo conflito, este não violara em nada o tratado de 197/6 e não desejava o confronto. Portanto, é por uma guerra preventiva, justificada com pretextos falaciosos (Perseu teria se armado contra os aliados do povo romano e preparado a guerra contra este), que os romanos se decidem, alarmados pelos avanços do antigônida. Os gregos, por sua vez, estão hesitantes, como os aqueus e principalmente os ródios, no momento mais preocupados em deter Êumenes e o expansionismo pergameno. Atenas e principalmente os tessálios, que brilharão durante os combates, são os aliados mais firmes de Roma. Em todo caso, a reação de júbilo pela vitória macedônica (incompleta) em Calínico, perto de Larissa, mostra que já existia um forte sentimento antiromano. A chegada de Paulo Emílio, em 168, restabelece a situação, e em 22 de junho (sincronismo com um eclipse lunar ocorrido na noite anterior), o exército de Perseu é aniquilado em Pidna, o que consagra definitivamente a superioridade técnica e tática da legião sobre a falange, incapaz de adaptar-se a seu novo adversário já há um quarto de século.

É o fim da dinastia antigônida: a Macedônia é desmembrada (as quatro antigas circunscrições, chamadas *merídes*, tornam-se autônomas), parcialmente desarmada e passa a pagar tributo a Roma, de um montante reduzido à metade com relação às contribuições anteriormente devidas ao rei. Este, deportado para Roma, constitui a atração principal do triunfo de Paulo Emílio, em que a abundância inaudita de tesouros pilhados no país vencido causa grande impressão: os 30 milhões de dinares que a vitória rendeu possibilitam até mesmo a suspensão do *tributum* que pesava sobre o povo romano. Já antes de voltar, Paulo Emílio também cultivou sua imagem junto aos gregos, organizando em Anfípolis festas suntuosas, do tipo pan-helênico, e consagrando em Delfos um pilar votivo que Perseu deixara inacabado. Mas, paralelamente, uma onda de repressão e de expurgo toma então o país, já duramente atingido durante a guerra (cf. na Beócia). Os romanos visam em primeiro lugar os aliados de Perseu, tais como a comunidade epirota dos molossos (150 mil pessoas foram escravizadas) e todos os que lhes haviam prestado um apoio considerado caloroso demais, principalmente na Grécia central; além disso, tiranias (cf.

Cárope no Epiro) e oligarquias censitárias (cf. na Macedônia e na Eubeia) foram localmente incentivadas. É também nesse momento que mil aqueus são levados para Roma como reféns, entre os quais Políbio. Quanto aos ródios, desacreditados principalmente depois de servirem de intermediários entre Perseu e Seleuco IV, provavelmente perderam seu protetorado sobre o *koinón* dos nesiotas (dissolvido?) e principalmente a Cária e a Lícia, que não aceitavam a dominação da cidade (houvera várias guerras e embaixadas ao Senado desde Apameia). Para Rodes, segue-se uma perda notável de prestígio e de rendimentos, embora este último ponto gere estimativas divergentes da parte dos especialistas (*infra*, caps. 22 e 23). Inversamente, esse foi o início de um grande período para Atenas, que se viu encarregada da administração de Delos, declarada porto livre e daí em diante obedecendo a um epimeleta (comissário) ateniense; essa concomitância contribuiu para acentuar o declínio ródio (167/6).

Entre os selêucidas, Seleuco IV – que em 187 herdara do pai a pesada indenização que deviam aos romanos, paga com muito atraso – foi assassinado por seu ministro Heliodoro, deixando a lembrança de um rei-cobrador (175). Seu irmão Antíoco IV, que o sucede, tem uma personalidade controversa: Políbio apresenta-o como um desequilibrado, o que teria feito seu cognome oficial, *Epiphanés*, "(deus) manifesto, resplandecente", ser transformado em *Epimanés*, "completamente louco"... Ele parece ter se ocupado inicialmente em restaurar o reino, antes de um novo conflito com o Egito tornar-se o fato marcante de seu reinado. Essa sexta guerra da Síria, declarada em 170, é de responsabilidade principalmente do círculo dos jovens reis Ptolomeu VI e Ptolomeu VIII, filhos de Ptolomeu V, morto em 180 (sua esposa selêucida, Cleópatra I, morre em 176). Conduzidas em duas etapas (169 e 168), as operações evidenciam a superioridade de Antíoco; mas na segunda fase, em Elêusis, subúrbio de Alexandria, o rei esbarra no ultimato que Popílio Lenas lhe apresenta, enviado pelo Senado às autoridades lágidas que lhe solicitaram ajuda. Com seu bastão, o legado traça um círculo no chão e proíbe Antíoco, que pedia um prazo para refletir, de sair dele antes de dar sua resposta[3]. O rei cede imediatamente e evacua o Egito e Chipre, de que se apossara pouco antes; o único expediente que lhe resta para recuperar prestígio é organizar uma panegíria extravagante, com um desfile militar de 50 mil homens, em Dafne, subúrbio de Antioquia consagrado a Apolo, deus tutelar da dinastia (166). Nada revela melhor que essa célebre anedota a autoconfiança dos romanos, fortalecida ainda mais pela recente vitória de Pidna.

---

3. Políbio XXIX, 27; Tito Lívio, XLV, 12.

Capítulo 21

O FIM DO MUNDO HELENÍSTICO
(168-30 a.C.)

A última parte da história grega é também uma fase decisiva da história romana e, praticamente, os gregos acabam ficando confinados ao papel de figurantes nas guerras civis. Tudo isso leva à "redação" (do latim *redigere,* reduzir) progressiva da Grécia europeia, depois da Ásia, da Síria e por fim do Egito como províncias do Império. Políbio, que participa dos assuntos públicos do lado grego e depois por conta de Roma, continua a ser nosso melhor fio condutor até os anos 140, com Tito Lívio, Plutarco (*Vidas* de Sila, Lúculo, Pompeu, Bruto, Antonio), Apiano (*Guerras de Mitridates* e *Guerras civis*), Díon Cássio (*História romana*), alguns fragmentos de Diodoro e os resumidores Justino e Floro. Mas um autor como Cícero, que foi procônsul na Cilícia, também dá informações interessantes; por exemplo, no caso das ações contra Verres. A questão judia é ilustrada principalmente pelos dois livros dos Macabeus e por Flávio Josefo. De Pidna a Áccio, assiste-se a uma lenta agonia, entretanto rica em reviravoltas que complicam singularmente a explanação e forçam a resumir muito.

Os primeiros tempos da provincialização (168-129)

As medidas que se seguiram a Pidna suscitaram graves dificuldades na Grécia e na Macedônia, onde a realeza fazia parte da identidade do país e que tolerava mal o novo estatuto, que os romanos entretanto haviam simulado conceber como uma libertação. É esse contexto que explica a guerra de Andrisco, que simultaneamente tem muito de aventura de um usurpador (Andrisco alega ser Filipe, filho de Perseu) e de insurreição nacional, embora este último aspecto seja discutível, pois muitos macedônios, principalmente entre os abastados, se opuseram ao "pseudo-Filipe" (149). Depois de uma legião ser feita em pedaços, reforços comandados por Quinto Cecílio Metelo derrotaram-no (148) e a Macedônia foi rebaixada a província romana. Esse caso, que revela a onda de antipatia que os romanos provocam já há vários anos, não deixa de ter relação com a guerra da Acaia, que eclode pouco depois (146). Já estremecida com os aqueus devido aos reiterados protestos de Esparta – ávida de independência – perante o Senado, que a ouvia favoravelmente, Roma ordenou um quase-desmantelamento da liga. Como reação, mal orientada pelos demagogos Critolau e Dieu, esta votou pela guerra contra Esparta

Época helenística

– guerra que provocou um forte impulso patriótico na maior parte do país. O exército romano mais uma vez levou a melhor: o cônsul Múmio pôs fim à história da antiga e prestigiosa cidade de Corinto, saqueada e destruída (Sicíone assume então os concursos ístmicos), enquanto a terceira guerra púnica aniquilava Cartago (mais tarde ambas serão novamente fundadas, como colônias romanas). Os tessálios, Esparta e sua antiga colônia de Heracleia Traquínia (*supra*, cap. 13) receberam um tratamento privilegiado; mas a todos os que na opinião dos romanos lhes haviam sido hostis foram impostas severas reformas: a maioria das ligas foi (provisoriamente) dissolvida ou reduzida e num grande número de cidades os assuntos públicos passaram às mãos de oligarquias censitárias de sinedristas (membros de um conselho reduzido chamado *synédrion*). Políbio foi encarregado de facilitar a aplicação dessas medidas pelos dez comissários senatoriais vindos, também desta vez, para reorganizar a Grécia. A autoridade passava a ser exercida pelo governador da Macedônia a partir de Tessalônica, logo ligada ao Adriático pela Via Egnatia.

Na Ásia Menor, o reino de Pérgamo não tem mais rival desde o declínio de Rodes em 167. Isso porque, embora se note certo esfriamento, Êumenes soube preservar o essencial com o Senado por ocasião da guerra contra Perseu. Mas um desentendimento ocorre pouco depois da terceira guerra da Macedônia, a respeito dos gálatas, novamente vencidos pelo rei mas declarados autônomos por um senátus-consulto (166). Entretanto seu irmão Átalo II, associado ao poder em 159, recupera o apoio do Senado na guerra contra Prúsias II da Bitínia (156-154). Em 138 ele é sucedido por Átalo III, cujo único ato político digno de nota – decisivo com relação à expansão romana – é o testamento no qual lega seu reino ao povo romano, com exceção da cidade propriamente dita e seu território cívico (133). Os motivos desse gesto são controversos: desejo de prevenir-se contra um atentado à sua pessoa, seguindo o exemplo de Ptolomeu VIII em 155 (cf. abaixo), temor de ver o reino cair em mãos erradas por falta de herdeiro, consciência lúcida de que a situação geral e as tensões sociais internas provocariam inevitavelmente uma intervenção romana? Já as consequências são bem conhecidas: um bastardo de Êumenes II, Aristonico, cujas ambições se achavam anuladas por esse legado que talvez visasse diretamente a ele, proclama-se rei com o nome de Êumenes (III) e trata de amotinar todos os descontentes, apoiando-se principalmente em algumas colônias militares de povoamento macedônico hostis aos romanos, mas também nas populações nativas e mesmo em bandos de escravos libertos ou fugitivos. Atribuiu-se a Aristonico o projeto de fundar uma utopia política e social, Heliópolis ("cidade do sol"), mas os aspectos revolucionários de seu programa ultrademagógico não devem iludir: devem ser vistos como os expedientes habituais de alguém que quer constituir para si uma força militar capaz de levá-lo ao poder, e Aristonico permanece acima de tudo como um pretendente ao trono na tradição helenística. Aliás, embora indiscutivelmente tenha seduzido entre as comunidades do reino e mesmo em Pérgamo, é considerado um usurpador pela maioria dos cidadãos e obtém poucas adesões entre as cidades (caso de Foceia).

A guerra de Aristonico, "pavorosa jaqueria" (Éd. Will), assume entretanto uma extensão considerável: são numerosos os decretos divulgando as grandes dificuldades que as cidades estão atravessando, em particular os abusos perpetrados por bandos armados mais ou menos controlados[1]. Roma, então sobrecarregada com a frente ibérica (Numância) e siciliana (primeira guerra servil), inicialmente só envia poucas tropas e Aristonico consegue algumas vitórias. O peso da guerra é suportado pelas comunidades locais: em Pérgamo são incorporados novos cidadãos, principalmente entre os soldados acantonados na cidade e no território, e é a frota de Éfeso que derrota a do usurpador, com apoio dos reis da Bitínia, do Ponto e da Capadócia. É só em 130 que o cônsul Marco Perperna captura Aristonico, expedido para Roma com o tesouro régio atálida. A partir do ano seguinte, o cônsul Mânio Aquílio e uma comissão senatorial trabalham para pacificar o país (o que levará vários anos) e organizar o legado. A vontade régia é respeitada com relação a Pérgamo e a outras cidades livres (os detalhes são muito incertos), Foceia escapa da destruição graças a uma intervenção de Marselha junto ao Senado, e alguns reis aliados são recompensados ganhando territórios (por exemplo, uma parte da Frígia para Mitridates V do Ponto). Éfeso torna-se capital da nova província asiática. O dízimo e outros impostos (cf. abaixo) são reorganizados em 123 pela *lex Sempronia de Asia* (lei de C. Semprônio Graco sobre a Ásia); sua percepção é arrendada para sociedades de publicanos ("prestadores de serviços" por conta do Estado romano), em leilão, cada cinco anos, em Roma – ou seja, sem considerar as possíveis variações de renda dos tributários e sem sua presença. Como na Europa e com alguns anos de intervalo, os gregos asiáticos passam do estado de clientes para o de provinciais e, embora haja diferenças (aspectos sociais e dinásticos mais acentuados, dimensão nacional e patriótica menos nítida), não se pode deixar de fazer o paralelo com as guerras de Andrisco e da Acaia. Aliás, o apoio que Mitridates obterá 40 anos depois, tanto na Europa como na Ásia, em parte tem origem nessas circunstâncias e em suas consequências dramáticas.

Mas, antes de chegar a esse episódio crucial, não será inútil apresentar uma breve recapitulação da história dos selêucidas e dos lágidas, cujo declínio é precipitado pelas querelas dinásticas e pelos *imbróglios* conjugais.

---

1. Documentos reunidos e traduzidos por P. Brun, *in* J.-Chr. Couvenhes, H.-L. Fernoux (eds.), *Les Cités grecques et la guerre à l'époque hellénistique*, 2004, pp. 44-52.

Época helenística

Declínio dos seléucidas e dos lágidas

Antíoco IV, cujo final de reinado é marcado pela revolta dos macabeus na Judeia (a partir de 167: *infra*, cap. 23), morre durante uma expedição ao Irã (164/3). Demétrio I, filho de Seleuco IV, que substituíra Antíoco IV como refém em Roma, entra então na Síria. Nela manda assassinar o jovem Antíoco V e seu regente Lísias, e depois reina em clima de hostilidade de 162 a 150, data em que é derrotado e morto pelo usurpador Alexandre Balas, empossado em 153/2 por Átalo II de Pérgamo (150-145). O novo monarca é tão insignificante que o povo de Antioquia aclama como rei Ptolomeu VI, que prometera sua filha Cleópatra Tea para Balas. Temendo indispor Roma, o lágida possivelmente abre mão dessa oportunidade, mas prossegue com sua ingerência nos assuntos seléucidas, transferindo a aliança matrimonial para o novo pretendente ao trono, Demétrio II, filho de Demétrio I. Livre de Balas, este reina uma primeira vez de 145 a 140/39, período no qual nasce o Estado judeu independente da dinastia asmoniana e prossegue a expansão parta (em 141, o arsácida Mitridates I apodera-se da segunda capital do reino, Selêucia do Tigre). Depois de alguns sucessos iniciais, Demétrio é capturado pelos partas, e a partir de 138 reina seu irmão Antíoco VII, chamado de Sideta (fora criado em Sida, na Panfília), personagem não desprovido de qualificações. Graças a elas consegue principalmente eliminar de imediato um usurpador, Diódoto Trífon (bem implantado na Síria costeira e cujo "reinado" pessoal parece ter começado em 142/1), disciplinar os asmonianos e conquistar vitórias contra os partas, agora governados por Fraates II, antes de, por sua vez, ser derrotado e morto por eles, em 129. Demétrio, libertado, recupera então seu trono, até 125, quando morre: depois de levantar contra ele o usurpador Alexandre Zabinas, Ptolomeu VIII abandona este em proveito do filho de Demétrio e de Cleópatra Tea (que havia então desposado, em terceiras núpcias, Sideta...), Antíoco VIII Gripo ("de nariz aquilino", 125-96). Este se livra da mãe, porém mais tarde tem de enfrentar o reinado concorrente de seu meio-irmão Antíoco IX Ciziceno ("de Cízico", *ca* 114/3-95). Na Síria-Fenícia, muitas cidades que já tinham um estatuto favorável desde Antíoco IV passam a gozar de mais autonomia, como atestam suas emissões monetárias (cf. Tiro, que em 126 inaugura uma "era da liberdade", depois Sídon, Selêucia da Piéria etc.). Mais dividida que nunca (vários reis, às vezes quatro ao mesmo tempo, compartilham a Síria e a Cilícia), fragilizada pela pressão dos partas e dos nabateus, a dinastia periclita (Filipe I, que se manteve entre 95/4 e 84/3, mal emerge). Cansados da anarquia, em 83 os antioquenses recorrem a Tigranes da Armênia, que substitui Antíoco XIII. Último dos seléucidas, este será recolocado no trono por Lúculo graças à guerra de Mitridates, para um reinado de cinco anos (69-64). Em 64 Pompeu reduzirá a Síria a província.

O fim do mundo helenístico

Os ptolomeus, por sua vez, desde o início do século foram perdendo a maioria de seus domínios egeus. Sua história confunde-se cada vez mais com a de Alexandria, ao passo que os equilíbrios no restante do Egito foram modificados desde a vitória de Ráfia e que o território (*khóra*) é regularmente perturbado pela agitação camponesa e por tendências secessionistas, o que obriga os soberanos a multiplicarem as concessões ao clero local (capítulo seguinte). Já vimos como terríveis motins haviam contribuído para defender o jovem rei Ptolomeu V Epifânio contra o apetite de alguns de seus tutores (204-203). A multidão, em que o elemento macedônico se diluiu, tomou consciência da própria força, à medida que a da dinastia diminuía: desse ponto de vista, os acontecimentos de 168 – que mostram que um legado romano com uma pequena escolta era mais apto a defender a cidade do que o rei e seus exércitos – também devem ter sido reveladores. O círculo de Epifânio, em que se distinguem o acarnânio Aristômenes e o argivo Polícrato, conseguiu restabelecer a ordem: por um lado, dissolvendo as revoltas no Delta (197/6, mas a agitação prossegue ali até pelo menos 185) e a secessão da Tebaida, promovida a reino independente nas mãos de faraós nativos (207/6-187-6); por outro lado, reformando a hierarquia áulica (do grego *aulé* = a corte) e a administração (criação do epistratego da *khóra*, mais tarde com uma abrangência especial para a Tebaida). Mas depois da morte de Ptolomeu V (180) torna-se habitual "às querelas do palácio descerem à rua" (Cl. Préaux): versátil, a populaça contribui grandemente para fazer e desfazer reis, dos quais às vezes também é vítima, enquanto a *khóra* passa por repetidos períodos de *amixía* e de *tarakhé* (anarquia, distúrbios acompanhados de violências e de pilhagens).

A viúva de Ptolomeu V, Cleópatra I, morre em 176. O filho primogênito dos dois, Ptolomeu VI Filométor (literalmente, "que ama a mãe": cf. *supra*, cap. 19, para Filopátor), reina sob controle dos tutores; em 170, sua irmã-esposa, Cleópatra II, e principalmente seu irmão caçula, Ptolomeu VIII Evergeta II, dito Físcon (o Balofo) ou Trífon (o Magnífico), são associados ao poder[2]. Além do desastre da sexta guerra da Síria, essa corregência é marcada pela tentativa de golpe de Estado perpetrada em Alexandria por Dionísio Petosarápis, um grego ou egípcio helenizado da corte e cujo fracasso levou à *khóra*, onde foi buscar o apoio dos egípcios (168/7). Sufocada a rebelião, em 164 uma facção obriga Ptolomeu VI a fugir para Roma, de onde em seguida volta para Chipre: o Senado passa a ser o interlocutor preferencial dos príncipes que se negaram a ficar banidos e a ilha, sua base recuada. Em 163, uma nova partilha atribui o Egito

---

2. Seguimos aqui o cômputo convencional dos lágidas, mas, se da lista for retirado o reinado suspeito de Ptolomeu VII Neofilopátor, a série toda sobe uma unidade a partir de Físcon. Ver M. Chauveau, "Un été 145", *Bulletin de l'Institut français d'archéologie orientale*, 90, 1990, pp. 135-68, com o "Post-scriptum" do fascículo 91, 1991, pp. 129-34; W. Huß, *Ägypten in hellenistischer Zeit, 332-30 v. Chr.*, 2001, p. 11.

e Chipre a Filométor e Cirene a Físcon. A partir de então este tenta obter uma revisão do tratado, conquistando por sua vez o favorecimento de Roma, à qual até mesmo lega em testamento seu reino (155), sem entretanto conseguir ficar em vantagem (suas ambições com relação a Chipre, principalmente, são frustradas). Filométor, por sua vez, executa uma política oportunista com o que resta dos vizinhos selêucidas (cf. acima). Recupera assim o direito de controle sobre a Cele-Síria, mas morre dos ferimentos sofridos numa batalha vitoriosa contra o usurpador Balas (batalha de Enóparas, perto de Antioquia, em 145). O retorno de Ptolomeu VIII – de quem entretanto a pesquisa atual tende a reavaliar a personalidade e a ação – inaugura um dos períodos mais sombrios da história de Alexandria: repressão contra os ex-partidários de Filométor, provável modificação das instituições e do corpo cívico, expulsão dos intelectuais e eruditos, refugiados em numerosas cidades, onde ficavam reduzidos a lecionar – essa diáspora de cérebros levou a dizer que Alexandria se tornara indiretamente uma nova "escola da Grécia" (expressão parodiando o famoso *Epitáphios* de Péricles: *supra*, cap. 13). Em 131/0, Físcon tem de fugir para Chipre por causa de uma revolta incitada por Cleópatra II, a viúva de Filométor e com a qual o próprio Físcon teve um filho: refém do pai, o pequeno Ptolomeu Menfita é assassinado por este e seus restos são enviados em pedaços para a mãe... Embora tenha retomado o pé rapidamente na *khóra* às voltas com os distúrbios e onde tinha apoios, só em 127/6 Ptolomeu VIII se tornou senhor de Alexandria, pela força militar (pouco depois, os jovens que estavam no ginásio foram massacrados ali). Ele então intervém ativamente nos assuntos da Síria (cf. acima). Em 124, reconciliou-se com Cleópatra II; decretou uma anistia geral em 118, dois anos antes de morrer.

Cleópatra III, sua sobrinha-esposa, herda o trono com os dois filhos: o primogênito Ptolomeu IX Sóter II (dito Látiro, "grão-de-bico"), governador em Chipre e favorito do povo, e Ptolomeu X Alexandre I, que é o preferido dela. Mas quem impõe as preferências são sua própria mãe, Cleópatra II, e a multidão de Alexandria; assim, logo os dois príncipes estão trocando de posições, antes de uma viravolta popular e as intrigas da mãe deles (Cleópatra II desapareceu nesse intervalo, talvez não de morte natural) os obrigar a invertê-las novamente em 107; essa dupla contradança põe à mostra as novas forças políticas atuantes no Egito lágida. Alexandre, ingrato, elimina a mãe em 101; às voltas com diversas dificuldades, em 88 tem de deixar Alexandria e morre no ano seguinte numa derradeira tentativa de retorno. Agora sozinho no poder, Sóter II reunifica a ilha e o país (expedição ao Alto Egito e saque de Tebas em 86/5). Com sua morte (inverno de 81/0) resta para Alexandria apenas sua filha, a popular Berenice III, a quem logo se junta Ptolomeu XI Alexandre II, bastardo de Alexandre I e ex-refém de Mitridates, enviado de Roma por Sila; esse Alexandre casa com Berenice, assassina-a algumas semanas depois e morre numa rebelião que seu crime provocou (80). Era a primeira interferência direta de Roma nos assuntos dinásticos: amigos de longa data dos lágidas (*supra*, cap. 19) e exercendo desde 168 um protetorado passivo, até então os romanos haviam se contentado em manter os equilíbrios regionais (cf. Popílio Lenas), acolhendo no Senado – que aparentemente era pouco resoluto – as queixas dos príncipes despojados e apoiando bem frouxamente um ou outro (cf. Filométor e Físcon). O fortalecimento de sua posição no Oriente e os repetidos testamentos em favor de Roma – que frequentemente eram para seus autores um modo de se prevenirem contra rivais (Físcon em seu exílio em Cirene; Ptolomeu Ápion, que efetivamente legou a Cirenaica em 96, embora a província só começasse a existir em 75 ou 74; por fim, Ptolomeu X, que teria pura e simplesmente cedido seu reino depois de ter de abandoná-lo em 88) – passam a despertar mais cobiças, pois a riqueza do país é bem conhecida. Portanto, o reino está em *sursis*, mas isso não impede os alexandrinos de arranjar por conta própria seus soberanos: dois filhos (ilegítimos?) de Sóter II, que também haviam sido reféns de Mitridates; um é colocado em Chipre (um Ptolomeu sem número de ordem) e o outro em Alexandria, com o pomposo título de Ptolomeu XII Téo Neodioniso (Novo Dioniso) Filopátor Filadelfo, dito Aulete (o Flautista). Este se torna odiado pelos alexandrinos ao obter o título de "amigo e aliado do povo romano", com apoio de César, a quem subvencionou com essa finalidade, e ao fechar os olhos para a anexação de Chipre (59-58), unida à província da Cilícia. Exilado em Roma, onde é hóspede de Pompeu, Aulete é reempossado em 55, por ordem deste; sua filha Berenice IV e o amante desta, o príncipe pôntico Arquelau, que foram entronizados em sua ausência, não sobrevivem a seu retorno (cf. abaixo).

Após esse desvio pelos assuntos sírio-egípcios, vamos voltar ao Egeu, principal teatro de operações do último grande drama da história grega: as guerras de Mitridates.

Guerras mitridáticas (89-63)

Como já destacamos acima, esse episódio sangrento e ruinoso para o mundo grego pode ser visto também como uma consequência longínqua dos acontecimentos de *ca* 148-129. De fato, embora existam casos de bom entendimento, por exemplo entre gregos da Ásia e romanos (cf. a criação da festa das Mucieias em honra de Quinto Múcio Cévola, governador no início do século, que tomou medidas favoráveis aos provinciais e interveio para reconciliar Éfeso e Sardes), são abundantes os indícios de uma deterioração das relações. As causas disso são diversas: nas províncias, o peso do tributo cobrado por publicanos excessivamente ávidos (na Ásia, 10% das produções, um imposto sobre as pastagens, denominado *scriptura*, e o *portorium*, taxa alfandegária de 2,5% cujas modalidades de percepção são conhecidas graças a uma longa inscrição do século I d.C., chamada de *monumentum ephesenum*); nas cidades livres, normalmente isentas, usurpações abusivas e ingerências diversas (cf. em Cólofon e em Pérgamo no final do século). Mais geralmente, constata-se um agravamento da situação econômica e financeira, relacionado com a administração provincial e o afluxo de *negotiatores* (mercadores) romanos e italianos, cada vez mais numerosos (cf. em Delos). Soma-se a tudo isso, entre os gregos, o sentimento de estarem desamparados ante a arbitrariedade da superpotência romana, sendo que nos séculos passados as cidades haviam conseguido sair-se honrosamente num mundo multipolar e, no final das contas, relativamente equilibrado, em que os grandes se neutralizavam passavelmente.

Descendente de uma dinastia de origem iraniana cujo reino acabara englobando ou controlando o perímetro do mar Negro, o rei do Ponto Mitridates VI Eupátor ("de nobre linhagem", nascido em Sinope em 132) soube explorar ao máximo esse ressentimento. Ele próprio se considerava espoliado, pois Roma lhe retirara em 120/19, com a morte de seu pai Mitridates V Evergeta, os presentes territoriais que dera a este como recompensa pela ajuda durante a guerra de Aristonico (cf. acima). Em seguida os romanos haviam apoiado Nicomedes IV da Bitínia contra ele, principalmente em complexos assuntos capadócios (final dos anos 90).

Mitridates conquistou a simpatia dos gregos por meio de uma hábil propaganda: além de apresentar-se como uma espécie de síntese dos Grandes Reis orientais e de Alexandre – explorando, principalmente na iconografia de suas moedas, a mitologia referente a Dioniso e a Perseu, cuja gesta envolvia tanto a Ásia como a Europa –, multiplicou as doações às cidades, exibindo liberalidade e fazendo ressaltar por contraste a *philokerdía* (avidez) romana. A guerra começou em 89, por ocasião de uma nova agressão de Nicomedes: o momento de lançar uma contraofensiva foi bem escolhido, pois então Roma estava enredada na guerra social na Itália e às voltas com a guerra civil entre partidários de Mário e de Sila. Esse oportunismo se repete na arte de multiplicar as frentes e de levar os combates para longe do reino; mas foi principalmente a excepcional tenacidade do rei ao longo de um quarto de século que colocou Roma em dificuldade. Atropelando as poucas tropas romanas estacionadas na Ásia, Mitridates recebeu prontamente a adesão de um grande número de cidades; entre as que lhe resistiram, podemos citar Afrodísias, Rodes – que repetiu sua façanha de 305/4, fazendo gorar o cerco comandado pelo rei em pessoa – e os lícios. De seu quartel-general em Éfeso, ele ordenou o massacre metódico dos 80 mil (150 mil, segundo algumas fontes) italianos e romanos que residiam na província, sem distinção de sexo e de idade: as famosas e sinistras "Vésperas Efésias" deram lugar a múltiplas atrocidades. Seguiram-se a sujeição das ilhas (tomada de Delos em 88; a frota pôntica tinha o apoio dos piratas cilícios) e a adesão de boa parte da Grécia europeia, principalmente a de Atenas, apesar de indefectível aliada de Roma até então, mas que há algum tempo vinha atravessando uma crise econômica (revolta dos escravos do Láurion, queda dos rendimentos do comércio devido a uma conjuntura desfavorável) e institucional (governo de Medeios, várias vezes reeleito para o arcontado por volta de 90; aumento da importância das funções de estratego dos hoplitas e de "arauto", ou seja, presidente do Areópago). Por iniciativa de Atênion, em 88/7 Mitridates foi escolhido como arconte epônimo. A Etólia e a Tessália, por sua vez, permaneceram fiéis aos romanos.

Na primavera de 87 Sila desembarca no Epiro com cinco legiões e restabelece a situação: confiscando os tesouros dos grandes santuários para financiar sua campanha, apodera-se de Atenas após vários meses de cerco (inverno de 87/6) e a cidade é saqueada. Sem que o papel desempenhado pelo vencedor apareça claramente, a deriva oligárquica observada desde o final do século II acentua-se em seguida, confirmando o papel eminente do Areópago (*infra*, cap. 24). Depois Sila derrota duas vezes os exércitos pônticos, comandados por Arquelau e Dorilau, na Beócia, enquanto Mitridates tem de enfrentar também legiões marianistas: aqui a guerra civil emparelha com a guerra externa e essa contaminação marca a sequência das relações greco-romanas até o estabelecimento do principado por Augusto (cf. o massacre perpetrado em Ílion pelo legado marianista Fímbria, que, além do parentesco mítico com Roma, valerá para a cidade uma clemência especial de Sila, apesar de ela ter esposado a causa pôntica). A exemplo de Éfeso, começam então as defecções no campo de Mitridates, aceleradas pelo endurecimento da atitude do rei. De fato, ele favorecera a tirania em algumas cidades e praticava extorsões de fundos (cf. em Quios, cuja população foi deportada), ao mesmo tempo que reassumia um antigo programa demagógico (abolição das dívidas, cidadania para os metecos, liberdade para os escravos) que inquietava os abastados, ainda que promessas desse tipo não fossem exclusividade dele. O desencanto que decorreu disso, mesclado com remorsos oportunistas, fez esquecer o ódio contra os romanos. A paz foi firmada em Dárdano, nos Estreitos, em 85: Mitridates conservava seu reino mas teve de abandonar a província da Ásia e todas suas conquistas, pagar uma indenização de 2 mil talentos (ou 3 mil, dependendo da fonte) e entregar 70 navios.

Essas cláusulas são clementes, sobretudo se comparadas com a sorte dos gregos: Apiano atribui a Sila um discurso pronunciado em Éfeso, no qual as sanções são justificadas pela "barbárie" de que os gregos deram prova e Roma faz o papel do herói (84)[3]. O Egeu é anexado à província da Ásia, onde apenas as raras comunidades que permaneceram fiéis ganham ou conservam a liberdade, às vezes acompanhada de diversos favores (Magnésia do Sípilo, Rodes, os

---

3. *Guerres mithridatiques*, LXI-LXIII.

lícios e os carianos, como a cidade de Estratoniceia), bem como as que haviam sofrido demais com Mitridates ou com os marianistas, o que permite a Sila assumir ares de clemência (Ílion e Quios). Mas as sanções mais pesadas serão as financeiras: cinco anos de tributos atrasados mais indenizações; o total, segundo Plutarco, chega a 20 mil talentos, com os quais Sila poderá também financiar sua guerra contra os marianistas. Para pagá-los, cidades e particulares precisaram endividar-se e, com os juros dos empréstimos, as dívidas teriam totalizado 120 mil talentos, sempre segundo Plutarco (entretanto não se pode deduzir dessas cifras o montante do tributo anual da província). O peso dessas medidas foi acentuado pelas exigências de Sila em matéria de acantonamento das tropas, pela intensificação das atividades de pirataria e pelos abusos de alguns governadores, como o legado Verres, de sinistra memória (roubos de estátuas e de bens diversos, requisição de um navio da frota de guerra de Mileto para revendê-lo, violências contra pessoas etc.). A miséria era tanta que muitos devedores não conseguiam evitar a escravidão, para si mesmos ou para seus filhos, que se viam forçados a vender. Foram conservados vários decretos agradecendo a cidadãos que intervieram nas altas esferas para tentar aliviar o fardo; por exemplo, em Pérgamo (Diodoro Pasparo) ou no novo *koinón* (comunidade) dos helenos da Ásia, cujos delegados se reúnem em Éfeso e que atesta a solidariedade das cidades em face das provações. Algumas delas chegaram a hipotecar edifícios públicos; em 71/0, Lúculo tomou medidas para aliviar um endividamento catastrófico, limitando as taxas a 12% e as somas exigíveis a um quarto dos rendimentos do devedor.

A luta contra o rei do Ponto não chegara ao fim. A breve "segunda guerra de Mitridates", comandada por Lúcio Licínio Murena, deixado por Sila na Ásia, terminou no Ponto e na Capadócia com vantagem para o rei (83-81). Mitilena permaneceu irredutível e só foi tomada por Lúculo em 81/0. Mitridates, por sua vez, há algum tempo vinha reconstituindo suas forças e chegou a entender-se com um general romano rebelde, Sertório. As hostilidades recomeçaram quando Nicomedes IV da Bitínia, morto em 76/5 (e não em 74?), legou seu reino a Roma. O rei do Ponto imediatamente invadiu a Bitínia, onde foi bem recebido (73). Derrotou o primeiro procônsul da nova província, M. Aurélio Cota, mas em contrapartida levou a pior contra os gálatas e Lúculo, que o forçaram a levantar o cerco de Cízico e a evacuar a Bitínia. Após um cerco de dois anos (72-70), Cota obteve em seguida a rendição da cidade livre de Heracleia do Ponto, que, sem excessivo entusiasmo, tomara o partido do rei: maltratada por seu vencedor, pouco depois ela será restaurada por Roma. Lúculo, por sua vez, apossava-se das outras praças, dando prova de moderação, embora essa guerra seja conhecida por fornecer a Roma grande quantidade de escravos. Mitridates refugiou-se junto a seu genro Tigranes da Armênia, cujos domínios se estendiam da Mesopotâmia até a Síria, onde ele derrubara os selêucidas (83) e se fizera chamar de "Rei dos Reis". Lúculo derrotou Tigranes em duas ocasiões: em 69 em Tigranocerta – a nova capital do reino, situada nos limites da Armênia com a Mesopotâmia – e depois em 68, perto da antiga capital armênia, Artaxata. Mas essa incursão até a alta Mesopotâmia não lhe possibilitou apoderar-se de Mitridates. Entretanto Antíoco XIII, libertado, foi reempossado em Antioquia; Lúculo recebeu também a promessa de fidelidade do reizete de Comagena (reino independente desde o final dos anos 160), Antíoco I (ca 69-36), que para glorificar sua dinastia edificou o espetacular monumento do Nemrud Dagh.

Mas Lúculo, cujas vitórias e reputação de humanidade haviam provocado em Roma inveja e irritação, foi afastado de seu posto de comando. Mitridates aproveitou para retomar pé no Ponto e venceu o legado Triário (68/7). Pompeu passava a encarregar-se dos assuntos públicos, investido pela *lex Gabinia* de um *imperium* (comando) extraordinário contra os piratas. De fato, estes continuavam a saquear o Mediterrâneo: M. Antonio, avô do futuro rival de Otaviano, chegara a obter uma vitória em 102 (criação da província da Cilícia?), mas seu filho homônimo recebeu em 74 um comando geral que terminou em fiasco, comprometendo os sucessos que Públio Servílio Vácia obtivera entre a Lícia e a Licônia (cf. a liquidação do "reino" pirático de Zenicetes), por volta de 78-75 (segundo alguns especialistas, só a partir do início dos anos 70 é que realmente existe uma província da Cilícia). Reides ameaçavam então as costas italianas, inclusive Óstia, o porto de Roma; em 69, Delos foi novamente saqueada e entrou em seguida num inexorável declínio. Mas, em alguns meses, Pompeu e seus legados esquadrinharam e limparam metodicamente o Mediterrâneo; a vitória decisiva aconteceu em Coracésio, na costa da Cilícia Traquínia (67). Os piratas foram dispersados em diversas cidades; Solos, por exemplo, foi fundada novamente, com o nome de Pompeiópolis. No ano seguinte, a *lex Manilia* deu ao vencedor autoridade sobre toda a Ásia e confiou-lhe a guerra contra Mitridates. Este, refugiado na Crimeia, optou pela morte: como se tornara insensível aos efeitos do veneno devido ao "mitridatismo" (habituação), fez um mercenário degolá-lo, em 63. Assim se encerravam as atribuições do último grande rei helenístico. Daí em diante o mundo grego nada mais foi que um figurante involuntário e frequentemente desafortunado das guerras civis (cf. Marselha no Ocidente: *supra*, cap. 14).

O mundo grego de Pompeu a Antonio (63-30)

Depois de sua vitória, Pompeu empenha-se em reorganizar o Oriente. Confina Tigranes à Armênia, Fárnaces (II), filho de Mitridates, à Crimeia e também deixa permanecerem outros principados ou pequenos reinos clientes, como o do gálata Dejótaro, o da Capadócia e o de

Época helenística

Comagena, o dos nabateus ou ainda a etnarquia judia (*infra*, cap. 23), que são retransmissores da autoridade romana ou Estados-tampão. Entretanto essa barreira não conseguirá impedir novas ofensivas dos partas (desastre de M. Licínio Crasso em Carras em 53, invasão da Síria por Orodes II em 51). A nova província de Ponto-Bitínia tem em sua parte pôntica 11 cidades ou comunidades assimiladas, bem como domínios sagrados, às vezes impropriamente chamados de "Estados sacerdotais", como o do sacerdote de Ma em Comana; a parte bitínica (ocidental) apresenta um aspecto semelhante. A urbanização é incentivada, ao passo que a *lex Pompeia* tende a instaurar certa homogeneidade nas instituições das cidades da província. Nelas passa a haver um Conselho, cujos membros (vitalícios) são escolhidos pelo censor (*timetés*) entre os cidadãos com o censo exigido e que já tenham assumido uma magistratura, e também cinco arcontes, entre os quais um "primeiro arconte", e outros magistrados; além disso, a concessão da cidadania é regulamentada. Essa unidade, inspirada no modelo romano, arruinava a ancestral diversidade das *póleis*. Em outros lugares, Pompeu procede a várias fundações e redivisões territoriais.

Na província da Ásia, documentos posteriores mostram que os cidadãos romanos escapavam à justiça das cidades e dependiam do governador, que constituía também um recurso para todo tipo de causa. A província comportava cerca de dez distritos (*conventus* em latim; *dioíkesis*, ou seja, "diocese" em grego), desiguais e constituídos praticamente sem levar em conta fronteiras tradicionais, com uma cidade principal ("dioceses" de Mileto, Éfeso, Pérgamo, Sardes, Alabanda etc.). Os encargos financeiros continuavam muito pesados. Além de a campanha de Pompeu provavelmente ter rendido 20 mil talentos, as companhias de publicanos continuavam a imperar. A percepção era feita cidade por cidade, de acordo com uma convenção. O governador arbitrava os litígios em função de suas inclinações ou amizades, mas também dos subornos que podia receber; ele próprio cobrava impostos excepcionais e era constante a confusão entre administradores e credores (cf. os casos de extorsões e de desvios de fundos ilustrados pelo *Pro Flacco* de Cícero). O endividamento permanecia alto: assim, Salamina de Chipre, que havia emprestado a Bruto, um dos futuros assassinos de César, à taxa anual de 48%, solicitou a intercessão de Cícero, governador da Cilícia em 51 (Chipre estava então anexada a essa província: cf. acima). Entretanto, também acontecia que uma cidade recebesse algumas vantagens de seu "patrão" romano, e os notáveis tiravam partido das relações pessoais que acaso tivessem com os poderosos a fim de obter uma sorte mais favorável para sua pátria; por exemplo, Teófanes de Mitilena, feito cidadão romano por Pompeu e portanto passando a Gn. Pompeius Theophanes, obteve a liberdade para sua cidade, que em troca lhe concedeu as maiores honrarias, bem como ao próprio Pompeu.

O fim do mundo helenístico

A guerra entre Pompeu e César trouxe seu lote de miséria e de dificuldades, especialmente na Macedônia e na Tessália, que serviram de bases para as legiões e de campo de batalha. Vencido em Farsália em 48, Pompeu contava refugiar-se no Egito, onde julgava ter boa acolhida, visto que fora por ordem sua que o governador da Síria, Gabínio, lá reempossara em 55 Ptolomeu XII, morto em 51 (cf. acima). Mas ao desembarcar em Pelúsio foi assassinado pelo círculo do novo rei, Ptolomeu XIII. César, indignado, entrou em Alexandria, onde Cleópatra VII, irmã mais velha e esposa de Ptolomeu XIII, se fez levar até ele por meio de um subterfúgio dos mais romanescos, enrolada num tapete. Terá dele um filho, Cesário, o futuro Ptolomeu XV, que, jovem demais para poder realmente ter reinado, encerra a lista dos príncipes lágidas. O palácio foi então sitiado durante vários meses, principalmente por um conselheiro de Ptolomeu, Áquila, com apoio dos alexandrinos. César por fim venceu a sangrenta "guerra da Alexandria" – na qual morreu Ptolomeu XIII – graças a reforços romanos, gregos, judeus e nabateus (48/7). Cleópatra casou-se novamente, com seu outro irmão, ainda mais jovem, Ptolomeu XIV. Depois de deixar o Egito (47), César executou uma campanha expeditiva contra Fárnaces II, que tentava estabelecer-se novamente na Ásia (foi nessa ocasião que disse o célebre *veni, vidi, vici*, "vim, vi, venci"). Na província, reduziu os encargos financeiros e tirou dos publicanos algumas prerrogativas. Recompensou com a liberdade as cidades que tinham seu favor, como Ílion (ele afirmava ser descendente do troiano Eneias), Cnido e Pérgamo, e confirmou ou estendeu asilias antigas, como as do santuário de Apolo Didimeu em Mileto ou do santuário de Ártemis em Sardes. Na costa sul do mar Negro e na zona dos Estreitos, criou ou repovoou vários assentamentos destinados a reforçar a região, principalmente contra as veleidades expansionistas do geta Birebistas (*supra*, cap. 14). Na Europa, Atenas, que inicialmente havia abraçado a causa de Pompeu, aderiu imediatamente depois de Farsália, e César mostrou-se magnânimo. Nomeou um governador para a Acaia, subtraindo-a assim à autoridade do cônsul da Macedônia, e fundou novamente Corinto em forma de colônia romana, povoada principalmente por libertos que anteriormente viviam em Roma, muitos dos quais deviam ser de ascendência grega (44).

César foi assassinado em 15 de março de 44; Cleópatra, que em 46 se juntara a ele em Roma, retornou ao Egito. Dois dos responsáveis pelo assassinato, Marco Júnio Bruto e Caio Cássio Longino, foram para a Grécia e a Macedônia a fim de mobilizar as legiões. Os ródios, que haviam apoiado Públio Cornélio Dolabela, do partido contrário, sofreram a vingança de ambos. Apesar de uma resistência das mais valorosas, a cidade caiu nas mãos de Cássio, que, esquecendo que estudara ali e apesar da intervenção de seu mestre Posidônio de Apameia, castigou duramente os vencidos, ordenando execuções e o confisco de todos os metais preciosos, o que lhe rendeu 8.500 talentos; depois disso a prestigiosa cidade nunca recuperaria sua posição. Bruto encontrou uma resistência igualmente feroz na Lícia: os habitantes da cidade de Xantos preferiram suicidar-se coletivamente a cair em suas mãos. Depois de muitos outros abusos a fim de obter subsídios, Cássio e Bruto foram derrotados por Otaviano e Marco Antonio na Macedônia, em Filipos (42), em seguida transformada em colônia romana. Perfeitamente helenizado, Antonio permaneceu como "o último príncipe do Oriente grego" (Fr. Chamoux). Como de hábito, tomou ali medidas favoráveis às comunidades que haviam optado pelo partido certo, ao mesmo tempo que recorria às finanças das cidades para manter suas tropas, o que empobreceu ainda mais a região, já exangue.

Entretanto, ainda restava energia suficiente para que a ofensiva parta de 40, comandada por Pácoro, filho de Orodes, juntamente com Labieno, um antigo oficial de Cássio, deparasse no caminho com a feroz resistência de diversas cidades, entre as quais Estratoniceia da Cária (epifania e outros milagres de Zeus no santuário de Panamara), que foi recompensada por isso (cf. também Mileto). Mas é só ao cabo de três anos que os partas são rechaçados para além do Eufrates e expulsos da Judeia. Constantemente fiel, Afrodísias, que tivera o favor de César e contava com o apoio de Otaviano, obteve em 39 uma série de vantagens por senátus-consulto: liberdade e asilia do santuário de Afrodite, isenção de acantonamento, de requisições e principalmente de todas as taxas e da presença dos publicanos. Antonio, por sua vez, fundou poucas cidades, mas redividiu as províncias orientais, multiplicando os principados clientes na Ásia e redistribuindo os territórios, claramente com vantagem para o Egito de Cleópatra (Chipre etc.). Antonio e Cleópatra – sozinha no poder, depois que mandara envenenar Ptolomeu XIV (44) – estavam juntos desde 41 e levavam uma vida excêntrica, incorporando o cognome de "inimitáveis". Em 36, uma campanha contra os partas fracassou totalmente. Em 34, uma vitória sobre a Armênia proporcionou o pretexto para a organização de um triunfo extravagante em Alexandria e para uma cerimônia durante a qual Antonio, cuja posição pessoal não está definida, dividiu o Oriente entre Cesário, Cleópatra ("Rainha dos Reis") e os três filhos que tivera com ela. Mas a ruptura entre os dois ex-vencedores dos assassinos de César estava consumada e os projetos de Antonio afundaram nas águas do Áccio (batalha naval de 2 de setembro de 31, de andamento muito incerto). No verão seguinte, o suicídio de Antonio, o de Cleópatra – que teria assumido uma forma egípcia ritual (picada do ureus, a serpente de Amon-Rá) – e a eliminação de Cesário selavam a reunião do Império Romano sob a autoridade de Otaviano, futuro Augusto, que deu uma posição especial para a província do Egito (*infra*, cap. 24). Assim a aventura dos macedônios no Oriente recebia um ponto final, encerrando-se na pessoa de Cleópatra como começara com Alexandre: por uma figura lendária.

Capítulo 22

REINOS, CIDADES E LIGAS NA ÉPOCA HELENÍSTICA

Como os três capítulos anteriores lembraram, a história factual da época helenística, do modo como nossas fontes permitem reconstituí-la, mostra-se extremamente rica e movimentada. A extensão dos teatros de operações e o entrelaçamento das intrigas têm muito a ver com isso. Mas há outro elemento que contribui para complicar a situação: a multiplicação e justaposição das formas de organização do Estado. O fato marcante é o surgimento das grandes monarquias territoriais constituídas sobre os despojos do império argéada, especialmente no Oriente. Ao lado ou no centro desses vastos conjuntos reencontramos as cidades, aparentemente mais fracas, mas que mesmo assim sobreviverão a essas superpotências – cidades do velho mundo grego e fundações mais novas, devidas a Alexandre ou a seus sucessores, principalmente selêucidas. Por fim, provavelmente a experimentação mais inovadora é o federalismo, particularmente bem representado na Grécia. As relações internacionais nunca foram tão intensas e bem ilustradas. Para todas essas questões, embora subsistam faixas de sombra, os autores e principalmente as inscrições e os papiros, cada vez mais numerosos, dão grande quantidade de informações.

Características gerais da monarquia helenística

Como estamos lembrados, já antes de Filipe II e de Alexandre a realeza não é desconhecida dos gregos, embora o caso esparciata continue muito específico e os reis cipriotas conhecidos principalmente no século IV tenham desempenhado apenas um papel marginal. Na época helenística, é naturalmente o modelo macedônico que serve de referência. Os diádocos valeram-se particularmente de Alexandre e tentaram embasar sua legitimidade na continuidade, unindo-se a uma princesa argéada (Cassandro e Tessalônica), conservando a esposa que lhe fora dada pelo conquistador (Seleuco e Ápama), recuperando os restos mortais deste (Ptolomeu) ou dando-se por herdeiros políticos (liga de Antígono e Demétrio em 302). Entretanto, as condições de vida próprias de cada reino impuseram diferenças sensíveis no exercício do poder. Tentaremos extrair algumas características em comum antes de chegarmos aos casos particulares.

Época helenística

O rei (*basileús*) é um chefe de guerra, e é acima de tudo pela vitória – que põe em evidência o que alguns chamaram de seu "heroísmo carismático" – que ele é reconhecido pelos seus, ou seja, pelas tropas, segundo o costume nacional dos macedônios (assembleia dos soldados: *supra*, cap. 16). Assim, Átalo I de Pérgamo assume o título régio depois de derrotar outro rei, Antíoco Hiérax, e seus terríveis gálatas, em 238/7. Entre os selêucidas, muitos dos quais morreram em guerras, o tema da vitória (*níke*) é explorado principalmente nos epítetos cultuais de Seleuco I *Nikétor* ("Vitorioso") ou de Seleuco II *Kallínikos* ("Glorioso Vencedor"). O fundamento do poder do rei é o território que ele domina (*khóra* ou *gê basilikè*) e que lhe fornece principalmente recursos para manter seus exércitos (efetivos de várias dezenas de milhares de homens, a maioria mercenários). Dispõe dele como bem quiser, por exemplo atribuindo a pessoas de seu círculo uma região, por intermédio de uma *doreá* (literalmente, "doação"), com pleno direito de propriedade e portanto transmissível (na Macedônia) ou em usufruto e revogável (lágidas e selêucidas, mas na prática também essas tendem a tornar-se propriedades hereditárias). A *doreá* concedida por Ptolomeu Filadelfo a Apolônio, no Fayum, é um exemplo particularmente bem ilustrado, graças aos arquivos de Zênon, que foi seu intendente entre 256 e 248. Esse patrimônio deve ser defendido e, se possível, aumentado à custa dos vizinhos, numa competição permanente e de caráter tipicamente grego (princípio da *gê doríktetos*, terra conquistada a ponta de lança, reafirmado por Alexandre em seu desembarque na Ásia). Essa competição se manifesta também nas realizações edilitárias (construção e embelezamento das capitais, como Alexandria, Antioquia ou Pérgamo), na organização de festas que impressionam a imaginação (procissões de Alexandria e de Dafne), nas realizações militares (navios com dimensões gigantescas, uso de elefantes e de máquinas de cerco formidáveis), na benevolência e na magnificência (doações para as cidades). Prestígio e propaganda também são armas excelentes, principalmente até o início do século II, antes de um esgotamento das riquezas reduzir consideravelmente o nível de vida dos reis, como destaca Políbio. Diadema, cetro, anel com o selo régio e moedas com a efígie do rei são os principais símbolos do poder. Com exceção dos atálidas, entre os quais pode caber a um colateral, esse poder se transmite hereditariamente; daí o papel primordial desempenhado pelas rainhas e pela "diplomacia de alcova" ao longo de toda a história helenística. Muito antes das complexas sucessões lágidas dos séculos II-I, em que se destacaram várias Cleópatras (*supra*, cap. 21), basta lembrar Arsínoe, sucessivamente esposa de Lisímaco, de Ptolomeu Cerauno e por fim de seu irmão Filadelfo, cuja política ela chegou a inspirar em parte: essa existência romanesca e ao mesmo tempo tão profundamente marcada pela *Realpolitik* é por si só um resumo dos anos 290-270, decisivos sob muitos aspectos.

O governo é supervisionado pelo próprio rei, uma espécie de lei viva (*nómos émpsykhos*, um conceito que remontaria a Arquita de Tarento e será desenvolvido por uma literatura pseudo-pitagórica tardia: *supra*, cap. 14), exercendo um poder pessoal, absoluto e irresponsável, por intermédio de despachos (*próstagma*, plural *prostágmata*) e de regulamentos (*diágramma*, plural *diagrámmata*). Essa atividade gera uma correspondência abundante, dirigida aos funcionários locais e às cidades (*epistolé* = carta). Ao redor do rei evoluem os amigos (*phíloi*): macedônios ou gregos de todas as partes, ocasionalmente reunidos num conselho informal; originalmente verdadeiros companheiros, acabam constituindo uma espécie de ordem, cujos títulos vão se acumulando ao longo do tempo, até produzir uma hierarquia áulica (*aulé* = a corte), como a que é conhecida em Alexandria a partir do século II, com nada menos de seis categorias principais, por sua vez divididas em subcategorias. Entre esses altos personagens alguns se distinguem, tais como Adimanto de Lâmpsaco, promotor da política de Demétrio Poliorceta na Grécia no final do século III, Apolônio, que foi o dieceta (cf. abaixo) de Ptolomeu II a partir de 260 aproximadamente e deixou a função pouco depois da morte do rei, ou o estratego Zêuxis, fiel braço direito de Antíoco III durante cerca de 30 anos. Por fim soma-se uma dimensão religiosa, expressa principalmente pelas epicleses [invocações] régias: exceto entre os antigônidas, cujos cognomes se parecem mais com apelidos e, em certa medida, entre os atálidas, essa dimensão é cada vez mais explorada (Ptolomeu I Sóter; Antíoco I Teo; Ptolomeu V ou Antíoco IV Epifânio; Ptolomeu XII Neodioniso, ou seja, "Novo Dioniso"; a grande Cleópatra, Tea Filopátor, "deusa que ama/ honra seu pai" etc.). O desenvolvimento do culto régio fora preparado talvez por Filipe, seguramente por Alexandre (*supra*, cap. 17), e deve-se muito à iniciativa das cidades, o que implica não superestimar as influências orientais. Ptolomeu I, por exemplo, deve sua epiclese aos ródios, segundo Pausânias, cujo testemunho porém é questionado, principalmente porque os nesiotas também se orgulham dessa precedência; Antíoco I deve a sua aos milésios. Mas o certo é que as realezas antigônida na Macedônia ou eácida entre os molossos (aos quais foram federados os dois outros povos do Epiro: os tesprotos por volta de 330 e depois os caônios sob Pirro), fundamentadas num consenso nacional, apresentam características muito diferentes das monarquias orientais. De fato, estas têm de acomodar-se com um antigo substrato nativo e com as tradições faraônicas ou aquemênidas.

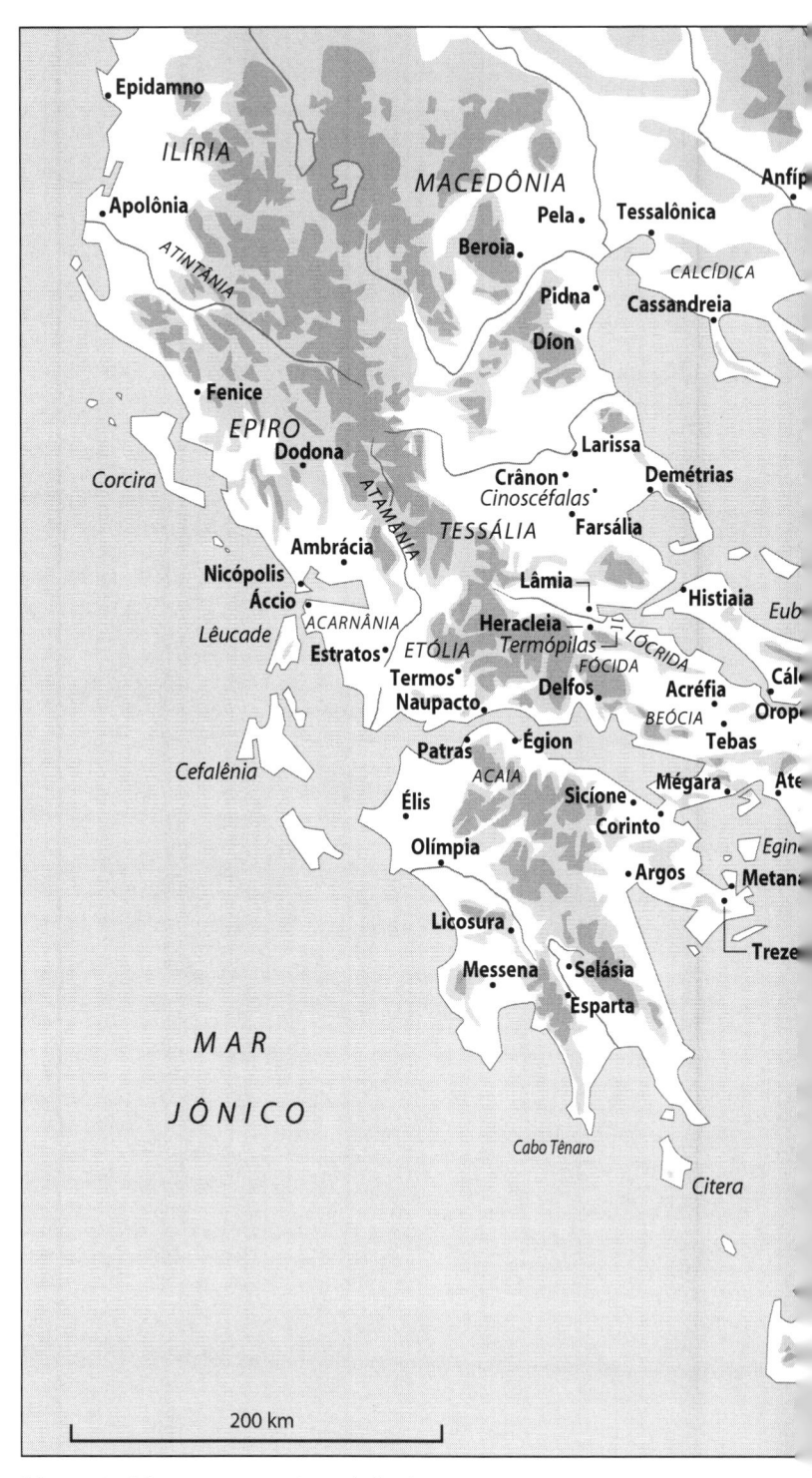

Mapa 18. A bacia egeia na época helenística.

RÁCIA
Maroneia
Enos
Tasos
Samotrácia
Lisimáquia
Helesponto
Sestos
Lâmpsaco
Abidos
Dárdano
Lemnos
Imbros
Ílion
Cépsis
TRÓADE
Haloneso
Assos
Metimna
Éresos
Mitilena
Lesbos
Bizâncio
PROPÔNTIDA
Quios
Cízico
MÍSIA
Pérgamo
Caico
Elaia
Mirina
Apolônis
Hermos
Cima
Foceia
Magnésia do Sípilo
LÍDIA
Sardes
MAR
Quios
Esmirna
JÔNIA
Caistro
Teos
Cólofon
EGEU
Lebedos
Magnésia do Meandro
Meandro
Éfeso
Andros
Samos
Priena
Alinda
Alabanda
Afrodísias
Tenos
Lade
Mileto
Heracleia do Latmo
Iasos
Milasa
Didima
Estratoniceia
Delos
Bargílias
CÁRIA
Halicarnasso
Calimna
Cós
Amorgos
Cnido
Rodes
Tera
Rodes
CRETA
Itanos
Cnossos
Litos
Gortina
Hieraptina

Época helenística

Os antigônidas[1]

Nosso conhecimento da Macedônia antigônida vem se renovando profundamente nos últimos anos, graças à descoberta de novos documentos e à multiplicação de estudos de alto nível. Aumentado (especialmente para o leste: região de Anfípolis, Calcídica etc.), unificado (embora reste uma grande variedade de estruturas em função das tradições locais) e urbanizado por Filipe II, o país é dividido em quatro distritos que serão a base das *merídes* romanas após 168/7 (*supra*, caps. 16 e 20). Hoje já está estabelecido que as cidades desempenham aí um papel essencial, gozando de alguma autonomia, principalmente financeira, e dotadas de instituições cívicas semelhantes às que se veem em outros lugares: Assembleia, Conselho e magistrados, entre os quais os epístatas (depois politarcas), que parecem fazer a ligação com a administração régia, e os ginasiarcas, responsáveis pelos ginásios, cujo funcionamento tinha de ser adaptado aos editos régios referentes à formação militar dos jovens (ver a lei ginasiárquica de Beroia[2]). O recrutamento das tropas é feito com base censitária e territorial (alternância por distritos). Reorganizado por Filipe II, o exército continua a ser objeto dos maiores cuidados dos soberanos, principalmente de Filipe V, admirador de seu antecessor homônimo e que hoje é considerado um excelente administrador e ao mesmo tempo um comandante militar de notável energia. A organização militar na Macedônia, sem rival até o surgimento das legiões, deixa transparecer bem a especificidade dessa monarquia nacional: o rei dirige os assuntos públicos com seu conselho de amigos, mas ocasionalmente levando em conta a Assembleia dos macedônios, reunida principalmente por volta do equinócio de outono, que marca o início do ano (festas de Zeus), e na primavera por ocasião da festa das *Xandika*, celebradas num lugar variável e durante a qual há uma lustração (ritual de purificação) do exército. Os macedônios, distinguidos de seu rei pelas inscrições ("o rei Fulano e os macedônios"), estavam autorizados a opinar, por exemplo, sobre as sucessões e regências ou em casos de pena capital; além disso, muitas vezes se mostravam contestadores: por exemplo, em 218 em Corinto, quando tropas de elite, excitadas por agitadores e insatisfeitas com sua parcela de butim, se voltam contra Filipe V e seus amigos. As finanças do reino eram alimentadas principalmente pelos rendimentos das minas (as do Pangeu são estimadas em mil talentos anuais) e do solo (terra régia, da qual o rei pode fazer doações) e por taxas diversas (principalmente portuárias e fundiárias; direitos de

---

1. Lembrete: Antígono o Zarolho (rei em 306, morto em 301) e Demétrio Poliorceta (rei em 306, em 294 na Macedônia, perdida em 288/7; morto em 283); Antígono Gônatas (rei a partir de 283, mas na Macedônia a partir de 277/6; morto em 239), Demétrio II (239-229; corregente desde a primeira metade dos anos 250 aproximadamente), Antígono Dóson (229-221), Filipe V (221-179), Perseu (179-168).

2. Ph. Gauthier, M. B. Hatzopoulos, *La Loi gymnasiarchique de Béroia*, 1993.

transmissão). Além disso, os macedônios estavam sujeitos a contribuições pessoais (trabalhos de interesse geral).

Depois de afastada a ameaça que Pirro representava, a política externa dos antigônidas é definida de acordo com três eixos principais. Em primeiro lugar, preservar o reino contra as incursões bárbaras, gálatas e depois dardânias principalmente (Demóstenes perde assim a vida em 229: *supra*, cap. 19). Em seguida, controlar a península balcânica mantendo os entraves (Demétrias, Cálcis, o Pireu e Acrocorinto), com auxílio de tiranos fiéis colocados no comando das cidades ou por meio de alianças, principalmente com os aqueus do Peloponeso, quase sempre contra os etólios, que têm uma posição dominante na Grécia central. Por fim, rivalizar com os lágidas pela supremacia naval no Egeu: como estamos lembrados, a liga dos nesiotas era uma criação de Antígono o Zarolho antes de cair sob obediência ptolomaica, na primeira metade do século III; Gônatas (vitórias de Cós e de Andros: *supra*, cap. 19) e Dóson reafirmaram sua presença ali, e depois Rodes se impôs, no início do século seguinte. Essa luta prolongada gerou uma verdadeira corrida armamentista, por iniciativa de Demétrio Poliorceta, que lançou as primeiras hipergaleras, até o "dezesseis" (provavelmente um navio com duas fileiras de remos superpostas e oito remadores por remo), seu navio principal (cf. também o Isthmia de Gônatas, construído para superar o Leontóforo de Lisímaco). A presença antigônida no Egeu materializa-se também por oferendas prestigiosas a Delos (pórticos de Gônatas e de Filipe V, entre outros), ao passo que os rivais lágidas e ródios se concentram mais no santuário dos Grandes Deuses da Samotrácia. O ponto culminante dessa política é constituído pelo tratado de partilha dos territórios ptolomaicos, firmado com Antíoco III no final do século; mas já antes houve várias tentativas de desestabilização, como quando Gônatas quis impedir o retorno de Cirene ao regaço lágida, após a reconciliação de Filadelfo com Magas. Essa reconciliação fora acompanhada do noivado entre Berenice, filha de Magas, e o futuro Ptolomeu III. Mas, com a morte de Magas (250), sua viúva Ápama – uma filha de Antíoco I que aparentemente guardara certos reflexos da família de origem – anulou o noivado, enquanto Antígono despachava para Cirene seu meio-irmão Demétrio "o Belo" (pai de Dóson) para que este seduzisse a princesa e fizesse a reunificação gorar definitivamente. Mas a manobra fracassou – a tal ponto que Berenice mandou executar esse segundo noivo enquanto ele estava na cama de sua futura sogra Ápama...

Época helenística

O reino lágida[3]

O reino lágida, cuja capital, Alexandria, desfruta de uma posição especial, às portas do Egito (*ad Aegyptum*, dirá o latim: capítulo seguinte), é constituído da *khóra* egípcia e das possessões externas, como Chipre, Fenícia e Cele-Síria, sem contar diversas praças no Egeu e na Ásia Menor. É o reino cuja organização conhecemos melhor, principalmente graças à documentação papirológica, embora subsistam incertezas cronológicas e os campos de competências entre certas funções nem sempre apareçam muito distintamente. A administração central conta principalmente com o dieceta, uma espécie de superintendente e administrador geral. No topo da chancelaria figuram o epistológrafo encarregado da correspondência do rei, especialmente das ordens epistolares, e o hipomnematógrafo, que parece consignar as efemérides e decisões régias e notificar aos funcionários regionais, na forma de simples apostilas, as respostas às petições (*infra*, cap. 23) que passaram por ele. O Egito está dividido em pouco menos de 40 nomos, administrados por nomarcas e ecônomos que entretanto tendem a subordinar-se aos estrategos, cujas funções não são exclusivamente militares e cuja autoridade pode estender-se a vários nomos. Esses nomos, por sua vez, estão subdivididos em toparquias e em aldeias (*kómai*), administradas por toparcos e comarcos. Com exceção da capital, no Egito propriamente dito há apenas duas cidades: o antigo entreposto de Náucratis (*supra*, cap. 8), que provavelmente recebeu de Alexandre esse novo estatuto, e Ptolomaida, fundada por Sóter para contrapor-se a Tebas e ao poderoso clero do alto Egito, região que manifesta regularmente tendências separatistas.

As relações com o clero egípcio são um dos pontos cruciais da história da dinastia: o rei era para os nativos um faraó, o que lhe dava um estatuto religioso primordial. O interesse mútuo exigia que as relações fossem globalmente boas e que reinasse a ordem: o clero necessitava dos reis para manter seus privilégios e os reis não podiam dispensar esse intermediário de sua autoridade sobre as massas. Por isso nesse período também são edificados grandes templos no estilo nacional, como em Edfu (Hórus) e em Filae (Ísis). À medida que a monarquia vai declinando, principalmente depois da batalha de Ráfia (217), em que os combatentes (*mákhimoi*) egípcios se destacam (*supra*, cap. 20), as concessões régias multiplicam-se (extensão do direito de asilo, doações de terras e relaxamento da pressão fiscal etc.) e observa-se certa tendência à egipcianização da dinastia, pelo menos nesse âmbito (somente Cleópatra VII passava por conhecer o demótico, a língua egípcia "popular"). Entre os documentos mais sugestivos figuram as estelas

---

3. Lembrete: Ptolomeu I Sóter (306/5-283 ou 282), Ptol. II Filadelfo (283 ou 282-246, corregente em 285), Ptol. III Evergeta (246-222/1), Ptol. IV Filopátor (222/1-204), Ptol. V Epifânio (204-180), Ptol. VI Filométor (180-145), Ptol. VIII Evergeta II (170--163 e depois 145-116), Ptol. IX Sóter II (116-107 e depois 88-81/0), Ptol. X Alexandre I (107-88), Ptol. XI Alexandre II (80), Ptol. XII, dito Aulete (80-58 e depois 55-51), Ptol. XIII (51-47), Ptol. XIV (47-44), Cleópatra VII (51-30).

trilíngues (protótipo grego com versões hieroglífica e demótica) que conservaram decretos de sínodos – reuniões de sacerdotes vindos de todo o país, por convocação do rei. Assim, depois da vitória de Ráfia, um relevo em estilo egípcio, encimando uma estela proveniente do Delta oriental, traz inscrita a titulatura faraônica, muito desenvolvida, de Ptolomeu IV, ele próprio representado como um cavaleiro macedônio mas portando a dupla coroa tradicional do alto e do baixo Egito (*pschent*). Ptolomeu V é tido como o primeiro lágida coroado de acordo com o rito local, no templo de Ptah, em Mênfis (ver a famosa "pedra de Roseta", que porta as decisões do sínodo de 196)[4].

Duas características notáveis da dinastia lágida, que revelam a inventividade dos primeiros reis, são o culto régio e as experiências econômicas. O primeiro ponto ainda é objeto de reconstituições divergentes, pois alguns aspectos, sobretudo cronológicos, se prestam a discussão. Já antes de assumir o título régio, Ptolomeu I consolidara sua legitimidade apossando-se dos restos mortais de Alexandre, cujo culto (sacerdote epônimo) pode ser considerado o alicerce do complexo edifício construído por seus sucessores. A segunda etapa é constituída pelo culto póstumo de Sóter, instaurado por seu filho Ptolomeu II: a festa das Ptolomaias pentetéricas (primeira celebração em 279/8) inaugura a longa série de novos concursos estefanitas alinhados com os do Período (*supra*, cap. 12), que se multiplicarão mais tarde em todo o mundo helenístico (capítulo seguinte). O culto dinástico dos Deuses Adelfos (irmão e irmã), cujo sacerdócio é associado ao de Alexandre, é instituído em 272/1; a própria Arsínoe depois de morta é assimilada a diversas deusas, tais como Ísis e Afrodite: então lhe é atribuída uma sacerdotisa especial, a canéfora, bem como uma cobrança fiscal, a *apómoira*. O culto aos Deuses Evergetas é organizado por Ptolomeu III, que associa a ele o clero local (decreto do sínodo de Canopo em 238, criando uma nova tribo de sacerdotes *ad hoc*), antes de Ptolomeu IV reformar tudo, edificando em Alexandria um complexo funerário e cultual dedicado a seus antecessores. Por fim, alguns lágidas serão assimilados às grandes divindades enquanto vivos (cf. Cleópatra III Ísis e Ptolomeu XII "Novo Dioniso").

A economia do reino dos Ptolomeus é outro assunto que já deu matéria para muitas discussões. À margem do debate entre modernistas e primitivistas (*supra*, cap. 12), alguns viram nele uma prefiguração dos Estados modernos (M. Rostovtzeff), enquanto outros adotaram um ponto de vista muito mais negativo, insistindo na pilhagem organizada dos recursos do Egito: este teria até mesmo se tornado contraproducente, principalmente devido a uma administração

---

4. A. Erskine (ed.), *Le Monde hellénistique. Espaces, sociétés, cultures, 323-31 av. J.-C.*, 2004, p. 257; J.-M. Bertrand, *Inscriptions historiques grecques*, 1992, nos 110 e 117; A. Bernard, *La Prose sur pierre dans l'Égypte hellénistique et romaine*, 1992: t. 1, *Textes et traductions*, pp. 37-42 e 44-9; t. 2, *Commentaires*, pp. 41-4 e 46-54.

pletórica, constituída também para atender aos desejos de uma parte dos gregos do Egito, que nela encontravam empregos comodamente. O reinado de Ptolomeu Filadelfo marca uma espécie de apogeu, particularmente bem documentado pelos arquivos de Zênon, o intendente do dieceta Apolônio, pelos óstracos (*ostraka*, cacos de cerâmica portando principalmente recibos fiscais) ou por documentos como o papiro conhecido como "*Revenue Laws*", que é uma colação das disposições fiscais datada de aproximadamente 260. Aproveitando as primeiras experiências de Cleômenes de Náucratis (*supra*, cap. 17), cuja amplitude hoje se tende a minorar, os lágidas retomaram em benefício próprio as práticas locais milenares. Acrescentaram-lhes elementos gregos, como a moeda, cujo uso no Egito permanecera limitado, o banco e principalmente os sistemas de arrendamento e de monopólios. Era arrendada notadamente a percepção dos impostos: os arrendatários, recrutados com base na melhor oferta e ligados ao Estado por um contrato de adjudicação, obtinham seu lucro nos excedentes que extraíam, uma vez devolvido ao tesouro régio o que lhe deviam.

Outro fato marcante é o estrito controle da produção, especialmente a do trigo. Na *khóra*, além da propriedade privada (principalmente nos territórios cívicos) e das terras concedidas como *doreá*, distinguem-se: os domínios dos templos, cuja gestão é supervisionada pelo rei; as terras clerúquicas, que permanecem como propriedade régia mas são atribuídas em usufruto a soldados, sob forma de concessão revogável, em troca da obrigação de servir em caso de mobilização (*kleroî* de 1 hectare a várias dezenas de hectares, dependendo do grau e da arma, maior para os cavaleiros, muito menor para as tropas nativas); por fim, o restante das terras régias, cultivadas por camponeses egípcios ligados ao rei por um contrato de arrendamento que os obriga a entregar cerca de 40% da colheita – o total cobrado chega a ± 50% se acrescentarmos o imposto fundiário, de uma ártaba (30 a 40 litros aproximadamente) por arura (pouco mais de um quarto de hectare), pago também pelos templos e pelos clerucos. Para esses camponeses da terra régia, o trigo era objeto também de uma distribuição estritamente contabilizada das sementes, sob forma de adiantamentos reembolsáveis, de acordo com os resultados do ano findo e com a amplitude média da cheia do Nilo, medida com nilômetros (*diagraphê spórou*, "borderô de semeadura", a propósito do qual alguns especialistas falaram de "planejamento" ou de "previsão orçamentária"). População e material (enxadas, prensas de lagar, teares etc.) eram escrupulosamente arrolados e, desde o semeio até o armazenamento nos celeiros régios, confiados à guarda de sitólogos; todas as etapas eram controladas por funcionários. Os camponeses podiam dispor dos excedentes, após o recolhimento dos grãos devidos ao rei, uma parte dos quais era utilizada para as necessidades locais (salários dos funcionários, estoques para as próximas sementes); o restante era transportado por rio para alimentar Alexandria e vender os excedentes para exportação. A colheita anual dupla e o aumento de terras cultiváveis eram incentivados: o caso mais bem documentado é a drenagem e irrigação do Fayum em torno de Filadélfia (nomo arsinoíta), onde Apolônio tinha a maior parte de sua *doreá* e que foi visto como "frente pioneira". Existia além disso um monopólio sobre o óleo (oleaginosos, também sujeitos à *diagraphê*; o azeite de oliva, em parte importado, tinha seu preço fixado pelos armazéns régios) e um quase-monopólio sobre outros produtos (linho, cerveja e papiro). O sistema de impostos e de taxas era muito sofisticado: além do imposto fundiário, podemos citar o imposto sobre o sal (na realidade uma espécie de capitação), as tarifas alfandegárias, que podiam chegar a 50%, os impostos de barreira, taxas sobre as profissões, direitos de transmissão, venda de direitos sacerdotais etc. O uso de um padrão monetário próprio do reino constituía outra fonte de lucro, mais do que um meio de controlar os câmbios e a circulação de metais preciosos (capítulo seguinte). Estimou-se que o país rendia anualmente a Ptolomeu II entre 10 mil e 15 mil talentos de prata.

Pois era justamente essa a preocupação fundamental: garantir entradas de dinheiro para atender às necessidades tradicionais, que são as despesas militares e outros meios indispensáveis ao bom andamento do reino. Portanto, em vez de cair no anacronismo falando de dirigismo ou de mercantilismo estatal, convém ter sempre em mente as preocupações antigas, que são acima de tudo fiscais e políticas. Assim, os lágidas deixam as exportações a cargo de negociantes estrangeiros, cujas viagens comerciais são protegidas pelo precioso aliado ródio, encarregado de policiar os mares (cf. abaixo). Aliás, esse belo edifício, cuja originalidade é relativizada hoje, começou a degradar-se já no reinado de Ptolomeu III. Devido à evolução do sistema de concessões clerúquicas, que na prática tendiam a tornar-se hereditárias e a deixar de estar ligadas a obrigações militares, as terras escapavam ao controle régio e eram menos bem exploradas. Por sua vez, os camponeses egípcios, aos quais eram impostas corveias diversas (manutenção dos diques e canais etc.) e que contratos de arrendamento cada vez mais coercitivos submetiam a uma pressão e um endividamento excessivos, acabavam se recusando a trabalhar e às vezes encontravam refúgio na fuga (anacorese). A situação era ainda agravada pela atitude dos burocratas locais que viviam na região, misturando os assuntos oficiais com seus interesses privados e libertando-se cada vez mais do controle central; daí o desenvolvimento local das relações de proteção privadas (*sképe*) e a influência crescente do clero. Em 118, este consegue ademais que o rei deixe de gerir-lhe as terras, daí em diante isentas do imposto fundiário. No século II o sistema já está razoavelmente desregulado e talvez custe mais do que rende, mas é verdade que a ambiciosa política externa que ele devia sustentar passa a pertencer ao passado.

Por uma espécie de repulsão mecânica, em sua época de esplendor essa política visava a fazer frente aos antigônidas no Egeu (cf. a assistência a Rodes contra o Poliorceta em 305/4, a

Época helenística

concorrência das duas dinastias junto aos nesiotas, as doações de cereais e outras liberalidades aos atenienses nos anos 280 e depois o auxílio militar durante a guerra de Cremônides, ou ainda os subsídios fornecidos a Cleômenes III de Esparta: *supra*, cap. 19). Isso causava grandes despesas ligadas à frota (cerca de 300 navios sob Filadelfo, com alto coeficiente de grandes unidades). Supunha também a constituição de um "império" marítimo, composto de Chipre, subordinada a um governador geral, e também de bases em Creta (Itanos), em Samos, Tera, nas possessões da Cária e da Lícia (*doreá* de "Ptolomeu de Telmesso", sobrinho de Filadelfo) e até no Peloponeso (Metana, na península argólida) e no norte do Egeu (cf. Enos e Maroneia). Por fim, isso justificava uma política de fundações muito mais dinâmica no exterior do Egito (Arsínoa da Cilícia etc.), mas também a influência exercida sobre cidades como Cós ou Mileto e, principalmente, a aliança ródia. No entanto, convém especificar que os contornos exatos dessa influência, movediços, às vezes são difíceis de se perceber, principalmente no litoral asiático e nas ilhas (cf. Samotrácia; em Lesbos, a presença lágida está bem atestada na parte ocidental, mas não em Mitilena). As últimas bases lágidas no Egeu (Itanos, Tera, Metana) aparentemente são evacuadas após a morte de Ptolomeu VI (145). A outra peça mestra da barreira que protege o Egito é constituída pela Cele-Síria, em face do inimigo ancestral vindo da Ásia.

Selêucidas e atálidas

Precisamente, muitas características opõem o reino selêucida[5] a seu vizinho lágida: a extensão leste-oeste, uma heterogeneidade muito grande, proporcional à imensidão das áreas dominadas, uma infinidade de cidades etc. Na corte, cuja etiqueta de inspiração oriental tende a ficar mais pesada com o tempo, há principalmente um "preposto para os assuntos públicos" (cf. Hérmias junto a Antíoco III) e um camareiro-mor (Nicanor até 209, antes de tornar-se *arkhiereús*; cf. abaixo). Mas é principalmente o controle dos territórios que apresenta as maiores dificuldades: em linhas gerais, a organização satrápica dos aquemênidas foi conservada (a questão da continuidade é aqui uma das mais discutidas) e sabe-se também de subdivisões (hiparquias e toparquias), embora a escassez de atestações e uma titulatura flutuante impeçam uma visão muito clara delas (aparentemente a estratégia acaba predominando). Logo cedo foi adquirido o hábito de confiar vastas regiões à responsabilidade de alguém próximo ao rei, geralmente o

---

5. Lembrete: Seleuco I Nicátor (*ca* 305-281), Antíoco I Sóter (281-261, corregente em 294 ou 293), Antíoco II Teo (261-246, corregente por volta de 267), Seleuco II Calínico (246-*ca* 226), Seleuco III Sóter (*ca* 226-223), Antíoco III o Grande (223-187), Seleuco IV Filopátor (187-175), Antíoco IV Epifânio (175-164/3), Antíoco V (164/3-162), Demétrio I Sóter (162-151/0), Alexandre Balas (150-145), Demétrio II Nicátor (145-140/39 e depois 129-125), Antíoco VII Sideta (138-129), Antíoco VIII Gripo (125-96), Antíoco IX Cizeceno (*ca* 114/3-95)... Antíoco XIII (84/3 e depois 69-64).

herdeiro presuntivo associado ao trono (cf. Antíoco I nas satrapias superiores) ou outro membro da família ou assimilado (Hiérax, Acaio, depois o estratego Zêuxis na Ásia Menor, onde Nicanor assumiu também a função de *arkhiereús*, sumo sacerdote que supervisionava os santuários e encarregado do culto régio estatal, quando este foi instituído por Antíoco III).

Para interligar o território, os selêucidas retomam a política de fundações em grande escala inaugurada por Alexandre. Atribui-se, por exemplo, cerca de 50 delas a Seleuco I. Às vezes se trata de simples assentamentos militares sem estatuto de cidade (cf. os *kátoikoi* de Toriáion/Tiriáion, na Frígia) ou de segundas fundações com um novo nome tirado da família reinante: fala-se então de metonomásia, por exemplo em Antioquia, Selêucia, Estratoniceia etc.; daí homônimos que requerem uma especificação geográfica (cf. Alabanda, que se tornou Antioquia dos Crisorianos, do nome de uma subdivisão local do *éthnos* cário, sob Antíoco II). Construídas em sítios militarmente e/ou economicamente estratégicos, de acordo com uma planta quadriculada (cf. Dura-Europos, à beira do Eufrates) e gerando um loteamento das terras, as novas cidades eram confiadas à guarda de um epístata régio e tinham autonomia municipal apenas. Constituíam pontos de apoio do poder, que ao surgirem multiplicavam as medidas favoráveis, a fim de garantir que progredissem (isenções fiscais etc.). Em contrapartida, parece que os antigos centros dos nativos raramente despertaram a atenção dos reis, exceto Babilônia e seus templos prestigiosos (cf. a *História da Babilônia* escrita para Antíoco I pelo sacerdote Beroso). No fim das contas, o império selêucida dá a impressão de uma propriedade policentrada: em Sardes reside o "vice-rei" da Ásia Menor, em Selêucia do Tigre – que foi a primeira capital dinástica fundada – o governador das satrapias orientais, enquanto Antioquia do Oronte, na Tetrápole síria (com Selêucia da Piéria, Laodiceia-do-Mar e Apameia), se torna a capital régia teórica. De fato, o rei tinha de percorrer periodicamente a região e reafirmar sua autoridade contra as forças centrífugas; o melhor exemplo é a anábase de Antíoco III. Isso não impediu a constituição de vários reinos dissidentes, o aparecimento de uma infinidade de dinastas locais (cf. Olímpico de Alinda, na Cária, que passou a servir Antígono Dóson) nem a incursão de populações externas, como os temíveis parnos/partas (*supra*, caps. 19 a 21).

Embora desperte um interesse cada vez maior junto à pesquisa contemporânea, a economia régia selêucida continua menos bem conhecida que a dos lágidas (cf. a "economia satrápica" mencionada pelo livro II do *Econômicos* de Pseudo-Aristóteles, por volta de 320). Estimou-se que a Mesopotâmia, uma das regiões mais ricas, devia render cerca de 6 mil talentos anuais, sendo dois terços provenientes dos recursos agrícolas e o restante, de taxas ou arrendamentos diversos (sistema de irrigação etc.). O estatuto das terras é complexo, herdado de práticas antigas que às vezes foram qualificadas de "modo de exploração asiático". Distinguem-se os territórios

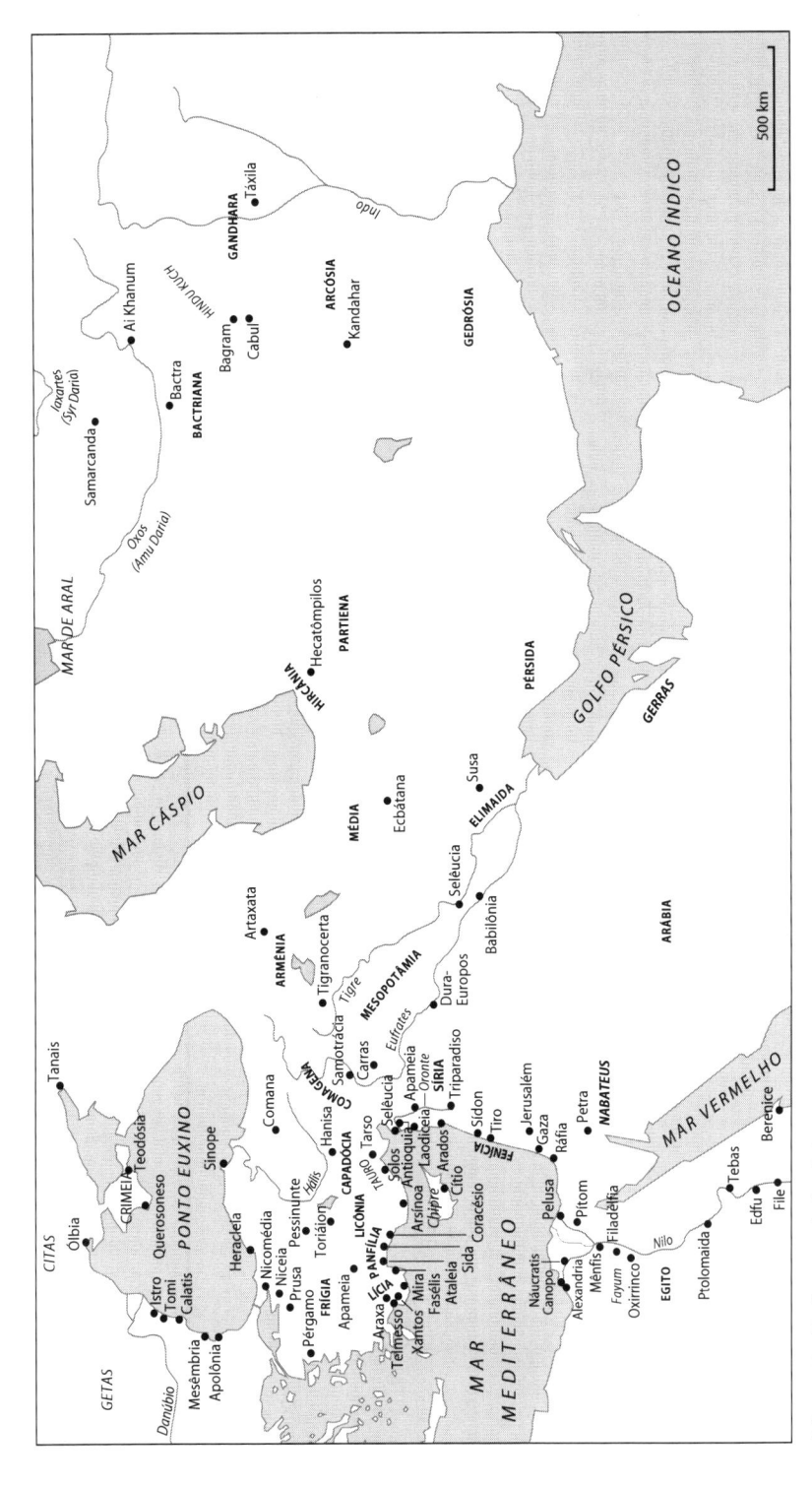

Mapa 19. O Oriente helenístico.

das cidades, as terras sagradas dependentes dos santuários greco-autóctones (cf. Zeus Labraundo perto de Milasa, na Cária, Zeus também em Baitokaike, na Fenícia, perto de Árado), e a terra régia, explorada pela administração (ecônomos) e trabalhada pelas populações nativas (*laoí*), livres mas jurídica e fiscalmente ligadas a aldeias (*kómai*) sujeitas a imposto. Nessa terra régia o rei pode fazer coletas em forma de *doreá*; por exemplo, Antíoco I em favor de seu *phílos* Aristodícides de Assos (cerca de 600 ha na satrapia do Helesponto), do que também a cidade de Ílion tira proveito, visto que algumas aldeias de *laoí* têm de ser unidas a seu território cívico (final dos anos 270); ou sob forma de venda, como faz Antíoco II para a rainha Laódice em 254/3 (aldeia de Panos e terras aferentes na Frígia Helespôntica, perto de Cízico, por um montante de 30 talentos)[6]. As cidades e outras comunidades também estavam sujeitas a diferentes impostos e taxas, frequentemente ilustradas *a contrario*, pela atelia (isenção) que os soberanos concedem: pedágios, produtos do solo e outras – tais como a taxa sobre as colmeias, da qual Zêuxis isenta a cidade cária de Heracleia do Latmo por volta de 195 –, "ouro coronário", de que os judeus são dispensados por Antíoco III após a conquista da Cele-Síria (a expressão designa uma homenagem inicialmente espontânea que consiste em coroas e tende a tornar-se um imposto regular).

O reino de Pérgamo[7] é documentado principalmente quando a amizade romana lhe deu sua maior extensão, depois da paz de Apameia (188). Em primeiro lugar, é a própria Pérgamo o objeto de toda a atenção dos dinastas e, depois, dos reis. A cidade é dotada de instituições tradicionais: Assembleia, Conselho, prítane (e sacerdote de Filotero) epônimo; um dos postos sacerdotais mais importantes é o do estefanóforo (porta-coroa) dos Doze Deuses (e de Êumenes II). Mas, na realidade, os monarcas é que controlam os assuntos públicos, por intermédio do "preposto para a cidade" e dos cinco estrategos que eles têm o poder de nomear pessoalmente. Graças a um célebre documento de urbanismo, também é conhecido o corpo dos astínomos, encarregados da administração urbana[8]. No exterior, os atálidas parecem ter desenvolvido *grosso modo* a mesma política que os selêucidas, que, depois de um período inicial de bom relacionamento, se tornaram seus principais rivais: nomeação de altos funcionários, como Corrago, "estratego preposto para os distritos do Helesponto"; fundações estratégicas (cf. a colônia militar lídia de Apolônis, do nome da mãe de Êumenes II e de Átalo II, ou o porto de Ataleia, atual Antália, sob Átalo II); relações com os domínios sagrados (cf. o santuário gálata-frígio de Pessinunte). Segundo um ponto de vista bastante difundido, os atálidas passam por haver ado-

---

[6]. M. Sartre, *L'Anatolie hellénistique de l'Égée au Caucase (334-31 av. J.-C.)*, 2003, pp. 169-71.
[7]. Lembrete: Filetero (*ca* 281-263/2), Êumenes I (263/2-241), Átalo I Sóter (241-197, rei a partir de *ca* 238), Êumenes II Sóter (197-158), Átalo II Filadelfo (159-138), Átalo III Filométor (138-133).
[8]. M.-Chr. Hellmann, *Choix d'inscriptions architecturales grecques traduites et commentées*, 1999, nº 2.

tado uma atitude relativamente liberal para com os gregos (excetuadas as cidades vassalas, como Sardes e Éfeso), extraindo alguma popularidade de seu estatuto de campeões no combate aos gálatas. Mas estudos recentes lembraram que é preciso não se deixar enganar pelos discursos oficiais e relativizaram um pouco essa visão das coisas.

Também lhes é atribuído um forte controle sobre as riquezas do reino, por intermédio de uma fiscalidade rigorosa. Mas, se o rei, aqui como em outros lugares, é um ator do armazenamento, a existência de manufaturas régias (telheiras) continua muito discutida e aparentemente não havia monopólio, inclusive para as produções originais (cf. pergaminho). A família reinante foi poupada pelas brigas dinásticas; além disso, a propaganda régia empenhou-se em dotá-la de origens respeitáveis (segundo a tradição, que Estrabão repete, Filetero teria sido um eunuco): ligou-a a Télefo, filho de Héracles nascido na Mísia e cuja descendência teria se ligado aos troianos, o que proporcionou também um contato mítico com os romanos (eles próprios descendentes do herói troiano Eneias). Além da instituição de um concurso pentetérico em 182 (*Nikephoría*, Niceforias, em honra de Atena Nicéfora, "que traz a vitória"), a política de prestígio dos atálidas consistia principalmente em construções em locais de destaque (pórticos em Delfos e em Atenas), semelhantes aos monumentos grandiosos com que ornaram sua capital (capítulo seguinte).

As cidades

Na época helenística, as cidades continuam a ser o cenário habitual da vida dos gregos. Seu número aumentou devido às fundações e algumas delas tiveram então um grande desenvolvimento, bem como uma condição superior à que puderam alcançar na idade clássica, principalmente sob a autoridade de Atenas ou de Esparta. O modelo da cidade hegemônica, por sua vez, desapareceu, ainda que o caso ródio apresente um modesto avatar dela.

A questão das relações com os reinos (e depois com Roma) é uma das mais complexas. Seguindo Antígono o Zarolho, os soberanos – de origem macedônica – quase sempre procuram alardear seu filelenismo, ou seja, sua benevolência para com as cidades (*eúnoia*, que uma ficção diplomática faz entender como "dedicação"). Aliás, um bom relacionamento é do interesse das duas partes, pois as *póleis* se tornam então representantes locais da autoridade régia: por exemplo, em 188, Êumenes II concede o estatuto de cidade à comunidade frígia de Toriáin, já mencionada acima[9]. As cidades podem também tirar proveito da competição entre as monar-

---

9. M. Sartre, *L'Anatolie hellénistique de l'Égée au Caucase (334-31 av. J.-C.)*, 2003, pp. 92-3, com Ph. Gauthier, *Bulletin épigraphique, Revue des études grecques*, 112, 1999, pp. 680-2, nº 509.

quias para se saírem airosamente. Assim Atenas, jogando com seus trunfos estratégicos (Pireu) e com seu prestígio, recebe doações de Lisímaco e dos lágidas (especialmente trigo), mas também dos atálidas (pórticos de Êumenes II e de Átalo II) e dos selêucidas (Antíoco IV, que nela passara uma parte da juventude, reativa a construção do gigantesco templo de Zeus Olímpico, em estilo coríntio, confiada ao arquiteto romano Cossúcio). Assim Mileto tira partido de seu santuário de Apolo Didimeu para conseguir, no início do século III, donativos de Seleuco I e seu filho Antíoco, desejosos de manifestar a piedade devida à sua divindade tutelar, e passa habilmente de uma "aliança" para outra: a cidade divide-se entre Demétrio e Lisímaco de 301 a 281 e depois toma o partido de Ptolomeu II até a segunda guerra da Síria (*ca* 260-253), no início da qual reina o tirano etólio Timarco. Depois de Antíoco II libertá-la deste – o que lhe vale sua epiclese de *Theós* (Deus) – ela volta para o lado selêucida. Entra na órbita lágida, mas com grande autonomia, entre a "guerra laodiceia" (246-241) e 197, exceto durante um breve interlúdio antigônida por ocasião das operações militares de 201/0. A posição da cidade entre 197 e 190 é muito incerta; por fim, em Apameia, Mileto será declarada livre.

Os usos podem diferir de uma dinastia para outra (cf. acima sobre as pretensas liberalidades atálidas), mas as reais relações de força quase sempre limitam a margem de liberdade das *póleis* e restringem-na a uma simples autonomia. O grau de independência às vezes é medido pela capacidade militar, que acompanha a cunhagem de moedas próprias. Na prática, existe uma infinidade de situações particulares, desde a ausência total de tutela monárquica (Heracleia do Ponto) ou a aliança formal com um rei (praticada notadamente pelos selêucidas) até as mais autoritárias medidas, como o sinecismo entre várias cidades – medida na qual entretanto as populações podiam encontrar alguma vantagem. Por exemplo, Antígono o Zarolho decidiu, por volta de 303, transferir para Teos os habitantes de Lebedos, destruída por um terremoto, e em fins dos anos 290 Lisímaco fundou novamente Éfeso, dando-lhe o nome de Arsinoeia, em homenagem a sua esposa lágida, com a ideia de agrupar ali as populações de várias cidades da região (a totalidade ou parte desses projetos abortou). As relações entre o rei e a cidade também podiam depender das circunstâncias e dos primeiros contatos: assim, Sardes, que era a residência de Aqueu, foi reduzida à condição de cidade vassala e tributária por Antíoco III, depois de ser tomada e de o rebelde ser morto (*ca* 215-213); em seguida o rei aliviou seu fardo por meio de diversos favores, principalmente fiscais. A presença de uma guarnição e/ou de um epístata (governador régio) é o sinal mais tangível da sujeição: a própria Atenas é um exemplo famoso disso entre 263/2 e 255, antes de ser totalmente libertada em 229 (o Pireu, por sua vez, permaneceu nas mãos dos antigônidas de 295 até essa data, sem interrupção). Inversamente, Xantos da Lícia resiste ao cerco desse mesmo Antíoco em 197 e extrai disso um estatuto vantajoso.

Época helenística

Algumas cidades chegam a preferir um sacrifício heroico a caírem em poder de um soberano; é o caso de Abidos ante Filipe V em 200 (*supra*, cap. 20)[10]. As cidades costeiras ou insulares têm ademais de combater os piratas, contra os quais se auxiliam mutuamente; e ainda precisam levar em conta os bárbaros, como os gálatas na Ásia e, entre muitos outros, os citas no Ponto (*supra*, cap. 14). Devido à multiplicidade de perigos, a cultura militar é desenvolvida entre os cidadãos, no ginásio (capítulo seguinte), visto que as finanças só permitem recorrer aos mercenários como força auxiliar. Aliás, as guerras entre cidades continuam como nos bons e velhos tempos, por causa de um fortim ou um santuário fronteiriços, ou de um pedaço de território contestado (por exemplo, entre Apolônia do Ponto, apoiada por Istro, e Mesêmbria, na primeira metade do século II, ou entre Mileto e Magnésia do Meandro nos anos 180). Empenham-se em manter as muralhas em bom estado e em organizar a guarda: as cidades mais ricas conservam uma frota, quase sempre modesta (Heracleia do Ponto, Éfeso, Mileto etc.; sobre Rodes, cf. abaixo).

As instituições habitualmente são do tipo democrático, no sentido mais amplo do termo, o que exclui a presença de um tirano geralmente apoiado por uma potência externa (ver principalmente a política feita por Antígono Gônatas). Mas existem infinitas variações. Uma página célebre de Políbio (XXXVI 17, 5-12) descreve o declínio demográfico e a oligantropia (falta de cidadãos) que atingem a Grécia, e a documentação epigráfica mostra que algumas cidades, como Farsália, na Tessália, optaram por incorporar novos cidadãos (politografia), principalmente entre os penestas (*supra*, cap. 9), gradualmente libertados, segundo parece, a partir da segunda metade do século III. Entretanto, a amplitude real desses fenômenos ainda é debatida e em outras regiões a situação está longe de ser catastrófica, especialmente no Epiro, na Macedônia e nos diversos locais de destino da emigração. Em todo caso, a participação política continua muito grande e o desenvolvimento do evergetismo aparentemente não muda isso em nada.

O termo *evergeta* (cf. *supra*, cap. 18) designa os benfeitores, estrangeiros (reis, cidadãos de outras cidades e depois romanos "comuns benfeitores") ou cidadãos – estes geralmente com responsabilidades oficiais, o que de certo modo os torna substitutos dos antigos liturgistas. Os evergetas assumem algumas despesas, das quais aliviam as finanças públicas (compra de cereais, fornecimento de azeite, soldo das tropas, trabalhos editilários etc.); também podem obter dos reis e posteriormente de Roma condições favoráveis (por exemplo, isenção de acantonamento militar) ou donativos (cereais, dinheiro), tirando proveito de suas relações com um *phílos* régio ou com um magistrado romano. Sua munificência é recompensada por um decreto que lhes confere todo um conjunto de honrarias (elogio público, coroa, refeições no pritaneu, estátua)

---

10. Políbio XVI, 30-34.

e de privilégios, como a *proedría* (lugar de honra no teatro ou outro local) e, para os estrangeiros, a proxenia (*supra*, cap. 12), a *aspháleia* (salvo-conduto), a asilia (garantia contra os arrestos da pessoa e dos bens, principalmente em casos de represálias), o acesso à assembleia, a atelia (isenção de taxas), a *égktesis* (direito de adquirir bens imóveis), a *epinomía* (direito de pastagem) e mesmo a *politeía* (cidadania potencial, para o caso de virem a instalar-se na cidade: *supra*, cap. 18). Em virtude do princípio de doação e contradoação, os benfeitores recebem uma justa gratificação, ao mesmo tempo que são incitados a continuar no mesmo caminho; além disso, a gratidão do povo, proclamada por ocasião das festas e afixada em locais de destaque (são as estelas que lemos ainda hoje), supostamente suscitava a emulação. Pelos considerandos que expõem o motivo do decreto sabemos dos altos feitos de Cálias ou de Filípedes de Atenas[11], de Bulágoras de Samos[12] ou de Protógenes de Ólbia. Muitos consideram que essa classe de ricos notáveis, solicitada cada vez mais frequentemente e para donativos cada vez mais consideráveis, acabou constituindo, a partir do século II aproximadamente, uma espécie de oligarquia de fato, no contexto de instituições que por outro lado conservavam seu aspecto democrático ("grandes benfeitores" substituindo parcialmente os reis, como Mósquion ou Crates em Priena, Polemeu ou Menipo em Cólofon, Diodoro Pasparo em Pérgamo, Teófanes de Mitilena ou Teopompo de Cnido: nota-se que a Ásia, particularmente maltratada pela pressão fiscal e pelas guerras civis romanas, está bem representada). Também há mulheres que se tornam ilustres, como Arquipa, em Cima, na Eólida, que manda reconstruir o *bouleutérion* e edificar um templo de *Homonoía* (a Concórdia)[13], ou Épia, que assume em Tasos vários encargos religiosos abandonados por serem excessivamente onerosos. Na época baixa, a patronagem romana soma-se a essas práticas.

Essa evolução se deve em grande parte às dificuldades financeiras que as cidades atravessam. A principal preocupação continua a ser o abastecimento: daí uma atenção especial para o território e a nomeação de *sitônai*, magistrados encarregados da compra pública de cereais. As despesas mais pesadas dizem respeito ao funcionamento do ginásio (capítulo seguinte) e à defesa da comunidade em geral, principalmente às fortificações: nos anos 205-201, a cidade de Cós junta um pouco mais de 150 mil dracmas "para que fique claro que em todas as circunstâncias os cidadãos se unem para se encarregar da segurança comum"[14]. As fontes tradicionais de rendimentos subsistem (impostos, taxas variadas), mas outras aparecem ou estão particularmente bem documentadas. Podem-se citar as vendas de sacerdócios (volumoso dossiê em Cós), as

---

11. J.-M. Bertrand, *Inscriptions historiques grecques*, 1992, nº 86 e 94.
12. J. Pouilloux, *Choix d'inscriptions grecques*², 2003, nº 3.
13. I. Savalli-Lestrade, "Archippè de Kymè, la bienfaitrice", *in* N. Loraux (ed.), *La Grèce au féminin*, 2003, pp. 247-95.
14. L. Migeotte, *Les Souscriptions publiques dans les cités grecques*, 1992, nº 50; Ph. Gauthier, *Bulletin épigraphique, Revue des études grecques*, 115, 2002, p. 687, nº 320.

Época helenística

subscrições públicas, que são antes um sinal de prosperidade, ao contrário dos empréstimos ou da venda da cidadania (rara) em período de crise. As fundações estão exemplificadas principalmente no âmbito escolar, em Mileto[15], Teos ou Delfos; servem em primeiro lugar para pagar um salário (geralmente modesto) aos professores de música (citaristas), de letras (gramatistas) e de ginástica (pedótribas), depois de estes serem recrutados pela Assembleia, eventualmente sob responsabilidade do pedônomo (magistrado encarregado da infância: a época se caracteriza por uma preocupação maior com a juventude e por melhor acesso à instrução, inclusive para as meninas). Apesar de tudo, deve-se destacar que subsistem numerosos sinais dessa prosperidade à qual Políbio imputava a queda da natalidade, inclusive no Peloponeso, que passa por ser uma das regiões menos favorecidas (cf. as escavações em andamento em Messena, que revelam um espetacular programa edilitário). Muito particularmente na Ásia Menor, as construções prestigiosas prosseguem. Os templos do arquiteto Hermógenes, inventor do "eustilo", atestam-no: por exemplo, o de Ártemis Leucofriena em Magnésia do Meandro, que cria também um concurso pentetérico em 208/7, seguindo nisso o exemplo de Cós (reforma do santuário de Asclépio e festa das Asclépias, instituída em 242/1).

Rodes, a mais próspera de todas, ocupa um lugar de destaque no conjunto das nações. A cidade foi constituída por volta de 408, do sinecismo das três antigas cidades dóricas da ilha: Ialisos, Camiros e Lindos, às quais se juntam algumas ilhas vizinhas e um território continental, a pereia. Na época helenística, ela deve seu prestígio à valorosa resistência ao cerco do Poliorceta em 305/4. Dotados de sólidas tradições militares (cf. Mêmnon contra Alexandre: *supra*, cap. 17), os ródios dispõem principalmente de uma frota respeitável: cerca de 30 a 60 navios, especialmente unidades leves e rápidas, tais como aquelas triemiólias que já deram margem a muitos debates, provavelmente criadas para a guerra de corso. Assim, eles se impuseram como especialistas no combate aos piratas, principalmente cretenses (cf. as duas guerras feitas no final do século III e pouco antes da metade do século II). Ainda hoje lemos as numerosas inscrições dedicatórias deixadas pelas flotilhas ródias que então coalhavam o Egeu; entretanto as pesquisas mais recentes revisaram para menos essa atividade e principalmente sua eficácia. Em todo caso, foi para Rodes que em 220 se solicitou uma intervenção contra Bizâncio, que havia instaurado taxas sobre o tráfego pelo Estreito. As quadrirremes e pentarremes – navios mais pesados e bem protegidos, ditos "catafractos", por oposição aos "afractos" – forneciam também um reforço considerável em caso de batalha campal. Assim, em Quios no ano 201, em que os ródios combatem Filipe V ao lado de Átalo, Políbio destaca o senso tático e o heroísmo de seu navarca

---

15. M. Sartre, *L'Anatolie hellénistique de l'Égée au Caucase (334-31 av. J.-C.)*, 2003, pp. 130-1.

(almirante) Teofilisco e a habilidade de manobra das tripulações, majoritariamente compostas de cidadãos. Essa frota também desempenha um papel decisivo contra Antíoco III no final dos anos 190: a célebre Vitória de Samotrácia, apresentada como figura de proa de um navio ródio, comemora um dos feitos heroicos de então.

Diodoro descreve a constituição como uma das melhores da época. É do tipo democrático moderado, entretanto com forte influência do que alguns chamaram de "uma aristocracia naval". Além disso, a vida associativa é particularmente desenvolvida. A prosperidade de Rodes, graças à qual desempenhava os principais papéis no Egeu (no final do século III, as despesas mensais de funcionamento de uma trirreme em tempo de guerra chegam a 10 mil dracmas), devia-se à sua situação vantajosa e às ligações privilegiadas com o Egito lágida, mas também às produções próprias. Assim, o vinho ródio era transportado em ânforas encontradas em grande quantidade principalmente em Alexandria, no Egeu e no mar Negro, antes de um declínio parcial (com exceção de Alexandria e do Levante sul) na segunda metade do século II, época em que se distinguem outros centros exportadores, como Cnido. Rodes também ficou célebre por haver elaborado um código marítimo que se manteve como referência no império romano e mesmo muito depois (*Lex Rhodia*). Também se fortaleceu devido a uma hábil política externa. Isso lhe valeu, por exemplo, a generosidade de todos por ocasião do terremoto de 227. Habitualmente solicitados como árbitros ou como mediadores, os ródios souberam conquistar a amizade romana e ganharam em Apameia um aumento de sua pereia na Cária e na Lícia, antes de inépcias diplomáticas fazerem-nos perder essa vantagem, em 167 (*supra*, cap. 20). Rodes, ornada de soberbas construções (cf. a acrópole de Lindos, com efeitos de perspectiva à moda pergamena), era famosa também por sua escola de escultura e por ser um centro intelectual de alto nível (capítulo seguinte). Não se pode evitar um paralelo com Atenas: depois de contribuir para o enfraquecimento ateniense (guerra dos aliados em 357-355: *supra*, cap. 15), em certa medida Rodes tomou o lugar de Atenas no Egeu no século III e principalmente no início do século II (protetorado sobre os insulares, com Tenos e seu santuário de Poseidon e de Anfitrite como novo centro). Declinou em proveito da outra depois de Apameia, devido às decisões romanas (Delos como porto franco sob administração ateniense). Os papéis inverteram-se novamente por ocasião da primeira guerra mitridática: ao passo que os atenienses se entregaram ao rei do Ponto, os ródios reviveram os arrebatamentos heroicos de 305/4. Esses foram, dos séculos IV a III, os destinos cruzados de duas das mais ilustres representantes da *pólis* grega.

As relações diplomáticas entre as cidades, bem ilustradas pelas inscrições, são particularmente intensas, como em Creta, onde as *póleis* firmam múltiplos tratados e ao mesmo tempo se entredestroem sem descanso (ver, por exemplo, a guerra opondo Litos a Cnossos e Gortina por volta de 220). Os frequentes intercâmbios de embaixadas muitas vezes dão motivo para uma evocação dos laços de parentesco míticos (*syggéneia*). Os *sýmbola*, convenções judiciárias bilaterais (asilia das pessoas, extradição etc.), são especialmente procurados junto aos Estados que praticam a pirataria, como os etólios (convenções com Quios, Mitilena, Ceos etc.). Deve-se citar também a asilia territorial, que beneficia as cidades que possuem um santuário renomado; ela supostamente as coloca a salvo das agressões, especialmente dos arrestos em represália, o que lhes permite acolher os refugiados, na medida em que os aceitarem: possuímos, por exemplo, as respostas favoráveis recebidas de todo o mundo grego por Cós e Magnésia do Meandro quando elas instituem os concursos pentetéricos mencionados acima. Conhecemos também a isopolitia (intercâmbio global da cidadania potencial, como entre Xantos e Mira, na Lícia, no século II[16]), e a simpolitia ou adoção de uma cidadania e de um regime em comum, que em geral acompanha a absorção de uma cidade pequena por outra maior (cf. Pidasa e Mileto pouco depois de 188); mas na realidade o termo pode abranger situações muito diversas (uma variante é a homopolitia, como entre Cós e a vizinha ilhota de Calimna, pouco antes de 200). A prática da arbitragem, em que os ródios se destacam, também está bem documentada, especialmente no caso de litígios territoriais. Por fim, a utilização de juízes estrangeiros é uma das grandes originalidades do período: uma cidade pode recorrer a eles em caso de bloqueio de suas próprias instâncias judiciárias, solicitando a uma cidade amiga, frequentemente próxima, que lhe envie temporariamente de um a cinco juízes e um secretário, não pertencentes à comunidade e portanto imparciais. Depois de cumprirem sua tarefa, esses tribunais estrangeiros são devidamente gratificados com um decreto honorífico[17]. Tudo isso são manifestações do dinamismo e da inventividade políticos dos gregos dessa época, de que o federalismo oferece mais um exemplo.

As ligas

Já há muito tempo existem ligas na Grécia (*supra*, cap. 9), constituídas em torno de um núcleo étnico homogêneo, especialmente na Grécia central e setentrional (Beócia e Tessália), mas também no Peloponeso (Arcádia). Alguns desses *koiná* antigos perduram na época helenística, com flutuações devidas à sua evolução interna e também ao contexto internacional. Assim, na Beócia, ainda que Cassandro tenha decidido reconstruir Tebas em 315, o terceiro

---

16. Ph. Gauthier, "Inscriptions du Létôon de Xanthos", *Revue des études grecques*, 107, 1994, pp. 319-47.
17. Cf. em Samos, J. Pouilloux, *Choix d'inscriptions grecques*², 2003, nº 21.

koinón já não privilegia tanto a cidade, que só é reintegrada nele por volta de 287, e proporciona uma representação melhor aos outros membros (cf. *supra*, cap. 15). Na época helenística, o federalismo tem grande desenvolvimento nas regiões montanhosas do norte e do noroeste (Epiro, Etólia), pois se adapta melhor às suas populações de pecuários transumantes, menos sedentarizados: fala-se de *éthne* (plural de *éthnos*), que vivem em aldeias (*katà kómas*) e formam conjuntos às vezes muito complexos (ver a "pirâmide de grupos étnicos" epirotas, com suas instituições surpreendentemente sofisticadas, que P. Cabanes analisa). Porém isso não significa que a *pólis* esteja ausente. Assim, na Etólia, ao lado dos *éthne* do interior que formam distritos tribais (apodotos, euritanos, agreus etc.), o sul do país, à beira do golfo de Corinto, conhece uma urbanização mais intensa. Os avanços do federalismo explicam-se também pela necessidade de se unirem para resistir melhor às grandes potências monárquicas, como na Grécia central sob dominação etólia ou no Peloponeso com os aqueus.

As instituições aqueias, que Políbio elogia não imparcialmente, têm sido objeto de muitas discussões. No Peloponeso a *pólis* é uma tradição pregnante, e a superposição desses dois níveis, político e federal, complica a análise. A liga contribuiu para uma forma de unificação (leis em comum, uso dos mesmos pesos e medidas), e a noção de cidadania federal existe ali, mas o indivíduo permanece acima de tudo cidadão de sua cidade de origem. Fazer parte do *koinón* dá ainda o direito de delegar às suas instâncias (*ekklesía, boulé, sýnodos* e *sýgkletos*, das quais a natureza e as atribuições respectivas continuam controversas) e de nelas eleger os magistrados federais (estratego, como Arato ou Filopêmen; hiparca, como Políbio). Entre os etólios é encontrado aproximadamente o mesmo tipo de órgãos: o magistrado supremo (e epônimo) é também o estratego, assistido por um hiparca; há também um secretário, um agonóteta que supervisiona a organização dos concursos, e tesoureiros. O conselho (*synédrion* ou *boulá*) era eleito anualmente, na proporção direta dos contingentes militares fornecidos por cada comunidade; quando a Confederação atingiu sua maior extensão, ele foi dotado de uma comissão permanente, os apocletas. As assembleias primárias reuniam-se duas vezes por ano: no outono, por ocasião da festa das Térmicas, celebrada no santuário federal de Termos, quando eram eleitos os magistrados, e na primavera, num lugar variável (Pan-Etólicas). Moedas federais eram emitidas, principalmente em ligação com as despesas militares, como entre os aqueus. Em virtude de uma relação de simpolitia particular entre as comunidades anexadas, um cidadão da cidade lócria de Naupacto se tornava, por exemplo, um *etólio* de Naupacto, e a grande capacidade de assimilação do *koinón* permitiu-lhe englobar boa parte da Grécia central. Por isso se encontram, entre outros, lócrios ou eteus (região de Heracleia Traquínia) nos postos-chave. Valendo-se do prestígio alcançado com a vitória sobre os gálatas (criação do concurso pan-helênico das Sotérias

Época helenística

em meados do século III), utilizando a velha Anfictionia délfica e dispondo, com a pirataria, de um eficiente meio de pressão, representados ademais por mercenários na maioria dos exércitos, os etólios foram um agente ativo e frequentemente perturbador das relações internacionais, até serem rebaixados por Roma (*supra*, cap. 20). A respeito deles, entretanto, é preciso ter em conta as circunstâncias, principalmente a grande hostilidade de Políbio (cf. a figura pitoresca de Dicearco, pirata feroz e cínico a serviço de Filipe V e que, segundo o historiador, erguia altares à Impiedade e à Iniquidade em todo lugar onde aportava: XVIII 54, 8-11). Portanto, hoje a tendência é relativizar a amplitude das malfeitorias dos etólios.

Apesar das medidas restritivas tomadas pelos romanos depois da guerra da Acaia, as ligas locais reconstituíram-se rapidamente, o que prova a vitalidade desse movimento (capítulo anterior). Aliás, o federalismo tem na época helenística muitos outros avatares, sobre os quais é impossível nos alongarmos aqui: além da ressurgência das simaquias (alianças) a serviço dos reis (liga de Antígono e Demétrio em 302, liga helênica de Dóson em 224, nesiotas), podemos citar as confederações religiosas de tipo anfictiônico, como a de Atena Ília (em torno do santuário de Ílion), agrupando as cidades da Tróade, ou o antigo *koinón* dos jônios (*supra*, cap. 10), que conta com o apoio de Lisímaco e de Êumenes II. Esse modelo se estende às regiões helenizadas, como a Cária (liga religiosa dos crisorianos em torno do culto de Zeus Crisaor) ou a Lícia, cuja federação é bastante bem conhecida depois de libertar-se da tutela ródia, em 167 (cf. o decreto para Ortágoras de Araxa[18]). Também aqui se pode observar o vigor das instituições gregas, que se impõem às populações helenizadas. Essa constatação nos convida a considerar a extraordinária profusão da civilização helenística, sob alguns de seus aspectos mais notáveis.

---

18. J. Pouilloux, *Choix d'inscriptions grecques*², 2003, nº 4 (outra tradução comentada em M. Sartre, *L'Anatolie hellénistique de l'Égée au Caucase (334-31 av. J.-C.)*, 2003, pp. 204-5).

Capítulo 23

A CIVILIZAÇÃO HELENÍSTICA

O helenismo, que dá seu nome a este período porque é nele que foi mais extenso, qualifica uma língua, costumes, um gênero de vida (cf. Heródoto VIII, 144: *supra*, cap. 10). Apesar da tormenta política e do estabelecimento da dominação romana, os três últimos séculos da história grega são os do triunfo de uma cultura, suntuosamente representada por Alexandria. Nessa perspectiva, os intercâmbios entre gregos e não gregos são uma questão central: já nas origens, o verbo *hellenízein*, "falar grego", aplica-se a bárbaros e portanto qualifica um processo de aculturação. Mas o alargamento do mundo e a internacionalização da história também têm consequências sobre os comportamentos religiosos, a economia, a sociedade. São esses diversos aspectos – em que não inevitavelmente se observarão semelhanças com algumas características de nossa época – que abordaremos aqui, solicitando não só as fontes textuais, simultaneamente abundantes e dispersas, mas também a numismática e a arqueologia, que revelam dados muito valiosos.

Gregos e não gregos

O contato entre gregos e bárbaros não é um fato novo: a colonização arcaica já havia multiplicado as ocasiões (*supra*, cap. 8). A conquista de Alexandre aumentou a difusão do helenismo, embora nem sempre seja fácil avaliar o fenômeno em sua profundidade: nossas fontes favorecem naturalmente as elites e os documentos escritos. Assim, as línguas cária e lícia praticamente não deixam vestígios escritos depois do século IV, mas tudo leva a crer que continuam a ser faladas. Chipre conserva por algum tempo seu antigo silabário e a Mesopotâmia guarda sua cultura milenar à margem das comunidades gregas que nela se estabeleceram. Em contrapartida, é impressionante constatar que o modelo da *pólis*, às vezes sob o termo derivado *políteuma*, se torna a referência em comum: por exemplo, entre os habitantes de Toriáion, que recebe de Êumenes II o estatuto de cidade pouco depois da paz de Apameia, figuram gálatas, que Tito Lívio chama de "galo-gregos". Uma inscrição recentemente publicada revelou na Pisídia, numa região que é tida como uma das mais encravadas e fechada às influências externas,

Época helenística

uma nova cidade, Angeira[1]. A mesma constatação será feita a respeito da Capadócia: Hanisa, herdeira de uma implantação hitita e depois assíria, possui no final do século II instituições gregas e um santuário de Zeus Sóter, mas também um de Astarté, sendo que a onomástica (estudo dos nomes) revela ali uma população muito variada (antropônimos semíticos, iranianos, gregos etc.)[2]. Já nos anos 260, as aldeias de Neoteikhos e de Kiddiokome, na Frígia, mandam transcrever, de forma perfeitamente canônica, o decreto pelo qual manifestam seu reconhecimento a dois benfeitores, Banabelos (nome semítico) e Lácares (nome grego), orgulhando-se de mostrar que sabem observar as boas práticas do helenismo[3]. A cidade constituiu um dos vetores mais eficientes deste, principalmente por meio do ginásio (cf. abaixo). A rebelião nacional dos lícios contra Rodes depois de Apameia não impede esses mesmos lícios de adotar a organização política caracteristicamente grega do *koinón* (capítulo anterior). Os próprios reis de ascendência bárbara proclamam solicitude para com os gregos e sua cultura, principalmente se fazendo chamar de "filelenos": por exemplo, o parta Mitridates I Ársace III (*ca* 140), o nabateu Aretas III (*ca* 75), Antíoco I de Comagena ou Tigranes da Armênia (*ca* 65).

O cosmopolitismo é uma das características marcantes da época, particularmente em Alexandria ou na Delos do século II, fazendo conviverem gregos, italianos, fenícios, sírios, judeus, egípcios etc. Os horizontes misturam-se e também recuam, às vezes de modo impressionante. Assim, nos confins do império de Alexandre, o soberano máuria Asoka (*ca* 269-233), herdeiro de uma dinastia com a qual no final do século IV Seleuco I mantivera relações interesseiras (elefantes de guerra), não deixa de publicar seus "editos" em grego e neles mencionar os reis contemporâneos, inclusive Magas de Cirene e Alexandre II do Epiro: isso faz parte de sua propaganda depois de conquistar a região de Calinga, no golfo de Bengala, e de converter-se ao budismo, pouco antes do meio do século III[4]. Duas inscrições dos séculos III e II, recentemente publicadas, confirmam o vigor do helenismo até no Tadjiquistão e o alto grau de helenização de algumas elites indianas (lá os *Yavana*, ou seja, os gregos, têm fama de homens de saber)[5]. As escavações francesas do sítio de Ai-Khanum, à beira do Oxos (Amu Daria, no atual Afeganistão), revelaram um teatro e um ginásio, máximas délficas gravadas no heroo (*herôon*) de um eminente benfeitor da cidade (seu fundador?), Cíneas, e também um palácio associando as concepções arquitetônicas gregas e mesopotâmicas, além de templos de tradição iraniana. A

---

1. J. Bousquet, Ph. Gauthier, "Un juge de Xanthos à Angeira de Pisidie", *Revue des études grecques*, 106, 1993, pp. 12-23.
2. M. Sartre, *L'Anatolie hellénistique de l'Égée au Caucase (334-31 av. J.-C.)*, 2003, p. 94.
3. A. Bielman, *Retour à la liberté. Libération et sauvetage des prisonniers en Grèce ancienne*, 1994, nº 23.
4. J. Pouilloux, *Choix d'inscriptions grecques*[2], 2003, nº 53; J.-M. Bertrand, *Inscriptions historiques grecques*, 1992, nº 97.
5. P. Bernard, G.-J. Pinault, G. Rougemont, "Deux nouvelles inscriptions grecques de l'Asie centrale", *Journal des savants*, 2004, pp. 227-356.

cidade é destruída aproximadamente no mesmo período em que se desvanece a autoridade grega na Bactriana, cujo último grande soberano, Eucrátides I, é assassinado por volta de 145: além de as bases da dinastia aparentemente terem se tornado frágeis (o próprio Eucrátides derrubara os eutidêmidas: *supra*, cap. 20), deve-se ver isso como consequência da expansão parta e da pressão de novos invasores, entre os quais nômades provenientes da Ásia central chinesa, conhecidos pelo nome de yuezhis (145-130). Ao sul do Hindu Kuch perduram reinos indo-gregos que se mostram particularmente fecundos, embora as etapas de sua constituição e sua extensão ainda sejam discutidas (classificação e papel respectivo dos soberanos, especialmente o do eutidêmida Demétrio I, por volta de 200-190, e depois o de Menandro, no processo de conquista desenvolvido sobre as ruínas do império máuria). A numismática fornece aqui uma parcela muito importante das informações. Assim, já nos anos 180 Agátocles cunha tetradracmas de peso ático, mas em Táxila, a leste do Indo, suas moedas quadrangulares de peso local com legendas bilíngues destinam-se a seus súditos indianos. Nessas paragens, a maior figura da época é o rei Menandro Sóter (*ca* 155-130): nascido em Alexandria do Cáucaso (Bagram), foi rival de Eucrátides; avançou até o Ganges e deu seu nome, na forma Milinda, a uma obra literária indiana que evoca sua conversão ao budismo. A arte greco-búdica de Gandhara restituirá ao longo de vários séculos estátuas notáveis, embora o poder grego desapareça pouco antes do meio do século I a.C.

É o Egito que restitui a documentação mais abundante sobre as relações entre gregos e nativos. Já desde muito tempo os egípcios estavam habituados a um poder estrangeiro, o dos aquemênidas, e conheciam os gregos desde a época arcaica. Receberam bem Alexandre e adaptam-se à presença greco-macedônica, principalmente limitada às cidades do baixo Egito e especialmente a Alexandria. Segundo algumas estimativas, a proporção de imigrantes na população total do país – cuja avaliação, por sua vez, varia muito (menos de 5 milhões de habitantes?) – alcançava entre 10% e 15%; outros aventam a proporção de um grego para cada cinco egípcios aproximadamente, mas ainda seria preciso distinguir entre gregos natos e bárbaros helenizados, como os trácios, muito numerosos. Seguindo o exemplo de Alexandre, Ptolomeu I apoiou-se nas elites egípcias e além disso reforçou seu exército com tropas locais. Considera-se geralmente que é para instruir os novos soberanos sobre a história milenar do país e de seus faraós que o egípcio helenizado Mâneto de Sebenitos (no Delta) compõe sua obra *Aegyptiaka*. Mas a impressão dominante é de que coexistem no país dois mundos distintos – fenômeno simbolizado pela proibição de casamentos mistos nas três cidades (Alexandria, Náucratis, Ptolomaida) e pela discriminação judiciária: ao passo que existem muitas instâncias mistas para os casos envolvendo gregos e egípcios (*koinodikía*), é surpreendente o fato de haver tribunais reservados aos gregos (*dikastéria*) e outros aos egípcios (*laokrítai*); tanto uns como outros são pouco a pouco suplantados na *khóra* pelos juízes régios (*khrematistikaí*, primeiro itinerantes e depois estabelecidos nos nomos). Sucessores dos faraós, os soberanos lágidas são os únicos verdadeiramente responsáveis pela unidade do país, vistos como o supremo recurso e recebendo as petições (*enteúxeis*) de qualquer pessoa, por intermédio dos funcionários régios. No século III, estes tratam da maioria delas e são pessoalmente solicitados por meio de requerimentos em forma de memorando (*hypomnémata*), especialmente a partir do final do século.

É principalmente na *khóra* que a coabitação pode ser difícil, principalmente devido às possessões clerúquicas concedidas aos soldados greco-macedônios (capítulo anterior). É verdade que depois de Ráfia cada vez mais *mákhimoi* egípcios podem ser beneficiados com elas e que os clerucos gregos geralmente preferem instalar-se nas aglomerações, arrendando a exploração de sua propriedade. Mas resta para os camponeses egípcios a obrigação do *státhmos* (acantonamento), em virtude da qual têm de alojar clerucos e funcionários em trânsito e que provoca muitos protestos. Os arquivos de Zênon, em meados do século III, refletem o menosprezo com que os gregos consideram os nativos, obrigados a aprender alguns rudimentos da língua do vencedor. É difícil avaliar o bilinguismo fora do alto clero e da administração, em que os nativos são numerosos em escala local (cf. o basilicogramata, que, substituído nas aldeias pelos comogramatas, assiste o estratego e o ecônomo para os documentos em demótico, sendo que estes o designam como "escriba do faraó"; a partir da segunda metade do século II, passa a ser obrigatório registrar os contratos demóticos com um resumo em grego).

A literatura egípcia apocalíptica (cf. *O oráculo do oleiro*), que parece anunciar e convocar com seus votos o fim do regime, na realidade é de interpretação controversa e permanece relativamente marginal. O que exacerba os conflitos são principalmente as dificuldades dinásticas e econômicas que se acumulam a partir do século II, embora seja difícil fazer a separação entre as ambições pessoais, as aspirações nacionais ou religiosas e os aspectos sociais (cf. as maquinações de Dionísio Petosarápis, as revoltas do alto Egito e os distúrbios nos campos: *supra*, caps. 21 e 22). Não é muito mais fácil avaliar o papel de um clero heterogêneo e cujas elites, compartilhando muitos interesses com o poder, têm um comportamento específico, preferencialmente legalista. Aliás, nota-se que a aculturação, se é indiscutível entre as elites egípcias, desenvolve-se também na base da escala social, em que uma mesma condição aproxima os pequenos camponeses gregos dos felás (casamentos mistos na *khóra*, cuja frequência porém ainda é muito discutida entre os especialistas; adoção dos costumes funerários locais). Interessantes arquivos familiais restituídos pelos papiros revelam uma sociedade amplamente mestiçada, principalmente no alto Egito. Mas, desta vez, muitos sinais sugerem que são os gregos que sofrem a influência dos egípcios, cujos hierogramatas (escribas sagrados) conservam escrupulosamente as tradições dentro das "casas de vida" localizadas nos templos. Isso se verifica principalmente pelo sincretismo religioso visível em alguns monumentos: assim, em fins do século III encontra-se um belo exemplo de hibridação cultural na estela funerária do magnésio Dífilo, filho de Tearo, que exibe o disco solar alado acima da múmia do morto e uma cena de oferenda à moda egípcia (sobre o que se convencionou chamar de "egipcianização" da dinastia, ver o capítulo anterior)[6]. Definitivamente, a variedade dos conceitos utilizados pelos modernos (aculturação, sincretismo, coexistência, transferências etc.) revela a grande dificuldade de captar em toda sua complexidade esse universo multicultural que as fontes ainda só esclarecem muito parcialmente.

A questão judia, bem documentada, tão particular e entretanto tão reveladora da desagregação do império selêucida, constitui também uma boa ilustração dos sucessos e limites do modelo grego. *Éthnos* governado por um sumo sacerdote e um conselho de anciãos, tributário mas gozando de alguma autonomia sob os lágidas (cf. as liberalidades de Ptolomeu II), os judeus receberam bem Antíoco III quando ele conquistou a região em 200, o que lhes valeu diversos favores régios. Porém há na população uma grande heterogeneidade e numerosas tendências religiosas, desde as elites helenizadas, como a família dos tobíadas, até as camadas modestas sujeitas à influência dos escribas exegetas da Torá, em que são recrutados os hassidianos (*hassidim,* piedosos). A própria aristocracia sacerdotal é dividida por facções rivais. É nesse contexto – como reação contra uma vigorosa política de helenização executada em Jerusalém pelos judeus "helenistas" a partir de 175 (criação de uma *pólis*, construção de um ginásio) e após um confisco dos tesouros do Templo por Antíoco IV entre as duas campanhas da sexta guerra da Síria – que tem início uma revolta popular, sufocada pelo rei e seguida de perseguições: o Templo é colocado sob invocação de Zeus Olímpico e o edito régio de 167 intima os judeus a abandonar a Lei e adotar costumes gregos. Eclode então a guerra de libertação nacional comandada por Judas Macabi ("revolta dos macabeus"), que resulta na purificação do Templo e num acordo com Lísias, regente do jovem Antíoco V (164/3). Judas morre em 161/0 e seu irmão Jônatas sucede-o. Sabendo tirar o melhor partido das incessantes brigas dinásticas selêucidas (principalmente sob os dois Demétrios e Alexandre Balas: *supra*, cap. 21), em 152 Jônatas obtém o título de sumo sacerdote. É assassinado por Diódoto Trífon, mas sua ação é prolongada pela constituição de um Estado independente, de religião judaica embora apresente muitas características em comum com as monarquias helenísticas (143/2: dinastia asmonia-

---

6. G. Wagner, "Inscriptions grecques d'Égypte", *Bulletin de l'Institut français d'archéologie orientale*, 72, 1972, pp. 159-60 e grav. XLI.

na com Simão até 135/4, João Hircano até 104, Aristóbulo em 104-103, que toma o título de *basileús*, a menos que se trate de Alexandre Janeu, que reina entre 103 e 76, sucedido por sua viúva e depois por seus dois filhos que se enfrentam, Hircano II e Aristóbulo II). Apesar das vitórias da expansão territorial acompanhada de uma política de judaização forçada, essa dinastia de aparência excessivamente grega acaba suscitando violenta oposição do povo e dos fariseus (herdeiros dos *hassidim*), por fim associados ao poder antes de Pompeu apoderar-se de Jerusalém. A monarquia então é abolida e restabelece-se para Hircão II a antiga função de sumo sacerdote/etnarca de um território tributário (63). Como se pode ver, o elemento religioso é representativo da complexidade do mundo nascido da conquista de Alexandre.

Religiões

Mencionamos no capítulo anterior a implementação dos cultos régios, seguindo diretamente o que Alexandre solicitara: em nível local, especialmente nas cidades, ou como um culto estatal oficial, bem exemplificado entre os lágidas e os seleucidas. Este último fenômeno teve diversas etapas e diversas modalidades de aplicação, dependendo da dinastia; os antigônidas a partir de Gônatas permanecem refratários (o que não impede que o próprio Gônatas possa ter recebido localmente honras divinas, como em Atenas), ao passo que recentemente se reativou o debate sobre a especificidade do caso atálida (papel particular da capital, Pérgamo, onde essas homenagens têm a ver com um culto "cívico"; apoteose *post mortem* e possível culto "estatal" estendido ao reino, que seria supervisionado por um *arkhiereús*, sumo sacerdote herdado dos seleucidas com a Ásia Menor, depois de Apameia). Na perspectiva monárquica, tratava-se de um instrumento político de consolidação do poder e de unificação do reino, com relação tanto aos gregos como aos nativos (no Egito principalmente). Consideremos agora essa prática na perspectiva da religiosidade grega. De fato, estamos lembrados de que as cidades desempenharam um grande papel no processo, tomando a iniciativa de atribuir honras cultuais. O caso da rainha Laódice, venerada em várias cidades antes de receber um culto oficial em todo o reino, por decisão de seu esposo, Antíoco III, é particularmente bem ilustrado pelas inscrições entre 213 e 193[7]. Mas já foi assim que agiram os habitantes de Cépsis, na Tróade, em 311, para com Antígono o Zarolho, e principalmente os atenienses para com seu filho Demétrio, a partir de 307. O historiador Dúris de Samos, retomado por Ateneu (VI, 253 B-F), conservou-nos o texto de um hino de 291 que representa o rei como filho de Poseidon e Afrodite, como deus

---

7. J. Ma, *Antiochos III et les cités de l'Asie Mineure occidentale*, trad. francesa 2004, pp. 322-4 (Sardes), 351-65 (Teos), 375-84 (Iasos), 405-8 (culto oficial estatal).

presente, enquanto "os outros deuses ou estão muito distantes ou não têm ouvidos ou não existem ou não prestam nenhuma atenção em nós". Os especialistas relacionaram esse curioso texto com as teorias desenvolvidas então por Evêmero, segundo o qual os deuses do Olimpo seriam apenas antigos soberanos divinizados. Serão colocadas na mesma categoria as honrarias cultuais prestadas aos magistrados romanos, como Flaminino, o primeiro deles a ser honrado desse modo (*supra*, cap. 20). Também se relacionará com esse fenômeno o culto de Tea Roma (*Théa Rhóme*), Roma divinizada, que se espalha a partir do início do século II (cf. em Esmirna), ou o de Massália, em sua metrópole Foceia, após a intercessão dos marselheses junto aos romanos no final da guerra de Aristonico (*supra*, cap. 21).

Acaso isso significa que ocorre uma mutação da religiosidade, provocando um declínio dos cultos tradicionais? Convém principalmente notar que essas manifestações às vezes fervorosas (cf. a acolhida de Demétrio em Atenas), quase sempre oportunistas (uma mesma cidade pode conceder honrarias cultuais a dinastias rivais, como Atenas com suas tribos *Antigonis*, *Demétrias* e *Ptolomaidas* entre 224/3 e 200, data em que a *Attalis* substitui as duas antigônidas), visam quase sempre a estabelecer uma relação específica entre a cidade e o soberano, e depois, com as autoridades romanas. O rei é efetivamente uma pessoa excepcional, a quem as honras cívicas habituais não se adaptam. É visto acima de tudo como um poder protetor; e esse reconhecimento, que o lembrava de seus deveres divinos, supostamente o incitava a mostrar-se à altura de sua posição. Mas se observou corretamente que o simples fato de chamar um Antíoco de *Theós* (Deus) implica um estatuto inferior ao dos outros deuses, para os quais tal especificação era desnecessária.

É inútil especular sobre o sentimento profundo dos gregos a respeito disso, pois nos é desconhecido, e nos limitaremos a observar que outras abstrações de fundo político estão muito em voga então; dois exemplos são *Dêmos* (o Povo), cujo culto é criado em Atenas no momento da libertação de 229 e mais tarde associado ao de Roma, e principalmente (Agathé) Tique, a (Boa) Fortuna, sob cujos auspícios são votados os decretos das cidades e que é conhecida particularmente por ser a padroeira de Antioquia (célebre estátua de Eutíquides de Sicione). Destacaremos também que os antigos cultos cívicos perduram com uma vitalidade intacta ao longo de todo o período: entre inúmeros exemplos, citaremos o caso de Cálatis, no Ponto, que entre os séculos IV e II consulta assiduamente a Pítia de Delfos a respeito de vários cultos oficiais[8]; ou o de Magnésia do Meandro, que depois de Apameia edifica um templo de Zeus Sosípolis ("salvador da cidade") e vota uma série de disposições cultuais. Portanto, a arquitetura religiosa

---

8. A. Avram, *Inscriptions grecques et latines de Scythie Mineure III. Callatis et son territoire*, 1999, n.os 48-50.

Época helenística

continua florescente e a escultura não fica atrás: basta pensar nas espetaculares estátuas cultuais que Damofonte de Messena executa, na primeira metade do século II, para o templo das Grandes Deusas (Despoína/Coré e Deméter) em Licosura, na Arcádia – grupo de figuras maciças com o qual contrastará a graça delicada da célebre Afrodite consagrada em Melos cerca de duas gerações depois ("Vênus de Milo"). A piedade tradicional também pode ser avaliada pelas subscrições públicas por motivo religioso, por exemplo a das mulheres de Tânagra para transferência do santuário de Deméter e Coré por volta de 200[9]. A prática oracular mantém-se, nos santuários apolíneos de Delfos, Didima (Mileto) ou Claros (Cólofon), ou ainda em Dodona (perguntas a Zeus Naios transcritas em lâminas de chumbo).

Na mesma linha do século IV, a época helenística caracteriza-se também pela grande popularidade dos cultos esotéricos (cf. os Grandes Deuses da Samotrácia, protetores da navegação, que também são venerados, por exemplo, em Delos) e das divindades curativas (Asclépio; o herói Anfiarau em Oropos), bem como pela moda do dionisismo. Esta foi incentivada principalmente pelos dinastas lágidas ou atálidas, junto aos quais as associações profissionais de tecnitas (autores, atores e músicos) desempenharam um papel importante, inclusive político (embaixadas)[10]. A guilda de artistas mais importante estava sediada em Atenas, mas conhecemos, entre outros, os tecnitas dionisíacos do Istmo e de Nemeia, e os da Jônia e do Helesponto. Essas associações (*koiná* ou *sýnodoi*) firmavam contrato com as autoridades responsáveis pelas festas, nas quais seus membros se apresentavam mediante remuneração, e elas próprias organizavam concursos. Decretos atribuem-lhes privilégios diversos no exercício de suas funções (atelia e asilia), e Ptolomeu Filadelfo isentou os tecnitas do Egito do imposto sobre o sal. Nas ligas e nas cidades, a multiplicação dos concursos locais, regionais ou pan-helênicos e o aumento das despesas aferentes, como a construção ou a reforma de um teatro, conferem uma importância cada vez maior à função de agonóteta (organizador e presidente dos concursos); atestam também a vitalidade da prática religiosa no mundo helenístico, que reserva para os espetáculos "de massa" e para seus astros um lugar afinal de contas bastante semelhante ao que têm em nossos dias (cf. a multiplicação das inscrições agonísticas comemorando principalmente as vitórias dos atletas e as performances, no sentido inglês do termo, dos artistas). Entretanto, lembramos que das numerosas criações do teatro helenístico não resta praticamente nada, exceto a comédia "burguesa" de Menandro (cf. abaixo), e continua-se a representar os clássicos, como Eurípedes, cujas obras, em Atenas, tinham sido objeto de uma cópia oficial conservada nos arquivos da cidade, por iniciativa de Licurgo (*supra*, cap. 18).

---

9. L. Migeotte, *Les Souscriptions publiques dans les cités grecques*, 1992, nº 28.
10. J.-Ch. Moretti, *Théâtre et société dans la Grèce antique*, Le Livre de Poche, "Références", nº 585, 2001, pp. 250-69.

A civilização helenística

O aparecimento de cultos estrangeiros é um fato bem atestado a partir do século V (*supra*, cap. 12). O cosmopolitismo e a multiplicação dos contatos acentuam o fenômeno na época helenística, que consagrou o sucesso das religiões orientais. Podemos citar Cibele, a Grande Mãe frígia, e seu paredro Átis, os "deuses sírios" Atargátis (= Afrodite) e Hadad (= Zeus), Adônis, Sabázio etc. Na Anatólia subsistem numerosos deuses locais, de origem hitita ou luvita (milênio II), cujo nome geralmente é helenizado. Mas são os deuses egícios que ficam com a parte do leão, principalmente Ísis, cujas virtudes universais as aretologias enumeram: a deusa é tradicionalmente assimilada a Deméter, mas também é vista, entre outras, como protetora da navegação (Pelágia) e, mais geralmente, como uma divindade consoladora – atributos que não deixam de lembrar seu papel na religião egípcia, mas que a *interpretatio graeca* remodelou. Esse fenômeno é ainda mais perceptível através da figura de Serápis, popularizado entre os gregos do Egito (mas não entre os próprios egípcios) por Ptolomeu I a partir de Oser-Api, avatar osiriano do touro Ápis de Mênfis: o deus, cujo maior santuário, reconstruído por Ptolomeu III, se encontra em Alexandria, é representado como um Zeus, um Asclépio ou um Hades, com cabeleira e barba fartas, coberto com uma espécie de cilindro em forma de medidor de grãos; podia-se reconhecer nele uma imagem da abundância e da serenidade benevolente, o que explica o grande sucesso que alcançou no Egeu, aparentemente sem que os lágidas o tenham promovido. Assim, em Delos o culto inicialmente é privado e depois tem um santuário oficial exclusivo: se as associações desempenham um papel cada vez mais importante na prática religiosa da época (serapiastas, e também posidoniastas etc.), esse exemplo demonstra mais uma vez que num momento ou noutro tudo passa pelo controle da cidade e que essas novidades, longe de substituir os cultos cívicos, simplesmente se juntam a eles.

Economia e sociedade

Em matéria econômica, com a época helenística acontece o mesmo problema das anteriores: os dados faltam ou são bastante ambíguos para permitir interpretações contraditórias, como a respeito do sistema lágida de exploração dos recursos do Egito, exposto no capítulo anterior. Entretanto alguns pontos se destacam, como a expansão da economia monetária e das atividades bancárias ou a intensificação das trocas comerciais.

Embora isso gere estimativas divergentes, é notório que a conquista de Alexandre trouxe aos gregos imensas riquezas, principalmente em metais preciosos (*supra*, cap. 17). Aliás, as moedas com o tipo do conquistador (os "alexandres") continuam a ser cunhadas muito depois de sua morte, como ocorrera com os "filipes". Segue-se um desenvolvimento da economia monetária, especialmente nas monarquias. Por um lado, a iconografia veicula a ideologia dinástica (cf. os elefantes e Apolo, protetor da linhagem, nas moedas selêucidas; as cornucópias duplas em algumas moedas lágidas; a evolução da moedagem de Pérgamo, onde os tipos representando Lisímaco e Seleuco I vão dando lugar à efígie de Filetero e a motivos originais à medida que a autonomia lágida se afirma). Por outro lado, a moeda é um instrumento preferencial da economia régia. Isso se evidencia particularmente entre os lágidas, que adotam um estalão mais leve que o estalão internacional ático-alexandrino, dito "helênico" (tetradracma de 14,3 g aproximadamente, contra 17,2 g): dessa forma, obtêm um lucro substancial (cerca de 17%) do câmbio – obrigatório nas fronteiras, pois as moedas estrangeiras eram trocadas ao par (por exemplo, tetradracma contra tetradracma), antes de serem fundidas e cunhadas novamente com os tipos e pesos oficiais nas oficinas régias, situadas nos portos. Depois da conquista da Cele-Síria, os selêucidas mantiveram ali esse sistema; e os atálidas executaram uma política semelhante depois de Apameia, com a moedagem cistófora (com o tipo da "cista mística", corbelha contendo objetos sagrados).

Em outros lugares, a tetradracma de estalão ático-alexandrino constitui a denominação de referência; assim, os selêucidas, cujas oficinas são implantadas principalmente nas antigas capitais aquemênidas e nas fundações sírias ou em Selêucia do Tigre, conservam majoritariamente esse sistema dito "aberto". Para as cidades, a margem de manobra nessa matéria depende do grau de autonomia de que desfrutam (emissões municipais com o tipo régio, ou independentes, em forma de espécies "pseudorrégias" ou com uma iconografia nacional que figura também no selo da cidade: cf. Apolo e o leão em Mileto). As que têm essa faculdade adotam às vezes um sistema misto que provoca uma circulação dupla (estalão local para as pequenas denominações, o que permite conservar um lucro extraído do câmbio, estalão ático-alexandrino para os pagamentos externos). Rodes constitui um caso particular, pois bate moedas de diversos tipos e estalões, de acordo com suas necessidades e interesses (cf. no século III as dracmas "leves" de 2,7 g aproximadamente e depois, no século II, a moedagem dita "plintófora", cuja dracma pesa cerca de 3 g). O prestígio e a prosperidade da cidade fazem com que essas moedas sejam abundantemente imitadas em outros lugares. O estáter de ouro (geralmente duas dracmas equivalendo a 20 dracmas de prata) constitui outro instrumento financeiro favorito dos reis, por exemplo no contexto do evergetismo. Observa-se também o desenvolvimento do numerário de bronze, o meio de pagamento mais fraco mas também o mais comum na vida diária, especialmente nas cidades e entre os lágidas. No século II, a moeda ateniense, com o novo estilo dito "estefanóforo" (moedas com a coroa), recupera uma posição privilegiada e é largamente imitada, o que corresponde à nova prosperidade da cidade (administração de Delos etc.). Por volta de 112,

Atenas adota um decreto sobre os pesos e medidas que visa particularmente a facilitar as conversões com o sistema romano, ao qual a Grécia pouco a pouco será integrada (sob Antonio e Augusto, principalmente).

Paralelamente a essa expansão da economia monetária, desenvolve-se a atividade bancária, que assegura o câmbio (com percepção de um ágio), os depósitos e os empréstimos. No Egito, que também desta vez restitui uma documentação abundante, o banco régio (*basiliké trápeza*) gerencia os recebimentos e os pagamentos do Estado, mas também contas de particulares; a taxa dos empréstimos pode atingir níveis muito altos, acima de 20%. Há também bancos arrendados, que recebem de Ptolomeu II o monopólio do câmbio, e bancos privados. Nas cidades, principalmente portuárias, os trapezistas privados prosperam. Alguns santuários também têm participação importante nos depósitos e nos empréstimos, públicos e privados: entre os casos bem documentados estão o Artemísion de Sardes, o santuário de Apolo em Delos, o de Zeus em Locros Epizefírica, do final do século IV à época de Pirro – se for realmente ele que se esconde atrás do *basileús* anônimo mencionado pelas tabuinhas que consignam essas operações (*supra*, cap. 14).

O outro fenômeno marcante da época consiste na intensificação das trocas comerciais, proporcional ao aumento dos deslocamentos e ao alargamento da *oikouméne* (terra habitada, mundo conhecido). Também nesse caso convém não exagerar a amplitude dos fenômenos: nossas fontes privilegiam o excepcional, como Ateneu a respeito da extraordinária Siracusana, navio que Híeron II mandou construir sob direção de Arquimedes, com capacidade para transportar 60 mil medidas de grãos, 10 mil jarros de alimentos salgados, 40 mil talentos de produtos variados, dotado também de oito torrinhas de defesa, um ginásio, uma biblioteca, estrebarias e um santuário de Afrodite... Movida por uma tripulação pletórica, a Siracusana foi oferecida a Ptolomeu e aparentemente não saiu mais de Alexandria. As condições de uma viagem comum são sensivelmente as mesmas que nos períodos anteriores, se não piores: navios de pequenas dimensões (carregamentos médios oscilando entre 50 e 150 toneladas aproximadamente), imprevistos climáticos que, por exemplo, desviam de várias centenas de quilômetros alguns correspondentes de Zênon (cf. o sâmio Coleu na época arcaica: *supra*, cap. 8) e, por fim e principalmente, recrudescência da pirataria. Além disso, o horizonte do felá egípcio, bem como da maioria dos cidadãos gregos, permanece limitado aos confins da aldeia ou do território cívico.

Feitas essas ressalvas, nota-se o desenvolvimento das instalações portuárias, como em Mileto, Rodes, Cízico e principalmente Alexandria (cf. abaixo), e a multiplicação das rotas e circuitos de abastecimento. No Mediterrâneo, o principal itinerário liga Alexandria, Rodes (rendimento da taxa portuária do quinquagésimo estimado por Políbio em um milhão de

Época helenística

dracmas por ano antes de 167), Delos (ao longo da independência e depois principalmente entre 167 e 88), Atenas (no século II, em que a cidade tira proveito, entre outros fatos, da destruição de Corinto em 146) e a Itália (Pozzuoli e Óstia). Mas subsistem uma cabotagem e tráfegos locais intensos, principalmente no Levante, na Ásia Menor e no Ponto. Também são conhecidas as trocas existentes entre o Egito e o reino etíope de Méroe, e os dois itinerários para o extremo Oriente, em que selêucidas e lágidas faziam concorrência. Os selêucidas controlavam a "velha rota da Índia" ligando Selêucia do Tigre a Gandhara através da Média e da Bactriana, pelo menos até a constituição de um reino dissidente nesta última região e antes da chegada dos partas (*supra*, caps. 19-20). Os lágidas reativaram o antigo canal que ligava o Nilo ao golfo de Suez e possuíam no litoral do mar Vermelho uma série de portos de onde partiam rotas de caravanas (Mios Hormos, Berenice Trogodítica etc.). Comunicavam-se assim com a Arábia Feliz, por sua vez em contato com a Índia pelo comércio marítimo indiano e árabe: ânforas cnídias chegaram à região de Pondichéry e cacos de vasos helênicos foram encontrados até em Sri Lanka (a obra de Agatárquides de Cnido sobre a navegação no mar Vermelho data do meio do século II, e a descoberta, em parte fortuita, da monção por Eudoxo de Cízico e Hípalo é ainda posterior, assim como a criação pelos lágidas do "preposto para o mar Eritreu e Índico"). Mas também naquele lado os selêucidas estavam presentes, principalmente pela influência que exerciam episodicamente na região de Gerra, no golfo Pérsico (cf. a passagem de Antíoco III voltando da anábase em 205): lá se localizava o ponto de partida de uma rota de caravanas transarábica que conduzia à Cele-Síria e que fez a fortuna dos nabateus de Petra, ponto de trânsito obrigatório antes dos portos do Levante.

Entre as mercadorias comerciadas, os cereais ocupam sempre um lugar primordial. A produção egípcia tende a substituir a do Ponto, às voltas com distúrbios provocados pelos bárbaros. Mas continuam a faltar dados numéricos e é difícil estabelecer curvas de preço. Um montante de 5-6 dracmas por medimno de trigo parece constituir uma espécie de referência, se não de média, mas no Egito a cotação é duas a três vezes mais baixa, ao passo que algumas inscrições da Ásia Menor mencionam em casos de crise preços cinco a seis vezes mais altos. Em Delos, a documentação epigráfica mostra que os custos do trigo e do óleo podem sofrer grandes flutuações em um ano (período de entressafra, acidentes climáticos ou de abastecimento etc.); assim, nos nove primeiros meses de 282, o preço do medimno de frumento varia aproximadamente até o dobro (de 4 dracmas e 1/2 a 10 dracmas); em 250, o côngio (cerca de 3 litros) de azeite oscila de 1 dracma e 1/3 a 2 dracmas. O vinho é objeto de um tráfego comercial intenso e pode-se acompanhar, por exemplo, o de Rodes através dos achados de ânforas em todo o Mediterrâneo, embora estudos recentes sugiram que não se deve superestimar essa produção (cf. também em Cnido e em Quios). Outro setor florescente, especialmente nas ilhas egeias, é a pesca do múrice, molusco do qual as tinturarias obtêm púrpura: segundo uma inscrição de Delos, esta era comerciada a peso de prata (100 dracmas a mina). Entre os produtos exóticos, Alexandria exporta os do Egito (papiro) e do restante da África (marfim etc.); do Levante saem o incenso e as especiarias da Arábia, e também os perfumes, especiarias, pedras preciosas e tecidos de luxo provenientes da Índia (a seda chinesa só se espalhará na época romana). Os escravos constituem outra mercadoria valiosa. Esse comércio lucrativo está em plena expansão, principalmente porque é regularmente alimentado pelas guerras e pelos raptos perpetrados pelos piratas, especialmente cretenses e depois cilícios, e porque os romanos são grandes compradores: basta lembrar que a onipresença dos *negotiatores* explica em parte a guerra de Mitridates (cf. a ágora dos italianos em Delos e *supra*, cap. 21).

Exceto no âmbito militar, em que diversos "engenheiros" se destacam (cf. as construções navais, ou a helépole, "tomadora de cidades", que era uma torre de assalto móvel criada por Epímaco de Atenas para Demétrio Poliorceta), os avanços técnicos parecem relativamente limitados. Na agricultura, podemos citar os moinhos para cereais, as prensas com cunha ou com eixo, o uso da roda de alcatruzes para a irrigação e (em proporções ainda discutidas) do "parafuso de Arquimedes", inventado por ele. Datam dessa época os primeiros tratados de agronomia (cf. Teofrasto) e algumas experiências de aclimatação, por exemplo no Egito e na Cele-Síria (trigo "siríaco" que proporciona duas colheitas anuais, variedades de frutas e legumes; mas o arroz e o algodão, apesar de conhecidos, não se difundem). Os especialistas preferem enfatizar as consequências econômicas da urbanização, donde as exigências cada vez mais prementes de abastecimento e o desenvolvimento das produções especulativas e do artesanato. Podemos citar como exemplos os "artigos de Alexandria" (joias, móveis, vidraria, camafeus, faiança, coroplastia produzindo figurinhas de terracota ao gosto da época, que privilegia o realismo e o familiar, os temas dionisíacos ou eróticos etc.); os tecidos em seda crua de Cós, com os efeitos transparentes que os escultores representam com virtuosismo; a cerâmica de verniz vermelho, dita "sigilada oriental", as tigelas decoradas em relevo, ditas "megáricas", as célebres "tânagras" produzidas numa infinidade de ateliês mediterrâneos, ou ainda as figurinhas de Mirina (ao sul de Elaia, o porto de Pérgamo). Apesar de uma padronização cada vez maior, as estruturas sociais da produção não parecem muito diferentes das que entrevíamos anteriormente: os novos contextos monárquicos não mudaram fundamentalmente a situação (ateliês régios?). Em Delos, as contas da Independência revelam uma mão de obra muito heterogênea (pessoas humildes, artesãos polivalentes ou especializados, grandes empreendedores etc.); às vezes se detecta uma evolução nos salários: por exemplo, o pagamento de alguns empregados do santuário cai no segundo quarto do século III (cf. o do arquiteto, que passa de 2 dracmas para 1 ½ dracma por dia).

Outro elemento de continuidade é a natureza da riqueza, que permanece essencialmente fundiária. Aliás, a *égktesis*, direito de adquirir propriedades, principalmente terras, faz parte dos privilégios concedidos pelas cidades a seus benfeitores estrangeiros. Mas o certo é que as bases da fortuna e as práticas continuam a diversificar-se. Assim, supõe-se que os nomes dos "fabricantes" que figuram nos selos anfóricos, principalmente ródios, são os nomes não dos próprios oleiros e sim de proprietários de ateliês, e que em alguns casos estes podiam também possuir vinhedos. Ródios destacam-se no negócio do trigo e a "aristocracia naval" da ilha também tinha interesses econômicos nas vitórias de sua diplomacia (acordos de atelia para exportação dos excedentes etc.), embora esse ponto continue a ser objeto de análises divergentes da parte dos especialistas. O capítulo anterior mostrou que os notáveis assumem um papel cada vez maior na vida das cidades. Os decretos honoríficos deixam entrever imensas fortunas, das quais se pode ter uma ideia principalmente pelas magníficas moradias que são encontradas na Delos da segunda dominação ateniense, com seus pavimentos, seu pátio com peristilo, seus suntuosos mosaicos e pinturas decorativas, de que as vilas de Pompeia oferecem amostras mais bem conservadas, em terra italiana. Em Delos, o proprietário da "casa dos selos" – assim chamada porque nela foram encontradas aos milhares essas marcas que serviam para arquivamento de documentos privados – tinha portanto atividades notariais, se não bancárias; outros achados (ânforas, moinho) sugerem que além disso negociava com vinho e também com azeite, e que produzia farinha.

A Comédia Nova, cujo representante mais famoso é o ateniense Menandro, pôs em cena essa sociedade de ricos burgueses no final do século IV (cf. sua peça *Dyscolos*, ou *Atrabiliário*). A abastança dos "novos-ricos" geralmente era ostentatória – tendência cujos excessos foram restringidos, em Atenas, pelas leis suntuárias de Demétrio de Falero (limitação das despesas por ocasião das núpcias, dos funerais etc.) e, em diversas cidades, pela instituição de magistrados encarregados de fazer respeitar as conveniências, chamados ginecônomos (literalmente, "vigilantes das mulheres", cujas atribuições se estendiam também aos homens). Imitava-se o luxo exibido pelas monarquias, principalmente nas procissões de Alexandria e de Dafne, ou através do programa edilitário atálida, exibição que muito impressionava os romanos (cf. a riqueza proverbial de Pérgamo e a embaixada de Cipião Emiliano a Alexandria em 140/39). Mas a riqueza era muito mal distribuída; e também é preciso lembrar a pobreza dos campos egípcios ou a recrudescência do problema das dívidas na velha Grécia, principalmente na Lacônia, onde esse foi um dos motores das reformas de Ágis e de Cleômenes de Esparta (*supra*, cap. 19). Em

Rodes, Estrabão menciona o sustento dos mais pobres pelos mais ricos, e possuímos uma subscrição do século I "para aumentar o bem da população de cidadãos"[11], setor em que as associações também podiam ter algum papel. Os termos da subscrição são vagos, mas ressalta do texto de Estrabão que essa preocupação com a concórdia interna, que não deixa de lembrar os preceitos de Eneias o Tático no século IV (*supra*, cap. 18), tinha como principal objetivo garantir o melhor funcionamento da frota: assim como em Esparta, a intenção é mais militar que social. O mesmo se dirá da revolta de Aristonico, cujas reformas (libertação de escravos) provavelmente visavam mais a complementar os efetivos do que a construir uma utopia igualitária, Heliópolis: a politografia (inscrição de novos cidadãos, principalmente entre as antigas tropas régias estacionadas no local) que no mesmo momento a cidade de Pergamo decide fazer parece atender em parte aos mesmos objetivos (cf. *supra*, cap. 21, e o capítulo anterior para o caso dos penestas, já há muito tempo engajados nos exércitos tessálios). É também por novas práticas, como a libertação dos escravos por venda fictícia a um deus (cf. as numerosíssimas atas gravadas em Delfos) ou por sua associação a comemorações cívicas, como a colação oferecida por Mósquion de Priena (terceiro quarto do século II, aproximadamente) que se avaliará a evolução das mentalidades: manifestamente, a concepção de comunidade tende a ampliar-se, talvez porque é mais marcada por referências que hoje chamaríamos de culturais – conceito afinal não tão distante do que os gregos da época designavam com o vocábulo *paideía*.

Alexandria e a cultura helenística

Contrastes, diversidades e novas atitudes concentram-se em Alexandria, símbolo dessa civilização helenística que se irradia ao longo do mundo e do tempo.

Alexandria é conhecida por meio do testemunho dos historiadores – Políbio, Diodoro, Plutarco – e dos papiros (cf. a coletânea de *Dikaiómata*, colação de disposições relativas ao direito das gentes, e também ao imobiliário e às relações de vizinhança). É o geógrafo Estrabão que dá as informações mais valiosas sobre sua topografia, ainda pouco conhecida, apesar dos recentes avanços da arqueologia, porque a cidade moderna recobre a capital antiga, sede da administração central do reino lágida[12]. Ainda se discute sobre as verdadeiras intenções de Alexandre quando fundou a cidade, com bons presságios, num sítio que atendia aos preceitos

---

11. L. Migeotte, *Les Souscriptions publiques dans les cités grecques*, 1992, nº 38.
12. Estrabão XVII 1, 6-10, traduzido e comentado por J. Yoyotte e P. Charvet, *Strabon, le voyage en Égypte. Un regard romain*, 1997, pp. 77-94, e, entre outros *testimonia* ("testemunhos" antigos), por A. Bernard, em Fr. Goddio *et al.*, *Alexandrie, les quartiers royaux submergés*, 2000, pp. 90-6.

Época helenística

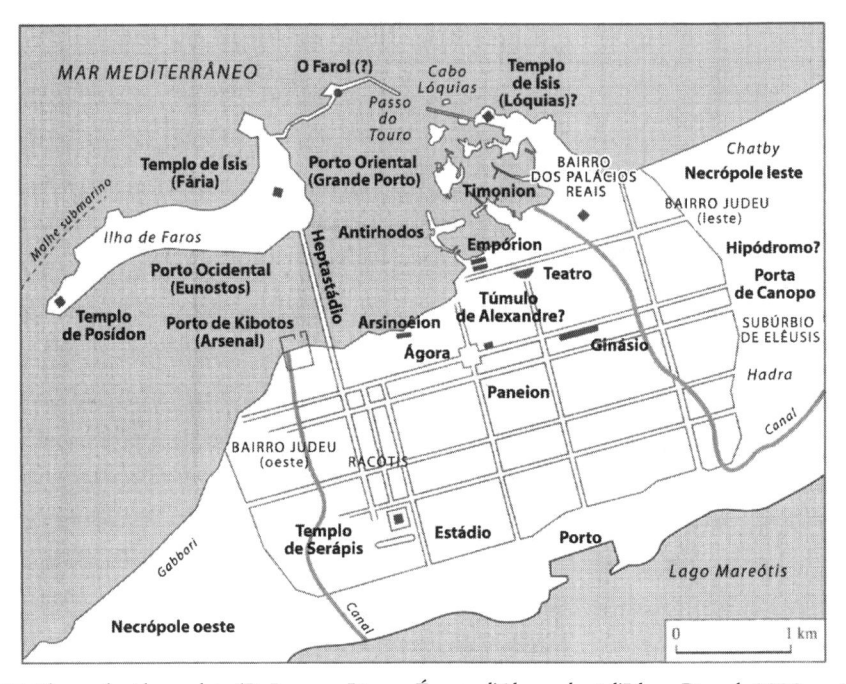

Fig. 17. Planta de Alexandria (B. Legras, *Lire en Égypte d'Alexandre à l'Islam*, Picard, 2002, p. 171).

de seu mestre Aristóteles. Confiou sua edificação a Cleômenes de Náucratis e ao arquiteto-urbanista Dinócrates de Rodes. Rodeada por uma muralha, a cidade tem a forma de uma clâmide (capa curta usada pelos efebos) e abrange uma área de aproximadamente 30 × 7,5 estádios (1 estádio = cerca de 190 metros). A planta é quadriculada; o principal eixo leste-oeste (via denominada "canópica" pelos modernos) é uma vasta avenida com 100 pés de largura (30 metros). Alexandria é dotada de um território cívico, mas sua prosperidade se baseia essencialmente no comércio. No mar, possui dois portos, às vezes de acesso perigoso: o Eunostos (Bom Regresso) a oeste e o Grande Porto a leste, um de cada lado de um quebra-mar: o Heptastádio, que uma prospecção geofísica recentemente mostrou que na realidade se inseria no quadriculado, perpendicularmente ao eixo leste-oeste. O Heptastádio dava acesso à ilha de Faros, onde se encontrava o famoso farol dedicado ["aos deuses salvadores"] pelo arquiteto e embaixador Sóstrato de Cnido, provavelmente por volta de 280; dizia-se que sua luz chegava a 60 quilômetros de distância, e escavações submarinas recentes (J.-Y. Empereur) esclarecem mais sobre sua decoração, que misturava elementos gregos e egípcios, como o restante da arquitetura alexandrina. Esse notável edifício estava entre as sete maravilhas do mundo. Há outro porto, situado mais para o interior, no lago Mareótis, que se comunica com o Nilo; uma parcela muito importante da atividade se concentrava nele, pois Alexandria captava a maior parte das produções da *khóra* drenadas pelo rio. Por intermédio de um canal, este alimentava também uma vasta rede de cisternas subterrâneas, algumas de belíssima confecção arquitetônica. Hoje em grande parte submersos, os palácios (*basiléia*) do cabo Lóquias, na extremidade leste do Grande Porto, foram edificados pelos sucessivos soberanos. Algumas ruas receberam o nome de epicleses cultuais de Arsínoe depois de sua assimilação póstuma a diversas divindades (Ísis Sozousa, Hera Teleia etc.). O santuário mais importante da cidade era o Serapeion, consagrado a Serápis e reconstruído por Ptolomeu III. A localização do túmulo (*sôma/sêma*) de Alexandre, construído por Ptolomeu IV, ainda é discutida.

    A população (cerca de 400 mil habitantes?), a cujo respeito as necrópoles esclarecem um pouco, é muito variada: são macedônios e outros gregos, mas também orientais. Os judeus estão agrupados no bairro *delta* (segundo a tradição transmitida pela *Carta de Aristeia*, é no reinado de Ptolomeu II, talvez a conselho de Demétrio de Falero, que se começa a traduzir a Bíblia para o grego, empreendimento atribuído aos Setenta, cerca de 70 eruditos judeus que com esse objetivo foram de Jerusalém para Alexandria). Os egípcios, por sua vez, apelidaram a cidade com um nome correspondente ao aspecto que tinha no início, Racótis ("canteiro de obras"), em seguida utilizado pelos gregos para designar um bairro perto do Serapeion. Na época de Filadelfo, Teócrito dá uma imagem agradável de Alexandria em seu *Siracusanas*; mas o corpo cívico, cujo componente greco-macedônio original se renova pouco, torna-se muito minoritário e o quadro geral que Políbio traça em meados do século II é antes sombrio; essa esclerose explica em parte os motins e revoluções que pontuam a história da cidade e da dinastia lágida a partir do final do século III, com a populaça fazendo e desfazendo reis, sob risco de sofrer sua cólera (Ptolomeu VIII). As instituições municipais parecem realizar uma síntese quase aristotélica, com imitações de Atenas e de Rodes principalmente (*Boulé, Ekklesía*, prítanes). Certamente se deve ver nisso a marca de Demétrio de Falero, acolhido na corte de Ptolomeu após a morte de Cassandro (*supra*, cap. 9), e que também deve ser responsável pela criação do Museu. Esse santuário das Musas associado ao palácio recebia eruditos que praticavam todas as disciplinas, mantidos pelo Estado e beneficiados com favores régios (isenção do imposto sobre o sal); dispunham de uma biblioteca que refletia a mesma intenção de enciclopedismo (fala-se de 500 mil volumes, rolos de papiro cujos catálogos descritivos, em 120 livros, foram redigidos pelo poeta Calímaco). É nesse contexto universitário que nasce a crítica filológica, principalmente a dos poetas homéricos com o primeiro chefe da biblioteca, Zenódoto de Éfeso. Alexandria foi vista pelos reis como a vitrine de seu poder e é por essa perspectiva que eles se empenharam em atrair as elites intelectuais gregas: cireneus como Calímaco e Eratóstenes, siracusanos como Teócrito e Arquimedes, que se dividem entre as duas cidades etc. Também era em Alexandria que se podiam admirar os navios de Ptolomeu IV, como a quadragintarreme (uma espécie de gigantesco catamarã que provavelmente nunca saiu do porto e não tinha igual, a não ser a *thalamegós* usada para passeios no Nilo), participar de festejos faustosos, como as Ptolomaias pentetéricas, e assistir a exuberantes procissões, principalmente a que Calíxeno de Rodes[13] descreve e cujo descomedimento inevitavelmente inspirou os diretores hollywoodianos (*supra*, cap. 19).

Especialmente no século III, que é o mais prolífico, esse cadinho deu um notável impulso às ciências, que ademais incorporaram os conhecimentos orientais. Além da filologia já mencionada, podemos citar a matemática, a geometria e a física com Euclides (*Elementos*) e Arquimedes (número *pi*, esferas e cilindros, hidrostática etc.), a astronomia com a notável teoria heliocêntrica de Aristarco de Samos, que permanece sem continuidade até o século XVI, a mecânica com Ctesíbio (hidraulismo: bombas, órgãos etc.) e Fílon de Bizâncio (máquinas de assédio, fortificações etc.). Eratóstenes de Cirene, que consegue medir com notável precisão a circunferência da Terra e estabelece o princípio dos paralelos e dos meridianos, além de abordar muitas outras áreas (literatura, cronologia, matemática etc.), ao mesmo tempo que está associado à corte como preceptor de Ptolomeu IV, realiza uma forma de síntese dessa efervescência intelectual. A medicina não fica atrás: enriquecida com os conhecimentos anatômicos egípcios (mumificação), faz avanços significativos, principalmente com relação aos sistemas nervoso, circulatório e digestivo, com Herófilo e Erasístrato, cujos trabalhos são conhecidos essencialmente por meio de escritos da época romana. Mas, se Alexandria é um centro de pesquisa – principalmente na primeira metade do século III, em que, com apoio dos dois primeiros Ptolomeus, são momentaneamente suspensas as proibições que atingiam a dissecação do corpo humano (prática da vivissecção) –, a maioria dos médicos públicos contratados e remunerados pelas cidades são formados em outros lugares, em escolas como as de Cós e de Cnido. Além disso, em todas as cortes a função de médico, frequentemente com o estatuto de *phílos* (capítulo anterior), assume grande importância; aliás, é sobretudo neste último contexto que progride o conhecimento sobre os venenos e os antídotos, e portanto sobre os remédios em geral: por exemplo, o próprio Átalo III de Pérgamo era apaixonado por farmacologia. Paralelamente a esses notáveis avanços da ciência, observa-se também, em fins do período, um acentuado gosto pelo irracional, pela magia, pelo ocultismo e outras crenças nas quais as influências orientais e egípcias são igualmente palpáveis (astrologia babilônica; hermetismo, que tira seu nome de

---

13. Em Ateneu, 197 C – 203 B.

A civilização helenística

Hermes, equivalente ao deus egípcio Thot): um astrônomo tão prestigiado como Hiparco de Niceia, na segunda metade do século II, praticando também a astrologia encontra-se numa encruzilhada. No fim das contas, a produção literária é vista como o parente pobre; não que tenha sido inexistente, mas porque peca por excesso de pesquisa erudita (obras poéticas de Calímaco, de Apolônio de Rodes) ou pratica gêneros considerados "menores" (epigramas, *Idílios* e poesia cortesã de Teócrito, *Mimos* de Herondas).

Antioquia e mesmo Pérgamo, cujos reis ambicionavam rivalizar com os lágidas, permaneceram muito atrás de Alexandria. A capital atálida, que também possuía uma biblioteca, como Antioquia a partir do reinado de Antíoco III, brilha mais pelas audácias de seu urbanismo e de sua arquitetura, em que os estilos se misturam, especialmente na acrópole, cujas escarpas foram engenhosamente exploradas para produzir um conjunto grandioso; podemos citar: a ágora dupla (inferior e superior); os santuários de Atena e de Deméter; os pórticos com pavimentos desencontrados e passagens abobadadas para compensar os fortes desníveis; o teatro e o ginásio em três níveis (sem que correspondam necessariamente às diferentes classes de idade: cf. abaixo). Pérgamo distingue-se também pela criatividade de sua escola de escultura: basta lembrar os grupos estatuários comemorando as vitórias sobre os gálatas, e principalmente as frisas que decoram o Grande Altar, provavelmente consagrado aos Doze Deuses (construção iniciada sob Êumenes II), em particular a Gigantomaquia (combate mítico entre os deuses do Olimpo e os gigantes), às vezes qualificada de barroca devido ao número de figuras que põe em cena e que anima com expressões patéticas e efeitos de movimento espetaculares. Siracusa, sob impulso de Híeron, ocupa uma posição honrosa (*supra*, cap. 14), assim como Rodes, cuja escola de retórica, fundada por Ésquines após o término de sua carreira política ateniense no século IV, era famosa.

Mas no "velho" mundo é Atenas, modelo e referência das capitais lágida e atálida, que melhor se sai, principalmente graças a suas escolas de filosofia, em que se acotovelam as elites de todo o Mediterrâneo (notáveis, mais do que "intelectuais" no sentido contemporâneo do termo, aqui amplamente anacrônico). Em sua imensa maioria, os próprios escolarcas (chefes de escola) são estrangeiros a quem os atenienses concedem a cidadania e muitas outras honrarias e privilégios para fixá-los na cidade (cf. Carnéades de Cirene). Desse modo ela ainda pode rivalizar com Alexandria, como mostra o percurso de um Estráton de Lâmpsaco, que chega a Atenas para assumir a direção do Liceu depois de ser preceptor de Ptolomeu II. Aliás, os atenienses não hesitam em fazer uso do prestígio intacto de que desfrutam nesse âmbito: é assim em 155, quando uma embaixada a Roma, comandada pelos escolarcas da Academia, do Liceu e do Pórtico, obtém do Senado a redução de uma multa devida à vizinha cidade de Oropos. Além das escolas antigas – a Academia, da qual no século II Carnéades é o escolarca mais bri-

Época helenística

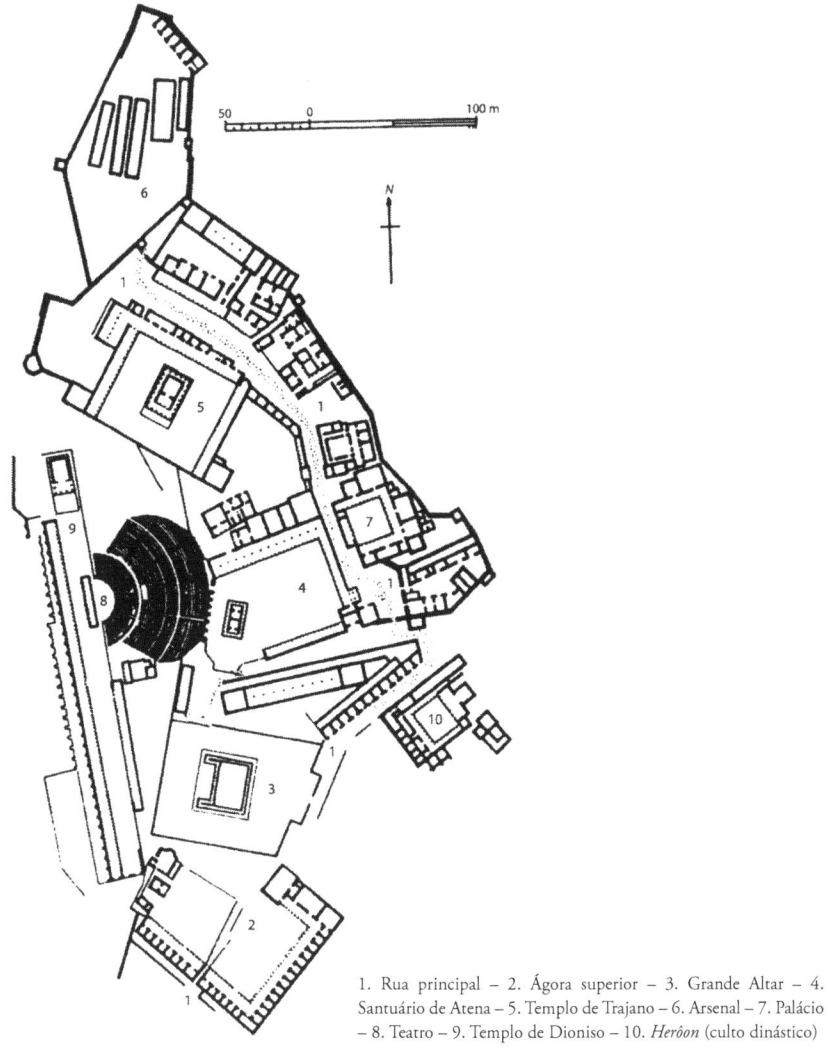

1. Rua principal – 2. Ágora superior – 3. Grande Altar – 4. Santuário de Atena – 5. Templo de Trajano – 6. Arsenal – 7. Palácio – 8. Teatro – 9. Templo de Dioniso – 10. *Herôon* (culto dinástico)

Fig. 18. Planta da acrópole de Pérgamo na época imperial (R. Martin, *L'Art grec*, Le Livre de Poche, "La Pochothèque", 1984, fig. 350).

lhante, e o Liceu, em que Teofrasto sucedeu Aristóteles e que está envolvido na vida política da época na pessoa de Demétrio de Falero –, podemos citar o epicurismo, ensinado por Epicuro no Jardim a partir de 306, e o estoicismo ou Pórtico (do grego *stoá* = pórtico, no caso o Pécilo, *stoá poikíle*, na ágora), fundado por volta de 300 por Zênon de Cício (em Chipre; portanto, prováveis influências semíticas). Essas novas doutrinas, em grande parte antagonistas, propõem

A civilização helenística

Fig. 19. Maquete da acrópole de Pérgamo, vista do sudoeste (R. Martin, *L'Art grec*, Le Livre de Poche, "La Pochothèque", 1984, fig. 351).

sistemas que englobam a física, a metafísica e a moral, e que não nos cabe resumir aqui[14]. Em nossa perspectiva, lembramos apenas que os epicuristas – materialistas e herdeiros do atomismo de Demócrito (século V) – preconizam o conhecimento a fim de alcançar a ataraxia, ausência das perturbações provocadas pelas paixões, numa ótica individual que pode levar ao desinteresse pela vida pública. Os estoicos também visam à tranquilidade da alma, mas pela livre adesão à ordem das coisas; portanto, pode haver paralelamente um envolvimento nos assuntos do Estado, fundamentado na virtude, a exemplo de um Antígono Gônatas ou de um Cleômenes de Esparta. No século II, Panécio de Rodes obtém grande sucesso em Roma, dentro do "círculo dos Cipiões", e o estoicismo influencia principalmente os Gracos. Na geração seguinte, Cícero, como César, vai para Rodes a fim de completar com Mólon sua formação retórica, mas é influenciado principalmente pelos ensinamentos do estoico Posidônio de Apameia, cuja partida para o Dodecaneso revela o nítido declínio de Atenas na virada dos séculos II/I,

---

14. Ver C. Lévy, *Les Philosophies hellénistiques*, Le Livre de Poche, "Références", nº 537, 1997.

Época helenística

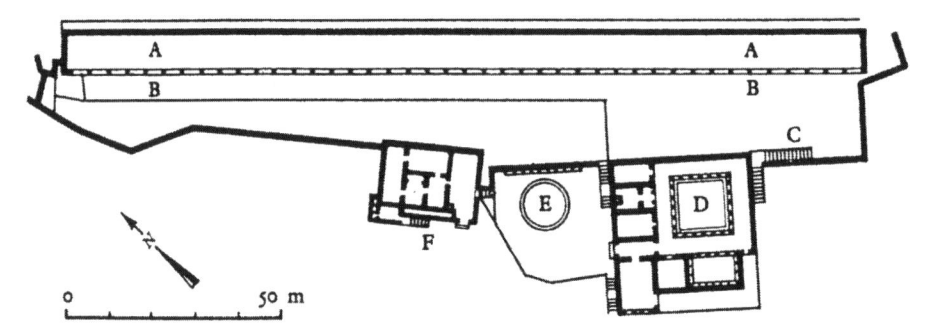

No terraço superior: A. Pista coberta (xisto) com 1 estádio de comprimento – B. Pista a céu aberto (*paradromís*) – No terraço inferior: C. Escada – D. Palestra – E. "Piscina" – F. Termas romanas.

Fig. 20. O ginásio de Delfos (Fr. Chamoux, *La Civilisation hellénistique*, Arthaud, 1981, fig. 25, p. 374).

bem como as dificuldades econômicas e institucionais (*supra*, cap. 21). Mesmo assim, a cidade continuará a ser considerada uma espécie de conservatório do helenismo e a autocelebrar-se como tal, vivendo um verdadeiro renascimento sob o Império.

Estrabão fala do ginásio de Alexandria como o mais belo edifício da cidade. É que o ginásio é visto como o símbolo da *paideía* (formação) helenística. Mencionamos mais acima que um dos gestos mais fortes dos "helenistas" chefiados por Jasão em Jerusalém, nos anos 170, consistiu em criar ali um ginásio. Então onipresentes (há um, por exemplo, em Filadélfia do Fayum, que tem estatuto de simples *kóme*), esses edifícios consagrados a Héracles e a Hermes são cada vez mais bem conhecidos graças às escavações e às inscrições. Podem comportar principalmente uma palestra com peristilo, uma pista de corrida coberta (longo pórtico denominado xisto), uma sala de banhos e peças anexas para prática de disciplinas esportivas ou intelectuais (audições, conferências etc.). O ginasiarca que os dirige, eleito anualmente, é um dos magistrados mais importantes da cidade. O cargo frequentemente demanda donativos pessoais, principalmente fornecimento de azeite, pelos quais o ginasiarca pode ser recompensado com um decreto honorífico. O ginásio é também um local preferencial do culto régio, pois os reis assumem de bom grado essas despesas, por terem interesse direto em que as cidades sob sua dependência disponham de elites bem formadas, particularmente no plano militar. Isso porque, ao lado da categoria dos *paîdes* ("meninos" a partir de 12-14 anos) sob responsabilidade dos pedótribas, as instalações são frequentadas principalmente pelos efebos (18-20 anos) que têm ali suas aulas (tiro com arco, dardo etc.) e depois pelos *néoi* ("jovens", 20-30 anos), que continuam e complementam essa aprendizagem, especialmente durante os primeiros dois anos. Resistência, disciplina e prontidão eram julgadas regularmente, mas o grande momento da vida do ginásio eram os concursos de final de ano (*Hermaîa*), cuja prova máxima era a lampadedromia ou corrida de revezamento com archotes. Os efebos e os *néoi* eram premiados com armas. O ginásio, no qual os *néoi* podiam pagar uma cotização e constituir-se como órgão deliberativo para votar honrarias a seu ginasiarca, tem portanto um papel muito tradicional na formação do cidadão, que é dupla: cívica e militar. Desse ponto de vista, o exemplo ateniense apresenta algumas especificidades. A efebia foi reformada em Atenas provavelmente em 307/6: volta então a ser facultativa (voluntariado), anual e, ao menos em parte, fica a cargo das famílias, donde uma forte baixa dos efetivos, que caem de algumas centenas para algumas dezenas de indivíduos. No século II, é reservada a uma elite abastada, sob responsabilidade do cosmeta; por volta de 120, os estrangeiros são admitidos e ao lado da educação física é favorecida a formação "universitária", refletindo o que a cidade passa a representar no cenário internacional (já no século IV Platão e depois Aristóteles haviam fundado sua escola em dois dos três ginásios públicos então existentes). Em todo o mundo helenístico, as pessoas de bem (*kaloì kagathoí*) orgulhavam-se de ter passado pelo ginásio (*hoi apò gymnasíou*, classe que será particularmente distinguida no Egito romano) e os decretos para os "grandes benfeitores" da época baixa não deixam de destacar a excelência de seus percursos, desde a mais tenra idade. Mais do que nunca, essa *koiné* (comunidade) cultural faz a unidade do mundo grego, e mesmo mais além.

Capítulo 24

EPÍLOGO

Em 197/6, ameaçada pelo avanço das tropas de Antíoco III, a cidade de Lâmpsaco, na costa asiática dos Dardanelos, envia uma embaixada para solicitar a proteção de Roma. Hegésias, voluntário para comandar a delegação, vai para Corcira, onde encontra o comandante da frota romana, e depois para Roma. De lá, o Senado manda-o de volta para Corinto, onde Flaminino e os Dez estão prestes a proclamar a liberdade dos gregos (*supra*, cap. 20). Entre Corcira e Roma, a embaixada fez um desvio pela cidade-irmã de Marselha, também fundada pelos foceenses, que concordou tanto em interceder junto aos senadores como em escrever uma carta para os gálatas tolistoages, com os quais Lâmpsaco então mantinha relações: os lampsacenos sabiam que seus "irmãos" massalienses mantinham relações privilegiadas tanto com os romanos como com os gauleses (*supra*, cap. 14). De Lâmpsaco para Lâmpsaco passando por Corcira, Marselha, Roma e Corinto, a odisseia diplomática de Hegésias liga as margens extremas do Mediterrâneo, do Helesponto às costas da Gália, na esteira dos intrépidos ancestrais foceenses; justamente por isso, estabelece uma ponte no tempo, pois o percurso se fundamenta no parentesco político, herdado da colonização arcaica, mas também mítico (laços de parentesco legendários entre Lâmpsaco e Roma por intermédio de Ílion e da Tróade, de onde viera Eneias). Portanto, nesse período em que o mundo está prestes a cair nas mãos da superpotência romana, o novo espaço mediterrâneo se constrói também sobre esse passado recomposto, numa síntese bem representativa do que foi a aventura grega desde o ciclo homérico até a época helenística: uma base de cultura em comum foi pouco a pouco contribuindo para unificar a *oikouméne* (terra habitada) – unificação a que Roma dará prosseguimento com um pragmatismo e uma largueza de visão totalmente notáveis. Se Eratóstenes conseguiu calcular a circunferência da Terra, foi também porque o mundo havia mudado de escala, tanto nos fatos como nas mentes, pelo menos para uma elite informada: a exploração dos mares nórdicos por Píteas, a expedição indiana de Alexandre, o desenvolvimento da arte greco-búdica, a penetração dos nômades yuezhis ou ainda a missão de informação levada até Bactriana pelo diplomata chinês Zhang Qian (129/8) não deixam de lembrar, *mutatis mutandis*, uma forma de mundialização.

Do mesmo modo, a história do helenismo não se detém em Áccio. Continua, e mesmo com uma bela vitalidade, sob o Império, que contribui para sua difusão, detendo notadamente

Epílogo

o declínio da Grécia europeia perante a Ásia mais próspera. Um símbolo dessa continuidade pode ser visto no modo como o futuro Augusto (imperador de 27 a.C. a 14 d.C.) celebra no solo do Epiro sua vitória sobre Antonio: fundando ali não uma colônia romana e sim uma cidade de modelo grego, Nicópolis ("cidade da vitória"), livre e dotada de um vasto território, povoada por agrupamento das populações circunvizinhas e introduzida na prestigiosa Anfictionia de Delfos (30 a.C.). De modo geral, e embora subsistam muitas disparidades de uma província para outra e mesmo dentro de uma mesma província (cf. na Ásia e no Levante, abaixo), a difusão do modelo cívico e a urbanização são dois fatos que caracterizam a época imperial, principalmente na forma de colônias romanas, providas de suas instituições habituais (magistrados e conselhos de decuriões). As velhas cidades, por sua vez, gozam de estatutos diversos, que frequentemente remontam às vicissitudes enfrentadas nos séculos II e I. De tempos em tempos os príncipes modificam a organização geral, a exemplo de Augusto, que dissocia definitivamente a Acaia da Macedônia, une Creta à Cirenaica (27 a.C.) e legifera principalmente sobre o sistema judiciário (litígios entre romanos e gregos, processos por concussão contra os magistrados ou pró-magistrados etc.; cf. os "editos de Cirene", datados de 7-4 a.C.). Assim, talvez seja em 67 que a Tessália é incorporada à Macedônia, onde uma classe de notáveis foi pouco a pouco se reconstituindo; no mesmo ano, Nero (54-68) proclama a liberdade de todas as cidades da Acaia, antes de a província ser reconstituída por Vespasiano (69-79); sob Trajano (98-117) é criada a província do Epiro (*ca* 108). Aliás, a liberdade não implica necessariamente em ser *immunis* (isento de tributo), e o fisco imperial, que se adaptou aos usos locais, percebe diversos impostos diretos e indiretos. No Oriente, Augusto pragmaticamente manteve as linhas gerais da organização feita por Antonio, mas a tendência é para a integração dos Estados clientes e a provincialização. Atenas, Corinto (a colônia fundada por César), Éfeso e Pérgamo são cidades importantes. Algumas perderam quase todo o brilho, como Tebas, que se tornou um medíocre vilarejo, segundo Estrabão (IX 2, 5); ao contrário, outras, como Nicópolis ou a colônia de Patras, fundada em 15 a.C., têm grande desenvolvimento.

Praticamente em toda parte os romanos incentivaram os agrupamentos, especialmente na forma de *koiná* provinciais (*koinón* da Macedônia, da Acaia, da Ásia etc.) ou regionais (Tessália, eleuterolacônios ou "lacônios livres", *koinón* de Lesbos etc.), cujos magistrados portam títulos em -arca ou -arco (macedoniarca, asiarca, beotarca etc.). Essas instâncias às vezes assumem uma extensão que ultrapassa seus limites geográficos originais (por exemplo, uma bela estela de bronze inscrita revelou recentemente quase toda a Lócrida oriental estava anexada ao *koinón* beócio); têm atribuições judiciárias locais e substituem o poder romano na manutenção da ordem (arbitragem dos sempiternos – e geralmente irrisórios – litígios entre cidades, principalmente por fronteiras ou para obtenção de favores imperiais: cf. na Bitínia a rivalidade entre Niceia e Nicomédia desde o final do século I até a época dos Severos). Naturalmente, os governadores, nomeados pelo Senado sob controle do príncipe ou pelo próprio príncipe, são detentores da autoridade maior, secundados por diversos magistrados e encarregados de missão (cf. os *correctores* para as questões financeiras e fundiárias). Podem permanecer vários anos na função, mas recebem um salário fixo de acordo com o posto, o que contribui para limitar muito as exações contra os provincianos; portanto, em comparação com os desastres provocados pela República agonizante, estes têm bons motivos de satisfação com a monarquia augustana (cf. abaixo). Roma, aliás, teve o cuidado de associar à administração as elites locais, e entre elas figuram, a partir da segunda metade do século I, grandes notáveis gregos ou helenizados, como L. Flávio Arriano, da Nicomédia, que entre outras funções foi legado na Capadócia (131-137) e passou para a posteridade como autor da *Anábase de Alexandre o Grande;* ou T. Flávio Filino, membro de uma família de Téspias (Beócia) muito conhecida desde a época helenística, e que se torna procônsul da Lícia-Panfília sob os Severos (ano 220). Como antigamente para os reis helenísticos, as honras cultuais prestadas aos imperadores procedem primeiramente de uma iniciativa das comunidades cívicas, antes de o culto oficial ser organizado pelo poder no contexto da província; uma cidade dela (não necessariamente a capital: cf., na Macedônia, Beroia e não Tessalônica) é designada para receber o templo de Roma e de Augusto, recebendo ao mesmo tempo o título de neócora (*neokóros* designa originalmente uma função individual e geralmente é traduzido por "sacristão"). O sacerdócio é assumido por um *arkhiereús* (sumo sacerdote) proveniente das maiores famílias provinciais.

Os autores insistem no extremo empobrecimento do mundo grego no final do período republicano, arruinado pelas guerras e pelas exigências romanas. Esse quadro às vezes catastrófico parece particularmente justificado para a Grécia europeia e para as ilhas. Por falta de recursos, festas deixam de ser celebradas durante décadas, o santuário de Delfos aparentemente fica indigente e os monumentos de Atenas degradam-se. Nos campos, parece que o despovoamento continuou e que o número de implantações agrícolas diminuiu, em proveito de uma forte concentração fundiária (propriedades de grandes notáveis). Mas algumas de nossas fontes provavelmente enegrecem o quadro a fim de salientar proporcionalmente os benefícios do Império. Seja como for, observam-se sinais de renovação no meio urbano, por exemplo em Corinto e Atenas. Corinto, cuja população é um misto de gregos e italianos, cobre-se de monumentos (templos, basílicas, teatro, aqueduto) e, seguindo sua vocação antiga, conta com um artesanato famoso (bronzistas etc.), ao mesmo tempo que aproveita comercialmente sua posição portuária privilegiada (vários projetos de abertura de uma passagem no Istmo são abandonados). A cida-

Epílogo

de também tira partido do prestígio dos concursos do Istmo, que cada quatro anos coincidem com as Cesareias (festas em honra dos Césares); até Adriano (117-138), o santuário de Poseidon é também o local do culto imperial da província de Acaia. Atenas apresenta características semelhantes (desenvolvimento do Pireu, que tem estatuto de mercado regional, exportações tradicionais de mármore, azeite e mel) e recebeu dos imperadores vários anexos, principalmente insulares. Mas, como no passado, a cidade explora sobretudo seu patrimônio cultural, aproveitando principalmente a voga do arcaísmo e do neoaticismo: ateliês de escultura, escolas de filosofia e de retórica. As construções multiplicam-se; muitas delas devem-se ao interesse dos príncipes ou de outros evergetas: mercado de César e de Augusto ("ágora romana"); odeom de Agripa (amigo e genro de Augusto) na ágora; escada da Acrópole (Cláudio, 41-54); túmulo monumental de C. Júlio Antíoco Filopapo, neto do último rei de Comagena (anexada em 72), na colina das Musas (114-116); "porta" de Adriano, que, entre outras realizações de um ambicioso programa arquitetônico, também termina o Olímpion, cuja construção pontua a história da cidade desde os pisistrátidas (*supra*, caps. 9 e 20); estádio de mármore e odeom devidos a Herodes Ático, cujos donativos beneficiam também Delfos e Olímpia. Em 132, o culto imperial da província é transferido para Atenas, como parte do Pan-Helênion criado por Adriano. Esse novo *koinón* é presidido por um arconte e recebe um delegado de cada cidade que se orgulhe de ser grega. Aparece como a culminância da unificação incentivada pelos imperadores, cujos benefícios as Pan-Helenas celebram, ao mesmo tempo que consagra Atenas em seu papel de conservatório do helenismo. No primeiro quarto do século II, Plutarco descreve também o renascimento do santuário de Delfos.

A Ásia Menor, dotada de um solo rico, globalmente continua próspera. Em vastas propriedades agrícolas (particulares abastados, inclusive romanos, propriedades imperiais, santuários etc.) trabalham camponeses cujo estatuto nem sempre aparece claramente (homens livres ou escravos), e Estrabão gosta de insistir sobre a variedade e a riqueza da *khóra* cívica. O artesanato é diversificado e próspero (ourivesaria, têxteis, cerâmica) e o comércio local é intenso, sobretudo nas panegírias organizadas ao redor dos santuários. Além das divindades nativas (Cibele, Átis, Ma, Men etc.), que estão sempre em voga e revelam a vitalidade de comunidades mais ou menos helenizadas, podemos citar o oráculo apolíneo de Claros, que atinge seu apogeu no século II, e os santuários de Asclépio em Pérgamo e em Cós. Urbanização e organização como cidade avançaram muito, embora num ritmo desigual, dependendo do período e do imperador, e ainda há grandes disparidades de uma região para outra (a fachada marítima mantém-se muito mais desenvolvida; o mesmo se constata *grosso modo* quanto ao Levante, em cujos campos o helenismo parece penetrar pouco). Éfeso pode ser considerada uma espécie de símbolo:

a cidade desfruta de um desenvolvimento edilitário greco-romano (teatro, estádio, termas, biblioteca, ginásio suntuoso) representativo do frenesi de construção observado mais ou menos em toda parte na região, principalmente no século II; mas a iconografia da estátua-pilar de Ártemis lembra muito mais as deusas-mães anatólias do que a irmã do Apolo helênico.

No Egito, a administração romana, sujeita à autoridade de um prefeito equestre, acentuou as discriminações. Sob os Antoninos o país conhece um período particularmente feliz: Adriano, que o visita em 130/1, funda a cidade de Antinoópolis, em memória de seu favorito Antínoo, que se afogou no Nilo (médio Egito, na margem direita do rio). Alexandria, que Augusto privou de sua *Boulé* (medida punitiva que acompanhou o "perdão" por haver abraçado a causa de Antonio e Cleópatra), continua a ser um *empórion* de primeiro plano, mas ainda é palco de motins, principalmente contra os judeus. Seu prestígio intelectual declina, embora hoje se saiba que a biblioteca não foi destruída pelo incêndio de 48/7 (*supra*, cap. 21) e embora nela ainda brilhem mentes notáveis, como o astrônomo e geógrafo Cláudio Ptolomeu (século II), cujos trabalhos irão impor-se durante séculos. Na *khóra*, as tradições nativas, em especial religiosas, continuam dominantes (Augusto e seus sucessores fazem papel de faraós, as construções conservam o estilo egípcio), ao mesmo tempo que perdura a popularidade internacional de Serápis e de Ísis.

Nas cidades e nas *koiná* a evolução oligárquica iniciada a partir do século II a.C. prossegue. As Assembleias continuam a reunir-se, mas estão sob controle cerrado do Conselho (*Boulé*), Também são atestadas *gerousíai* (conselhos de anciãos). As magistraturas tradicionais sobrevivem, mas se transformam substancialmente, visto que se tornam vitalícias. O mesmo acontece com a pertença ao Conselho, cujo recrutamento é censitário: ainda que essa evolução não exclua a permanência da rotação herdada das práticas antigas da democracia, os especialistas agora não hesitam mais em falar de *ordem*, de acordo com o modelo romano. Em todo caso esses cargos são reservados a categorias privilegiadas de cidadãos e distinguidos como tais; daí uma crescente hierarquização do corpo cívico. A noção de *cursus honorum*, aliás, já não é tão alheia aos gregos como era antes: como vimos, as próprias cidades se entregam a uma competição feroz, lutando por uma posição cada vez mais invejável na província (cf. os títulos de *primeira da província*, que Éfeso e Pérgamo disputam na Ásia, de *neócora, metrópole, asilo, sagrada* etc.). Em Atenas, a *Ekklesía*, que se reúne no teatro, continua a votar decretos até pelo menos o último terço do século II. É dirigida pela *Boulé*, que ainda recruta seguindo certos usos antigos (anualidade, com iteração possível), embora uma décima terceira tribo *Hadrianis* seja instituída em honra de Adriano (125). Mas é a centena de membros do Areópago, normalmente sujeitos à regra da *trigonía* (três gerações de ancestrais livres), que tem a primazia.

Epílogo

Os arcontes, eleitos, subsistem, mas o cargo de epônimo, que continua a ser o mais prestigioso da cidade, é tão oneroso que a *anarquía* não é rara: a função às vezes chega a ser exercida por príncipes (Adriano, entre outros). O segundo personagem em dignidade, mas o mais poderoso politicamente, é o arauto do Areópago; depois vem o estratego dos hoplitas, cuja função é essencialmente anonária (do latim *annona*, que significa "abastecimento"). Algumas grandes famílias, que receberam a cidadania romana, partilham entre si esses cargos. Algumas são ativas em várias cidades, como a de Herodes Ático, cujo pai é patrônomo epônimo em Esparta nos anos 130.

Em todas as cidades, a prosopografia ensina que uma minoria rica açambarca, por necessidade, a maioria das responsabilidades. Considera-se, portanto, que a distinção fundamental entre cidadãos e não cidadãos tende a desvanecer-se por trás da clivagem entre pobres e ricos, cuja fortuna continua essencialmente fundiária. Em todo caso, o evergetismo voluntário das épocas passadas acaba se tornando inerente às magistraturas (epônimas, agoranômicas, ginasiárquicas, agonotéticas e outras), pois os fundos públicos não bastam para cobrir as despesas. Assim se ilustram, por exemplo, Epaminondas de Acréfia (Beócia) no século I, Díon de Prusa (cognominado Crisóstomo, ou seja, "boca de ouro", *ca* 40-110) e Herodes Ático (*ca* 101-177), simultaneamente um milionário generoso e um credor às vezes tirânico para os atenienses, mas também um sofista renomado (cf. abaixo). Alguns viram nisso uma forma de redistribuição das riquezas, pela qual os mais afortunados asseguram ao povo alimentação e lazer (o sucesso dos concursos mantém-se), em troca da glória e da expectativa de passar para a posteridade. Mas essas liturgias podem ser tão pesadas que os candidatos venham a faltar, solicitem isenções ou se escondam, como Élio Aristides na Ásia, em meados do século II. A partir da dinastia dos Severos (193-235), durante a qual Caracala (211-217) confere a cidadania romana a todos os habitantes livres do Império (edito de 212), a munificência imperial e local declina, ao passo que aumentam as ameaças externas e a pressão financeira causada pelas despesas militares que delas decorrem (principalmente durante o período dito de "anarquia militar", 235-284). Ao mesmo tempo que reforma o topo do Estado (tetrarquia), Diocleciano (284-305) diminui o tamanho das províncias e duplica-lhes o número. Seus estatutos e fiscalidade tendem a ser uniformizados e para cada cidade passa a ser nomeado um curador – função até então ocasional – que nela se torna o principal interlocutor do governador da província, como uma espécie de "prefeito" designado pela administração imperial. Isso normatiza e simplifica a gestão do Império, mas restringe proporcionalmente a autonomia municipal, pelo menos no plano formal: muitos consideram que esse período, que vê também o fim das moedagens locais, marca uma viravolta decisiva na história da *pólis*.

A civilização helenística

A conquista teve como corolário a pilhagem dos tesouros artísticos, o que poderia ser ilustrado por algumas espetaculares descobertas submarinas (cf. os célebres "bronzes de Riace", na Calábria). Mas essa prática ocorreu principalmente do final da época republicana até Nero, que despojou os grandes santuários de suas obras de arte mais belas (500 estátuas teriam sido subtraídas de Delfos). Globalmente, os imperadores manifestaram solicitude para com o mundo grego (fundações, construções, reformas etc.). Basta lembrar, por exemplo, os donativos de um Domiciano (81-96), que em 84 financia a restauração do templo de Apolo em Delfos, ou o filelenismo piedoso e sincero de Adriano. Este, assim como Augusto, faz três estadias em Atenas, onde é iniciado nos mistérios de Elêusis, e tenta reformar a Anfictionia de Delfos, antes de realizar com o Pan-Helênion, de uma forma adaptada às novas condições político-religiosas, o velho sonho pan-helênico. É bem verdade que a Grécia em parte se torna esse museu visitado pelo turismo cultural com uma curiosidade de antiquário, bem ilustrada pela *Periegese* de Pausânias, e que os próprios gregos exploram o filão (cf. as arquibancadas construídas em Esparta no santuário de Ártemis Órtia, para que os espectadores possam assistir às flagelações rituais dos jovens esparciatas). Mas ela não é só isso: basta pensarmos na obra abundante de Plutarco; na produção retórica e na "segunda sofística" que se expande desde a época dos Flavianos até a dos Severos (Díon de Prusa, Élio Aristides, Luciano, Ateneu, Diógenes Laércio, Filóstrato, que, como o historiador Díon Cássio, pertence ao "círculo" de Júlia Domna, esposa de Setímio Severo e mãe de Caracala etc.), antes de reflorescer no século IV (Libânio); no nascimento e desenvolvimento do romance (*Etiópicas*, de Heliodoro, *Dafne e Cloe*, de Longo); no estoicismo do liberto Epíteto (*Discursos* e *Manual*, publicados por seu aluno Arriano) e do imperador Marco Aurélio (161-180), que, depois de dedicar-se à retórica com Herodes Ático e Frontão, passa para a filosofia e escreve seu *Meditações* em grego; por fim, no neoplatonismo de Plotino (204-270), cujos ensinamentos penetram nos círculos do poder em Roma durante o reinado de Galieno (253-268; cf. *Enéadas,* publicado por seu discípulo Porfírio), enquanto outros neoplatônicos, como Longino, exercem influência política junto a Zenóbia, rainha da muito próspera cidade caravanista de Palmira (267-272) e de quem se diz que preferia ser chamada de "a nova Cleópatra".

Do que veio em seguida mencionaremos apenas os marcos essenciais. Convertido à religião cristã em 312, ao mesmo tempo que permanece como sumo pontífice (o sacerdote mais prestigioso da religião romana), o imperador Constantino (306-337) convoca em 325 o concílio de Niceia (Bitínia): nele o dogma oficial é definido, afirmando contra o pregador alexandrino Ário a igual divindade do Pai e do Filho. Data de seu reinado o último documento efébico hoje conhecido, proveniente de Oxirrinco, no médio Egito (323); mas em 330 ele dá ao velho

Epílogo

mundo helênico uma nova capital imperial, Constantinopla, a antiga Bizâncio. O fato marcante passa a ser a difusão do cristianismo, que se pode acompanhar seguindo os passos do apóstolo Paulo de Tarso (Cilícia), cujas epístolas dão início, nos anos 50, a uma abundante literatura cristã de língua grega (cf. os outros escritos do Novo Testamento, dos quais os mais tardios datam de 150 aproximadamente; Clemente de Alexandria na segunda metade do século II; o grande Orígenes no século III; Eusébio de Cesareia, o primeiro historiador cristão, que foi muito próximo de Constantino; Basílio de Cesareia, Gregório de Nissa, Gregório de Nazianzo e João Crisóstomo no século IV). Após a breve reação do imperador Juliano ("o Apóstata") em favor dos cultos pagãos (361-363), Teodósio (379-395) faz da ortodoxia de Niceia a religião oficial contra a heresia ariana, em 380, antes de proibir o paganismo (391-394). Os concursos pouco a pouco deixam de ser celebrados, os santuários periclitam ou são destruídos, com exceção dos templos transformados em igrejas, como o Partenon e o Erecteion no início do século VII. Já antes disso o mundo grego sofreu invasões: em 170 os costobocos chegam até as redondezas de Atenas; o Levante é ameaçado pelos partas, depois pelos persas sassânidas a partir de 230 aproximadamente; por volta de 253-266 os raides dos godos castigam as costas da Ásia Menor; em 267, assim como Corinto, Argos e Esparta, Atenas é parcialmente saqueada pelos hérulos; o godo Alarico ataca-a em 396, antes de tomar Roma em 410. No século V, a história e a poesia de língua grega lançam suas últimas luzes: Zózimo, que se remete a Políbio, dedicou-se principalmente aos eventos dos séculos III e IV, enquanto Nono de Panópolis, com uma epopeia mitológica em 48 cantos e 21 mil versos intitulada *As Dionisíacas*, de certo modo reata com as origens ao mesmo tempo que renova profundamente o gênero épico. Em 529, a fim de coibir o ensino pagão, Justiniano fecha a "Escola de Atenas", herdeira distante e indireta da Academia platônica, que se reconstituíra no final do século IV (Proclo foi seu diretor mais prolífico). No último quarto do século VI, os eslavos entram na Grécia (Tasos é completamente destruída por volta de 620), e em 640 o Egito é conquistado pelos árabes. Estes conservam uma parte da herança antiga, a exemplo dos letrados bizantinos até a tomada de Constantinopla pelos turcos em 1453 (cf. os preciosos léxicos, como o do patriarca Fócio, no século IX, e a *Suda*, no século X). Redescoberto pelos humanistas da Renascença, desde então esse inestimável patrimônio é transmitido de geração em geração até nossos dias.

CRONOLOGIA[1]

A Grécia do Paleolítico Médio ao Bronze Antigo

Paleolítico Médio (final: *ca* 45000-35000): ocupação humana.
Paleolítico Superior (*ca* 35000-9000): prática da navegação.
Mesolítico (*ca* 9000-7000): primeiras práticas agrícolas e início da sedentarização?
Neolítico (*ca* 7000-3500): multiplicação dos sítios; cultura, criação de animais.
Neolítico Recente (*ca* 4800-3500): estruturas de tipo "mégaro".
Bronze Antigo (*ca* 3500-2100/2000): arte cicládica; "casa das telhas" (Lerna).
***Ca* 2300**: chegada dos "protogregos"?

Civilizações minoica e micênica (ca 2000-1100)

Bronze Médio (*ca* 2100-1600 em Creta: MM = Minoico Médio; *ca* 2000-1550 no continente: HM = Heládico Médio) **e Bronze Recente** (*ca* 1600-1050 em Creta: MR = Minoico Recente; *ca* 1550-1050 no continente: HR = Heládico Recente).
***Ca* 2000-1700**: primeiros palácios cretenses (período protopalacial).
***Ca* 1700-1450**: segundos palácios cretenses (período neopalacial).
***Ca* 1650-1550**: círculo funerário B em Micenas.
***Ca* 1628 ou final do séc. XVI**: erupção do vulcão de Santorim (cf. *supra*, cap. 4, para as consequências desta alternativa sobre o quadro geral).
***Ca* 1600-1500**: círculo funerário A em Micenas.
Segunda metade do séc. XV – primeira metade do séc. XIV: o Egeu sob influência micênica (Dodecaneso, Mileto etc.).
***Ca* 1450**: Cnossos sob administração micênica (tabuinhas em linear B).
***Ca* 1370**: destruição do palácio de Cnossos.
Primeira metade do séc. XIV: edificação dos palácios micênicos continentais.
Final do séc. XIV – primeira metade do séc. XIII: apogeu dos palácios continentais (grandes túmulos em tolos, "porta dos leões" em Micenas). Na Anatólia, destruições em Troia VI (VIh: terremoto, *ca* 1300?).
Segunda metade do séc. XIII: ondas de destruições (Tebas, Gla, Pilos, Mideia, reconstrução em Micenas e em Tirinto). Mileto (Millawanda) sob controle hitita.
***Ca* 1200**: últimas tabuinhas em linear B. Na Anatólia, incêndio de Troia VIIa.
Primeiro quarto do séc. XII: fim do império hitita; distúrbios no Mediterrâneo oriental ("povos do mar").
Último quarto do séc. XII: abandono de Micenas e de Tirinto.
***Ca* 1070-1010**: "Submicênico".

---

1. Lembrete: ca (*circa*) = aproximadamente (cf. *supra*, p. 31).

Das "idades obscuras" ao "renascimento" do alto arcaísmo (ca 1100-800)

Séculos XI-X: rarefação dos sítios, recuo demográfico, migrações; desenvolvimento da metalurgia do ferro.
***Ca* 1010-900**: Protogeométrico.
Séc. X: edifício de Lefkandi, na Eubeia (primeira metade do século), difusão da cerâmica eubeia, renovação do artesanato de bronze.
Séc. X ou IX: início da escrita alfabética.
***Ca* 900-850**: Geométrico Antigo.
***Ca* 850-750**: Geométrico Médio.
Meados do séc. IX: em Atenas, túmulo da "Rich Lady" e início do processo de sinecismo? Primeira muralha de Esmirna?
Final do séc. IX: presença eubeia no entreposto sírio de Al Mina.
814: data convencional da fundação de Cartago.

Época arcaica (séculos VIII-VI): desenvolvimento e difusão da cidade (colonização); adoção do hoplitismo e da moeda; experiências políticas (tiranos e legisladores)

Séc. VIII: a *Ilíada* e a *Odisseia*.
776: data convencional da primeira celebração dos concursos olímpicos.
753: data convencional da fundação de Roma.
***Ca* 750**: habitat e primeiros locais de culto em Erétria. Sinecismo de Argos. Sinecismo de Mégara? Fundações eubeias (Cálcis) de Pitecussa e Cumas. Em Atenas, grandes vasos do Dípilo.
Segunda metade do séc. VIII: Geométrico Recente. No Peloponeso, primeira guerra da Messênia, *ca* 735-715 (ou *ca* 695-675?). Na Eubeia, guerra "lelantina" entre Cálcis e Erétria?
***Ca* 747-657**: governo dos baquíadas em Corinto.
***Ca* 734-3**: fundação de Siracusa por Corinto.
***Ca* 730**: fundação de Zancle, Régio (?), Catânia por Cálcis; fundação de Mégara Hibleia por Mégara (terceiro quarto do séc. VIII).
***Ca* 725**: "taça de Nestor" em Pitecussa.
Último quarto do séc. VIII: fundação de Síbaris e de Crotona pelos aqueus; fundação de Sinope por Mileto (ou segunda metade do séc. VII?). Em Esparta, "grande *rhêtra*"? Na Anatólia, Midas rei da Frígia; início dos reides cimérios.
***Ca* 710**: destruição de Ásina por Argos.
***Ca* 706**: fundação de Tarento por Esparta.
Final do séc. VIII – segunda metade do séc. VII: período "orientalizante" e plástica "dedálica". Hesíodo. Difusão da tática hoplítica (*ca* 640: *ólpe* Chigi). Cerâmica coríntia de figuras negras.
***Ca* 690**: fundação ródia e cretense de Gela.

Cronologia

Ca **684/3 ou 683/2**: arcontado anual em Atenas.
Ca **680**: fundação de Locros Epizefírica pelos lócrios (ou *ca* 700?); fundação de Cízico pelos milésios; fundação de Tasos pelos parianos (ou *ca* 650?).
Ca **669**: derrota dos esparciatas pelos argivos em Hísias (tirano Fídon em Argos?).
Ca **664**: batalha naval entre coríntios e corcireus.
Ca **660**: fundação de Bizâncio por Mégara.
Ca **657/6-584/3**: tirania dos cipsélidas em Corinto (Cípselo, *ca* 657/6-627/6; Periandro, *ca* 627/6-587/6; Psamético, *ca* 587/6-584/3).
Ca **655-555**: tirania dos ortagóridas em Sicíone.
Ca **650**: segunda guerra da Messênia (ou *ca* 635-600?), poemas de Tirteu em Esparta. Fundação de Lâmpsaco por Foceia; fundação de Istro e de Ólbia (primeira fase) por Mileto; fundação de Himera por Zancle, de Selinunte por Mégara Hibleia (ou *ca* 630?).
Ca **640-630**: Teágenes tirano de Mégara. Cílon fracassa em estabelecer a tirania em Atenas (636 ou 632?). Fundação de Metaponto pelos aqueus; fundação de Cirene por Tera (631?); fundação de Ambrácia por Corinto.
Ca **625**: fundação de Epidamno por Corinto e Corcira.
Último quarto do séc. VII: "fundação" de Náucratis por várias cidades.
Ca **621/0**: em Atenas, lei de Drácon sobre o homicídio.
Ca **610**: fundação de Apolônia do Ponto por Mileto.
Final do séc. VII – início do séc. VI: tirania de Trasíbulo em Mileto, que resiste ao cerco de Aliates, rei da Lídia. Anexação definitiva de Elêusis por Atenas.
Ca **600**: Clístenes tirano de Sicíone. Pítaco esineta em Mitilena (*ca* 600-590 ou dez anos depois?). Fundação de Massália (Marselha) e, depois, de Empórias pelos foceenses; fundação de Posidônia por Síbaris; fundação de Potideia e de Apolônia da Ilíria por Corinto.
Primeiro quarto do séc. VI: cerâmica ática de figuras negras. Primeiras moedas nas cidades gregas da Ásia.
Ca **594/3**: arcontado de Sólon em Atenas.
Ca **590**: em Delfos, "primeira guerra sagrada", dirigida pelos anfictiões contra Cirra (582: primeira celebração dos concursos píticos, pentetéricos e estefanitas); dominância tessálica sobre a Anfictionia.
Ca **580**: fundação de Agrigento por Gela.
Ca **575**: fundação de Panticapeia por Mileto.
Ca **570**: fundação de Odessos por Mileto. Fim da tirania de Clístenes em Sicíone. Anexação definitiva de Salamina por Atenas. No Egito, reinado de Amásis (novo estatuto de Náucratis).
566/5: instauração das Grandes Panateneias em Atenas?
Ca **565**: fundação de Alália pelos foceenses.
Ca **561/0-528/7**: tirania de Pisístrato em Atenas (interrompida duas vezes).
Ca **560**: grandes templos de Hera em Samos e de Ártemis em Éfeso. Creso rei da Lídia.
Meados do séc. VI: eforato de Quílon em Esparta (ou mais anteriormente no século?). Fundação de Heracleia Pôntica por Mégara. Dominação dos medas por Ciro o Grande, rei dos persas (559-530).

História do mundo grego antigo

Terceiro quarto do séc. VI: primeiras moedas de Egina, Atenas e Corinto.
548/7: incêndio do templo de Apolo em Delfos.
***Ca* 546**: vitória de Esparta sobre Argos na "batalha dos campeões" (anexação da Tireátida); formação progressiva da liga do Peloponeso. Pisístrato estabelecido definitivamente em Atenas e Lígdamis em Naxos. Ciro vence Creso, tomada de Sardes; Harpago empreende a conquista da Jônia (tomada de Foceia).
***Ca* 540**: batalha de Alália e fundação de Eleia (Vélia) pelos foceenses.
***Ca* 538**: Polícrates tirano de Samos.
530: Cambises rei dos persas. Cerâmica ática de figuras vermelhas (*ca* –).
528/7: Hípias e Hiparco tiranos de Atenas.
525: conquista do Egito por Cambises.
Último quarto do séc. VI: formação de uma liga beócia em torno de Tebas.
***Ca* 524**: fracasso da expedição lacedemônia e coríntia contra Samos, fim da tirania de Lígdamis em Naxos.
522: morte de Polícrates. Dario I rei dos persas.
519: aliança entre os plateenses e os atenienses.
514: em Atenas, Hiparco é assassinado por Harmódio e Aristogíton. O conselho anfictiônico adjudica aos alcmeônidas a reconstrução do templo de Delfos (*ca* –).
510: Hípias expulso de Atenas (intervenção do rei Cleômenes I de Esparta). Síbaris destruída por Crotona.
***Ca* 508/7**: reformas isonômicas de Clístenes em Atenas.
506: "discórdia de Elêusis" entre os dois reis de Esparta, Cleômenes e Demarato; vitória dos atenienses sobre os beócios e os calcídios.
501/0: em Atenas, colégio de dez estrategos eleitos.

Época clássica (ca 500-323): o século V (ca 500-404)

Revolta da Jônia e guerras médicas (500-478)

500-499: início da revolta da Jônia (Aristágoras de Mileto).
498: envio de um corpo expedicionário ateniense e erétrio à Jônia; incêndio de Sardes.
494: derrota dos jônios em Lade, tomada de Mileto pelos persas. Vitória de Esparta sobre Argos em Sepeia. Na Magna Grécia, início da tirania de Anaxilau de Régio.
493/2: arcontado de Temístocles e início dos trabalhos de reforma do Pireu?
492: expedição de Mardônio à Trácia, Tasos submete-se aos persas.
491: ultimato de Dario aos gregos.
490: primeira guerra médica, vitória de Maratona.
489: morte de Milcíades.
487/6: em Atenas, arcontes designados por sorteio.
486: Xerxes rei dos persas.

Cronologia

***Ca* 485**: Gélon, tirano de Gela, toma o poder em Siracusa. Nascimento de Heródoto em Halicarnasso.
483/2: "lei naval" de Temístocles; ostracismo de Aristides.
480: segunda guerra médica, vitória de Salamina. Gélon de Siracusa vence os cartagineses em Himera. Intermediação de Alexandre I "o Fileleno", rei da Macedônia, junto aos atenienses (inverno de 480/79).
479: vitórias de Plateias e de Mícale.

Pentekontaetía E EXPANSÃO ATENIENSE (478-431)

478/7: fundação da "liga de Delos" (primeira confederação marítima ateniense). Em Siracusa, Híeron sucede seu irmão Gélon.
476: tomada de Ciros por Cimon. Morte de Anaxilau de Régio.
***Ca* 475-470**: submissão de Caristo; revolta de Naxos (471 ou *ca* 469-465?).
474: Híeron de Siracusa vence os etruscos ao largo de Cumas.
472: Péricles corego de *Os persas*, de Ésquilo; desenvolvimento do "estilo severo" em escultura.
471 (?): ostracismo de Temístocles.
469 (466?): vitória de Címon em Eurimedonte.
467/6: em Esparta, morte do regente Pausânias (ou *ca* 470?). Em Siracusa, morte de Híeron (fim da tirania dos dinomênidas em 466/5, após o breve reinado de Trasíbulo; auriga de Delfos).
465: revolta de Tasos; implantação ateniense na Trácia (Ennea-Hodoi), seguida do massacre de Drabesco (465/4?). Artaxerxes I rei dos persas.
464: terremoto em Esparta; "terceira guerra da Messênia".
463: capitulação de Tasos.
462/1: em Atenas, reformas de Efialtes às custas do Areópago; ostracismo de Címon; assassinato de Efialtes.
461: fim da tirania em Régio e em Messina.
***Ca* 460-450**: na Sicília, revolta de Ducécio.
460/59: contingente ateniense no Egito.
458/7: em Atenas, construção dos Muros Longos.
457: derrota ateniense em Tânagra, seguida de vitória em Enófita (Beócia). Submissão de Egina; arcontado acessível aos zêugitas (457/6).
***Ca* 456-454**: expedições de Tólmides em volta do Peloponeso (tomada de Naupacto?) e, depois, de Péricles no golfo de Corinto (apogeu da liga de Delos).
454: desastre do Egito; transferência do tesouro para a Acrópole?
451: lei de Péricles sobre a cidadania. Trégua de cinco anos entre Atenas e Esparta (ou 454/3?).
450: expedição e morte de Címon em Chipre; vitória de Salamina do Chipre. Implantação de clerúquias atenienses no Egeu (*ca* –).

449/8: "paz de Cálias" para proteger as cidades gregas da Ásia contra a ameaça persa.
447-438: construção do Partenon, apogeu da carreira do escultor Fídias.
447/6: derrota ateniense em Coroneia; Confederação Beócia dominada por Tebas; revolta da Eubeia.
446/5: paz de 30 anos entre Atenas e Esparta.
444/3: fundação de Túrio. Ostracismo de Tucídides filho de Melésias (443).
443/2: Péricles estratego (até 429). *Antígona*, de Sófocles (442).
441/0-440/39: revolta e guerra de Samos. Em Cirene, fim da dinastia dos batíadas (*ca* 440).
437-432: construção dos Propileus da Acrópole.
437/6: fundação de Anfípolis.
433: batalha das ilhas Sibota.
433/2: ultimato ateniense, seguido do cerco de Potideia; "decreto megárico"?

Guerra do Peloponeso (431-404)

431-421: primeira fase do conflito ("guerra arquidâmica" ou "guerra de dez anos").
431: ataque tebano contra Plateias.
430: epidemia em Atenas; destituição de Péricles; queda de Potideia (inverno de 430/29).
429: reeleição e morte de Péricles; vitória de Fórmion em Naupacto.
428: revolta de Mitilena.
427: rendição de Mitilena; destruição de Plateias; guerra civil em Corcira; primeira expedição ateniense à Sicília (até 425/4).
426: derrota de Demóstenes na Etólia; purificação de Delos pelos atenienses.
425: ocupação ateniense de Pilos; vitória de Esfactéria; triplicação do *phóros* (425/4).
424: ocupação ateniense de Citera; derrota ateniense em Délion; Tucídides não consegue defender Anfípolis, tomada por Brásidas. Dario II rei dos persas (inverno de 424/3).
***Ca* 423**: Eurípides, *As suplicantes*.
422: morte de Cléon e de Brásidas nas proximidades de Anfípolis.
421: paz de Nícias; Aristófanes, *A paz*.
421-413: segunda fase do conflito (da paz de Nícias à expedição da Sicília).
418: vitória de Esparta sobre Argos e seus aliados em Mantineia.
417 (416?): último ostracismo atestado em Atenas (Hipérbolo).
416: o caso de Melos.
415: partida da expedição da Sicília; escândalos em Atenas (mutilação das hermas e paródia dos mistérios de Elêusis), exílio de Alcibíades em Esparta.
413-404: terceira fase do conflito ("guerra decélica" e "guerra da Jônia").
413: ocupação esparciata da Deceleia; desastre ateniense em Siracusa, morte de Demóstenes e de Nícias; taxa do vigésimo sobre o comércio marítimo. Na Macedônia, Arquelau sucede Perdicas II.
412: defecção de Quios e de outras cidades da Jônia; Alcibíades junto de Tissafernes.

Cronologia

411: em Atenas, revolução oligárquica dos Quatrocentos e revolta da frota de Samos, à qual se associa Alcibíades; defecção de Bizâncio e perda da Eubeia, queda dos Quatrocentos e intervalo dos Cinco Mil, em seguida restabelecimento da democracia; vitórias navais em Cino Sema (fim da narrativa de Tucídides) e em Abidos (início de *Helênicas*, de Xenofonte).
410: vitória naval ateniense em Cízico; Esparta recupera Pilos (410/9).
409: na Sicília, destruição de Selinunte e de Himera pelos cartagineses.
408: Alcibíades retoma Bizâncio; sinecismo de Rodes (*ca* –).
407: retorno triunfal de Alcibíades a Atenas.
406: vitória de Lisandro em Nócio, exílio de Alcibíades na Trácia e depois junto de Farnabazo; vitória ateniense nas Arginusas, mas condenação à morte dos generais. Na Sicília, destruição de Agrigento pelos cartagineses.
405: vitória decisiva de Lisandro em Egos Pótamos; cerco de Atenas. Em Siracusa, Dionísio o Velho obtém plenos poderes e firma a paz com Cartago. Artaxerxes II Mêmnon rei dos persas, rivalidade com Ciro o Jovem (405/4).
404: rendição de Atenas, destruição dos Muros Longos, oligarquia dos Trinta.
403: Trasíbulo restabelece a democracia em Atenas. Em Siracusa, esforço de armamento e início da política de expansão de Dionísio o Velho.

Época clássica (ca 500-323): o século IV (403-323)

Hegemonia esparciata e recuperação ateniense (403-371)

401: em Atenas, reintegração de Elêusis. Na Ásia, expedição dos Dez Mil (Xenofonte, *A anábase*), morte de Ciro o Jovem (batalha de Cunaxa).
Ca 400-398: Agesilau rei de Esparta. Campanhas de Tíbron e depois de Dercílidas na Ásia Menor.
399: processo e morte de Sócrates. Fracasso da revolta de Cínadon em Esparta (*ca* 399--397). Na Macedônia, morte do rei Arquelau e distúrbios dinásticos.
398/7: guerra entre Dionísio o Velho e Cartago.
396: Agesilau na Ásia Menor.
395: início da "guerra de Corinto"; morte de Lisandro. Em Atenas, início da reconstrução dos Muros Longos.
394: vitórias de Esparta em Nemeia, depois em Coroneia com Agesilau; vitória de Cônon em Cnido, início do restabelecimento da influência ateniense no Egeu.
393: Amintas III rei da Macedônia.
392: união de Argos e Corinto (393?). Paz entre Dionísio o Velho e os cartagineses.
390: vitória dos peltastas de Ifícrates em Corinto. Início das operações de Trasíbulo no Egeu.
389/8: morte de Trasíbulo.

388: vitória de Dionísio o Velho sobre a Liga Italiota. Primeira estadia de Platão em Siracusa.
387: reide de Telêucias contra o Pireu. Platão funda a Academia.
386: paz do Rei, dita paz de Antálcidas (*koiné eiréne*: paz comum); dissolução da Confederação Beócia. Dionísio o Velho toma Régio.
385: diecismo de Mantineia.
***Ca* 383-373**: guerra entre Cartago e Siracusa.
382: início da guerra entre Esparta e Olinto; golpe de Fébidas contra Tebas.
380: em *Panegírico*, Isócrates expõe as credenciais de Atenas para a hegemonia.
379/8: submissão de Olinto a Esparta. Em Tebas, expulsão da guarnição lacedemônia e restabelecimento da democracia; reconstituição da Confederação Beócia (Pelópidas e Epaminondas). Fracasso de Esfódrias contra o Pireu, guerra entre Atenas e Esparta.
378/7: reformas de Calístrato em Atenas (simorias), fundação da segunda confederação marítima.
376: vitória de Cábrias sobre a frota de Esparta em Naxos.
375/4: vitória de Pelópidas contra os lacedemônios em Tegira; Timóteo no mar Jônico; paz entre Atenas e Esparta. Jasão de Feras domina a Tessália (*ca* –).
***Ca* 373**: os tebanos destroem Plateias e as muralhas de Téspias. Em Delfos, desmoronamento do templo.
372: Ifícrates em Corcira.
***Ca* 370-320**: reforma dos santuários de Delfos e de Epidauro; carreira dos escultores Praxíteles, Escopas e Lisipo.

Hegemonia tebana (371-361)

371: em Leuctras, vitória dos tebanos contra Esparta.
370: fundação da liga arcádia. Na Tessália, assassinato de Jasão de Feras. Na Macedônia, Alexandre II sucede Amintas III (370/69).
369-368: nova fundação de Messena e sinecismo de Megalópolis; processo contra Epaminondas e Pelópidas; Filipe da Macedônia refém em Tebas; assassinato de Alexandre II por Ptolomeu de Aloro.
367: congresso de Susa. Na Sicília, morte de Dionísio o Velho. Dionísio Jovem tirano de Siracusa.
367/6: segunda estadia de Platão em Siracusa e exílio de Díon. Início do governo de Arquita em Tarento?
366: Atenas despojada de Oropos em proveito de Tebas. Cerco de Samos por Timóteo.
365: instalação de uma clerúquia ateniense em Samos. Epaminondas manda construir cem trirremes. Na Macedônia, assassinato de Ptolomeu de Aloro por Perdicas III.
364: destruição de Orcômeno pelos tebanos; Epaminondas no Egeu; vitória tebana sobre Alexandre de Feras nas Cinoscéfalas, mas Pelópidas morre na batalha. Guerra entre os eleatas e os arcádios, que ocupam Olímpia.

Cronologia

364-362: revolta de Ceos reprimida pelos atenienses.
364-352: Clearco tirano de Heracleia do Ponto.
362: vitória tebana em Mantineia, morte de Epaminondas (fim das *Helênicas* de Xenofonte).
362/1: nova paz comum (sem Esparta e o Grande Rei: secessão do Egito e "grande revolta dos sátrapas").
361/0: fim do governo de Arquita em Tarento?

Filipe II e estabelecimento da hegemonia macedônica (360-336)

360-359: derrota e morte de Perdicas III da Macedônia pelos soldados de Bardílis, rei da Ilíria; Filipe (regente e depois?) rei da Macedônia: paz com Atenas e reorganização do exército macedônico. Morte de Agesilau. Na Trácia, morte de Cótis, rei dos odrísios.
359 ou 358: vitórias de Filipe sobre os péones e os ilírios. Artaxerxes III Oco rei dos persas.
357: em Atenas, lei sobre as simorias trierárquicas; início da "guerra dos aliados" (Rodes, Cós, Quios, Bizâncio, apoiadas pelo sátrapa da Cária, Mausolo).
357-354: Filipe toma Anfípolis, Pidna, Potideia, Metona, Abdera, Maroneia e funda Filipos (controle das minas do Pangeu). Governo de Díon em Siracusa.
356: ocupação do santuário de Delfos pelos fócios e início da "terceira guerra sagrada". Nascimento de Alexandre, filho de Filipe e Olímpias.
355: derrota de Atenas na guerra dos aliados. Vitória dos beócios sobre os fócios em Neon (354?).
***Ca* 354**: em Atenas, reformas de Eubulo (lei sobre o *theorikón*).
353-352: derrota de Filipe pelos fócios e depois vitória no "campo de Croco"; Filipe, chefe dos tessálios, não consegue apoderar-se das Termópilas mas se fixa na Propôntida. Morte de Mausolo (mausoléu de Halicarnasso).
351: *Primeira Filípica* de Demóstenes.
348: revolta antiateniense na Eubeia; Filipe invade e destrói Olinto.
346: "paz de Filócrates" entre Filipe e Atenas; rendição dos fócios, cujo lugar no conselho anfictiônico Filipe assume (presidência dos concursos píticos). Em Siracusa, retorno de Dionísio o Jovem.
344: Filipe faz fracassar uma aproximação diplomática entre Atenas e o Grande Rei; reformas na Tessália (*ca* –). Expedição de Timoleonte à Sicília, abdicação de Dionísio; governo de Timoleonte.
343: processo e discursos *Sobre a embaixada infiel* de Demóstenes contra Ésquines. Filipe instala Alexandre o Molosso no trono do Epiro (inverno de 343/2). Aristóteles preceptor de Alexandre (até 340).
342: o caso de Haloneso.
341: operações em Quersoneso (Diopites) e intervenção ateniense na Eubeia.
341 ou 339: vitória de Timoleonte contra os cartagineses às margens do Crimiso.

340: Filipe sitia inutilmente Bizâncio e Perinto, depois captura um comboio de cereais a caminho de Atenas.
340-339: campanha de Filipe contra os citas. Caso de Anfissa e "quarta guerra sagrada".
339: "golpe de Elateia" e aliança ateniense-tebana contra Filipe; abrogação da lei sobre o *theorikón*.
338: vitória de Filipe contra a coalizão ateniense-tebana em Queroneia; oligarquia e guarnição macedônia em Tebas; paz entre Filipe e Atenas ("paz de Dêmades"). Morte do rei Arquidamo de Esparta na Itália meridional. Assassinato de Artaxerxes III.
337: fundação da liga de Corinto (inverno de 338/7). Em Siracusa, Timoleonte se retira (morre em 334).
336: corpo expedicionário de Parmênion na Ásia. Dario III Codomano rei dos persas. Início da administração de Licurgo em Atenas? Assassinato de Filipe no teatro de Egas.

Alexandre o Grande (336-323)

336/5: Alexandre (III) *hegemón* da liga de Corinto; campanhas na Trácia e na Ilíria.
335: revolta e destruição de Tebas por Alexandre. Recuo de Parmênion ante Mêmnon de Rodes. Em Atenas, Aristóteles funda o Liceu.
334: Alexandre na Ásia, vitória de Granico; dispensa da frota em Mileto e cerco de Halicarnasso. Início da campanha de Alexandre o Molosso na Itália meridional (334/3).
333: Alexandre em Górdion, reforços provenientes da Grécia; contraofensiva e morte de Mêmnon no Egeu; vitória de Alexandre em Issos.
332: cerco e tomada de Tiro; Alexandre chega ao Egito (inverno).
331: fundação de Alexandria e peregrinação a Siwah; vitória de Gaugamela; Alexandre na Babilônia e em Susa; reforços provenientes da Grécia. Na Grécia, rebelião de Ágis III de Esparta, sufocada por Antípatro (batalha de Megalópolis, em torno do inverno). Morte de Alexandre o Molosso na Itália meridional (331/0).
330: incêndio de Persépolis; assassinato de Dario por Besso; eliminação de Filotas e de Parmênion; Alexandre em Aracósia. Em Atenas, discurso de Demóstenes *Sobre a coroa*.
***Ca* 330-320**: no Ocidente, fundação de Hyères (Ólbia) pelos massalienses; viagem de Píteas.
329-327: Alexandre em Bactriana e Sogdiana.
329: fundação de Alexandria Escate; reforços provenientes da Grécia; execução de Besso em Ecbátana.
328: assassinato de Clito; morte de Espitâmenes.
327: casamento de Alexandre e Roxana; recrutamento de tropas asiáticas (iranianos treinados à macedônica); caso da proscinese e eliminação de Calístenes ("conjuração dos pajens"); primeiras operações a oeste do Indo.
326: início da conquista da Índia; às margens do Hidaspe, vitória contra o rei indiano Poro; o exército chega ao Hífaso e depois volta atrás.

Cronologia

325: descida do Indo; Alexandre gravemente ferido, boatos sobre sua morte; divisão do exército e depois junção de Alexandre, Crátero e Nearco na Carmânia (inverno de 325/4); sanções contra os sátrapas e fuga de Hárpalo.
324: prosseguimento da retomada do império; "núpcias de Susa" e amotinamento das tropas ("sedição de Ópis"); Alexandre manda proclamar em Olímpia o retorno dos banidos e exige honrarias divinas; morte de Heféstion. Em Atenas, início do processo contra Hárpalo; morte de Licurgo.
323 (junho): morte de Alexandre na Babilônia.

Época helenística (323-30)

Período dos diádocos (323-281)

323: partilha da Babilônia (Antípatro governador da Europa, Perdicas quiliarca na Ásia, Crátero tutor de Filipe III e de Alexandre IV, Ptolomeu filho de Lagos sátrapa do Egito, Antígono o Zarolho na Anatólia, Êumenes de Cárdia na Capadócia, Lisímaco na Trácia, Seleuco comandante da cavalaria). Na Grécia, início da guerra lamíaca.
322: batalhas de Amorgos e de Crânon; oligarquia em Atenas (Fócion e Dêmades), execução de Hipérides, suicídio de Demóstenes; morte de Aristóteles.
321: morte de Crátero, derrotado por Êumenes; morte de Perdicas durante a campanha contra Ptolomeu; acordo de Triparadiso (320? Antípatro tutor dos reis, Antígono "estratego da Ásia" contra Êumenes, Seleuco na Babilônia). *Diágramma* de Ptolomeu para Cirene.
319: morte de Antípatro, que designou Poliperconte para sucedê-lo, contra seu filho Cassandro.
318: em Atenas, Fócion é condenado à morte.
317: Filipe III assassinado por Olímpias; Cassandro desposa Tessalônica, meia-irmã de Alexandre o Grande, e assume o controle de Atenas (Demétrio de Falero).
316: Olímpias assassinada por Cassandro. Êumenes derrotado por Antígono e executado (316/5). Em Siracusa, Agátocles toma o poder. Em Atenas, representação de *Díscolo*, de Menandro.
315: Cassandro decide reerguer Tebas. Antígono na Babilônia; "manifesto de Tiro" (314?).
314: independência de Delos. Antígono funda o *koinón* dos nesiotas (313?).
312: derrota de Demétrio Poliorceta contra Ptolomeu em Gaza; retorno de Seleuco à Babilônia (início da era "régia" selêucida).
311: paz entre os diádocos, exceto Seleuco (campanha nas satrapias superiores). Guerra entre Agátocles de Siracusa e Cartago.
310: Cassandro elimina Roxana e Alexandre IV. Menelau, irmão de Ptolomeu, governador de Chipre.

310-307: Agátocles leva a guerra contra Cartago à África (aliança com Ofelas de Cirene, assassinado em 308).
307: Demétrio Poliorceta em Atenas.
306: vitória de Demétrio contra Ptolomeu em Salamina do Chipre; Antígono e Demétrio assumem o título régio, imitados no ano seguinte por outros diádocos e depois por Agátocles de Siracusa (paz com Cartago). Em Atenas, fundação do "Jardim" por Epicuro.
305/4: fracasso de Demétrio no cerco de Rodes (construção do Colosso).
Ca **304/3**: tratado entre Seleuco e o soberano mauria Chandragupta.
302: constituição de uma nova "liga de Corinto" liderada por Antígono e Demétrio.
301: derrota e morte de Antígono em Ipsos, ante a coalizão de Cassandro, Lisímaco e Seleuco.
300: em Atenas, tirania de Lácares, apoiado por Cassandro; fundação do "Pórtico" por Zênon de Cício (*ca* –). Seleuco funda Antioquia. Magas governador de Cirene.
Ca **299**: Demétrio casa sua filha Estratonice com Seleuco. Agátocles toma Corcira.
297: morte de Cassandro. Início da era régia bitínia (*ca* –).
295: Pirro desposa Lanassa, filha de Agátocles. Demétrio retoma Atenas. Ptolomeu retoma Chipre (295/4).
294: Demétrio rei da Macedônia. Na Ásia, Antíoco I casado com Estratonice e corregente (293?).
293: Demétrio funda Demétrias.
291: Demétrio desposa Lanassa, filha de Agátocles.
Ca **290**: em Alexandria, construção da biblioteca e do farol.
289: morte de Agátocles.
288/7: partilha da Macedônia entre Pirro e Lisímaco; os nesiotas sob protetorado lágida; libertação de Atenas (exceto o Pireu: guarnição de Antígono Gônatas), restauração da democracia (287).
285: Demétrio prisioneiro de Seleuco. Lisímaco senhor da Macedônia. Ptolomeu II corregente no Egito.
283: morte de Demétrio Poliorceta.
283/2: morte de Ptolomeu I. Crise dinástica na corte de Lisímaco; Filetero, governador em Pérgamo, alia-se a Seleuco.
281: derrota e morte de Lisímaco em Curopédio, em combate contra Seleuco, assassinado pouco depois por Ptolomeu Cerauno. Mitridates I do Ponto assume o título régio. Renovação do *koinón* aqueu (281/0).

Apogeu dos grandes reinos (*ca* 280-217)

280-275: Pirro na Itália e na Sicília.
280/79: invasão gálata, morte de Ptolomeu Cerauno.
279/8: Delfos salva dos gálatas, início da expansão etólia. Em Alexandria, primeira celebração das Ptolomaias pentetéricas.

Cronologia

277: vitória de Antígono Gônatas sobre os gálatas em Lisimáquia (Gônatas rei da Macedônia). Antíoco I contra os gálatas; em Pérgamo, emancipação de Filetero (*ca* –).
***Ca* 275-215**: Híeron II estratego e depois rei de Siracusa.
274-271: primeira guerra da Síria.
274: vitória de Pirro sobre Gônatas.
273: relações diplomáticas entre Ptolomeu II e Roma.
272: morte de Pirro em Argos. No Egito, culto dinástico dos Deuses Adelfos. Tarento subjugada pelos romanos.
270: morte de Arsínoe Filadelfa.
***Ca* 269**: vitória de Antíoco I sobre os gálatas ("batalha dos elefantes")? Na Índia, reinado de Asoka (até por volta de 233).
268/7: início da guerra de Cremônides.
264: início da primeira guerra púnica entre Roma e Cartago.
263/2: Antígono Gônatas ocupa Atenas. Êumenes sucede Filetero.
262: Êumenes vence Antíoco I em Sardes.
261: Antíoco II sucede Antíoco I.
***Ca* 260-253**: segunda guerra da Síria.
256-248: Zênon intendente da *doreá* de Apolônio, dieceta de Ptolomeu II.
255/4: no Ponto, guerra entre Cálatis e Bizâncio pelo *empórion* de Tomi. Ariarato III da Capadócia se proclama rei (*ca* –).
***Ca* 251/0-245/4**: em Corinto e na Eubeia, revolta de Alexandre contra Gônatas.
250: morte de Magas de Cirene. Reino de Bactriana (Diódoto I), secessão da Partiena e, depois, irrupção dos parnos/partas (*ca* –).
250/49: os étólios reorganizam as Sotérias de Delfos (ciclo pentetérico).
246: Ptolomeu III sucede Ptolomeu II; Seleuco II sucede Antíoco II. Início da terceira guerra da Síria, dita "laodiceia". Vitória da frota de Gônatas sobre a de Ptolomeu em Andros (246/5?).
244-241: Ágis IV rei de Esparta.
243: Arato de Sicíone toma o Acrocorinto.
241: guerra e depois paz entre os aqueus e os etólios, aliados a Antígono Gônatas. Fim da guerra laodiceia e da primeira guerra púnica. Átalo I sucede Êumenes.
***Ca* 240**: início da "guerra fratricida" entre Seleuco II e Antíoco Hiérax.
239: morte de Antígono Gônatas, Demétrio II rei da Macedônia.
***Ca* 238/7**: Átalo I, vencedor dos gálatas e de Antíoco Hiérax, assume o título régio.
232: fim da dinastia eácida no Epiro.
229: morte de Demétrio II, Antígono Dóson regente e depois rei na Macedônia; os atenienses compram de volta sua liberdade. Início da "guerra cleomênica". Início da primeira guerra da Ilíria (Roma e Demétrio de Faros contra os ilírios).
228: fim da primeira guerra da Ilíria; embaixadas romanas na Grécia; os romanos são aceitos para participar dos concursos do Istmo.
227: golpe de Estado de Clômenes III em Esparta. Expedição de Antígono Dóson à Cária. Terremoto de Rodes. A Sicília província romana (exceto Siracusa).

***Ca* 226**: morte de Antíoco Hiérax e de Seleuco II; reinado de Seleuco III.
224: Antígono Dóson recupera o Acrocorinto; fundação da Aliança Helênica.
223: Antíoco III sucede Seleuco III.
222: vitória de Dóson sobre Cleômenes em Selásia. Revolta de Mólon contra Antíoco III (satrapias superiores).
221: Ptolomeu IV sucede Ptolomeu III (inverno de 222/1). Morte de Dóson, Filipe V rei da Macedônia. Em Creta, guerra de Litos contra Cnossos e Gortina.
220: na Grécia, início da guerra dos aliados. Guerra de Rodes e Prúsias I da Bitínia contra Bizâncio. Suicídio de Mólon, derrotado por Antíoco e seu estratego Zêuxis. Aqueu rei na Ásia Menor.
219: segunda guerra da Ilíria (Roma contra Demétrio de Faros). Fim da guerra de Litos. Início da quarta guerra da Síria.
218: início da segunda guerra púnica.
217: batalha de Ráfia (fim da quarta guerra da Síria). Paz de Naupacto (fim da guerra dos aliados). Derrota dos romanos por Aníbal às margens do lago Trasímeno.

AFIRMAÇÃO DO PODERIO ROMANO (*ca* 215-167)

215: tratado entre Filipe V e Aníbal. Início da primeira guerra da Macedônia.
214: Antíoco III executa Aqueu e toma a cidadela de Sardes (outono ou inverno de 214/3). Morte de Demétrio de Faros.
213: morte de Arato de Sicíone.
212: aliança entre os romanos e os etólios, amigos de Átalo I (211?). Início da anábase de Antíoco III.
211: Siracusa tomada pelos romanos (morte de Arquimedes).
207/6: no Egito, secessão da Tebaida e início dos distúrbios no Delta (?).
206: paz em separado entre Filipe V e os etólios.
205: paz de Fenice, fim da primeira guerra da Macedônia. "Primeira guerra cretense", de Rodes contra os piratas apoiados por Filipe V (até 201).
204: fim da anábase de Antíoco III. Ptolomeu V sucede Ptolomeu IV; rivalidades no círculo régio, motins em Alexandria (até 203).
203/2: pacto entre Filipe V e Antíoco III para partilha do império lágida.
202: batalha de Zama, fim da segunda guerra púnica (paz firmada em 201).
201: Filipe V na Ásia Menor, batalhas navais (Lade e Quios) contra Átalo e os ródios, que recorrem aos romanos. Quinta guerra da Síria.
200: batalha de Pânion, Antíoco conquista a Cele-Síria e assume o título de Grande Rei. Início da segunda guerra da Macedônia. Reconstituição do *koinón* dos nesiotas sob tutela dos ródios (*ca* –).
***Ca* 200-190**: Demétrio I rei de Bactriana (conquistas no noroeste da Índia).
198: negociações de Lócrida entre Flaminino e Filipe V.

Cronologia

197: vitória romana sobre Filipe V nas Cinoscéfalas, fim da segunda guerra da Macedônia. Antíoco III na Ásia Menor ocidental. Em Pérgamo, Êumenes II sucede Átalo I.
196: Flaminino proclama a liberdade dos gregos nos concursos ístmicos. Início das tratativas entre Roma e Antíoco III, que assume o controle da Trácia. No Egito, a revolta do Delta é parcialmente dissolvida ("pedra de Roseta").
195: vitória de Flaminino e dos gregos contra Nábis de Esparta.
194: as legiões deixam a Grécia. Ptolomeu V desposa Cleópatra I, filha de Antíoco III (inverno de 194/3).
192: morte de Nábis, Esparta no *koinón* aqueu. Início da guerra de Antíoco.
191: derrota de Antíoco e dos etólios nas Termópilas.
190: operações navais dos ródios contra Antíoco III ("Vitória de Samotrácia").
189: vitória romana sobre Antíoco em Magnésia do Sípilo (inverno de 190/89). Tratado desigual entre Roma e a Etólia.
188: paz de Apameia, com vantagem para Pérgamo (Ásia Menor) e Rodes (Cária e Lícia).
187: Seleuco IV sucede Antíoco III.
186: início da guerra entre Êumenes II e Prúsias I da Bitínia (*ca* –). No Egito, fim da revolta da Tebaida.
183: fim da guerra entre Êumenes II e Prúsias I da Bitínia; início da guerra entre Êumenes II e Fárnaces I do Ponto. Guerra dos aqueus para sufocar a revolta de Messena, morte de Filopêmen (183/2).
182: Niceforias em Pérgamo.
180: Ptolomeu VI sucede Ptolomeu V (regência de Cleópatra I, morta em 176).
179: morte de Filipe V, Perseu rei da Macedônia. Fim da guerra entre Êumenes e Fárnaces.
177: Rodes reprime a revolta dos lícios, cuja embaixada é recebida favoravelmente em Roma.
Ca 176-173: lutas civis na Grécia.
175: Antíoco IV sucede Seleuco IV. Judeus "helenistas" em Jerusalém.
171: início da terceira guerra da Macedônia.
170: Ptolomeu VIII associado com Ptolomeu VI. Início da sexta guerra da Síria. Em Pérgamo, construção do Grande Altar (*ca* 170-160).
168: vitória de Paulo Emílio contra Perseu em Pidna, fim da dinastia antigônida. Em Elêusis, bairro de Alexandria, episódio do "círculo de Popílio". Início da revolta de Dionísio Petosarápis (168/7).
167: Rodes perde a Cária e a Lícia (bem como o protetorado sobre o *koinón* dos nesiotas, dissolvido?); Atenas recebe Delos; onda de repressão romana na Grécia. Políbio deportado para Roma. Edito de Antíoco IV obrigando os judeus a abandonarem a Lei, início da "revolta dos macabeus".

História do mundo grego antigo

Fim do mundo helenístico (166-30)

166: grande procissão organizada por Antíoco IV em Dafne, perto de Antioquia.
164/3: Antíoco V sucede Antíoco IV. Purificação do Templo de Jerusalém. No Egito, fim da revolta de Dionísio Petosarápis; Ptolomeu VI refugia-se em Roma, depois retorna a Alexandria (163); partilha do reino lágida (Egito e Chipre para Ptolomeu VI, Cirenaica para Ptolomeu VIII).
162: Demétrio I elimina Antíoco V.
161/0: morte de Judas Macabeu, seu irmão Jônatas chefe da revolta.
158: Átalo II, associado ao trono desde 159, sucede Êumenes II.
156: guerra entre Átalo II e Prúsias II da Bitínia (até 154).
155: testamento de Ptolomeu VIII em favor de Roma. Embaixada dos escolarcas de Atenas (entre eles Carnéades) a Roma. "Segunda guerra cretense", de Rodes contra os piratas (até 153).
Ca **155-130**: reinado do soberano indo-grego Menandro Sóter (Milinda).
153/2: Alexandre Balas rival de Demétrio I. Jônatas Macabeu sumo sacerdote.
150: Alexandre Balas sucede Demétrio I. Em Magnésia do Meandro, templo de Ártemis Leucofriena (arquiteto Hermógenes).
149-148: guerra de Andrisco (criação da província da Macedônia, 148-146).
146: guerra da Acaia; destruição de Corinto; a Grécia subordinada ao governador da Macedônia.
145: na Síria, Demétrio II sucede Alexandre Balas, derrotado por Ptolomeu VI, que também sucumbe de ferimentos (retorno de Ptolomeu VIII a Alexandria). Declínio do reino de Bactriana (145-130).
143/2: assassinato de Jônatas Macabeu por Diódoto Trífon; início da dinastia asmoniana na Judeia (Simão).
141: os partas tomam Selêucia do Tigre.
140/39: Demétrio II prisioneiro dos partas.
138: Átalo III sucede Átalo II. Na Síria, reinado de Antíoco VII Sideta.
133: testamento de Átalo III em favor de Roma, revolta de Aristonico.
131/0: Ptolomeu VIII em Chipre, Cleópatra II em Alexandria.
129: início de pacificação e de organização da província da Ásia. Na Síria, morte de Antíoco VII Sideta, retorno de Demétrio II.
127/6: retorno de Ptolomeu VIII a Alexandria.
125: na Síria, Antíoco VIII Gripo sucede Demétrio II.
124: reconciliação de Ptolomeu VIII e Cleópatra II.
123: *lex Sempronia de Asia*, de C. Semprônio Graco (taxação na província da Ásia).
116: morte de Ptolomeu VIII; Cleópatra III e seus dois filhos, Ptolomeu IX e Ptolomeu X Alexandre I, herdam o poder.
Ca **114/3**: na Síria, Antíoco IX Ciziceno reina concorrentemente com Antíoco VIII.
102: vitória de M. Antonio sobre os piratas (província da Cilícia?).
101: Ptolomeu X elimina Cleópatra III.

Cronologia

Fim do séc. II – início do séc. I: "Vênus de Milo".
96: morte de Ptolomeu Ápion, que lega a Cirenaica a Roma. Na Síria, morte de Antíoco VIII.
95: morte de Antíoco IX, reinado de Filipe I (entre outros reis).
89: início da primeira guerra de Mitridates.
88: "Vésperas efésias". Ptolomeu IX substitui Ptolomeu X em Alexandria; revolta da Tebaida.
87/6: cerco e saque de Atenas por Sila; evolução oligárquica das instituições da cidade.
86: saque de Tebas por Ptolomeu IX.
85: paz de Dárdanos, fim da primeira guerra de Mitridates.
84: Sila inflige duras sanções financeiras aos gregos da Ásia.
83: segunda guerra de Mitridates (até 81). Tigranes II da Armênia rei da Síria.
80: morte de Ptolomeu IX (inverno de 81/0) e de seu sucessor, Ptolomeu XI Alexandre II; reinado de Ptolomeu XII.
Ca **78-75**: campanhas de P. Servílio Vácia no sul da Ásia Menor.
76/5 (74?): morte de Nicomedes IV da Bitínia, que lega seu reino a Roma (província da Bitínia).
75 ou 74: província da Cirenaica.
73: início da terceira guerra de Mitridates.
71/0: medidas de Lúculo para aliviar o endividamento da Ásia.
70: Heracleia do Ponto perde sua independência.
69: Mitridates refugiado junto a Tigranes, que é vencido por Lúculo; Antíoco I de Comagena subordina-se a Lúculo e reina até 36 aproximadamente (monumento do Nemrud Dagh). Antíoco XIII reempossado na Síria. Saque de Delos pelos piratas.
67: vitória de Pompeu contra os piratas; anexação de Creta.
64: província da Síria.
63: morte de Mitridates. Pompeu reorganiza a província de Bitínia-Ponto. Fim da monarquia asmoniana em Jerusalém.
58: Chipre anexada à província de Cilícia; exílio de Ptolomeu XII.
55: Ptolomeu XII reempossado em Alexandria por Gabínio.
53: Crasso derrotado pelos partas em Carras.
51: Ptolomeu XIII e Cleópatra VII sucedem Ptolomeu XII. Cícero governador da província da Cilícia.
49: Marselha perde sua independência.
48: em Farsala, vitória de César sobre Pompeu, assassinado no Egito. César em Alexandria.
47: César vence a "guerra de Alexandria" (morte de Ptolomeu XIII); Cleópatra VII reina com Ptolomeu XIV. Vitória de César contra Fárnaces II.
46: Cleópatra em Roma.
44: colônia romana em Corinto. Assassinato de César (março de 44), Cleópatra retorna a Alexandria e elimina Ptolomeu XIV.
42: Rodes vítima de Cássio; Cássio e Bruto derrotados por Otávio e Antonio em Filipos.
41-31: Antonio e Cleópatra reorganizam o Oriente.

40: invasão parta na Síria e na Cária.
31: derrota de Antonio em Áccio.
30: suicídio de Cleópatra; província romana do Egito.

O mundo grego no Império romano

Augusto (27 a.C.-14 d.C.): fundação de Nicópolis (30 a.C.) e reorganização da Anfictionia de Delfos; a província de Acaia é definitivamente dissociada da Macedônia (27 a.C.); colônia romana de Patras (15 a.C.); "editos de Cirene" (7-4 a.C.).

Dinastia dos **Júlio-Claudianos** (14-68): escadaria monumental da Acrópole de Atenas (Claudio, 41-54); pilhagem de obras de arte por Nero (54-68) e liberdade das cidades da Acaia (67); Epaminondas de Acréfia.

Dinastia dos **Flavianos** (69-96): sob Vespasiano (69-79), reconstituição da província de Acaia e anexação de Comagena; restauração do templo de Apolo em Delfos por Domiciano (81-96); início da "segunda sofística" (Díon de Prusa, *ca* 40-110).

Dinastia dos **Antoninos** (96-192):
Trajano (98-117): província do Epiro (*ca* 108); Plutarco sacerdote de Apolo em Delfos; em Atenas, monumento de Filopapo (114-116).
Adriano (117-138): reorganização da Anfictionia de Delfos (*ca* 125); em Atenas, tribo *Hadrianis* (125), construção de um arco e acabamento do Olímpion, fundação do Pan-Helênion (132); no Egito, fundação de Antinoópolis (131); carreira de L. Flávio Arriano (Arriano).
Antonino Pio (138-161): consulado de Herodes Ático e de Frontão (143); *Elogio de Roma*, de Élio Aristides; início da redação de *Periegese*, de Pausânias.
Marco Aurélio (161-180): *Meditações*, em grego, de sua autoria; irrupção dos costobocos na península balcânica (170); morte de Herodes Ático (177).

Dinastia dos **Severos** (193-235): "círculo" de Júlia Domna, esposa de Sétimo Severo (193-211) e mãe de Caracala (211-217), no qual se destaca o sofista Filóstrato; edito de Caracala concedendo a cidadania romana a todos os habitantes livres do Império (212).

Anarquia militar (235-284):
Ca **253**: os godos começam a assolar a Ásia Menor.
Galiano (253-268): influência política do neoplatonismo (Plotino).
267: os hérulos devastam Atenas e o Peloponeso; Zenóbia rainha de Palmira até 272 (tomada da cidade pelo imperador Aureliano, 270-275).

Diocleciano (284-305): instauração da tetrarquia; reforma das províncias e perda de autonomia das cidades.
Constantino (306-337): conversão ao cristianismo (312); último documento efébico

no Egito (323); concílio de Niceia (325) e influência de Eusébio de Cesareia (*ca* 265-340); inauguração de Constantinopla (330).
Juliano o Apóstata (361-363): restauração do paganismo.
Teodósio (379-395): a ortodoxia de Niceia torna-se religião oficial (380); proibição do paganismo (391-394).

396: o godo Alarico saqueia Atenas (Roma em 410).

Justiniano (527-565): fechamento das escolas de filosofia em 529.

640: conquista do Egito pelos árabes.

1453: tomada de Constantinopla pelos turcos.

ORIENTAÇÕES BIBLIOGRÁFICAS

A apresentação segue os capítulos do livro; a subordem é temática e cronológica (para as traduções, a data da edição original só é especificada se for anterior a cerca de cinco anos ou mais). Os editores são indicados apenas para os manuais em francês de uso corrente. Os títulos das revistas são dados por extenso; muitas possuem também um *site* na internet.

Prefácio

Manuais gerais em francês

P. Lévêque, *L'Aventure grecque*, A. Colin, 1964 (reed. Le Livre de Poche, "Références", nº 449, 1997).

Cl. Mossé, A. Schnapp-Gourbeillon, *Précis d'histoire grecque. Du début du deuxième millénaire à la bataille d'Actium*, A. Colin, 1990.

M.-Fr. Baslez, *Histoire politique du monde grec antique*, Nathan, 1994.

R. Lonis, *La Cité dans le monde grec. Structures, fonctionnement, contradictions*, 1994.

Cl. Orrieux, P. Schmitt Pantel, *Histoire grecque*[4], Presses Universitaires de France, 1995.

M.-Cl. Amouretti, Fr. Ruzé, *Le Monde grec antique*[2], Hachette Supérieur, 2003.

M. Humbert, *Institutions politiques et sociales de l'Antiquité*[8], Dalloz, 2003.

Civilização

R. Flacelière, *La Vie quotidienne en Grèce au siècle de Périclès*[2], Hachette, 1959.

Fr. Chamoux, *La Civilisation grecque à l'époque archaïque et classique*, Arthaud, 1977.

Fr. Chamoux, *La Civilisation hellénistique*, Arthaud, 1981.

A. H. Borbein, *La Grèce antique*, Bordas, 1995.

Manuais em outras línguas

H. Bengtson, *Griechische Geschichte von den Anfängen bis in die Römische Kaiserzeit*[5], 1977.

Orientações bibliográficas

*Cambridge Ancient History*², 1982-1994: ver nos capítulos correspondentes, abaixo.

D. Musti, *Storia greca. Linee di sviluppo dall'età micenea all'età romana*², 1990.

S. Settis (ed.), I Greci. *Storia Cultura Arte Società. Una Storia Greca* 1. *Formazione*, 1996; 2. *Definizione*, 1997; 3. *Transformazione*, 1998.

Dicionários

Ch. Daremberg, E. Saglio, *Dictionnaire des Antiquités grecques et romaines* I-V, 1877--1919.

P. Grimal, *Dictionnaire de la mythologie grecque et romaine*, 1969.

W. Buchwald, A. Hohlweg, O. Prinz (eds.), *Dictionnaire des auteurs grecs et latins de l'Antiquité et du Moyen Âge*³, trad. francesa 1991.

S. Hornblower, A. Spawforth, *The Oxford Classical Dictionary*³, 1996.

H. Cancik, H. Schneider (eds.), *Der Neue Pauly. Enzyklopädie der Antike*, I-XVI, 1996-2003.

A. e Fr. Queyrel, *Lexique d'histoire et de civilisation grecques*, Ellipses, 1996.

J.-P. Thuillier, Ph. Jockey, M. Sève, E. Wolff, *Dictionnaire de l'Antiquité grecque et romaine*, Hachette Supérieur, 2002.

J. Leclant (dir.), *Dictionnaire de l'Antiquité*, Presses Universitaires de France, 2005.

Coletâneas de artigos

Éd. Will, *Historica Graeco-Hellenistica. Choix d'écrits 1953-1993*, 1998.

M. I. Finley, *Sur l'histoire ancienne. La matière, la forme et la méthode*, trad. francesa 2001.

Seleções de documentos comentados

J. Delorme, *La Grèce primitive et archaïque*, A. Colin, 1969.

Fr. Letoublon, *La Ruche grecque et l'Empire de Rome*, Ellug, 1995 (sobre a colonização arcaica).

Fr. Rebuffat, *La Grèce archaïque. Documents (750-450)*, Sedes, 1996.

Fr. Vannier, *Le Ve siècle grec*, A. Colin, 1999.

Fr. Vannier, *Le IVe siècle grec*, A. Colin, 1969.

J. Delorme, *Le Monde hellénistique (323-133 avant J.-C.). Événements et institutions*, Sedes, 1975.

História do mundo grego antigo

J.-M. BERTRAND, *L'Hellénisme, 323-31 av. J.-C. Rois, cités et peuples*, A. Colin, 1992.

M. AUSTIN, P. VIDAL-NAQUET, *Économies et sociétés en Grèce ancienne*[7], A. Colin, 1996.

S. COLLIN-BOUFFIER, M. GRIESHEIMER (eds.), *Le Commentaire de documents figuratifs. La Méditerranée antique*, Éditions du Temps, 2000.

Ver também *infra*, capítulo 1 (*Epigrafia, Papirologia*).

FERRAMENTAS BIBLIOGRÁFICAS

J. POUCET, J. M. HANNICK, *Aux sources de l'Antiquité gréco-romaine: guide bibliographique*, 1997.

L'Année philologique. Bibliographie critique et analytique de l'Antiquité gréco-latine (anual desde 1924).

Archäologische Bibliographie, acessível principalmente pela publicação eletrônica *Dyabola*.

Capítulo 1: Fontes, métodos e desafios da história grega

AUTORES ANTIGOS

A maioria dos autores mencionados está traduzida para o francês e publicada com o texto original pela editora Les Belles Lettres, na "Collection des Universités de France" (C.U.F.), patrocinada pela associação Guillaume Budé; entre as publicações recentes, ver o volume sobre Ctésias de autoria de D. Lenfant (2004). O equivalente inglês é a "Loeb Classical Library" (Oxford).

Várias traduções são mais acessíveis nas edições Livre de Poche, Folio-Gallimard, Garnier-Flammarion etc. Citamos como exemplo os dois volumes muito cômodos da "Bibliothèque de la Pléiade" sobre Heródoto-Tucídides (A. Barguet, D. Roussel, 1964) e sobre Políbio (D. Roussel, 1970), e *Vies parallèles* de Plutarco, Gallimard, "Quarto", sob direção de Fr. Hartog (2001). A presente coleção [Antiquité] recentemente foi enriquecida com uma notável tradução anotada da *Constitution d'Athènes*, de Aristóteles, por M. Sève.

Algumas obras contaram com comentários muito úteis, como:

A. W. GOMME, A. ANDREWES, K. J. DOVER, *A Historical Commentary on Thucydides* I-V, 1945-1981.

Orientações bibliográficas

S. Hornblower, *A Commentary on Thucydides* I-II, 1991-1996.
P. J. Rhodes, *A Commentary on the Aristotelian Athenaion Politeia*², 1993.
F. W. Walbank, *A Historical Commentary on Polybius* I-III, 1957-1979.

Manuais gerais sobre a literatura grega:
J. de Romilly, *Précis de littérature grecque*, Presses Universitaires de France, 1980.
A. Billault, *La Littérature grecque*, Hachette Supérieur, 2000.
M.-Fr. Baslez, *Les Sources littéraires de l'histoire grecque*, A. Colin, 2003.
S. Saïd, M. Trédé, A. Le Boulluec, *Histoire de la littérature grecque*², Presses Universitaires de France, 2004.

Sobre os historiadores:
D. Roussel, *Les Historiens grecs*, 1973.
H. van Effenterre, *L'Histoire en Grèce*², A. Colin, 1993.
Fr. Hartog, M. Casevitz, *L'Histoire d'Homère à Augustin*, 1999.
P. Derow, R. Parker (eds.), *Herodotus and his World. Essays from a Conference in Memory of George Forrest*, 2003.
J. de Romilly, *L'Invention de l'histoire politique chez Thucydide*, 2005.

Epigrafia

L. Robert, "Épigraphie", em Ch. Samaran (ed.), *L'Histoire et ses méthodes*, "Encyclopédie de la Pléiade", 1961, pp. 453-497.
B. Rémy, Fr. Kayser, *Initiation à l'épigraphie grecque et latine*, Ellipses, 1999.
Fr. Bérard et al., *Guide de l'épigraphiste, bibliographie choisie des épigraphies antiques et médiévales*³, ENS Ulm, 2000.
Ph. Gauthier et al., *Bulletin épigraphique* (recensão crítica das publicações relacionadas com a epigrafia, publicada anualmente na *Revue des études grecques*).

Seleções comentadas, com o texto grego:
J. Pouilloux, *Choix d'inscriptions grecques*, Les Belles Lettres, 1960, reeditada em 2003, com atualização bibliográfica por G. Rougemont e D. Rousset.
Institut Fernand Courby, *Nouveau choix d'inscriptions grecques*, 1971, reeditada em 2005 seguindo os mesmos princípios que a anterior.
R. Meiggs, D. Lewis, *A Selection of Greek Historical Inscriptions to the End of the Fifth Century B.C.*², 1988.

M. N. Tod, *A Selection of Greek Historical Inscriptions* II, *from 403 to 323*, 1948.

P. J. Rhodes, R. Osborne, *Greek Historical Inscriptions 404-323 BC*, 2003.

H. van Effenterre, F. Ruzé, *Nomima. Recueil d'inscriptions politiques et juridiques de l'archaïsme grec* I-II, 1994-1995.

M.-Chr. Hellmann, *Choix d'inscriptions architecturales grecques traduites et commentées*, 1999.

F. Durrbach, *Choix d'inscriptions de Délos, avec traduction et commentaire*, 1921.

Cl. Prêtre (ed.), *Nouveau choix d'inscriptions de Délos. Lois, comptes et inventaires*, 2002.

Seleções comentadas, com traduções sem o texto grego

B. Le Guen-Pollet, *La Vie religieuse dans le monde grec du Ve au IIe siècle avant notre ère. Choix de documents épigraphiques traduits et commentés*, 1991.

J.-M. Bertrand, *Inscriptions historiques grecques*, 1992.

P. Brun, *Impérialisme et démocratie à Athènes. Inscriptions de l'époque classique (c. 500- -317 av. J.-C.)*, 2005.

Papirologia

A. Bataille, "Papyrologie", em Ch. Samaran (ed.), *L'Histoire et ses méthodes*, "Encyclopédie de la Pléiade", 1961, pp. 498-527.

E. G. Turner, *Greek Papyri, An Introduction*^{2}, 1980.

O. Montevecchi, *La Papirologia*^{2}, 1988.

Um manual de papirologia em francês, por H. Cuvigny e J.-L. Fournet, está em preparação nas edições A. Colin.

Seleções e coletâneas:

A. S. Hunt, C. C. Edgar, *Select Papyri* I-II, 1956-1963.

M.-Th. Lenger, *Corpus des ordonnances des Ptolémées*^{2}, 1980.

Cl. Orrieux, *Les Papyrus de Zénon. L'horizon d'un Grec en Égypte au IIIe siècle avant J.-C.*, 1983.

A. Verhoogt, *Menches, Kommogrammateus of Kerkeosiris. The Doings and Dealings of a Village Scribe in the Late Ptolemaic Period*, 1998.

Orientações bibliográficas

Arqueologia

Ph. Jockey, *L'Archéologie*, Belin, 1999.

I. Morris, *Archaeology as Cultural History*, 2000.

R. Étienne, Chr. Müller, Fr. Prost, *Archéologie historique de la Grèce antique*, Ellipses, 2000.

J.-P. Brun, Ph. Jockey (eds.), *Techniques et sociétés en Méditerranée. Hommage à Marie-Claire Amouretti*, 2001.

L'Encyclopédie archéologique sous-marine. Maîtres de la mer, les Phéniciens et les Grecs, 2003.

École Française d'Athènes, *La Redécouverte de Delphes*, 1992.

A. Farnoux, *Cnossos. L'archéologie d'un rêve*, Gallimard, "Découvertes", 1993.

H. Duchêne, *L'Or de Troie, ou le Rêve de Schliemann*, Gallimard, "Découvertes", 1995.

École Française d'Athènes, *L'Espace grec. 150 ans de fouilles de l'École française d'Athènes*, 1996. A revista anual da EFA, *Bulletin de correspondance hellénique*, contém uma *Chronique des fouilles et découvertes archéologiques en Grèce*, acessível também *on line*.

R. Barber, *The Blue Guide: Greece*[5], 1990.

R. Barber, *The Blue Guide: Athens and Environs*[3], 1992.

P. Cameron, *The Blue Guide: Crete*[5], 1987.

Mc Donagh, *The Blue Guide: Turkey. The Aegean and Mediterranean Coasts*, 1989.

E. Akurgal, *Ancient Civilizations and Ruins of Turkey*[8], 1993.

Numismática

Fr. Rebuffat, *La Monnaie dans l'Antiquité*, Picard, 1996.

D. Gerin, C. Grandjean, M. Amandry, F. de Callataÿ, *La Monnaie grecque*, Ellipses, 2001.

G. Le Rider, *La Naissance de la monnaie. Pratiques monétaires de l'Orient ancien*, 2001.

H. Nicolet-Pierre, *Numismatique grecque*, A. Colin, 2002.

O. Bopearachchi, Ph. Flandrin, *Le Portrait d'Alexandre le Grand. Histoire d'une découverte pour l'humanité*, 2005.

ÂNFORAS

Y. Garlan, *Amphores et timbres amphoriques grecs. Entre érudition et idéologie*, 2000.

História da arte e iconografia

Enciclopedia dell'arte antica, classica e orientale, 1958- (16 vols. publicados atualmente).
"L'Univers des formes": P. Demargne, *Naissance de l'art grec*², 1974; J. Charbonneaux, R. Martin, R. Villard, *Grèce archaïque (640-480)*, 1968; *Grèce classique (480-330)*, 1969; *Grèce hellénistique (350-50)*, 1970, com uma atualização abrangendo também as épocas arcaica e clássica, em 1986.
R. Martin, *L'Art grec*, Le Livre de Poche, "La Pochothèque", 1984.
J.-J. Maffre, *L'Art grec*, Presses Universitaires de France, 1986.
K. Papaioannou (ed.), *L'Art grec*², Mazenod, 1993.
B. Holtzman, A. Pasquier, *Histoire de l'art antique. L'art grec*, Manual da École du Louvre, 1998.
R. Martin, *L'Urbanisme dans les cités grecques*², 1974.
M.-Chr. Hellmann, *L'Architecture grecque*, Le Livre de Poche, "Références", n? 544, 1998.
Cl. Rolley, *La Sculpture grecque 1. Des origines au milieu du Ve siècle*; *2. La période classique*, Manuels Picard, 1994-1999.
Ph. Bruneau, *La Mosaïque antique*, 1987.
M. Robertson, *The Art of Vase-Painting in Classical Athens*, 1992.
R. M. Cook, *Greek Painted Pottery*³, 1997.
J. Boardman, *Aux origines de la peinture sur vase en Grèce, XIe siècle-VIe siècle av. J.-C.*, trad. francesa 1999.
J. Boardman, *The History of Greek Vases. Potters, Painters and Pictures*, 2001.
Lexicon Iconographicum Mythologiae Classicae (LIMC), 8 vols., 1981-1997.
J.-P. Vernant et al. (eds.), *La Cité des images. Religion et société en Grèce antique*, 1984.
M.-Chr. Villanueva-Puig, *Images de la vie quotidienne en Grèce dans l'Antiquité*, 1992.
G. Losfeld, *Essai sur le costume grec*, 1991; *L'Art grec et le vêtement*, 1994.

Orientações bibliográficas

Capítulo 2: Principais características geográficas

Atlas

H. E. STIER *et al.*, *Westermann Grosser Atlas zur Weltgeschichte*, reeds. regulares.
N. G. L. HAMMOND, *Atlas of the Greek and Roman World in Antiquity*, 1981.
P. CABANES, *Petit atlas historique de l'Antiquité grecque*, A. Colin, 1999 (reed. 2004).
R. MORKOT, *Atlas de la Grèce antique*, Autrement, trad. francesa 1999.
R. J. A. TALBERT (ed.), *Barrington Atlas of the Greek and Roman World*, 2000.

Geologia, clima, recursos e população

G. PANESSA, *Fonti greche e latine per la storia dell'ambiente e del clima nel mondo greco*, 1991.
M. D. HIGGINS, R. HIGGINS, *A Geological Companion to Greece and the Aegean*, 1996.
M.-Cl. AMOURETTI, *Le Pain et l'Huile dans la Grèce antique. De l'araire au moulin*, 1986.
P. GARNSEY, *Famine et approvisionnement dans le monde gréco-romain. Réactions aux risques et aux crises*, 1988, trad. francesa 1996.
R. SALLARES, *The Ecology of the Ancient Greek World*, 1991.
S. ISAGER, J. E. SKYSGAARD, *Ancient Greek Agriculture. An Introduction*, 1992.
M.-Cl. AMOURETTI, J.-P. BRUN (eds.), *La Production du vin et de l'huile en Méditerranée*, Bulletin de correspondance hellénique, Supl. 26, 1993.
M.-Cl. AMOURETTI, "L'agriculture dans la Grèce antique. Bilan des recherches de la dernière décennie", *Topoi*, 4, 1994, pp. 69-93.
CHR. CHANDEZON, *L'Élevage en Grèce (fin V^e – fin Ier s. a. C.). L'apport des sources épigraphiques*, 2003.
J. WILKINS *et al.* (eds.), *Food in Antiquity*, 1995.
A. DALBY, *Siren Feast: a History of Food and Gastronomy in Greece*, 1996.
J.-M. LUCE (ed.), *Paysage et alimentation dans le monde grec*, Pallas, 52, 2000.
F. BRAUDEL, *La Méditerranée et le Monde méditerranéen à l'époque de Philippe II*^{6}, t. 1, 1985.
P. BRULÉ, "Le pays et les hommes", em P. BRIANT, P. LÉVÊQUE, *Le Monde grec aux temps classiques*, t. 1: *Le Ve Siècle*, Presses Universitaires de France, 1995, pp. 1-16.
P. BRUN, *Les Archipels égéens dans l'Antiquité grecque (Ve-IIe siècles avant notre ère)*, 1996.
J.-N. CORVISIER, W. SUDER, *La Population de l'Antiquité classique*, 2000.

Os gregos e a geografia

P. Pédech, *La Géographie des Grecs*, 1976.
Chr. Jacob, *Géographie et ethnographie en Grèce ancienne*, A. Colin, 1991.
J.-M. André, M.-Fr. Baslez, *Voyager dans l'Antiquité*, 1993.
J. Richer, *Géographie sacrée du monde grec*^{3}, 1994.
G. Raepsaet, *Attelages et techniques de transport dans le monde gréco-romain*, 2002.

Capítulos 3 a 5: A Grécia no Neolítico e no Bronze Antigo; o mundo minoico; o mundo micênico

Obras gerais

H. van Effenterre, *Les Égéens. Aux origines de la Grèce, Chypre, Cyclades, Crète et Mycènes*, A. Colin, 1986.
R. L. N. Barber, *The Cyclades in the Bronze Age*, Duckworth, 1987.
R. Treuil, P. Darcque, J.-Cl. Poursat, G. Touchais, *Les Civilisations égéennes du Néolithique et de l'Âge du Bronze*, Presses Universitaires de France, 1989.
G. Rachet, *Civilisations et archéologie de la Grèce préhellénique. Crète, Mycènes, Troie, Chypre*, 1993.
O. Dickinson, *The Aegean Bronze Age*, Cambridge University Press, 1994.
J.-Cl. Poursat, *La Grèce préclassique des origines à la fin du VIe siècle*, Seuil, "Points", 1995.
P. Carlier, *Homère*, 1999.
M. Bietak (ed.), *The Synchronisation of Civilisations in the Eastern Mediterranean in the Second Millenium B.C.*, I, 2000; II, 2003.

Neolítico e movimentos de populações

J. F. Cherry, "The First Colonization of the Mediterranean Islands: a Review of Recent Research", *Journal of Mediterranean Archaeology*, 3, 1990, pp. 145-221.
P. Halstead (ed.), *Neolithic Society in Greece*, 1999.
C. Perlès, *The Early Neolithic in Greece. The First Farming Communities in Europe*, 2001.

Orientações bibliográficas

J. Guilaine, A. Le Brun (eds.), *Le Néolithique de Chypre, Bulletin de correspondance hellénique*, Supl. 43, 2003.

R. Treuil (dir.), *Dikili Tash, village préhistorique de Macédoine orientale*, I, 2, *Bulletin de correspondance hellénique*, Supl. 37, 2004.

M. Sakellariou, *Les Proto-Grecs*, 1980.

R. Drews, *The Coming of the Greeks. Indo-European Conquests in the Aegean and Near East*, 1988.

C. Renfrew, *L'Énigme indo-européenne. Archéologie et langage*, trad. francesa 1990.

D. Briquel, M. Casevitz, J. Cauvin, J.-P. Demoule, A. Farnoux, H. Le Bras, "Débat: C. Renfrew et les Indo-Européens", *Topoi*, 2, 1992, pp. 69-130.

B. Sergent, *Les Indo-Européens. Histoire, langues, mythes*, 1995.

Mundo minoico

M. Mastorakis, H. van Effenterre, *Les Minoens. L'âge d'or de la Crète*, A. Colin, 1991.

C. Doumas, *The Wall-Paintings of Thera*, 1992.

N. Marinatos, *Minoan Religion. Ritual, Image and Symbol*, 1993.

J. Driessen, Colin F. Macdonald, *The Troubled Island. Minoan Crete before and after the Santorini Eruption, Aegaeum*, 17, 1997.

Y. Duhoux, "Pre-Hellenic Language(s) of Crete", *The Journal of Indo-European Studies*, 26, 1998, pp. 1-39.

J. Driessen, I. Schoep, R. Laffineur (eds.), *Monuments of Minos. Rethinking the Minoan Palaces, Aegaeum*, 23, 2002.

Y. Duhoux, *Des Minoens en Égypte? "Keftiou" et "les îles au milieu du Grand Vert"*, 2003.

G. Cadogan *et al.* (eds.), *Knossos: Palace, City, State. British School at Athens Studies*, 12, 2004.

T. Alusik, "Defensive Architecture at Gournia?", *Eirene*, 41, 2005, pp. 45-52.

E. Adams, "Social Strategies and Spatial Dynamics in Neopalatial Crete: An Analysis of the North-Central Area", *American Journal of Archaeology*, 110, 2006, pp. 1-36.

Mundo micênico

P. Carlier, *La Royauté en Grèce avant Alexandre*, 1984.

H. van Effenterre, *Mycènes, vie et mort d'une civilisation. La seconde fin du monde*, 1985.

G. Maddoli (ed.), *La civiltà micenea. Guida storica e critica*, 1992.

J. Driessen, A. Farnoux (eds.), *La Crète mycénienne. Bulletin de correspondance hellénique*, Supl. 30, 1997.

Religião, sociedade, economia

B. Rutkowski, *The Cult Places of the Aegean*, 1986.

O. Pelon, "Les tombes circulaires dans l'Égée de l'Âge du Bronze: état des questions", *Topoi*, 4, 1994, pp. 153-207.

R. Laffineur, R. Hägg (eds.), *Potnia. Deities and Religion in the Aegean Bronze Age, Aegaeum*, 22, 2000.

C. Boëlle, *PO-TI-NI-JA. L'élément féminin dans la religion mycénienne (d'après les archives en linéaire B)*, 2004.

The Mycenaean Feast, Hesperia, 73, fasc. 2 (*Special Issue*), 2004.

Y. Duhoux, "Les nouvelles tablettes en linéaire B de Thèbes et la religion grecque", *L'Antiquité classique*, 74, 2005, pp. 1-19.

R. Laffineur, W.-D. Niemeier (eds.), *Politeia. Society and State in the Aegean Bronze, Aegaeum*, 12, 1995.

R. Laffineur (ed.), *Polemos. Le contexte guerrier en Égée à l'Âge du Bronze I-II, Aegaeum*, 19, 1999.

R. Laffineur, L. Basch (eds.), *Thalassa. L'Égée préhistorique et la mer, Aegaeum*, 7, 1991.

J.-P. Olivier, "L'économie des royaumes mycéniens d'après les tablettes en linéaire B", *Dossiers de l'archéologie*, 195, 1994, pp. 50-66.

R. Laffineur, P. P. Betancourt (eds.), *TEXNH: Craftsmen, Craftswomen and Craftsmanship in the Aegean Bronze Age I-II, Aegaeum*, 16, 1997.

N. Chr. Stampolidis, V. Karageorghis (eds.), *Eastern Mediterranean: Cyprus-Dodecanese-Crete, 16th-6th cent. B.C.*, 1998.

E. H. Cline, D. Harris-Cline (eds.), *The Aegean and the Orient in the Second Millenium, Aegaeum*, 18, 1998.

Y. Tzedakis, H. Martlew (eds.), *Minoans and Mycenaeans Flavours of their Times*, 1999, catálogo de exposição, Museu Arqueológico Nacional de Atenas.

A. Chaniotis (ed.), *From Minoan Farmers to Roman Traders: Sidelights on the Economy of Ancient Crete*, 1999.

V. Karageorghis, *Early Cyprus. Crossroads of the Mediterranean*, 2002.

J. Vanschoonwinkel, "La Crète minoenne et l'Anatolie", em Y. Duhoux (ed.), *Briciaka. A Tribute to W. C. Brice, Cretan Studies*, 9, 2003, pp. 229-269.

A. Michailidou (ed.), *Manufacture and Measurement. Counting, Measuring and Recording Craft Items in Early Aegean Societies*, 2003.

N. Chr. Stampolidis, V. Karageorghis (eds.), *Sea Routes… Interconnections in the Mediterranean, 16th-6th B.C.*, 2003.

R. Hope Simpson, "The Dodecanese and the Ahhiyawa Question", *Annuary of the British School at Athens*, 98, 2003, pp. 203-237.

M. Perna, *Recherches sur la fiscalité mycénienne*, 2004.

Escritas

J. Chadwick, *Le Déchiffrement du linéaire B. Aux origines de la langue grecque*, trad. francesa 1972.

J. Chadwick, M. Ventris, *Documents in Mycenaean Greek²*, 1973.

L. Godart, *Le Pouvoir de l'écrit. Aux pays des premières écritures*, 1990.

Y. Duhoux, A. Mopurgo Davies (eds.), *A Companion to Linear B. Mycenaean Greek Texts and Their World*, 2003.

V. L. Aravantinos, L. Godart, A. Sacconi, *Thèbes, fouilles de la Cadmée I. Les tablettes en linéaire B de la Odos Pelopidou. Édition et commentaire*, 2001.

V. L. Aravantinos, M. Del Freo, L. Godart, A. Sacconi, *Thèbes, fouilles de la Cadmée IV. Les textes de Thèbes (1-433). Translitération et tableau des scribes*, 2005.

O fim da Idade do Bronze

D. Musti (ed.), *Le origini dei Greci. Dori e mondo egeo*, 1990.

J. Vanschoonwinkel, *L'Égée et la Méditerranée orientale à la fin du IIᵉ millénaire. Témoignages archéologiques et sources écrites*, 1991.

R. Drews, *The End of the Bronze Age. Changes in Warfare and the Catastrophe of ca. 1200 B.C.*, 1993.

J. Vanschoonwinkel, "Earthquakes and the End of the Mycenaean Palaces", *Les Études classiques*, 70, 2002, pp. 123-137.

Chr. Ulf (ed.), *Der neue Streit um Troia: eine Bilanz*, 2003.

J. Latacz, *Troy and Homer. Towards a Solution of an Old Mystery*, 2004.

Capítulo 6: A Grécia do século XI ao século IX

Obras gerais

A. M. Snodgrass, *The Dark Age of Greece. An Archeological Survey of the Eleventh to the Eighth Centuries B.C.*, 1971.

*Cambridge Ancient History*², III 1: *The Prehistory of the Balkans: the Middle East and the Aegean World, Tenth to Eighth Centuries B.C.*, 1982.

W. D. E. Coulson, *The Greek Dark Ages: a Review of the Evidence and Suggestions for Future Research*, 1990.

D. Musti et al. (eds.), *La transizione dal Miceneo all'alto arcaismo. Dal palazzo alla città*, 1991.

Fr. Lang, *Archaische Siedlungen in Griechenland: Struktur und Entwicklung*, 1996.

Cl. Baurain, *Les Grecs et la Méditerranée orientale. Des siècles obscurs à la fin de l'époque archaïque*, Presses Universitaires de France, 1997.

A. Schnapp-Gourbeillon, *Aux origines de la Grèce (XIIIᵉ-VIIIᵉ siècles avant notre ère). La genèse du politique*, Les Belles Lettres, 2002.

I. S. Lemos, *The Protogeometric Aegean. The Archaeology of the Late Eleventh and Tenth Centuries BC.*, 2002.

Dialetos e alfabeto

Y. Duhoux, *Introduction aux dialectes grecs anciens. Problèmes et méthodes. Recueil de textes traduits*, 1983.

M. Bile, Cl. Brixhe, R. Hodot, "Les dialectes grecs, ces inconnus", *Bulletin de la société de linguistique de Paris*, 79, 1984, pp. 155-203.

Cl. Brixhe, G. Vottéro (eds.), *Peuplements et genèses dialectales en Grèce antique*, 2006.

M. Meier-Brügger, *Griechische Sprachwissenschaft* I-II, 1992.

M. Detienne (ed.), *Les Savoirs de l'écriture en Grèce ancienne*, 1988.

L. H. Jeffery, A. W. Johnston, *The Local Scripts of Archaic Greece. A Study of the Origin of the Greek Alphabet and its Development from the Eighth to the Fifth Centuries B.C.*², 1990.

Cl. Baurain, C. Bonnet, V. Krings (eds.), *Phoinikeia Grammata. Lire et écrire en Méditerranée*, 1991.

Orientações bibliográficas

R. Thomas, *Litteracy and Orality in Ancient Greece*, 1992.

Chr. Marek, "Euboia und die Entstehung der Alphabetschrift bei den Griechen", *Klio*, 75, 1993, pp. 27-44.

C. J. Ruijgh, "Sur da date de création de l'alphabet grec", *Mnemosyne*, 51, 1998, pp. 658-687.

G. Bagnasco Gianni, F. Cordano (eds.), *Scritture Mediterranee tra il IX e il VII secolo a. C.,* 1999.

Capítulo 7: O mundo grego no tempo de Homero e de Hesíodo

ÉPOCA GEOMÉTRICA

J. N. Coldstream, *Geometric Greece*, 1977.

R. H. Hägg (ed.), *The Greek Renaissance of the Eighth Century. Tradition and Innovation*, 1983.

A. M. Snodgrass, *La Grèce archaïque, le temps des apprentissages*, Hachette, trad. francesa 1986.

J.-P. Vernant, *Les Origines de la pensée grecque²*, 1987.

I. Morris, *Burial and Ancient Society. The Rise of the Greek City-State*, 1987; *Death-ritual and Social Structure in Classical Antiquity*, 1992.

R. Étienne, "Comment faire parler les morts?", *Topoi*, 2, 1992, pp. 151-156; "L'incinération: l'exemple athénien", *Ktèma*, 30, 2005, pp. 183-188.

Fr. de Polignac, "Perspectives et limites de l'analyse de l'incinération dans le monde grec", *Ktèma*, 30, 2005, pp. 173-181.

C. Morgan, *Athletes and Oracles. The Transformation of Olympia and Delphi in the Eighth Century B.C.*, 1990.

W. Burkert, *The Orientalizing Revolution: Near Eastern Influence on Greek Culture in the Early Archaic Age*, 1992.

R. Osborne, *Greece in the Making, 1200-479 B.C.*, 1996.

Cl. Baurain, *Les Grecs et la Méditerranée orientale. Des siècles obscurs à la fin de l'époque archaïque*, Presses Universitaires de France, 1997.

A. Mazarakis-Ainian, *From Ruler's Dwellings to Temples. Architecture, Religion and Society in Early Iron Age Greece*, 1997.

E. Scheid-Tissinier, *L'Homme grec aux origines de la cité (900-700 av. J.-C.)*, A. Colin, 1999.

M. A. Liston, J. K. Papadopoulos, "The Rich Athenian Lady" was Pregnant: the Anthropology of a Geometric Age Tomb Reconsidered", *Hesperia*, 73, 2004, pp. 7-38.

Homero

G. S. Kirk *et al.*, *The Iliad. A Commentary* I-VI, 1985-1993.

A. Heubeck *et al.*, *A Commentary on Homer's Odyssey* I-III, 1988-1992.

Fr. Matz, H. J. Buchholz, J. Wiesner (eds.), *Archaeologia Homerica. Die Denkmäler und das frühgriechische Epos* I-III, 1967-1990.

M. I. Finley, *Le Monde d'Ulysse*^{2}, trad. francesa 1978.

J. P. Crielaard, "Les Mycéniens et les poèmes épiques d'Homère", *Dossiers de l'archéologie*, 195, 1994, pp. 126-134.

J. P. Crielaard (ed.), *Homeric Questions. Essays in Philology, Ancient History and Archaeology, including the Papers of a Conference Organized by the Netherlands Institute at Athens* (15 May 1993), 1995, pp. 1-96.

Ph. Brunet, *La Naissance de la littérature dans la Grèce ancienne*, Le Livre de Poche, "Références", nº 530, 1997.

P. Carlier, *Homère*, 1999.

F. Montanari, P. Ascheri (eds.), *Omero tremila anni dopo*, 2002.

Hesíodo

M. Detienne, *Crise agraire et attitude religieuse chez Hésiode*, Latomus, 68, 1963.

E. Will, "Hésiode, crise agraire? Ou recul de l'aristocratie?", *Revue des études grecques*, 78, 1965, pp. 542-556.

M. Detienne, *Les Maîtres de vérité dans la Grèce archaïque*, 1967 (reed. Le Livre de Poche, "Références", nº 611, 2006).

J.-P. Vernant, *Mythe et pensée chez les Grecs. Études de psychologie historique*^{3}, 1985.

F. Blaise, P. Judet de la Combe, Ph. Rousseau (eds.), *Le Métier du mythe. Lectures d'Hésiode*, 1996.

J. Strauss Clay, *Hesiod's Cosmos*, 2003.

A. T. Edwards, *Hesiod's Ascra*, 2004.

Orientações bibliográficas

Capítulo 8: O aparecimento das cidades e a aventura colonial

Obras gerais

*Cambridge Ancient History*², III 2: *The Expansion of the Greek World, Eighth to Sixth Centuries B.C.*, 1982.

O. Murray, *La Grèce à l'époque archaïque*, trad. francesa 1995.

R. Osborne, *Greece in the Making, 1200-479 B.C.*, 1996.

Cl. Baurain, *Les Grecs et la Méditerranée orientale. Des siècles obscurs à la fin de l'époque archaïque*, Presses Universitaires de France, 1997.

N. Fisher, H. van Wees (eds.), *Archaic Greece: New Approaches and New Evidence*, 1998.

A cidade

F. Bourriot, *Recherches sur la nature du génos, Étude d'histoire sociale athénienne, périodes archaïque et classique* I-II, 1976.

D. Roussel, *Tribu et cité. Études sur les groupes sociaux dans les cités grecques aux époques archaïque et classique*, 1976.

L. H. Jeffery, *Archaic Greece, The City-States c. 700-500*, 1976.

C. G. Starr, *The Economic and Social Growth of Early Greece (800-500 B.C.)*, 1977.

P. Vidal-Naquet, *Le Chasseur noir. Formes de pensée et de société dans le monde grec*², 1983.

H. van Effenterre, *La Cité grecque, des origines à la défaite de Marathon*, 1985.

M. B. Sakellariou, *The Polis-State. Definition and Origin*, 1989.

P. Demont, *La Cité grecque archaïque et classique et l'idéal de tranquilité*, 1990.

P. Schmitt Pantel, *La Cité au banquet. Histoire des repas publics dans les cités grecques*, 1992.

O. Murray, S. Price (eds.), *La Cité grecque d'Homère à Alexandre*, trad. francesa 1992.

M. H. Hansen et al., *Acts of the Copenhagen Polis Centre*, publicadas a partir de 1993 em Copenhague, e *Papers from the Copenhagen Polis Centre*, publicados a partir de 1994 nos suplementos (*Einzelschriften*) da revista *Historia*.

Fr. de Polignac, *La Naissance de la cité grecque*², 1995.

C. Antonaccio, *An Archaeology of Ancestors. Tomb Cult and Hero Cult in Early Greece*, 1995.

R. Hägg (ed.), *The Role of Religion in the Early Greek Polis*, 1996.

L. G. Mitchell, P. J. Rhodes (eds.), *The Development of the* Polis *in archaic Greece*, 1997.

V. Parker, *Untersuchungen zum Lelantischen Krieg und verwandten Problemen der frühgriechischen Geschichte, Historia Einzelschriften*, 109, 1997.

Fr. Ruzé, *Délibération et pouvoir dans la cité grecque, de Nestor à Socrate*, 1997.

J.-M. Luce (ed.), *Habitat et urbanisme dans le monde grec, de la fin des palais mycéniens à la prise de Milet (494 av. J.-C.)*, Pallas, 58, 2002.

Fr. Ruzé, *EUNOMIA, à la recherche de l'équité*, 2003.

M. Kõiv, *Ancient Tradition and Early Greek History. The Origins of States in Early--Archaic Sparta, Argos and Corinth*, 2003.

École suisse d'archeólogie en Grèce, *Érétrie. Guide de la cité antique*, 2004.

R. Hannah, *Greek & Roman Calendars. Constructions of Time in the Classical World*, 2005.

Ver também *infra*, capítulo 9.

Hoplitismo

J.-P. Vernant, *Problèmes de la guerre en Grèce ancienne*, 1968.

P. Ducrey, *Guerre et guerriers dans la Grèce antique*, 1985, reed. Hachette, 1999.

V. D. Hanson, *Le Modèle occidental de la guerre: la bataille d'infanterie dans la Grèce classique*, trad. francesa 1990.

A. M. Snodgrass, "The 'Hoplite Reform' Revisited", *Dialogues d'histoire ancienne*, 19, 1993, pp. 47-61.

Y. Garlan, *La Guerre dans l'Antiquité*^{2}, 1999.

Colonização: obras gerais

Cl. Mossé, *La Colonisation dans l'Antiquité*, 1970.

J. B. Boardman, *Les Grecs d'outre-mer, colonisation et commerce archaïques*, 1980, trad. francesa 1995.

A. J. Graham, *Colony and Mother City in Ancient Greece*^{2}, 1983; *Collected Papers on Greek Colonization*, 2001.

M. Cazevitz, *Le Vocabulaire de la colonisation en grec ancien*, 1985.

F. Cordano, *Antiche fondazioni greche*, 1986.

I. Malkin, *Religion and Colonization in Ancient Greece*, 1987.

Orientações bibliográficas

J.-P. Descœudres (ed.), *Greek Colonists and Native Populations*, 1990.

J.-P. Morel, "La colonisation grecque jusqu'à la fin de l'archaïsme", *L'Information historique*, 57, 1995, pp. 190-201.

Cl. Antonetti (ed.), *Il dinamismo della colonizzazione greca*, 1997.

Problemi della chora coloniale dall'Occidente al Mar Nero, Atti del quarantesimo convegno di studi sulla Magna Grecia (40º congresso de Tarento), 2001.

L. Braccesi, *I Greci delle periferie: dal Danubio all'Atlantico*, 2003.

Cl. Baurain, C. Bonnet, *Les Phéniciens, marins des trois continents*, 1992.

M. E. Aubet, *The Phoenicians and the West. Politics, Colonies and Trade*^{2}, 2001.

Ocidente

F. Coarelli, M. Torelli, *Sicilia, Guide archeologiche Laterza*, 1984.

D. Ridgway, *Les Premiers Grecs d'Occident. L'aube de la Grande-Grèce*, 1984, trad. francesa 1992.

P. Rouillard, *Les Grecs et la péninsule Ibérique du VIIIe au IVe siècle avant Jésus-Christ*, 1991.

M. Osanna, *Chorai coloniali da Taranto a Locri: documentazione archeologica e ricostruzione storica*, 1992.

D. Briquel, *La Civilisation étrusque*, A. Colin, 1993; reed. Fayard, 1999.

J.-P. Thuillier, *Les Étrusques, histoire d'un peuple*, A. Colin, 2003.

J.-L. Lamboley, *Les Grecs en Occident*, Sedes, 1996.

G. Pugliese-Caratelli (dir.), *I Greci in Occidente*, 1996.

G. Vallet, *Le Monde grec colonial d'Italie du Sud et de Sicile* (coletânea de artigos), 1996.

E. Greco, *La Grande-Grèce*, trad. francesa 1996.

La Sicile grecque, Dossiers de l'archéologie, 225, 1997.

Siritide e Metapontino. Storie di due territori coloniali, Cahiers du centre Jean Bérard, 20, 1998.

E. M. De Juliis, *Città della Magna Grecia – Metaponto*, 2001.

L. Braccesi, M. Luni (eds.), *I Greci in Adriatico* I *(Hesperìa* 15), 2002; II (*Hesperìa* 18), 2004.

F. De Angelis, *Megara Hyblaia and Selinous. The Development of two Greek City-States in Archaic Sicily*, 2003.

D. Mertens et al., *Selinus I. Die Stadt und ihre Mauern*, 2003.

M. Gras, H. Tréziny, H. Broise, *Mégara Hyblaea 5. La ville archaïque. L'espace urbain d'une cité grecque de Sicile orientale*, 2004.

L. Mercuri, *Eubéens en Calabre à l'époque archaïque. Formes de contacts et implantation*, 2004.

G. M. Della Fina (ed.), *I Greci in Etruria, Atti del XI Convegno Internazionale di Studi sulla Storia e l'Archeologia dell'Etruria*, 2004.

Ver também *infra*, capítulo 14.

Norte do Egeu e mar Negro

B. Isaac, *The Greek Settlement in Thrace until the Macedonian Conquest*, 1986.

N. Ehrhardt, *Milet und seine Kolonien. Vergleichende Untersuchung der kulturellen und politischen Einrichtungen*², 1988.

P. Lévêque, O. Lordkipanidze (eds.), *Le Pont-Euxin vu par les Grecs. Sources écrites et archéologie*, 1990.

P. Lévêque, O. Lordkipanidze (eds.), *Sur les traces des Argonautes*, 1996.

G. R. Tsetskhladze (ed.), *The Greek Colonization of the Black Sea Area. Historical Interpretation of Archaeology, Historia Einzelschriften*, 121, 1998.

Y. Grandjean, F. Salviat et al., *Guide de Thasos*², 2000.

Ver também *infra*, capítulo 14.

Comércio e navegação

A. Mele, *Il commercio greco arcaico. Prexis ed emporie*, 1979.

L. Casson, *Ships and Seamanship in the Ancient World*², 1986.

L. Basch, *Le Musée imaginaire de la marine antique*, 1987.

L. Long, J. Miro, G. Volpe, "Les épaves archaïques de la pointe Lequin", em M. Bats et al., *Marseille grecque et la Gaule, Études massaliètes*, 3, 1992, pp. 199-234.

A. Bresson, P. Rouillard (eds.), *L'Emporion*, 1993.

G. Raepsaet, "Le *diolkos* de l'Isthme à Corinthe: son tracé, son fonctionnement", *Bulletin de correspondance hellénique*, 117, 1993, pp. 233-261.

S. von Reden, *Exchange in Ancient Greece*, 1995.

M. Gras, *La Méditerranée archaïque*, A. Colin, 1995.

P. Pomey, *La Navigation dans l'Antiquité*, 1997.

M. H. Hansen, "Emporion. A Study of the Use and Meaning of the Term in the Archaic and Classical Periods", em Th. H. Nielsen (ed.), *Yet More Studies in the Ancient Greek Polis*, Historia Einzelschriften, 117, 1997, pp. 83-105.

D. W. Tandy, *Warriors into Traders. The Power of the Market in Early Greece*, 1997.

A. Möller, *Naukratis. Trade in Archaic Greece*, 2000.

N. Chr. Stampolidis, V. Karageorghis (eds.), *Sea Routes… Interconnections in the Mediterranean, 16-th-6th c. BC,* 2003.

C. M. Reed, *Maritime Traders in the Ancient Greek World*, 2003.

Sobre a moeda, ver *supra*, capítulo 1.

Capítulo 9: Evolução das cidades na época arcaica

Tiranos e legisladores

A. Andrewes, *The Greek Tyrants*, 1956.

H. Berve, *Die Tyrannis bei den Griechen* I-II, 1967.

Cl. Mossé, *La Tyrannie dans la Grèce antique*², 1989.

P. Barceló, *Basileia, Monarchia, Tyrannis. Untersuchungen zu Entwicklung und Beurteilung von Alleinherrschaft im vorhellenistischen Griechenland*, Historia Einzelschriften, 79, 1993.

J. F. Mc Glew, *Tyranny and Political Culture in Ancient Greece*, 1993.

H. A. Shapiro, *Art and Cult under the Tyrants in Athens*², 1995.

L. de Libero, *Die archaische Tyrannis*, 1996.

K. A. Morgan (ed.), *Popular Tyranny. Sovereignty and its Discontents in Ancient Greece*, 2003.

M. Gagarin, *Drakon and Early Athenian Homicide Law*, 1981; *Early Greek Law*, 1986.

K. J. Hölkeskamp, "Arbitrators, Lawgivers and the 'Codification of Law' in Archaic Greece", *Mètis*, 7, 1992, pp. 49-81.

E. K. Anhalt, *Solon the Singer: Politics and Poetics*, 1993.

K. J. Hölkeskamp, *Schiedsrichter, Gesetzgeber und Gesetzgebung im archaischen Griechenland*, Historia Einzelschriften, 131, 1999.

L.-M. L'Homme-Wéry, "De l'eunomie solonienne à l'isonomie clisthénienne: d'une conception religieuse de la cité à sa rationalisation partielle", *Kernos*, 15, 2002, pp. 211-223.

E. M. Harris, "Did Solon abolish Debt-Bondage?", *Classical Quarterly*, 52, 2002, pp. 415-430.

Chr. Mülke, *Solons politische Elegien und Iamben (FR. 1-13; 32-37 West). Einleitung, Text, Übersetzung, Kommentar*, 2002.

E. Irwin, *Solon and Early Greek Poetry. The Politics of Exhortation*, 2005.

P. Sineux (ed.), *Le Législateur et la Loi dans l'Antiquité. Hommage à Françoise Ruzé*, 2005.

Ver também *supra*, capítulo 8.

Esparta

N. Loraux, "La 'belle mort' spartiate", *Ktèma*, 2, 1977, pp. 105-120.

J. Ducat, *Les Hilotes, Bulletin de correspondance hellénique*, Supl. 20, 1990.

M. Nafissi, *La nascita del* Kosmos. *Studi sulla storia e la società di Sparta*, 1991.

M. Pettersson, *Cults of Apollo at Sparta. The Hyakinthia, the Gymnopaidiai and the Karneia*, 1992.

I. Malkin, *La Méditerranée spartiate: mythe et territoire*, 1994, trad. francesa 1999.

J. Ducat, "La cryptie en question", em P. Brulé e J. Ouhlen (eds.), *Esclavage, guerre, économie en Grèce ancienne. Hommages à Yvon Garlan*, 1997, pp. 43-77.

N. Richer, *Les Éphores. Études sur l'histoire et sur l'image de Sparte (VIIIe-IIIe siècles avant Jésus-Christ)*, 1998.

St. Hodkinson, A. Powell (eds.), *Sparta. New Perspectives*, 1999.

St. Hodkinson, A. Powell (eds.), *Sparta beyond the Mirage*, 2002.

P. Cartledge, *Sparta and Lakonia. A Regional History 1300 to 362 BC*^{2}, 2002.

E. Lévy, *Sparte. Histoire politique et sociale jusqu'à la conquête romaine*, 2003.

N. Richer, "Les gymnopédies de Sparte", *Ktèma*, 30, 2005, pp. 237-262.

Atenas

Cl. Mossé, *Histoire d'une démocratie, Athènes*, Seuil, "Points", 1971.

J. S. Traill, *The Political Organization of Attica: a Study of the Demes, Trittyes and Phylai, and their Representations in the Athenian Council, Hesperia*, Supl. 14, 1975.

P. Siewert, *Die Trittyen Attikas und die Heeresreform des Kleisthenes*, 1982.

P. Lévêque, P. Vidal-Naquet, *Clisthène l'Athénien. Essai sur la représentation de l'espace et du temps dans la pensée politique grecque de la fin du VIe siècle à la mort de Platon*^{2}, 1983.

Orientações bibliográficas

J. S. Traill, *Demos and Trittys. Epigraphical and Topographical Studies in the Organization of Attica*, 1986.

D. Whitehead, *The Demes of Attica, 508/7 – ca 250 B.C. A Political and Social Study*, 1986.

S. D. Lambert, *The Phratries of Attica*, 1993.

M. H. Hansen, *La Démocratie athénienne à l'époque de Démosthène. Structure, principes et idéologie*, trad. francesa 1993.

M. Brunet, J. Bertrand. *Les Athéniens à la recherche d'un destin*, 1993.

A. Verbanck-Piérart, D. Viviers, *Culture et cité. L'avènement d'Athènes à l'âge archaïque*, 1995.

E. E. Cohen, *The Athenian Nation*, 2000.

J. M. Camp, *The Archaeology of Athens*, 2001.

M. Schäfer, *Zwischen Adelsethos und Demokratie. Archäologische Quellen zu den Hippeis im archaischen und klassischen Athen*, 2002.

A. Queyrel, *Athènes. La cité archaïque et classique, du VIIIe siècle à la fin du Ve siècle*, Picard, 2003.

R. Étienne, *Athènes, espaces urbains et histoire. Des origines à la fin du IIIe siècle ap. J.-C.*, Hachette Supérieur, 2004.

Outras cidades e ligas; obras gerais

V. Ehrenberg, *L'État grec (la Cité, l'État fédéral, la monarchie hellénistique)*, 1965, trad. francesa 1976.

H. J. Gehrke, *Jenseits von Athen und Sparta. Das Dritte Griechenland und seine Staatenwelt*, 1986.

N. F. Jones, *Public Organization in Ancient Greece: A Documentary Study*, 1987.

A. Fouchard, *Aristocratie et démocratie. Idéologies et sociétés en Grèce ancienne*, 1997.

R. Brock, St. Hodkinson, *Alternatives to Athens. Varieties of Political Organization and Community in Ancient Greece*, 2000.

A. Fouchard, *Les États grecs*, Ellipses, 2003.

A. Fouchard, *Les Systèmes politiques grecs*, Ellipses, 2003.

M. H. Hansen, Th. H. Nielsen (eds.), *An Inventory of Archaic and Classical Poleis*, 2004.

R. P. Legon, *Megara. The Political History of a Greek City-State to 336 B.C.*, 1981.

Th. J. Figueira, Gr. Nagy (eds.), *Theognis of Megara, Poetry and the Polis*, 1985.
Th. J. Figueira, *Aegina, Society and Politics*, 1981.
B. Salmon, *Wealthy Corinth. A History of the City to 338 B.C.*, 1984.
A. D. Rizakis, *Achaïe I. Sources textuelles et histoire régionale*, 1995.
M. Piérart, G. Touchais, *Argos, une ville grecque de 6 000 ans*, 1996.
Th. H. Nielsen, *Arkadia and its Poleis in the Archaic and Classical Periods*, 2002.
S. M. Sherwin-White, *Ancient Cos. An Historical Study from the Dorian Settlement to the Imperial Period*, 1978.
J. Boardman, C. E. Vaphopoulou-Richardson (eds.), *Chios. A Conference at the Homereion in Chios*, 1986.
G. Shipley, *A History of Samos, 800-188 BC*, 1987.
C. Carusi, *Isole e Peree in Asia Minore. Contributi allo studio dei rapporti tra poleis insulari e territori continentali dipendenti*, 2003.
V. Costa, *Nasso dalle origini al V secolo a. C.*, 1997.
Y. Grandjean, F. Salviat *et al.*, *Guide de Thasos*^{2}, 2000.
V. B. Gorman, *Miletos, the Ornament of Ionia. A History of the City to 400 B.C.E.*, 2001.
P. Perlmann, "Gortyn. The First Seven Hundred Years, Part I", em P. Flensted-Jensen *et al.* (eds.), *Polis and Politics. Studies in Ancient Greek History presented to Mogens Herman Hansen on his 60th Birthday*, 2000, pp. 177-205; "Part II", em Th. H. Nielsen (ed.), *Even More Studies in the Ancient Greek Polis*, Historia Einzelschriften, 162, 2002, pp. 187-227.
A. Chaniotis, *Das Antike Kreta*, 2004.
M. Prent, *Cretan Sanctuaries and Cults. Continuity and Change from Late Minoan IIIC to the Archaic Period*, 2005.
V. Karageorghis, *Les Anciens Chypriotes. Entre Orient et Occident*, 1990.
V. Karageorghis, *Early Cyprus. Crossroads of the Mediterranean*, 2002.
J. A. O. Larsen, *Greek Federal States. Their Institutions and History*, 1968.
C. Morgan, *Early Greek States beyond the Polis*, 2003.
J. Ducat, *Les Pénestes de Thessalie*, 1994.
B. Helly, *L'État thessalien. Aleuas le Roux, les tétrades et les* tagoi, 1995.
"Autour du livre de B. Helly, *L'État thessalien, Aleuas le Rouge, les tétrades et les* tagoi", *Topoi*, 7, 1997, pp. 165-262 (discussões sobre a obra acima).
J. Ducat, "La confédération béotienne et l'expansion thébaine à l'"époque archaïque", *Bulletin de correspondance hellénique*, 97, 1973, pp. 59-73.

Orientações bibliográficas

R. J. Buck, *A History of Boeotia*, 1979.

H. van Effenterre, *Les Béotiens*, 1989.

G. Maffoda, *Il koinon beotico in età arcaica e classica. Storia ed istituzioni*, 1999.

L. Lerat, *Les Locriens de l'Ouest* I. *Topographie et ruines*; II. *Histoire, institutions, prosopographie*, 1952.

P. Ellinger, *La Légende nationale phocidienne. Artémis, les situations extrêmes et les récits de guerre d'anéantissement*, Bulletin de correspondance hellénique, Supl. 27, 1993.

N. G. L. Hammond, *Epirus. The Geography, the Ancient Remains, the History and the Topography of Epirus and Adjacent Areas*, 1967 (complementar com as atas dos colóquios *L'Illyrie méridionale et l'Épire dans l'Antiquité*, publicadas regularmente desde 1988).

Cl. Antonetti, *Les Étoliens. Image et religion*, 1990.

Capítulo 10: Guerras médicas

Obras gerais

O. Picard, *Les Grecs devant la menace perse*, Sedes, 1980.

A. J. Burn, *Persia and the Greeks: the Defence of the West, c. 546-478 B.C.*^{2}, 1984 (*post-scriptum* de D. M. Lewis).

Éd. Will, *Le Monde grec et l'Orient. Le Ve siècle*^{3}, Presses Universitaires de France, 1988.

Cambridge Ancient History^2, IV: *Persia, Greece and the Western Mediterranean c. 525 to 479 B.C.*, 1988.

J. F. Lazenby, *The Defence of Greece, 490-479*, 1993.

P. Briant, "La guerre et la paix", em P. briant, P. Lévêque, *Le Monde grec aux temps classiques*, t. 1: *Le Ve siècle*, Presses Universitaires de France, 1995, pp. 17-37.

E. Lévy, *La Grèce au Ve siècle, de Clisthène à Socrate*, Seuil, "Points", 1995.

P. Briant, *Histoire de l'empire perse, de Cyrus à Alexandre*, Fayard, 1996.

P. Green, *The Greco-Persian Wars*, 1996.

I. Malkin (ed.), *Ancient Perceptions of Greek Ethnicity*, 2001.

Th. Harrison (ed.), *Greeks and Barbarians*, 2002.

Ph. de Souza, *The Greek and Persian Wars, 499-386 BC*, 2003.

P. Brun, *Le Monde grec à l'époque classique, 500-323 avant J.-C.*, A. Colin, 2003.

G. Cawkwell, *The Greek Wars. The Failure of Persia*, 2005.

Estudos específicos

J. Labarbe, *La Loi navale de Thémistocle*, 1957.

A. J. Podlecki, *The Life of Themistocles. A Critical Survey of the Literary and Archaeological Evidence*, 1975.

W. Blösel, *Themistokles bei Herodot: Spiegel Athens im fünften Jahrhundert. Studien zur Geschichte und historiographischen Konstruktion des griechischen Freiheitskampfs, 480 v. Chr., Historia Einzelschriften*, 183, 2004.

G. Roux, "Eschyle, Hérodote, Diodore, Plutarque racontent la bataille de Salamine", *Bulletin de correspondance hellénique*, 98, 1974, pp. 51-94.

J. Delorme, "Deux notes sur la bataille de Salamine", *Bulletin de correspondance hellénique*, 102, 1978, pp. 87-96.

B. S. Strauss, *Salamis: the Greatest Naval Battle of the Ancient World, 480 B.C.*, 2004.

Capítulo 11: Pentekontaetía

Obras gerais

Cambridge Ancient History^2, V: *The Fifth Century B.C.*, 1992.

Éd. Will, *Le Monde grec et l'Orient. Le Ve siècle*^{3}, Presses Universitaires de France, 1988.

J. K. Davies, *Democracy and Classical Greece*^{2}, 1993.

P. Briant, P. Lévêque, *Le Monde grec aux temps classiques*, t. 1: *Le Ve siècle*, Presses Universitaires de France, 1995.

E. Lévy, *La Grèce au Ve siècle, de Clisthène à Socrate*, Seuil, "Points", 1995.

A. Jacquemin, *La Grèce classique, 510-336 av. J.-C.*, Ellipses, 2002.

P. Brun, *Le Monde grec à l'époque classique, 500-323 avant J.-C.*, A. Colin, 2003.

P. J. Rhodes, *A History of the Classical Greek World, 478-323 BC*, 2006.

Pentekontaetía

A. Powell, *Athens and Sparta. Constructing Greek Political and Social History from 478 B.C.*, 1988.

J. Delorme, *Histoire des cinquante ans. Commentaire sur la Pentékontaétie de Thucydide*, 1992.

Orientações bibliográficas

E. Badian, *From Plataea to Potidaea. Studies in the History and Historiography of the Pentekontaetia*, 1993.

V. Parker, "The Chronology of the Pentecontaetia from 465 to 456", *Athenaeum*, 81, 1993, pp. 129-147.

Ph. A. Stadter, "The Form and Content of Thucydides' Pentecontaetia (1.89-117)", *Greek, Roman & Byzantine Studies*, 34, 1993, pp. 35-72.

Grandeza de Atenas

D. Kagan, *Pericles of Athens and the Birth of Democracy*, 1990.

J.-J. Maffre, *Le Siècle de Périclès*, 1994.

A. J. Podlecki, *Perikles and his Circle*, 1998.

W. Will, *Thukydides und Perikles. Der Historiker und sein Held*, 2003.

D. Jouanna, *Aspasie de Milet, égérie de Périclès. Histoire d'une femme, histoire d'un mythe*, 2005.

Cl. Mossé, *Périclès. L'inventeur de la démocratie*, 2005.

J. de Romilly, *L'Élan démocratique dans l'Athènes ancienne*, 2005.

J. de Romilly, *Thucydide et l'impérialisme athénien*², 1951.

R. Meiggs, *The Athenian Empire*², 1975.

P. J. Rhodes, *The Athenian Empire*, 1985.

R. Garland, *The Piraeus from the Fifth to the First Century B.C.*, 1987.

H. B. Mattingly, *The Athenian Empire Restored*, 1996.

N. Salomon, *Le cleruchie di Atene. Caratteri e funzione*, 1997.

O. Picard, *Guerre et économie dans l'alliance athénienne (490-322 av. J.-C.)*, Sedes, 2000.

M. C. Miller, *Athens and Persia in the Fifth Century BC. A Study in Cultural Receptivity*, 1997.

J. de Romilly, *Les Grands Sophistes dans l'Athènes de Périclès*, Le Livre de Poche, "Biblio essais", nº 4109, 1989.

J. de Romilly, *Alcibiade*, 1995.

R. Parker, *Athenian Religion. A History*, 1996.

R. Parker, *Polytheism and Society at Athens*, 2005.

P. Demont, A. Lebeau, *Introduction au théâtre grec antique*, Le Livre de Poche, "Références", nº 525, 1996.

J.-Chr. Moretti, *Théâtre et société dans la Grèce antique*, Le Livre de Poche, "Références", nº 585, 2001.

W. D. E. Coulson *et al.* (eds.), *The Archaeology of Athens and Attica under the Democracy*, 1994.

D. Boedeker, K. Raaflaub (eds.), *Democracy, Empire and the Arts in Fifth-Century Athens*, 1998.

B. Holtzmann, *L'Acropole d'Athènes. Monuments, cultes et histoire du sanctuaire d'Athéna Polias*, 2003.

Capítulo 12: Aspectos da civilização grega no século V

Obras gerais

Ver *supra*, capítulo 11.

Vida religiosa

J. Rudhardt, *Notions fondamentales de la pensée religieuse et actes constitutifs du culte dans la Grèce classique*, 1962 (reed. 1992).

W. Burkert, *Greek Religion*, trad. inglesa 1985.

L. Bruit Zaidman, P. Schmitt Pantel, *La Religion grecque*, A. Colin, 1989; reed. 2004.

M. Jost, *Aspects de la vie religieuse en Grèce (du début du Ve s. à la fin du IIIe s. av. J.-C.)*, Sedes, 1992.

A. Motte, V. Pirenne-Delforge, P. Wathelet (eds.), *Mentor. Guide bibliographique de la religion grecque, Kernos*, Supl. 2, 1992.

D. Aubriot-Sevin, *Prière et conceptions religieuses en Grèce ancienne jusqu'à la fin du Ve siècle av. J.-C.*, 1996.

V. Pirenne-Delforge, "Religion grecque", em Y. Lehmann (ed.), *Religions de l'Antiquité*, 1999, pp. 79-175.

L. Bruit Zaidman, *Le Commerce des dieux. Eusebeia. Essai sur la piété en Grèce ancienne*, 2001.

L. Bruit Zaidman, *Les Grecs et leurs dieux. Pratiques et représentations religieuses dans la cité à l'époque classique*, A. Colin, 2005.

Orientações bibliográficas

M.-Th. Le Dinahet, *La religion des cités grecques, VIIIe-Ier siècle av. J.-C.*, Ellipses, 2005.

R. Graves, *Les Mythes grecs*, 1958, trad. francesa 1967 (reed. Le Livre de Poche, "La Pochothèque", 1999).

W. Burkert, *Homo necans: rites sacrificiels et mythes de la Grèce ancienne*, 1972/1997, trad. francesa 2005.

J.-P. Vernant, *Mythe et religion en Grèce ancienne*, 1990.

P. Chuvin, *La Mythologie grecque*, 1992.

S. Saïd, *Approches de la mythologie grecque*, Nathan, 1993.

Th. H. Carpenter, *Les Mythes dans l'art grec*, trad. francesa 1998.

C. Salles, *La Mythologie grecque et romaine*, 2003.

M. Detienne, J.-P. Vernant (eds.), *La Cuisine du sacrifice en pays grec*, 1979.

P. Bonnechère, *Le Sacrifice humain en Grèce ancienne, Kernos*, Supl. 3, 1994.

G. Ekroth, *The Sacrificial Rituals of Greek Hero-Cults in the Archaic to the Early Hellenistic Periods, Kernos*, Supl. 12, 2002.

G. Gnoli, J.-P. Vernant (eds.), *La Mort, les morts dans les sociétés anciennes*, 1982.

R. Garland, *The Greek Way of Death*^{2}, 2001.

A. Le Bris, *La Mort et la conception de l'au-delà en Grèce ancienne*, 2002.

R. Parker, *Miasma: Pollution and Purification in Early Greek Religion*, 1983.

M.-H. Delavaud-Roux, *Les Danses armées en Grèce antique*, 1993; *Les Danses pacifiques en Grèce antique*, 1994.

A. Jacquemin, *Guerre et religion dans le monde grec (490-322 av. J.-C.)*, Sedes, 2000.

M. Dillon, *Girls and Women in Classical Greek Religion*, 2002.

B. Gentili, F. Perusino (eds.), *Le orse di Brauron. Un rituale di iniziazione femminile nel santuario di Artemide*, 2002.

W. Burkert, *Les Cultes à mystères dans l'Antiquité*, trad. francesa 1992.

K. Clinton, *Myth and Cult. The Iconography of the Eleusinian Mysteries*, 1992.

L. Brisson, *Orphée et l'orphisme dans l'Antiquité gréco-romaine*, 1995.

R. Sorel, *Orphée et l'orphisme*. 1995.

Abordagens regionais e grandes santuários

A. Schachter, *Cults of Boiotia* I-III, 1981-1994.

Fr. Graf, *Nordionische Kulte*, 1985.

M. Jost, *Sanctuaires et cultes d'Arcadie*, 1985.
M. Osanna, *Santuari e culti dell'Acaia antica*, 1996.
M. B. Savo, *Culti, Sacerdozi e Feste delle Cicladi, dall'età arcaica all'età romana* I, 2004.
N. Marinatos, R. Hägg (eds.), *Greek Sanctuaries. New Approaches*, 1993.
U. Sinn, *Olympia, Kult, Sport und Fest in der Antike*, 1996.
H. M. Lee, *The Program and Schedule of the Ancient Olympic Games, Nikephoros*, Supl. 6, 1998.
M. Golden, *Sport and Society in Ancient Greece*, 1998.
M. Casevitz, A. Jacquemin, edição de Pausânias, *L'Élide*, na "Collection des Universités de France" (Guillaume Budé), livros V (1999) e VI (2002).
A. Pasquier (ed.), *Olympia*, 2001 (conferências do Museu do Louvre).
N. B. Crowther, *Athletika. Studies on the Olympic Games and Greek Athletics, Nikephoros*, Supl. 8, 2004.
G. Roux, *Delphes, son oracle et ses dieux*, 1976.
J. Fontenrose, *The Delphic Oracle*, 1978.
J.-Fr. Bommelaer, D. Laroche, *Guide de Delphes. Le site*, 1991; P. Amandry *et al.*, *Guide de Delphes. Le musée*, 1991.
A. Jacquemin, *Offrandes monumentales à Delphes*, 1999.
Fr. Lefèvre, *L'Amphictionie pyléo-delphique: histoire et institutions*, 1998; *Corpus des inscriptions de Delphes*, IV, *Documents amphictioniques*, 2002.
P. Sánchez, *L'Amphictionie des Pyles et de Delphes. Recherches sur son rôle historique, des origines au IIe siècle de notre ère, Historia Einzelschriften*, 148, 2001.
J. Ducat, Ph. Bruneau, *Guide de Délos*, 1983.
Ph. Bruneau *et al.*, *Délos: île sacrée et ville cosmopolite*, 1996.

Sociedade

G. Duby, M. Perrot (eds.), *Histoire des femmes* I. *L'Antiquité* (P. Schmitt Pantel dir.), 1990.
S. Blundell, *Women in Ancient Greece*, 1995.
S. B. Pomeroy, *Spartan Women*, 2002.
N. Loraux (dir.), *La Grèce au féminin*, trad. francesa 2003.
N. Bernard, *Femmes et société dans la Grèce classique*, A. Colin, 2003.
M. Golden, *Children and Childhood in Classical Athens*, 1990.

Orientações bibliográficas

S. B. Pomeroy, *Families in Classical and Hellenistic Greece. Representations and Realities*, 1997.

C. B. Patterson, *The Family in Greek History*, 1998.

A.-M. Vérilhac, Cl. Vial, *Le Mariage grec du VIe siècle av. J.-C. à l'époque d'Auguste, Bulletin de correspondance hellénique*, Supl. 32, 1998.

E. karabélias, *L'Épiclérat attique. Recherches sur la condition juridique de la fille épiclère athénienne*, 2002.

Cl. Vatin, *Citoyens et non-citoyens dans le monde grec*, Sedes, 1984.

D. Whitehead, *The Ideology of Athenian Metic*, 1977; "The Ideology of Athenian Metic: Some Pendants and a Reappraisal", *Proceedings of the Cambridge Philological Society*, 212, 1986, pp. 145-168.

M. Adak, *Metöken als Wohltätet Athens. Untersuchungen zum sozialen Austausch zwischen ortsansässigen Fremden und der Bürgergemeinde in klassischer und hellenistischer Zeit (ca. 500-150 v. Chr.)*, 2003.

M.-Fr. Baslez, *L'Étranger dans la Grèce antique*, 1984.

R. Lonis (ed.), *L'Étranger dans le monde grec*, 1988; *L'Étranger dans le monde grec* II, 1992.

Y. Garlan, *L'Esclavage dans le monde grec. Recueil de textes grecs et latins*, 1984; *Les Esclaves en Grèce ancienne*², 1995.

H. Klees, *Sklavenleben im klassischen Griechenland*, 1998.

P. Garnsey, *Conceptions de l'esclavage d'Aristote à saint Augustin*, trad. francesa 2004.

H. I. marrou, *Histoire de l'éducation dans l'Antiquité, I. Le monde grec*, 1948.

St. G. Miller, *Arete. Greek Sports from Ancient Sources. A Second and Expanded Edition*, 1991.

D. vanhove (ed.), *Le Sport dans la Grèce antique. Du jeu à la competition*, 1992.

Chr. mann, *Athlet und Polis im archaischen und frühklassischen Griechenland*, 2001.

B. Legras, *Éducation et culture dans le monde grec VIIIe-Ier siècle av. J.-C.²*, A. Colin, 2002.

J. M. Hall, *Hellenicity: between Ethnicity and Culture*, 2002.

G. Hoffmann, *La Culture grecque*, Ellipses, 2003.

Economia

M. I. Finley (ed.), *Problèmes de la terre en Grèce ancienne*, 1973.

M. I. Finley, *L'Économie antique*, trad. francesa 1975; reedição em inglês, com correções e acréscimos do autor, em 1985, e em 1999 com um *Foreword* de I. Morris.

R. J. Hopper, *Trade and Industry in Classical Greece*, 1979.

D. Musti, *L'economia in Grecia*², 1987.

R. Étienne, "Primitivisme et modernisme de l'économie antique", *Actualité de l'Antiquité. Textes réunis et présentés par J.-M. Pailler*, 1989, pp. 35-42.

S. Isager, J.-E. Skysgaard, *Ancient Greek Agriculture. An Introduction*, 1992.

Fr. Blondé, J.-Y. Perreault (eds.), *Les Ateliers de potiers dans le monde grec aux époques géométrique, archaïque et classique*, Bulletin de correspondance hellénique, Supl. 23, 1992.

A. Bresson, *La Cité marchande*, 2000.

Fr. Blondé, A. Müller (eds.), *L'Artisanat en Grèce ancienne, les productions, les diffusions*, 2000.

J.-P. Brun, Ph. Jockey (eds.), *Techniques et sociétés en Méditerrannée. Hommage à Marie-Claire Amouretti*, 2001.

L. Migeotte, *L'Économie des cités grecques, de l'archaïsme au Haut-Empire romain*, Ellipses, 2002.

P. Cartledge et al. (eds.), *Money, Labour and Land. Approaches to the Economies of Ancient Greece*, 2002.

Capítulo 13: Guerra do Peloponeso

Obras sobre a guerra na Grécia clássica

Y. Garlan, *Guerre et économie en Grèce ancienne*, 1989.

P. Brulé, J. Oulhen (eds.), *La Guerre en Grèce à l'époque classique*, 1999.

Fr. Prost (ed.), *Armées et sociétés de la Grèce classique. Aspects sociaux et politiques de la guerre aux Ve et IVe s. av. J.-C.*, Errance, 1999.

M.-Cl. Amouretti, Fr. Ruzé, *Les Sociétés et la guerre à l'époque classique*, Ellipses, 1999.

Fr. Rebuffat, *Guerre et société dans le monde grec (490-322 av. J.-C.)*, Sedes, 2000.

Y. Garlan, *Recherches de poliorcétique grecque*, 1974.

J.-P. Adam, *L'Architecture militaire grecque*, 1982.

Orientações bibliográficas

Les Fortifications grecques, Dossiers de l'archéologie, 172, 1992.

À la découverte des forteresses grecques, Dossiers de l'archéologie, 179, 1993.

Fr. Lissarague, *L'Autre Guerrier. Archers, peltastes, cavaliers dans l'imagerie attique*, 1990.

I. G. Spence, *The Cavalry of Classical Greece*, 1993.

J. Worley, *Hippeis: the Cavalry of Ancient Greece*, 1994.

R. E. Gaebel, *Cavalry Operations in the Ancient Greek World*, 2002.

L. Basch, *Le Musée imaginaire de la marine antique*, 1987.

L. Kallet-Marx, *Money, Expense and Naval Power in Thucydides' History 1-5*, 24, 1993.

J. S. Morrison, J. F. Coates, *Greek and Roman Oared Warships, 399-31 BC*, 1994.

J. S. Morrison, J. F. Coates, N. B. Rankov, *The Athenian Trireme. The History and Reconstruction of an Ancient Greek Warship*², 2000.

Os acontecimentos

D. Kagan, *The Peloponnesian War: The Outbreak of the Peloponnesian War*, 1969; *The Archidamian War*, 1974; *The Peace of Nicias and the Sicilian Expedition*, 1981; *The Fall of the Athenian Empire*, 1987.

Éd. Will, *Le Monde grec et l'Orient. Le Ve siècle*³, Presses Universitaires de France, 1988.

P. Briant, "La guerre et la paix", em P. Briant, P. Lévêque, *Le Monde grec aux temps classiques*, t. 1: *Le Ve siècle*, Presses Universitaires de France. 1995, pp. 81-132.

J. F. lazenby, *The Peloponnesian War. A Military Study*, 2004.

G. E. M. De Ste Croix, *The Origins of the Peloponnesian War*, 1972.

E. A. Meyer, "*The Outbreak of the Peloponnesian War* after twenty-five years", em Ch. D. hamilton, P. Krentz (eds.), *Polis and Polemos, Essays on Politics, War, and History in Ancient Greece in Honor of D. Kagan*, 1997, pp. 23-54.

N. Geske, *Nikias und das Volk von Athen im Archidamischen Krieg*, Historia Einzelschriften, 186, 2005.

J. Hatzfeld, *Alcibiade. Étude sur l'histoire d'Athènes à la fin du Ve siècle*, 1951.

P. Green, *Armada from Athens*, 1971.

L. Kallet, *Money and the Corrosion of Power in Thucydides. The Sicilian Expedition and Its Aftermath*, 2001.

B. Bleckmann, *Athens Weg in die Niederlage. Die letzten Jahre des Peloponnesischen Krieges*, 1998.

E. Lévy, *Athènes devant la défaite de 404. Histoire d'une crise idéologique*, 1976.
Cl. Mossé, *Le Procès de Socrate*, 1996.
P. Krentz, *The Thirty of Athens*, 1982.
M. Ostwald, *Oligarchia. The Development of a Constitutional Form in Ancient Greece, Historia Einzelschriften*, 144, 2000.
H. Heftner, *Der oligarchische Umsturz des Jahres 411 v. Chr. und die Herrschaft der Vierhundert in Athen*, 2001.

Capítulo 14: Os gregos no Ocidente, na Cirenaica e no Ponto Euxino

Ocidente

P. Wuilleumier, *Tarente des origines à la conquête romaine*, 1939.
G. Urso, *Taranto e gli xenikoì strategoí*, 1998.
E. M. De Juliis, *Città della Magna Grecia – Taranto*, 2000.
Taranto e il Mediterraneo, Atti del quarantunesimo convegno di studi sulla Magna Grecia (41º congresso de Tarento), 2002.
L. Costamagna, Cl. Sabbione, *Una città in Magna Grecia, Locri Epizefiri. Guida archeologica*, 1990.
F. Costabile (ed.), *Polis ed Olympieion a Locri Epizefiri*, 1992.
R. Lomas, *Rome and the Western Greeks 350 BC – 200 AD. Conquest and Acculturation in Southern Italy*, 1993.
Alessandro il Molosso e i "Condottieri" in Magna Grecia, Atti del quarantatreesimo convegno di studi sulla Magna Grecia (43º congresso de Tarento), 2004.
M. I. Finley, *La Sicile antique. Des origines à l'époque byzantine*, 1979, trad. francesa 1986.
R. J. A. Talbert, *Timoleon and the Revival of Greek Sicily, 344-317 B.C.*, 1974.
L. J. Sanders, *Dionysius of Syracuse and Greek Tyranny*, 1987.
B. Caven, *Dionysius I, War-Lord of Sicily*, 1990.
S. Berger, *Revolution and Society in Greek Sicily and Southern Italy*, 1992.
N. Luraghi, *Tirannidi arcaiche in Sicilia e Magna Grecia. Da Panezio di Leontini alla caduta dei Dinomenidi*, 1994.
S. N. Consolo Langher, *Un Imperialismo tra democrazia e tirannide: Siracusa nei secoli V e IV a. C., Kokalos*, Supl. 12, 1997.

F. Muccioli, *Dionisio II. Storia e tradizione letteraria*, Monografie di *Simblos*, I, 2000.

S. N. Consolo Langher, *Agatocle. Da capoparte a monarca fondatore di un regno tra Cartagine e i diadochi*, 2000.

P. Rouillard, *Les Grecs et la péninsule Ibérique du VIIIe au IVe siècle avant Jésus-Christ*, 1991.

R. Plana-Mallart, *La chora d'Emporion. Paysages et structures agraires dans le nord-est catalan à la période préromaine*, 1994.

A. Hermary, A. Hesnard, H. Tréziny, *Marseille grecque, la cité phocéenne, 600-49 av. J.-C.*, 1999.

Cl. Rolley (dir.), *La Tombe princière de Vix*, 2003.

B. Cunliffe, *Pythéas le Grec découvre l'Europe du Nord, IVe siècle av. J.-C.*, trad. francesa 2003.

Ver também *supra*, capítulo 8.

Cirenaica

Fr. Chamoux, *Cyrène sous la monarchie des Battiades*, 1953.

A. Laronde, *Cyrène et la Libye hellénistique. Libykai Historiai, de l'époque républicaine au principat d'Auguste*, 1987.

A. Laronde, J.-Cl. Golvin, *L'Afrique antique. Histoire et monuments. Libye, Tunisie, Algérie, Maroc*, 2001.

Ponto Euxino

D. M. Pippidi, *Scythica Minora. Recherches sur les colonies grecques du littoral roumain de la mer Noire*, 1975.

A. Chitcheglov, *Polis et Chôra. Cité et territoire dans le Pont-Euxin*, trad. francesa 1992.

Les Villes grecques de la mer Noire, Dossiers de l'archéologie, 188, 1993.

J. G. Vinogradov, S. D. Kryzickij, *Olbia. Eine altgriechische Stadt im nordwestlichen Schwarzmeerraum*, Mnemosyne, Supl. 149, 1995.

L. Dubois, *Inscriptions grecques dialectales d'Olbia du Pont*, 1996.

R. nawotka, *The Western Pontic Cities. History and Political Organization*, 1997.

S. J. Saprykin, *Heracleia Pontica and Tauric Chersonesus before Roman Domination*, 1997.

A. BITTNER, *Gesellschaft und Wirtschaft in Herakleia Pontike. Eine Polis zwischen Tyrannis und Selbstverwaltung*, 1998.

A. AVRAM, *Inscriptions de Scythie mineure III. Callatis et son territoire*, 1999.

"Territoires coloniaux de mer Noire", em M. BRUNET (ed.), *Territoire des cités grecques, Bulletin de correspondance hellénique*, Supl. 34, 1999, pp. 244-253.

Y. GARLAN (ed.), *Production et commerce des amphores anciennes en mer Noire*, 1999.

V. STOLBA, L. HANNESTAD (eds.), *Chronologies of the Black Sea Area in the Period c. 400--100 BC*, 2005.

Ver também *supra*, capítulo 8.

Capítulo 15: Hegemonias da primeira metade do século IV

OBRAS GERAIS

*Cambridge Ancient History*², VI: *The Fourth Century B.C.*, 1994.

P. CARLIER, *Le IVᵉ Siècle grec jusqu'à la mort d'Alexandre*, Seuil, "Points", 1995.

P. CARLIER (ed.), *Le IVᵉ Siècle av. J.-C. Approches historiographiques*, 1996.

L. A. TRITLE (ed.), *The Greek World in the Fourth Century. From the Fall of the Athenian Empire to the Successors of Alexander*, 1996.

ESTUDOS ESPECÍFICOS

P. BRIANT (ed.), *Dans les pas des Dix-Mille: peuples et pays du proche-Orient vus par un Grec, Pallas*, 43, 1995.

CHR. TUPLIN, "On the Track of the Ten Thousand", *Revue des études anciennes*, 101, 1999, pp. 331-366 (resenha do anterior).

R. LANE FOX (ed.), *The Long March. Xenophon and the Ten Thousand*, 2004.

J.-CL. RIEDINGER, *Étude sur les Helléniques. Xénophon et l'histoire*, 1991.

J. DILLERY, *Xenophon and the History of his Times*, 1995.

CHR. TUPLIN (ed.), *Xenophon and his World. Papers from a Conference held in Liverpool in July 1999*, Historia Einzelschriften, 172, 2004.

C. BEARZOT, *Federalismo e autonomia nelle Elleniche di Senofonte*, 2004.

P. J. STYLIANOU, *A Historical Commentary on Diodorus Siculus, Book 15*, 1998.

Orientações bibliográficas

T. T. B. Ryder, *Koine Eirene. General Peace and Local Independence in Ancient Greece*, 1965.

M. Jehne, *Koine Eirene. Untersuchungen zu den Befriedungs-und Stabilisierungsbemühungen in der griechischen Poliswelt des 4. Jahrhunderts v. Chr.*, Hermes Einzelschriften, 63, 1994.

K. Schmidt, "The Peace of Antalcidas and the Idea of the *Koine Eirene*. A Panhellenic Peace Movement", *Revue internationale des droits de l'Antiquité*, 46, 1999, pp. 81-96.

Ph. de Souza, *The Greek and Persian Wars, 499-386 BC*, 2003.

O. Cawkwell, *The Greek Wars. The Failure of Persia*, 2005.

Esparta

J.-Fr. Bommelaer, *Lysandre de Sparte. Histoire et traditions*, 1981.

P. Cartledge, *Agesilaos and the Crisis of Sparta*, 1987.

Ch. D. Hamilton, *Agesilaus and the Failure of Spartan Hegemony*, 1991.

Atenas

J. Ober, *Fortress Attica: Defense of the Athenian Land Frontier, 404-322 B.C.*, 1985.

B. Strauss, *Athens after the Peloponnesian War: Class, Faction and Policy, 403-386*, 1986.

S. Accame, *La lega ateniese del secolo IV A.C.*, 1941.

J. L. Cargill, *The Second Athenian League. Empire or Free Alliance?*, 1981.

M. Dreher, *Hegemon und Symmachoi. Untersuchungen zum Zweiten athenischen Seebund*, 1995.

J. L. Cargill, *Athenian Settlements of the Fourth Century B.C.*, 1995.

R. J. Buck, *Thrasybulus and the Athenian Democracy*, Historia Einzelschriften, 120, 1998.

O. Picard, *Guerre et économie dans l'alliance athénienne (490-322 av. J.-C.)*, Sedes, 2000.

Tebas e outras cidades ou ligas

P. Cloché, *Thèbes de Béotie. Des origines à la conquête romaine*, 1952.

P. Salmon, *Étude sur la Confédération béotienne (447/446-386). Son organisation et son administration*, 1978.

J. BUCKLER, *The Theban Hegemony (371-362)*, 1980.

R. J. BUCK, *Boiotia and the Boiotian League 432-371 B.C.*, 1994.

M. JEHNE, "Formen der thebanischen Hegemonial-politik zwischen Leuktra und Chaironeia", *Klio*, 81, 1999, pp. 317-358.

O. PICARD, *Chalcis et la Confédération eubéenne, étude de numismatique et d'histoire (IVe-Ier s.)*, 1979.

C. GRANDJEAN, *Les Messéniens de 370-369 au Ier siècle de notre ère. Monnayages et histoire*, Bulletin de correspondance hellénique, Supl. 44, 2003.

P. DEBORD, *L'Asie MIneure au IVe siècle (412-323 a. C.). Pouvoirs et jeux politiques*, 1999.

M. MOGGI, *I sinecismi interstatali greci. I. Dalle origini al 338 a. C.*, 1976.

H. BECK, *Polis und Koinon. Untersuchungen zur Geschichte und Struktur der griechischen Bundestaaten im 4. Jahrhundert v. Chr.*, Historia Einzelschriften, 114, 1997.

TH. CORSTEN, *Vom Stamm zum Bund. Gründung und territoriale Organisation griechischer Bundesstaaten*, 1999.

Ver também *supra*, capítulo 9.

Capítulo 16: Filipe II e a hegemonia macedônica

MACEDÔNIA

G. T. GRIFFITH, N. G. L. HAMMOND, *A History of Macedonia II*, 1979.

M. ANDRONICOS, *Vergina: the Royal Tombs and the Ancient City*, 1984.

N. G. L. HAMMOND, *The Macedonian State. Origins, Institutions and History*, 1989.

R. GINOUVÈS (ed.), *La Macédoine, de Philippe II à la conquête romaine*, 1993.

M. B. HATZOPOULOS, *Cultes et rites de passage en Macédoine*, 1994.

M. B. HATZOPOULOS, *Macedonian Institutions under the Kings* I *(a Historical and Epigraphic Study)* e II *(Epigraphic Appendix)*, 1996.

M. MARI, *Al di là dell'Olimpo. Macedoni e grandi santuari della Grecia dall'età arcaica al primo ellenismo*, 2002.

S. LE BOHEC, "Les royaumes du Nord", em P. BRULÉ, R. DESCAT, *Le Monde grec aux temps classiques*, t. 2: *Le IVe siècle*, Presses Universitaires de France, 2004, pp. 181-231.

Orientações bibliográficas

Filipe

P. Cloché, *Un fondateur d'Empire: Philippe II, roi de Macédoine (383/2-336/5)*, 1955.

J. R. Ellis, *Philip II and Macedonian Imperialism*, 1976.

G. Cawkwell, *Philip of Macedon*, 1978.

M. B. Hatzopoulos, L. D. Loukopoulou (eds.), *Philippe de Macédoine*, trad. francesa 1982.

J. Buckler, *Philip II and the Sacred War, Mnemosyne*, Supl. 109, 1989.

N. G. L. Hammond, *Philip of Macedon*, 1994.

G. Le Rider, *Monnayage et finances de Philippe II: un état de la question*, 1996.

J.-N. Corvisier, *Philippe II de Macédoine*, 2002.

Atenas e outros

P. Carlier, *Démosthène*, 1990.

R. Sealey, *Demosthenes and His Time. A Study in Defeat*, 1993.

G. A. Lehmann, *Demosthenes von Athen. Ein Leben für die Freiheit*, 2004.

E. M. Harris, *Æschines and Athenian Politics*, 1995.

I. Worthington (ed.), *Demosthenes. Statesman and Orator*, 2000.

P. Brun, *L'Orateur Démade. Essai d'histoire et d'historiographie*, 2000.

S. Psoma, *Olynthe et les Chalcidiens de Thrace. Études de numismatique et d'histoire*, 2001.

P. Cabanes, *Les Illyriens de Bardylis à Genthios (IVe -IIe s. av. J.-C.)*, 1988.

Z. H. Archibald, *The Odrysian Kingdom of Thrace. Orpheus Unmasked*, 1998.

I. Lebedynsky, *Les Scythes. La civilisation des steppes (VIIe-IIIe s. av. J.-C.)*, 2001.

Capítulo 17: Alexandre o Grande

A. B. Bosworth, *A Historical Commentary on Arrian's History of Alexander* I-II, 1980--1995.

P. Goukowsky, *Essai sur les origines du mythe d'Alexandre* I-II, 1978-1981.

P. Faure, *La Vie quotidienne des armées d'Alexandre*, Hachette, 1982.

P. Faure, *Alexandre*, 1985.

P. Goukowsky, "Alexandre et la conquête de l'Orient (336-323)", em Éd. Will *et al.* (eds.), *Le Monde grec et l'Orient. Le IVe siècle et l'époque hellénistique*², Presses Universitaires de France, 1985, pp. 247-333.

A. B. Bosworth, *Conquest and Empire. The Reign of Alexander the Great*, 1988.

P. Green, *Alexander of Macedon, 356-323 B.C. A Historical Biography*², 1991.

P. Briant, *Histoire de l'empire perse, de Cyrus à Alexandre*, Fayard, 1996.

P. M. Fraser, *The Cities of Alexander the Great*, 1996.

G. Le Rider, "Cléomène de Naucratis", *Bulletin de correspondance hellénique*, 121, 1997, pp. 71-93.

N. G. L. Hammond, *Le génie d'Alexandre le Grand*, trad. francesa 2001.

J. Auberger, *Historiens d'Alexandre, textes traduits et annotés*, 2001.

P. Briant, *Alexandre le Grand*⁵, 2002.

W. Heckel, *The Wars of Alexander the Great*, 2003.

G. Le Rider, *Alexandre le Grand. Monnaie, finances et politique*, 2003.

O. Battistini, P. Charvet (dirs.), *Alexandre le Grand, histoire et dictionnaire*, Robert Laffont, 2004.

F. L. Holt, *Into the Land of the Bones. Alexander the Great in Afghanistan*, 2005.

Ver também *supra*, capítulo 16.

Capítulo 18: Mutações do século IV

Religião

Fr. Graf, *La Magie dans l'Antiquité gréco-romaine: idéologie et pratique*, 1994.

M. W. Dickie, *Magic and Magicians in the Greco-Roman World*, 2001.

M. Martin, *Magie et magiciens dans le monde gréco-romain*, 2005.

A. Burford, *The Greek Temple Builders at Epidauros*, 1969.

S. B. Aleshire, *The Athenian Asklepieion. The People, their Dedications, and the Inventories*, 1989.

S. B. Aleshire, *Asklepios at Athens. Epigraphic and Prosopographic Essays on the Athenian Healing Cults*, 1991.

R. Ginouvès *et al.* (eds.), *L'Eau, la santé, la maladie dans le monde grec, Bulletin de correspondance hellénique*, Supl. 28, 1994.

Orientações bibliográficas

J. Jouanna, *Hippocrate*², 1995.
H. Jeanmaire, *Dionysos, histoire du culte de Bacchus*, 1951.
K. Kerenyl, *Dionysos: Archetypal Image of Indestructible Life*, trad. inglesa 1976.
Fr. Frontisi-Ducroux, *Le Dieu-masque: une figure du Dionysos d'Athènes*, 1991.
R. Hägg (ed.), *Ancient Greek Cult Practice from the Epigraphical Evidence*, 1994.
G. Thériault, *Le Culte d'Homonoia dans les cités grecques*, 1996.
Ver também *supra*, capítulo 12.

Aspectos socioeconômicos: estudos sobre Atenas e outros

J. K. Davies, *Athenian Propertied Families*, 1971.
Ph. Gauthier, *Un commentaire historique des Poroi de Xénophon*, 1976.
J. K. Davies, *Wealth and Power of Wealth in Classical Athens*, 1981.
E. E. Cohen, *Athenian Economy and Society. A Banking Perspective*, 1992.
J. Trevett, *Apollodoros, the Son of Pasion*, 1992.
S. B. Pomeroy, *Xenophon, Œconomicus: A Social and Historical Commentary*, 1994.
V. Gabrielsen, *Financing the Athenian Fleet. Public Taxation and Social Relations*, 1994.
J. Oulhen, "La société athénienne", em P. Brulé, R. Descat, *Le Monde grec aux temps classiques*, t. 2: *Le IVᵉ siècle*, Presses Universitaires de France, 2004, pp. 251-351.
N. F. Jones, *Rural Athens under the Democracy*, 2004.
St. Hodkinson, *Property and Wealth in Classical Sparta*, 2000.
R. Bogaert, *Banques et banquiers dans les cités grecques*, 1968.
J. Vélissaropoulos, *Les Nauclères grecs. Recherches sur les institutions maritimes en Grèce et dans l'Orient hellénisé*, 1980.
G. E. M. De Ste Croix, *The Class Struggle in the Ancient Greek World*, 1981.
A. Fuks, *Social Conflict in Ancient Greece*, 1984.
Chr. Feyel, *Les Artisans dans les sanctuaires grecs aux époques classique et hellénistique à travers la documentation financière en Grèce*, 2006.
R. Descat, "L'économie", em P. Brulé, R. Descat, *Le Monde grec aux temps classiques*, t. 2: *Le IVᵉ siècle*, Presses Universitaires de France, 2004, pp. 353-411.
L. P. Marinovic, *Le Mercenariat grec au IVᵉ siècle avant notre ère et la crise de la* polis, trad. francesa 1988.
S. Yalichev, *Mercenaires of the Ancient World*, 1997.

D. Whitehead, *Aineias the tactician. How to survive under Siege*, 1990.

M. Bettali, *Enea Tattico, La difesa di una città assediata*, 1990.

P. Brun, "Guerre et finance: état de la question", *Pallas*, 51, 1999, pp. 223-240.

L. Migeotte, "Les dépenses militaires des cités grecques: essai de typologie", em J. Andreau, P. Briant, R. Descat (eds.), *La Guerre dans les économies antiques*, 2000, pp. 145-175.

Ver também *supra*, capítulo 12.

Evoluções políticas: estudos sobre Atenas e outros

Chr. Pélékidis, *Histoire de l'éphébie attique, des origines à 31 avant Jésus-Christ*, 1962.

J. Engels, *Studien zur politischen Biographie des Hypereides: Athen in der Epoche der lykurgischen Reformen und des makedonischen Universalreiches*, 1989.

M. H. Hansen, *La Démocratie athénienne à l'époque de Démosthène. Structure, principes et idéologie*, trad. francesa 1993.

A. L. Boegehold et al., *The Lawcourts at Athens: Sites, Buildings, Equipment, Procedure and Testimonia (The Athenian Agora, 28)*, 1995.

L. A. Burckhardt, *Bürger und Soldaten. Aspekte der politischen und militärischen Rolle Athenischer Bürger im Kriegswesen des 4. Jahrhunderts v. Chr., Historia Einzelschriften*, 101, 1996.

J. Ober, *Political Dissent in Democratic Athens*, 1998.

H. J. Gehrke, *Stasis. Untersuchungen zu den inneren Kriegen in den griechischen Staaten des 5. und 4. Jahrhunderts v. Chr.*, 1985.

P. Fröhlich, *Les Cités grecques et le contrôle des magistrats (IVe-Ier siècle avant J.-C.)*, 2004.

Capítulos 19-21: O mundo helenístico até a primeira guerra da Macedônia (323 – *ca* 215); os Estados helenísticos perante Roma (*ca* 215-168); o fim do mundo helenístico (168-30)

Obras gerais

Cl. Préaux, *Le Monde hellénistique. La Grèce et l'Orient de la mort d'Alexandre à la conquête romaine de la Grèce (323-146 a.C.)*, Presses Universitaires de France (3º adendo bibliográfico por L. Savalli-Lestrade na reedição de 2002).

Orientações bibliográficas

Éd. Will, *Histoire politique du monde hellénistique (323-30 av. J.-C.)*², I-II, 1979-1982 (reed. Seuil, "Points", 2003).

Éd. Will, "Le monde hellénistique", em Éd. Will *et al.* (eds.), *Le Monde grec et l'Orient. Le IVe siècle et l'époque hellénistique*², Presses Universitaires de France, 1985, pp. 337-645.

N. G. L. Hammond, F. W. Walbank, *A History of Macedonia III*, 1988.

*Cambridge Ancient History*², VII 1: *The Hellenistic World*, 1984.

*Cambridge Ancient History*², VII 2: *The Rise of Rome to 220 B.C.*, 1989.

*Cambridge Ancient History*², VIII: *Rome and the Mediterranean to 133 B.C.*, 1989.

*Cambridge Ancient History*², IX: *The Last Age of the Roman Republic 146-43 B.C.*, 1994.

P. Cabanes, *Le Monde hellénistique de la mort d'Alexandre à la paix d'Apamée, 323-188*, Seuil, "Points", 1995.

Cl. Vial, *Les Grecs de la paix d'Apamée à la bataille d'Actium, 188-31*, Seuil, "Points", 1995.

P. Green, *D'Alexandre à Actium. Du partage de l'empire au triomphe de Rome*, Robert Laffont, trad. francesa 1997.

G. Shipley, *The Greek World after Alexander 323-30 B.C.*, 2000.

H. J. Gehrke, *Geschichte des Hellenismus*³, 2003.

O. Picard *et al.*, *Royaumes et cités hellénistiques de 323 à 55 av. J.-C.*, Sedes, 2003.

A. Erskine (ed.), *Le Monde hellénistique. Espaces, sociétés, cultures, 323-31 av. J.-C.*, Presses Universitaires de Rennes, trad. francesa 2004.

Diádocos, reis e rainhas

O. Schmitt, *Der Lamische Krieg*, 1992.

H. Bengtson, *Die Diadochen. Die Nachfolger Alexanders, 323-281*, 1987.

A. B. Bosworth, *The Legacy of Alexander: Politics, warfare and Propaganda under the Successors*, 2002.

Chr. Schäfer, *Eumenes von Kardia und der Kampf um die Macht im Alexanderreich*, 2002.

F. Landucci Gattinoni, *L'arte del potere. Vita e opere di Cassandro di Macedonia*, Historia Einzelschriften, 171, 2003.

Cl. Wehrli, *Antigone et Démétrios*, 1968.

R. A. Billows, *Antigonos the One-Eyed and the Creation of the Hellenistic State*, 1990.

J. J. GABBERT, *Antigonus II Gonatas. A Political Biography*, 1997.

S. LE BOHEC, *Antigone Dôsôn, roi de Macédoine*, 1993.

P. MELONI, *Perseo e la fine della monarchia macedonica*, 1953.

H. S. LUND, *Lysimachus. A Study in Early Hellenistic Kingship*, 1992.

F. LANDUCCI GATTINONI, *Lisimaco di Tracia nella prospettiva del primo ellenismo*, 1992.

C. FRANCO, *Il regno di Lisimaco. Strutture amministrative e rapporti con le città*, 1993.

A. MEHL, *Seleukos Nikator und sein Reich* I. *Seleukos' Leben und die Entwicklung seiner Machtposition*, 1986.

J. D. GRAINGER, *Seleukos Nikator. Constructing a Hellenistic Kingdom*, 1990.

J. MA, *Antiochos III et les cités de l'Asie Mineure occidentale*, trad. francesa 2004.

P. LÉVÊQUE, *Pyrrhos*, 1957.

P. GAROUFALIAS, *Pyrrhus King of Epirus*, 1979.

S. N. CONSOLO LANGHER, *Agatocle. Da capoparte a monarca fondatore di un regno tra Cartagine e i Diadochi*, 2000.

M. CHAUVEAU, *Cléopâtre au-delà du mythe*, 1998.

ROMA E O ORIENTE HELENÍSTICO

E. S. GRUEN, *The Hellenistic World and the Coming of Rome* I-II, 1984.

R. BERNHARDT, *Polis und römische Herrschaft in der späten Republik (149-31 v. Chr.)*, 1985.

J.-L. FERRARY, *Philhellénisme et impérialisme. Aspects idéologiques de la conquête romaine du monde hellénistique*, 1988.

CL. NICOLET (dir.), *Rome et la conquête du monde méditerranéen (264-27 av. J.-C.)*, t. 2, *Genèse d'un empire*, Presses Universitaires de France, reed. 1989 com atualização bibliográfica.

I. DIDU, *La fine della Confederazione achea, Lotta politica e rapporti con Roma dal 180 al 146 a. C.*, 1993.

R. KALLET-MARX, *Hegemony to Empire. The Development of the Roman Imperium in the East from 148 to 62 B. C.*, 1995.

FR. DE CALLATAŸ, *L'Histoire des guerres mithridatiques vue par les maonnaies*, 1997.

FR. HINARD (dir.), *Histoire romaine*, I. *Des origines à Auguste*, 2000.

J. D. GRAINGER, *The Roman War of Antiochos the Great, Mnemosyne*, Supl. 239, 2002.

CHR. MÜLLER, CL. HASENOHR, *Les Italiens dans le monde grec, IIe siècle av. J.-C. – Ier siècle ap. J.-C., Bulletin de correspondance hellénique*, Supl. 41, 2002.

N. Ehrhardt, L.-M. Günther (eds.), *Widerstand-Anpassung-Integration. Die griechische Staatenwelt und Rom: Festschrift für Jürgen Deininger zum 65. Geburtstag*, 2002.

Cl. Eilers, *Roman Patrons of Greek Cities*, 2002.

J.-L. Ferrary, "Rome et les monarchies hellénistiques dans l'Orient méditerranéen: le légat et le proconsul", em Fr. Prost (ed.), *L'Orient méditerranéen de la mort d'Alexandre aux campagnes de Pompée. Cités et royaumes à l'époque hellénistique*, 2003, pp. 403-412.

Capítulo 22: Reinos, cidades e ligas na época helenística

Reinos

R. R. R. Smith, *Hellenistic Royal Portraits*, 1988.

R. Étienne, "Basileia", *Topoi*, 8, 1998, pp. 347-355 (resenha de obras recentes sobre os palácios reais).

I. Savalli-Lestrade, *Les Philoi royaux dans l'Asie hellénistique*, 1998.

B. Virgilio, *Lancia, diadema e porpora. Il re e la regalità ellenistica*², 2003.

I. Savalli-Lestrade, "La place des reines à la cour et dans le royaume à l'époque hellénistique", em R. Frei-Stolba, A. Bielman, O. Bianchi (eds.), *Les Femmes antiques entre sphère privée et sphère publique. Actes du diplôme d'études avancées, Universités de Lausanne et Neuchâtel, 2000-2002*, 2003, pp. 59-76.

K. Buraselis, *Das hellenistische Makedonien und die Ägäis. Forschungen zur Politik des Kassandros und der drei ersten Antigoniden im Ägäischen Meer und in Westkleinasien*, 1982.

M. B. Hatzopoulos, *L'organisation de l'armée macédonienne sous les Antigonides, problèmes anciens et documents nouveaux*, 2001.

E. Bevan, *Histoire des Lagides*, trad. francesa 1934.

R. S. Bagnall, *The Administration of the Ptolemaic Possessions outside Egypt*, 1976.

G. Husson, D. Valbelle, *L'État et les institutions en Égypte, des premiers pharaons aux empereurs romains*, A. Colin, 1992.

M. Chauveau, *L'Égypte au temps de Cléopâtre, 180-30 av. J.-C.*, 1997.

W. Hub, *Ägypten in hellenistischer Zeit, 332-30 v. Chr.*, 2001.

B. Legras, *L'Égypte grecque et romaine*, A. Colin, 2004.

Fr. Duyrat, O. Picard (eds.), *L'Exception épyptienne? Production et échanges monétaires en Égypte hellénistique et romaine*, 2005.

E. Bikerman, *Institutions des Séleucides*, 1938.

B. Bar-Kochva, *The Seleucid Army: Organization and Tactics in the Great Campaigns*, 1976.

G. M. Cohen, *The Seleucid Colonies. Studies in Founding, Administration and Organization, Historia Einzelschriften*, 30, 1978.

M.-Fr. Boussac, J.-Fr. Salles (eds.), "Les Séleucides: à propos de S. Sherwin-White et A. Kuhrt, *From Samarkhand to Sardis. A New Approach of the Seleucid Empire*, London, 1993", *Topoi*, 4, 1994, pp. 431-610.

J. D. Lerner, *The Impact of Seleucid Decline on the Eastern Iranian Plateau. The Foundations of Arsacid Parthia and Graeco-Bactria, Historia Einzelschriften*, 123, 1999.

J. Wolski, *Seleucid and Arsacid Studies. A Progress Report on Developments in Source Research*, 2003.

L. Sève-Martinez, "Quoi de neuf sur le royaume séleucide?", em Fr. Prost (ed.), *L'Orient méditerranéen de la mort d'Alexandre aux campagnes de Pompée. Cités et royaumes à l'époque hellénistique*, 2003, pp. 221-242.

P. Cabouret, P.-L. Gatier, C. Saliou (eds.), *Antioche de Syrie. Histoire, images et traces de la ville antique*, *Topoi*, Supl. 5, 2004.

V. Chankowski, F. Duyrat (eds.), *Le Roi et l'économie. Autonomies locales et structures royales dans l'économie de l'empire séleucide*, *Topoi*, Supl. 6, 2004.

G. G. Aperghis, *The Seleucid Royal Economy: The Finances and Financial Administration of the Seleukid Empire*, 2004.

E. V. Hansen, *The Attalids of Pergamon*^{2}, 1971.

R. E. Allen, *The Attalid Kingdom. A Constitutional History*, 1983.

W. Radt, *Pergamon. Geschichte und Bauten einer antiken Metropole*, 1999.

Islanbuler Mitteilungen, 54, 2004: número sobre Pérgamo ("Mélanges", W. Radt).

Cidades

Ph. Gauthier, *Symbola. Les étrangers et la justice dans les cités grecques*, 1972.

P. Veyne, *Le Pain et le Cirque. Sociologie historique d'un pluralisme politique*, 1976.

Ph. Gauthier, *Les Cités grecques et leurs bienfaiteurs. Bulletin de correspondance hellénique*, Supl. 12, 1985.

P. Fröhlich, Chr. Müller (eds.), *Citoyenneté et participation à la basse époque hellénistique*, 2005.

A. Bielman, *Femmes en public dans le monde hellénistique*, Sedes, 2002.

G. M. Cohen, *The Hellenistic Settlements in Europe, the Islands and Asia Minor*, 1995.

O. Curty, *Les Parentés légendaires entre cités grecques*, 1995.

K. J. Rigsby, *Asylia. Territorial Inviolability in the Hellenistic World*, 1996.

Chr. Habicht, *Athènes hellénistique. Histoire de la cité d'Alexandre le Grand à Marc-Antoine*, 1995, trad. francesa atualizada 2000, corrigida e aumentada em 2006.

P. Cartledge, A. Spawforth, *Hellenistic and Roman Sparta. A Tale of two Cities*², 2002.

D. Knoepfler, *Décrets érétriens de proxénie et de citoyenneté*, 2001.

R. M. Berthold, *Rhodes in the Hellenistic Age*, 1984.

V. Gabrielsen, *The Naval Aristocracy of Hellenistic Rhodes*, 1996.

H.-U. Wiemer, *Krieg, Handel und Piraterie. Untersuchungen zur Geschichte des hellenistischen Rhodos*, 2002.

W. Hoepfner, *Der Koloss von Rhodos und die Bauten des Helios. Neue Forschungen zu einem der Sieben Weltwunder*, 2003.

Cl. Vial, *Délos indépendante (314-167 avant J.-C.). Étude d'une communauté civique et de ses institutions. Bulletin de correspondance hellénique*, Supl. 10, 1984.

P. Roussel, *Délos colonie athénienne*, 1916; reed. atualizada, 1987.

N. K. Rauh, *The Sacred Bonds of Commerce. Religion, Economy and Trade Society at Hellenistic Roman Delos, 166-87 B.C.*, 1993.

R. Étienne, *Ténos II. Ténos et les Cyclades du milieu du IVe siècle av. J.-C. au milieu du IIIe siècle ap. J.-C.*, 1990.

G. Labarre, *Les Cités de Lesbos aux époques hellénistique et impériale*, 1996, com resenha de Ph. Gauthier, *Topoi*, 7, 1997, pp. 349-361.

C. Carusi, *Isole e Peree in Asia Minore. Contributi allo studio dei rapporti tra poleis insulari e territori continentali dipendenti*, 2003.

K. Höghammar (ed.), *The Hellenistic* Polis *of Kos. State, Economy and Culture, Boreas*, 28, 2004.

A. Bresson, R. Descat (eds.), *Les Cités d'Asie Mineure occidentale au IIe s. av. J.-C.*, 2001.

L. e J. Robert, *Claros I. Décrets hellénistiques*, 1989.

S. Karwiese, *Groß ist die Artemis von Ephesos. Die Geschichte einer der großen Städte der Antike*, 1995.

M.-Chr. Marcellesi, *Milet des Hécatomnides à la domination romaine. Pratiques monétaires et histoire de la cité du IVe au IIe siècle av. J.-C.*, 2004.

Ligas; estudos regionais

P. Roesch, *Thespies et la Confédération béotienne*, 1965.

P. Roesch, *Études béotiennes*, 1982.

R. M. Errington, *Philopoemen*, 1969.

R. Urban, *Wachstum und Krise des archäischen Bundes. Quellestudien zur Entwicklung des Bundes von 280 bis 222 v. Chr., Historia Einzelschriften*, 35, 1979.

A. Bastini, *Der achäische Bund als hellenistische Mittelmacht. Geschichte des achäischen Koinon in der Symmachie mit Rom*, 1987.

J. D. Grainger, *The League of the Aitolians, Mnemosyne*, Supl. 200, 1999.

J. B. Scholten, *The Politics of Plunder: Aitolians and their Koinon in the Early Hellenistic Era, 279-217 B.C.*, 2000.

O. Dany, *Akarnanien im Hellenismus. Geschichte und Völkerrecht in Nordwestgriechenland*, 1999.

P. Cabanes, *L'Épire de la mort de Pyrrhos à la conquête romaine (272-167)*, 1976.

P. Cabanes, *Les Illyriens de Bardylis à Genthios (I^{ve}-IIe av. J.-C.)*, 1988.

R. Berhwald, *Der Lykische Bund. Untersuchungen zu Geschichte und Literatur*, 2000.

M. Sartre, *D'Alexandre à Zénobie. Histoire du Levant antique, IVe siècle av. J.-C. – III e siècle ap. J.-C.*, Fayard, 2001.

M. Sartre, *L'Anatolie hellénistique de l'Égée au Caucase (334-31 av. J.-C.)*, A. Colin, 2003.

Chr. G. Schwentzel, *L'Orient méditerranéen à l'époque hellénistique*, Éd. du Temps, 2003.

M.-Fr. Baslez (dir.), *L'Orient hellénistique, 323-55 av. J.-C.*, Atlande, 2004.

P. Fröhlich, *Les Grecs en Orient (IVe-Ier siècle av. J.-C.). L'héritage d'Alexandre* (La Documentation française. Documentation photographique, dossiê n.º 8040), 2004.

Orientações bibliográficas

Capítulo 23: A civilização helenística

Gregos e não gregos

A. Momigliano, *Sagesses barbares, les limites de l'hellénisation*, trad. francesa 1979.

Fr. Dunand, "Grecs et Égyptiens en Égypte lagide. Le problème de l'acculturation", *Modes de contacts et processus de transformation dans les sociétés anciennes, Collection de l'école française de Rome*, 67, 1983.

N. Lewis, *Greeks in Ptolemaic Egypt. Case Studies in the Social History of the Hellenistic World*, 1986.

A. E. Veisse, *Les "révoltes égyptiennes". Recherches sur les troubles intérieurs en Égypte du règne de Ptolémée III à la conquête romaine*, 2004.

K. Strobel, *Die Galater: Geschichte und Eigenart der keltischen Staatenbildung auf dem Boden des hellenistischen Kleinasien*, 1996.

Cl. Rapin, "Greeks in Afghanistan: Aï Khanum", em J.-P. Descœudres (ed.), *Greek Colonists and Native Populations*, 1990. pp. 329-342.

Cl. Rapin, *La Trésorerie du palais hellénistique d'Aï Khanoum. L'apogée et la chute du royaume grec de Bactriane (Fouilles d'Aï Khanoum, VIII)*, 1991.

O. Bopearachchi, *Monnaies gréco-bactriennes et indo-grecques. Catalogue raisonné*, 1991.

F. L. Holt, *Thundering Zeus: the Making of Hellenistic Bactria*, 1999.

P. Bernard, G.-J. Pinault, G. Rougemont, "Deus nouvelles inscriptions grecques de l'Asie centrale", *Journal des Savants*, 2004, pp. 227-356.

R. Thapar, *Asoka and the Decline of the Mauryas*[2], 1997.

K. Karttunen, *India and the Hellenistic World*, 1997.

B. Bar-Kochva, *Judas Maccabaeus. The Jewish Struggle against the Seleucids*, 1989.

J. J. Collins, G. E. Sterling (eds.), *Hellenism in the Land of Israel*, 2001.

Religiões

A.-J. Festugière, *La Vie spirituelle en Grèce à l'époque hellénistique*, 1977.

Ph. Bruneau, *Recherches sur les cultes de Délos à l'époque hellénistique et à l'époque romaine*, 1970.

J. D. Mikalson, *Religion in Hellenistic Athens*, 1998.

Fr. Perpillou-Thomas, *Fêtes d'Égypte ptolémaïque et romaine d'après la documentation papyrologique grecque*, 1993.

L. Bricaut, *Atlas de la diffusion des cultes isiaques*, 2001.

P. Debord, *Aspects sociaux et économiques de la vie religieuse dans l'Anatolie gréco-romaine*, 1982.

J. de La Genière, "Le sanctuaire d'Apollon à Claros", *Revue des études grecques*, 103, 1990. pp. 96-110.

B. Dignas, *Economy of the Sacred in Hellenistic and Roman Asia Minor*, 2002.

Chr. Habicht, *Gottmenschentum und griechische Städte*², 1970.

P. Debord, "Le culte royal chez les Séleucides", em Fr. Prost (ed.), *L'Orient méditerranéen de la mort d'Alexandre aux campagnes de Pompée. Cités et royaumes à l'époque hellénistique*, 2003, pp. 281-308.

P. Van Nuffelen, "Le culte royal de l'empire des Séleucides: une réinterprétation", *Historia*, 53, 2004, pp. 278-301.

P. Hamon, "Les prêtres du culte royal dans la capitale des Attalides": note sur le décret de Pergame en l'honneur du roi Attale III (*OGIS 332*)", *Chiron*, 34, 2004, pp. 169-185.

R. Mellor, *Théa Rhômè. The Worship of the Goddess Roma in the Greek World*, 1975.

Economia e sociedade

M. I. Rostovtzeff, *Histoire économique et sociale du monde hellénistique*, 1941, trad. francesa, Robert Laffont, 1989.

F. Papazoglou, Laoi et Paroikoi. *Recherches sur la structure de la société hellénistique*, 1997.

Z. H. Archibald *et al.* (eds.), *Hellenistic Economies*, 2001.

R. Descat, "Qu'est-ce que l'économie royale?", em Fr. Prost (ed.), *L'Orient méditerranéen de la mort d'Alexandre aux campagnes de Pompée. Cités et royaumes à l'époque hellénistique*, 2003, pp. 149-168.

Cl. Orrieux, *Les Papyrus de Zénon. L'horizon d'un Grec en Égypte au IIIe siècle avant J.-C.*, 1983.

Cl. Orrieux, *Zénon de Caunos, parépidèmos, et le destin grec*, 1985.

W. Clarysse, K. Vandorpe, *Zénon, un homme d'affaires grec à l'ombre des pyramides*, 1995.

L. Migeotte, *L'Emprunt public dans les cités grecques*, 1984.

L. Migeotte, *Les Souscriptions publiques dans les cités grecques*, 1992.

G. Hellenkemper Salies et al. (eds.), *Das Wrack. Der antike Schiffsfund von Mahdia I-II*, 1994.

M. Sartre, A. Tranoy, *La Méditerranée antique, IVe siècle av. J.-C./IIIe siècle ap. J.-C.*², A. Colin, 1997.

J.-P. Morel, "Le commerce à l'époque hellénistique et romaine et les enseignements des épaves", em G. Volpe (ed.), *Archeologia subacquea. Come opera l'archeologo sott-acqua. Storie dalle acque*, 1998, pp. 485-529.

Ph. de Souza, *Piracy in the Graeco-Roman World*, 1999.

A. Chaniotis (ed.), *From Minoan Farmers to Roman Traders: Sidelights on the Economy of Ancient Crete*, 1999.

M.-Chr. Marcellesi, "Commerce, monnaies locales et monnaies communes dans les États hellénistiques", *Revue des études grecques*, 113, 2000, pp. 326-358.

M. Launey, *Recherches sur les armées hellénistiques*, 1949; reed. atualizada por Y. Garlan et al. em 1987.

A. Bielman, *Retour à la Liberté, libération et sauvetage des prisonniers en Grèce ancienne*, 1994.

P. Baker, "La guerre à l'époque hellénistique", em Fr. Prost (ed.), *L'Orient méditerranéen de la mort d'Alexandre aux campagnes de Pompée. Cités et royaumes à l'époque hellénistique*, 2003, pp. 381-402.

A. Chaniotis, *War in the Hellenistic World. A Social and Cultural History*, 2005.

Alexandria e a cultura helenística

P. M. Fraser, *Ptolemaic Alexandria I-III*, 1972.

L. Canfora, *La Véritable histoire de la bibliothèque d'Alexandrie*, trad. francesa 1988.

A. Bernand, *Alexandrie la Grande*², 1998.

Catálogo da exposição *La Gloire d'Alexandrie*, Paris Musées, 1998.

J.-Y. Empereur, *Alexandrie redécouverte*, 1998.

J.-Y. Empereur (ed.), *Commerce et artisanat dans l'Alexandrie hellénistique et romaine. Bulletin de correspondance hellénique*, Supl. 33, 1998.

P. Ballet, *La Vie quotidienne à Alexandrie (331-30 av. J.-C.)*, Hachette, 1999.

A. Adriani, *La tomba di Alessandro. Realtà, ipotesi e fantasie*, 2000.

Fr. Goddio et al., *Alexandrie, les quartiers royaux submergés*, 2000.

L. Canfora, *Histoire de la littérature grecque à l'époque hellénistique*, 1989, trad. francesa 2004.

G. E. R. Lloyd, *Une histoire de la science grecque*, trad. francesa 1993.

J. Sirinelli, *Les Enfants d'Alexandre. La littérature et la pensée grecques, 334 av. J.-C. – 519 ap. J.-C.*, 1993.

C. Lévy, *Les Philosophies hellénistiques*, Le Livre de Poche, "Références", nº 537, 1997.

K. Geus, *Eratosthenes von Kyrene: Studien zur hellenistischen Kultur- und Wissenschaftsgeschichte*, 2002.

L. Casson, *Libraries in the Ancient World*, 2001.

E. Perrin-Saminadayar, "Des élites intellectuelles à Athènes à l'époque hellénistique? Non, des notables", em M. Cébeillac-Gervasoni, L. Lamoine (eds.), *Les Élites et leurs facettes. Les élites locales dans le monde hellénistique et romain*, 2003, pp. 383-400.

E. Samama, *Les Médecins dans le monde grec. Sources épigraphiques sur la naissance d'un corps médical*, 2003.

N. Massar, *Soigner et servir. Histoire sociale et culturelle de la médecine grecque à l'époque hellénistique*, 2005.

A. Bélis, *Les Musiciens dans l'Antiquité*, 1999.

B. Le Guen, *Les Associations de technites dionysiaques à l'époque hellénistique*, 2001.

S. Aneziri, *Die Vereine der Dionysischen Techniten im Kontext der hellenistischen Gesellschaft, Historia Einzelschriften*, 163, 2003.

J. Delorme, *Gymnasion. Étude sur les monuments consacrés à l'éducation en Grèce*, 1960.

Ph. Gauthier, M. B. Hatzopoulos, *La Loi gymnasiarchique de Béroia*, 1993.

Ph. Gauthier, "Notes sur le rôle du gymnase dans les cités hellénistiques", em W. Wörrle, P. Zanker (eds.), *Stadtbild und Bürgerbild im Hellenismus*, 1995, pp. 1-11.

D. Kah, P. Scholtz (eds.), *Das hellenistische Gymnasion*, 2005.

B. Legras, *Néotês. Recherches sur les jeunes Grecs dans l'Égypte ptolémaïque*, 1999.

J.-Y. Marc, J.-Chr. Moretti (eds.), *Constructions publiques et programmes édilitaires en Grèce, IIe s. av. J.-C. – Ier s. ap. J.-C.*, Bulletin de correspondance hellénique, Supl. 39. 2001.

Ver também abaixo, capítulo 24.

Orientações bibliográficas

Capítulo 24: Epílogo

Obras gerais

M. Sartre, *L'Orient romain. Provinces et sociétés provinciales en Méditerranée orientale d'Auguste aux Sévères (31 avant J.-C. – 235 après J.-C.)*, Seuil, 1991.

F. Millar, *The Roman Near East (31 B.C. – A.D. 337)*, 1993.

Cl. Lepelley (dir.), *Rome et l'intégration de l'Empire, 44 av. J.-C. – 260 ap. J.-C., Approches régionales du Haut-Empire romain*, Presses Universitaires de France, 1998.

Y. Modéran, *L'Empire romain tardif, 235-395 ap. J.-C.*, Ellipses, 2003.

Estudos regionais

P. Graindor, *Athènes sous Auguste*, 1923.

P. Graindor, *Athènes de Tibère à Trajan*, 1931.

P. Graindor, *Athènes sous Hadrien*, 1934.

S. Follet, *Athènes au IIe et au IIIe siècle. Études chronologiques et prosopographiques*, 1976.

P. Graindor, *Un milliardaire antique. Hérode Atticus et sa famille*, 1930.

J. Tobin, *Herodes Attikos and the City of Athens. Patronage and Conflict under the Antonines*, 1997.

R. Étienne, *Athènes espaces urbains et histoire. Des origines à la fin du IIIe siècle ap. J.-C.*, Hachette Supérieur, 2004.

A. D. Rizakis, *Achaïe II. La cité de Patras: épigraphie et histoire*, 1998.

A. D. Rizakis et al., *Roman Peloponnese. Roman Personal Names in their Social Context*, I *(Achaia, Arcadia, Argolis, Corinthia and Eleia)*, 2001; II *(Laconia and Messenia)*, 2004.

A. Hupfloher, *Kulte im kaiserzeitliche Sparta. Eine Rekonstruktion anhand der Priesterämter*, 2000.

S. B. Zoumbaki, *Elis und Olympia in der Kaiserzeit. Das Leben einer Gesellschaft zwischen Stadt und Heiligtum auf prosopographischer Grundlage*, 2001.

F. Papazoglou, *Les Villes de Macédoine à l'époque romaine*, Bulletin de correspondance hellénique, Supl. 16, 1988.

D. Strauch, *Römische Politik und Griechische Tradition. Die Umgestaltung Nordwest--Griechenlands unter römischer Herrschaft*, 1996.

L. ROBERT, "La titulature de Nicée et de Nicomédie: la gloire et la haine", *Harvard Studies in Classical Philology*, 81, 1977, pp. 1-39 (artigo reproduzido em *Opera Minora Selecta*, VI, pp. 211-249).

M. SARTRE, *L'Asie Mineure et l'Anatolie d'Alexandre à Dioclétien*, A. Colin, 1995.

ST. MITCHELL, *Anatolia, Land, Men and Gods*. I, *The Celts in Anatolia and the Impact of Roman Rule*; II, *The Rise of the Church*, 1995.

G. LABARRE, M.-TH. LE DINAHET, "Les métiers du textile en Asie Mineure de l'époque hellénistique à l'époque impériale", *Aspects de l'artisanat du textile dans le monde méditerranéen (Égypte, Grèce, Monde romain)*, 1996.

G. D. MEROLA, *Autonomia locale. Governo imperiale. Fiscalità e amministrazione nelle province asiane*, 2001.

H. HALFMANN, *Éphèse et Pergame. Urbanisme et commanditaires en Asie Mineure romaine*, 2004.

H.-L. FERNOUX, *Notables et élites de Bithynie aux époques hellénistique et romaine (IIIe siècle av. J.-C./IIIe siècle ap. J.-C.). Essai d'histoire sociale*, 2004.

M. SARTRE, *D'Alexandre à Zénobie. Histoire du Levant antique, IVe siècle av. J.-C. – IIIe siècle ap. J.-C.*, Fayard, 2001.

G. HUSSON, D. VALBELLE, *L'État et ses institutions en Égypte, des premiers pharaons aux empereurs romains*, A. Colin, 1992.

B. LEGRAS, *L'Égypte grecque et romaine*, A. Colin, 2004.

QUESTÕES DIVERSAS

G. W. BOWERSOCK, *Augustus and the Greek World*, 1965.

M. T. BOATWRIGHT, *Hadrian and the Cities of the Roman Empire*, 2000.

S. WALKER, A. CAMERON (eds.), *The Greek Renaissance in the Roman Empire*, 1989.

S. E. ALCOCK. *Graecia Capta. The Landscapes of Roman Greece*, 1993.

FR. QUAB, *Die Honoratiorenschicht in den Städten des griechischen Ostens, Untersuchungen zur politischen und sozialen Entwicklung in hellenistischer und römischer Zeit*, 1993 (resenha de PH. GAUTHIER, *Bulletin épigraphique, Revue des études grecques*, 107, 1994, n? 194, pp. 505-508).

M. SARTRE, A. TRANOY, *La Méditerranée antique, IVe siècle av. J.-C./IIIe siècle ap. J.-C.*^{2}, A. Colin, 1997.

Orientações bibliográficas

J. Sirinelli, *Les Enfants d'Alexandre. La littérature et la pensée grecques, 334 av. J.-C. – 519 ap. J.-C.*, 1993.

S. Swain, *Hellenism and Empire*, 1996.

J. Sirinelli, *Plutarque de Chéronée. Un philosophe dans le siècle*, 2000.

B. Puech, *Orateurs et sophistes grecs dans les inscriptions d'époque impériale*, 2002.

S. Follet (ed.), *L'Hellénisme d'époque romaine: nouveaux documents, nouvelles approches (Ier s. a. C. – IIIe s. p. C.)*, 2004.

P. Veyne, *L'empire gréco-romain*, 2005.

A. Chastagnol, *La Fin du monde antique*, 1976.

G. W. Bowersock, *Hellenism in Late Antiquity*, 1990.

I. Becker, *Paul. "L'apôtre des Nations"*, trad. francesa 1995.

P. Maraval, *Le Christianisme de Constantin à la conquête arabe*[2], 2001.

J.-Cl. Cheynet, *Byzance. L'Empire romain d'Orient*, A. Colin, 2002.

ÍNDICE DOS NOMES DE PESSOAS, DE FAMÍLIAS E DE DIVINDADES

Acílio Glábrio (M'): 299
Ada: 249
Adimanto: 321
Adônis: 182, 260, 351
Adriano: 369-71, 372
Afaia: 83
Afrodite: 67, 83, 85, 172, 260, 274, 318, 327, 348, 350, 351, 353
Agamêmnon: 65, 95
Agarista: 120
Agatárquides: 354
Agátocles (conselheiro de Ptolomeu IV): 287, 295
Agátocles (filho de Lisímaco): 282
Agátocles (rei indo-grego): 345
Agátocles (tirano de Siracusa): 214, 219, 280, 281
Agesilau: 222-5, 229
Ágias: 274
ágidas: 124
Agírrio: 202, 264, 272
Ágis II: 197, 199, 222
Ágis III: 249, 251, 254
Ágis IV: 122, 290, 356
Agripa: 369
Ahura-Mazda: 255
Alarico: 373
Alcetas: 211
Alceu: 23, 119
Alcibíades: 160, 176, 195-198, 200, 202, 222, 224
Alcmano: 123
alcmeônidas: 121, 127, 128, 130-2, 146, 148, 164, 177
alêuadas: 139, 150
Alexandre (de Feras): 227, 232
Alexandre (governador em Corinto, século III): 289
Alexandre Balas: 308, 310, 330, 347
Alexandre I: 153, 235
Alexandre II: 232
Alexandre II (Epiro): 289, 344

Alexandre IV: 277, 279, 280
Alexandre Janeu: 347
Alexandre Magno (Alexandre o Grande): 20, 22, 24, 30, 31, 116, 152, 212, 218, 219, 234, 236, 240, 242-8, 249-58, 260, 274, 277, 278, 279, 295, 312, 318, 319-21, 326, 327, 331, 338, 343, 344, 345, 348, 351, 357, 366
Alexandre o Molosso: 214, 240, 243, 257
Alexandre Zabinas: 308
Aliates: 92, 149
Amásis: 113-4, 120
Amílcar: 154, 208
Amínolas: 266
Amintas III: 224, 235
Amintas IV: 236, 245
Amon: 246, 250, 256
Anacreonte: 120
Anaxágoras: 165
Anaxilau: 204
Anaximandro: 144
Andócides: 24, 187, 188, 201, 270
Andrágoras: 284
Andrisco: 305
Andrômaco: 213, 214
Anfiarau: 172, 246, 259-60, 350
Anfídamas: 97
Anfitrite: 339
Aníbal: 207, 291, 293, 296, 299-301
Ânito: 202
Antálcidas: 211, 224
Antenor: 132
Antifonte: 188
Antígona: 182
antigônidas: 280, 283, 294, 295, 303, 321, 325, 329, 335, 348
Antígono Dóson: 290-1, 324, 325, 331, 342
Antígono Gônatas: 282, 283, 288-90, 324, 325, 336, 348, 363
Antígono o Zarolho (Antígono Monoftalmo): 250, 254-5, 278, 279, 280, 281, 319, 324, 325, 334, 335, 342, 348

Índice dos nomes de pessoas, de famílias e de divindades

Antímenes: 255
Antínoo: 370
Antíoco (filho de Antíoco III): 299
Antíoco Hiérax: 285, 320, 331
Antíoco I: 281-4, 288, 331, 333, 335
Antíoco I (Comagena): 315, 344
Antíoco II: 284, 285, 330, 331, 333, 335, 349
Antíoco III: 287, 287, 295, 298-301, 304, 321, 325, 330, 331, 333, 335, 339, 347, 348, 354, 361, 366
Antíoco IV: 300, 304, 308, 321, 330, 335, 347
Antíoco V: 308, 330, 347
Antíoco VII: 308, 330
Antíoco VIII: 308, 330
Antíoco IX: 308, 330
Antíoco XIII: 308, 315, 330
Antípatro: 245, 246, 251, 256, 257, 262, 278-9
Antoninos: 370
Antonio (M.): 315
Antonio: 27, 318, 353, 367, 370
Ápama (esposa de Seleuco I): 319
Ápama (filha de Antíoco I): 325
Ápama (irmã de Perseu): 303
Apiano: 22, 292, 293, 305, 313
Ápis: 250, 351
Apolo: 22, 41, 67, 78, 97, 98, 123, 131, 132, 171, 176, 177, 219, 237-8, 241, 260, 304, 352-3, 370, 372 (cf. Lóxias)
Apolo Carneio: 123, 146, 171
Apolo Dafnéforo: 92, 101
Apolo Delfinino: 215
Apolo Délio: 83, 267
Apolo Didimeu: 317, 335
Apolo Maleatas: 83
Apolo Patroo: 173
Apolo Pítico: 83, 123
Apolônio (dieceta): 26, 320, 321, 328, 329
Apolônio de Rodes: 361
aquemênidas: 212, 224, 233, 241, 246, 251, 256, 321, 330, 345, 352
Aquerato: 109
Aqueu: 287, 331, 335
Áquila: 317

Aquiles: 93, 95-7, 256
Aquílio (Mânio): 307
Arato: 289, 290, 294, 341
Arcesilau IV: 218
Ares: 127
Aretas III: 344
Areté: 211, 212
Areu: 288
Argantonio: 112
argéadas: 235, 243, 246, 249, 255, 256, 263, 274, 277, 279, 280, 319
Argeu: 236
Ário: 372
Ariobarzanes: 251
Aristágoras: 144, 145, 154
Aristarco de Samos: 360
Aristarco de Samotrácia: 94
Aristides: 149, 157, 195
Aristóbulo (historiador): 20, 244
Aristóbulo I (soberano asmoneu): 348
Aristóbulo II: 348
Aristodícides: 333
Aristófanes: 24, 168, 169, 182, 186, 188, 194, 201
Aristogíton: 132
Aristômaca: 209, 212
Aristômenes: 309
Aristonico: 306, 307, 312, 349, 357
Aristóteles (filósofo): 11, 20, 24, 102, 118, 119, 120, 127, 130, 134, 137, 164, 165, 170, 173, 185, 188, 206, 212, 215, 244, 257, 259, 260, 261, 272, 273, 278, 331, 358, 362
Aristóteles (político): 225
Arquelau (Alexandria): 311
Arquelau (general de Mitridates): 313
Arquelau (rei da Macedônia): 187, 235, 236
Árquias: 110
Arquidamo II: 189, 192
Arquidamo III: 214, 237, 242
Arquíloco: 107, 110, 112
Arquimedes: 214, 353, 355, 360, 360
Arquipa: 337
Arquita: 206, 214, 321
Arriano: 22, 244, 256, 368, 372
Ársace I: 284

Ársace II: 295
arsácidas: 285, 295, 308
Arsínoe: 282, 284, 288, 292, 320, 327, 359
Artabazo: 153, 238
Artafernes: 144, 145, 157
Artaxerxes I: 157
Artaxerxes II: 222, 224, 232, 245
Artaxerxes III: 240, 243, 256
Ártemis: 109, 144, 170, 182, 215, 243, 259, 317, 370
Ártemis Efésia: 109, 215, 370
Ártemis Elafebolos: 83, 171
Ártemis Leucofriena: 338
Ártemis Limnátis: 101
Ártemis Órtia: 123, 124, 372
Asclépio: 259, 338, 350, 351, 369
asmoneus: 22, 308, 347-8
Aspásia: 165, 181
Astarté: 260, 344
atálidas: 283, 320, 321, 333-5, 350
Átalo: 243, 245
Átalo I: 285, 287, 294, 295, 296, 320, 333, 338
Átalo II: 138, 306, 308, 333, 335
Átalo III: 306, 333, 360
Atargátis: 351
Atena: 83, 96, 115, 123, 128, 130, 137, 159, 161, 165, 167, 168, 172, 173, 215, 273, 361
Atena Aleia: 274
Atena Calquiecos: 123, 162
Atena Frátria: 173
Atena Ília: 342
Atena Nice: 167
Atena Nicéfora: 334
Atena Partenos: 171
Atena Políade: 173, 175, 182
Atena Pronaia: 219
Ateneu: 23, 277, 284, 348, 353, 372
Atênion: 313
atidógrafos: 20, 234
Átis: 351, 369
Atreu: 65
Audata: 236
Augusto: 23, 313, 318, 353, 367-70, 372 (cf. Otaviano)

Aurélio Cota (M.): 314

Banabelos: 344
baquíadas: 102, 110, 113, 119, 139
Bardílis: 236
basílidas: 103
Basílio de Cesareia: 373
batíadas: 109, 218
Bato: 109, 218
Bélgio: 283
Bêndis: 175
Berenice (esposa de Antíoco II): 284, 285
Berenice (esposa de Ptolomeu I): 282
Berenice (filha de Magas): 285, 325
Berenice (filha de Ptolomeu IX): 310
Berenice (filha de Ptolomeu XII): 311
Beroso: 331
Besso: 251-2
Bias: 144
Birebistas: 220, 317
Brásidas: 193
Breno: 283
Bruto: ver em Júnio
Buda: 345
Bulágoras: 337

Cábrias: 226, 227, 272
Cálias: 157, 180, 227
Cálias (século III): 337
Calícrates: 167
Calicrátida: 198
Calímaco (poeta): 219, 359, 361
Calímaco (polemarca): 148
Calipo: 213
Calístenes: 20, 244, 252
Calístrato: 225, 270, 271, 272
Calíxeno: 360
Cambises: 120, 126, 143, 285
Canídio (Públio): 27
Caracala: 371, 372
Caraxo: 114
Cares: 241
Caridemo: 245, 249
Carmo: 148
Carnéades: 219, 361
Carondas: 110

Índice dos nomes de pessoas, de famílias e de divindades

Cárope: 304
Cassandro: 256, 279-81, 288, 319, 340, 359
Cássio Longino (Caio): 317
Castor: 172
Catão o Velho: 292
Catumando: 215
Cecílio Metelo (Quinto): 305
Céfalo: 183, 187
Cefisódoto: 261
cérices: 175, 201
César: 20, 218, 311, 316, 317, 363, 367, 369
Cesário: 317, 318
Chandragupta: 253, 281
Cibele: 175, 351, 369
Cícero: 22, 33, 305, 316, 363
Cíclopes: 96
Cílax: 253
Cílon: 127, 128, 132
Ciluro: 220
Címon: 148, 155, 157-8, 161, 162, 163, 164, 165, 183, 227
Cínadon: 202, 222
Cíneas: 344
Cipião Africano: 296, 299, 300
Cipião Emiliano: 356
cipsélidas: 121
Cípselo: 119, 120
Ciro o Grande: 143, 144, 215, 251
Ciro o Jovem: 19, 198, 222
Cláudio: 369
Clearco (Atenas): 160
Clearco (Heracleia Pôntica): 219, 262
Clemente de Alexandria: 373
Cleofonte: 198
Cleômbroto: 229
Cleômenes de Náucratis: 250, 254, 328, 358
Cleômenes I: 124, 126, 132, 132, 145
Cleômenes III: 122, 290, 291, 297, 330, 358, 363
Cléon: 180, 187, 193-4, 201
Cleônimo: 194
Cleópatra (esposa de Filipe II): 243, 245
Cleópatra (filha de Filipe II): 243
Cleópatra I: 298, 304, 309
Cleópatra II: 309-10
Cleópatra III: 310, 327

Cleópatra VII: 27, 277, 317-8, 321, 326, 370, 372
Cleópatra Tea: 308
Clínias: 160
Clístenes (Atenas): 132, 133, 143, 146, 164, 273
Clístenes (Sicíone): 119-21, 132
Clitarco: 20, 244
Clitemnestra: 65
Clito: 252
Coleu: 112, 353
Cônon: 223, 225, 226, 272, 272
Constantino: 153, 372, 373
Córax: 207
Coré: 111, 174, 176, 350
Cornélio Dolabela (Públio): 317
Cornélio Lêntulo (L.): 298
Cornélio Nepos: 22
Corrago: 333
Cossúcio: 335
Cótis: 238
Crátero: 254, 256, 278-9
Crates: 337
Cremônides: 288, 330
Creonte: 182
Creso: 92, 144
Crítias: 199, 202
Critolau: 305
Cronos: 98
Ctésias: 20
Ctesíbio: 360

Damarato: 113
Damásias: 130
Damofonte: 350
Dario I: 143-5, 148, 253
Dario II: 198, 222
Dario III: 245, 246, 248-51, 330
Dátis: 146, 148
Dejótaro: 315
Dêmades: 128, 242, 245, 255, 278, 279
Demarato: 41, 124
Deméter: 57, 67, 83, 97, 111, 172, 174, 176, 350, 351, 361
Demétrio (Bactriana): 295
Demétrio (filho de Filipe V): 296, 301

Demétrio de Falero: 24, 39, 279, 280, 288, 289, 356, 359, 362
Demétrio de Faros: 293
Demétrio I (Síria): 308, 330, 347
Demétrio II: 290, 324
Demétrio II (Síria): 308, 330, 347
Demétrio o Belo: 290, 325
Demétrio Poliorceta: 214, 280-2, 289, 319, 321, 324, 325, 329, 335, 338, 342, 348, 349, 355
Demócrito: 363
Demófilo: 20
Demônax: 218
Demos (o Povo): 349
Demóstenes (general): 193, 196, 197
Demóstenes (orador): 25, 122, 234, 238-42, 244-5, 251, 255, 259, 265, 267, 270-3, 278, 288
Dercílidas: 222
Dicearco: 294, 342
Dicépolis: 169
Dieu: 305
Dífilo: 347
Diilo: 20
Dikaiosýne: 211
Dinócrates: 358
dinomênidas: 206, 207, 212
Diocleciano: 371
Díocles: 207, 208
Diodoro da Sicília: 19-21, 25, 110, 143, 156, 157, 162, 188, 203, 209, 210, 211, 221, 234, 243, 244, 255, 262, 277, 305, 339, 357
Diodoro Pasparo: 314, 337
Diódoto I: 284, 295
Diódoto II: 295
Diódoto Trífon: 308, 347
Diógenes: 273
Diógenes Laércio: 372
Díon: 209, 212-3, 291
Díon Cássio: 23, 305, 372
Díon de Prusa: 371, 372
Dionísio (Foceia): 145, 217
Dionísio o Jovem: 212-3
Dionísio o Velho: 202, 207-13, 232, 262, 293
Dionísio Petosarápis: 309, 346

Dioniso: 83, 169, 172, 174, 175, 182, 260, 312
Diopites: 241
Dióscuros: 172
Domiciano: 372
Dorilau: 313
Dóris: 209, 212
Doze Deuses: 174, 333, 361
Drácon: 96, 121, 127, 128, 198, 273
Ducécio: 207
Dúris: 20, 348

eácidas: 283, 290, 292, 321
Efialtes (estadista): 164, 169, 199, 273
Efialtes (traidor): 151
Éforo: 20, 234
Eiréne (a Paz): 260
Élio Aristides: 371, 372
Empédocles: 175
Eneias: 317, 334, 366
Eneias o Tático: 25, 259, 262, 357
Epaminondas: 227, 228-32, 233
Epaminondas de Acréfia: 371
Épia: 337
Epicarmo: 207
Epicuro: 362
Epímaco: 355
Epimeteu: 98
Epitadeu: 261
Epiteto: 22, 372
equecrátidas: 139
Erasístrato: 360
Eratóstenes: 20, 33, 71, 219, 287, 359, 360, 366
Erita: 67
escôpadas: 139
Escopas: 274
Esfódrias: 225
espartócidas: 263
Espártoco: 263
Espeusipo: 213
Espitâmenes: 253
Ésquilo: 18, 24, 143, 148, 150, 152, 164, 169, 207
Ésquines: 25, 234, 239, 240-2, 251, 361
Esteneledas: 189

Índice dos nomes de pessoas, de famílias e de divindades

Estrabão: 19, 21, 33, 203, 211, 215, 218, 277, 334, 357, 364, 369
Estráton: 361
Estratonice: 281
Estrutas: 224
eteobútadas: 127, 130, 175
Eubulo: 228, 236, 238, 242, 263, 270-1
Euclides: 360
Eucrátides: 345
Eudoxo: 354
Êufron: 337
Êumenes de Cárdia: 278, 279, 279
Êumenes I: 284, 285, 333
Êumenes II: 299-301, 303, 306, 333-5, 342, 343, 361
Eumeu: 183
eumólpidas: 175
Eupalino: 120
eupátridas: 127, 134, 155
Euríclides: 289
Eurídice (esposa de Filipe III): 279
Eurídice (esposa de Ptolomeu I): 282
Eurinoma: 94
Eurípedes: 169, 174, 235, 350
euripôntidas: 124
Euristeu: 71
Eusébio: 373
Eutero: 200
eutidêmidas: 345
Eutidemo I: 295
Eutíquides: 349
Evágoras: 223, 224, 267
Evêmero: 349

Fálaris: 119
Faleco: 239
fariseus: 348
Farnabazo: 197, 198, 208, 222, 249, 250
Fárnaces I: 220, 301
Fárnaces II: 315, 317
Fébidas: 224, 225
Fídias: 165, 167, 170, 173
Fídon: 120, 123
filaidas: 121, 127, 130, 132, 146
Filetero: 282, 282, 284, 333, 334, 352
Filipe I (Síria): 308

Filipe II: 20, 23, 25, 38, 228, 232, 234-7, 238-43, 244-8, 250, 255, 257, 260, 262, 278, 279, 281, 319, 321, 324
Filipe III 277, 278, 279
Filipe V: 263, 290, 291, 293-9, 300, 301, 324, 325, 336, 338, 342
Filípedes: 337
Filisto: 20, 203, 208, 213
Filócoro: 20
Filócrates: 239, 240
Filolau: 139
Filomelo: 238
Fílon de Bizâncio: 360
Fílon de Elêusis: 271
Filopapo: 369
Filopêmen: 292, 301, 341
Filóstrato: 372
Filotas: 252
Fímbria: 313
Flaminino: ver em Quíncio
Flavianos: 22, 372
Flávio Filino (T.): 368
Flávio Josefo: 22, 305
Floro: 21, 305
Fócio: 373
Fócion: 242, 272, 278, 279
Fórmion: 193, 267
Formísio: 201
Fraates II: 308
Frínico: 146
Frontão: 372

Gabínio: 317
Galieno: 372
Gélon: 151, 154, 206, 206, 208
Giges: 92
Gilipo: 126, 196
Glauco: 109
Gláucon: 288
Górdios: 249
Górgias: 168, 207
Gracos: 363
Grandes Deuses: 172, 325, 350
Gregório de Nazianzo: 373
Gregório de Nissa: 373

Hadad: 351
Hades: 172, 351
Hamurábi: 53
Harmódio: 132
Harpago: 215
Hárpalo: 250, 255, 273
Hecateu: 33, 144
Heféstion: 256
Hefesto: 67, 97
Hegésias: 298, 366
Hegésipo: 240
Heliodoro: 304, 372
Hélios: 281
Hera: 83, 92, 101, 144, 172, 209, 359 (Teleia)
Héracles: 42, 71, 172, 245, 249, 260, 334, 364
heráclidas: 20, 71, 80
Heráclides: 213
Heráclito: 144
Hermes: 83, 186, 196, 274, 361, 364
Hérmias (ministro de Antíoco III): 287, 330
Hérmias de Atarneia: 240, 241
Hermócrates: 207, 208, 212
Hermógenes: 338
Herodes Ático: 369, 371, 372
Herodes: 22
Heródoto: 17, 18, 21, 25, 27, 33, 41, 78, 84, 92, 91, 102, 112-5, 118, 119, 124, 127, 130, 137, 143, 144-8, 149-51, 153-5, 170, 177, 206, 215, 217
Herófilo: 360
Herondas: 24, 361
Hesíodo: 23, 37, 41, 86, 93, 95, 96-9, 110, 113, 118, 170, 171, 181, 185, 260
Héstia: 172
Híblon: 106
Hícetas: 213
Híeron I: 207
Híeron II: 214, 353, 361
Himilco: 210
Hípalo: 354
Hiparco (filho de Carmo): 148
Hiparco (filho de Pisístrato): 132
Hiparco de Niceia: 361
Hipérbolo: 165, 187, 201
Hipérides: 24, 240, 242, 245, 256, 278
Hípias: 132, 145, 146

Hipócrates: 260
Hipodamo: 109, 170
Hircano II: 348
Histieu: 144
Homero: 23, 86, 93, 94, 98, 171
Homonoía (a Concórdia): 256, 261, 337
Horácio: 292
Hórus: 326

Ícaro: 42
Ictino: 167
Ifícrates: 223, 226, 227, 232, 272
Iságoras: 132
Iscômaco: 95, 182
Iseu: 24, 270
Ísis: 260, 326, 327, 351, 370
Ísis Sozousa: 359
Ismênias: 224
Isócrates: 24, 170, 180, 212, 221, 224, 226, 227, 234, 240, 246, 259, 267, 274

Jasão (Feras): 232, 232
Jasão (Jerusalém): 364
Jerônimo: 20
João Crisóstomo: 373
João Hircano: 348
Jônatas Macabi: 347
Judas Macabi: 347
Júlia Domna: 372
Juliano: 373
Júnio Bruto (Marco): 317
Justiniano: 373
Justino: 23, 218, 234, 258, 277, 305

Labieno: 318
Lácares: 281
Lácares (Frígia, século III): 344
lágidas: 28, 279, 281, 283, 284, 295, 296, 298, 307, 308, 311, 320, 325, 326, 327, 328, 329, 331, 335, 347, 348, 350-2, 354, 361
Lagos: 219, 278
Lakedaimónios: 183
Lâmaco: 169, 196
Lâmis: 106
Lanassa: 214, 282
Laódice (esposa de Antíoco II): 284, 285, 333

Índice dos nomes de pessoas, de famílias e de divindades

Laódice (esposa de Antíoco III): 299, 348
Laódice (filha de Seleuco IV): 303
Leoncíades: 224
Leônidas: 151
Leóstenes: 256, 278
Leotíquidas: 153, 222
Leto: 41
Libânio: 372
Líbon: 170
Licínio Crasso (M.): 316
Licínio Murena (Lúcio): 314
licômidas: 148
Lícon: 202
Licortas: 20, 301
Licurgo (Atenas, século IV): 24, 169, 245, 255, 263, 265, 270, 271, 350
Licurgo (Atenas, século VI): 130
Licurgo (Esparta): 121-5, 174, 261, 290
Lígdamis: 120, 126
Lisandra: 282
Lisandro: 126, 198-200, 221, 222, 223, 260
Lísias (orador): 24, 183, 188, 199, 270
Lísias (regente de Antíoco V): 308, 347
Lisícrates: 272
Lisímaca: 182
Lisímaco: 220, 278, 281-3, 320, 325, 335, 342, 352
Lisipo: 274
Lóxias (Apolo): 177
Luciano: 372
Lúculo: 308, 314, 315

Ma: 316, 369
macabeus: 308, 347
Mãe dos Deuses: 26, 138
Magas: 219, 284, 285, 325, 344
Mágon: 210
magônidas: 207
Mâneto: 345
Mânlio Vulso: 300
Marcelo: 294
Marco Aurélio: 372
Mardônio: 145, 145, 150, 153-4
Mário: 312
Mausolo: 227
Mazaces: 250

Mazeu: 251
Medeios: 313
Mégacles (século VI): 130
Mégacles (século VII): 128
Meleto: 202
Melqart: 249
Mêmnon (Rodes): 245, 248, 249, 250, 338
Mêmnon de Heracleia: 219, 277
Men: 369
Menandro Sóter: 345
Menandro: 24, 26, 273, 350, 356
Menelau: 280
Menipo: 337
Menques: 27
Merenptah: 71
mermnadas: 92
Métis: 98
Mícion: 289
Midas: 108, 249
Milcíades: 146, 148, 155, 158
Milinda: 345
Mimnermo: 144
Mínias: 60
Minos: 50, 57
Minotauro: 59
Mitridates I (soberano parta): 307, 308, 344
Mitridates V (Ponto): 307, 312
Mitridates VI: 220, 307, 310-5, 355
Mnésicles: 167
Mólon (rétor): 363
Mólon (sátrapa): 287, 295
Mósquion: 337, 357
Múcio Cévola (Q.): 311
Múmio: 306
Musas: 18, 97, 97, 369

Nábis: 297, 301
Nausítoo: 109
Nearco: 20, 244, 254
neleidas: 103
Nêmesis: 18, 165
Nereidas: 274
Nero: 367, 372
Nestor: 85
Nicanor (embaixador e general): 255
Nicanor (sumo sacerdote sob Antíoco III): 330

História do mundo grego antigo

Nícias: 168, 192, 1947, 200
Nícocles: 267
Nicolau de Damasco: 22, 120
Nicomedes IV: 312, 314
Nono de Panópolis: 373

odrísios: 238
Ofelas: 214, 219, 278
Olímpias: 240, 243, 245, 279
Olímpico: 331
Onomarco: 238, 241
Orfeu: 175
Orígenes: 373
Orodes II: 316, 318
Ortágoras: 342
ortagóridas: 121
Otaviano: 315, 318

Pácoro: 318
Pagondas: 193
Pandora: 98
Panécio: 363
Parmênides: 217
Parmênion: 243, 245, 248, 250-2, 256
Pásion: 184, 267
Pátroclo: 93, 96, 256
Paulo de Tarso: 373
Paulo Emílio: 292, 303
Pausânias (escritor): 23, 277, 321, 372
Pausânias (macedônio): 243
Pausânias (regente em Esparta): 153, 156, 162
Pausânias (rei de Esparta): 200
Pelópidas: 228-32
Pélops: 36
Penélope: 95, 181
pentílidas: 103
Perdicas (diádoco): 278-9
Perdicas II: 235
Perdicas III: 232, 236
Periandro (Atenas, século IV): 265
Periandro (Corinto): 119-21
Péricles: 18, 19, 39, 149, 156, 160, 162-7, 168, 169, 182, 185, 187, 190, 192, 193, 195, 201, 227
Perperna (Marco): 307
Perséfone: 174

Perses: 97
Perseu (mito): 312
Perseu (rei da Macedônia): 301, 303, 304, 305, 306
Píndaro: 175, 176, 207, 218
Pirro: 20, 214, 281-3, 288, 292, 321, 325, 353
pisistrátidas: 131, 145, 148, 369
Pisístrato: 93, 119-21, 127, 130-1, 138, 158, 208, 269
Pissutnes: 163
Pítaco: 119
Pitágoras: 175
Píteas: 21, 217, 218, 366
Pítia: 149, 152, 174, 177
Platão: 24, 122, 170, 175, 184, 199, 202, 203, 206, 211, 212, 259, 273
Plotino: 372
Plutão: 172
Plutarco: 19, 21, 22, 118, 122, 127, 156, 157, 187, 188, 199, 203, 212, 221, 228, 244, 261, 262, 277, 290, 292, 301, 305, 314, 357, 369, 372
Pluto (a Riqueza): 261
Polemeu: 337
Políbio: 20-1, 124, 218, 277, 287, 292, 293, 297, 300, 301, 304-6, 320, 336, 338, 341, 342, 353, 357, 359, 373
Policleto: 169
Polícrates: 119-20, 126, 144
Polícrato: 309
Polieno: 23, 277
Polieucto (arconte): 31
Polieucto (escultor): 288
Polignoto: 170
Poliperconte: 279
Pompeu: 218, 308, 311, 315-7, 348
Popílio Lenas: 304, 311
Porfírio: 372
Poro: 253
Poseidon: 67, 78, 83, 103, 165, 172, 176, 278, 339, 348, 369
Poseidon Helicônio: 144
Posidônio: 317, 363
Pótnia: 67, 83
Praxíteles: 261, 273
Proclo: 373

Índice dos nomes de pessoas, de famílias e de divindades

Pródico: 168
Prometeu: 98, 172
Protágoras: 168
Protógenes: 220, 337
Próxeno: 241
Prúsias I: 301
Prúsias II: 303, 306
Psamético: 120
Pseudo-Cílax: 21
Pseudo-Cimnos: 21
Ptolomeu "o Filho": 284
Ptolomeu (Chipre, século I): 311
Ptolomeu (Cláudio): 370
Ptolomeu Ápion: 311
Ptolomeu Cerauno: 282, 320
Ptolomeu de Aloro: 232
Ptolomeu de Éfeso: 284
Ptolomeu de Telmesso: 330
Ptolomeu Menfita: 310
Ptolomeu I: 20, 22, 214, 219, 244, 278, 279--82, 288, 319, 321, 325-7, 345, 351, 359
Ptolomeu II: 24, 26, 282, 284-5, 292, 320-1, 326, 327, 328, 329, 330, 335, 347, 350, 353, 359, 361
Ptolomeu III: 218, 285, 285, 289, 325, 327, 329, 351, 359
Ptolomeu IV: 287, 294, 326, 327, 327, 359-60
Ptolomeu V: 294, 298, 304, 309, 321, 326, 327
Ptolomeu VI: 304, 308, 309-10, 326, 330
Ptolomeu VII: 309
Ptolomeu VIII: 304, 306, 308-10, 326, 359
Ptolomeu IX: 310, 326
Ptolomeu X: 310, 311, 326
Ptolomeu XI: 310, 326
Ptolomeu XII: 311, 317, 321, 326, 327
Ptolomeu XIII: 317, 326
Ptolomeu XIV: 317, 318, 326

Quílon: 124
Quinto Cúrcio: 22, 244
Quinto Flaminino (Tito): 292, 296, 297, 298, 299, 349, 366

Ramsés III: 71
Roicos: 144

Roxana: 252, 253, 256, 277, 278, 280

Sabázio: 351
Sadiates: 149
Safo: 114
Saitafernes: 220
Sargão II: 93
selêucidas: 152, 280, 281, 283, 284, 285, 295, 304, 307, 308, 314, 319, 320, 331, 333, 335, 347, 348, 352, 354
Seleuco I: 278, 279-82, 287, 295, 298, 320, 330, 331, 335, 344, 352
Seleuco II: 285, 320, 330
Seleuco III: 285, 330
Seleuco IV: 300, 303, 304, 308, 330
Semprônio Graco (C.): 307
Senaqueribe: 93
Serápis: 351, 359, 370
Sertório: 314
Servílio Vácia, (Públio): 315
Setímio Severo: 372
Severos: 23, 368, 371, 372
Sila: 310, 312-4
Simão: 348
Simônides: 151
Sócrates: 19, 168, 175, 195, 199, 202, 270
Sófocles: 169, 181
Sólon: 21, 88, 113, 121, 122, 127, 129, 130, 184, 199, 273
Sophrosýne: 211
Sosíbio: 287, 287, 295
Sóstrato (Cnido): 358
Sóstrato (Egina): 113

Tales: 144
Tarquínio: 218
Tea Roma (*Théa Rhóme*): 349
Teágenes: 120, 128
Tearo: 347
Télefo: 334
Telêmaco: 93, 95
Telêucias: 223
Têmis: 98
Temístocles: 19, 143, 146, 148, 149, 150-2, 154, 155, 156, 157, 161, 162, 164, 190, 200, 206

Teócrito: 24, 359, 360, 361
Teodoro: 144
Teodósio: 373
Teófanes: 316, 337
Teofilisco: 339
Teofrasto: 20, 355, 362
Teógenes: 176
Teógnis: 23, 41, 113, 119
Teopompo (Cnido): 337
Teopompo (Quios): 20, 158, 234
Teoxena: 214
Terâmenes: 198-9, 202
Teronte: 206
Terpandro: 123
Teseu: 17, 59, 99, 136, 158, 172, 174, 180, 260
Tessalônica: 279, 319
Teuta: 293
Thot: 361
Tíbron: 222
Tigranes: 308, 314, 315, 344
Timarco: 272, 284, 335
Timeia: 197
Timeu: 20, 203, 208, 213
Timoleonte: 213, 214, 239
Timóteo (Atenas, estratego): 226-7, 272
Timóteo (Heracleia Pôntica, tirano): 262
Tique (*Týkhe*, a Fortuna): 21, 261, 292, 349
Tiribazo: 223
Tirteu: 23, 104, 123, 124
Tísias: 207
Tissafernes: 197, 222, 224
Tito Lívio: 21, 292, 305, 343
Tlepolemo: 295
tobíadas: 347
Tólmides: 162
Trajano: 367
Trasíbulo (Atenas): 28, 197, 199, 201, 223, 225
Trasíbulo (Mileto): 120
Trasíbulo (Siracusa): 207
Triário: 409
Trogo Pompeu: 23
Tucídides (filho de Melésias): 164
Tucídides (historiador): 18, 19, 20, 21, 27, 30, 31, 58, 78, 102, 109, 122, 127, 149, 156, 158, 161, 164-5, 169, 184, 188, 190, 192, 193, 195-7, 201, 206, 215, 221, 235, 289
Tutmés III: 54, 58

Ulisses: 40, 41, 93, 94-6, 113, 152
Urano: 98

Verres: 305, 314
Vespasiano: 22, 367

Xantipo: 149, 153, 164
Xenófanes: 144
Xenofonte: 19, 22, 25, 28, 37, 95, 118, 122, 161, 182, 188, 199, 200, 202, 221-2, 233, 259, 259, 261, 262, 267, 271, 272
Xerxes: 18, 148, 149, 150, 151-3, 157, 238, 288

Zaleuco: 110
Zenicetes: 315
Zenóbia: 372
Zenódoto de Éfeso: 359
Zênon (intendente de Apolônio): 26, 320, 328, 346, 353
Zênon de Cício: 290, 362
Zênon de Eleia: 217
Zeus: 41, 83, 96, 98, 120, 123, 170, 172, 173, 176, 206, 219, 233, 250, 324, 333, 351, 353
Zeus Crisaor: 342
Zeus Ctésio: 172
Zeus Filipeu: 243
Zeus Frátrio: 173
Zeus Herceio: 172, 173
Zeus Labraundo: 333
Zeus Meilíquio: 259
Zeus Naios: 350
Zeus Olímpico: 120, 335, 347
Zeus Sosípolis: 349
Zeus Sóter: 344
Zêuxis: 287, 295, 298, 321, 331, 333
Zhang Qian: 366
Zózimo: 373

ÍNDICE DOS NOMES DE LUGARES, DE POVOS E ASSIMILADOS

Abdera: 168, 237
Abidos: 198, 248, 296, 298, 336
Abu Simbel: 105
Academia: 24, 213, 361, 373
Acaia: 20, 36, 78, 80, 101, 163, 305, 307, 317, 342, 367, 369
Acarnânia: 33, 65, 162, 241
acarnânios: 226, 278, 290
Áccio: 305, 366
Acrocorinto: 40, 282, 288, 289, 290, 325
Acrópole: 28, 64, 70, 88, 120, 127, 127, 132, 149, 152, 159, 165, 169, 170, 173, 185, 190, 242, 243, 248, 272, 369
Ádria: 211, 216
Adriático: 80, 107, 211, 245, 264, 293, 294, 306
Adúlis: 285
Afeganistão: 344
África: 21, 107, 214, 300, 355
Afrodísias: 312
Ágata: 217 (cf. Agde)
Agde: 113, 217
ágora (Atenas): 26, 120, 127, 132, 133, 134, 137, 138, 170, 174, 180, 186, 225, 362, 369
Agra: 175
agreus: 341
Agrigento: 107, 110, 119, 175, 204, 206, 208, 209
Ahhiyawa: 69
Ai-Khanum: 344
Aix: 216
Akrotiri: 52
Al Mina: 84, 106
Alabanda: 298, 316, 331
Alália: 107, 217
Alashiya: 71
Alexandria: 21, 22-4, 39, 93, 250, 284, 288, 291, 295, 304, 309-11, 317, 318, 320, 321, 326, 327, 328, 339, 343, 344-45, 351, 353-5, 356-61, 361, 364, 370
Alexandria Bucéfala: 253

Alexandria Cárax: 257
Alexandria de Aracósia: 252
Alexandria do Cáucaso: 345
Alexandria Escate: 253
Alexandria Niceia: 253
Alinda: 331
Alpes: 216
Altis: 233
alto Egito: 295, 310, 326, 346
Ambrácia: 107, 190
Amiclas: 123
Amorgos: 187, 278, 279
Ampúrias: 107, 217
Amu Daria: 253, 344
Anatólia: 49, 68, 69, 71, 88, 278, 351
Ancira: 285
Ancona: 211
Andaluzia: 112
Andros: 88, 160, 289, 325
Anfiaraion: 259
Anfípolis: 18, 159, 193-5, 236, 237, 303, 324
Anfissa: 177, 241
Angeira: 344
Antália: 333
Antibes: 217
Antinoópolis: 370
Antioquia: 39, 281, 285, 296, 304, 308, 310, 315, 320, 331, 349, 361
Antioquia dos Crisorianos: 298, 331
Antípolis: 217
Apameia (Frígia): 277, 300, 304, 333, 335, 339, 343, 344, 348, 349, 352
Apameia (Síria): 317, 331, 363
apodotos: 341
Apolônia (Cirene): 219
Apolônia da Ilíria: 107, 293
Apolônia do Ponto: 107, 220, 336
Apolônis: 333
Apúlia: 206
aqueus: 20, 106, 162, 177, 290-1, 299, 303, 304, 305, 325, 341

aqueus (homéricos): 69, 77, 80, 95
árabes: 373
Arábia: 257, 295, 354, 355
Aracósia: 252
Árado: 333
Araxa: 342
Arbela: 250
Arcádia: 25, 36, 78, 340, 350
arcádios: 156, 229, 232, 233
Arcanes: 54, 58
Areópago: 88, 127, 135, 137, 164, 169, 185, 199, 269, 273, 313, 370, 371
árgades: 127
Arginusas: 198, 202
Argólida: 36, 45, 48, 49, 64, 65, 66, 68, 70, 72, 81, 81, 88, 116, 126
Argos: 80, 88, 92, 100, 101, 120, 121, 123, 126, 150, 156, 161, 169, 173, 177, 195, 222, 223, 235, 262, 288, 290, 297, 373
Armênia: 283, 295, 308, 314, 315, 318, 344
Arsínoa da Cilícia: 330
Arsinoeia: 335
Artaxata: 315
Artemísio (cabo): 151
Ascra: 96
Ásia Menor: 26, 30, 48, 54, 69, 78, 114, 116, 117, 121, 150, 156, 158, 162, 198, 207, 222-4, 243, 248, 281-5, 287, 298, 306, 313, 316, 326, 331, 337, 348, 354, 369, 373
Ásia: 21, 157, 243, 245, 248, 249, 251, 256, 278, 279, 281-3, 294, 297-300, 305, 307, 311-3, 315, 317, 318, 320, 330, 336, 367, 370, 371
Ásina: 88
assírios: 344
Assos: 240, 333
Ataleia: 333
Atarneia: 240, 241
Atenas: 18-20, 24-6, 31, 32, 38-40, 64, 70, 85, 87, 88, 93, 96, 99, 100, 103, 112-5, 118-20, 121, 122, 124, 127, 129-31, 138, 139, 143, 145-50, 152, 154, 156-8, 159-63, 165, 167-70, 171, 173, 174-6, 178, 180, 181, 182, 183, 184, 185, 186, 188, 189, 190, 192-202, 206-9, 210, 211, 212, 219, 221-4, 226-9, 233, 234, 235-7, 239, 240-2, 245, 255, 256, 260, 261-4, 267-8, 270-2, 273, 274, 279, 280, 281, 288, 295, 303, 304, 313, 317, 334-5, 337, 339, 348-50, 353, 354, 355, 356, 359, 361, 363, 365, 367-9, 370, 372, 373
atenienses: 70, 80, 129, 132, 135, 138, 145-8, 152-5, 157-63, 172, 177, 184-6, 187, 191, 192, 193, 198, 199, 211, 225-7, 228, 233, 236, 238, 239, 242, 245, 251, 263, 264, 268, 278, 296, 330, 371
Ática: 36, 38-40, 68, 70, 78, 81, 88, 106, 120, 130, 133, 146, 152, 154, 165, 169, 183, 189, 192, 197, 199, 234, 241, 260, 261, 288, 295
Atintânia: 294
Atlântida: 52
Atos (monte): 150
Aváris: 54, 61

Babilônia (cidade): 53, 222, 250, 251, 255, 255, 257, 278, 279, 285
Babilônia (região): 17, 150, 154, 257, 279, 280, 301
Bactra: 252, 295
Bactriana: 251-3, 254, 278, 283, 284, 295, 345, 354, 366
Bagram: 345
Baitokaike: 333
baixo Egito: 327, 345
Báltico: 218
Baluchistão: 254
Báratro: 145
bárbaros: 18, 146, 149, 151, 152, 154, 156, 157, 161, 199, 248, 252
Barca: 218
Bargílias: 295
Benevento: 292
Bengala: 344
Beócia: 36, 38, 48, 60, 64, 72, 78, 96, 110, 115, 139, 153, 162, 163, 187, 192, 193, 223, 228-32, 245, 260, 262, 303, 313, 340, 368, 371
beócios: 107, 132, 150, 177, 195, 229, 239, 290, 392
Berenice Trogodítica: 354

Índice dos nomes de lugares, de povos e assimilados

Berezan: 113
Beroia: 324, 368
Bitínia: 23, 283, 301, 303, 306, 307, 312, 314, 368, 372
Bizâncio: 107, 110, 114, 220, 223, 225, 227, 232, 241, 338, 373
Bósforo: 114, 157, 223
Bósforo Cimério: 219, 263
Brauron: 165, 182
Brea: 159
brútios: 203, 214

Cabul: 252
Cadmeia: 224, 228, 237, 242
Calábria: 211, 372
Calapodi: 83
Cálatis: 220, 349
Caláuria: 278
Calcedônia: 107, 110, 198, 220
Calcídica: 24, 106, 227, 263, 324
calcídios: 110, 132
Cálcis: 24, 40, 48, 81, 82, 88, 97, 102, 106, 132, 160, 282, 325
Calimna: 340
Calinga: 344
Calínico: 303
Camares: 53
Camarina: 206
Camiros: 338
Campânia: 88, 204, 206
campanienses: 203, 209
Canas: 291
Caneia: 54, 63
Canopo: 327
Cântaro: 149
caônios: 321
Capadócia: 22, 278, 283, 307, 312, 314, 315, 344, 368
Cárdia: 20
Cária: 157, 160, 227, 249, 274, 290, 295, 298, 300, 304, 318, 330, 331, 333, 339, 342
Carianda: 253
carianos: 92, 153, 253, 314, 343
Caristo: 159
Carmânia: 254

Carras: 316
cartagineses: 107, 151, 154, 203, 204, 206, 207, 209, 210, 212-3, 217, 294
Cartago: 20, 106, 208-10, 212-4, 218, 257, 281, 293, 296, 306
Catânia: 106, 110, 209
Cáucaso: 252
Cefalênia: 33, 65, 162, 226
Cele-Síria: 281, 283, 287, 295, 298, 310, 326, 330, 333, 352, 354, 355
celtas: 245
Ceos: 59, 61, 83, 151, 168, 227, 232, 340
Cépsis: 348
Cerâmico: 87, 173, 173, 186
Cercereosíris: 27
Cesareia: 373
Châtillon-sur-Seine: 216
chineses: 345, 366
Chipre: 38, 54, 58, 69, 71, 78, 81, 84, 157, 223, 224, 249, 267, 282, 298, 304, 309-11, 316, 318, 319, 326, 330, 343, 362
Cíclades: 36, 36, 38, 48-49, 59, 62, 70, 78, 81, 131, 144, 227, 262, 266, 289, 293
Cilícia: 146, 246, 249-50, 255, 284, 298, 300, 305, 308, 311, 315, 316, 373
cilícios: 355
cilírios: 204, 206, 209
Cima: 20, 337
cimérios: 92
Cino Sema: 198
Cinórtion (monte): 83
Cinoscéfalas: 232, 296, 301
Cinosura: 123
Cirenaica: 203, 278, 311
Cirene: 106, 107, 109, 112, 115, 219, 264, 284, 285, 310, 325, 344, 360, 361, 367
cireneus: 218, 219, 257, 359
Cirnos: 107
Ciros: 158, 223, 224, 242, 264
Cirra: 177, 237
citas: 185, 219, 220, 236, 241, 252, 336
Citera: 36, 57, 59, 193
Citéron: 36, 40
Cítia: 144, 241
Cítio: 84, 157
Citnos: 48

Cízico: 107, 116, 198, 314, 353, 354
Claros: 350, 369
Clazômenas: 165
Cnido: 20, 78, 223, 274, 317, 337, 339, 354, 355, 358, 360
Cnossos: 27, 38, 48, 49, 51, 51, 53-6, 57, 60, 62, 63, 64, 68, 85, 340
Cólofon: 39, 144, 300, 312, 337, 350
Colona: 48, 61
Comagena: 315, 316, 344, 369
Comana (Ponto): 316
Comos: 63, 85
Constantinopla: 153, 373
Copais (lago): 36, 64
Coracésio: 315
corásmios: 253
Corcira: 33, 45, 80, 106, 109, 112, 184, 188, 193, 196, 226, 282, 293, 366
corcireus: 151, 188
Coríntia: 65, 88
coríntios: 106, 107, 113, 126, 132, 152, 195
Corinto: 38, 40, 70, 83, 88, 92, 101, 102, 106, 109, 110, 112, 114, 115, 119-21, 150, 151, 162, 176, 177, 185, 186, 187, 188-90, 196, 199, 207, 213, 222, 223, 224, 229, 242, 282, 289, 289, 296, 298, 306, 317, 324, 341, 354, 366, 368, 373
Coroneia: 31, 163, 223
Córsega: 107, 217
Cós: 24, 207, 227, 260, 288, 289, 325, 330, 337, 338, 340, 355, 360, 369
costobocos: 373
Crânon: 139, 278
Crênides: 237
Creta: 28, 33, 36, 37, 38, 39, 41, 45-52, 53, 54, 56, 58, 59, 61-5, 66, 70, 73, 78, 85, 113, 123, 125, 178, 235, 330, 339
cretenses: 58-9, 63, 106, 113, 151, 294, 338, 355
Crimeia: 219, 263, 315
Crimiso: 214
Crisa: 64, 66
crisorianos: 342
Croco: 238
Crotona: 106, 175, 204, 206, 210, 211
Cumas: 106, 110, 203, 207

Cunaxa: 222
Curopédio: 282

Dafne: 304, 320, 356
Dalmácia: 211
Damasco: 22, 120
Danúbio: 245
Dardanelos: 366
dardânios: 284, 290, 290, 301, 325
Dárdano: 313
Deceleia: 197
Delfos: 22, 27, 31, 33, 42, 83, 92, 109, 119, 120, 132, 133, 139, 151, 153, 163, 170, 174, 176, 177, 190, 207, 211, 219, 232, 237, 239, 241, 243, 260, 263, 274, 283, 289, 291, 303, 334, 338, 349, 350, 357, 367, 368-9, 372
Délion: 169, 193, 202
Delos: 27, 36, 41, 78, 83, 131, 155, 156, 157, 163, 172, 223, 242, 280, 304, 312, 315, 325, 339, 344, 350, 351, 352-6
delta do Nilo: 54, 58, 107, 157, 287, 295, 309, 327, 345
Demétrias: 281, 282, 299, 301, 325
Dendra: 68
diacrianos: 130
Dicto (monte): 83
Didima: 177, 350
Dikili Tash: 48
dimanes: 100
Dimini: 48, 65
Dípilo: 87, 88
Dodecaneso: 36, 78, 363
Dodona: 83, 177, 291, 350
Dolópia: 177
dólopos: 177
dórios: 72, 78, 125, 171, 177
Dorisco: 157
Drabesco: 159
Drangiana: 252, 252
Dreros: 121
Dura-Europos: 331

Ebro: 218
Ecbátana: 251, 252
Edfu: 326

Índice dos nomes de lugares, de povos e assimilados

Éfeso: 24, 88, 109, 144, 243, 248, 284, 285, 288, 298, 300, 307, 311, 312-4, 316, 334, 335, 336, 353, 359, 367, 369, 370
Egaleu (monte): 152
Egas: 234, 235, 237, 243
Egesta: 196, 203, 208
Egeu: 36, 45, 49, 53, 60, 60, 78, 78, 101, 112, 114, 117, 131, 144, 145-8, 154, 156, 157, 187, 197, 207, 212, 223, 226, 227, 232, 249, 284, 295, 311, 313, 325-6, 329, 330, 338, 339, 351
egícoras: 127
Egina: 48, 61, 83, 113-5, 149, 159, 162, 163, 187, 190, 192, 294, 295
egípcios: 59, 152, 218, 250, 285, 287, 309, 326, 328, 329, 344, 345-7, 351, 358, 359
Egito: 17, 25, 26, 28, 29, 37, 50, 52, 53, 54, 58, 61, 69, 71, 105, 112-4, 120, 130, 144, 150, 157, 159, 162, 224, 233, 241, 246, 250, 257, 260, 266, 278, 279, 284, 285, 287, 294, 295, 298, 304, 305, 309, 309, 310, 317-8, 326, 327, 328, 330, 339, 345, 348, 350-1, 353-5, 356, 360, 370, 372, 373
Egos Pótamos: 198, 199, 223, 278
Éion: 158, 159
Ekwesh: 71
Elaia: 355
Elateia: 241
eleatas: 195, 233
Eleia: 107, 217
Elépore: 210
Elêusis: 40, 83, 124, 127, 132, 133, 135, 165, 175, 186, 196, 200, 263, 281, 372
Elêusis (Alexandria): 304
eleuterolacônios: 367
Élida: 36, 290
Elimaida: 301
elimos: 203, 209
Élis: 170, 195, 222, 233
Embata: 227
Empórias: 107, 217
Empório: 88
Eneacrunos: 120
enianes: 177
Enkomi: 69
Ennea-Hodoi: 159

Enófita: 162
Enóparas: 310
Enos: 301, 330
Entremont: 216
Eólias (ilhas): 110
Eólida: 20, 96, 337
eólios: 78
Epidamno: 107, 188, 293
Epidauro: 83, 259, 263
Epípolas: 196, 209
Epiro: 33, 39, 45, 65, 80, 83, 99, 177, 181, 211, 214, 235, 239, 240, 281, 289, 294, 296, 299, 304, 313, 321, 336, 341, 344, 367
epirotas: 290
Erecteu: 167, 185, 373
Éresos: 243
Erétria: 40, 81, 88, 92, 101, 102, 114, 115, 145-8, 197
erétrios: 106, 145
Éritras: 103, 121, 160, 227, 266
Esfactéria: 193, 194
eslavos: 373
Esmirna: 78, 83, 298, 349
Espanha: 112
esparciatas: 80, 125, 126, 145, 151, 153-4, 161, 162, 199, 211, 229, 233, 248, 319, 372
Esparta: 19, 23, 26, 33, 39-40, 41, 88, 99, 100, 104, 106, 110, 117, 118, 121-4, 126-7, 132, 139, 145, 146, 149-51, 153-5, 156, 161-3, 169, 171, 173, 174, 177, 178, 180, 181, 183, 185, 186, 188-90, 192, 193, 194-8, 200, 202, 210, 214, 221-5, 226, 228, 229, 233, 235, 237, 242, 249, 254, 260-2, 288, 290, 291, 297, 301, 305, 306, 330, 356, 357, 363, 371, 372, 373
Espérquio: 177
Espina: 216
Espórades: 36
Esquiatos: 36
Estagira: 24
Estratoniceia: 314, 318
Estreitos: 107, 144, 158, 198, 220, 224, 238, 241, 263, 282, 283, 295, 298-9, 313, 317, 338
Estrímon: 158

Eta: 42, 177
eteocretenses: 59
eteus: 341
Etna: 210
Etólia: 33, 83, 99, 193, 301, 313, 341
etólios: 193, 278, 281, 283, 289-91, 294, 295-7, 299, 300, 325, 340, 341, 342
Etrúria: 112, 204, 216
etruscos: 85, 107, 111, 204, 207, 217
Eubeia: 24, 36, 37, 40, 45, 48, 78, 81-2, 88, 144, 151, 159, 177, 197, 197, 227, 239, 241, 289, 304
eubeus: 84, 106, 150, 151, 177, 290
Euespérides: 218
Eufrates: 53, 68, 250, 257, 318, 331
Euríalo: 209
Eurimedonte: 157
Euripo: 40, 151
euritanos: 341
Europa: 20, 21, 50, 114, 153, 211, 217, 243, 246, 254, 277, 278, 280, 281-4, 287, 292, 295, 298, 299, 300, 305, 307, 312, 317, 367, 368
Eutrésis: 48, 64

Falero: 162, 175
Faros (Alexandria): 358
Faros (Dalmácia): 211
Farsália: 139, 274, 317, 317, 336
Fasélis: 157
faselitanos: 266
Fayum: 26, 27, 320, 329, 364
feácios: 93, 109
Fenice: 294, 296
Fenícia: 114, 249, 257, 281, 326, 333
fenícios: 84, 95, 101, 190, 204, 344
Feras: 227, 232, 232, 238
Festos: 51, 51, 53-5, 57
Filacopi: 48, 59, 68
Filadélfia: 26, 329, 364
Filae (Egito): 326
File (Ática): 199, 201
Filipeu: 243
Filipos: 237, 318
filisteus: 71
Fliunte: 229

foceenses (de Foceia): 107, 109, 110, 112, 113, 145, 215, 217, 366
Foceia: 112, 215, 217, 218, 307, 349
Fócida: 40, 64, 83, 238, 245
fócios (da Fócida): 150, 151, 171, 177, 223, 237, 238, 239, 278, 290
Frígia: 175, 248, 250, 281, 283, 300, 307, 331, 333, 333, 334, 344, 351
frígios: 92
Ftiótida: 177

Galácia: 283
gálatas: 220, 283, 284, 285, 288, 300, 307, 314, 315, 320, 325, 334, 336, 341, 343, 361, 366
Galatas Pediados: 56
Gália: 216, 218
Gandhara: 345, 354
Ganges: 253, 345
Gaugamela: 250
gauleses: 23, 109, 111, 203, 211, 215, 282, 283, 366
Gaza: 249, 280
Gedrósia: 254
Gela: 106, 107, 110, 206, 207, 208
geleontes: 127
Gelidônia (cabo): 69
Gerra: 354
getas: 220, 236, 245, 317
Gibraltar: 218
Giteio: 123, 162, 229
Gla: 64, 66, 70
Glanum: 216
godos: 373
Górdion: 92, 249
Gortina: 121, 181, 340
Granico: 248, 252
Gravisca: 107
Grécia: 19, 20, 28, 33, 36, 40, 52, 60, 61, 65, 66, 68, 73, 77, 80, 88, 145, 149, 161, 181, 184, 200, 217, 221, 222, 223, 233, 240, 245, 249, 252, 255, 278, 281, 283, 288, 296, 299, 301, 303, 305, 306, 310, 317, 353, 356, 367, 368, 372, 373
Grécia central: 23, 33, 115, 162, 223, 233, 289, 297, 303, 325, 340, 341

Índice dos nomes de lugares, de povos e assimilados

gregos: 17-8, 49, 63, 110, 111, 114, 143, 145, 148, 150, 150, 152, 153, 154, 155, 188, 219, 225, 235, 248, 248, 251, 252, 257, 258, 274, 296, 297, 313, 321, 343, 344-6, 348, 357, 358, 359, 370, 372
Gúrnia: 38, 55

Hágia Irini: 59, 61, 83
Hágia Triada: 52, 54, 57, 63
Halicarnasso: 17, 249, 274, 300,
Halico: 210
Hális: 157
Haloneso: 241
Hanisa: 344
Hebro: 157
Hélade: 36
Helênion: 114
helenos: 154
Helesponto: 18, 107, 150, 153, 159, 160, 333, 350
Hélicon: 36, 97
Heliópolis: 306, 357
Hemeroscópion: 107
Heracleia (Itália): 211
Heracleia do Latmo: 333
Heracleia do Ponto: 107, 109, 219, 220, 262, 314, 335, 336
Heracleia Minoa: 213
Heracleia Traquínia: 193, 306, 341
Heraion (Samos): 92, 120
Heraion Teikhos: 238
Hérault: 217
Hermos: 36, 114
hérulos: 373
hicsos: 61
Hidaspe: 253
Hífaso: 254
hileus: 100
Himera: 107, 154, 207, 208
Hindu Kuch: 252, 253, 345
Hircânia: 252, 284
Hísias: 123
Hissarlik: 71
Histiaia: 160
hititas: 69, 71, 72, 92, 344, 351
hopletes: 127

Hyères: 217

Ialisos: 338
iapígios: 203
Iasos: 348
Iaxartes: 253
iberos: 217
Icaros/Icária: 42
Ida (monte): 33, 41, 53, 83, 92
Ílion: 71, 313, 314, 317, 333, 342, 366
Ilíria: 211, 239, 245, 293, 294, 296
ilírios: 236, 240, 245, 293, 293
Ilissos: 175, 186
Imbros: 158, 223, 224, 242, 264
Índia: 49, 218, 253, 257, 354, 355, 366
indianos: 254, 345
Indo: 144, 253, 254, 345
insulares: 59, 150, 156, 279, 339
Iolcos: 65
Ipsos: 281
Irã: 284, 285, 308
iranianos: 252, 256
Ischia: 69, 84, 85
Islândia: 218
Issa: 211, 293
Issos: 244, 249
Istambul: 153
Istmo (Corinto): 70, 83, 92, 103, 113, 120, 150, 152, 153, 162, 176, 290, 350, 368, 369
Istro: 107, 220, 336
Ítaca: 33, 93
Itália: 33, 84, 106, 111, 196, 203, 211, 214, 216, 219, 242, 256, 283, 288, 292, 293, 298, 312, 354
italianos: 312, 344, 355, 368
Itanos: 330
Itomo (monte): 162, 229

Jerusalém: 347, 348, 359, 364
Jônia: 36, 39, 78, 85, 93, 103, 112, 144-5, 157, 160, 177, 197-8, 206, 215, 227, 266, 284, 298, 350
jônios: 78, 80, 100, 131, 150, 156, 177, 342
Judeia: 308, 316, 318
judeus: 317, 333, 344, 347, 359, 370

Kandahar: 252, 254
Kaphtor: 54
Karphi: 70, 83
Kato Symi: 57, 83
Keftiu: 54, 58
Khodjend: 253
Kiddiokome: 344
Koukounaries: 70

La Cloche: 216
Lacedemônia: 122, 139, 193, 221, 229
lacedemônios: 19, 65, 101, 126, 150, 152, 162, 192, 200, 225, 228
Lácio: 84
Lacônia: 36, 65, 126, 151, 164, 193, 229, 291, 356
lacônios: 19
Lacydon: 215
Lade: 145, 217, 295
Lâmia: 278
Lâmpsaco: 107, 218, 298, 300, 321, 361, 366
Laodiceia-do-Mar: 331
Larissa: 139, 150, 303
Latomias: 197
Láurion: 38, 68, 88, 133, 149, 184, 187, 197, 200, 270, 313
Lebedos: 335
Lecáion: 162
Lefkandi: 78, 81, 88, 102
Lemnos: 36, 48, 158, 223, 224, 242, 264
Leontinos: 159, 168, 196, 208, 213
leontinos: 209
Lequin (pontal): 112
Lerna: 48
Lesbos: 23, 36, 78, 88, 114, 119, 123, 157, 187, 193, 198, 223, 225, 243, 249, 330, 367
Lêucade: 33, 80
Leuctras: 226, 229, 261, 262
Levante: 339, 354, 355, 367, 369, 373
Líbia: 109, 110
líbios: 218
Liceu: 24, 260, 361, 362
Lícia: 274, 298, 300, 304, 315, 318, 330, 335, 339, 340, 342, 368

lícios: 92, 312, 314, 344
Licônia: 315
Licosura: 350
Lídia: 114, 145, 149, 248, 333
lídios: 92, 144
Limnas: 123
lincestas: 236
Lindos: 338, 339
Lípari: 110
Lisimáquia: 283, 298
Lissos: 211, 293
Litos: 340
Lócrida: 78, 296, 367
lócrios: 106, 177, 223, 278, 290, 341
Locros: 106, 110, 204, 206, 209, 210, 213, 353
Lucânia: 107, 206, 217
lucanos: 203, 210
luvitas: 351

Macedônia: 20, 33, 39, 48, 81, 145, 151, 153, 159, 181, 187, 202, 224, 228, 232, 234, 235, 236, 237, 240, 241, 244, 256, 267, 281-3, 288, 290, 293, 296, 301, 303, 304, 305, 306, 317-8, 320, 321, 324, 336, 367-8
macedônios: 105, 235-6, 243, 246, 249, 252, 254, 255, 256, 278, 297, 305, 309, 318, 320, 321, 325, 359
Magna Grécia: 106, 170, 175, 196, 203, 206, 210, 264, 292
Magnésia: 151
Magnésia do Meandro: 162, 300, 336, 338, 340, 349
Magnésia do Sípilo: 300, 313
magnésios: 139, 177, 347
Mainaca: 107
Maleia (cabo): 151
Mália: 38, 51, 53-5, 55-8
málios: 151, 177
malos: 254
Manika: 48
mantineanos: 233
Mantineia: 195, 218, 224, 233
mar Cáspio: 257
mar de Aral: 253

Índice dos nomes de lugares, de povos e assimilados

mar Jônico: 226
mar Negro: 41, 80, 106, 107, 203, 219, 263, 312, 317, 339 (cf. Ponto Euxino)
mar Tirreno: 84
mar Vermelho: 253, 354
Maratona: 17, 135, 143, 146, 148, 153, 155
Mareótis (lago): 358
Mari: 53
mariandinos: 109
Maroneia: 237, 301, 330
Marselha: 23, 107, 113, 204, 216, 307, 315, 366
masságetas: 252
Massália: 107, 109, 203, 203, 215-8, 349
massalienses: 215, 217, 218, 219, 266, 292, 366
máurias: 253, 281, 344
Mausoléu: 354
Meandro: 36, 300
medas: 143, 150, 162
Média: 251, 354
Mediterrâneo: 41, 68, 105, 106, 117, 257, 301, 315, 354, 361, 366
Megalópolis: 229, 233, 251
Mégara Hibleia: 101, 106-9, 110, 206
Mégara: 23, 88, 101, 103, 106, 113, 119-20, 127, 128, 130, 152, 162, 163, 187, 188, 189
megarenses: 106, 107, 110, 184, 189, 195
Megárida: 40
Melos: 45, 48, 59, 195, 350
Menelaion: 65
Mênfis: 250, 327, 351
Méroe: 354
Mesêmbria: 220, 336
Mésoa: 123
Mesopotâmia: 254, 284, 314, 315, 331, 343
messápios: 203
Messara: 51
Messena: 229, 301, 338, 350
Messênia: 36, 72, 82, 123, 124, 126, 151, 162, 184, 189-90, 193, 229, 293
messênios: 80, 101, 125, 162
Messina: 106, 110, 204, 207, 210, 210
Metana: 330
Metaponto: 106, 109, 115, 204, 206, 211

Metimna: 225
Metona: 106, 159, 227, 236, 237
Metroon: 26, 138
Mícale: 78, 144, 153, 156, 164
Micenas: 27, 60-2, 64-6, 68-70, 72
micênios: 54, 55, 59, 60, 61, 63, 63, 69, 71, 78
Mideia: 64, 68, 70
Milasa: 333
milésios: 107, 149, 165, 321
Mileto: 26, 33, 59, 69, 72, 88, 100, 103, 112, 114, 120, 144-6, 160, 163, 170, 177, 187, 197, 249, 284, 285, 295, 300, 314, 316-8, 330, 335, 336, 338, 340, 350, 352, 353
Millawanda: 69, 72
minoicos: 45, 55, 58, 68, 84
Mios Hormos: 354
Mira: 340
Mirina: 355
Mísia: 334
Mitilena: 103, 114, 119, 193, 225, 249, 314, 316, 330, 337, 340
molossos: 211, 240, 303, 321
Mótia: 204, 207, 210
Mozzia: 204
Muníquia: 149, 278
Muros Longos: 162, 192, 199, 223, 225

nabateus: 308, 316, 317, 344, 354
nandas: 253
Nápoles: 69, 84, 292
Narbonesa: 22
Narbonne: 217
Náucratis: 58, 107, 113, 250, 326, 345
Naupacto: 162, 177, 193, 291, 341
Naxos: 36, 38, 120, 144, 159, 160, 226
Naxos (Sicília): 209
Nemeia: 176, 223, 350
Nemrud Dagh: 315
Neon: 238
Neoteikhos: 344
nesiotas: 280, 282, 295, 304, 321, 325, 330, 342
Nicaia: 217
Nice: 217

Niceia: 368, 372
Nicomédia: 22, 368
Nicópolis: 367
Nicória: 82
Nilo: 250, 253, 328, 354, 358, 360, 370
Niseia: 130, 162
Nócio: 198
Numância: 307

oceano Índico: 253
Ocidente: 23, 38, 59, 81, 84, 101, 107, 110, 112, 119, 121, 187, 203-4, 206, 218, 256, 287, 315
Odessos: 107
Ólbia (Hyères): 217
Ólbia Pôntica: 107, 113, 219, 220, 337
Olímpia: 27, 36, 83, 96, 154, 157, 170, 176, 190, 207, 222, 233, 243, 274, 369
Olímpion: 131, 369
Olimpo: 33, 33, 41, 254, 349
Olinto: 224, 236, 239
Ópis: 256
Orcômeno: 60, 64, 139, 232
orestas: 236
Oreu: 160
Oriente: 22, 38, 50, 58, 69, 81, 101, 112, 143, 254, 281, 287, 292, 299, 311, 315, 318, 319, 360, 367
Ormuz: 254
Oronte: 53, 84, 331
Oropos: 245, 259, 264, 278, 350, 361
Ortígia: 209, 213
Óstia: 315, 354
Otranto: 213
Oxirrinco: 19, 26, 221, 372
Oxos: 253, 344

Pactolo: 114
Paflagônia: 278
Págasas: 238
Palecastro: 55, 57
Palena: 130, 165
Palermo: 207
Palestina: 71, 287
Palmira: 372
Panamara: 318

Panfília: 157, 223, 249, 300, 308, 368
pânfilos: 100
Pangeu: 38, 130, 237, 324
Pânion: 295
Paniônion: 144
Panormo: 207, 208
Panos: 333
Panticapeia: 107
Paquistão: 253
paralianos: 130
parianos: 106
Parnaso: 33, 40, 42
Parnes: 133
parnos: 252, 284, 285, 295, 331
Paros: 20, 36, 38, 70, 109, 148
partas: 284, 285, 295, 308, 308, 316, 318, 331, 344, 345, 354, 373
Partenon: 156, 167, 173, 206, 281, 373
Partiena: 284
Pasárgadas: 251
Patras: 367
Pech Maho: 113, 217
pedianos: 130
Pela: 235, 237, 255, 288, 296
pelasgos: 49
peloponenses: 151, 153, 154, 163, 192, 196, 209, 245, 278
Peloponeso: 23, 33, 36, 40, 45, 71, 78, 80, 88, 92, 103, 113, 115, 117, 121, 126, 150, 154, 155, 162, 169, 177, 192-3, 195, 222, 229, 232, 242, 279, 289, 290, 297, 325, 330, 338, 340, 341
Pelúsio: 287, 317
Pendjab: 253
Pentélico: 38
péones: 236
Peracora: 40, 92, 101, 102
Perati: 70, 78
Pérgamo: 27, 28, 282-4, 285, 294, 295, 299-301, 303, 306-8, 312, 314, 316, 317, 320, 333, 337, 348, 352, 355, 356, 357, 360, 361, 367, 369, 370
periecos (Esparta): 125, 126, 153, 185, 290
periecos (Tessália): 139
Perinto: 238, 241
perrebos: 139, 177

Índice dos nomes de lugares, de povos e assimilados

persas: 120, 132, 143, 144, 145-8, 150-4, 156-8, 165, 212, 218, 222, 224, 235, 243, 246, 248, 249, 251, 255, 285, 373
Persépolis: 251
Pérsia: 49, 186, 223, 240, 245
Pérsico (golfo): 254, 257, 284, 354
Pérsida: 251
Pessinunte: 333
Pesto: 107, 170, 203
Petra: 354
Petras (Sítia): 56
Pidasa: 340
Pidna: 31, 227, 236, 236, 303, 304, 305
Pilos: 60, 64-8, 69, 95, 193, 194, 195
Pindo: 33
Pireu: 28, 146, 149, 152, 156, 161, 165, 170, 186, 187, 192, 223, 225, 227, 260, 264, 268, 269, 271, 282, 288, 325, 335, 335, 369
Pisídia: 343
Pitana: 123
Pitecussa: 84, 85, 88, 93, 106
Pítom: 284
plateenses: 199
Plateias: 125, 139, 146, 150, 153, 156, 192, 226, 228
Pnix: 164, 201
Pó: 69, 216
Polióeni: 48
Pompeia: 244, 356
Pompeion: 173
Pompeiópolis: 315
Pondichéry: 354
Ponto (reino): 21, 283, 301, 307, 312, 314, 315, 339
Ponto Euxino: 21, 41, 112, 116, 144, 159, 187, 198, 203, 219, 220, 222, 238, 263, 264, 336, 349, 354, 354 (cf. mar Negro)
Ponto-Bitínia (província romana): 316
Porquerolles: 112
Portas Cáspias: 252
Posidônia: 107, 170, 203, 206
Potideia: 107, 120, 188, 190, 202, 227, 236, 236
Pozzuoli: 354
Priena: 27, 144, 163, 248, 337, 357

Propileus: 167
Propôntida: 238
Psicro: 83
Psitália: 152
Ptolomaida: 326, 345

Queroneia: 22, 24, 31, 242, 244, 268, 272, 273
Quersoneso (cidade): 219
Quersoneso (península): 11, 146, 153, 159, 199, 227, 241
Quios: 20, 36, 78, 88, 93, 112, 114, 121, 157, 187, 197, 225, 227, 249, 295, 313, 338, 340, 355

Ráfia: 287, 291, 298, 309, 326, 327, 346
Ramnunte: 165
Régio: 106, 110, 159, 204, 206, 207, 209, 210
Reneia: 172
Ródano: 216
Rodes: 36, 59, 69, 85, 88, 225, 227, 248, 249, 255, 281, 284, 289, 300, 304, 306, 312, 313, 329, 336, 338, 339, 344, 352, 353, 354, 357, 358, 359, 361, 363
ródios: 106, 283, 284, 293, 294-6, 300, 303, 317, 321, 325, 329, 338-40, 356
Ródope: 33
Roma: 20-3, 27, 41, 124, 214, 218, 257, 277, 283, 287, 292-4, 296, 297-300, 301, 303, 304, 305, 307, 308, 309-15, 317, 334, 336, 342, 349, 361, 363, 366, 368, 372, 373
romanos: 214, 216, 291, 293-4, 297, 304, 305, 306, 311, 312, 313, 334, 336, 355, 356, 367, 369
Rússia: 49

sacas: 252
Saint-Blaise: 215
Salamina: 24, 127, 130, 143, 152, 153-5, 161, 197
Salamina (Chipre): 92, 157, 280, 316
Samarcanda: 253
sâmios: 112, 190, 199
samnitas: 203

Samos: 20, 36, 88, 92, 112, 114, 119-21, 126, 144, 146, 157, 159, 163, 173, 187, 197, 222, 227, 242, 255, 260, 264, 278, 295, 300, 330, 337, 348
Samotrácia: 36, 59, 175, 227, 325, 330, 339, 350
Santorini: 52
Sardenha: 68, 69
Sardes: 92, 144-5, 153, 163, 224, 248, 282, 284, 287, 311, 316, 331, 334, 335, 348
Sarônico (golfo): 162, 191
sassânidas: 373
Sebenitos: 345
Segesta: 196, 203 (cf. Egesta)
Selásia: 291
Selêucia da Piéria: 39, 285, 287, 308, 331
Selêucia do Tigre: 308, 331, 352, 354
Selinunte: 107, 110, 196, 206, 208, 210
Sepeia: 126
Sépias (cabo): 151
Sestos: 11, 153, 227
Síbaris: 106, 107, 159, 204
Sibota: 188
sicanos: 203
Sicília: 19, 21, 59, 69, 101, 106, 110, 111, 188, 192, 195, 196, 203-4, 206, 206, 207, 209, 210, 212-4, 292, 307
siciliotas: 204, 214, 283
Sicíone: 119, 121, 132, 177, 262, 289, 306, 349
sículos: 203, 207, 209, 210
Sida: 308
Sídon: 308
Sifnos: 38, 48
Sigeu: 131
Sinope: 107, 220, 222, 246, 312
Siracusa: 20, 24, 106, 110, 151, 183, 196, 197, 203-4, 206-11, 212-4, 219, 262, 281, 294, 361
siracusanos: 154, 360
Síria: 53, 249, 279, 281, 282, 283, 284, 305, 308, 310, 314, 316, 317
sírios: 344
Siwah: 250, 257
Sogdiana: 252, 253
Solos: 315

Solunte: 207
Sri Lanka: 354
Sudão: 218, 250
Suez: 253, 354
Súnio (cabo): 165, 288
Susa: 144, 146, 232, 251, 252, 255, 256
Susiana: 301
Syr Daria: 253

Tadjiquistão: 344
Taígeto: 33
Tânagra: 162, 350
Tarento: 69, 106, 110, 123, 204, 206, 211, 214, 242, 282, 288, 321
Tarquínia: 107
Tarso: 250
Tartesso: 112
Tasos: 36, 37, 106, 109, 112, 145, 159, 170, 176, 180, 193, 223, 266, 337, 373
Taucheira: 218
Tauro: 281, 300
Tauromínio: 20, 203, 210, 213
Táxila: 253, 345
Tebaida: 309
tebanos: 105, 150, 154, 162, 192, 193, 226, 228, 232, 237, 239, 241, 279
Tebas: 29, 36, 40, 64, 69, 70, 139, 163, 169, 199, 221, 222, 224, 224, 226-32, 233, 236, 241, 242, 245, 246, 262, 340, 367
Tebas (Egito): 310, 326
Tebtúnis: 26
Tegeia: 233, 274
Tegira: 228
Tekké: 85
Telina: 107
Tempe: 151
Tênaro: 255
Tênedos: 227
Tenos: 266, 339
Teos: 335, 338, 348
Tera: 52, 57-9, 62, 72, 109, 330
tereus: 107, 109
Termópilas: 40, 151, 151, 177, 193, 238, 239, 240, 289, 299
Termos: 83, 291, 294, 341
Téspias: 97, 118, 139, 150, 228, 368

Índice dos nomes de lugares, de povos e assimilados

tesprotos: 321
Tessália: 36, 45, 45, 65, 78, 104, 110, 139, 151, 153, 187, 232, 235, 238, 240, 267, 278, 282, 290, 294, 296, 301, 313, 317, 336, 340, 367
tessálios: 150, 151, 177, 233, 236, 237, 238, 239, 241, 290, 303, 306
Tessalônica: 279, 306, 368
Tibre: 218
Tigranocerta: 410
Tigre: 250
Tilissos: 54
Tireátida: 126
Tirinto: 64, 70, 83
Tiro: 114, 249, 279, 308
tolistoages: 366
Tolo (Delfos): 27, 274
Tomi: 220
Toriáion: 331, 334, 343
Trácia: 37, 38, 68, 106, 112, 130, 131, 145, 146, 157, 158, 160, 175, 187, 198, 224, 238, 239, 262, 263, 278, 282, 283, 285, 298, 299, 301
trácios: 219, 220, 236, 245, 345
Trapezunte: 222
Trasímeno (lago): 291, 301
Trezena: 143, 152, 278
tribalos: 236, 245
Triópion: 78

Triparadiso: 279
Tróade: 131, 342, 348, 366
Troia: 27, 48, 62, 71, 72, 93, 248, 334
Tule: 218
turcos: 373
Túrio: 17, 159, 196, 206
Turquia: 28

Ugarit: 53, 54, 71
Ulu Burun (cabo): 69

Váfio: 65
Vélia: 107, 110, 217
Vergina: 234, 243
Via Egnatia: 306
Vix: 216
Volos: 65

Wilusa: 72

Xantos: 274, 318, 335, 340

yuezhis: 345, 366

Zacinto: 162, 213
Zacros: 53
Zagora: 88
Zama: 296, 299
Zancle: 106, 107, 110, 204
Zea: 149
Ziguries: 65

ÍNDICE DAS PALAVRAS GREGAS E LATINAS

ádyton: 177
afracto: 338
agélai: 178
ager publicus: 296
agogé: 124, 290
agón: 85, 96, 105, 176
agonóteta: 341, 350, 371
agorânomos: 264, 266, 371
ágroikoi: 127
amixía: 309
anacorese: 329
anagrapheís: 198
anákrisis: 269
anaplérosis: 290
anastrophaí: 192
anáthema: 172
ánax: 66, 95
andreîon: 178
annona: 371
antídosis: 181
antilabé: 104
aparkhaí: 159, 167
apellaí: 124, 174
apocletas: 341
apodéktai: 271
apoikía: 107
apómoira: 327
apóphasis: 273
apophorá: 125
arcontes: 102, 103, 109, 127, 135, 138, 148, 160, 173, 174, 182, 210, 269, 273, 371
areté: 94, 104
arkhé: 102, 156, 157, 162
arkhegétes: 107
arkhiereús: 330, 331, 348, 368
arréforas: 174
ártaba: 328
arura: 328
asébeia: 171
asiarca: 367
aspháleia: 337
astínomos: 268, 333

ásty: 99, 120, 130, 133, 152, 175, 192
asylía: 171, 289, 337, 340, 350
ataraxia: 363
atelia: 333, 337, 350, 356
atimia: 130, 180, 181, 270
atlótetas: 173
aulé: 309, 321
aulós: 103
autónomos: 99
autourgós: 262

bánausos: 186
bárbaros: 100
basileía: 359
basileús: 67, 83, 95-7, 102, 118, 280, 288, 320, 353
basilicogramatas: 346
basiliké trápeza: 353
basilikoì paîdes: 235
beotarcas: 193, 228, 232, 367
birreme: 190
Boulé: 26, 129, 134, 180, 226, 359, 370
bouleutérion: 26, 137, 138, 337
boustrophedón: 84
buleutas: 134, 136, 138, 164, 269, 272

canéfora: 182, 327
catafracto: 338
citalismo: 262
citarista: 338
clâmide: 358
clepsidra: 270
clerucos: 132, 160, 193, 328, 329, 346
clerúquias: 165, 227, 242, 255, 264
comarcos: 326
comogramata: 27, 346
conventus: 316
coregia: 164, 181, 272
corego: 168, 169
coroplastia: 355
correctores: 368
cosmeta: 268, 365

Índice das palavras gregas e latinas

cótilo: 85
criptia: 125
ctônico: 172
cursus honorum: 370

daduco: 175
decarquias: 221
demarco: 133
demiourgós (demiurgo): 95, 127, 186
demokratía: 103
demos: 131, 133-4, 136, 180, 183, 268, 269
dêmos: 66, 103, 120, 144, 211, 213
demósioi: 185
demósion sêma: 173
demotas: 133, 135, 136
diádokhos: 277
diágramma: 219, 279, 321
diagraphê: 328, 329
dicastas: 164
dieceta: 26, 321, 326
diecismo: 224
diékplous: 192
dikaiómata: 357
dikastéria: 346
díke: 135, 268
diobelia: 198
dioíkesis: 316
díolkos: 113, 120
dógma: 134
dokimasía: 136, 173, 180, 269
doreá: 26, 320, 328-30
doríforos: 119
doúlos: 67, 184
dracma: 116, 352
dromeús: 178
drómos: 62

ecônomos: 326, 346
efebia: 180, 268, 365, 372
efebos: 174, 180, 364
eforato: 127, 290, 291
éforos: 123, 124, 125, 189, 202, 222, 261, 290
égktesis: 183, 337, 356
eisangelía: 164, 165, 198, 269
eisphorá: 180, 183, 194, 225, 264, 265, 270

Ekklesía: 124, 134, 135, 226, 271, 272, 359, 370
ekphorá: 87, 173
eleuthería: 99, 161
emporía: 113
emporikaì díkai: 266
empórion: 107, 107, 165, 187, 264, 265, 269, 370
émporoi: 265
enteúxeis: 346
epáritoi: 233
epíbatas: 191
epicleras: 122, 124, 135, 181
epiclerato: 129
epifania: 17, 318
epigamia: 183
epikráteia: 204, 207, 210, 213
epimeletas: 168, 264, 269, 304
epinomía: 337
epískopoi: 160
epístatas: 134, 324, 331, 335
epistolé: 321
epistoleús: 198
epistológrafo: 326
epistratego: 309
Epitáphios: 165, 170, 185, 201, 310
epônimo: 122, 124, 127, 135, 138, 168, 168, 269, 290, 327, 341, 371
epopsia: 175
escolarcas: 361
esineta: 119
eskhatiái: 186
estáter: 116, 352
estefanita: 176, 327
estefanóforo: 333, 352
estrategos: 136, 137, 144, 148, 165, 193, 195, 198, 239, 241, 245, 269, 270-2, 279, 289, 301, 326, 331, 333, 341, 346, 371
éthnos: 99, 171, 235, 331, 341, 347
eúnoia: 334
eunomía: 122, 124
eusébeia: 171
eúthynai: 137, 269
evergetas: 220, 336
evergetismo: 272, 336, 352, 371

falange: 103, 104, 123, 153, 200, 223, 236, 242, 322, 254, 287, 290, 303
fides: 297
filarcos: 271
foedus iniquum: 300
fratria: 96, 100, 133, 180
frurarco: 160

gamóroi: 204, 206
gê basilikè: 320
gê doriktetos: 248, 320
génos: 100, 127, 133, 146, 148, 164, 201
geomóroi (geômoros): 120, 127
géras: 95
Gerousía: 124, 370
ginasiarcas: 324, 364, 365, 371
ginecônomos: 356
gnómon: 218
gramatista: 338
graphé paranómon: 164, 165, 201, 269
graphé: 135, 268, 269, 270

harmostas: 199, 221
hecatombe: 174
hecatômpedo: 102
hectêmoros: 129
hegemón: 161, 195, 227, 232, 242, 245, 255, 283, 290
helanodices: 154, 157
helenótamos: 157
helépole: 355
heliastas: 164, 201, 263
hellenízein: 343
hellespontophylakês: 159
herôon: 81, 102, 109, 344
hetaîroi: 236
heterias: 138
hierá: 171, 174
hierofante: 176
hierogramatas: 347
hieromnêmones: 177
hiparcas: 20, 271, 278, 341
hipaspistas: 246
hipóbotas: 82, 132
hipomnematógrafo: 326
hippeîs (Atenas): 129

hippeîs (Esparta): 104, 125
ho boulómenos: 122
hoi apò gymnasíou: 365
holocausto: 172
hómoioi: 94, 125, 126, 193, 229, 261
homonoía: 263
homopolitia: 340
hóplon: 236
hýbris: 18, 98, 150, 152, 196, 225
hypékooi: 158
hypomeíones: 126, 202
hypomnémata: 346

immunis: 367
imperium: 315
interpretatio graeca: 460
isegoría: 24, 134
isonomia: 138, 144, 146, 155
isopolitia: 340

kairós: 17, 98, 170, 258
kaloì kagathoí: 164, 365
kápeloi: 186
katà kómas: 341
kathestékuia timé: 264
kátoikoi: 331
kheirotonía: 134
khóra basiliké: 320
khóra: 99, 204, 216, 287, 295, 309-10, 326, 328, 346, 346, 359, 369, 370
khorís oikoûntes: 184
khrematistikaí: 346
klêros: 110, 125, 125, 126, 160, 180, 186, 219, 261, 328
klerotéria: 270
koiné eiréne: 224, 233, 242, 243, 261
koiné: 65, 365
koinodikía: 345
koinón: 139, 279, 289-90, 294, 301, 304, 314, 340, 341-2, 344, 350, 367, 369, 370
kóme: 27, 326, 333, 364
kórai: 120
koûroi: 57, 120
krátos: 103
krýptein: 125
ktístes: 107

Índice das palavras gregas e latinas

kýklos: 151
kýrios: 181, 182

labýrinthos: 49
lampadedromia: 365
laoí: 333
laokrítai: 346
lémboi: 293
liberae et immunes: 300
liturgia: 168, 191, 265, 272, 272, 371
logistaí: 268
lógos: 168

macedoniarca: 367
mákhimoi: 326, 346
medimno: 186, 263, 354
mégaro: 48, 55, 62, 65, 66, 83
merídes: 303, 324
merismós: 271
mesogeia: 133
metecos: 133, 135, 168, 183, 183, 185, 199, 242, 264, 266, 270, 271
mêtis: 152
métoíkion: 183, 270
metonomásia: 331
metreta: 187
metrônomos: 264
míasma: 172
mina: 115
mista: 175
misthoí: 138, 164, 180, 185, 197, 263
misthós dikastikós: 164
misthós ekklesiastikós: 201, 263
misthós heliastikós: 164
moîra: 96
monumentum ephesenum: 312
móthakes: 124, 126
móthones: 126

naucrarias: 127
nauklêroi: 265
navarca: 198, 338
negotiatores: 312, 355
neócoro: 368, 370
neodâmodas: 126, 202
néoi: 364, 365

neóploutoi: 201
neopolítai: 209
níke: 320
nomarcas: 326
nómisma: 115
nómos émpsykhos: 321
nómos: 115, 134
nomos: 326
nomótetas: 201, 269
noûs: 165

obaí: 124
óbolo: 116
oboloí: 116
oikétai: 184
oikistés: 107
oikonomía attiké: 187
oikos: 94, 95, 97, 100, 109, 122, 172, 182, 187
oikouméne: 21, 218, 256, 258, 353, 366
oligantropia: 39, 41, 229, 261, 336
olígoi: 102, 164
ólpe: 103
opistódomo: 209
oppidum: 216
óstraka: 25, 135, 328

paideía: 178, 357, 364
paîdes: 364
panegíria: 176
panóplia: 104, 161
paragraphé: 269
parálio: 133
parrhesía: 24
pátrios politeía: 199, 273
patrocinium: 297, 299
patrônomos: 290, 371
patroúkhoi: 124
pedagogo: 184
pedônomo: 338
pedótriba: 268, 338, 364
pelanós: 177
peliganos: 235
peltastas: 223
pélte: 223
pentacosiomedímnios: 88, 129, 137, 273

pentarreme: 210, 338
pentekontaetía: 156
pentetérico: 31, 176, 327, 334, 338, 340
péplos: 173
pereia: 36, 159, 338, 339
Período: 176, 327
peripateîn: 24
períplous: 192
petalismo: 207
pezétairoi: 236
phíloi: 321, 333, 336, 360
philokerdía: 312
philotimía: 94
phóros: 157, 159, 160, 165, 167, 190, 194, 226
phrourá: 160
phylé: 100, 127
phylobasileús: 127
pínakes: 206
píthos: 55
pleonexía: 161
plintofórico: 352
polemarco: 28, 119, 127, 130, 135, 136, 148
poletas: 270
poliorcética: 249, 267
poliorkeîn: 249
pólis: 99, 101, 121, 175, 181, 235, 257, 273, 316, 334, 335, 339-41, 343, 347, 371
politeía: 99, 337
polítes: 99, 177
políteuma: 343
politografia: 336, 357
polypragmosýne: 161
polýthyron: 55
pompé: 173
pórpax: 104
portorium: 311
póthos: 257
prítanes: 102, 134, 137, 164, 267, 359
pritaneu: 137
pritania: 134, 135, 263, 268, 272, 280
proboúleuma: 124, 134
probulemático: 124, 267
probulêutico: 124, 134
proedria: 169, 337
proedros: 268

proeisphorá: 265
profetas: 177
prókrisis: 136
promanteía: 177
propileus: 66
proscinese: 252
próstagma: 321
prostátai: 114
prostátes: 183, 184, 224, 229, 278, 279
próthesis: 87, 173
protomaí: 204
proxenia: 183, 337
pséphisma: 134
psêphoi: 134, 270
psiloí: 130

quadragintarreme: 360
quadrirreme: 210, 338
quiliarca: 248, 278
quorum: 135, 201, 268

rhêtra: 123, 124, 126, 261
rítons: 57

sarissa: 236
scriptura: 311
seisákhtheia: 129
sêma: 88, 359
sicofantas: 199, 270
simaquia: 243, 342
simorias trierárquicas: 265, 268
simorias: 225, 264
simoritas: 265
simpolitia: 223, 340
sinecismo: 78, 88, 99, 100, 127, 174, 229, 233, 335
sinégoros: 270
sintrierarquia: 181
sitofílaces: 264
sitônai: 337
sítos: 263
sképe: 329
skholé: 185
skýphos: 81
sofronistas: 268
somatoeidés: 21

Índice das palavras gregas e latinas

stásis: 19, 103, 110, 118, 130, 182, 184, 197, 204, 213, 255, 262, 267, 301
státhmos: 346
stenokhoría: 109
stéphanos: 176
stoá: 362
strategós autokrátor: 208, 214
stratiotikón: 225, 271
syggéneia: 340
syggraphé: 265
sýgkletos: 300
sýle: 183
sýmbola: 182, 340
sýmmakhoi: 158
symploké: 21, 292
sympósion: 85
synédrion: 177, 226, 243, 306, 341
sýnnaos: 243
sýnodos: 327, 341, 350
sýntaxis: 226, 227
syssítion (sissítia): 125, 126, 261

tagós: 232
talamitas: 191
talento: 115, 116
tamías: 137
tarakhé: 309
taxiarcos: 136
tékhne: 186
telestérion: 165, 175
témenos: 66, 92, 96, 109, 171
teorias: 176
teoródocos: 176
teoros: 176, 256
tesmótetas: 127, 135, 136, 269
tetas (Atenas): 130, 137, 149, 155, 165, 184
tetas: 95
tetradracma: 117, 345, 352, 352

thalamegós: 360
thálamos: 94
theorikón: 228, 239, 271
thólos: 62, 65, 68, 243
thrênos: 173
thyméle: 259
thysía: 172
tíase: 260
tímema: 264
timetés: 316
timucos: 215
toparcas: 326
toparquias: 326, 330
tópos: 209
tranitas: 191
tréssantes: 126
tributum: 303
triemiólias: 338
trierarco: 181, 191, 272
trierarquia: 181, 191, 265
trietérico: 31, 176
trigonía: 370
trirreme: 149-51, 157, 158, 165, 181, 190, 196-7, 206, 210, 232, 265, 271, 339
trítias: 133, 136
trophé: 263
tryphé: 248

uraniano (*ouranós*): 172

xenía: 182
xénos: 100, 182
xisto: 364
xóanon: 168

zêugitas (trirreme): 191
zêugitas: 129, 164

ÍNDICE TEMÁTICO

Agricultura: 28, 37, 40-1, 45-8, 68, 97, 105, 109-12, 118, 125, 129, 159, 174, 176, 180, 185-7, 189, 192, 200, 204, 215, 219, 228, 237, 241, 261-4, 328-9, 337, 354-6
Alimentação: 37, 41, 111, 114
Anábase: 200, 222 (Dez Mil); 246-54 (Alexandre); 295-6 (Antíoco III)
Anfictionia: 139, 177, 237, 239, 289, 303, 342, 367, 372
Ânforas: 32, 113-4, 217, 220, 266, 339, 354, 356
Arcontes: ver no índice das palavras gregas
Areópago: ver no índice dos nomes de lugares
Aristocracia: 55-7, 61, 72-3, 81-2, 93-7, 102-3, 110, 113, 118-22, 127-39, 144, 146, 148-9, 164, 174-5, 180-1, 182-3, 206, 209, 215, 218-9, 339, 347, 356
Arqueologia: 27, 29-30, 45, 52-3, 55, 60-1, 69-71, 81-3, 87-94, 100-1, 106, 112, 137-8, 203, 215, 234-5, 244, 338, 344, 357
Arquitetura: 45-9, 55-7, 65-6, 102, 120, 137-8, 144, 165, 167-8, 170, 177, 185-6, 209-10, 215, 242-3, 259-60, 271, 274, 325, 334-5, 338, 339, 344, 349-50, 361, 364-5, 368-9, 370
Artesanato: 27, 32, 45-8, 53, 58, 61, 68, 81, 87-8, 92, 95, 111-2, 120, 123, 125, 130-1, 183-4, 185-6, 187, 200, 204-6, 210, 216, 219, 265, 355, 368-70
Assembleia: 95, 103, 121-2, 124, 127, 129-30, 134-9, 180-1, 189, 201, 206, 211-2, 226, 228, 265, 267-72, 320, 324, 341, 370

Banco: 184, 265, 266-7, 328, 353
Banidos: 71, 145, 161, 162, 199, 201, 208, 212-3, 255, 279 (ver também *ostracismo*)
Bárbaros: 100, 107-9, 111-2, 143-55, 156, 157-8, 161, 174-5, 188, 203, 207-8, 209, 215-20, 235, 244-58, 273-4, 282-4, 285-7, 289-90, 301, 306, 308, 325, 333, 343-8, 373

Benfeitores: 220, 272, 285, 314, 316, 336-7, 344, 365, 371

Calendário: 103, 134, 173, 186
Cavalaria: 81, 104, 129, 146, 186, 190, 200, 229, 236, 238, 242, 246-8, 267, 271, 278
Cerâmica: 32, 52-3, 57, 63, 70-1, 81, 85, 87-8, 103, 111-2, 120, 123-30, 186, 204, 217, 263, 355
Cercos de cidades: 105, 146, 149, 154, 159, 163, 189, 192, 196, 200, 209-11, 214, 239, 241, 245, 249, 262, 267, 278, 281, 288, 295, 312, 313, 314, 338
Cidadania: 99-100, 124-7, 132-3, 164, 185-7, 197, 199, 201, 209, 242, 267-8, 269-70, 278-9, 306-7, 313, 316, 336-7, 340, 356-7, 365
Cidade-Estado: 30, 40, 87, 94, 99-112, 114--39, 173-5, 177-85, 223-4, 235, 267, 273, 300, 308, 313, 315-6, 324, 334-41, 343-4, 349, 351-2, 366-7, 371
Ciências: 133, 144, 218, 219, 257, 360, 366
Clima: 33, 72, 354
Colônias: 59, 80, 88, 100-1, 106-12, 120, 123, 131-2, 159, 160, 188-9, 196, 203-4, 211, 215-20, 240, 252-4, 257, 260, 264, 278, 306, 316-8, 329-30, 331, 333, 343
Comércio: 32, 53, 58, 61-2, 69, 72, 81, 85, 95, 97, 107-9, 112-7, 125-6, 159, 165, 176, 183-4, 186-7, 188, 198, 199, 201, 204, 211, 215-20, 257, 263, 265-7, 270, 271, 293, 304, 311-3, 328, 329, 339, 353-6, 358, 368-70
Concursos: 85, 94-5, 96, 119-20, 123, 127, 131, 173-4, 176, 201, 211, 233, 240, 243, 255, 272, 297-8, 306, 327, 334, 338, 340, 341-2, 350, 359-60, 365, 369
Confederações: ver *ligas*
Conselho: 57, 95-6, 103, 124, 127, 129, 133-9, 157, 180, 206, 215, 226, 228, 235, 243, 266-71, 306, 316, 321-4, 341, 369-70
Cristianismo: 372-3

Índice temático

Cronologia: 20, 31, 51-3, 71-2, 77, 100, 120, 123, 132-3, 148, 237, 284, 288, 303, 326
Cultos: ver *religião*

Demagogia: 120, 195, 201, 213, 219, 305
Democracia: 18, 103, 135-8, 148, 160, 163-4, 165, 197-200, 201, 206-7, 211, 220, 228-9, 267, 272-3, 278-9, 288, 336, 339, 370
Demografia: 38-9, 54, 61, 70, 77-8, 193, 200, 228-9, 235, 261-2, 331, 336, 345, 356-7, 359, 368
Dez Mil: 200, 222 (Anábase); 229, 233 (Arcádia)
Diádocos: 277-83, 319
Dionisíacas: 135, 159-60, 168-9
Diplomacia: 59, 69, 71, 119, 145, 150-1, 153, 157, 159, 187-90, 193-6, 198-9, 208-11, 214, 219-20, 222, 225, 228, 235--43, 245, 250, 253, 263, 277-92, 293-304, 307-11, 320, 325, 330, 333-5, 339-40, 348-9, 356, 366
Doenças: 19, 77, 193, 209, 291

Economia: 19, 37-8, 41, 58, 68-70, 110-7, 120, 144, 158-60, 165, 177, 184-7, 197-8, 206, 214, 235, 257, 261-7, 292, 311-3, 327-30, 331, 331-3, 334, 339, 346, 351-7, 368-9
Educação: 98, 124-5, 177-8, 181, 215, 235, 252, 268, 274, 290, 310, 338, 343, 346-8, 364-5
Efebia: ver no índice das palavras gregas
Éforos: ver no índice das palavras gregas
Epicleses divinas: 67, 83, 171-3, 242, 259-60, 338, 349-50, 359
Epicleses régias: 284, 285, 287, 290, 295, 304, 309, 311-2, 320, 321, 335, 349-50
Epígonos: 256
Epigrafia: ver *inscrições*
Escravos: 68, 100, 112, 128-9, 169, 175, 183-5, 189, 195, 197, 200-1, 209, 242, 253, 262, 265, 271, 303, 306, 313-4, 355, 357, 369
Escritas, escritos: 32, 51, 53-5, 60, 66-7, 70, 84-6, 93-4, 111, 138, 215-6, 343
Escultura: 48, 57, 68, 83, 88, 92, 120, 132, 133, 144, 152, 167-8, 170, 184, 204, 243, 244, 261, 273-4, 288, 314, 327, 339, 345, 347, 350, 351, 355, 361, 372
Estrangeiros: 100, 133, 168-9, 175, 182-3, 201, 241-2, 260, 268, 274, 359-60, 361
Estrategos: ver no índice das palavras gregas

Festas religiosas: 57, 119, 123, 131, 146, 153, 159-60, 172-4, 180, 182, 183, 224-5, 271, 303-4, 311, 317-8, 320, 324, 327, 341, 350, 369
Filelenismo: 112-3, 235, 292, 296-7, 334, 372
Filosofia: 24, 133, 180, 184-5, 212, 219, 273, 363, 372-3
Finanças das cidades: 32, 120, 148-9, 159-60, 165, 174, 180-1, 182-3, 190, 193-4, 198, 202, 211-2, 225, 227-8, 237, 242, 265, 270-2, 311-2, 313-4, 316, 318, 336-8, 349-50, 356-7, 371
Finanças régias: 237, 246, 251, 255, 257-8, 320, 324-5, 327-30, 331-4
Fortificações: 55-6, 61, 62, 64, 70, 81-2, 101-2, 112, 145, 156, 159, 161-3, 189, 199, 209, 213, 215, 225, 229, 242, 272, 336, 337, 359
Fratrias: ver no índice de palavras gregas

Geografia: 21, 33-42, 94, 112, 144, 218, 252, 253, 257, 353-4, 360, 366, 370
Ginásio: 268, 310, 324, 336, 337, 344, 347, 364-5
Grande Rei: 120, 143-55, 158, 161, 198, 202, 221-2, 223, 233, 240-1, 242, 245-55, 296, 312
Guerra arquidâmica: 192-3
Guerra cleomênica: 290-1
Guerra da Acaia: 305
Guerra da Jônia: 197-9
Guerra de Andrisco: 305
Guerra de Antíoco: 297-301
Guerra de Aristonico: 306-7, 357
Guerra de Corinto: 223
Guerra de Cremônides: 288-9
Guerra de Troia: 71-2, 94
Guerra decélica: 197-9

Guerra demetríaca: 290
Guerra do Peloponeso: 161, 165, 183-4, 188-202, 207, 260, 267
Guerra dos aliados (século III): 291
Guerra dos Aliados (século IV): 226, 227, 271
Guerra fratricida: 285
Guerra lamíaca: 278-9
Guerra laodiceia: 285, 335
Guerra lelantina: 81, 102
Guerra: 61-2, 68, 69-72, 81, 102-5, 123-4, 125, 126, 132, 183-4, 187-8, 200, 220, 236, 258, 271, 290, 320, 324, 326-7, 335-6, 338, 341, 355, 357
Guerras civis (Grécia): 19, 103, 109, 118, 129, 184, 188, 193, 199, 201, 204, 208, 256, 292
Guerras civis (Roma): 312-8
Guerras cretenses: 294, 338
Guerras da Ilíria: 292-3
Guerras da Macedônia: 293-7, 303, 306
Guerras da Síria: 284-7, 295, 304, 309, 335
Guerras de Messênia: 123, 162
Guerras médicas: 143-55, 241, 245
Guerras mitridáticas: 308, 311-5, 355
Guerras púnicas: 291, 295-6
Guerras sagradas: 120, 163, 177, 237-9, 241

Habitat: 48, 55, 63, 77, 81-2, 88, 181, 266, 356
Hegemonia : ver *imperialismo*
Helieia: ver *tribunais*
Heróis: 94-6, 99-100, 109, 133, 158, 172, 174, 180, 260
Hilotas: 125-6, 139, 156, 162, 184, 190, 193-4, 202, 229, 290
História, historiadores: 17-24, 203, 234, 244, 373
Hoplitas: 103-5, 120, 123, 125, 146, 148, 149, 150, 153-4, 164, 165, 185, 190, 193, 197, 200, 223, 267, 271

Imperadores romanos: 153, 366-73
Imperialismo: 19, 143-4, 145, 149, 155, 156-70, 187, 188-90, 195, 209-11, 221, 227, 229-32, 234, 239-40, 271, 277-84, 292, 296, 310-2, 341

Infantaria ligeira: 130, 193, 200, 223, 267
Inscrições: 25-6, 29, 57, 80, 84-6, 105-106, 113, 121, 128, 143, 153, 158, 159, 167, 185, 195, 199, 206, 210, 217, 225, 241, 242, 248, 263-5, 266, 272, 273, 281, 285, 288, 298, 307, 311, 314, 326-7, 333, 335, 336-8, 339-40, 344, 346-7, 348-50, 353, 356-7, 367
Instituições: 66, 95-6, 102, 109, 114-5, 118--39, 148, 156, 160, 164-5, 168-9, 173, 174, 175-85, 197, 200-2, 206-8, 215, 219, 226, 228, 229-32, 235, 240, 264-5, 267--73, 278-80, 289, 290, 297, 303-4, 306-7, 310, 313, 316, 320-1, 324, 326, 330-1, 333, 336-7, 339, 341-2, 344, 345-6, 356, 359, 370-1

Legislação romana: 307, 311, 315-6, 367
Legisladores: 95, 101, 113, 118, 121, 125, 129-30, 132-9, 174, 198, 201, 206, 218
Ligas: 126, 221 (peloponésia); 139, 163, 224, 228, 267, 303, 340 (beócia); 139, 267, 340 (tessálica); 144, 342 (jônica); 156-68, 224, 226 (de Delos); 225-7, 242 (segunda confederação marítima ateniense); 210, 214 (italiota); 229, 233, 340 (arcádica); 224 (calcídica); 242, 245, 255 (de Corinto); 282, 342 (de Antígono e Demétrio); 279-80, 282, 289, 295, 304, 325, 339 (dos nesiotas); 290, 342 (helênica); 289, 294, 299, 341-2 (etólica); 289, 301, 305, 341 (aqueia); 290, 321, 341 (epirota); 343 (lícia); 367 (outras)
Linguística: 29, 49, 72, 78-80, 235, 326-7, 343, 346
Literatura: 17-25, 29, 85-6, 93-8, 123, 168-9, 176, 178, 219, 244, 346, 359, 361, 372-3

Magia: 172, 260
Magistrados gregos: 102, 114, 119, 122, 124, 127, 130, 135-8, 148, 159, 160, 168-9, 173, 180, 193, 195, 198, 200-2, 206, 208, 214, 219, 264, 267-73, 290, 304, 313, 316, 333, 338, 341, 359, 370-1
Magistrados romanos: 296-7, 299-301, 303, 305-6, 307, 313-8, 336, 367-8, 370, 371

Índice temático

Marinha: 19, 36-7, 40-1, 48, 59, 69, 95, 110, 112-3, 120, 127, 143, 145, 148-55, 157, 158, 163, 165, 181, 184, 187-202, 206, 210, 225-7, 232, 239, 242, 249, 254, 265, 271, 272, 278, 288-9, 292-5, 300, 307, 314, 318, 320, 325, 330, 338-9, 353-5, 357, 358-60
Medicina: 95, 112, 260, 360
Mercenários: 105, 193, 200, 203, 209-13, 222, 252, 254, 262, 267, 272, 320, 342
Mistérios, misticismo: 135, 175, 260, 281, 350, 372
Mitos: 41-2, 59, 70-1, 78-80, 99-102, 158, 174-6, 235, 244, 334, 340, 366
Modernismo: 32, 187, 327
Moedas: 28-9, 32, 114-7, 120, 131, 139, 159, 185, 187, 211-2, 214, 216, 223, 228, 235, 237, 257, 261, 263, 266-7, 288, 312, 328, 329, 335, 341, 345, 351-3
Movimentos de populações: 49, 52, 71, 77-80, 219-20, 235, 283, 284, 289, 295, 345, 366, 373
Mulheres: 67-8, 88, 94, 97, 100, 119, 122, 124-5, 129, 169, 174, 181-2, 184, 195, 201, 208, 214, 236, 240, 243, 245, 252, 256, 261, 268, 277-8, 279, 281-2, 284-5, 288, 292-3, 298, 303, 308-11, 317-8, 320, 325, 337, 346, 356
Música: 123, 174, 176, 178

Navegação: ver *marinha*
Numismática: ver *moedas*

Oligarquia: 102, 119, 130, 160, 163, 197--200, 206-7, 214-5, 219, 221, 278-9, 304, 306, 313, 337, 370
Oráculos: 109, 123, 149, 151, 174, 177, 250, 350
Oradores: 24, 200, 207, 234, 238-42, 259, 270, 272, 361, 363
Ostracismo: 133, 135, 138, 148, 152, 157, 161, 164-5, 201, 207

Palácios: 28, 51, 53, 55-7, 62-6, 69-70, 73, 209, 317, 359
Pan-Helênion: 369-72

Pan-helenismo: 112, 154, 159, 170, 240, 242, 251, 303
Panateneias: 120, 159, 161, 167, 173, 271
Papiros: 25-7, 29, 114, 321, 326, 328, 346, 357
Paz : 157 (de Cálias), 163, 188, 193-5, 198, 209, 211, 224 (de Antálcidas), 226, 227, 228-9, 233, 239, 242, 260-1, 284, 289, 291, 293, 296-7, 300
Pederastia: 178
Penestas: 139, 336, 357
Pentekontaetía: 156-70
Periecos: ver no índice dos nomes de povos
Pesos e medidas: 32, 58, 95, 114-7, 129, 160, 186-7, 237, 257, 341, 352-3
Piratas: 95, 158, 183, 187, 217, 241, 264, 266, 289, 293, 314-5, 336, 338, 342, 353
Poemas homéricos: 26, 85-96, 102, 104, 109, 113, 131, 183, 248
Poliorcética: ver *cercos*
Preços: 112, 183-4, 186-7, 189, 263, 264, 265-6, 268, 270, 291, 337, 354
Primitivismo: 32, 188, 327
Propaganda: 80, 149, 154, 158, 211-2, 214, 238, 243, 248, 250, 285, 301-3, 312, 320, 334
Províncias romanas: 305-18, 366-72

Realeza: 56-7, 62, 66, 92-3, 95, 109, 188-9, 124, 127, 214, 218-20, 235, 243, 244-5, 252, 256, 258, 267, 272, 279-80, 290-1, 305, 306, 309, 319-35, 344-5, 348, 352
Religião: 30, 57-8, 67-8, 83, 92, 96-8, 101-3, 109, 122, 127, 131, 135, 161, 165, 167-8, 170, 171-81, 182, 186, 196, 202, 209, 216, 225, 242, 249-50, 252, 254, 255-7, 259-61, 281, 321, 326-7, 342, 344-5, 346-51, 364-5, 368-9, 372-3
Rituais funerários: ver *túmulos*

Santuários: 53, 67, 83, 92, 101-2, 119, 122-3, 136-8, 152, 154, 162, 169-70, 171-7, 184, 207, 211, 219, 233, 237-8, 239, 241, 242, 245-6, 259, 273, 283, 289, 291, 303, 313, 317-8, 325, 333, 335, 336, 340, 341, 348-51, 353, 359, 361, 369

Sátrapas: 144, 163, 197, 207, 222, 224, 227, 233, 238, 246-54, 278-9, 287
Senado romano: 296-316, 366, 368
Sismos: 52, 70, 72, 162, 237, 335, 339
Sociedade: 30, 32, 57, 58, 61, 66-7, 81-2, 88, 94-5, 97, 100, 104, 109-10, 113, 118, 120, 124-7, 129, 136-8, 171-3, 174-5, 177-85, 200-2, 204, 209, 222, 235, 258, 261-7, 272-4, 290, 306, 308-9, 316, 326, 328-9, 344-8, 355-7, 359, 364-5, 368-371
Sofistas: 168, 180, 372 ("segunda sofística")

Talassocracia: 58, 149, 156-63, 198
Teatro: 24, 119, 131, 146, 168-9, 175-6, 181, 186, 211, 235, 350, 356
Templos: 30, 81-83, 92, 101-2, 120, 165, 170-7, 203, 206, 209-10, 215, 219, 237, 241, 259, 326, 338, 344, 347, 349, 368
Tiranos: 118-21, 126, 128, 130-2, 135, 144,199-200, 206-14, 219, 227, 232, 238, 262, 267, 284, 297, 303-4, 313, 336
Tribos: 100, 124, 127, 133, 269-71, 280, 289, 295, 349, 370
Tribunais: 96, 122, 129, 131, 135, 161, 164, 169, 180, 184, 201, 221, 263, 266, 268-71, 316, 340, 345-6, 367
Trirreme: ver no índice das palavras gregas e latinas
Túmulos: 28, 51, 58, 60-2, 77, 81-2, 87-8, 92, 101-2, 148, 152, 172, 173, 206, 234, 243, 251, 359

Urbanismo: 55, 66, 82-3, 109, 122-3, 137-8, 170, 324, 331, 335, 358, 361, 368-9

ÍNDICE DOS MAPAS

Mapa nº 1: Geografia da bacia egeia...34-35
Mapa nº 2: A bacia egeia do Neolítico ao século IX (capítulos 3 a 6)............................46-47
Mapa nº 3: Creta na Idade do Bronze 52
Mapa nº 4: Os dialetos gregos por volta do início do milênio I 79
Mapa nº 5: Sítios mencionados nos capítulos 7 a 12 (*ca* 800-*ca* 450 a.C.)....................90-91
Mapa nº 6: Colonização arcaica 108
Mapa nº 7: Ática...128
Mapa nº 8: Guerras médicas 147
Mapa nº 9: Guerra do Peloponeso, alianças em 431 189
Mapa nº 10: Guerra do Peloponeso, principais operações no Egeu.....................................194
Mapa nº 11: Sicília e Magna Grécia 205
Mapa nº 12: Marselha e sua área de expansão..216
Mapa nº 13: O mundo grego no século IV (404-336)...230-231
Mapa nº 14: A expedição de Alexandre 247
Mapa nº 15: Os reinos helenísticos antes de Ipsos 280
Mapa nº 16: O mundo helenístico por volta de 240..286
Mapa nº 17: O mundo helenístico por volta de 185..302
Mapa nº 18: A bacia egeia na época helenística 322-323
Mapa nº 19: O Oriente helenístico 332

ÍNDICE DAS FIGURAS

Fig. 1: Cnossos. Planta geral do palácio (K. Papaioannou, *L'Art grec*, Mazenod, 1993², fig. 822) 56

Fig. 2: A acrópole de Micenas (R. Treuil *et al.*, *Les Civilisations égéennes*, PUF, 1989, fig. 51) 64

Fig. 3: Reconstituição axonométrica do edifício de Lefkandi (século X) (M.-Chr. Hellmann, *L'Architecture grecque*, Le Livre de Poche, "Références", nº 544, 1998, fig. 26) 82

Fig. 4: Ânfora funerária ática encontrada no Cerâmico, com cena de exposição do morto. Por volta de 760 a.C. Altura: 1,55 m. Museu Nacional de Atenas 804. (R. Martin, *L'Art grec*, Le Livre de Poche, "La Pochothèque", 1984, fig. 32) 89

Fig. 5: Hoplitas marchando para o combate. Vaso Chigi. Protocoríntio, 650-630. Roma, Villa Giulia. (P. Lévêque, *L'Aventure grecque*, Le Livre de Poche, "Références", nº 449, 1964, fig. 27) 105

Fig. 6: A ágora de Mégara Hibleia (segundo G. Vallet, F. Villard, P. Auberson, *Mégara Hyblaea III: guide des fouilles*, 1983, fig. 4, e F. De Angelis, *Megara Hyblaia and Selinous. The Development of two Greek City-States in Archaic Sicily*, Oxford University School of Archaeology, 2003, fig. 14) 111

Fig. 7: Cunhagem de uma moeda grega (segundo (P. Lévêque, *L'Aventure grecque*, Le Livre de Poche, "Références", nº 449, 1964, fig. 24) 115

Fig. 8: Moedas gregas arcaicas, ampliadas cerca de 30% (P. Lévêque, *L'Aventure grecque*, Le Livre de Poche, "Références", nº 449, 1964, fig. 26) 116

Fig. 9: Croqui do sítio de Atenas (Cl. Orrieux, P. Schmitt Pantel, *Histoire grecque*, PUF, 2002⁴, fig. 41) 131

Fig. 10: Planta da ágora de Atenas por volta de 500 a.C. (R. Martin, *L'Art grec*, Le Livre de Poche, "La Pochothèque", 1984, fig. 196) 136

Fig. 11: Planta da ágora de Atenas por volta de 400 a.C. (R. Martin, *L'Art grec*, Le Livre de Poche, "La Pochothèque", 1984, fig. 197) 137

Fig. 12: Atenas, os Muros Longos, o Pireu (J.-P. Adam, *L'Architecture militaire grecque*, CNRS, 1982, fig. 238) 163

Fig. 13: Planta da acrópole de Atenas na época imperial (R. Martin, *L'Art grec*, Le Livre de Poche, "La Pochothèque", 1984, fig. 215) 166

Fig. 14: O santuário de Zeus em Olímpia (Fr. Chamoux, *La Civilisation grecque*, Arthaud, 1963, fig. 29, p. 417) 178

Fig. 15: O santuário de Apolo em Delfos (segundo J.-Fr. Bommelaer, D. Laroche, *Guide de Delphes. Le site*, École française d'Athènes, prancha V; A. Jacquemin, *Offrandes monumentales à Delphes*, École française d'Athènes, 1999, prancha 3) 179

Fig. 16: Plantas de uma trirreme ateniense (J. S. Morrison, J. F. Coates, *The Athenian Trireme*, Cambridge University Press, 1986, fig. 62) 191

Índice das figuras

Fig. 17: Planta de Alexandria (B. Legras, *Lire en Égypte d'Alexandre à l'Islam*, Picard, 2002, p. 171) 358

Fig. 18: Planta da acrópole de Pérgamo na época imperial (R. Martin, *L'Art grec*, Le Livre de Poche, "La Pochothèque", 1984, fig. 350) 362

Fig. 19: Maquete da acrópole de Pérgamo, vista do sudoeste (R. Martin, *L'Art grec*, Le Livre de Poche, "La Pochothèque", 1984, fig. 351) 363

Fig. 20: O ginásio de Delfos (Fr. Chamoux, *La Civilisation hellénistique*, Arthaud, 1981, fig. 25, p. 374) 364